Über dieses Buch »Ich liebe das Leben wild und verzweifelt. Und ich glaube, daß diese Wildheit und diese Verzweiflung mich an mein Ende führen werden ...« So Pasolini in einem Interview 1970.
Enzo Siciliano, der zum römischen Freundeskreis von Pasolini gehörte, hat es in diesem Buch unternommen, dieses an spektakulären Ereignissen nicht gerade arme Leben zu beschreiben und sein Wirken im Bereich von Literatur, Film, Politik, Religion einer kritischen Analyse zu unterziehen. Er hatte dabei Einblick in den Nachlaß, zu dem u. a. Tagebücher und ein Fragment gebliebener Roman mit starken autobiographischen Zügen gehörten. Da Siciliano darüber hinaus über eine enorme Kenntnis der modernen italienischen Literatur und Kunst verfügt, sieht er Pasolini nie als isolierte Erscheinung, sondern als Teil einer bestimmten Entwicklung der italienischen Nachkriegsliteratur. Alles in allem ein geglückter Versuch, Pasolinis Leben und Werk in ihrer unauflösbaren Einheit darzustellen.

Der Autor Enzo Siciliano, geb. 1934 in Rom, Dr. phil., Leitung der Zeitschrift ›Nuovo argumenti‹. Lebt als Schriftsteller und Kritiker in Rom, veröffentlichte Romane, Essays und eine kritische Puccini-Biographie.

Enzo Siciliano

Pasolini

Leben und Werk

Aus dem Italienischen
von Christel Galliani

Fischer Taschenbuch Verlag

Ungekürzte Ausgabe
Veröffentlicht im Fischer Taschenbuch Verlag GmbH,
Frankfurt am Main, Mai 1985

Lizenzausgabe mit freundlicher Genehmigung des
Beltz Verlags, Weinheim und Basel

Umschlaggestaltung: Jan Buchholz/Reni Hinsch
unter Verwendung eines Fotos von Duilio Pallottelli
Druck und Bindung: Clausen & Bosse, Leck
Printed in Germany
1680-ISBN-3-596-25643-7

Inhalt

*Moi! Moi qui me suis dit mage ou ange, dispensé de toute morale, je suis rendu au sol, avec un devoir à chercher, et la réalité rugueuse à étreindre!**

Arthur Rimbaud

* In der Übersetzung von Walther Küchler: »Ich! Ich, der mich Magier oder Engel genannt, mich von jeder Moral losgesagt habe, ich bin der Erde wiedergegeben, um mir eine Pflicht zu suchen und die runzelige Wirklichkeit zu umarmen!« (Anm. d. Ü.)

Prolog

Der Idroscalo von Ostia

Um zum Idroscalo von Ostia zu kommen, verläßt man die Strandpromenade und fährt auf einer Straße, die Felder und Müllhalden durchschneidet nordwärts in Richtung Fiumicino. Nach einem Platz niedrige Häuser und Vorstadtkneipen; dann dreht man links ab, als wollte man wieder nach Rom. Als ich im September 1976 das erste Mal hinging, standen dort mitten auf der Wiese, hinter einem Schutzzaun aus vernagelten Brettern, drei oder vier Fabrikgebäude mit grauen Umrissen. Eine Weggabelung, dann setzt sich der Asphalt parallel zur Küstenlinie wieder fort.

An dem Nachmittag wehte der Schirokko, die Wolken hingen tief; eine drückend schwüle Luft. Ein primitiver Fußballplatz, die kleine Hütte mit den Umkleidekabinen weiß gestrichen. Ein Spielchen war im Gange: Jungen und Männer, die einander auf einer ausgetretenen, von Pfützen zerfurchten Wiese keuchend nachjagten. Ein Maschenzaun trennte sie von der Straße. Soweit in Richtung Meer. Über Rom hing regenschwere Luft; auf dieser Seite folgten dem Straßenrand tiefe Furchen, Unkraut und Abfallhaufen ohne Ende.

Die Vorstadt nahm gleich drüben über dem Spielfeld Gestalt an, dort, wo der Unrat an ein paar Häuser grenzte, die sich an einer Querstraße aneinanderreihten. Dann ein noch unfertiges Haus, dennoch als einziges bewohnt. Die anderen – liebevoll hergerichtete Eingänge, kleine Säulen aus Gips, Fenster improvisiert aus angenagelter Wellpappe – standen hier und da verstreut im Schlamm inmitten von Fahrwegen ohne Sinn. Zwischen den Spuren drei gerade gewachsene, undefinierbare Bäumchen ohne Laub um eine Bank aus dunklem Stein herum, auf deren Oberfläche der Wind mit einer Handvoll Staub spielte.

Wie in einem Film von Pasolini: Eine Frau war aus dem noch unfertigen Haus herausgekommen und zeterte: »Da ist eine Bombe, da ist eine Bombe! Geh nicht hin, die Carabinieri kommen gleich.« Ein Kind lief am Rand eines Loches entlang.

Anscheinend war da drinnen zwischen Büchsen, Scherben und Speiseresten etwas, das an einen Sprengkörper erinnern konnte. Dann kam der Streifenwagen der Carabinieri. Aber die Frau wandte sich schon uns zu.

Ich war mit ein paar jungen Leuten der römischen Jungkommunisten hingegangen. Sie arbeiteten an einem Videotape, mit dem an Pier Paolo Pasolini erinnert werden sollte: einige Stationen seines Lebens, ein wenig von seinem Werk. Die Frau fragte mit einem Blick aus zwei störrischen, rastlosen Äuglein: »Sind Sie wegen ihm gekommen?« Und indem sie auf die kleine Bank zeigte: »Wie er damals schrie, in der Nacht. ›Mama, Mama, sie bringen mich um‹, das hat er geschrien, der arme Kerl.« Nach diesen Worten beäugte sie uns, als ob sie den Grad der Glaubwürdigkeit ihrer eigenen Worte abschätzen wolle, und ging weg. Ob ihre Behauptung nun wahr oder gelogen war, darüber brauchte man nicht diskutieren. Es waren die Worte eines Drehbuchs, das im Laufe der Monate entstanden war, diktiert von dem naiven Streben, sich irgendwie an einem Ereignis, an einer großen Sache beteiligt fühlen zu können. Sie entfernte sich unversehens mit hastigem Schritt in Richtung auf das Kind und die Carabinieri zu, ohne sich weiter um die eigene Glaubwürdigkeit zu kümmern, bereits beschäftigt mit einer anderen Neuigkeit.

Die Bank war schräg in den gestampften Boden eingelassen, um den Platz zu bezeichnen, wo man die Leiche von Pasolini gefunden hatte: einen Schritt weit von dem Zaun aus rosa und hellgrün gestrichenen Brettern, von denen eines zum Mord gedient hat. Der Wind rüttelte an den dünnen Stämmen der Bäumchen. Jenseits einer Kuppe so etwas wie eine Kurve, auf der sich ein Lkw schleppend fortbewegte, dann noch ein kleines Feld, auf dem schreiend ein paar Jungen herumliefen. Ein kleiner, überhaupt nicht den Regeln entsprechender Fußballplatz, ein schmaler Streifen Wiese, eingezwängt zwischen einer Reihe von fernen Baracken und dieser engen Straße, die vielleicht dorthin führte. Noch ein Spielchen, noch ein Wettkampf.

Also: der Körper mit dem Gesicht nach unten auf der Stelle der kleinen Bank; das Auto weiter drüben geparkt. Die Häuser so ungleich verteilt, als wären sie in schauderhafter Unordnung

hingeworfen worden; die Dunkelheit unterbrochen von einer Reihe Straßenlaternen, zu weit entfernt, um mehr als mit ungewissem Lichtschein den freien Platz zwischen der asphaltierten Straße und dem Fußballplatz beleuchten zu können.
Im »Messaggero« vom Montag, 3. November 1975, werden die Worte von Maria Teresa Lollobrigida, Hausfrau, 46 Jahre, Ehefrau des Bauhilfsarbeiters Alfredo Principessa, 48 Jahre, abgedruckt:

Den Toten habe ich entdeckt. Wir sind am Sonntag früh um halb sieben mit unserem Citroën hergekommen. Wir kommen jeden Sonntag her, und nach dem Mittagessen arbeiten wir alle, weil wir uns ein Häuschen für den Sommer bauen wollen. Der Grund ist vom Staat gepachtet. Im Sommer haben wir hier gute Luft. Als wir ankamen, habe ich was vor unserem Haus bemerkt. Ich hab' gedacht, daß es Abfall wäre, und hab' zu meinem Sohn Giancarlo gesagt: »Schau dir mal die Hurensöhne an, die herkommen und uns ihren Dreck vors Haus schmeißen.« Ich bin näher hingegangen, um zu schauen, wie wir den Platz wieder saubermachen könnten, und hab' entdeckt, daß es ja der Körper eines Mannes war. Sein Kopf war zerschmettert. Die Haare blutverschmiert. Er lag mit dem Gesicht nach unten, mit den Händen unter sich. Er war schlecht angezogen. Er hatte ein grünes Unterhemd mit kurzen Ärmeln an, Bluejeans mit Flecken von Motorschmiere drauf, braune Stiefeletten bis zum Knöchel und einen braunen Gürtel. Ich hab' zu meinem Mann gesagt, daß er den Rückwärtsgang einlegen und sofort die Polizei benachrichtigen soll. Um 6.40 Uhr waren wir alle auf der Wache.

Die journalistische Übertragung gibt vielleicht die energisch vorgetragene Aussage von Maria Teresa Lollobrigida nur ungenügend wieder. Was übrigbleibt, ist die Lage des Körpers von Pasolini: Gesicht nach unten, blutverschmierte Haare, das Unterhemd, die Stiefeletten, der braune Gürtel.
Sein Gesicht war entstellt, ein Ohr fast abgerissen. Die Fotos in den Zeitungen zeigen seinen hageren Körper auf dem Boden mit dem rechten Arm unter der Brust. Andere Fotos mit den Beamten der Spurensicherung um ihn herum zeigen ihn auf dem Rücken liegend: Hände und Finger abgeschürft; der Gesichtsausdruck

stumpf, ergeben, erstickt; der Brustkasten unförmig verbreitert, nicht mehr schmal, wie er es immer gewesen war.
In der Nacht vom Samstag, 1. November, auf Sonntag, 2. November, ungefähr um 1.30 Uhr war ein Streifenwagen der Carabinieri auf der Küstenstraße Duilio von Ostia einem grauen Giulia 2000 Alfa Romeo GT begegnet, der mit hoher Geschwindigkeit fuhr. Eine Straßensperre wird aufgestellt, um eine Kontrolle durchzuführen. Der Giulia 2000 hat anscheinend die Verfolger bemerkt und erhöht sein Tempo. Der Wagen schleudert, berührt den Gehsteig. Die Verfolgung ist verbissen, bis es dem Auto der Carabinieri gelingt, den Alfa gegen die Umzäunung einer Badeanstalt zu drängen. Im Auto ist ein Junge, der versucht, zu Fuß zu flüchten. Weitere Polizisten springen aus ihren Wagen und halten ihn fest. Es ist Giuseppe Pelosi, 17 Jahre und vier Monate alt. Er hat Vorstrafen: Autodiebstahl und Sachbeschädigung. Er ist zum dritten und letzten Mal am 13. September 1975 aus Casal del Marmo, dem römischen Jugendgefängnis, entlassen worden. Das Auto, in dem er überrascht worden ist, gehört Pasolini. Bei der Vernehmung bittet Pelosi, daß ihm sein Feuerzeug und die Schachtel Zigaretten zurückgegeben werden, die er zum Zeitpunkt seiner Festnahme im Auto gelassen hat, und dann sein Ring, ein Ring mit einem roten Stein und der Schrift *United States* darauf. Diese Einzelheit scheint ohne Bedeutung, ist jedoch im Vernehmungsprotokoll festgehalten. Gegen vier Uhr morgens hat er eine Art Anfall. Angeblich schreit er: »Was habe ich getan, Mama, was habe ich getan.« Danach bricht er zusammen und schläft ein.
Die Carabinieri rufen bei Pasolini an. Am Telefon meldet sich Graziella Chiarcossi, Tochter einer Cousine von Pier Paolo. Sie lebt seit Jahren bei ihm und Susanna Pasolini Colussi, seit sie ihre Familie im Friaul verlassen hat. Sie ist Assistentin an der Literaturwissenschaftlichen Fakultät der Universität von Rom. Graziella benachrichtigt Ninetto Davoli. Ninetto hat mit Pasolini im Restaurant »Pommidoro« auf dem Tiburtiner Hügel zu Abend gegessen. Sie haben sich vor wenigen Stunden getrennt. Der Giulia 2000 war bis zu diesem Zeitpunkt nicht gestohlen gewesen. Die Nacht ist schon fortgeschritten, Pasolini noch nicht heimge-

kehrt. Er kam immer spät nach Hause, das war nichts Besonderes. Diesesmal jedoch liegt ein Anruf der Carabinieri vor, der Wagen ist gestohlen und mit dem Dieb darin wiedergefunden worden. Ninetto Davoli wendet sich an die Carabinieri. Von Pasolini gibt es kein Lebenszeichen. Gegen sieben Uhr morgens kommt die Nachricht vom Polizeikommissariat aus Ostia: In der Gegend vom Idroscalo hat man eine Leiche gefunden. Die Carabinieri fordern Ninetto Davoli auf, mit ihnen zum Tatort zu kommen.
Das Verschwinden Pasolinis läßt jede Vermutung zu. Es ist Ninetto, der in der Leiche auf dem Boden den toten Pier Paolo erkennt.
Pelosi hat nach dem verlorenen Ring gefragt. Der Ring ist von den Polizeibeamten bei der Spurensicherung auf der ungeteerten Straße und auf dem Sportplatz nahe beim Toten gefunden worden. Neben dem einen Tor des Fußballfeldes liegt das blutverschmierte Hemd von Pasolini, daneben zwei abgebrochene Teile eines Holzbrettes, auch die sind blutverschmiert und voller Hirnmasse.
Die Zeitungen berichten, daß gegen Mittag des 2. November Giuseppe Pelosi gesteht, Pasolini getötet zu haben.
Am Anfang bleibt der Junge bei seiner Behauptung, er habe den GT von einem Freund ausgeliehen, er habe ihn mit den Schlüsseln im Armaturenbrett auf einem Parkplatz am Tiburtino in der Nähe eines Kinos vorgefunden. Man hält ihm vor, daß der Ring neben der Leiche lag. Da fängt Pelosi an zu erzählen, daß gegen zehn Uhr des vorangegangenen Abends, als er sich mit ein paar Freunden unter den Bogengängen auf dem Platz vor dem Bahnhof Termini herumtrieb, sich ihm ein »Schwuler« genähert habe, ein Herr so zwischen fünfunddreißig und fünfzig Jahren am Steuer des GT.

Es besteht kein Zweifel, daß Pelosi auf den Strich geht. Die Bogengänge des Bahnhofs sind eine Art Tempel des Eros, der sich wie ein Schleier um die Riten von Ankunft und Abfahrt legt. Das Instabile, das Flüchtige, das von eben beendeten oder noch bevorstehenden Reisen ausgeht, wirkt wie ein Aphrodisiakum und fördert die Anonymität, die zu diesen mehr oder minder verstohlenen Begegnungen nötig ist.

Pasolini mochte nichts Verstohlenes – weder in erotischen Beziehungen noch in anderen Bereichen. Ihn zog unter den Bogengängen des Bahnhofs Termini offenbar das gemischte Publikum an, diese vielfältige, chaotische Landschaft, die weltstädtische Borgata*, die sich dort, angelockt von der Vermarktung des Körpers, versammelt. War er ein regelmäßiger Besucher dieses Ortes? Es wurde die Vermutung geäußert, er sei zu einer Materialsammlung dort gewesen. Für die Ausarbeitung eines Romans, an dem er schon seit zwei Jahren schrieb und der zunächst den Titel *Petrolio* und dann *Vas* tragen sollte. Die sehr umfangreichen, teils fertigen, teils nur zur Hälfte ausgearbeiteten Abschnitte, die von diesem großen Buchprojekt übrigbleiben, können diese Hypothese vielleicht unterstützen, wenn man bedenkt, wie sehr die Erzählweise Pasolinis oft ins Dokumentarische übergeht. Doch in den Teilstücken findet sich keinerlei wörtliche Anspielung auf diesen römischen Platz.
Es wurde auch die Annahme laut, daß Pasolini dem von seinen Freunden »der Frosch« genannten Pino schon früher begegnet sei, doch diese Vermutung ist durch nichts bestätigt. Nachgewiesen ist also Pasolinis Ankunft auf der Piazza dei Cinquecento, nachdem er sich am Ausgang des Restaurants »Pommidoro« von Ninetto Davoli getrennt hatte, und die Begegnung mit Pelosi.
Pelosi hat alle physischen Kennzeichen des »Pasolini-Typs«, des Ragazzo di vita**. Die Fotos, die am Morgen nach dem Auffinden der Leiche am Idroscalo in den Zeitungen erscheinen, zeigen ihn auf der Straße, an einen Baum gelehnt, mit Blouson, hautengen Jeans, schmaler, von Löckchen umrahmter Stirn, die Hände in den Taschen, ein verhaltenes Lächeln um den Mund, das zwischen offenherzig und spitzbübisch schwankt. Doch dieses Gesicht ist, wenn es nicht lächelt, wie zugemauert, traurig und ausdruckslos. Daß Pasolini gerade ihn angesprochen hat, überrascht nicht, wenn man weiß, wie er bis zur Besessenheit seinem körperlichen

---

* *borgata, borgate:* so werden Vorstadt bzw. Vororte Roms genannt. (Anm. d. Ü.)

** Wörtlich etwa: »Lebejunge«. Von Pasolini in seinem Roman *Ragazzi di vita* geprägter Begriff für junge Männer aus den römischen Borgate, die dem »Subproletariat« zuzurechnen sind und sich als Strichjungen verkaufen. (Anm. d. Ü.)

Idealbild treu war. Die Wahl der Gesichter in seinen Filmen zeigt es deutlich. Pino Pelosi hätte in *Decameron* mitspielen können, oder auch in *1001 Nacht.* Enzo Ocone, Produktionsleiter bei Pasolinis letzten Filmen, unternahm, als der Mord geschehen war, eine sorgfältige Suche unter den Probeaufnahmen der Komparsen für die Massenszenen; er war sicher, daß der Junge von Pasolini in Augenschein genommen worden war. Doch die Suche blieb ohne Ergebnis. Die Hartnäckigkeit von Ocone bestätigt jedoch, wie sehr Pelosi in die Vorstellungswelt Pasolinis paßt.

Pelosis Schilderung ist kurz: Der »Schwule« am Steuer des GT nähert sich ihm. Er selber geht auf den Kiosk der Piazza dei Cinquecento zu. Nach wenigen Minuten ist der GT auch dort und bleibt ihm auf den Fersen. Der »Schwule« steigt aus. Er kommt auf ihn zu, bietet ihm eine Spazierfahrt an, verspricht ein »schönes Geschenk«. Kein konkretes Angebot, doch Pelosi hat verstanden, was er von ihm will. Dann fahren sie im Auto weg und kommen bei einem Wirtshaus in der Nähe der Basilika von San Paolo an. Pino trinkt ein Bier, ißt einen Teller Spaghetti und ein Viertel Huhn; der »Herr« ißt nichts. Zwischen 23 und 23^{30} Uhr steigen die beiden wieder ins Auto; Halt an einer Tankstelle am Viale Marconi; sofort darauf Abbiegen in die Via Ostiense in Richtung Meer. Auf der Fahrt, sagt Pelosi, spricht der »Herr« von einem einsam gelegenen kleinen Sportplatz – dahin wären sie gefahren, um »was zu machen«, zwanzigtausend Lire das Geschenk.

Was dann geschieht, wird auf der Grundlage des von den Carabinieri vorgelegten Protokolls in dem Urteil vom 26. April 1976, Jugendgericht Rom, unterzeichnet vom Vorsitzenden Alfredo Carlo Moro und abgelegt in der Kanzlei am 21. Mai 1976, folgendermaßen dargestellt:

Pelosi fügte hinzu, daß jener Mann ihn zum Sportplatz gebracht habe; daß er ihm das Glied eine Minute lang in den Mund genommen, jedoch »das Mundwerk« nicht zu Ende geführt habe; daß er ihn aus dem Auto habe steigen lassen und ihm nachgekommen sei und ihn von hinten her geschoben und dabei versucht habe, ihm die Hosen herunterzuziehen; daß er ihm gesagt habe, er solle aufhören, und er dagegen habe ein Brett aufgehoben, so eine Art Latte wie von einem Gartenzaun, und wollte sie ihm in den Hintern hineinstecken, oder hatte sie zumindest an den Hintern hingedrückt, ohne ihm die Hosen herunterzuziehen; daß er, Pelosi, sich gedreht und gesagt habe, »bist du denn verrückt geworden«; daß Pasolini die Brille abgenommen habe, die er im Auto aufgelassen hatte, und als er ihm ins Gesicht sah, sei sein Gesicht ihm wie das eines Irren vorgekommen, so daß er Angst bekommen habe; daß er abgehauen sei, aber dann gestolpert und hingefallen; daß er über sich Pasolini gefühlt und der ihn mit einem Stock am Kopf getroffen habe; daß er den Stock gepackt und den Paolo weit von sich geschleudert habe; daß er nochmals geflohen und dann von neuem eingeholt und an der Schläfe und an verschiedenen Stellen des Körpers getroffen worden sei; daß er auf dem Boden ein Brett gesehen, es aufgehoben und es ihm auf dem Kopf zerbrochen habe; daß er ihm auch zwei Tritte »in die Eier« gegeben habe; daß der Paolo anscheinend nicht einmal diese Fußtritte gespürt habe; daß er ihn darum bei den Haaren gepackt und ihm noch einen Schlag auf die Nase gegeben habe; daß er ihn in blinder Wut wiederholt mit dem Brett getroffen habe, bis er ihn röchelnd zu Boden fallen hörte; daß er zum Auto geflüchtet sei und dabei die zwei Brettstücke und den Stock mitgenommen habe, die er dann in der Nähe des Autos weggeworfen habe; daß er sofort danach ins Auto gestiegen und mit diesem abgehauen sei; daß er nicht sagen könne, ob er im Fliehen mit dem Auto über Paolos Körper gefahren sei; daß er Pasolini weder absichtlich überfahren noch bemerkt habe, daß er über ihn gefahren sei, weil er unter Schock stand; daß er auf der Straße am ersten Trinkbrunnen haltgemacht habe, um sich zu waschen und die Blutflecken zu entfernen; daß er und der Paolo die ganze Zeit allein waren.

Die Bürokratensprache, die dem Protokoll der Carabinieri entnommen ist, verrät eine gewisse Erregung, deckt offensichtliche Lücken und Widersprüche auf. Als Pelosi vom Streifenwagen der Carabinieri überrascht wurde, sah er nicht so aus, als ob er gerade aus einer Rauferei komme: geringfügige Blutspuren, nicht einmal die Kleidung in Unordnung. Deshalb nimmt das Gericht an, daß das volle Geständnis des Angeklagten »nicht an der Suche nach der grundlegenden Wahrheit hindert«: eine »Wahrheit«, die sich sowohl auf den zeitlichen Ablauf wie auf den Vorgang selbst beziehe. Besonders haben die während des Ermittlungsverfahrens

erstellten Gutachten die Glaubwürdigkeit der Schilderung von Pelosi zunichte gemacht.
Vor allen Dingen: die Indizien, die darauf hinweisen, daß Dritte am Kampf auf dem Sträßchen und auf dem Fußballfeld des Idroscalo beteiligt waren. Als Pelosi von den Carabinieri aufgehalten wurde, fand man auf dem Rücksitz von Pasolinis Auto einen grünen Pullover. Es war ein gut erhaltener, wenn auch etwas abgetragener Pullover, Dutzendware, so einer, wie sie auf den Straßenmärkten verkauft werden. Er hatte weder die Größe von Pasolini noch die des Jungen. Ebenfalls im Auto wurde die Sohle eines rechten Schuhs gefunden, auch die nicht von Pasolini oder von Pelosi. Beide Gegenstände konnten sich nicht schon vor jenem Tag im Auto befunden haben. Graziella Chiarcossi hat bei der Vernehmung erklärt, den GT von Pier Paolo am Morgen des 31. Oktober geputzt zu haben: Sie hat weder Pullover noch Sohle gesehen. Im Auto wurden außerdem weder die Packung Marlboro-Zigaretten noch das Feuerzeug gefunden, nach denen Pelosi bei seiner Festnahme gefragt hatte. Und doch behauptete er, sie dort vergessen zu haben. Im Gerichtsurteil wird angenommen, daß eine dritte Person »in der Verwirrung sie genommen und mit sich geführt« habe.
Weitere Ergebnisse, die von der Spurensicherung geliefert wurden: »Im Bereich des Strafraums des linken Tores auf dem improvisierten Fußballplatz fanden sich Fußspuren, die mit Sicherheit weder von den Schuhen Pasolinis noch von denen von Pelosi stammen.« Es handelt sich um Eindrücke von einer Gummisohle, wahrscheinlich von Tennisschuhen. In der Darstellung des Urteils heißt es:

Es ist auszuschließen, daß die fotografierten Abdrücke von den Jungen, die am Morgen des 2. November dort Fußball spielten, hinterlassen worden sein können. Die Proben sind, wie aus dem Protokoll (Band 6) hervorgeht, um 7^{30} Uhr entnommen worden, auf jeden Fall noch bevor die Jungen zu dem Platz kamen und dort Fußball spielten...

Nicht nur die Abdrücke der Tennisschuhe, sondern – ebenfalls im Torraum – »zahlreiche weitere Abdrücke«. Wieviele Personen

waren dann in jener Nacht auf dem Feld am Idroscalo? Die Frage findet keine Antwort. Wichtig ist, daß sie überhaupt gestellt werden kann.
Und weiter: Auf dem Dach des GT über dem Beifahrerfenster befinden sich schwache Blutspuren – Blut, das nach dem Untersuchungsergebnis von Pasolini stammt. Wäre der Kopf von Pier Paolo auf das Autodach aufgeschlagen, dann hätten außer Blutspuren auch Abdrücke der Haare zu finden sein müssen, wie sie an allen Fundstücken vorhanden waren. Hätte es sich um Blutspritzer gehandelt, dann hätten jene Spuren wesentlich stärker sein müssen. Sie konnten auch nicht von den Händen von Pasolini herrühren, wenn – wie Pelosi aussagt – Pasolini während des Kampfes niemals in die Nähe des GT kam. Es wird angenommen, daß die Flecken von den Händen eines Angreifers aufgedrückt wurden. Doch wer ist dieser Angreifer? Ist es Pelosi? Pelosi behauptet, ins Auto gestiegen und nach dem Kampf selbst am Steuer gewesen zu sein. Das heißt, daß er bei der anderen Tür eingestiegen ist und nicht bei der mit den eingetrockneten Blutspuren. Diese Tatsache reicht aus, um die Vermutung glaubhafter erscheinen zu lassen, daß bei Pino »dem Frosch« mindestens eine weitere Person war, die zum Einsteigen die Beifahrertür öffnete und sich dabei instinktiv mit einer Hand auf dem Autodach abstützte.
Nehmen wir an, daß die Blutspuren von Pelosis Händen hinterlassen wurden: Pelosi läßt also Pasolini röchelnd am Boden zurück, läuft zum Auto, versucht einzusteigen, stützt irrtümlich eine Hand auf das Dach der Karosserie und merkt, daß ihm ein Fehler unterlaufen ist. Zur Flucht muß er auf der anderen Seite des Autos einsteigen. Er schließt die Beifahrertür wieder und wechselt zur Fahrertür. Wenn es so abgelaufen wäre, hätte er weitere, wenn auch schwächere Blutspuren sowohl auf der rechten Tür des GT als auch auf dem Lenkrad hinterlassen müssen. Doch nichts davon. Der Urteilsspruch schließt:

Zwei Annahmen allein sind möglich: Entweder hatte Pelosi die Hände mit Blut beschmutzt und bestieg das Auto von der Beifahrerseite her, während eine andere Person Pasolini überfuhr und das

Auto dann bis zu dem Trinkbrunnen steuerte, wo Pelosi sich wusch (es scheint aber wenig wahrscheinlich, daß die Komplizen des Pelosi mit ihm bis zum Trinkbrunnen gekommen sind); oder der Komplize mit den blutbeschmutzten Händen nahm auf dem Beifahrersitz Platz und öffnete dann die linke Türe, während Pelosi, dessen Hände nicht blutbeschmutzt waren, auf dem Fahrersitz Platz nahm. Auf jeden Fall scheint festzustehen, daß zusammen mit Pelosi eine andere Person ins Auto stieg, die mit ihm an dem Überfall teilgenommen hatte.

Für diese Annahme – nicht ein einzelner Angreifer, sondern mehr als einer – spricht die Tatsache, daß Pelosi sowohl an seiner Kleidung als auch am Körper kaum Flecken vom Blut Pasolinis hatte, während Pasolini bereits stark am Kopf blutete, noch bevor er den Tritt in den Hodensack erhielt, der bei ihm eine heftige innere Blutung hervorrief: »Es lag nicht nur ein einfaches Austreten von Blut vor, sondern das Blut strömte stoßweise heraus.« Dies ist, wie gesagt, durch die Blutmenge erwiesen, mit der das auf der Erde zurückgelassene Hemd getränkt war. Das Sachverständigengutachten hat festgestellt, daß Pelosi Blut von Pasolini auf dem linken Ärmel des Unterhemdes in Höhe des Handgelenks (drei Zentimeter hoch) hatte, ferner rechts unten auf der Hose und unter der Sohle eines Schuhs. Wäre es ein Nahkampf gewesen, wie der Junge in seinem »Geständnis« behauptet hat, dann hätten alle seine Kleidungsstücke beschmutzt sein müssen, nicht nur von Blut, sondern auch von anderem, wie bei der Untersuchung an dem Stock und an den beiden Brettern festgestellt wurde, die ihm als Angriffswaffen dienten.
Doch Pelosi geht unverletzt aus dem Kampf hervor. Pasolini bleibt am Boden liegen mit entstelltem Gesicht, tiefen Verletzungen am Schädel, dem beinahe abgerissenen Ohr, den abgeschürften Händen, den zermalmten Nägeln. Pelosi hat nur eine kleine Wunde links an der Stirn, in Höhe der Augenbraue; und das ist eine Verletzung, die er davonträgt, weil er scharf bremsen muß, als ihn der Streifenwagen der Carabinieri auf dem Lungomare Duilio stoppt. Pelosi schlägt mit der Stirn auf das Lenkrad des Giulia GT auf, nichts weiter. Gerade dies macht die »Geständnis-Erzählung« von Pino »dem Frosch« unglaubwürdig. Seine Schilderung

kommt Schlag auf Schlag, scheint von einer glänzenden Dramaturgie diktiert. Sie besitzt eine blendende Folgerichtigkeit, doch diese Folgerichtigkeit wird von einer ganzen Anzahl von Daten entkräftet, für die Pelosi bei der gerichtlichen Auseinandersetzung nur ausweichende Erklärungen liefern konnte.

Die Lücken und Unstimmigkeiten in den Worten des Jungen beginnen schon in dem Moment, als er seine Begegnung mit Pasolini bei den Bogengängen des Bahnhofs Termini beschreibt. Aufgrund der gesammelten Zeugenaussagen ist nachgewiesen, daß Pasolini vor der *bar** in diesen Bogengängen ankommt und nicht aus dem Auto steigt. Er spricht mit einer Gruppe Ragazzi di vita voller Mißtrauen und Vorsicht; er sagt, er warte auf einen Freund. Die Jungen machen Annäherungsversuche, wollen seine Hand ergreifen: Er verriegelt die Tür und schließt das Fenster. Währenddessen geht einer der Jungen mit Namen Seminara in die *bar* hinein, ruft Pelosi und will ihn dazu veranlassen, zu dem Giulia GT zu kommen. Da schwindet Pasolinis Mißtrauen. Er läßt den Jungen, der sich als letzter vorgestellt hat, ins Auto einsteigen. (Liegt es daran, daß Pelosi äußerlich mit Pasolinis ästhetischer Zwangsvorstellung übereinstimmt?)

Pelosi steigt in den Alfa. Der Alfa entfernt sich für eine halbe Stunde von der Piazza dei Cinquecento. In dieser halben Stunde überredet Pelosi Pasolini dazu, zum Bahnhof zurückzukehren, und läßt sich versprechen, daß er nach Beendigung des Treffens wieder nach Hause, zum Tiburtino III gefahren wird. Der Junge ist noch minderjährig, fährt aber heimlich Auto: Er leistet sich zusammen mit zwei anderen Jungen als »Miteigentümer« einen Kleinwagen; zu diesem Zeitpunkt hat er die Schlüssel dazu und muß sie den anderen übergeben[1].

Als sie zur Piazza dei Cinquecento zurückkommen, bittet Pelosi seine Freunde, sich nicht von dem Mann mit dem Giulia GT sehen zu lassen. Er bringt die Ausrede von den Autoschlüsseln und spricht dann mit ihnen, doch es ist nicht bekannt, was er sagt. Dann fährt der GT in Richtung Ostia davon.

---

* Die italienische *bar* entspricht etwa unserem Café, man nimmt die Getränke jedoch meist im Stehen ein. (Anm. d. Ü.)

Kennt Pasolini schon den Idroscalo, oder kennt nur Pelosi den Platz? Keiner weiß, ob Pasolini je den Platz frequentiert hat. Das Urteil in erster Instanz spricht die Vermutung aus, daß Pelosi ihn gekannt habe: Er habe den Trinkbrunnen auf der Piazza Scipione l'Africano in Ostia, wo er sich die Hände und den blutbesudelten Hosensaum abwaschen konnte, nicht durch Zufall finden können, nachdem er das Auto in einer abgelegenen Straße wie der Via delle Caserme geparkt hatte. Jedenfalls muß schon zum Zeitpunkt der zweiten Wegfahrt von der Piazza dei Cinquecento der Idroscalo als Endpunkt der Fahrt klar gewesen sein, wenn man auch nicht weiß, wem.

Die Stationen: das Gasthaus »Biondo Tevere« auf der Via Ostiense, dort kennt man Pasolini und erkennt ihn auch wieder; danach eine Tankstelle, auch dort wird Pasolini von einem gelegentlichen Kunden erkannt. Es scheint ein Abend wie viele andere zu sein. Da ist ein Junge, der in einem Gasthaus einen Teller Spaghetti *aglio e olio* ißt, und ein Auto, das an einer Münztanksäule aufgetankt wird.

Ist da vielleicht auch ein Wagen, der dem Alfa GT folgt und ungesehen auf ihn wartet, wenn er haltmacht? Die Vermutung einer Falle, wie sie von verschiedenen Stimmen geäußert wurde, wird durch die vorgelegten Gutachten bestätigt. Die Ermittlungen lassen Unstimmigkeiten und Widersprüche im »Geständnis« von Pelosi zu Tage treten; die Nachforschungen führen auf den Kern des »Geständnisses«, das eher aufdeckt, was eigentlich verheimlicht werden soll.

Am Montag, 3. Mai 1976, veröffentlicht der Berichterstatter des »Paese-Sera«, Franco Rossi, einen Brief, den er anonym erhalten hat (einen Brief gleichen Inhalts hat auch der Anwalt Nino Marazzita, der Vertreter der Familie Pasolini als Nebenkläger am Jugendgericht Rom, erhalten). Der Brief, der Rossi zugestellt wird, behauptet, daß am Abend des Samstag, 1. November der GT von Pasolini beim Verlassen der Piazza dei Cinquecento von einem Wagen mit dem Kennzeichen Catania verfolgt wird. Im Wagen sind vier Personen, die die Jungen von den Bogengängen des Bahnhofs nur zu gut kennen. Derjenige, der den Brief schreibt, ist einer von diesen Jungen. Der Brief sagt:

Die vier kannten wir sehr gut, weil sie meistens kommen und uns verhauen und uns das Geld abnehmen, das wir mit unserer Arbeit verdient haben. Und die sagen uns, daß wir mit unserer Arbeit aufhören sollen, weil wir ihnen das Revier für ihre Weiber vermiesen ...

Und weiter:

Die Richter haben eine große Schweinerei begangen, indem sie Pelosi angeklagt haben, denn mehr als drei Jahre wegen Autodiebstahl verdiente der nicht, wenn man bedenkt, daß wir Ragazzi di vita, um nicht Strichjungen zu sagen, wissen, daß Pino Pelosi völlig unschuldig ist. Die vier haben gedroht, ihn umzubringen, wenn er auch nur ein Wort über das Ganze verliert ...

Die Falle. Die Erregung über die Tötung von Pasolini war ungeheuer, und der Gedanke, er sei in einem »politischen« Hinterhalt getötet worden, machte sofort die Runde. Er, der Polemiker, der öffentliche Ankläger der Herrschenden, des dreißigjährigen Regimes, das Italien regierte, wurde »liquidiert«, gewaltsam zum Schweigen gebracht, und das auf raffinierteste und mieseste Art: auf einem Fußballplatz an der römischen Peripherie, von der Hand eines Ragazzo di vita, dem er »an den Arsch« wollte. Kein Schuß aus der Pistole, keine Maschinengewehrsalve am frühen Morgen beim Einsteigen ins Auto vor der Haustüre, nichts von dem, was zum Schema des politischen Verbrechens gehört, an das man sich in den düsteren, brutalen siebziger Jahren gewöhnt hat. Pasolini ist einer teuflisch zufälligen und auf ihre Weise perfekten, überzeugenden Inszenierung erlegen, einer Inszenierung, der er rettungslos auf den Leim gehen mußte wegen seines »bekannten Masochismus«, wegen seines »Selbstverstümmelungswahns«.
Dieser Version, die einen wunden Punkt Pasolinis ausnützte, trat Alberto Arbasino entgegen:

Was heißt Masochismus? Was heißt Selbstverstümmelungswahn? Da gibt es eine Grenze! Das heißt, da gibt es sogar zwei: Einmal die Achtung vor der eigenen Person als Figur des öffentlichen Lebens, die in einem Kampf für die Bürgerrechte engagiert ist. In diesem Fall kann man sich nicht einmal den bescheidenen Luxus erlauben, sich hinter einem Busch mit den Unterhosen in der Hand überraschen zu lassen. Und das wußte unser Freund sehr wohl; genauso wie auch die unverfrorensten Geschäftemacher alle Schliche und Hintertüren kennen, um sich nicht »auf frischer Tat ertappen« zu lassen. Zum anderen, daß auch nur ein Mindestmaß an Rücksicht auf die Literatur, ein Mindestmaß an Liebe zu den eigenen Büchern nicht zulassen, daß daraus kalauernde Zeitungsschlagzeilen gemacht werden, und das ausgerechnet zum Anlaß des eigenen Todes! Da stimmt wirklich gar nichts, und am wenigsten all diese sorgfältig erdachten, ach so genauen kleinen Geschichtchen, Klassenaufsätzchen, die ach so gute Referenzen aufweisen können wie eine Perle von Haushälterin. Nie in der Geschichte der italienischen Gerichtsbarkeit ist alles so logisch und eindeutig und »ne varietur« erschienen wie hier innerhalb weniger Sonntagsstunden...[2]

Die Falle. Angesichts einer Falle wäre aus dem wunden Punkt Pasolinis moralische Stärke geworden. Die italienische Kulturszene in Pasolini zu treffen, konnte eine Zündschnur zum Brennen bringen – mit unvorhersehbaren Konsequenzen. Die »Herrschenden«, gegen die Pasolini in den Spalten des »Corriere della Sera« mit seinen *Freibeuterschriften* oder seinen *Lettere luterane* (etwa: Lutherbriefe) zu Felde zog, wußten mit subtilsten Mitteln alles zum Schweigen zu bringen. Die Herrschenden riskieren in solchen Fällen immer am wenigsten. Oder sie riskieren auf anderer Ebene, indem sie die Tatsachen komplizieren und verfälschen. Doch dann haben wir das Blutbad auf der Piazza Fontana, das Blutbad des Italicus*. All das kommt allein und ganz ohne nachzuhelfen der italienischen Rechten zugute.

Und doch scheint eine Falle die logische Konsequenz. Man kann mehr als eine Vermutung über ihren Ablauf anstellen. Zum gegenwärtigen Stand der Dinge ist der einzige Anhaltspunkt der, daß Pelosi darüber mit Sicherheit schweigt. Eine Falle, gestellt von vier Zuhältern, die mit der Absicht vom Bahnhof Termini losfahren, nach Art der Unterwelt eine Abrechnung vorzuneh-

* Terroristische Attentate auf eine Bank und einen Zug. (Anm. d. Ü.)

men, die dann in ein Verbrechen mündet? Alles kann glaubhaft sein, so daß der »politische« Mord nur in einem übertragenen Sinn Gestalt annimmt; nämlich in dem Sinn, daß jede menschliche Handlung der reinen Zufälligkeit entzogen und in vernunftmäßig erfaßbare Begriffe umgesetzt werden kann und muß. Dieser Mord ist tatsächlich ein »politischer« gewesen und zwar wegen der Bedeutung des Ermordeten im öffentlichen Leben. Doch die einzig gesicherten Daten, die Licht in die Nacht am Idroscalo bringen, sind auf dem Körper von Pasolini zu finden, in den vielfachen Wunden, die ihn getötet haben und für die man anscheinend nicht allein Pino »den Frosch« verantwortlich machen kann.

Also: Der GT kommt am Idroscalo an, bleibt im Dunkel stehen. Pino Pelosi sagt, er habe eine Zigarette angezündet, sie geraucht. Dann streichelte Pasolini ihm die Genitalien: »Er nahm meinen Penis etwa eine Minute lang in den Mund.« Es kam zum oralen Verkehr. Danach, so geht weiter aus dem Protokoll der Aussage des Pelosi hervor, verschob Pelosi die Forderung der vereinbarten zwanzigtausend Lire auf später: »Ich dachte, daß ich ihn lieber erst danach fragen sollte, wenn wir alles gemacht hätten.« Pelosi weiß also, daß die Begegnung noch nicht abgeschlossen ist. Was kann an diesem Punkt noch zwischen den beiden geschehen? Pasolini muß sich den Gürtel aufgemacht, den Reißverschluß der Hose geöffnet und sich auf einen Liebesakt vorbereitet haben. Pelosi sagt, er sei aus dem Auto gestiegen und habe sich gegen einen Maschenzaun aus Metall gelehnt. Warum? hat man ihn im Verlauf der Verhandlung gefragt. Er antwortete: »Einfach so, zum Schauen.« Um was zu sehen, obwohl es stockfinster war?

Pelosi behauptet, daß Pasolini draußen vor dem Auto ihm mit einem Stock nachlief und versuchte, mit diesem einen erotischen Kontakt herzustellen; daher das Trauma, seine Wut, die Ursache, die ihn dazu brachte zu töten. Doch die Phasen des Kampfes sind zwei, nicht eine, wie Pino »der Frosch« glauben machen will. Hier wird das Schweigen des Jungen undurchdringlich und schuldbewußt. Am Morgen danach im Gefängnis Casal del Marmo sagte er in der Zelle zu seinem Nachbarn, dem ersten besten: »Ich habe einen Mann umgebracht und zwar Pasolini.« Noch hat er es nicht in den Verhören gesagt, noch hat er nicht »gestanden«. Und er fügt hinzu: »Sie werden es sowieso bald rauskriegen; die sind ja nicht blöd.« Einstweilen hat er noch nicht gestanden. Einstweilen hat er eine Pause für die Ermittlungen geschaffen. Er, der später erklären wird, er habe aus Notwehr getötet. Der Mann, der »Schwule« griff ihn an; er griff ihn mit einem Stock an. Er wollte ihm mit dem Stock »an den Arsch«.

Es ist stockdunkel. Der Überfall kann geschehen sein, während Pasolini noch im Auto über den Unterleib des Jungen gebeugt war. Sie können ihn am Rücken gepackt und herausgezogen haben. Pelosi kann ausgestiegen, zu dem Maschenzaun gegangen sein, mit dem Rücken zu dem, was geschah, »einfach so, zum Schauen ...« Der Kampf beginnt dort, siebzig Meter entfernt von dem Ort, an dem die Leiche gefunden worden ist. Pasolini wird mit Gewalt am Kopf getroffen, seine Wunden bluteten heftig. Er hatte noch Zeit, sich das Flanellhemd auszuziehen, sich damit das Blut abzuwischen und das Hemd dort neben dem Tor des Fußballplatzes abzulegen. Das Hemd ist an keiner Stelle beschädigt: Es ist ihm nicht heruntergerissen worden – Pasolini hat es aufgeknöpft, hat es abgestreift.

Mit welchen Waffen wurde er getroffen? Auf dem gestampften Boden des Idroscalo wurden ein Stock und die beiden Teile der Latte gefunden; und zwar 56 bzw. 90 Meter von der Leiche entfernt. Aufgrund ihrer Beschaffenheit wären sie nicht ausreichend gewesen, um die Verletzungen am Kopf hervorzurufen, die Pasolini erhalten hat. Wahrscheinlich ist er von etwas anderem getroffen worden. Auf jeden Fall fließt ihm jetzt Blut ins Gesicht. Die Kopfhaut ist reich an Blutgefäßen: Die Wunden lassen vermuten, daß auch die Arteriengefäße getroffen wurden; es kam eindeutig zu Blutungen in der Stärke von »Ergüssen«. Solche Blutstrahlen mußten die Angreifer oder den Angreifer treffen. Aber Pelosi wurde nicht getroffen. Und Pasolini muß sich gewehrt haben: Das verraten seine abgeschürften Hände.

Der Versuch, das Blut mit dem Hemd zu stillen, kennzeichnet das Ende der ersten Phase des Kampfes. Ein Haltmachen, eine Leerstelle. Dann das Zurücklegen der siebzig Meter, der letzten siebzig Meter, auf denen Pasolini noch gelebt hat. Wenn wir die

Kopfwunden als Höhepunkt der ersten Phase des Kampfes ansehen, so ist danach ein Tritt in die Hoden der entscheidende Augenblick des zweiten Teils. Pasolini muß ohnmächtig geworden sein: Der Stoß hatte an seinem Unterleib einen tiefen Bluterguß hervorgerufen. Das Urteil Moro nimmt an, daß der Tritt »von einer Person ausgeführt wurde, während andere das Opfer zum Gnadenstoß festhielten.«
Pelosi hat behauptet, auf Pasolini mit dem Stock und dem Brett, das bei den Hieben in zwei Teile zerbrochen war, eingeschlagen zu haben; er hat gesagt, er habe sie dann »instinktiv« aufgesammelt und auf der Flucht in der Nähe des Autos weggeworfen. Doch vor dieser Flucht gab es noch eine andere Flucht: die von Pasolini vom Tor des Fußballplatzes in Richtung auf den Ort, wo er zu Boden stürzte. Ein Haarbüschel von ihm ist auf der unbefestigten Straße gefunden worden. Sie verfolgten ihn, holten ihn ein, erwischten ihn an den Haaren. Vielleicht war das der Moment des Tritts in den Hodensack.
Und dann die Flucht mit dem Auto. Pelosi behauptet, beim Fahren nicht bemerkt zu haben, daß er den leblos am Boden liegenden Pasolini überfahren hatte. So ist Pasolini getötet worden: das Herz zerborsten unter dem Druck der Reifen des GT. Also, Pelosi hat nichts gesehen, und doch war jener Körper kein geringfügiges Hindernis. Pelosi sagt, er sei ganz durcheinander und wie benebelt gewesen. Doch einstweilen hatte er den Stock und die beiden Bruchstücke der Holzlatte weit von der Leiche weggeschleudert. Und auch vor den Carabinieri eine halbe Stunde später zeigte er sich keineswegs benebelt und wußte ihnen genaue Antworten zu geben, wenn diese auch im Vergleich zu seiner späteren Darstellung der Geschehnisse in die Irre führten. Er sorgte sich um seine Zigaretten, um das Feuerzeug und um jenen Ring, den man neben dem Körper des Toten fand, als ob er seine Unterschrift unter dem Mord hinterlassen wollte.
Der Giulia fährt mit der Absicht los, den röchelnd am Boden liegenden Pasolini zu zerquetschen; Pasolini nahm nicht die ganze Straßenbreite ein; es blieben mehr als acht Meter, auf denen das Auto fahren konnte. Und doch überfährt das Auto jenen Körper und »macht ihn fertig«. Pelosi sagt während des Verhörs:

Ich habe nur ans Abhauen gedacht. Ich dachte nicht, daß er schon tot war, aber in dem Moment ging es mir nur darum wegzukommen und mein Auto wieder zu holen, und mich interessierte die Möglichkeit nicht, daß Pasolini aufgrund seiner Verletzungen sterben könnte, wenn ich ihn allein ließ.

Er war abgehauen. Sein Ring auf die Erde geworfen. Pelosi behauptet, er sei ihm während des Kampfes vom Finger gerissen worden. Doch der Ring paßte nur knapp auf seinen Finger: Noch am Morgen danach war der rote Kreis auf der Haut eingeprägt. Das Herunterreißen hätte in einem Nahkampf erfolgen müssen, aus dem Pelosi nicht völlig unversehrt hätte hervorgehen können. Pasolini war ein hagerer und kräftiger Mann, gewohnt an wöchentliches Sporttraining. Der Fußball war seine Leidenschaft, seine Zerstreuung, seine Entspannung – eine jungenhafte Freude überkam ihn, wenn er davon sprach, und er gönnte sich diesen Spaß beim Spiel mit den Männern seiner Filmtruppe, oder mit den Jungen, die er in der Borgata kennenlernte. Er spielte mit List, mit Begeisterung, mit Können. Alles in allem konnte sein Körper im Verlauf eines Handgemenges nicht einfach nachgeben und zerbrechen, wie es Pelosi beschreibt.
Pelosi sagte nicht genau, wann und wie ihm der Ring abgestreift wurde. Der Ring dort, neben der Leiche. Ein Mann, der im Sterben liegt, der durch einen Tritt in die Genitalien nur noch halb bei Bewußtsein ist, kann nicht die Kraft besessen haben, einem Jungen, der von mörderischer Wut gepackt ist, einen Ring vom Finger zu ziehen, der nur »knapp paßt«. Das Abwegige an diesem Indiz, an diesem unwiderlegbaren Beweis der Schuld hat die unterschiedlichsten Vermutungen entstehen lassen. Alle schließen mit der gleichen Frage: Ist ein Mord konstruiert worden, aus dem der Junge aus dem Tiburtino III als der unzweifelhaft Schuldige hervorgehen sollte, er, der als Minderjähriger mit einer alles in allem milden Strafe davonkommen konnte?
Der Ring, der wie zufällig dort herumliegt, läßt vielleicht sehr viel konkretere Zweifel daran aufkommen, was sich in der Nacht vom 1. auf den 2. November 1975 dort auf dem Boden des Idroscalo ereignet hat, als alle anderen Verdachtsmomente, die von der

gedrängten Schilderung des Pelosi aufgeworfen werden. Warum redet Pelosi nach seiner Festnahme vor den Carabinieri von seinem verlorenen Ring? Warum ein so offensichtliches Zeichen der eigenen Schuld verbreiten?
Dieses wie gesagt deutlich ausgestreute Indiz kann aber auch eine ganz entgegengesetzte Rolle spielen. Aus der Nacht am Idroscalo kann ein teuflisch schlauer, teuflisch instruierter Pelosi hervorgehen; aber auch ein entwaffnend tölpelhafter, linkischer Pelosi, der alleine getötet hat und sich dabei in einem verhängnisvollen, nur halbbewußten Zustand befand. Es kann einer jener »unglückseligen Jugendlichen« daraus hervorgehen, von denen Pasolini selbst geschrieben hat:

Es gibt keine Gruppe von Jugendlichen, denen man auf der Straße begegnet, die nicht ebensogut Kriminelle sein könnten. Sie haben kein Leuchten in den Augen: Ihre Züge äffen Automaten nach, nichts Persönliches charakterisiert sie von innen heraus. Ihre Stereotypie macht sie unberechenbar. Ihr Schweigen kann ebenso einem ängstlichen Hilferuf (aber was für Hilfe?) wie einer Messerstecherei vorausgehen. Sie beherrschen ihre eigenen Handlungen nicht mehr, man könnte fast sagen, nicht einmal ihre Muskeln. Sie wissen nicht recht, was der Unterschied zwischen Ursache und Wirkung ist. Sie sind innerlich zurückgeblieben – unter dem äußeren Anschein einer längeren Schulbildung und besserer Lebensbedingungen – bis hin zu einer primitiven Roheit. Wenn sie auf der einen Seite auch besser reden können, das heißt, das degradierte Durchschnittsitalienisch angenommen haben, so sind sie auf der anderen nicht in der Lage, sich verständlich zu machen: Sie sprechen alte, unverständliche Dialekte, oder sie schweigen immer nur und geben ab und zu kehlige Schreie und lauter unflätige Ausrufe von sich. Sie können nicht lächeln oder lachen. Sie können nur grinsen oder kichern[3]...

Also: Ist Pelosi ein Krimineller, der nichts von seinem Zustand weiß, weil er keine Kontrolle über seine eigenen Muskeln hat, weil er »den Unterschied zwischen Ursache und Wirkung« nicht kennt? Ein Ungeheuer, ein Automat, der sich aus dem italienischen »Fortschritt« herausgeschält hat, aus der italienischen Ära

des »Wohlstands«? Sicher hat er mehr gelernt als seine Väter; er hat sich besser ernährt als sie. Doch dieser Junge hat für solche Verbesserungen eine furchtbare Zeche bezahlt: Er ist auf der Stufe »primitiver Roheit« zurückgeblieben. Ihn blendet alles, was glänzt: Er hat einen Menschen getötet, und eine halbe Stunde später spricht er, eingelullt von seinen eigenen Götzen, von nichts anderem als von einem Ring; einem Ring, der einen roten Stein trägt und eine eingestanzte Schrift, die offenbar auf andere Götzen, auf unerfüllte Träume hinweisen soll: *made in U.S.A.* Für das, was er getan hat, kann er nicht wegen einer spezifischen, individuellen Schuld angeklagt werden. Seine Schuld ist eine kollektive, eine soziale.
Das heißt dann auch, daß Pasolini in der letzten Nacht seines Lebens in einen jederzeit wiederholbaren Handlungsablauf hineingezogen wurde. Pelosi war *scheinbar* einer der vielen Jungen mit den Löckchen und der schmalen Stirn, wie sie ihm bisher begegnet waren. Doch er *war* keiner von ihnen. Sein »Schweigen« kann den Erzähler von *Ragazzi di vita* getäuscht haben. Dieses Schweigen hat er als »Hilferuf« verstanden und wurde in eine Messerstecherei hineingezogen. Nur diese Überlegung kann die naheliegende Hypothese, daß Pasolini in eine Falle gelockt wurde, noch entkräften.

Also: Pelosi zeigte sich Pasolini unter den Bogengängen der Piazza dei Cinquecento.

Vor allem bist du sehr nett. Vielleicht nicht gerade im üblichen Sinne. Du kannst auch zierlich und sogar ein wenig mickrig von Statur sein; du kannst in deinem Gesicht schon das Merkmal tragen, das es in späteren Jahren gefährlich nach einer Maske aussehen lassen wird. Doch deine Augen müssen schwarz und glänzend sein, dein Mund ein wenig groß, dein Gesicht ziemlich regelmäßig, deine Haare müssen kurz im Nacken und hinter den Ohren sein, dagegen gestehe ich dir ohne weiteres eine schöne Tolle auf der Stirn zu. Sie darf hoch, kriegerisch und vielleicht auch ein bißchen übertrieben und lustig wirken. Es wäre mir ganz lieb, wenn du ein wenig sportlich wärst, also schmalhüftig und mit kräftigen Beinen[4]...

Das war der *Gennariello* aus der gleichnamigen kleinen Abhandlung, die Pasolini im Frühling 1975 begann und halbfertig liegen ließ. Der Text war pädagogisch zu verstehen. Sein Ziel: die Ursprünglichkeit und Kreatürlichkeit der jugendlichen Subproletarier* vor dem »anthropologischen Völkermord« zu retten – zumindest in den Gebieten Italiens, wo das überhaupt noch möglich war. Pelosi konnte auf gewisse Weise physisch dem Bild entsprechen. Doch von diesem Idealbild war Pasolini inzwischen weit abgerückt. Er hatte in einem *Abiura dalla Trilogia della vita* (etwa: Lossagung von der Trilogie des Lebens) betitelten Artikel am 15. Juni 1975 von seinem »Haß« auf die »Körper und Geschlechtsteile der heutigen italienischen Jugendlichen« geschrieben. Er hatte geschrieben, daß er diese Körper und Geschlechtsteile nie mehr mit so liebevoller Zustimmung im Film würde darstellen können wie noch in *Decameron*, in *Tolldreiste Geschichten* und in *1001 Nacht*. In seinen Worten lag Heftigkeit: die Heftigkeit der Enttäuschung, eine »rückwirkende« Heftigkeit.

Ein paar Jahre lang habe ich mich selber täuschen können. Die degenerierende Gegenwart wurde teils von dem objektiven Fortbestehen der Vergangenheit, teils – als Folge davon – von der Möglichkeit, sie wiederaufleben zu lassen, kompensiert. Doch heute hat die Degenerierung der Körper und der Geschlechter eine rückwirkende Bedeutung angenommen. Wenn diejenigen, die *damals* soundso waren, *heute* soundso haben werden können, dann heißt das, daß sie es schon potentiell gewesen sind. Deshalb ist auch ihr Sein von *damals*, an der Gegenwart gemessen, entwertet. Wenn die Jugendlichen des römischen Subproletariats – diejenigen, die ich dann in das alte und noch immer so bestehende Neapel und danach in die armen Länder der Dritten Welt hineinprojeziert habe – wenn sie *jetzt* menschlicher Müll sind, dann heißt das, daß sie es auch *damals* potentiell waren: Sie waren einfach Dummköpfe, die notwendigerweise anbetungswürdig waren, widerliche Kriminelle, die man zwang, die heilige Unschuld darzustellen...

---

* Subproletariat *(sottoproletariato)*: von Pasolini verwendeter Begriff, der seinem Gehalt nach dem marxistischen Begriff des Lumpenproletariats nahekommt, jedoch ohne wertenden Charakter. (Anm. d. Ü.)

Der Schluß aus dem Zusammenbruch dieser Idealvorstellung, die den Dichter von *Ragazzi di vita* jahrelang wie ein religiöses Glaubensbekenntnis beflügelt hatte, war zutiefst bitter und schmerzend: »Das Leben ist ein Trümmerhaufen ohne Bedeutung und voller Ironie[5].«
Inmitten dieses Trümmerhaufens »voller Ironie« hatte auch der Tod seinen Platz. Man fragt sich: Was ist geschehen, daß – als wieder einmal der *Gennariello,* der gerade an der Reihe war (sei er nun echt oder falsch gewesen), auftauchte – die Absage an dessen Körper an Bedeutung verlor und Pier Paolo seine Sinne nicht mehr bändigen konnte? Triebe sind schwer zu beherrschen. Waren in dieser Novembernacht nur sie im Spiel, oder war das nur ein Vorwand, mit dem man das gräßliche, im voraus bestimmte Ziel der Ermordung erreichen wollte?
Die Nacht am Idroscalo ist noch nicht endgültig aufgehellt. Es ist nunmehr klar, daß wir bei Überprüfung ihrer Wahrheit über Vermutungen nicht hinauskommen. Was wichtig ist und in den Vordergrund drängt, ist ihre Realität. Nicht daß Wahrheit und Realität einander entgegenstünden, doch die letztere absorbiert von sich aus die erste. Pier Paolo ist tot, und sein Tod scheint Zufall und Unumgänglichkeit miteinander zu verketten; dabei wird jede Schilderung ausradiert, das Bild von Pelosi verschwimmt, der Stock, das in zwei Teile zerborstene Brett, der Ring mit dem roten Stein, der im Alfa GT zurückgelassene Pullover. Die Traumszene in *Accattone* kommt einem wieder in den Sinn: junge, nackte Körper, zur Hälfte unter Schutt begraben; die Sonne, die alles weiß glühen läßt; ein Gefühl von Vergeudung und Beklommenheit; trügerisches Schweigen.
Das ist also das vage, widerliche Gelände, auf dem sich dieser Tod abgespielt hat. Die drei Bäumchen, die kleine Bank – die Laura Betti dem Schriftsteller gewidmet hat – werden irgendwann ausgerissen und zerstört werden, werden verschwinden. Die Landschaft aus Baracken, Pfützen und Abfallhaufen scheint unangefochten: ein Ort der Verweigerung und der Randexistenz, ein Ort der Trümmer. Bei aller Gräßlichkeit ist der Idroscalo auch ein Ort des Mitleids, ein Ort der Andacht. Seine Merkmale sind von dem Ereignis ins Licht gerückt worden. Alberto Arbasino hat

sich, wie wir gesehen haben, geweigert, das Ganze als eine makabre, ausgetüftelte Inszenierung zu betrachten. Doch die Frage ist auch, ob die Inszenierung in dieser Pünktlichkeit, in dieser Perfektion überhaupt möglich war. Eine schauerliche Fatalität liegt in der Tatsache, daß Pasolini dort, wo die kleine Bank und die Bäumchen gestanden haben, gestorben ist, auf diesem unebenen Stück Boden mit den Baracken und dem Fußballfeld daneben. Die Fatalität läßt auch dann erschaudern, wenn erwiesen wäre, daß Pasolini durch eine Falle zu dem Platz hingeschleppt wurde. Moravia hat gesagt, er habe den Ort auf den ersten Blick wiedererkannt, so als habe er ihn schon ein andermal gesehen: »In der Tat hatte er [Pasolini] ihn schon in seinen beiden Romanen *Ragazzi di vita* und *Vita violenta* sowie auch in seinem ersten Film *Accattone* beschrieben[6].« Dieses schicksalhafte Zusammentreffen, das nichts an den Vermutungen ändert, die man über das Verbrechen anstellen kann, verlangt nach einer Erklärung; wenn auch keine unmittelbare Erklärung möglich ist, muß doch weiter danach gesucht werden. Leben und Werk Pasolinis geben Antwort.

Teil eins

Im Herzen eines Kindes

Ein Zitat

Immer auf der Höhe seiner selbst, *auf der Spitze des Schwertes* leben und sich vom Leben gefangen nehmen lassen; von diesem Leben seines Dorfes, das in abgeschlossenen und nostalgischen Episoden wie festgefahren war. All dies hatte vielleicht seine Ursache darin, daß er zum Teil ein Fremder war.

Autobiographische Seiten – die wahrsten, die Pasolini je über seine Jugend im Friaul geschrieben hat; er faßte sie nie in einem Buch zusammen, sie blieben im Heft Nr. VIII der »Botteghe Oscure« eingeschlossen, der Zeitschrift unter Leitung von Marguerite Caetani, an der Giorgio Bassani als Redakteur mitarbeitete. Die Seiten sind überschrieben mit »*I parlanti*« (etwa: Die Sprecher): das Friaul, durch die Entdeckung seiner Sprachkultur und seiner Geschichte ein »magischer« und »fremder« Ort. Pasolini hatte einen Teil jener Blätter 1948 geschrieben. Er veröffentlichte sie 1951.

Das Adelsblut des aus Ravenna stammenden Vaters (vor seinem geistigen Auge: ein alter Palast im Herzen Ravennas, verwittert und hellgebleicht wie auf einem alten Stich; dann ein flüchtiger und trauriger Blick aufs Meer von Porto Corsini; ein Innenraum, rot und schwermütig in seinem Prunk des 19. Jahrhunderts, wo seine Urahnin, eine alte Gräfin, mit Carducci plaudert) hatte sich vermischt mit dem Blut der Colussi aus Casarsa (wiederum vor seinem geistigen Auge: ein alter Dorfweiler, grau und eingetaucht in das dumpfe Halbdunkel des Regens; hier und dort die uralte Gestalt eines Bauern; über allem der zeitlose Klang der Glocke).
Seine Großmutter jedoch, die Mutter seiner Mutter, stammte aus Casale Monferrato. Ein Piemont in leuchtendem Rosa, wie auf dem Atlas seiner Kindertage, den er mit einem flammenden, kostbaren Einband versah. Das immer gleichbleibende Leben der Familie seiner Großmutter: ein Altersheim; ein Tanzfest; seine Großmutter als junges Mädchen mit dem Kamm in der Hand; ein leergeräumtes Haus, mächtig vergrößert und eingeschwärzt vom Elend. Doch von

den Hügeln des Monferrato, die er nie gesehen hatte, wehte leise ein heiteres, grünes Lüftchen, wie künstlich konserviert, durch sein Leben. In einer Erinnerung ohne Zweck. Wie überlebt. Jedesmal, wenn er an den Namen *Monferrato* dachte, einen kriegerischen Namen, mit dem manche eherne Geschichte aus der Zeit der Feudalherrschaft verschmolz – die er zufällig und mit erfreutem Stolz im Gymnasium erfahren hatte –, kam ihm das Land Polen in den Sinn. Die Urgroßmutter seiner Mutter war eine polnische Jüdin gewesen. Seine Mutter hatte von ihr den Namen Susanna geerbt. Sie war als Braut von einem seiner Vorfahren, einem Soldaten Napoleons, ins Friaul gebracht worden. Das Land Polen, das also sogleich glücklich vor seinen Kinderaugen erstand, hatte einen mausgrauen Anstrich und war mit den Farben und Liedern des Risorgimento* durchzogen: Auf einmal zerriß das Bild, und in seinem Mittelpunkt sah er seinen Ururgroßvater, der inmitten einer kalkweißen Schneefläche sein Pferd tötet, ihm den Bauch aufschlitzt und hineinkriecht, um sich vor der tödlichen Kälte zu schützen.

Verlassen wir jetzt die phantastische und liebevolle Wiedererschaffung der Familiengeschichte. Ihre Musik mag wie eine Melodie im Hintergrund meiner Erzählung klingen, die nachzeichnet, was im Inneren dieses »fremden« Kindes vorging, das beim Anblick der Farben im Schulatlas von den Heldentaten seiner Familie träumte.

Im Herzen eines Kindes

*Tal còur di un frut*** – im Herzen eines Kindes. Was ging vor in diesem Kind Pier Paolo Pasolini, geboren in Bologna am 5. März 1922?

Ein elegantes Kind, die Augen dunkel und melancholisch; das Haar schön glatt gestrichen auf der Stirn; ein weißer Matrosenpullover mit geometrischem Muster an Saum und Kragen; die kräftigen Beine in Kniestrümpfen aus blütenweißem Garn;

---

* *Risorgimento:* Einigungsbewegung im 19. Jahrhundert; Zeitraum, der die Unabhängigkeit Italiens vorbereitet. (Anm.d.Ü.)

** friaulischer Dialekt. (Anm.d.Ü.)

Lackschuhe; Samthosen bis zum Knie. Oder: Hut mit runder Krempe und offene Pelzjacke; das Futter wahrscheinlich in lebhaften Farben. Pier Paolo kann zwei, höchstens drei Jahre alt sein. Im Studio des Fotografen fingiert der gemalte Hintergrund einen Park, eine Balustrade und eine Platanenallee. Das Kind hat man auf einen Polsterstuhl mit gerader Lehne steigen lassen. Die Mutter hält es am Arm. Susanna Pasolini, geborene Colussi. Auf dem Foto sieht sie aus wie ein junges Mädchen. Sie kann dreiunddreißig Jahre sein (sie ist 1891 geboren). Dabei deuten die lebhaften Augen, die Art, wie sie ihre Kleidung trägt, auf die Frische der gerade erst begonnenen Jugend. Die Haare sind kurz geschnitten, in Höhe der Ohren nicht abgestuft, rechts gescheitelt; am Hals ein Perlenschmuck; ein Kaninchenpelz im Raglanschnitt mit breitem Kragen, gekonnt nachlässig zugeknöpft; den linken Arm locker in der Tasche. In dieser Lässigkeit liegt ein wenig Abwesenheit und zugleich Eroberungslust, die beim genauen Betrachten nachdenklich stimmt. Den Pelz trägt sie mit fatal zerbrechlicher Geste, die mehr als nur ein wenig Exhibitionismus enthält – und auch mit eifersüchtigem Besitzerstolz. Der Pelz geht bis zum Knie; darunter der enge Rock, eine lange Knopfreihe auf der Seite; schwarze Strümpfe, die am Knöchel aufblitzen; ausgeschnittene Riemchenschuhe mit dünnem Absatz. Susanna hält das Kind rechts unter dem Arm. Ihr herausfordernd wirkendes Äußeres erklärt sich in dieser Nähe zum Kind: Sie bietet es an, sie zeigt es vor, sie gebraucht es als Verteidigung. Ihre harmonisch geschwungenen Lippen sind mit Lippenstift nachgezogen. Sie preßt sie aufeinander. Ihr Gesicht drückt all das aus, was eine Mutter an Liebe und Stolz für ihr Kind empfinden kann.

Im Inneren dieses Knaben keimt Melancholie. Melancholie liegt in seinem Blick auf einem Foto aus den frühen Kindertagen: im Schoß der Großmutter Pasolini, einer alten Frau mit weit geöffneten Nasenlöchern und dem ähnlich wie bei Pier Paolo geformten Nasenrücken. Die alte Frau Pasolini glich ihrem Sohn Carlo Alberto.

Diese Fotos erzählen vom Kleinbürgertum, vom Italien der ersten Jahre des Faschismus. 1922 kommt Mussolini an die Macht. Pasolini wird in ein Land im Wandel hineingeboren, in ein Land,

das dabei ist, die Tradition des Risorgimento zu zerstören – oder sie auszubauen (je nachdem, wie man es interpretieren will). Die Wirklichkeit des Faschismus war, wie wir wissen, kleinbürgerlich; ein ganzes Sozialgefüge verwischte sich darin. Einerseits glitten die Großgrundbesitzer und die Industriellen hinein, andererseits ein nicht unbedeutender Teil des städtischen und ländlichen Proletariats: die einen mit der Absicht, die »rote Gefahr« zu vereiteln, die anderen in der Hoffnung, den ständig drohenden Verlust des Arbeitsplatzes abzuwenden. Doch Italien entfernte sich immer schneller von Europa. Das Land hatte zur Zeit der schönen Hoffnungen der Romantik und Spätromantik versucht, von Europa zu zehren, und viele stimmten dem Staatsstreich der »Schwarzhemden« in der Annahme zu, man könne ihn als Instrument zur Verwirklichung der eigenen Interessen benützen. So war es nicht. Keiner konnte den Faschismus bezwingen, denn keiner kann seine eigenen negativen Antriebe bezwingen, wenn er sie nicht als solche erkennt. Wir wissen, daß das allgegenwärtige italienische Kleinbürgertum mit der Zustimmung zur Diktatur – und das ist gar nicht paradox – eine methodische Absage an die Geschichte ausdrücken wollte. Und seine Ideologie war ein Lösemittel, das dann den sogenannten »Konsens« hervorbrachte.
Die faschistische Diktatur war keine harmlose Erfindung oder eine vorübergehende Geisteskrankheit: Sie war der politische und ideologische gemeinsame Nenner für ein Land, das auf jeder Ebene unter einem starken Minderwertigkeitskomplex litt und das in dem »Rechtsruck«, im Populismus und in der Autarkie den Trick oder Fluchtpunkt fand, um sich nicht notwendige, undankbare und schmerzende Wahrheiten sagen zu müssen.
Den Italienern fiel es nicht leicht, antifaschistisches Bewußtsein zu erwerben. Den einen gelang es aufgrund ihrer Klasse. Doch das sich seiner Funktion und seiner ethisch-politischen Absichten bewußte Proletariat war damals zahlenmäßig gering und befangen in seiner Rolle ohne Bedeutung. Oder es gelang denen, die streng kulturelle Überlegungen anstellten, also den Angehörigen der Elite. Pier Paolo kam auf dem Umweg über die Kultur zum Antifaschismus, als sich die Widerstandsbewegung schon auf ihrem Höhepunkt befand. Sein Vater war Faschist.

Als Sohn von Argobasto Pasolini Dall'Onda wurde Carlo Alberto 1892 in Bologna geboren. Nach dem Tod seines Vaters blieb er bei seiner Mutter, einer Frau mit ausgeprägtem Charakter. Auf den verblichenen Fotografien: ein strenges Gesicht ohne Lächeln; der Mund zwischen den Wangenknochen eingeklemmt, wie bei ihrem Sohn (und später auch bei Pier Paolo); eigentlich schlank; elegant in Brokat gekleidet mit einer Grafenkrone aus kleinen Brillanten am Kropfband. Auf diesem Foto aus den neunziger Jahren schwenkt der etwa vierjährige Carlo Alberto eine kleine Peitsche.

In Carlo Alberto steckte die Eitelkeit des Grafen. Ein wenig gehörte sie auch zu Pier Paolo, wenn auch verdrängt und nur hin und wieder offenbart. Auf einer Fotografie: Carlo Alberto noch nicht achtzehnjährig auf einem zierlichen Polsterstuhl; dunkle, zweireihige Jacke mit großzügigem Schalkragen, die in der Taille von einer Spange gehalten wird; weißgestreifte Hosen; gemustertes Hemd mit weißgestärktem, kleinen Kragen und schmaler Krawatte aus dunkler Atlasseide; einen Ring am Zeigefinger der rechten und einen am kleinen Finger der linken Hand; kräftig im Knochenbau; scharf geschnittene Züge. Er ähnelt einer rasch hingeworfenen Skizze seines Sohnes. Auf der Rückseite trägt die Postkarte (gedruckt vom »Stabilimento fotografico F.lli Pasquini di Bologna e Bagni Porretta«) einen blauen Stempel mit Krone und die Schrift *Pasolini Carlo Alberto*.

Der junge Mann hatte etwas Familienvermögen geerbt, aber anscheinend alles durchgebracht. Man spricht von seiner unbezähmbaren Spielernatur. Weitere Fotos: ein widerspenstiger Haarschopf; das Profil vom Objektiv so aufgenommen, daß die Wange eingefallen aussieht; das Auge mit dunklem Rand; der Haaransatz ein feiner, bogenförmiger Pinselstrich. Oder: am Strand der Adria; einteiliger Badeanzug aus Strickstoff; kurze Ärmel; halblanges Beinkleid; brennende Zigarette zwischen Zeigefinger und Mittelfinger der rechten Hand, die in die Taille gestützt wird, während die linke auf den Rücken gelegt ist. Die Pose wirkt überheblich, die Haare werden von der leichten Brise in die Höhe gehoben. Der Körper ist nicht schlank, doch

muskulös, starkgliedrig und breit an den Hüften. Die Brust ist vorgestreckt, die Knie sind durchgedrückt, die Augenbrauen gerunzelt – ein Vollblutitaliener mit seinen wohl kurzen Beinen und einer von Körperlichkeit durchschwitzten Psyche.
Als er zur Armut verurteilt ist, ergreift Carlo Alberto die Soldatenlaufbahn, läßt sich nach Libyen schicken. Er ist in der Infanterie. 1915 greift Italien in den europäischen Konflikt ein. An seinem Einsatzort wird der Unteroffizier Pasolini wegen seiner Kriegsverdienste zum Leutnant befördert. Zu der Zeit lernt er im Friaul, in Casarsa ein Mädchen kennen und verliebt sich: in Susanna Colussi. Daß so ein Mann Faschist werden konnte, überrascht nicht. Überraschen würde das Gegenteil. Der Faschismus gehörte wie eine zweite Natur zu Carlo Alberto Pasolini. Er gehörte zu seiner Eitelkeit, seiner augenfälligen Vitalität, zum Argwohn in seinem Blick. Noch mehr gehörte er zu seiner durcheinandergebrachten sozialen Stellung, zu seinem Blutadel, der auf den kargen Boden des Kleinbürgertums zurückgestoßen worden war. Daß er die Soldatenlaufbahn wählte, ist ein deutlicher Beweis für die autoritäre, gegen das Volk gerichtete Tradition, deren Träger das italienische Heer zu der Zeit war. Diese Karriere sollte das Schicksal des wirtschaftlichen Abstiegs ausgleichen.
Carlo Alberto träumte sein ganzes Leben lang von einem militärischen Ideal, auch dann noch, als er schon seinen Abschied genommen hatte. In der Familie war er der »Offizier«. Genauso wie in der Familie seiner Frau, die in jeder Hinsicht die seine wurde. Niemals legte er die stolze Haltung des »Grafen« ab. Er flößte Respekt ein, auch als sein Ansehen durch seine Trunksucht von ihm selbst in Frage gestellt wurde. Er war ein schwacher, harmloser Prahlhans und doch ein großzügiger Mensch, der beseelt war von einer Strenge aus anderen Zeiten. Er war verrückt auf seinen Sohn und zeigte ihm auf widersprüchliche Weise seine Liebe. Kurz gesagt einer jener italienischen Väter, die man zu falschen Idealen von Männlichkeit und Risorgimento hinerzogen hatte, in denen jedoch auch der kleine Funke persönlichen Anstands flackerte.

Zeugnis von der Familie Colussi legt in Casarsa das Wappen auf einem Türsturz ab. Es befindet sich am Tor zu einem Laubengang, dem Eingang zum Hof eines alten Hauses, das heute vollständig restauriert ist. Seine bäuerliche Schönheit wurde dabei unter dem Putz der Fassade vergraben. Übrig bleiben der niedere Torbogen und das Wappen: ein Wagenrad in der Mitte eines Ovals, das wiederum von den Umrissen einer verkehrten Speerspitze eingerahmt wird. Darunter steht *Iaco di Colus – MDCV*. Eine Familie von Bauern: Das Wagenrad deutet darauf hin. Casarsa ist voller Colussi, das beweisen die vielen Grabsteine auf dem Friedhof, die diesen Namen tragen.
Nach Vincenzo, der mit neunzehn nach Amerika ausgewandert ist, ist Susanna die Zweitälteste, das Lieblingskind. Die dritte ist Chiarina, eine »alte Jungfer« und seit jeher Kommunistin. So sagt man von ihr im Haus. Sie hat eine Zeit des Vagabundierens in der Cyrenaika hinter sich, als sie sich schließlich in San Vito al Tagliamento niederläßt. Es folgen: Enrichetta, verheiratete Naldini; Gino, Antiquitätenhändler in Rom; Giannina, die Jüngste. Giannina ist eine muntere junge Frau, noch ledig und eine wortgewaltige Erzählerin. Sie ist Lehrerin an der Grundschule und hat Pier Paolo unterrichtet. Wenn von ihr erzählt wird, ist die Rede von ihrer ausgeprägten Sympathie für Frauen und von den wilden Fahrten, die sie in den vierziger und fünfziger Jahren zusammen mit anderen Motorradfahrerinnen durch die Pappelalleen der Ebene zu beiden Seiten des Tagliamento* unternahm. Giannina ist runzelig** im Gesicht, mager von Gestalt, hat eine kehlige Stimme und ein trockenes Lachen. Sie färbt sich die Haare. Giannina schaut sich die Leute mit durchdringendem, mißtrauischem Blick an und ist schnell bei der Hand, ihnen auch Sünden vom Gesicht abzulesen, die sie nicht begangen haben.

---

* Fluß im Friaul. (Anm. d. Ü.)

** Giannina Colussi, die jüngste Tante von Pier Paolo Pasolini, legt Wert auf die Feststellung, daß Siciliano mit der Wahl des Adjektivs »runzelig« einen Mißgriff getan hat. Sie sähe diese Unhöflichkeit gern beseitigt und möchte sich selbst zum Beispiel als »dynamisch« bezeichnet wissen. (Anm. d. Ü.)

Enrichetta dagegen hat ein liebreizendes Lächeln. Ihr Haar ist weißblond, ihr Körper weich, so wie man sich die typische Mutter vorstellt. Susanna ähnelt eher Giannina: auch sie Grundschullehrerin; auch sie unterrichtet vor ihrer Heirat. Sie gleicht ihr auch in der schlanken Figur, in ihrem scharfen Blick, in ihrer ruhelos wirkenden Heiterkeit. Sie unterscheidet sich von den Schwestern durch ihre Verträumtheit, die bei jeder ihrer Gesten deutlich wird. Die Colussi stammen von Bauern ab. Sie sind kleine Grundbesitzer. Sie sind selbständig. Nur wenige Tagelöhner unter den Vorfahren. Der Vater Domenico hatte den Sprung gewagt: Er war zum Schnapsproduzenten aufgestiegen. Eine kleine Brennerei gehörte ihm. Ihre Gerätschaften waren nur wenig wert, brachten jedoch einen nicht unbeträchtlichen Gewinn ein. Er hatte auch eine Dreschmaschine. Die raren Maschinen, die zu den schweren Landarbeiten dienten, produzierten einen nicht zu unterschätzenden Ertrag. Wir befinden uns in den Jahren vor 1920. Der Zweig der Colussi, zu dem Susanna gehörte, konnte sich damals als erste Familie von Casarsa betrachten. Dann kam der Krieg – und Caporetto.

Zum Zeitpunkt des Rückzugs von Caporetto waren die Colussi evakuiert. Sie suchten in Ferrara Zuflucht bei den Naldini, der Familie des Verlobten von Enrichetta. Nach der Rückkehr ging es ihnen wirtschaftlich nicht mehr so gut wie früher. Für die Colussi begann der Abstieg: Die Brennerei und die anderen Geschäftszweige wurden in eine finanzielle Krise hineingezogen, aus der schwer herauszukommen war. Das soll nicht heißen, daß die Familie verarmte: Die Frauen des Hauses arbeiteten. Enrichetta eröffnete ein Schreibwarengeschäft gleich neben dem Hauseingang.

Eine matriarchalische Familie. Die Mutter Giulia war das Zentrum der Familie. Mit den Töchtern ging sie ein enges Bündnis ein, für die Männer im Haus blieb Freiheit und gleichzeitig Abhängigkeit übrig. Diese Männer sind Figuren mit verschwommenen Umrissen. In den Erzählungen der Enkel sind sie eben angedeutete Profile. Wie im friaulischen Karnevalsumzug vermischen sie sich mit den Frauen: Männer in Frauenkleidern, Frauen in Männerkleidung.

Das Haus. Es ist nicht das Haus mit dem Radwappen, sondern ein kleines, altes Haus, das wenige Schritte von der Kreuzung mit der Pontebbana entfernt steht. Dort ist die Straße, die zur Kirche von Casarsa und in die Ortsmitte führt, und da öffnet sich auf der Linken die Eingangstür der Colussi. Gegenüber waren damals Wiesen und Obstgärten. Heute steht dort ein mehrstöckiges Gebäude mit rötlicher Majolika-Fassade. Ringsherum zeigt Casarsa jetzt ein angestrengt städtisches Gesicht. Nur das Haus Colussi gleich an der Hauptverkehrsstraße ist übriggeblieben und zeugt mit seinen kleinen Fenstern und dünnen Mauern vom früheren Aussehen der Bauernhäuser. Gleich daneben steht ein würfelförmiger Bau, der nur aus einem Erdgeschoß besteht. Jetzt befindet sich darin eine Wäscherei. Damals wurde der Bau von Carlo Alberto Pasolini errichtet, um 1946 die *Academiuta di lenga furlana* (etwa: Akademie der friaulischen Sprache), die von Pier Paolo gegründete literarische Vereinigung, zu beherbergen.
Auf der gegenüberliegenden Seite der Pontebbana führt die Straße weiter nach San Giovanni di Casarsa und von dort nach Versuta. Die Felder um San Giovanni und um Versuta herum; die Pappelalleen, die wie Gespenster aus den Nebelschwaden im Frühling auftauchen; die Weinberge und Obstgärten; die Bauernhöfe mit den Balkonen im Stil des 17. Jahrhunderts – das sind die Vorlagen für den Lyriker und Schrifsteller Pasolini und die Gedichte *La meglio gioventù* (etwa: Die beste Jugend) und die Kapitel von *Il sogno di una cosa (Der Traum von einer Sache)*.

Kurze Geschichte einer Ehe

Susanna – anmutig, zierlich, zerbrechlich, eine Wolke kastanienbrauner Haare – war schon als kleines Mädchen in sich selbst verliebt. Als sie älter wurde, blieb davon eine gewisse Nachsicht den eigenen Schwächen gegenüber zurück. Die Familie erinnert sich an eine große Liebe, bevor sie Carlo Alberto begegnet war; eine große, unglückliche Liebe (man weiß nichts Näheres über die Art des Unglücks). Doch sie ist auch ein überaus heiteres Mädchen. Sie geht gern zur Schule, liest viel, bildet sich selbst, singt und erfindet *vilote,* denkt sich Märchen aus. Vielleicht verstärkte die unglückliche Liebe ihren Hang zum »Langeweile-Haben«.

Dann die Begegnung mit dem Offiziersanwärter Pasolini. Eine Fotografie hält ihn in der graugrünen Uniform des Infanteristen fest. Das Band der Ehrenzeichen auf seiner Brust ist noch kurz. Die Ringe sind von seinen Fingern verschwunden. Verschwunden ist auch der kecke Blick. Die Haare sind nach Art des Königs Umberto kurz geschnitten, dicht und glatt. Durch den Krieg lernen die beiden sich kennen, der Krieg bringt sie auch wieder auseinander. Als er zu Ende ist, kehrt Carlo Alberto zu Susanna heim: Er war bis zum Wahnsinn in jene ironische Frau, die ihren Phantastereien nachhing, verliebt. Sie soll damals Erzählungen geschrieben haben.

Susanna wollte sich nicht entschließen. Carlo Alberto blieb hartnäckig. Er heiratete sie *per rapina,* das heißt, er zwang sie mit seinem auch sexuellen Ungestüm zur Heirat. Außerdem war Susanna schon dreißig Jahre alt. Sie war dabei, eine alte Jungfer zu werden, und wie die Dinge lagen, konnte sie das melancholisch machen. Vor allem diese praktische Erwägung mußte sie zur Heirat drängen. Aus dieser doppelten Ausübung von Zwang heraus entstand Feindseligkeit, die zuerst nur latent vorhanden war, dann immer offener zutage trat und die Beziehung Susannas zu ihrem Gatten belastete. Diese feindselige Haltung war der Grund für seine Verzweiflung, für sein Suchen nach anderen Frauen, für die Streitereien. Mehrmals verließ er die Familie und kehrte dann wieder zu ihr zurück.

Im Laufe der Jahre zeigte Carlo Alberto seiner Frau seine Anbetung immer häufiger, indem er mit ihr stritt. Sie wurde von Tag zu Tag eleganter, brachte Stunden damit zu, sich zu schminken, sich schöner denn je zu machen – wahrscheinlich, um sich ihm dann zu verweigern und ihn zugleich anzulocken. Dieses unbewußte Werben machte das häusliche Leben unerträglich. Carlo Alberto führte seine Militärkarriere fort. Die Familie folgte ihm, wenn er versetzt wurde: Bologna, Parma, Belluno, Conegliano, Sacile, Cremona, Scandiano, dann wieder Bologna. Pier Paolo wurde auf der ersten Etappe des Herumziehens geboren. Im

Sommer, wenn Carlo Alberto auf Urlaub war, ließ sich die Familie in Casarsa sehen. Zwischen den Ehegatten nahm der Streit kein Ende. Ein Lächeln von Susanna konnte für Carlo Alberto eine Herausforderung bedeuten. Carlo verließ sie für einige Zeit. Dann kam er zurück. Für Susanna war das Verlassenwerden eine Beleidigung, doch konnte sie sich sein Verhalten erklären.
Susanna nahm die Nichte Annie, eine Tochter der Naldini, in ihr Haus auf. Annie lebte bei den Pasolinis und zog mit ihnen um. Sie ging noch zur Schule und paßte auf die kleinen Vettern auf. 1925 war der zweite Sohn, Guido, geboren worden. Als einmal Carlo Alberto eine Woche lang nicht nach Hause gekommen war (1933 oder 1934 in Bologna), sagte Susanna zu Annie, als wollte sie ihren Mann entschuldigen: »Er braucht eben Frauen.« Vielleicht meinte sie damit, daß zwischen ihnen keine sexuellen Beziehungen mehr bestanden. Die Eheleute Pasolini schliefen im gleichen Bett. Doch mit Sicherheit verweigerte sich Susanna ihrem Mann.
Susannas ganze Liebe galt den Söhnen, insbesondere Pier Paolo: eine Liebe, die von Anfang an etwas Krankhaftes an sich hatte. Susanna steckte in Pier Paolo alle ihre Idealvorstellungen, doch auch eine im wesentlichen erotische Leidenschaft. Die Abneigung gegen ihren Ehemann bestärkte sie offenbar in der Zuneigung zum heranwachsenden Sohn. In ihrer Vorstellung befriedigte er all ihre Bedürfnisse nach Liebe und Zärtlichkeit. Das matriarchalische Muster der Familie Colussi wiederholte sich in verschärfter Form in ihr: Susanna dachte nie daran, Carlo Alberto mit anderen Männern zu betrügen. Ihre Phantasie betrog ihn täglich mit Pier Paolo. Und Pier Paolo erwiderte ihre Leidenschaft.
Der Junge erlebte die Abneigung der Mutter gegenüber dem Vater intensiv mit. Er war sich nicht dessen bewußt, daß Gewaltausübung der biologische Grund für seine eigene Existenz gewesen war. Andererseits kann das naive Erkennen dieses Zusammenhangs auch die Wurzel für die mehr als kindliche Zuneigung sein, die Pier Paolo für Susanna und für ihre phantastische eigene Welt empfand.
Auf einer maschinengeschriebenen halben Seite, die posthum unter seinen Papieren gefunden wurde (vielleicht eine Erklärung, die für ein Interview verwendet werden sollte), steht:

Jedesmal, wenn man mich bittet, etwas über meine Mutter zu erzählen, etwas von ihr in Erinnerung zu rufen, kommt mir dasselbe Bild in den Sinn.
Wir sind in Sacile, im Frühling 1929 oder 1931. Meine Mama und ich gehen einen Weg auf einer Wiese entlang, ziemlich weit draußen vor dem Ort. Wir sind allein, ganz allein.
Um uns herum sind Sträucher, die gerade Knospen angesetzt haben und doch noch winterlich aussehen. Auch die Bäume sind kahl, und zwischen den Reihen der schwarzen Stämme hindurch erblickt man in der Ferne die blauen Berge. Doch die Schlüsselblumen sind schon hervorgekommen. Die Ränder der Straßengraben sind voll davon.
Das schenkt mir eine unendliche Freude, die mir auch jetzt noch, während ich davon spreche, den Atem nimmt. Ich drücke fest den Arm meiner Mutter (wir gehen Arm in Arm) und tauche mein Gesicht in den armseligen Pelz, den sie trägt: In dem Pelz rieche ich den Duft des Frühlings, eine Mischung aus Frost und milder Wärme, aus wohlriechendem Schlamm und noch geruchlosen Blumen, den Geruch meines Zuhause und des Landes ringsum. Dieser Geruch in dem armseligen Pelz meiner Mutter ist der Geruch meines Lebens.

Die Erinnerung an die Kindheit vermischt Wirklichkeit und Traum. In diesen Zeilen liegt die Umschreibung einer liebevollen Unstetigkeit, die an Proust erinnert. Die milde Wärme des Pelzes, das Gesicht, das darin eintaucht, sind Metaphern für eine zweifellos inzestuöse Spannung. Doch Pasolini schreckte nie vor dem Wagnis einer solchen Vorstellung zurück und bekannte sich zu ihr. Er akzeptierte bis zum letzten Tag seines Lebens auch die damit verbundenen Qualen.
Eine andere Fotografie: vielleicht eine Straße von Casarsa. Es ist Winter, die Bäume sind entlaubt, ein schwacher Sonnenstrahl bricht sich darin. Das Kind Pier Paolo trägt ein weißes Pelzjäckchen, lange Strümpfe, die ihm als Gamaschen bis zu den Schuhen reichen. Susanna beugt sich zu ihm herunter, lächelt ihn an. Die Beziehung zwischen Mutter und Sohn war immer auf liebevolle Art quälend. In den letzten Jahren legte Pier Paolo seinen Arm um die Schultern von Susanna, die schmal wie die eines kleinen Vogels geworden waren: Susanna lächelte glücklich, sie tauschten Kosenamen aus und neckten sich.

Auf einem Heftblatt liest man die folgenden Verse. Sie sind am unteren Rand datiert mit »Bologna 1939, 10. März, Pier Paolo«:

Mama, ich seh' dich traurig:
Es ist das Dahintröpfeln der kleinen Dinge
des Alltags, das dich traurig
die Stirn neigen und traurig die Lippen
verziehn läßt. Du bist doch geboren,
Mama, um eine Lerche zu sein:
einen Schnabelhieb hierhin geben,
einen dorthin,
und dann einen quirligen Flug tun gen Himmel,
ohne dich zu sehr dabei zu ermüden;
oder wie ein leichter Schmetterling
fliegen ohne festes Ziel
über die Wiesen,
die Lilie vergessen
und die Schwertlilie,
wenn du den Nektar der Rose trinkst!

Doch sei nicht traurig,
schöner bist du, wenn dich das Lachen liebkost!
Lache, denn das Leben,
das geliebte Leben, das du mir gegeben hast,
gibt die Freuden, wie die Wiese die Blumen:
Wenn eine welkt,
blüht eine andere auf.
Wie du einst lachtest,
als du mich auf deinem Schoße hieltst und mit mir scherztest,
lachst du mir heute, wenn ich dich in den Arm nehme
und dich im Walzerschritt kreisen lasse!
Und gleichst du denn nicht den Kastanien,
die im Herbst als letzte verblühen?

Aus diesen Versen könnte man Inhalte herauslesen, die denen Pascolis ähnlich sind. Doch wichtiger ist der unmittelbare Beweis für ein kindliches Gefühl, das sich einmal herauskristallisiert und dann für immer unverändert bleibt. Das eines Siebzehnjährigen, eines Heranwachsenden, der sicherlich von der »Traditionslyrik« beeinflußt ist, der gewiß »Tränen ... über eine Oktave aus dem sechzehnten Jahrhundert« vergoß, der erschrak vor »dem Vers eines unbekannten Vertreters des Symbolismus, gestorben im

Jahre ...«[1], der jedoch auch ein bleibendes, nicht dem Zeitablauf unterworfenes Bild von der Mutter verinnerlicht hat, die »unschuldig, ewig jung« ist.

Dieses Bild kann dem Sohn vom Verhalten der Mutter selbst suggeriert worden sein. Sicherlich machte er sich daraus einen Schild von erhabenen Tugenden – vor allem in seiner Jugend. Aus der Erinnerung verfaßte er die folgenden Zeilen. Der Titel ist ganz ohne Umschweife »*Un'educazione sentimentale*« (etwa: Eine Liebeserziehung):

> Wer war ich? (...)
> (...) ich war eben in eine Welt geboren,
> wo die Hingabe eines Jünglings
> – gut wie seine Mutter, unbedacht
> und mutig, unendlich
> schüchtern und jeglicher weiterer Schweigepflicht unkundig,
> es sei denn eine ideale – demütigender
> Anlaß zum Skandal war, lächerliche
> Heiligkeit ...[2]

Soweit seine »Erziehung«. Und hier ist er, der »unendlich schüchterne« Jüngling: »nach Russenart« gekleidet, Kosakenhosen und Stiefel, eine Geige unter dem rechten Arm, den Bogen in der Hand, die linke in die Hüfte gestützt. Es ist 1936. Die Pasolinis leben in Scandiano, Pier Paolo besucht die Schule in Reggio Emilia. Er lernt Geige und wird einige Monate später damit aufhören und sich dem Klavier zuwenden (die Musik war nur ein kurzes Abenteuer). Die Schüchternheit ist abzulesen an dem angedeuteten Lächeln, einem Lächeln, das über die dreieckigen Backenknochen (hier ähnelt er Susanna) verteilt ist. Schüchternheit ist auch zu sehen auf einem Foto, das ihn in Florenz auf der Piazzale Michelangelo mit seinem Vater zeigt: Der Junge trägt Knickerbocker, eine offenbar zu weite Jacke, die Haare glänzen vor Brillantine und fallen auf die halbgeschlossenen Augen herab. Derselbe Junge auf einem Klassenfoto aus der fünften Klasse Gymnasium: Er sieht kleiner aus als seine Kameraden, ist noch im Wachsen; die Traurigkeit in seinem Blick gleicht der Susannas – traurig und träumerisch, »Kind« auf Lebenszeit.

Im Jahr 1960 schrieb Pasolini in dem Band *Donne di Roma* (etwa: Frauen aus Rom), einer Zusammenstellung von Begleittexten zu 104 Fotografien von Sam Waagenaar: »Wie klein meine Mama ist, klein wie eine Schülerin, fleißig und verschüchtert, aber entschlossen, ihre Pflicht voll und ganz zu erfüllen ...« Schon dadurch, daß er das Wort »Mama« statt »Mutter« verwendet, unterstreicht Pasolini eine tiefe Bindung, der er sich nicht entziehen kann. Diese Bindung läßt ihn wo immer möglich die manieristische »Jugend« Susannas herausstellen. Susanna, die »ihrer Pflicht« »voll und ganz« treu ist; die »fleißig«, »verschüchtert« ist, oder »traurig« über das »Dahintröpfeln der kleinen Dinge des Alltags«: Susanna ist hier das Opfer ihres Ehemannes. So will sie die Leidenschaft des Sohnes jedenfalls sehen.
Der Schandfleck, den Pier Paolo von Susannas Unschuld nehmen möchte, ist von der Begierde des Vaters hervorgerufen worden. Begierde und Gewalt, die der Wein im Alter in Menschenfeindlichkeit und Paranoia verwandeln wird – Eigenschaften des Mannes, der fordert und mißbraucht. Die Geschichte der Ehe zwischen Carlo Alberto und Susanna verkehrte sich bald in die Geschichte von der Art und Weise, wie Pier Paolo auf ihre Verbindung reagierte, sie hinnahm oder zu entschlüsseln suchte, und das mit der uneingestandenen, unbewußten Zustimmung von Susanna. Man kann sagen, daß Pier Paolo sich immer weigerte, ein Vaterbild in sich aufzunehmen. Als Kind merkte er davon nichts. Später war er sich dessen voll bewußt.

Nie habe ich ein einziges Wort gebraucht,
das meine Väter gebrauchten (ausgenommen, um sie in die
  Hölle zu wünschen).
Ihre Lust am Verbrechen und ihr Haß auf die Vernunft
sind nichts als Lasten in meinem Leben.
Auch ich habe freilich einen langen Weg
im Leib meiner Mutter durchwandert und bin auf diese Erde
wie ein unerforschlicher Barbar und ausgestattet mit jeder
  Vortrefflichkeit
– von seltsamer und unzulässiger Reife – gekommen.
Ich wurde nicht mit Liebe aufgenommen. Man betrachtete mich
  nicht mit Vateraugen.
Man wunderte sich über meine vorzeitige Weisheit.

Auf mir ruhten Augen von Vätern ... Doch Schluß mit dieser
Geschichte.
Sie sind gestorben, begleitet von meinem Fluch, von meiner
Gleichgültigkeit
oder von meinem Mitleid ...[3]

Wenn hier von »Vätern« die Rede ist, so muß man das im Singular verstehen. Dabei war Carlo Alberto immer stolz auf seinen Sohn. Er war es entsprechend seinem kleinbürgerlichen Kodex: Man ist stolz auf die Kinder, wenn sie sich innerhalb der geltenden Normen auszeichnen; doch man liebt sie nicht dafür, was sie sind. Carlo Alberto gefiel es, daß sein Sohn Erfolg in der Schule hatte; was er an ihm nicht akzeptieren konnte, war die Homosexualität. Als sie sich nicht mehr ignorieren ließ, war er einem Zusammenbruch nahe. Er konnte sie nicht hinnehmen – er, ein Soldat, ein Faschist von Natur aus. Er mußte sie verachten, denn zum einen stellte sie eine greifbare Absage an ihn dar, zum anderen bedeutete sie ein Bündnis zwischen Mutter und Sohn, das für ihn mysteriös war. Sie war die auffällige, unübersehbare Art, mit der der Sohn ihn unter Anklage stellte. Er klagte nicht nur seine Männlichkeit an, sondern seine Existenz selbst.

Vater und Sohn

In einem Interview mit Dacia Maraini äußert sich Pasolini freimütig und unbefangen über die Beziehung zu seinem Vater.

In den ersten drei Jahren meines Lebens war er wichtiger für mich als meine Mutter. Er war eine starke, eine bestärkende Präsenz. Ein wirklich liebevoller und beschützender Vater. Dann brach unvermittelt der Konflikt auf, als ich etwa drei Jahre alt war. Seither gab es immer eine antagonistische, dramatische und tragische Spannung zwischen mir und ihm[4].

Mit drei Jahren kommt es also zur Krise. Zuvor war der Vater sogar »heiter« erschienen. Später wird er »gewalttätig, besitzergreifend, tyrannisch«. Von drei Jahren ab ist die Spannung

»antagonistisch, tragisch« – Vater und Sohn sind Rivalen. Der Konflikt bricht aus, während Susanna mit Guido schwanger ist.

Als meine Mutter kurz vor der Niederkunft stand, litt ich an einer Augenentzündung. Mein Vater ließ mich auf den Küchentisch legen, hielt mich fest, öffnete mir mit den Fingern das Auge und goß die Augentropfen hinein. Seit diesem »symbolischen« Moment liebte ich meinen Vater nicht mehr.

Alles ist ganz klar.

Ich erinnere mich an meine Mutter, als sie schwanger war und ich sie fragte: »Mama, wie werden die Kinder geboren?« Sie hat mir liebevoll und mit sanfter Stimme geantwortet: »Sie werden aus dem Bauch der Mama geboren.« Eine Sache, an die ich damals natürlich nicht habe glauben wollen.

Natürlich mußte er daran glauben. Zumindest verstand er den dunklen Sinn darin. Und die Rivalität mit dem Vater kannte kein Halten mehr. Eine Notiz, die nur schwer nachzuprüfen ist: Pier Paolo habe Vater und Mutter beim Geschlechtsverkehr überrascht, ausgerechnet in der Küche. Daraus kann man schließen, daß er nicht zufällig in seiner Erinnerung jenen »Küchentisch« als den Ort identifiziert, an dem der Vater eine Art Wiederholung jener Szene an ihm vollzog, als er ihm die Tropfen ins Auge träufelte: *Auge* und *Augentropfen* können leicht als Sexualsymbole entschlüsselt werden.
Worauf es jedoch ankommt, ist nicht die Analyse und Interpretation der Tatsachen (von »Augenentzündung« bis zu den Augentropfen). Alles scheint allein auf diese Lesart ausgerichtet. Wichtig ist jedoch, daß die ganze Erzählung als das Ergebnis einer Selbstanalyse angesehen werden kann, die das ganze Leben gedauert hat. Es ist bezeichnend, daß Pier Paolo bei der Geburt seines Bruders Guido eine so entscheidende Krise durchgemacht hat: Die Mutter gebiert ein anderes Kind, der Erstgeborene gebiert eine Neurose.
Etwa um die gleiche Zeit fühlt sich Pier Paolo vom Anblick der Körper der Jungen physisch beeindruckt, die auf dem Platz vor dem Haus spielten. Er sagt:

Ich war angezogen von ihren Beinen, das heißt genauer gesagt von der Höhlung ihrer Knie ... Dieses Gefühl der Zuneigung hatte ich *Teta-veleta* genannt. Vor einigen Jahren hat mich Contini* darauf hingewiesen, daß Tetis auf griechisch Geschlecht heiße (sowohl das männliche als auch das weibliche) und daß *Teta-veleta* ein *reminder* sei, wie sie in archaischen Sprachen gebraucht werden. Das gleiche Gefühl von *Teta-veleta* empfand ich für den Busen meiner Mutter[5].

Im Verlauf der Krise wird der Vater vom liebevollen und beschützenden zum »antagonistischen tyrannischen«. In der kindlichen Phantasie des Sohnes wird er zum Vergewaltiger. Und an diesem Punkt vollzieht sich die Hinwendung zur Mutter, die bis dahin versteckt und unbewußt gewesen war, auf einmal im gleißenden Sonnenlicht. Die Entdeckung des *Teta-veleta* legt die Wahrheit bloß: »Von da an drehte sich mein ganzes Leben [um meine Mutter].« Im Jahr darauf beginnt er zu träumen, daß er sie verliert; daß er ihr auf einer Treppe nachläuft. Er ist wie ein Neurotiker von der Angst überwältigt, daß ihm das Herz in der Brust stehenzubleiben scheint. Das geschieht zum ersten Mal im Alter von vier Jahren, als sich sein Vater wegen Schulden »in Schwierigkeiten« befand. »Meine Mutter hatte wieder angefangen, als Grundschullehrerin zu arbeiten. Zu der Zeit schlief ich bei ihr im Bett.«
Ebenfalls zu der Zeit entdeckt er im Widerstreit mit seinem Vater den »Antifaschismus« von Susanna. Die Pasolinis sind in Belluno. Der König ist zu Besuch in der Stadt. Die Bevölkerung nimmt ihn etwas feindselig auf. Susanna,

die Antifaschistin war und naiv zum König hielt, hat allein mitten unter einer schweigenden Menge »Es lebe der König!« gerufen. An dieses »Es lebe der König« erinnere ich mich gut. Aber ich hatte nicht bemerkt, daß die Bevölkerung feindselig war. Ich hatte nur die wohlklingende, kindliche Stimme meiner Mutter gehört.

Über die politische Meinung seines Vaters sagt er dagegen:

---

* Bekannter italienischer Literaturkritiker. (Anm. d. Ü.)

Mein Vater war ein leidenschaftlicher Mann, sinnlich und desorientiert, und in dem Moment, als er sich für die Ordnung entschied, hat er damit auch ernst gemacht. Er ist Nationalist und Faschist geworden.

Rivalität zwischen Vater und Sohn. Der Vater will aus ihm einen Literaten, einen Dichter machen. Er hatte einen Bruder, auch der hieß Pier Paolo, der Gedichte schrieb: Er ertrank mit zwanzig Jahren im Meer.

Bis ich sechzehn war, wollte ich Marineoffizier werden. Er [der Vater] dagegen sagte, daß ich Literatur studieren sollte. Später haben sich diese Ermutigungen natürlich gegen ihn gerichtet.

Warum immer »gegen ihn«? Pasolinis Antwort darauf weicht ein wenig aus: »Weil er der Dichtung einen offiziellen Charakter beimaß. Er glaubte nicht, daß sie umstürzlerisch, skandalös sein konnte. Er dachte an Carducci, an D'Annunzio.«
Durch das Schreiben und die Bildung machte sich Pier Paolo von der Geisteswelt des Vaters frei und ließ damit die der Mutter an Gewicht gewinnen.

... Sie war eine Art Sokrates für mich. Sie hatte ein zweifellos idealistisches und idealisierendes Weltbild. Sie glaubte wirklich an Heroismus, an Barmherzigkeit, Frömmigkeit, Güte. Ich habe all das geradezu krankhaft in mich aufgesogen*.

Dieses Sich-Freimachen diente dazu, dem Vater eine völlig »skandalöse« Selbstdarstellung ins Gesicht zu schleudern – das Schreiben als Mittel, um gegen ihn und gegen jede Form der Autorität die Wahrheit über das »Anderssein«, die Wahrheit über die Beziehung zu Susanna, die tragische Fortsetzung des kindlichen *Teta-veleta* auszudrücken: die Homosexualität.
Schließlich die Geschichte der Ehe. »Mein ganzes Leben ist beeinflußt worden von den Szenen, die mein Vater meiner Mutter machte. Diese Szenen haben mich dazu gebracht, mir den Tod zu

---

* Zitiert in: Agathe Haag: »Der Schriftsteller Pasolini«. Nachwort zu *Freibeuterschriften*, Berlin 1979, S. 125. (Anm. d. Ü.)

wünschen.« Die zarte, passive Susanna mußte als das Opfer erscheinen, als die im Streit Unterlegene. Carlo Alberto warf ihr Nichtigkeiten vor,

das Glas am falschen Platz, das Handtuch nicht gewaschen, das Essen versalzen. (...) Er warf ihr vor, mit den Gedanken ganz woanders zu sein. Doch das ist nicht wahr. Es ging darum, daß er Faschist war und sie nicht. Die beiden sprachen nie von Politik, doch mein Vater wußte, daß meine Mutter Mussolini für einen *culatta* hielt, also für einen ›Großarsch‹, wie meine Großmutter ihn in Anlehnung an Gadda* nannte. Mit den Gedanken ganz woanders sein, das hieß für ihn jedenfalls nonkonformistisch sein, im Widerstreit mit den Gesetzen des Staates, in Zwiespalt mit der Meinung der Machthaber ...

Also stand ständig das Bild von der Autorität, die Rangliste der Werte selbst zur Diskussion. In dieser mißlichen Lage, wo auch die Bedeutung des »durch Raub erworbenen« Ehebunds klar war, erschien der einzig mögliche neurotische Ausweg, sich »den Tod zu wünschen«. Die schreiberische Aufarbeitung und Bewältigung kam erst später, auch wenn Pier Paolo schon mit sieben Jahren begonnen hatte, Gedichte zu verfassen, und in der fünften Klasse Grundschule in Italienisch wegen eines »zu poetischen« Aufsatzes die Prüfung wiederholen mußte.
Zu Hause war Carlo Alberto ein Tyrann, mit seinen Untergebenen dagegen kam er gut aus. Pasolini erklärt dieses ungleiche Verhalten mit seiner Paranoia und der Trunksucht (»es ist typisch für die Paranoiker und für die Menschen, die trinken«). Jedenfalls war das Leben des Infanterieoffiziers Pasolini nicht glücklich. Er war wie in Romanen von Dostojewski von der Leidenschaft für seine Frau hin und her gerissen (»mein Vater war wahnsinnig verliebt in meine Mutter, doch auf eine verkehrte, leidenschaftliche und besitzergreifende Weise«). Die Qual löste sich in Wein auf, in Glücksspiel und in ein Sich-treiben-lassen, das der Ausbruch des Zweiten Weltkrieges zeitweise unterbrach: Er kam an die Front, war Kriegsgefangener in Kenia, kehrte Ende 1945

* Carlo Emilio Gadda, italienischer Schrifsteller (Anm. d. Ü.).

nach Italien heim. Als er mit dem Drama von Pier Paolo konfrontiert wurde, nahm er den »Skandal« unter Schmerzen hin. Als Folge davon überkam ihn eine Art Wahnsinn: Er trank noch mehr und schrie nachts laut, daß seine Frau ihn nicht liebte. Am 19. Dezember 1958 starb er in Rom an Leberzirrhose.
Pier Paolo hat in einem Gedicht von ihm gesprochen. Wegen eines später nie korrigierten Fehlers hat er seinen Tod um ein Jahr zu spät gelegt, auf »einen sonnigen Wintertag des Jahres neunundfünfzig«. Die Verse sind datiert mit dem 30. Januar 1963. Sie sind als Anhang zu *Il padre selvaggio* (etwa: Sein Vater, der Wilde) veröffentlicht worden, dem Drehbuch zu einem Filmprojekt, das in Afrika spielen sollte und nie verwirklicht wurde. Pasolini schreibt:

Der Prozeß um *Ricotta* wegen Verunglimpfung der Religion hat mich an der Realisierung von *Il padre selvaggio* gehindert. Der Schmerz, den ich darüber empfand und den ich in diesen naiven Versen von *E l'Africa?* (etwa: Und Afrika?) auszudrücken versucht habe, brennt noch immer heftig in meinem Inneren ...

In den Zeilen geht es um eine Unterredung zwischen Pasolini und dem Produzenten Alfredo Bini, eine traumähnliche Unterredung, in die die Fakten einfließen, die die Realisierung des Filmprojektes verhinderten:

Ich hatte zu viel Geld ausgegeben für unnütze Raffinessen,
und außerdem hatte ich an die Empfindlichkeit von Großen
gerührt,
auch sie schuldlos mit ihrem ruhmreichen Privatleben.
Ich hörte ihm zu. Noch explodierte er nicht:
Auch seine Landsknechtskehle war eine Jungenkehle,
und auch dort mischten sich zum Vorwurf stille Tränen ...

Das Gesicht des Produzenten und Freundes scheint sich im Zorn »aus Hysterie« aufzublähen, rot zu werden »wie eine Vorhaut aus Blut« – und sich zu spalten:

... der andere dort, der durch Osmose
herausgeschlüpft war aus der Rippengegend von Bini, war mein
Vater.

Der nicht gerufene Vater, an den ich mich nicht erinnert hatte
seit dem Dezember des Jahres neunundfünfzig, das Jahr, in dem
er starb.
Jetzt war er dort drüben, fast ein wohlmeinender Gebieter:
Doch sogleich war er wieder mein Gleichaltriger aus Gorizia
mit rotem Haar, die Hände in der Tasche,
schwer wie ein Fallschirmspringer nach dem Essenfassen ...

Die Metamorphose hört nicht auf. Wie ein Schatten erscheint der Vater wieder. Wieder nimmt er »mit seiner grauen Haut des Trinkers und des Sterbenden« die »roten« Gesichtszüge von Bini in Besitz. Der braucht nicht mehr reden und erklären, warum der Film nicht mehr gedreht werden kann. Das Warum der Verurteilung, das Warum der Verunglimpfung....

Oh, Vater, jetzt nicht mehr meiner, Vater, nichts weiter als
Vater,
der du kommst und gehst in den Träumen,
wann du willst,
wie ein Wildschwein aufgehängt an einem Haken, grau von
Wein und von Tod,
der du dich zeigst, um schreckliche Dinge zu sagen,
um alte Wahrheiten wieder einzusetzen,
nach dem Geschmack dessen, der sie erprobt hat,
sterbend im alten, billigen Ehebett
erbrichst du das Blut der Eingeweide auf die Laken,
reist ganz für dich eine Nacht und einen Tag lang
in einem Sarg dem unwirtlichen Friaul zu
an einem sonnigen Wintertag des Jahres neunundfünfzig!
Die Welt ist die Wirklichkeit, die du immer väterlich gewollt
hast...

Der Konflikt zwischen Vater und Sohn ist also nicht beigelegt. Obwohl er tot ist, kehrt der Vater zurück. Er stellt die »Gründe der Höheren Gewalt« dar, jene repressiven Lebensformen (Pasolini stempelte sie als »bürgerlich« ab), die verhindern, daß die Wahrheit ausgesprochen werden kann. Und diese Wahrheit ist eine Wahrheit des Körpers und darum auch der Seele: Doch der sprechende Körper ist auch jener, der verletzt worden ist und jetzt nach einem Wort verlangt, das schwer wie ein Fluch wiegt; der Fluch, der jede vitale Energie freisetzt, der Fluch der »wahren«

Religion. Der Vater ist derjenige, der wie ein Tyrann – in dem emotionalen Ausbruch ist er sogar eine »Vorhaut aus Blut« geworden – »alte Wahrheiten wiedereinsetzen« will. Es sind heruntergekommene Wahrheiten, Wahrheiten, die man zurückweisen, die man zerreißen muß; Wahrheiten, die die Geschichte schon in Lügen verkehrt hat, oder gerade dabei ist, sie in Lügen zu verkehren. Das Leben spielt sich anderswo ab.

Wie sich auch immer abgespielt haben mag, was Pasolini als »Augenentzündung« und »Gewaltausübung« seines Vaters auf dem Küchentisch »beim Einträufeln der Augentropfen« schildert; hier hat sich der Kern, die Wurzel der schöpferischen Neurose des Schriftstellers gebildet. Hieraus ist die notwendige Geste entstanden, die die gewalttätige Antwort auf den Gewaltakt sublimieren sollte. An diesem Punkt hakt die Berufung des Pier Paolo Pasolini ein: das Bedürfnis, die unerhörte, die unvergeßliche Erfahrung der väterlichen »Vergewaltigung« zu bewältigen. Paul Valéry sagt in *Le cimetière marin:* »... rendre la lumière suppose d'ombre une morne moité«. Ans Licht befördert werden muß das, was ein plötzlich über das Dasein gelegter Schatten verborgen hatte – ans Licht des Wortes, ans Licht der Sprache. Nur so kann das zunichte gemachte, das zu Asche zerfallene Leben erlöst werden. Nur so kann in einem anderen Leben Verzeihung gewährt werden.

Der Vater mit seiner »tyrannischen« und »gewalttätigen« Geste (dabei war es eine Liebeshandlung gewesen, die den Sohn heilen sollte) ist zu einem Stiefvater geworden: Die Tragödie, die sich im Sohn abspielt, hat ihre Ursache im Fehlen von Liebe, für die er Ersatz sucht.

Die Gestalt der Mutter ist zwar zentral und bestimmend und bleibt das ganze Leben lang von größter Bedeutung; sie ist jedoch nur Ersatz, nur Stellvertreterin; die Mutter ist eine Rachefigur, ein Rachesymbol. Der wahre Verlust ist die Liebe des Vaters. Es ist ein tödlicher Verlust; jedesmal, wenn Vater und Mutter streiten, fühlt sich der Sohn unwiderstehlich vom Tode angezogen. Aus der Erfahrung dieses Konflikts geht ein Mensch hervor, der zum Schriftsteller berufen ist. Das Kind in ihm jedoch bleibt für immer gezeichnet.

Das geht *im Herzen eines Kindes* vor.

Der Vater verwandelt in Stiefvater; der Sohn verwandelt in Stiefsohn. Das Schicksal des Orest, oder des Hamlet. Im Kampf gegen die Autorität, die der Stiefvater verkörpert, wird das persönliche Motiv zum Symbol für ein politisches (»etwas ist faul im Staate Dänemark«) und umgekehrt. Die sozialkritische Rolle des Werkes von Pasolini wird sich im Kampf gegen jede repressive oder autoritäre Konvention erweisen. Diese Konventionen sind zusammengefaßt in den »alten Wahrheiten« des Vaters. Doch bezeichnend ist, daß die »alten Wahrheiten«, die fern gerückt sind wie Papier, das zu Asche zerfällt, sich im Traum als harmlose enthüllen. In der posthumen Version von *Pilade* (etwa: Pylades) lesen wir:

> *Auf keine andere Weise liebt man besser als im Traum:*
> Lieben werden wir so unsere unvergeßlichen Väter, indem wir von ihnen träumen. Und erzählen werden wir einander die Träume...[6]

Und weiter aus dem Munde des Orest:

> Ich ging zum Beten ans Grab meines Vaters.
> Ich habe ihn nicht vergessen, er ist jetzt in meinen Träumen,
> und in den Träumen spricht er zu mir mit Worten der Gnade...[7]

Konnte Pasolini sagen, daß sein Vater als Toter zu ihm »mit Worten der Gnade« spricht? Wahrscheinlich ja. Die »schreckliche, blutrünstige, reine, verzweifelte Liebe« *(Pilade)*, die aus dem Haß geboren war, hatte sich offenbart als das, was sie war. Wir könnten uns fragen: Welche Beziehung hätte Pasolini sich zu seinem Vater gewünscht? Antwort gibt eine andere seiner Tragödien, die er aus einem Impuls heraus im Frühling 1966 geschrieben hat: *Affabulazione.* Pasolini war damals gerade dabei, von einer Krankheit zu genesen. Eine heftige Blutung aus einem Magengeschwür hatte ihn mehr als einen Monat lang ans Bett gefesselt. Können wir diese Zeit der Genesung vielleicht als eine Art zweite Geburt ansehen? Die Krankheit war schwer, sein Zustand mehrere Tage lang sehr ernst. Dennoch legte er in dieser Zeit erste Entwürfe zu sechs Tragödien nieder. Ich bin sicher, daß

das Thema der Vater-Sohn-Beziehung nicht zufällig in diesen Stücken immer wiederkehrt. In *Affabulazione* ist ein Vater in einer Krisensituation. Er will krampfhaft sein Verhältnis zum Sohn bessern, Haß und Ablehnung überwinden. Er beschließt, ihm die eigene Nacktheit darzubieten, sein Geschlecht »ohne Nützlichkeit ... wie bei den/Masturbationen des Jungen also ... wenn er in seiner/Faust ein Vatergeschlecht spürt, ohne das Privileg/und ohne die Pflicht zur Befruchtung,/wie ein großer schattenloser Baum.«*
Was Pasolini von seinem Vater wollte, ist dieser »große schattenlose Baum«: ein Vater ohne Charisma, reich an einem anderen, größeren Charisma – das man gewöhnlich dem Göttlichen zuschreibt. Ein Vater ohne Geschlechtlichkeit. Ein Vater, der nicht materiell, sondern im Geiste befruchtet. An diesem Punkt verwandelte sich der wirkliche Vater, der Stiefvater, in einen möglichen Vater, in eine Utopie; und die »schreckliche, blutrünstige, reine Liebe des Sohnes« fand eine Lösung, wenn auch nur eine literarische.

* *Affabulazione oder Der Königsmord*, Frankfurt a. M. 1971, S. 34 (Anm. d. Ü.)

Die Zeit der Analogie

Kindheit, Jugend, Guido

Kindergarten bei den Ordensschwestern in Belluno. Die Schwestern fordern die Kinder auf, ein Loch im Garten zu graben: Ganz unten liegt ein Schatz. Pier Paolo gräbt mehrere Tage lang, dann verliert er die Lust; aus Enttäuschung weigert er sich, wieder in den Kindergarten zu gehen; er setzt seinen Kopf durch. Er war ein launisches Kind, dickköpfig, naiv, leichtgläubig und begeisterungsfähig. Das sagt er selbst von sich. Aber er war auch schüchtern und gehemmt. Er berauschte sich an den netzförmig angeordneten Farben in seinem Atlas und führte darauf herrliche Reisen in seiner Einbildung durch. Er ließ sich gern Geschichten und Märchen erzählen. Susanna erzählte.

Erste Klasse Grundschule in Conegliano. Er zählt zu den Klassenbesten. In der Schule zeichnet man die Besten der Klasse aus. Er wird ausgezeichnet. Er kommt heim und zeigt seiner Mutter eine grüne Schleife, die Schleife, an der die Medaille hängt. Er hat ein krampfhaftes Bedürfnis nach Anerkennung in der Schule. Der Knabe begeistert sich für das Lernen und den Erwerb von Wissen, so wie Susanna es sich von ihm wünschte. Doch er ist auch höchst ernsthaft und genau, wenn es um die Anwendung des Wissens geht. Auch darin ist er dickköpfig. Er beichtet, daß er angefangen habe zu lügen.

Susanna sagt zu ihm, er dürfe nicht auf die Straße spielen gehen, und er geht trotzdem. Doch er schweigt darüber. Er gibt zu, daß er Spaß daran hatte, so mit sich selber ein wenig über seine Lügen nachzugrübeln.

Die zweite Grundschulklasse besucht er in Casarsa. Da »entdeckt« er das Friaul, die Heimat. Er lebt zum ersten Mal in einem Haus, das »sein« ist. Er spürt nicht mehr das Provisorische um sich, das die Soldatenbehausungen an sich hatten. Onkel, Tanten, die Großmutter, die Cousins: Er verliebt sich in seine Cousine Franca. Der Großvater Colussi war in diesem Jahr gestorben. Von der Schnapsbrennerei war nichts mehr übrig.

Dritte Grundschulklasse in Sacile. Er schreibt die ersten Gedichte. Es sind »ausgefeilte« Gedichte mit komplizierten Versmaßen in der Tradition Petrarcas. Pier Paolo sagte, er habe noch eine ganze Truhe voller Schriften aus seiner Kindheit. Dann die vierte Grundschulklasse in Idria. Der Lehrer mochte ihn nicht. Er litt darunter. Er bekennt, daß er zu dieser Zeit »ein wenig Pierino«* geworden war. Das drohte ihm manche Sympathien zu verscherzen.

Er liest. Er liest die Geschichte vom Cowboy Morning Star und Abenteuerbücher von Salgari – herrliche Lesestoffe. Erst mit vierzehn Jahren entdeckt er andere Lektüre: *Macbeth* wird ihm eine völlig neue Welt eröffnen. Eine Leidenschaft für Bücher wird entstehen, für Bücher aus zweiter Hand, die er auf den Tischen der fliegenden Händler bei den Portici della Morte in Bologna kauft.

Zur fünften Grundschulklasse Rückkehr nach Sacile. Die Kameraden aus der dritten sind älter geworden, die Vertraulichkeit von einst ist dahin. Er fühlt sich ausgeschlossen, ist unglücklich. Bei den Abschlußprüfungen am Ende des Schuljahres fällt er in Italienisch durch. Das ist ein harter Schlag: Er war beim Aufsatz an Erfolg gewohnt. Im Oktober besteht er die Wiederholungsprüfung und kommt aufs Gymnasium nach Conegliano. Von Sacile fuhr er mit dem Zug nach Conegliano. Er fuhr in aller Frühe von zu Hause weg und kam auch sehr früh in der Schule an. Da war noch keiner da; nur er, seine Bücher und das in Papier gewickelte Pausenbrot.

In Cremona die restlichen unteren Gymnasialklassen. In Cremona endet seine Kindheit. Er war dreizehn Jahre alt. »Der Sommer 1934 begann, ein Abschnitt meines Lebens, eine Erfahrung ging zu Ende, und ich war bereit, eine neue zu machen. Die Tage, die dem Sommer 1934 vorangingen, zählen zu den schönsten und rühmlichsten meines Lebens«, soweit im Interview mit Dacia Maraini.

Die Kindheit, die »heroische Zeitspanne im Leben«: Pasolini sagt, er habe ihr dreißig Jahre lang »verzweifelt« nachgeweint. Viel-

* »Pierino« nennt man in Italien ein aufsässiges, vorlautes Kind. (Anm. d. Ü.)

leicht hat die Ankunft in Rom sie aus seinem Bewußtsein verdrängt.
Von Cremona nach Scandiano. Pier Paolo besucht ein Jahr lang die Schule in Reggio Emilia. Dann ab 1936 Gymnasium und Universität in Bologna. Die Pasolinis sind endlich nach Bologna zurückgekehrt. Dieser schüchterne kleine Junge, der jetzt in die höheren Klassen kommt, ist ein guter Sportler. In Cremona hat er einen Fechtkurs besucht. Das Jahr in Scandiano gehörte der Musik. Mit der Literatur freundet er sich in Bologna an. Im übrigen ist er katholisch und zwar so, wie viele italienische Jugendliche es sind: Frömmigkeit gefärbt mit Aberglauben. Er geht zur Kommunion, wenn ihn die Cousine Annie dazu drängt oder wenn eine schwere Schulaufgabe bevorsteht. Aus Aberglauben hat er auch immer eine stumpfe Feder Marke *Campanile* in der Tasche: Wenn er geprüft wird, hält er sie fest in der Faust. Sie ist sein Glücksbringer. Die ritualistische Frömmigkeit der Italiener legte er etwa mit vierzehn Jahren ab. Entscheidend war die Begegnung mit der Literatur, mit Shakespeares *Macbeth*.
Er zeichnet auch: Familienporträts, kleine Landschaften. Er porträtiert seine Mutter beim Schminken. Die Leidenschaft Susannas für schöne Kleider und Kosmetik mußte ihn beeindrukken. Doch neben ihm steht Guido. Guido war in Belluno geboren worden. Er ist ein überschäumend lebhaftes Kind, von der gleichen Lebhaftigkeit wie sein Vater. Er ist starkgliedrig gebaut, im ganzen jedoch schmächtiger als Pier Paolo. Die beiden sehen einander etwas ähnlich: gleicher Mund, gleiche Nase. Guidos Augen sind nicht so weit voneinander entfernt wie die von Pier Paolo. Da sind die beiden Brüder, fotografiert in einem kleinen Tretauto: Guido mit dem helleren Haar; den sanft schmollenden Gesichtsausdruck haben beide. Doch Guido »war ein ganz normaler Junge« – das sind Worte von Pier Paolo in dem Interview mit Dacia Maraini. Zum Beispiel: Er litt unter den Streitigkeiten zwischen Mutter und Vater, »aber er machte keine Tragödie daraus«. Er bewunderte Pier Paolo, weil er gut in der Schule war, weil er größer war und weil er stärker war. Aber er hatte ihn auch sehr gern. Die beiden Brüder waren Freunde, auch wenn sie sich oft zankten, wie es unter Geschwistern eben vorkommt.

Das heimliche Leid Guidos wurzelte in der maßlosen Leidenschaft Susannas für Pier Paolo. Der Zweitgeborene versucht, in der Schule so gut wie irgend möglich zu sein. Doch er ist einfach nicht so begabt wie Pier Paolo. Er wird nicht jedes Jahr mit einem guten Notendurchschnitt versetzt. Bei Pier Paolo kam es vor, daß seine Lateinübersetzung am Gymnasium Galvani in Bologna von Klasse zu Klasse herumgereicht wurde: Satzbau und sprachliche Umformung waren so vortrefflich gelöst, daß man sie für beispielhaft hielt. Solche Glanzleistungen konnte Guido nicht vorweisen. Der Junge mußte annehmen, daß Susanna ihm Pier Paolo vor allem deshalb vorzog, weil er ein besserer Schüler war. Darum gab er sich alle Mühe und holte sich manche Enttäuschung. Doch sein munteres Wesen und eine angeborene Großzügigkeit glichen das aus. Er liebte die Jagd, gab all sein Taschengeld am Schießstand aus.

Eine Fotografie zeigt ihn in kurzen Hosen, an einen Eichenstamm angelehnt, ein Gewehr in der Hand. Man sieht, daß er ganz auf sein Ziel konzentriert ist. Er ist fast noch ein Kind, wirkt jünger als er ist. Ebenso auf zwei Fotografien von 1943. Eine vom März: Jacke und Hose etwas zu weit und schlampig; im Obstgarten von Casarsa; hinter dem Haus; eine Hacke in seiner Hand. Eine andere Aufnahme vom Sommer: kurze Hosen; Unterhemd; Socken, die auf die Wanderstiefel gerutscht sind; einen grünen Zweig in der Linken, in der Rechten einen Trommelrevolver. Seine Haare sind gewellt, die Augen blicken stolz.

Vom Leiden Guidos, von der heimlichen Enttäuschung, unter der er wohl litt, erzählt ein Ereignis in der Familie. Wir sind im Jahr 1943. Guido, Pier Paolo und Susanna leben in Casarsa. Guido ist etwas zugestoßen, und Susanna nimmt die Sache nicht besonders wichtig. Vor lauter Verzweiflung erlitt Guido einen so heftigen Weinkrampf, daß er zu Boden fiel. Eine dramatische Szene.

Pier Paolo fühlte wegen dieser Situation versteckte Gewissensbisse: Die Sonderstellung, die er bei seiner Mutter im Vergleich zum Bruder innehatte, bereitete ihm Unbehagen. Ein paar Jahre früher hatte ihn Guido in Bologna einmal erbittert verteidigt. Pier Paolo war beleidigt worden. Guido hatte gehört, wie andere schlecht über seinen Bruder redeten. Es kam zu einer ernsten

Prügelei. Guido wurde an der Nase verletzt. Pier Paolo pflegte ihn eifrig und liebevoll. Guido sagte, er hätte nie geglaubt, daß der Bruder ihn »so« lieb habe.

Freundschaften

Man mußte Pier Paolo einfach gernhaben. Mit den Jahren verstärkte sich seine Anziehungskraft in Familie und Schule immer mehr. Auf der Rückseite eines Klassenfotos (zweite Klasse Gymnasium; die Schüler tragen alle einen schiefsitzenden Strohhut) liest man solche und ähnliche Widmungen:

An den kleinen Jungen mit dem wehmütigen Lächeln des Mannes, der müde vom Leben ist ...,
Mögest du in der Musik glänzen wie du in der Kunst der Literatur glänzt,
Oh keuscher und sittenstrenger Pasolini,
Wenn ich an Pier Paolo denke, denke ich an ein liebes Tierchen voller Mitleid für alles und jeden.
Du hast zwei Dämonen in dir: Paß auf den dritten auf.
Unserem superstarken Mittelfeldspieler.

Pier Paolo ist ein guter Schüler, verausgabt sich aber auch im Sport, beim Fußball. Erst ist er Mittelfeldspieler, dann Stürmer. Er war fleißig, sportlich, doch »sittenstreng«: Die Distanziertheit, die er geschlechtlichen Dingen gegenüber zur Schau trug, beeindruckte die Kameraden.

Er hatte schon im Gymnasium – so schrieb Franco Farolfi[1] – einen mäeutischen Einfluß auf die Freunde, war für sie ganz natürlich ein »Lehrmeister«: Er machte sie auf außerschulischen Lesestoff aufmerksam, zum Beispiel *Die Pickwickier* [von Charles Dickens. Anm. d. Ü.], *Taras Bulba* [von Nikolaj V. Gogol'. Anm. d. Ü.] und Dostojewski. Er führte sie zum Film hin, ließ sie John Ford entdecken. Oder er verführte sie mit seinem Sportsgeist, nahm anscheinend jede Herausforderung an, auch wenn der Herausforderer stärker und größer war als er. Farolfi: »Sein Leben war ein Spiel, und der Freund akzeptierte ganz spontan seine Autorität und seine Initiative, die einer phantastischen, ständig in Bewegung befindlichen Kraft entsprangen.« Neben Farolfi war Pier Paolo im Gymnasium mit Ermes Parini eng befreundet, den er scherzhaft Paria nannte. Parini starb in Rußland, wo er sich freiwillig an die Front gemeldet hatte. Guido Pasolini nahm in Erinnerung an ihn als Partisan den Namen Ermes an. Rivale Pier Paolos beim Notendurchschnitt war Agostino Bignardi, der spätere Sekretär der Italienischen Liberalen Partei. Der Wettstreit war erbittert, einer war dem anderen auf den Fersen. Pasolini verlor nicht gern. Nach Abschluß des Gymnasiums wird der Freundeskreis vornehmlich literarisch: Francesco Leonetti, Roberto Roversi, Fabio Mauri (jünger als er, doch mit einem bemerkenswerten Scharfsinn ausgestattet) und dessen Schwester Silvana. Luciano Serra, Fabio Luca Cavazza, Mario Ricci, Sergio Telmon, Achille Ardigò und Giovanna Bemporad. Die Jugendlichen haben Kontakt zu einer Gruppe gleichgesinnter Erwachsener: Francesco Arcangeli, Renata Viganò, Alfonso Gatto, Paolo Grassi, Antonio Meluschi. Die jungen Leute gehen zelten, machen Radausflüge, fahren im Winter in den Bergen Ski. Pier Paolo fuhr gut. Eine Radrundfahrt durch die Emilia-Romagna im Sommer 1939: Gradara, Ravenna, Riccione. Das Gymnasium ist gerade zu Ende. Auf einer Fotografie radeln sie in kurzen Hosen auf den Straßen der Poebene los. Die Reise soll sicherlich sportlich und eine Art »Übung« sein.

Es sind kleine Freundeskreise, die sich schon in der Schule gebildet haben: Das brennende Verlangen nach Bildung und Wissen läßt sie zusammenkommen. Ihr Verhältnis zum Faschismus kann man sich ausmalen. Das soziale Milieu, dem diese Schüler angehören, ist natürlich faschistisch. Dennoch keimte in ihnen gerade wegen ihrer kulturellen Interessen Mißtrauen und Ungläubigkeit dem Regime gegenüber. Sie nehmen an den Sportveranstaltungen und Wettkämpfen der Partei teil, hegen und pflegen jedoch schon Gedanken und Gefühle, die über diesen Horizont hinausschauen. Eine späte, doch eindeutige Stellungnahme ist ein Brief an Franco Farolfi aus dem Jahr 1941. Pasolini schreibt:

Vorwettbewerbe der Kultur. Ich habe an den Vorentscheidungen der Stilistischen Kritik teilgenommen und bin erster geworden. Hervorragende Kritiker wie Bertocchi, Guidi, Corazza etc. haben mich gelobt. Ich hätte nach S. Remo fahren sollen, um an den Wettbewerben teilzunehmen, aber die fielen zu meinem größten Bedauern dieses Jahr aus. Das Schönste von allem: das Fußballturnier zwischen den Fakultäten. Ich war Kapitän der Mannschaft der Literaturwissenschaftler...[2]

Pier Paolo ist also an der Fakultät für Literaturwissenschaften eingeschrieben. Die Schatten von Carducci und von De Bartholomaeis geistern noch in den Hörsälen von Bologna herum. Roberto Longhi macht mit frischer Energie, mit methodologischen und stilistischen, auch menschlichen und literarischen Neuerungen auf sich aufmerksam. Carlo Calcaterra hat den Lehrstuhl für Italienische Literaturgeschichte inne. Er läßt die Studenten sklavisch die Klassiker von Tasso bis Alfieri lernen. Pier Paolo begehrt auf.

Ich bin jetzt ganz in den Strudel einer neuen Beschäftigung hineingerissen: das Italienisch-Seminar über die Verse des Tasso nach S. Anna. Die Bibliographie ist unermeßlich. Ich habe insgesamt vier Arbeitsstunden in der Bibliothek gesessen, nur um nachzuforschen und aufzuschreiben, welche Bücher es über dieses Thema gibt. Das ist die klassische Universitätsarbeit, die man allein der Rhetorik und der Besserwisserei wegen macht. Ich verabscheue sie und werde ihr mit einer mutigen Tat den Garaus machen, und zwar im Angesicht des Prof. Calcaterra, wenn ich mein Referat halte. Was gehen mich, der ich Cézanne verehre, der mich Ungaretti bewegt, der ich Freud studiere, die Tausende von vergilbten und stimmlosen Verse eines Nebenwerkes des Tasso an? Ich gehe oft Basketballspielen. Ich bin eine Riesenflasche, aber es macht mir großen Spaß. Der Sport ist wirklich mein reiner, fortwährender und unmittelbarer Trost[3].

Das ist ein Abschnitt aus einem Brief von 1940 an Farolfi. Damit ist schon alles gesagt über Charakter und kulturelle Interessen von Pasolini. Die Zähigkeit bei der perfekten Ausführung einer einmal übernommenen Aufgabe; die Absage an Methoden, die von wichtigeren Zielen ablenken; die »mutige Tat«, die die

persönliche Wahrheit bloßlegen soll und sich dessen bewußt ist, daß sie nicht dem Zufall, sondern Überzeugungen entspringt, die niemand für voreilig halten kann; der Kontrast zwischen Wissen und Besserwisserei; die große Leidenschaft für den Sport, fast ein Bedürfnis nach Anpassung an heimliche Naturrhythmen; schließlich der Gebrauch des Adjektives »rein«, um den unschätzbaren Wert des Lebens, seinen unbefleckten Urquell zu bezeichnen.
Im Sommer fahren die Brüder Pasolini wie immer von Juli bis September nach Casarsa. Von dort schickt Pier Paolo Briefe, Gedichte, Bekenntnisse. Er spricht von Mädchen. Ja, in diesen Briefen (an Farolfi und Serra) gibt es viele Mädchen: Mädchen, die ihm beim Vorbeifahren auf dem Rad ein Kompliment zurufen; so mancher geraubter Kuß vielleicht. Da ist die Geschichte einer »Nerina, Tippse; mit einer selten naturblonden Mähne; schlank; aus guter Familie.« Pier Paolo sagt in einem Brief an Farolfi, 1941:

Ich habe für sie eine winzig kleine Leidenschaft empfunden. An vielen Abenden habe ich sie von ihrem Büro abgeholt und nach Hause begleitet. Ich habe die süßesten Liebesversprechen hören dürfen. Doch dann (beachte den prosaischen Egoismus und die Faulheit, die mich bestimmen!) habe ich wegen ihrer unmöglichen Arbeitszeiten auf sie verzichtet, die mich zwangen, den Basketball, das Freizeitheim und das Studieren zu vernachlässigen. Vielleicht wird sie das Büro wechseln und damit auch die Arbeitszeit. Dann werde ich mit irgendeiner Entschuldigung wieder mit ihr anfangen.

Diese Mädchen sind eine Art Tarnung, sie sind das Vehikel, mit dessen Hilfe er sich in der Nähe der Freunde hält: der Eros. Doch wenn er davon spricht, erklärt Pier Paolo auch gleich seine Asthenie, einen unmißverständlichen Spleen – »dann werde ich mit irgendeiner Entschuldigung wieder mit ihr anfangen.« Es geht ihm hauptsächlich um die »Freundschaft«. Im Juli 1941 schreibt er an Serra:

Unsere Freundschaft bewegt sich außerhalb der Literatur, andernfalls wäre sie keine Freundschaft: Die Literatur, die wir miteinander machen, existiert deshalb, weil eine Freundschaft existiert, die uns verbindet[4].

Im Brief färbt er jedes Ereignis mit einer ausgeprägten existentiellen Enttäuschung ein.

Casarsa hat mich enttäuscht, doch eigentlich enttäuschen mich alle Dinge, während sie noch da sind. Wenn sie dann vorbei sind, weine ich ihnen nach. Jetzt kann ich all das haben, was mir das Landleben geben kann: Frieden, Mädchen, Sammlung, Wiesen, Muße, Saufereien, und all das besitze ich wirklich, doch es ist sporadisch, verwässert von dem Dahinfließen leerer, unfruchtbarer Stunden...

schreibt er 1940 an Farolfi. Diese Enttäuschung entsteht aus der Projektion des Erlebten auf Gedanken, die er einem Buch entnommen hat (Hölderlin, Kleist), einem Film, einer Beethoven-Symphonie im Radio, oder dem Erlebnis einer Wanderung im Gebirge, oder einem Bad im Fluß.
Aus San Vito di Cadore schickt er am 31. Mai 1941 an Luciano Serra die Schilderung eines einsamen Ausflugs zum Forcella Grande: »Ich habe in 2 Stunden gemacht, wozu man, wie mir versichert wurde, $3^1/_2$ Stunden gehen oder besser marschieren muß.« Er ist glücklich über die »Stille«, die »Einsamkeit«. Als er oben ist und sich ausgeruht hat, ist die Luft grau geworden, die Sonne in den Wolken verschwunden. Voller Angst hetzt er auf dem Rückweg so sehr, daß er außer Atem gerät:

Das gleiche Gefühl hatte ich als Kind, als ich allein im Wasser des Tagliamento zurückgeblieben war und die Gegend ringsum völlig menschenleer war. Da glaubte ich, daß mich der wilde und geräuschlose Gott der Strudel an den Füßen packte. Ich flüchtete nackt und tropfend auf die Uferböschung und schrie vor lauter Glück[5].

Die Jugend, ihre widersprüchlichen und verzehrenden Emotionen – alles ist auf seinem Höhepunkt. Da ist auch die Verweigerung an das Existieren zu spüren, die Leopardi mit großer Treffsicherheit im Gemüt des jungen Menschen zu orten wußte – der Punkt, an dem »der junge Mensch« noch nicht »die Zärtlichkeit zu sich selber abgelegt hat«, sich noch nicht »an die Widersprüche gewöhnt und sich mit ihnen abgefunden hat« und deshalb bereit ist, seine ganze Lebenskraft darauf zu richten, »sich Leid zu verschaffen[6]«. Das ist die Vervollkommnung des Embryonalzustandes: die ganze Leistungsfähigkeit eines zur Entwicklung bereiten Charakters.

Ebenfalls an Luciano Serra schreibt er am 22. Juli 1943:

Die Heiterkeit hat das Gesicht eines dicken und gefälligen Mädchens aus Valvasone angenommen, das eine Mischung aus einer Magnolienblüte und einem Sankt-Peters-Apfel ist. Jeden Abend küsse ich sie und raube ihr den Atem, und sie will als Gegenleistung nichts weiter von mir, als daß ich sie bei Laune halte. Es sind schöne Abende, Luciano ...

Im selben Brief folgt unmittelbar:

Ich habe Lust darauf, im Tagliamento zu schwimmen und meine Bewegungen eine nach der anderen in die leuchtende Höhlung der Landschaft zu schleudern. Der Tagliamento ist hier sehr breit. Ein riesiger, steiniger Strom, schneeweiß wie ein Skelett ...

Er erzählt, daß er am Tag vorher mit einem Freund namens Bruno auf dem Rad angekommen sei. Sie trafen auf »ausländische Soldaten«: Die sahen neugierig den beiden Jungen zu, die sich »in jenes eiskalte und für sie geheimnisvolle Wasser« stürzten. Dann kommt ein Gewitter auf:

Es war ein Gewitter bläulich wie ein erigierter Penis. Wir zogen uns in Eile an und sind geflohen. Doch mitten auf der Brücke hat uns der Wind aufgehalten. Der Tagliamento war wie in einem Nebel verschwunden.

Es ist eine Windhose: Der Himmel ist schwarz, dann gelb, am Ende leuchtend weiß und völlig unbewegt. Die Ruhe ist wiederhergestellt, da erscheinen »drei, vier Zigeunerwagen«.

Auch sie flohen wie wir vor dem Gewitter, das nun mit Regenschauern in Richtung Codroipo brauste. In einem großen, hellblau gestrichenen Wagen blies ein Zigeunerjunge ohne Unterlaß Trompete[7].

Das ist eine ausgeschmückte Prosaseite, deren sinnbildlicher Stil eine subtile Ausarbeitung im Ausdruck verrät. Pasolini hatte schon Sandro Penna, Attilio Bertolucci und Alfonso Gatto gelesen, und man kann feststellen, wie sehr ihn diese Lektüre beeinflußt hat. Doch der kleine Zigeuner, der in dem »hellblau gestrichenen« Wagen Trompete bläst, die Wolke am Himmel, der »bläulich wie ein erigierter Penis« ist, bezeichnen im Gegensatz dazu eine spezifische phantastische Symbolik. Die Mädchen, von denen Pier Paolo schrieb, waren wohl keine wirklichen Mädchen.

Die Freunde wußten nichts von seiner Homosexualität, doch sie mußte inzwischen zutage getreten sein. Wenn die Jugendlichen Theateraufführungen vorbereiten und Pier Paolo sich dafür manchmal feminin kostümierte, dann sah niemand darin mehr als ein Spiel. Im Gymnasium erzählte angeblich Agostino Bignardi einmal Pier Paolo von dem Prozeß, dem sich Oskar Wilde wegen seiner Homosexualität unterziehen mußte. Die Erzählung beunruhigte ihn. Es mußte ihn beunruhigen, daß etwas, das auf dem steinigen Flußbett des Tagliamento voller Natürlichkeit geschah, sogar einen Prozeß nach sich ziehen konnte.

Daß Heranwachsende ihre Genitalien vergleichen, auch das gegenseitige Onanieren – das gehört zum Leben auf dem Lande, das ist ein Ritual, das mit dem Eintauchen ins Wasser der Flüsse und Wildbäche abwechselt. Es sind Dinge, die man voll Unschuld erleben kann, entweder rückblickend mit Schuldgefühlen, oder im Unterbewußtsein gelagert und erstarrt, so daß darüber die eigene Empfindung ganz intakt aufgebaut werden kann. Das Schwimmen im Tagliamento; das Zuflucht-Nehmen zwischen den Weiden in seinem Kiesbett; die unbefangenen, »reinen« Begegnungen mit den Jungen aus der Umgebung; die Errichtung eines Universums, in dem die natürlichen, biologischen Rhythmen jenseits irgendeiner Trennwand der Moral Geltung haben dürfen - all das hat vielleicht bei Pasolini sein instinktives, kreatürliches Weltbild gefestigt. Doch dieses Weltbild, das die *Poesie a Casarsa* (etwa: Gedichte an Casarsa) umschließt, ist bereits durchwebt mit schmerzlichen Erinnerungen und Sehnsüchten.

Seine Homosexualität ist noch verschlüsselt oder in lyrische

Sinnbilder gefaßt. In einem Brief an Farolfi schreibt Pasolini 1940 mit poetischen Anklängen, die den Schriftsteller späterer Jahre noch nicht ahnen lassen:

> …Laßt uns gehen, meine zarte Herde:
> Der Berg ist breit, feucht ist der Wald.
> Ich werde euch zu meinen Sklaven machen, und der schönste
> (welcher von euch?) mit leuchtendem Haar
> wird aufrecht neben meinem Kelch stehen.
> Es ist Frühling. Ich bin der Prinz. Laßt uns gehen.

Und weiter:

> Unreife Jungfrauen, ihr wagt nicht, mir ins Gesicht zu sehen:
> Das unkeusche Geheimnis meines erwachsenen Lebens schämt sich!
> Ich werde euch mit dem Klang meiner Flöte
> von der begehrlichen Gewalt der vergangenen nächtlichen Blößen erzählen.

Eine andere Stelle aus einem Brief an Farolfi aus dem folgenden Jahr 1941 verrät Symptome eines Ichs, das dabei ist, seine Schuppen abzuwerfen, das sich argwöhnisch selber porträtiert, das zu den Gefühlen des Erwachsenen gelangen will, während sich die Schatten düsterer Hypothesen breitmachen:

> Die Fesseln, die an die Vergangenheit binden, mit einem Akt der puren Willenskraft zerreißen. Das ist es, was ich versuche. Ich will einen übersensiblen, kranken Heranwachsenden umbringen, der noch mein Leben als Mann zu verunreinigen sucht. Er liegt schon fast im Sterben, doch ich werde grausam zu ihm sein, auch wenn ich ihn im Grunde liebe. Denn er ist bis zur Schwelle des Heute mein Leben gewesen[8]…

Worte durchsichtiger als Glas. Vor allem, wenn man an die entschiedene Spaltung denkt, die dieser junge Mensch in sich spürt. Er kann von dem anderen unmißverständlich in der dritten Person sprechen, als ob er eine Spur von Schizophrenie spürte. Dann der Trost durch die Liebe: »auch wenn ich ihn im Grunde liebe.« Die Nachsicht sich selber gegenüber, ein jugendliches

Sich-selbst-gefallen, dient als Rettung, vielleicht auch zum Erwerb der Gesundheit in der Zukunft. Im Geheimen und voller Unruhe leidet er unter dem Erleben der eigenen Sinnlichkeit (»Das unkeusche Geheimnis meines erwachsenen Lebens schämt sich«).

Pier Paolo sandte also – sicherlich ohne es zu wollen – den Freunden Hilferufe, vorgetäuschte Bekenntnisse zu. Die Literatur suggeriert oftmals, was ansonsten schwer auszudrücken wäre. Hier handelt es sich um kaum verhüllte Bekenntnisse, um Verse, die unter psychologischem Aspekt gelesen werden müssen. Auf der anderen Seite war es die Literatur, die den Kreis der jungen bolognesischen Freunde zusammenhielt, der brennende Wunsch, zu schreiben und »sich beim Publikum durchzusetzen«.

Im Jahr 1941 ereignet sich in Bologna folgende Episode: Pier Paolo schenkt einem Kind in der Nachbarschaft ein paar Bonbons. Der Vater des Kindes bezichtigt ihn daraufhin der Päderastie. Pier Paolo schwört, keinerlei perverse Absichten gehabt zu haben. Vielleicht hat sein ausnehmend freundliches Verhalten, sein Benehmen voll zärtlich wirkender Liebenswürdigkeit Verdacht erregt.

Die Literatur

Pasolini schrieb mit sieben Jahren in Sacile sein erstes Gedicht. Seine Mutter zeigte ihm »wie man ein Gedicht tatsächlich schreibt und nicht nur in der Schule liest[9].«

Susanna auch darin Hauptfigur. Sie zeigte Pier Paolo ein von ihr geschriebenes Sonett, dessen Thema ihre Liebe zu ihm war. Das Gedicht endete, wer weiß aufgrund welchen Reimes, mit den Worten »gern haben tu' ich dich eine ganze Menge.« Der Knabe schreibt, angeregt vom Vorbild und noch mehr – wenn man so will – von der mütterlichen Liebe, nach ein paar Tagen sein erstes Gedicht. Er gesteht, daß er darin die Worte »Nachtigall« und »Grün« verwendet habe. Natürlich hatte er noch nicht Petrarca gelesen: »ich weiß nicht, wo ich den klassizistischen Kodex der Sprachauswahl und -auslese wohl erlernt habe[10].«

Als Heranwachsender lernte er das epische Gedicht und das Theater in Versen kennen, fand Zugang zu Foscolo, Leopardi, Carducci, Pascoli und D'Annunzio. Die Fortbildung in der Literatur, so könnte man sagen, verläuft normal.
Doch kommen wir auf Bologna zu sprechen, auf das Schuljahr 1938/1939: Am Gymnasium Galvani liest ein Aushilfsprofessor für Kunstgeschichte der Klasse ein Gedicht von Rimbaud vor. Der Professor war Antonio Rinaldi, selbst ein Dichter. Pier Paolo blieb für immer sein treuer Leser; in seinen Versen, die sich ein wenig am Rande der hermetischen Stimmung bewegten, von der sie geprägt wurden, fand er jene Anomalien, die bei ihm den kritischen Schwung entfachten.
Macbeth, Rimbaud sind erste Entdeckungen. Dann waren die zeitgenössischen italienischen Dichter an der Reihe. Die entscheidende Lektüre sind die *Canti del popolo greco* (etwa: Gesänge des griechischen Volkes) von Tommaseo. Doch damit sind wir schon im Jahr 1943. Wir müssen zum 22. Juni 1942 zurückkehren, zu dem Tag, als vier Studenten der Fakultät für Literaturwissenschaften in Bologna eine Zeitschrift mit dem Titel »Eredi« gründeten. Es waren Pasolini, Leonetti, Roversi und Serra. *Eredi* (Erben) von wem? Erben der Tradition der Moderne, die mit den Namen von Ungaretti, Montale, Cardarelli, Luzi, Gatto, Sereni, Sinisgalli, Bertolucci, Betocchi, Penna und De Libero verbunden ist.
Serra erzählt[11], daß die vier Jugendlichen unbedingt Dichter sein wollten. Sie verbrachten die Abende mit lebhaften Diskussionen bei Kastanienkuchen und sardischem Wein. Pasolini hatte eine Leidenschaft fürs Theater und brachte Vorstellungen auf die Beine: *Der Held der westlichen Welt* von Synge und die Einakter von Thornton Wilder. Die jungen Leute waren von der Aufführung von *Unsere kleine Stadt* mit den Hauptdarstellern Elsa Merlini und Renato Cialente sehr beeindruckt gewesen. Ein Schauspiel, das bis in die Nachkriegszeit in Erinnerung blieb, Anhaltspunkt für ein Theater ohne Akademismen. Naive Übung der eigenen Intelligenz. Das war diese kleine Zeitschrift ohne Zweifel. Wir wissen, daß Pier Paolo alles nur mögliche las, von *Billy Budd* [von Herman Melville. Anm. d. Ü.] bis zu Zeitschriften wie »Frontespizio«, »La ruota«, »Letteratura«. Er folgte Longhi

in den Ausführungen zu *Fatti di Masolino e Masaccio*, und er diskutierte mit Francesco Arcangeli.
Der gegenseitige literarische Austausch war in den Sommermonaten unterbrochen. Da schrieben sich die Freunde Briefe. Pier Paolo war auf die Freunde eifersüchtig. In einem Brief von 29. August 1941 schreibt er an Serra:

Denkt an ›Eredi‹, an unsere gemeinsam verbrachten Tage; für Eure Freundschaft habe ich viele andere geopfert, habe darauf verzichtet, manche Bekanntschaft zu vertiefen, weil ich Angst hatte, abgelenkt zu werden.

Das ist psychologischer Druck. Doch Freundschaft war für ihn total, riß jedes Gefühl mit sich in die Tiefe. Wenn man sich zu den »poetischen« Zusammenkünften traf, die die Freunde in Bologna abhielten, fehlte manchmal Fabio Mauri, weil er lieber mit Mädchen ausging. Pier Paolo machte ihm dann immer Vorwürfe: »Wenn die Mädchen die Poesie ersetzen, dann heißt das, daß die Poesie wenig geliebt wird.« Poesie wird als Leidenschaft mit Ausschließlichkeitscharakter verstanden. Freilich ging es nicht darum, sich für das eine oder das andere zu entscheiden, wie Pasolini glauben machen will. Aus ihm sprach im Grunde das Ideal von der kleinen, um einen Sokrates versammelten Schar, das Ideal einer Gesinnungsgemeinschaft, wo der Eros in dem Augenblick, in dem er vergessen gemacht werden soll, sich steigert und alles erfaßt, alles verschlingt.
Nach »Eredi« kam »Il setaccio[12]« (etwa: Das Sieb). »Il setaccio« wurde von einem Maler namens Italo Cinti erdacht. Lauter noch sehr junge Leute, die intellektuelle Energien zu verschwenden hatten. Sie war die Zeitschrift einer Gruppe junger Bologneser Literaten. Noch hatten sie sich unter dem faschistischen Liktorenbündel zusammengefunden. Der Antifaschismus mußte sich in ihrem Bewußtsein erst noch ausbilden. Wir sind im Jahr 1942 und in der ersten Hälfte des Jahres 1943. Chefredakteur der Zeitschrift war Giovanni Falzone. Sein Berater: Cinti. Sein zweiter Berater: Pasolini. Die Redakteure: Mario Ricci, Fabio Mauri, Luigi Vecchi.

Kunst, Literatur, Musik, Lyrik, Theater, Film, auch etwas Politik. Das waren die Themen, die durchs »Sieb« gelassen wurden. Mauri schrieb über De Chirico. Cavazza schrieb Filmkritiken, darunter eine negative Wertung der Filmfassung von *Malombra* (Mario Soldati hier als Regisseur). Giovanni Mascio schrieb eine Kritik über das Werk eines Cineasten wie Duvivier. Die Namen von Lang, Pabst und Murnau tauchten auf. »Il setaccio« veröffentlichte Übersetzungen von Sappho, Goethe, Hölderlin (Übersetzerin war Giovanna Bemporad, eine Jüdin, die sich wegen der rassistischen Verfolgung Giovanna Bembo nannte), von Machado (eine große Leidenschaft Pasolinis) und von Baudelaire. Ardigò spricht über Ästhetik. Vecchi als Katholik stellt Ideen zur Diskussion, die auf dem Pauperismus und dem Evangelium fußen und die auf einen vagen »ewig währenden« Marxismus hinauslaufen. Pasolini veröffentlicht Gedichte in friaulischem Dialekt und Dialoge in italienischen Versen, die die Stimmung des *Usignolo della Chiesa Cattolica* (etwa: Nachtigall der Katholischen Kirche) vorwegnehmen. Er schreibt auch Literaturkritik: Ungaretti, Luzi und die Anthologie *Lirici nuovi* von Luciano Anceschi. Er scheint besessen von einem Bedürfnis nach »menschlicher Kommunikation«. Bei Ungaretti schält er »eine träumerische Unlogik« heraus, »einen Rhythmus aus reiner und schlichter Belehrung«. Klarer umrissen, wenn auch gezeichnet von jugendlicher Bitterkeit, erscheint eine Reflexion über die Rolle des Intellektuellen und des Schriftstellers in Zeiten des Krieges und der Krise der Moral. Darüber hat Pasolini in *I giovani, l'attesa* (etwa: Die Jugend, die Erwartung; November 1942) geschrieben. Sowie in *Ragionamento sul dolore civile* (etwa: Nachdenken über die Trauer eines ganzen Volkes; Dezember 1942) und *Cultura italiana e cultura europea a Weimar* (etwa: Italienische Kultur und europäische Kultur in Weimar; Januar 1942). Pier Paolo hatte an einem Kongreß teilgenommen, der von Hitlerdeutschland im Herbst 1942 organisiert worden war. Neben anderen Italienern war auch Elio Vittorini dabei. Im März 1943 schrieb er *Ultimo discorso sugli intellettuali* (etwa: Letzte Abhandlung über die Intellektuellen).

Aus *I giovani, l'attesa:*

Wir fühlen, daß unsere weitere Suche sich in der Einsamkeit wird fortsetzen müssen: Freunde oder Freundesgruppen werden nie aufhören zu existieren, denn die menschliche Sympathie und die gegenseitige Zuneigung werden niemals untergehen, doch wir halten die Epoche der Zeitschriften, der Strömungen, ganz allgemein der ›-ismen‹ nicht nur für vorbei, sondern für gänzlich überholt. (...) Wie wir nicht Faschisten sind, wenn wir uns, ohne den Sinn des Wortes zu verkehren, Italiener nennen können, so wollen wir uns allgemein weder Moderne noch Traditionalisten nennen, wenn Modernität oder Tradition nichts anderes bedeuten als lebendige Anteilnahme am wahren Leben...

In *Ragionamento sul dolore civile* erklärt Pasolini, wie sehr seine Worte durchdrungen seien von Schrecken und Trauer, die der Krieg mit sich bringt. Doch er weist jede Rhetorik von sich, beharrt auf dem Gut der Einsamkeit:

Diese poetische Einsamkeit, dieser Elfenbeinturm existiert. Doch er ist keine Sünde. Er ist keine Sünde, denn wir entfernen uns nicht von unserer Wüste – dort, wo wir allein sind –, als wären wir aus der Bahn geschleudert von einem wirren, rhetorischen Mitleid für die Menschen um uns. Wir schließen sie dagegen als *Teil unserer eigenen Natur* in eine Liebe mit ein, die egoistisch gewesen war und die jetzt zu der Liebe zu einem ganzen Volk wird. Dabei verrät sie sich nicht, sondern bleibt verhaftet mit der Tradition ihrer einmaligen Existenz...

In dem Bericht über die Reise nach Weimar werden Idealvorstellungen präzisiert, die nichts mit Rhetorik zu tun haben:

Die Tradition ist keine Pflicht, keine Straße, nicht einmal ein Gefühl oder eine Liebe: Man muß diesen Begriff jetzt in einem antitraditionellen Sinne verstehen, das heißt in fortwährender und nie endender Umwandlung, beziehungsweise Antitradition, skandiert von einer unwandelbaren Linie, die der Historizität für die Geschichte ähnlich ist. Diese offizielle Tradition, die jetzt in allen Nationen von einer falsch verstandenen Propaganda als einzige künstlerische Lösung der heutigen politischen und sozialen Lage Europas verstanden wird, ist völlig antihistorisch...

Diese Feststellungen dürften genügen, um zu verstehen, daß Pasolini zu dem Zeitpunkt intellektuell eine eigene, persönliche Ansicht vom Faschismus hatte. Rückblickend hat er festgestellt[13], daß er seit dem Tage, an dem er das von Rinaldi gelesene Rimbaud-Gedicht gehört hatte, kein »echter« Faschist mehr gewesen sei. Doch er war auch kein militanter Antifaschist. Giovanna Bemporad, als Jüdin eine Verfolgte, war die erste, die ihm von einer politischen Opposition gegen das Regime erzählte. Die Bemporad war noch sehr jung und eine Art literarisches Phänomen. Sie war bereits bekannt für ihre Übersetzungen aus dem Griechischen und Deutschen ins Italienische, und ihre literarische Frühreife und ihre ungewöhnlichen Lebensgewohnheiten hatten aus ihr eine Art Vorläuferin der Freaks gemacht: verschrobene, zerschlissene Gewänder; sie selbst zerstreut und wenig ordnungsliebend; völlig aus dem Rahmen fallende Verhaltensweisen für ein Mädchen, das gerade an die zwanzig Jahre alt war. Pier Paolo suchte Kontakt zu ihr. Sie besuchte das Gymnasium Galvani in Bologna. Pier Paolo bot ihr die Mitarbeit am »Setaccio« an. Die beiden freundeten sich an und trafen sich öfters in Giovannas Wohnung in Bologna – ein riesengroßes Zimmer mit einem großen Tisch darin, der über und über mit Büchern beladen war. Bei einem dieser Treffen fragte Giovanna Pier Paolo: »Bist du Faschist?« Dann sprach sie mit ihm über den Antifaschismus und über die Schuld, die das herrschende Regime auf sich lud.
Am Gymnasium hatte es einige Lehrer gegeben, die in ihrem Unterricht abweichende, nicht angepaßte Inhalte boten. Doch wahrscheinlich war es die Konfrontation mit der Meinung Gleichaltriger, die bei Pasolini die schon durch eigenes Lesen und Nachdenken angebahnte Tendenz verstärken und zu einer Klärung führen konnte.
Pasolini hatte Farolfi brieflich zur Lektüre des Bandes von Enzo Paci, *L'esistenzialismo* geraten – nicht zufällig. Denn dieses Buch, das zu einem negativen Urteil über das herrschende Regime des Landes kam, konnte zu einem Reifungsprozeß beitragen. Der Gedanke des Existenzialismus legte den »punto acerbo« (bitteren Punkt) des Seins offen – jenseits von allem Siegesgeschrei und Vitalismus. Pasolini schrieb in *Ultimo discorso sugli intellettuali:*

Die Intellektuellen können ihre Gesinnung auf tausend andere Arten ausdrücken als mit der Propaganda (oder schlimmer: mit dem Schweigen); (...) man kann von ihnen wie von Notaren oder von Maurern zu Recht erwarten, daß sie ihre Gesinnung vor allem dadurch zum Ausdruck bringen, daß sie die Arbeit in ihrem Aufgabenbereich intensiver fortsetzen...

Die intellektuelle Arbeit ist also vor allem »Handwerk«, dessen ethischer Wert in der mutigen, unbequemen Treue zu sich selbst liegt: Das ist ihre wahre Verpflichtung, ihre Moralität. Die Unterwerfung der Literatur unter die »Propaganda« und unter die Ziele der Politik erscheint Pasolini zu diesem Zeitpunkt als Verrat.
Das ist sein persönlicher Schluß, seine persönliche Meinung in jenen Jahren zum Faschismus. Ganz deutlich wird diese Meinung in der langen persönlichen Bemerkung, die er in Klammern in den gleichen Artikel vom März 1943 einschiebt:

Meine Mutter und ich sitzen in dem Zimmer, das erst ihre Kindheit, dann meine beschützt hat. Und in diesem Zimmer vernimmt man eine Stimme, die aus dem Dunkel der Nacht widerhallt: Es ist ein Junge, der vor unserer Haustür stehengeblieben ist und nach einem Freund ruft. Dieser Schrei weckt nicht wie einst Sehnsucht nach meiner Vergangenheit, nach meiner Kinderzeit, oder ein unbestimmtes Beben, sondern er ruft mich von neuem schmerzlich in die Zeit zurück, in der wir leben. Er führt mir einen Augenblick lang die Gesichter meines Vaters und meines liebsten Freundes lebendig vor Augen, die der Krieg mit fortgenommen hat. Den Vater habe ich seit zwei Jahren nicht mehr gesehen. Vom Freund weiß ich gar nichts mehr. Ich verbringe die Stunden voller Trauer damit, ihn mir in Rußland verwundet, vermißt, als Gefangenen vorzustellen ... Und hier vor mir meine Mutter mit Leid in ihrem Blick. Ich möchte all dies ausdrücken können. Doch es ist nicht möglich. Alles ist zu lebendig, grausam und schmerzend.

Aus diesen Worten ist auch der Abschied von der Kindheit und von ihren Träumen herauszulesen. Die Eroberung der »bitteren Reife« des Seins ist nicht leicht gewesen.
Einige Fakten: Carlo Alberto Pasolini wird 1941 eingezogen und

muß nach Ostafrika in den Krieg. Dort wird er später von den Engländern gefangengenommen. Pier Paolo schreibt an Farolfi:

Mein Papa ist vorgestern nach Rom abgefahren, von wo aus er nach A. O. I. [Italienisch-Ostafrika. Anm. d. Ü.] weiterfahren wird. Ich brauche Dir nicht schildern, wie uns allen zumute ist. Du kannst es Dir wohl vorstellen[14].

Im selben Jahr wird Ermes Parini nach Rußland an die Front geschickt. Aus einem anderen Brief an Farolfi:

Abfahrt von Paria und Melli. Entsetzlich triste Stunden ohne jeden Hoffnungsschimmer. Ich bin hier zurückgeblieben, bin niedergeschlagen und habe zu nichts Lust. Ich bin stark am Überlegen, ob ich mich freiwillig melden und auch einrücken soll...[15]

Im Sommer des folgenden Jahres nimmt er an einem Kurs für Gefreitenanwärter teil. Zu paramilitärischen Übungen kommt er im Juli nach Porretta. Er schreibt an Serra:

Ich bin erschöpft vom Dasein. In so einem unbestimmten Moment kommt mir die Poesie wie eine ferne Erinnerung vor, und der einzig gegenwärtige und sichere Gedanke ist der von der Einsamkeit des Menschen. (...) Heute hat mich meine Mutter besucht und ist vor kurzem wieder abgefahren. Wenn ich an sie denke, fühle ich vor lauter Liebe einen stechenden Schmerz; sie hat mich allzu gern und ich sie auch. Ich schreibe nur für sie. Vor ein paar Tagen hat sie mir einen Brief geschrieben, der mir Tränen in die Augen steigen ließ...[16]

Der Faschismus bricht am 25. Juli 1943 zusammen. Serra schreibt aus der Offiziersanwärterschule von Casagiove in Caserta über seine und nicht nur seine Zweifel. Er spricht von Guerilla, und Pier Paolo antwortet:

Was redest Du von »Guerriglieri« und von »Guerillakämpfen«. Ich weiß nicht, ob ich lachen oder mich ärgern soll. Wenn Dir schon nicht viel an Deinem Blut liegt, dann hebe es jetzt noch auf und vergieße es, wenn schon, dann für etwas Besseres als für Guerillakämpfe mit den lieben Kroaten. Italien wird noch Blut brauchen, und zwar eine ganze Menge. Doch es ist mein Land, auf dem es vergossen werden muß. Wir brauchen eine Überschwemmung aus Blut – oder aus Tränen, die ein ganzes Jahrhundert voller Fehler der Monarchen, Liberalen, Faschisten und Neoliberalen auslöschen muß. Italien muß vollständig und von Grund auf neu errichtet werden, und dazu braucht man dringend auch uns – eine ziemlich gut ausgebildete Minderheit inmitten der ganzen exfaschistischen Jugend, die eine unglaublich schlechte Erziehung besitzt. (...) Auch für meine ganz persönliche Erfahrung als schreibender Mensch sind diese Tage von einer unermeßlichen Tragweite. Die Freiheit ist ein neuer Horizont, von dem ich phantasiere, den ich herbeisehne. Doch jetzt in der so bitteren Verwirklichung tun sich unvorhergesehene und erschütternde Aspekte auf, so daß ich mich fühle, als wäre ich wieder zum Kinde geworden...[17]

Seine Einstellung zum Faschismus der vorangegangenen Monate hat bei Pasolini die Hoffnung auf eine Erneuerung entstehen lassen. Wenig später wird Italien getränkt werden mit Blut und Tränen. Doch Pasolini ahnt, daß der unvermeidliche quälende Übergang große Erneuerungen bringen wird. Im Brief an Serra sagt er auch:

Ich habe gespürt, daß etwas Neues von unvorhergesehener Wichtigkeit in mir hochsteigt und sich festsetzt: der politische Mensch, den der Faschismus mißbraucht und erstickt hatte, ohne daß ich mir dessen bewußt gewesen war.

Winter 1942/43. Susanna beschließt wegen der Bombenangriffe auf alle größeren italienischen Städte, nach Casarsa auszuweichen. Pier Paolo beabsichtigt, bei Roberto Longhi in Kunstgeschichte zu promovieren. Er denkt an eine Doktorarbeit über den Barock. Einstweilen veröffentlicht er *Poesie a Casarsa.*

Ein Band mit provenzalischer Lyrik und einer guten italienischen Übersetzung am Fuße der Seite kursierte – so erinnert sich Attilio Bertolucci – in den Hörsälen der Bologneser Universität in der Via Zamboni, ein Studienmaterial für die Studenten der Romanischen Philologie aus dem Verlag Zanichelli. Die jeweils unten auf der Seite kursiv gedruckte Übertragung konnte als Vorlage dienen. Pier Paolo erinnerte sich an sie bei der typographischen Zusammenstellung seines ersten eigenen Buches.

Poesie a Casarsa erschien am 14. Juli 1942 im Verlag der Libreria Antiquaria Mario Landi, Piazza S. Domenico 5, Bologna. Die Gruppe der »Eredi« debütierte im gleichen Jahr beim selben Verleger: neben Pasolini erschienen *Sopra una perduta estate* von Francesco Leonetti, *Poesie* von Roberto Roversi und *Canto di memorie* von Luciano Serra.

Der Band von Pasolini – sechsundvierzig Seiten in dreihundert numerierten Exemplaren zuzüglich fünfundsiebzig nicht im Handel befindlicher – trägt die Widmung »Meinem Vater«. Die Widmung lautet nicht durch Zufall so. Man kann eine keineswegs selbstverständliche Liebesbezeigung herauslesen.

Pier Paolo wußte natürlich, wie stolz Carlo Alberto auf seine literarischen Fähigkeiten war. Vielleicht ahnte er, daß sich zu diesem Stolz des Vaters auch der bohrende Schmerz mischte, die Zuneigung seines Sohnes nicht vollständig zu besitzen. Dennoch hatte Pier Paolo (ich erwähnte es oben) am 10. Juli 1942 aus dem militärischen Ausbildungslager einen Brief an Serra geschickt und darin in bezug auf seine Mutter festgestellt: »Ich schreibe nur für sie.«

Sollen wir denken, daß die Widmung an den Vater die wahre (konfliktbeladene, »kranke«) Natur des »Tränen in die Augen-Steigens« offenbarte – die Liebe zur Mutter? Sollen wir die Widmung als eine Art Gewissensbisse und als verlorene, abgelegte Sehnsucht interpretieren?

Das Buch erschien, und etwa zwei Wochen später erhielt Pasolini eine Postkarte von Gianfranco Contini: Das Buch hatte ihm gefallen, er werde es rezensieren.

Wer kann meine Freude beschreiben? Ich bin in die Luft gesprungen und durch die Bogengänge von Bologna getanzt. Was die Anerkennung der Großen Welt betrifft, nach der man mit dem Gedichte-Schreiben vielleicht strebt: Die an diesem Tag in Bologna hat mir gereicht... Jetzt kann ich leicht für immer ohne auskommen.

Continis Rezension wurde nicht wie versprochen in »Primato«, sondern in der Schweizer Zeitung »Corriere del Ticino« vom 24. April 1943 gedruckt.

Der Faschismus ließ – zu meiner großen Überraschung – nicht zu, daß es in Italien lokale Partikularismen und Idiome von hartnäckigen Kriegsgegnern gebe. So war meine »reine Sprache für Poesie« verwechselt worden mit einem realistischen Dokument, das die objektive Existenz von armen, exzentrischen Bauern bewies, oder wenigstens von solchen, die vor der idealistischen Existenz des Zentrums nichts wußten...[18]

Contini wies besonders hin auf den in »diesem Bändchen« enthaltenen »ersten Zutritt der ›mundartlichen‹ Literatur zur Aura der heutigen Lyrik und deswegen eine tiefreichende Modifizierung jenes Attributs«. Er fügte hinzu: »Man braucht sich vor allem nur seine poetische Welt vorzustellen, um begreifen zu können, welchen Skandal er in die Annalen der Dialektliteratur einführt.« Der Kritiker gebrauchte als erster ein Wort, das den ganzen menschlichen und literarischen Werdegang des Schriftstellers Pasolini bezeichnete: »Skandal«. Mit seinem stilistischen Expressionismus sagte Contini ein Schicksal voraus. Das Wort, das trotz seiner Deutlichkeit ohne Gewicht erscheinen konnte, klingt jetzt wie ein Horoskop.
Der Skandal: Der Skandal lag zunächst im Gebrauch des Dialektes selbst, des Dialektes vom rechten Ufer des Tagliamento, *di cà da l'aga* (etwa: diesseits des Wassers; friaulischer Dialekt. Anm. d. Ü.), in dem ein wenig der venetische Dialekt anklingt. Es war ein besonderes Friaulisch, das nicht so fixiert war auf seine Rolle als reiner Lokaljargon wie das bis dahin geschriebene Friaulisch es gewesen war (Vertreter der traditionellen Linie waren Colloredo im 17. Jahrhundert und Zorutti in der Roman-

tik). Das Friaulisch der *Poesie a Casarsa* war deshalb skandalös, weil es aus einer literarischen Koine entstanden war, die wiederum bestimmt war von der Notwendigkeit, einer bis dahin nur gesprochenen Sprache die Würde und die Notwendigkeit der geschriebenen Sprache zu verleihen. Die Beschäftigung mit Ungaretti und mit dem italienischen Hermetismus, mit den Lyrikern aus der Provence und mit gewissen Spaniern wie Jiménez oder Machado ruft einen Klang hervor, eine Auflösung von Analogien, die in *Poesie a Casarsa* von der bekannten Landschaft der Dialektlyrik des 20. Jahrhunderts wegbringen: die Eigenheiten Pascolis und D'Annunzios, das Füllmaterial, das einem zweitrangigen Versbau angehört. Wenn man bei dieser Ausdrucksweise Pasolinis von »literarischer Koine« spricht, so geht es dabei um ihre autonome Stellung innerhalb der Literatur und nicht darum, Grenzen oder Unterlegenheiten festzustellen.
Doch Contini spricht von Inhalten: Er spielt »auf das Zentrum der Askese des Menschen auf seinem Körper [an], der das Gleichgewicht des Büchleins ausmacht.« Der quälerische Narzißmus dieser Verse, ihre heimliche und zugleich offenkundige Homoerotik, der Drang, eine schmerzende Reife zu erwerben (»ich will einen übersensiblen, kranken Heranwachsenden umbringen, der noch mein Leben als Mann zu verunreinigen sucht. Er liegt schon fast im Sterben, doch ich werde grausam zu ihm sein.« Der Brief an Farolfi stammt aus dem Sommer 1941, als er auch die *Poesie* schrieb). Dies alles löst sicherlich in dem Gefüge einer Provinz-Tradition wie der des Friaul einen »Skandal« aus. Serra[19] erzählt, daß Pier Paolo ihm im Sommer 1941 Briefe schrieb und darin italienische Gedichte nach der Art Leopardis wiedergab. Pier Paolo beabsichtigte, diese Gedichte in einem Band mit dem geplanten Titel *Confini* (etwa: Grenzbereiche) aufzunehmen. Grenzbereiche – ein Thema, das als negative Kehrseite zum Hermetismus gehört. Mit der »Lyrik der Abwesenheit«, mit ihren ethischen und politischen Folgen konnte sich als Negation der Negation (durch Herleitung und Kontrast) eine Lyrik der Trennung oder des »Grenzbereichs« vereinen, um eine »äußerste« Realität, so etwas wie eine letzte Rettung des Menschlichen wiederzugewinnen.

An einem Vormittag im Sommer 1941 stand ich auf der äußeren, hölzernen Terrasse des Hauses meiner Mutter. Die milde und kräftige Sonne von Friaul fiel auf all das liebe bäuerliche Zeug. Auf meinen Beatnik-Kopf der vierziger Jahre, achtzehn Jahre alt; auf das wurmstichige Holz der Treppe und der Terrasse, die sich an die körnige Mauer anlehnten, welche vom Hof zum Kornboden hinging: zum großen Zimmer. Der Hof war, ungeachtet der tiefen Intimität seiner Sonne, eine Art Privatstraße, denn dort hatte seit den Jahren vor meiner Geburt die Familie Petron Durchgangsrecht. Deren Bauernhaus lag dort, beleuchtet von seiner Sonne, ein wenig geheimnisvoller, hinter einem Tor aus Holz, das noch wurmstichiger und ehrwürdiger war als das der Terrasse; und man erblickte, immer noch inmitten jener anderen Sonne, die Misthaufen, das Wasserbecken und das schöne Unkraut, das die Gemüsegärten umgibt; und weit in der Tiefe, wenn man den Hals streckte, wie auf einem Bild von Bellini, noch unberührt und blau, die Voralpen. Worüber sprach man vor dem Krieg, das heißt ehe alles geschah und das Leben sich als das zeigte, was es ist? Ich weiß es nicht. Bestimmt waren es Reden über dies und das, in reinem und unschuldigem Sicherzählen. Bevor die Leute waren, was sie wirklich sind, *waren* sie gleichwohl, allem zum Trotz, wie in den Träumen. Sicher ist jedenfalls, daß ich auf jener Terrasse gerade zeichnete (mit grüner Tinte oder mit der Ocker-Tube der Ölfarben auf Cellophan), oder Verse schrieb. Da ertönte das Wort *ROSADA* [»Tau«].

Es war Livio, ein Junge von Nachbarn jenseits der Straße, der es aussprach. Ein Junge, groß und von starkem Knochenbau... ganz ein Bauer dieser Gegend... Aber freundlich und furchtsam, wie es gewisse Söhne reicher Familien sind, voller Zartgefühl; denn die Bauern sind bekanntlich – Lenin sagt es ja – Kleinbürger. Aber Livio sprach sicher von einfachen und unschuldigen Dingen. Das Wort ›rosada‹, das an jenem in Sonne getauchten Vormittag ausgesprochen wurde, war nur eine ausdrucksvolle Spitze seiner mündlichen Lebhaftigkeit.

Gewiß war dieses Wort in all den Jahrhunderten, in denen es im Friaul diesseits des Tagliamento gebraucht wurde, *niemals geschrieben worden.* Es war immer und ausschließlich *ein Laut* gewesen.

Was ich an jenem Morgen auch immer getan haben mag, gezeichnet oder geschrieben, sicher ist, daß ich mich sogleich darin unterbrach; das gehört zu meinem blendenden Erinnerungsbild. Und ich

schrieb auf der Stelle einige Verse in jener Sprechweise des rechts vom Tagliamento sich erstreckenden Friaul, die bis zu diesem Augenblick nur *eine Gesamtheit von Lauten* gewesen war: als erstes begann ich damit, das Wort *ROSADA* zu einem schriftlichen zu machen.
Dieses erste experimentelle Gedicht ist verlorengegangen; übriggeblieben ist das zweite, das ich tags darauf schrieb:

Sera imbarlumida, tal fossàl
a cres l'aga...[20]

Die Erzählung ist, um ein von Pasolini geprägtes Wort zu gebrauchen, sicherlich *affabulato* [etwa: erdichtet. Anm. d. Ü.], doch das mindert ihren Wert als Dokument nicht. Ein ganzes geistiges Universum schimmert durch. Pasolini preist sein christliches, bäuerliches Weltbild, regt eine Symbolik von Reinheit und Unschuld an. In dieser Version treten sowohl »die Voralpen«, »unberührt und blau«, als auch die urwüchsigen Stimmen der sprechenden Bauern hervor. Unter ihnen der junge Livio. Seine Stimme gibt den Anreiz zur semantischen Rêverie. Das Gedicht *di su i confini* (etwa: von droben an den Grenzen) spielt sich in der tatsächlichen und in der sprachwissenschaftlichen Geographie ab. Die Alpen sind dort drüben, der Tagliamento auch. Alles erscheint einfach in dieser Atmosphäre der Reinheit, die ein sonniger Morgen erhellt.
In *I parlanti*[21] (etwa: Die Sprecher) hat Pasolini in der Art von Proust den Weg verfolgt, den er ins Innere seiner Muttersprache unternommen hat. Er lebt unter jungen Menschen, schaut ihnen bei den Unterhaltungen mit ihren Verwandten auf den Mund – der Schriftsteller hat die Erhebungstechniken und Ausdrucksmöglichkeiten von den Klassikern der italienischen Sprachwissenschaft, Ascoli und D'Ancona übernommen:

Die Mutter Stefanos stand an den Bettrand gelehnt und schwatzte freundlich und lebhaft, unterstützt von der milden Wärme ihrer schwarzen Augen und von der unbewußten Angewohnheit, den Kopf mit der Geste eines verlegenen, doch nicht schüchternen Mädchens zu neigen. Während sie sprach, bedeckte sie sich den Mund mit der vollen Hand (ein weiterer Grund zur Rührung), sicher um zumindest einen Teil ihrer Fehler als Anderssprachige zu verbergen, gewisse weiche venetische *mi* anstatt des friaulischen *jo*, gewisse weiche *th*, die anstelle des stimmhaften *s* den Worten einen irgendwie mädchenhaften Ton verliehen...

Was Pier Paolo am meisten begeistert, ist die Erfindungsgabe, die er den Bauern vom Mund abliest, die Aufsprengung der Norm, oder besser »das Festhalten an Ehrenregeln der Sprache... ohne die Furcht davor, mit persönlichen und gewagten Erfindungen sie auch abzuändern«. Ihn begeisterte die Möglichkeit, gewisse Wörter in doppeltem Sinn zu gebrauchen. Das bemerkenswerteste Beispiel ist das von *incredibile* (unglaublich), das für »skeptisch« und »ungläubig« verwendet wird. Das Friaul breitet sich vor seinen Augen wie ein Feld aus, das in allen Richtungen zu befahren und zu durchforschen ist.

Im westlichen Friaul, besonders in der Gegend des Basso konnte man in zehn Minuten mit dem Fahrrad von einem Sprachgebiet in ein anderes kommen, das fünfzig Jahre, oder ein Jahrhundert, oder auch zwei Jahrhunderte archaischer war...

Das Fahrrad wird zum Instrument der intellektuellen Arbeit; und alles setzt sich in eine unmittelbare Freude am sprachlichen Ausdruck um. Doch

in dieser unmittelbaren Freude, die er von einem Dorffest zum anderen, von Jugend zu Jugend suchte, fand sich immer ein Untergrund von Angst, ein düsteres Fühlen, daß er nie an den Mittelpunkt jenes Lebens gelangen konnte, das sich im Inneren jener Dörfer abspielte und so schmerzlich und beneidenswert zugleich war[22].

Das Schreiben im friaulischen Dialekt verband den Schriftsteller mit dem Kern dieses »Lebens«; zugleich jedoch war es ein deutliches Zeichen für seinen Abstand und sein Anderssein. Nur ein »Fremder« mit seinem unverfälschten Gehör konnte Klang von Klang, Vokabel von Vokabel unterscheiden.

Ich kam in die Welt zur Zeit
der Analogie*.
Ich agierte
auf diesem Gebiet wie ein Lehrling...[23]

Das schrieb Pasolini ganz bewußt in *Una disperata vitalità* (etwa: Eine verzweifelte Vitalität) am Beginn der sechziger Jahre. Die »Analogie«, die die *Poesie a Casarsa* beherrscht, zielt darauf ab, einen Tagebuchstil zu umgehen. Pasolini war noch nicht der von »einem unmäßigen Beichtbedürfnis[24]« verfolgte Schriftsteller. Er hatte noch das starke, entgegengerichtete Bedürfnis nach Transponierung und lyrischer Simulation. Dennoch hat das Feld seiner »Analogie« schon an Boden verloren. Das Bekenntnis wird noch nicht offen geäußert, doch unter Qualen gestreift. Noch rückt die Musikalität Casarsas dieses Bekenntnis in die Ferne, drängt es »an die Grenzen« zu einer Sehnsucht nach der verlorenen Heimat hin, eine Heimat der Poesie, eine Provence, die in der Einbildung existiert – das Motto des Büchleins stammt von Peire Vidal**.

Ciantànt al mè spiéli
ciantànt mi petèni...
al rît tal mè vùli
il Diàul peciadôr.

Sunàit, més ciampànis
paràilu indavòur
(...)

Ich singe in den Spiegel/und kämme mich beim Singen.../Da lacht in meinem Auge/der sündige Teufel./Klingt meine Glocken,/ drängt ihn zurück...
Ohne jede Analogie verdichtet sich die bittere Schilderung vom Leben im Dorf und von den Ängsten, die dort entstanden, wie trockener Eiter in den Versen von *Una disperata vitalità.* Dort ist alles klar, wird alles ausgesprochen. Die literarische Eleganz wird

---

* Pasolini verwendet das Wort »Analogica«. (Anm. d. Ü.)

** Das Motto lautet: »Ab l'alen tir vas me l'aire/Qu'eu sen venir de Proensa:/Tot quant es de lai m'agensa.« Etwa: Es kommt ein Wind aus dem Morgengrauen/ und dieser Wind kommt aus der Provence:/Das alles bewirkt Schwermut in mir. (Anm. d. Ü.)

beiseite gelassen. Bloßgelegt werden sein Gefühl, seine verzehrende, zerstörerische Leidenschaft:

Ich erinnere mich, es war ... wegen einer Liebe,
die mir die kastanienbraunen Augen und die anständigen Hosen
erfüllte
– das Haus und das Land, die Sonne des Morgens und die
Sonne

des Abends... an den schönen Samstagen
des Friaul, an den ... Sonntagen ... Ah! ich kann nicht
einmal dieses Wort der unberührten Leidenschaften
aussprechen

und das meines Todes (erblickt in einem trockenen Graben
voller Primeln
zwischen goldglänzenden Weinstöcken, die im Schutze

dunkler Hütten von erhabnem Blau stehen).

Ich erinnere mich, daß ich in dieser ungeheuerlichen Liebe
sogar schrie vor Schmerz
für die Sonntage, wenn scheinen muß

»über den Kindern der Kinder die Sonne!«

Ich weinte in dem kleinen Bett von Casarsa,
in dem Zimmer, das nach Urin und Wäsche roch,
an jenen Sonntagen, die zu Tode glänzten ...

Unglaubliche Tränen! Nicht allein
über das, was ich in jenem Augenblick
qualvoller Unbeweglichkeit des Glanzes verlor,

sondern über das, was ich noch verlieren würde!
(...)

Und einmal nach dem Mittagessen, oder an einem Abend,
bin ich schreiend
durch die sonntäglichen Straßen nach dem Fußballspiel
gelaufen,
zum alten Friedhof, dort hinter der Eisenbahn,
um den süßesten Akt des Lebens
zu begehen und zu wiederholen – bis aufs Blut,
ich allein, auf einem kleinen Erdhaufen
von zwei, drei Gräbern
italienischer oder deutscher Soldaten
ohne Namen auf den Lattenkreuzen
– begraben dort noch seit der Zeit des anderen Krieges.

Und in der Nacht kamen dann unter den getrockneten Tränen
 der blutenden
Körper dieser armen Unbekannten
bekleidet mit graugrünem Tuch

sie in Haufen über mein Bett,
wo ich nackt und entleert schlief,
um mich mit Blut zu beflecken, bis zur Morgenröte.

Ich war zwanzig Jahre alt, nein – achtzehn,
neunzehn ... und es war schon ein Jahrhundert vergangen,
seit ich lebendig war, ein ganzes Leben

zugebracht im schmerzenden Gedanken,
daß ich meine Liebe niemandem würde geben können,
wenn nicht in meine Hand, oder ins Gras der Gräben,

oder vielleicht auf die Erde eines unbewachten Grabes...
Zwanzig Jahre, und mit seiner Menschengeschichte
und seinem Gedichtzyklus war ein Leben abgeschlossen[25]

Körperliche Askese, doch wie gesagt auch Homoerotik: Was die literarische Metapher der »Grenzbereiche« immer wahrhafter werden ließ, oder sie als solche zerstörte, war die Qual der Masturbation, der »Andersartigkeit«. Der Zwanzigjährige konnte, so sehr er das auch gewollt hätte, von seinem bisherigen Leben nicht lassen. Das ist der dramatische Inhalt der *Poesie a Casarsa*, ihre wirkliche unverwechselbare Neuheit[26].

I turcs tal Friúl (Die Türken im Friaul)

»1943 bleibt eines der schönsten Jahre meines Lebens: ›mi juventud, veinte años en tierra de Castilla!‹[1]«* Susanna lebt mit den Söhnen in Casarsa. Die Jahreszeiten verstreichen »wie die Schatten der Wolken, die über die Steine im Tagliamento ziehen«, schreibt Pier Paolo an Franco Farolfi. Und weiter: »Der Krieg ist mir nie so abscheulich und grausig erschienen wie jetzt. Hat denn nie einer daran gedacht, was ein Menschenleben ist?«

»Eines der schönsten Jahre meines Lebens« – das ist ein Ausruf, der von den Gedichten Machados angeregt ist. Schönheit liegt in der Entdeckung des Friauls. Eine Entdeckung, die nicht mehr mit dem Wörterbuch in der Hand geschieht. *Poesie a Casarsa* war noch mit dem Pirona, einem friaulisch-italienischen Wörterbuch, geschrieben worden. Jetzt schreibt Pasolini den gesprochenen Dialekt ohne Mühe nieder und nähert sich im Stil immer mehr der lebendigen, gesprochenen Sprache an. Er ist mit der Heimat verwurzelt.

Die Ebene liegt gleichförmig im bläulichen Licht da: gleichförmig in ihren von Pappelalleen gesäumten Wassergräben und im Netzwerk ihrer Weinberge. Sehr viel komplexer jedoch ist ihre Sprach-Geographie: lauter Inseln und Buchten, wo einmal der venetische Dialekt auftaucht und wieder verschwindet und einen Reichtum an Klang-Perspektiven bietet, die den Philologen verblüffen und anregen muß. Pier Paolo ließ sich gerne verblüffen und anregen, während er in die Pedale seines Fahrrads trat.

Am Abend des 25. Juli 1943 schreibt er VIVA LA LIBERTÀ auf eine Mauer und muß um ein Haar die Nacht in Polizeigewahrsam verbringen. Bei ihm sind sein Bruder und der Freund Cesare Bortotto. Doch es gelingt ihm auf der Wache, den Polizeimeister zu überreden, sie wieder auf freien Fuß zu setzen. Der Beamte sagt

---

* Zitat von Antonio Machado. Etwa: Meine Jugendzeit, zwanzig Jahre auf dem Boden Kastiliens. (Anm. d. Ü.)

immer wieder betrübt: »Aber ich habe keine Weisung...« Es schien ihm völlig in Ordnung, daß von Freiheit nicht gesprochen werden durfte.
Auf einem Spaziergang mit dem Cousin Nico Naldini war Pier Paolo einmal nach Versuta gekommen. Versuta ist ein Dorf mit wenigen Häusern, zwei Kilometer entfernt von Casarsa, südlich der Pontebbana. Pier Paolo gefiel eines der Häuser, ein charakteristisches friaulisches Bauernhaus: ein langgestrecktes Gebäude aus grauem Stein; der Stall; der Balkon aus Holz. Die Bäuerin Ernesta vermietete ihm ein Zimmer. Es war gedacht als eine Art Studierzimmer auf dem Land, Zuflucht zum Lesen und Nachdenken. Gemeinsam beluden Pier Paolo und Nico einen Handwagen mit Büchern und schleppten sie die zwei Kilometer zu Fuß: Bände von Du Bos, Cecchi, Bartolini und Longhi neben griechischen und lateinischen Klassikern. Das Ziel war, literarische Kunstwerke inmitten eines archaisch gebliebenen linguistischen Paradieses zu erleben.
In diesem Sommer 1943 hatte Pier Paolo noch den Ehrgeiz, bei Longhi zu promovieren.
In Versuta betätigten sich die beiden Cousins als Archäologen auf dem Land. Nico war erst vierzehn Jahre alt, folgte aber Pier Paolo bereitwillig bei seinen Abenteuern. Mit einer Zwiebel rieben sie so lange an der Wand einer verlassenen Kapelle im Dorf herum, bis sie schließlich drei Figuren eines alten, von Farbe überdeckten Freskos zu Tage brachten.
Dieses goldene Arkadien wurde durch die Einberufung Pier Paolos zum Militär zerstört. Am 1. September 1943 mußte er in Pisa einrücken. Sein Wehrdienst dauerte nur eine Woche. Der 8. September* überraschte ihn in Pisa. Nach dem Waffenstillstand stoppten die Deutschen die Abteilung, der Pasolini angehörte. Die Rekruten sollten nach Deutschland deportiert werden.
Alles spielt sich in der Nähe eines Kanals zwischen Pisa und Livorno ab. Einer neben Pier Paolo sagt zu ihm: »Paß auf, wenn die Wache vorausgeht, schmeiß' ich mich in den Graben. Wenn du

* 8. September 1943: Waffenstillstand zwischen den Alliierten und Italien; Landung amerikanischer und englischer Truppen in Süditalien. (Anm. d. Ü.)

willst, dann tu's auch.« Pier Paolo entsicherte sein Gewehr und war bereit, das Feuer auf die Deutschen zu eröffnen. Er warf sich in den Graben. Mit der Angst im Nacken, doch noch den Nazis in die Hände zu fallen, legte er etwa hundert Kilometer zu Fuß zurück und langte zerlumpt und verstört in Casarsa an. Er war gesund, aber das gesamte Material für seine Doktorarbeit, das er bei sich gehabt hatte, war verloren[2]. Im Rückblick war der Schrecken noch immer groß. Das ist seine einzige Kriegserfahrung.

Von da ab lebte ich versteckt und verfolgt – und voller Angst, denn zu der Zeit hatte ich eine geradezu pathologische Angst vor dem Tod. Ich war besessen von der Vorstellung, am Ende aufgehängt zu werden. Denn so endeten an der Adriaküste die jungen Kriegsdienstverweigerer oder die erklärten Antifaschisten[3].

Dennoch war dieses Jahr eines der schönsten seines Lebens gewesen. Den Sommer über hatte er sich unbefangener als früher ausgelebt – an einer Flußbiegung, einer Art kleinem See, wo sich die Jungen aus der Gegend von Casarsa zum Baden trafen.
Einige Jahre zuvor hatte ihn eine Frau mit einem kleinen Jungen hinter einem Gebüsch erwischt. Sie machte ihm Vorwürfe, und er lebte eine Zeitlang in der Angst vor einer Anzeige. Die Sache hatte jedoch keine Folgen. Das erotische Glück jenes Sommers konnte allerdings nicht vollkommen sein. Furcht und Schuldgefühle beeinträchtigten es. Doch die jugendliche Promiskuität gab ihm auch Schwung. Dieses Glück oder glückliche Spiel verlängerte für Pier Paolo die Jugend. Andererseits spürte er ein großes Bedürfnis nach Reife (»Ich will einen übersensiblen, kranken Heranwachsenden umbringen, der noch mein Leben als Mann zu verunreinigen sucht...«), das er durch verstärkte Übung des Intellekts und der literarischen Ausdruckskraft ausgleichen konnte.
Er schreibt italienische und friaulische Gedichte. Später auch einen Text fürs Theater: *I turcs tal Friúl* (etwa: Die Türken im Friaul; das Manuskript ist datiert mit Mai 1944). Seine Themen sind: eine bäuerliche, instinktiv christliche Epik, eine naturgegebene Kreatürlichkeit, das Lob der Solidarität in der Gemeinschaft.

Das Friaul ist »Grenz-«Land. Es ist gezeichnet von mehreren Invasionen, die es im Lauf seiner Geschichte erleben mußte; verschiedene Heere haben es durchquert und zum Schauplatz mancher Legende des Widerstandes gemacht – vom Einfall der Hunnen unter Attila bis zum Durchmarsch der österreichischen Armeen das ganze 19. Jahrhundert hindurch und bis zum Ersten Weltkrieg. Das starke, auf der sprachlichen Eigenart beruhende Identitätsgefühl der Region mußte bei ihren Bewohnern den Eindruck entstehen lassen, sie seien von den wiederholten kriegerischen Anstürmen zu Unrecht betroffen. Auch die Türken tauchten im Friaul auf. Eine Gedenktafel, die in eine Wand der Kirche Santa Croce in Casarsa eingemauert ist, legt davon Zeugnis ab:

1499 Adi 30 7bre/ Nel Soprad. Milesimo Furono Li Turchi/ In Friuli Et Pasorono Per Desopra La Vila/ Et Noi Matia De Montico Et Zuane/ Coluso Fesimo Avodo De Far Ques/ ta Santa Chiesa Se Loro Non Ne/ Davano Dano Et Per La Gratia Dela/ Nostra Donna Fussimo Esauditi Et/ Noi Con Lo Comun Fessimo La Pres/ ente Chiesa Noi Camerari Basti/ an De Iacuz Et Zuan De Stefano/ Gambilim Fessimo Dinpinzer Del/ 1529 Adi 7 Setembre.*

Hier verbinden sich offenbar Gemeindegeschichte und Familiengeschichte. Giovanni Colussi – im Text »Zuane Coluso« genannt – macht sich aufgrund eines Gelöbnisses zum Förderer der Errichtung der Kirche. Dieses Gelöbnis und die Darstellung der Angst vor den Fremden gibt in der Phantasie Pasolinis den Stoff für das Theaterstück ab. Daneben ergab sich noch die Parallele mit der

* Etwa: 30. September im Jahr des Herrn 1499. Im vorgenannten Jahre kamen die Türken ins Friaul und am Dorf vorbei, und wir, Mattia de Montico und Giovanni Colussi gelobten, diese heilige Kirche zu errichten, wenn wir durch sie keinen Schaden erlitten. Und durch die Gnade der Madonna wurden wir erhört und errichteten mit der Gemeinde die Kirche, und die Freunde Sebastiano De Iacuz und Giovanni De Stefano Gambilim ließen sie bemalen am 7. September des Jahres des Herrn 1529. (Anm.d.Ü.)

Gegenwart: Wie einst die Türken bedrohten jetzt die Nazis mit Razzien und Deportationen die Dörfer im Friaul.
Ständig herrschte Furcht vor diesen Übergriffen. Guido hatte sich bereits Partisanengruppen angeschlossen, zuerst kommunistischen, dann aktionistischen. Er versteckte Waffen bei sich zu Hause. Einmal mußte er fliehen und gestand gegenüber seiner Tante Enrichetta, daß er unter dem Fußboden in ihrem Zimmer seine Pistole mit den Magazinen versteckt hatte. Die Tante konnte die Sachen gerade noch rechtzeitig vor einer Hausdurchsuchung in den Obstgarten werfen. Ein andermal ist es Pier Paolo, der sich verstecken muß. Er flüchtet sich mit Nico auf den Glockenturm der Pfarrkirche von Casarsa. Sie bleiben drei Tage dort oben und spähen auf die Ebene vor dem Dorf hinaus. Pier Paolo hatte eine Literaturgeschichte von Francesco Flora dabei und las darin.
I turcs tal Friúl – ein langer Einakter, der sich vor allem im Inhalt und auch im Ablauf an eine Dorfkirmes anlehnt: Es ist ein Abend wie jeder andere. Im Dorf verrichten alle ihre armselige, gewohnte Arbeit. Da kommt ein Bote an: Die Türken haben den Isonzo überquert und verbreiten Angst und Schrecken. Sie sind schon fast am Tagliamento. Die Colussi, die erste Familie am Ort, besprechen, was zu tun ist. Pauli, der älteste Sohn, liefert sich dem Schicksal aus. Meni, der zweitälteste, organisiert eine Bande von Widerstandskämpfern. Die Mutter Lussìa sieht die Tragödie voraus und ist verzweifelt. Die Tragödie tritt wirklich ein. Die Türken ziehen sich von Casarsa zurück, der Ort ist gerettet. Giovanni Colussi hat das Gelübde abgelegt, der Heiligen Jungfrau eine Kirche zu errichten, wenn die Gemeinde verschont wird. Doch beim Abendrot erklingt noch einmal das Geheul des Feindes. Die jungen Männer kehren mit dem leblosen Körper von Meni auf ihren Armen zurück. Seine Güte, seine Opferbereitschaft für das Gemeinwohl hat ihn getötet.
Es wäre einfach, diesen Text autobiographisch zu werten: die Voraussage der Tragödie, die über die Familie Pasolini kam, als man Guido tötete. Doch es steckt mehr darin. Der Kontrast zwischen den beiden Brüdern war groß. Die Leidenschaft für die Freiheit, die Absage an Nazismus und Faschismus setzte Pier Paolo nicht in Aktion um. Oder wenn, dann in eine andere als den

Kampf mit der Waffe. Guido dagegen neigte stark zum bewaffneten Kampf, hatte den heftigen Wunsch, ja ein Bedürfnis, sein Leben im Kampf um die Freiheit aufs Spiel zu setzen. Im Text der *Turcs* »erscheinen die beiden Brüder Meni und Pauli, mit ständigem Bezug zu den beiden wirklichen Brüdern, nicht als zwei dichotome, sondern wie durch Chiasmus austauschbare Gestalten[4].«

In *La religione del mio tempo* (etwa: Die Religion meiner Zeit), dem kurzen Gedicht, in dem Pasolini wohl aus einer schmerzhaft erwachsenen Perspektive diese Phase seiner Jugend nachempfindet, lesen wir:

> Die blinde, rohe, rechtschaffene Jugend
> der Barbarenfamilien, die in die Fremde
> gingen – durch den leisen
>
> Forst, oder durch die überflutete Ebene,
> sie trösteten die Einsamkeit
> meines kleinen Bettes, meiner Straße.
>
> Die Geschichte, die Kirche, die Chronik
> einer Familie, sie sind so nichts weiter,
> als ein wenig duftende, nackte Sonne,
>
> die einen brachliegenden Weingarten wärmt,
> ein wenig Heu zwischen den gelichteten
> Wäldchen, einige vom Klang der Glocken
>
> betäubte Häuser … Die uralten
> Jugendlichen, die nur lebendig sind, wenn sie
> die Brust voll vom Frühling haben,
>
> sie waren in den schönsten Altern zugleich
> Träume des Geschlechts und Bilder, entnommen
> aus dem alten Papier des Poems,
>
> das von Band zu Band, in stummen
> Fiebern größter Neuheit
> – es waren Shakespeare, Tommaseo, Carducci… –
>
> aus jeder meiner Fasern ein einziges Beben machte[5]

Pier Paolo hatte als Junge einen naiven romantischen Eifer, den Eifer des Dichters, der ohne Vorbehalt an die erzieherische Kraft der Dichtung glaubt – sie allein kann einem Volk, einer

Gemeinschaft Lebenskraft geben. Der Dialekt verwandelt sich in Sprache, wenn er dazu benützt wird, tiefe Gefühle auszudrücken und nicht mehr nur bäuerliche Lebensweisheiten in humoriger Form. Durch die Form und den Stil eines Dichters erhält er Geschichte und Kultur. Dieser Dialekt, diese Sprache kommt einer Waffe gleich.
Das war die Überzeugung Pasolinis, die von einem vagen Historismus und einer leidenschaftlichen *amor de loinh* bestimmt war. Er war bestrebt, die Tradition einer lokalen Kultur wiederzubeleben, in der sich die in Armut lebenden, von Jahrhunderten der Unterworfenheit gezeichneten Bauern wiedererkennen und durch die sie wiederaufleben können. Der verblüffende Archaismus der Ausdrucksweise und der Bräuche, die nicht nur das Friaul *di cà da l'aga* (diesseits des Wassers) charakterisieren, konnte auf irgendeine Weise gerettet werden. Dazu fühlte er sich berufen, nicht jedoch dazu, zu den Waffen zu greifen.
I turcs tal Friúl wächst über die Familiengeschichte hinaus und fügt sich ein in eine Art »Kulturprogramm« zur Bildung einer friaulischen Dichter-Schule.
Dichtung und Bildung entstehen nicht aus dem Nichts. Sie brauchen Vorbilder; von diesen leitet sich eine Sprache ab, und ein Stil bildet sich. Dieser Prozeß schien Pasolini völlig klar. Das Buch, das er dabei am meisten im Auge hatte, war *I canti del popolo greco* von Niccolò Tommaseo (die Ausgabe vom Verlag Einaudi, herausgegeben von Guido Martellotti, die im Februar 1943 erschienen war). Die Choralität dieser *Canti*, die hundert Stimmen, die darin laut werden, die hundert Geschichten, die sich untereinander verflechten (Liebe, Tod, Krieg), erschaffen das Fresko einer idealen volkstümlichen Welt, die in eine bewegte, nicht papierene Sprache überführt war. Die Inhalte dieser *Canti* regten die »dialektale« Vorstellungskraft des jungen Schrifstellers an und schürten seine Sehnsucht nach einem Universum, das durch eine Sprache ausgedrückt werden konnte, die nie mit Tinte in Berührung gekommen war. Pasolini wird 1952 in dem Essay über *La poesia dialettale del Novecento* (etwa: Die Dialektdichtung des 20. Jahrhunderts) diese »Position« definieren. Er schreibt über den Autor der *Poesie a Casarsa:*

Man mußte vielleicht, um das Friaul auf ein Bewußtseinsniveau zu bringen, das es darstellbar macht, ausreichend eigenen Abstand haben, sich am Rand bewegen, nicht zu sehr Friauler sein. Und nicht zu sehr selbst Sprecher, damit man seine Sprache frei und ziemlich unbefangen anwenden konnte. Der ›Rückschritt‹, diese existentielle Bestimmung des Dialekts, sollte sich nicht *im* Dialekt vollziehen; von einem Sprecher (dem Dichter) zu einem vermutlich reineren, glücklicheren Sprecher; absolut unmittelbar in bezug auf den Geist des *inventum*. Er mußte vielmehr von komplexeren Ursachen hervorgerufen worden sein – von innen und von außen. Er mußte sich von einer Sprache (vom Italienischen) in eine andere Sprache (in das Friaulische) vollziehen. Er war zum Objekt einer trauernden Sehnsucht geworden, die in ihrem Ursprung eine sinnliche gewesen war (in der ganzen Breite und Tiefe des Attributs), doch dann zusammenfiel mit der Sehnsucht dessen, der in einer Zivilisation lebt, die sich in einer Sprachkrise befindet, die zum verzweifelten, aggressiven *›je ne sais plus parler‹* [›ich kann nicht mehr sprechen‹] Rimbauds gelangt ist[6].

Zur »Muttersprache« zurückkehren erscheint diesem »fremden« Dichter als einzige Möglichkeit, alle Emotionen und Leidenschaften der Existenz auszudrücken. Doch diese Sprache ist kein Selbstzweck: Sie wird verwendet, um alte Vorbilder wieder aufblühen zu lassen. Gemeint sind alle möglichen berühmten Vorbilder, so lange sie weder umgangssprachliche noch mundartliche sind.
Hier nun die *Canti* von Tommaseo*:

> Die Wache rief vom Ausguck:
> »Leute, nehmt die Waffen, sammelt die Hüte ein;
> denn Turchesia kommt bis auf zehn Meilen heran.«
> Mitromara rief von den Quartieren her:
> »Leute, nehmt euch ein Herz; zeigt es ihnen hier und heute.
> Die Türken, die vertreiben wir; hier sollen sie ihr Grab finden.«
> Wie Löwen brüllten sie und griffen zu den Schwertern:
> Sie greifen die Türken frontal an, verdreschen sie und jagen sie fort.

---

* Wiedergabe in ungefährer deutscher Übersetzung; *Canti* im Deutschen nicht erschienen. (Anm. d. Ü.)

Dies ist nur eine kleine Episode, und es ist nicht erwiesen, daß sie vielleicht für *I turcs tal Friúl* als Vorbild diente. Wichtig ist nur zu wissen, daß zu der Zeit *I Canti del popolo greco* die Bibel Pasolinis war.
Echos dieser Beharrlichkeit können auch in den Gesängen des Familien-Epos wiedergefunden werden, die im zweiten Teil von *La meglio gioventù* enthalten sind. Es sind tatsächlich Echos, keine direkte Übernahme. Es sind Echos, die sich zu denen der episch-lyrischen Gesänge der italienischen Volksdichtung mischen (»die Piemont zum Zentrum ihrer Verbreitung haben und dagegen unerklärlicherweise im Friaul nur wenig vorhanden sind[7]«): Also eine Fusion von Formen und Inhalten, die nach der kritischen, lehrhaften Vorstellung Pasolinis der friaulischen Literatur zu jenem Selbstbewußtsein hätte verhelfen müssen, das ihr seiner Meinung nach fehlte.

Schule in Casarsa

Ich sprach von »lehrhafter Vorstellung«. Pasolini war erfüllt von dem Idealismus und Eifer des Lehrmeisters – wahrscheinlich eine Sublimierung seines homoerotischen Impulses. Dieser Eifer bezog sich auch auf einen möglichen Literaturbegriff. Der Schriftsteller strebte nach der »Rückkehr zu einer Sprache, die näher an der Welt ist«[8]. Er wollte jedoch die Welt nicht individuell, sondern in der Gemeinschaft, im Zusammenklang entdecken. Zu diesem Zweck bot sich die Schule an.
Die außergewöhnlichen Lebensumstände im Krieg kamen ihm zuhilfe. Die Bahnverbindungen waren unsicher, und das veranlaßte viele Schüler aus Casarsa dazu, die Fahrt zum Gymnasium nach Udine oder Pordenone nicht auf sich zu nehmen. Pasolini eröffnete bei sich zu Hause in Casarsa eine Schule für einige wenige Schüler. Neben italienischen, griechischen und lateinischen Klassikern brachte er den Kindern bei, wie man friaulische Dichtung schreibt: die reine Lyrik und die *Villotta.* »Einem Blitz gleich« ist die Dauer der *Villotta:*

An der Basis einer solchen unerwarteten Fähigkeit der »Enthüllung« steht fast immer ein konkretes und fast liturgisches Schuldgefühl. Im Licht dieser *Sehnsucht* – als ob sich das Gefühl der Armut und der Ungerechtigkeit von den Apriorismen der heiteren Resignation befreite – erscheint die Welt des friaulischen Dorfes ganz in tiefe Traurigkeit gehüllt, mit seinen grauen Steinhäusern, die hingruppiert sind an einen trostlosen kleinen Berg, zwischen *vuoti magredi**, oder den grünen Maulbeerhainen an den Rinnsalen[9].

Das Friaul ist verschlossen, passiv, nicht auf die Geltendmachung der eigenen Interessen versessen, doch eine originelle Sprachinsel. Pasolini sagt über den friaulischen Menschenschlag, er sei

zugleich so nordisch in seinem Moralismus und so südländisch in seiner melischen Hingabe, zugleich plump und gewandt, streng und heiter; lebt sozusagen auf einer Art von politischem Nährboden; einer ganz in sich abgeschlossenen ländlichen Welt, die auf ihre Weise edel ist. (...) Ohne eine große demokratische, kommunale Tradition (...) und ohne die große Tradition des Risorgimento hat dieses Volk dennoch keines der sozialen Laster, die sonst gerade die Völker ohne solche Traditionen charakterisieren. Oder vielleicht spürt man von diesen Lastern nur dort vielleicht einen unbestimmten Beigeschmack, wo die Armut grauer und kälter ist, nämlich in den »unterentwickelten Gegenden« der Carnia oder der Basse. Doch wenn dieser unbestimmte Beigeschmack auch die konformistische Handlungsweise oder politische Entscheidung dieser Bevölkerungsgruppen beeinflußt, beeinträchtigt er doch nicht ihre angeborene Vornehmheit und Aufrichtigkeit im Verhalten, das vielleicht so weit in die Vergangenheit zurückreicht wie ihre überkommene ladinische Mundart[10].

In diesem Milieu und unter diesen Menschen beginnt Pasolini mit seiner eigenen »Aktion«. Die Schule ist kostenlos, die Schüler sind noch sehr jung. Die Jugendlichen, so schrieb Pasolini später rückblickend über diese Zeit, »akzeptierten mit der notwendigen Suggestion meine Anregungen und ästhetischen Ansprüche, als

---

* *vuoti magredi:* geologische Besonderheit des Friaul; Gelände, das nach Überschwemmungen zurückgeblieben ist; unzusammenhängend und arm an Vegetation. (Anm. d. Ü.)

wären sie im wesentlichen unangreifbar. Kurz gesagt, fanden sie dort ihre Tradition[11].«
Die Schule. Pier Paolo bat seine Freunde aus Bologna um Hilfe: Es wurden Lehrer gebraucht. Giovanna Bemporad kam. Mit ihr kam ihre Geschichte als Mensch und Schriftstellerin: Sie war ein erratisches Geschöpf. Ihr Gesicht schminkte sie weiß, um blaß zu erscheinen; sie mied das Leben und verlegte sich auf eine unaussprechliche ästhetische Sublimierung. Pier Paolo empfand ihr gegenüber teils kritische und zugleich fürsorgliche Regungen. Im Leben muß man klare Entscheidungen treffen, sagte er sanft, aber überzeugend zu ihr. Sie entgegnete ihm mit einem intellektualistischen Bekenntnis zur Ungebundenheit.
Sie sprachen über Liebe und Sex. Als Giovanna bei einem gemeinsamen Spaziergang von ihm eine gewagte Äußerung über sein Gefühlsleben zu hören bekam, antwortete sie Pier Paolo unter Mißachtung jeder Konvention: »Ich bin lesbisch.« Hatte Giovanna etwas vom »Anderssein« Pier Paolos bemerkt? Hielt sie es ihm überdeutlich mit unbewußter Ironie vor Augen, indem sie es auf sich selbst bezog? Wahrscheinlich nein. Doch Giovanna war so sensibel, daß sie bei Pier Paolo eine Eigenart festgestellt haben konnte. Pier Paolo behauptete, noch unberührt zu sein. Diese Tatsache verwunderte die gleichaltrigen Freunde, nicht jedoch seine offenkundige Naivität.
Am Morgen hielten sie Schule ab. Nachmittags liefen sie über die Felder, redeten über Dichtung und Bücher. Und, wie es junge Menschen, die viel lesen, tun, auch über das Leben und den Tod. Der Tod war in Giovannas Gedanken eine zwanghafte, manieristische Präsenz. Pier Paolo hatte im gleichen Jahr etwa hundert handgeschriebene Heftseiten dem Thema Tod gewidmet. Sie sind überschrieben mit *Saggi* (etwa: Essays) und unterteilt in die Abschnitte *Saggio sul pensiero della morte* (etwa: Essay über den Gedanken an den Tod), *Religione e Italia* (etwa: Religion und Italien) und *Alcuni suggerimenti della campagna casarsese* (etwa: Einige Anregungen aus dem Land um Casarsa). Leopardi ist Vorbild im Stil. »So eindringlich über den Tod nachdenken, das ist eine der mir liebsten Gewohnheiten, die ich aus der Jugendzeit herübergerettet habe.« Und weiter: »Der Vogelgesang flüstert

mir den Gedanken an den Tod und zugleich ans Unendliche ein.« Das Wesen dieser Meditation offenbart sich bald; ihr Kern ist im weitesten Sinne neurotisch: »Wenn ich voller Liebe an meine Mutter denke, ist mir die Gegenwart des Todes besonders deutlich.« Zeit ist vergangen, Susanna ist nicht mehr die Jüngste:

Welch Todeshauch in mir weht durch alle meine Stunden! Ich fühle alle die Stunden, die ich verloren habe; vor allen Dingen meine unermeßliche Liebe, die ich als Kind für sie empfand. Ich habe Angst, sie könnte sterben. Meine Liebe ist ganz Mitleid geworden ...

Dieses Mitleid war etwas Natürliches für ihn. Pasolini neigte zur Neurose, und auf diesen Seiten aus seiner Jugend drückt sie sich unmaskiert, wenn auch idealistisch aus:

Die Momente der Freude sind nicht selten, und dann ist die Empfindung des Todes besiegt. (...) Ich lebe, weil ich denke. Deshalb kann mich der Tod nicht verschlingen, noch mich töten, denn nicht der Augenblick, die Landschaft, oder die Stunde, sondern ich selbst bin ewig.

Vom Gefühl für die Ewigkeit kamen Pier Paolo und Giovanna auf den Bereich des Glaubens und der Religion zu sprechen. Giovanna bekannte sich zum Atheismus. Pier Paolo war dagegen angezogen von der Ästhetik des katholischen Zeremoniells. Er mochte den Duft des Weihrauchs, die Gesänge der Ministranten und die melancholische Atmosphäre des abendlichen Rosenkranzes. Der Nachmittagsspaziergang endete öfter in der Kirche, um daran teilzunehmen. Doch darum ging es Pier Paolo nicht. Er begeisterte sich für die friaulischen Stimmen, die die lateinischen Texte dahinmurmelten. Wenn ihn etwas von der katholischen Liturgie beeindruckte, dann war es der latente Gedanke an die Sünde, nicht an etwas Heiliges. An einem Abend ließ er Giovanna einen Satz aus dem *De Profundis* lesen. Der Text wurde in der Sakristei aufbewahrt: *Si iniquitate observaveris, Domine,/ Domine, quis substinebit?* Ohne Zweifel verfolgte ihn der Gedanke der Sünde und beschäftigte sein Gewissen. Ein möglicher Dialog mit Gott, den er in diesen Jahren so viele Male auf italienisch und friaulisch mit der Literatur versucht hatte, litt unter der Angst vor diesem Sündenbegriff. Die Begegnungen mit den Jungen auf dem weißen Kiesbett des Tagliamento im Sommer waren befreiend. Doch im Winter waren sie unmöglich. Die Zeit quälerischer Gewissensprüfung begann.

Giovanna und Pier Paolo unternahmen gemeinsame Ausflüge mit dem Rad, setzten sich mit Freunden zu großen Tafelrunden und Trinkgelagen zusammen. Beim Abendessen zu Hause – Giovanna aß bei den Pasolinis und schlief bei Verwandten der Familie – schrieben sie um die Wette *vilote*. Pier Paolo verfaßte ein solches Tanzlied nach dem anderen. Sie lehrten die Lieder auch ihren Schülern. Eine andere Unterhaltung (sie mochten beide Foscolo): Sie setzten die unvollendeten Teile der *Grazie* in Reime. Jeder setzte seine Ehre daran, den perfekten Elfsilber zu schreiben. Giovanna war mehr dem neoklassischen Formalismus verbunden, Pier Paolo erfand freier. Sie sagten einander gegenseitig, daß sie die Dichter ihrer Generation werden würden.

Das klingt alles ein wenig nach Idylle. Der Dichter nahm seine Mutter in die Arme und hob sie hoch. Er nannte sie *cicciona* [große Dicke] – Susanna war leicht und dünn wie eine Binse. Eine seiner *vilote* lautete:

> Zovinuta blancia e rosa
> con chel stras di vestidin,
> la to musa dolorosa
> a someja al me destin.*

Giovanna Bemporad hatte die Musik zu zwei weiteren Quartinen geschrieben, die der Fünfhundert-Jahr-Feier der Pfarrei Casarsa gewidmet waren:

> O Glisiuta tal to grin
> quanciu muars c'a àn preat!
> Sincsent ains che nu i savin
> di vei cà patit e amat.

---

* Friaulischer Dialekt; etwa:
Mädchen, weiß und rosa,
mit diesem Fetzen eines Kleidchens
gleicht dein trauriges Gesicht
meinem Schicksal.

O pais dai vecius muars
vuei beas tal Paradis,
dis tu, a lour, cu li ciampanis,
c'a si pensin dai so fis.*

Für diese Quartine schrieb die Bemporad eine profane Vertonung:

Dols orient imbarlumit
tal seren color di rosa
jot suridi plan la sposa
tal so omp indurmidit.**

Pier Paolo wollte Giovanna ihre »scheußlichen Kleider« ausreden, derentwegen ihr auf der Straße Soldaten und kleine Kinder nachliefen oder nachpfiffen. Er skizzierte ihr ein, wie er meinte, vorschriftsmäßiges Kleid: »gestreifter schwarzer Samtrock, weiße Bluse, dünne schwarze Krawatte, grau-rosa Kniestrümpfe, altrosa Pullover.« Ein Spiel, freilich eines, das ein Urteil bedeutete. Dieses Urteil wurde ausgesprochen, als nach Kriegsende Giovanna ihre Gedichte und einige Übersetzungen in dem Band *Esercizi* veröffentlichte. In der Tageszeitung »Mattino del popolo« aus Venedig vom 12. September 1948 zitierte Pasolini frei nach Cocteau: »Die Gesten des Gleichgewichtskünstlers müssen denen absurd erscheinen, die nicht wissen, daß er über die Leere und den Tod hin schreitet.« Giovannas absurd erscheinende Gewohnheiten und ihre Art, sich zu geben, waren für Pier Paolo Formen einer Selbstverteidigung. Die *Esercizi* hielt er für »noch nicht vollends von einer Art Nachfolge D'Annunzios und von einer gewissen

* Oh, kleine Kirche, wieviele Tote
haben in deinem Schoß gebetet!
Fünfhundert Jahre gewiß
haben wir gelitten und geliebt.
Oh, Dorf der alten Toten,
die heute glücklich sind im Paradies,
sag du es ihnen mit deinen Glocken,
daß sie sich ihrer Kinder erinnern sollen.

** Süß leuchtender Osten,
in deiner heiteren rosa Farbe
sehe ich, wie du leise die Braut belächelst,
weil ihr Mann schläft. (Anm. d. Ü.)

Körperlichkeit befreit, die die italienische Sprache durch eine zu literarische Tradition erworben hat.« Er fand jedoch auch bei der Bemporad eine positive Abneigung bürgerlichen Normen gegenüber, wenn diese auch auf einem intellektuellen Vorurteil beruhten. Schon die »desorientierende Unvorsichtigkeit« des »kraftvollen« Tons ihrer Lyrik allein erschien ihm positiv. Nachdem Giovanna am 26. Januar 1944 aus Casarsa abgereist war, schrieb er an Serra: »Ich habe mit ihr viele schöne, poetische Tage verbracht und gut diskutiert, doch dafür hat sie mich hier im Ort in eine Menge unangenehmer Situationen gebracht[12].«
Zu der Zeit las er Dilthey, Schopenhauer, André Gides *Der Immoralist, Uomo al punto* von Daniello Bartoli, Villiers de L'Isle-Adam und Barbey d'Aurevilly. *Die Gesänge des Maldoror* [Comte de Lautréamont, Anm. d. Ü.] prägten auf ihre Weise im eifrigen Leser Pasolini eine umstürzlerische Vorstellung vom gekreuzigten Christus, von einem Skandal-Christus, der in den italienischen Gedichten von *Usignolo della Chiesa Cattolica* Gestalt annehmen sollte.
Im Klassenzimmer der Privatschule von Casarsa riß Giovanna Bemporad ihre Zuhörer mit sich, wenn sie Foscolos *Von den Gräbern* las. Auch Guido war unter den Zuhörern und verfolgte mit weit aufgerissenen Augen die Lesung und Kommentierung des Textes, der ganz von der »schönen« Vorstellung, für das Vaterland zu sterben, beherrscht war. Pier Paolo erläuterte den *Consalvo* von Leopardi und übersetzte im Englischunterricht den *Faust* von Marlowe. Daneben plante er eine Dissertation über Pascoli und Carlo Calcaterra als Doktorvater, da eine Promotion bei Longhi nicht möglich war und er die Universitätsinstitute nicht laufend aufsuchen konnte[13].
Die Jugendlichen entrichteten eine geringe Gebühr, die für die Miete des Unterrichtsraumes zu bezahlen war. Da kam es zu bürokratischen Problemen, und die Schulbehörde von Udine verbot Pasolini die Fortsetzung der Unterrichtstätigkeit. Im Januar und Februar 1944 promovierten die jungen Leute. Giovanna war dazu nach Bologna zurückgekehrt. Zum festen Freundeskreis gehörten inzwischen die Geigerin Pina Kalz, der Maler Rico de Rocco sowie Riccardo Castellani und Cesare

Bortotto. Die spätere Academiuta de lenga furlana zeichnete sich ab. Da erscheint auch der erste *Stroligut di cà da l'aga* datiert mit »Ciasarsa (Casarsa) – Avril MCMXLIV«, der kleine Almanach von »diesseits des Wassers«, vom rechten Ufer des Tagliamento: eine kleine Schrift in der Mundart von Casarsa, die Prosa und Gedichte und die poetische Chronik des Dorfalltags enthält.
Der *Stroligut* hat Erfolg. Er löst Diskussionen im kleinen Kreis der friaulischen Philologen aus. Einige Mundartlyriker schicken Pasolini ihre Verse zur Begutachtung zu. Nico Naldini schreibt jetzt ohne Anregung durch die Schule selbst vier poetische Prosastücke, hat jedoch nicht den Mut, sie seinem Cousin zu zeigen. Die Großmutter wird das später für ihn tun. Es ist Sonntagmorgen. Pier Paolo ruft Nico und will mit ihm spazierengehen. Nico, fünfzehn Jahre alt, ist ein wenig verlegen, obwohl er sonst mit dem Cousin immer ein Herz und eine Seele ist. »Warum hast du geschrieben? Wolltest du jemanden nachmachen, oder war es dein eigenes Bedürfnis?«
Die Beziehung zwischen den beiden Cousins vertiefte sich. Pier Paolo erzählte vom Finden zum Stil und von der Mühe, die er kostet; er sprach über Ungaretti, Penna und Montale und gab dem Heranwachsenden ausgewählte literarische Werke zu lesen. Nico nahm auch an den Gesprächen zwischen Pier Paolo und der Kalz teil. Er erfuhr Neues über die Musik, aber auch beispielsweise über die Essays von Freud zur Sexualität. Die Kalz las sie im deutschen Original, Pier Paolo auszugsweise in Vorlesungstexten der Universität.
Nico war sicher kein Einzelfall. Für Pasolini war es klar, daß sich durch den Umgang mit der friaulischen Sprache der kleine Kreis von Casarsa zu einer Lyrik-»Werkstatt« verwandeln mußte. Zu der sollten alle Zugang haben, nicht nur eine kleine Gruppe Gebildeter und Privilegierter. Vielmehr sollten sich die Gebildeten von den Stimmungen beeinflussen lassen, für die die arme Sprache, die Sprache aller, Auffanggefäß war.
Auf dieser Linie kam man zum zweiten *Stroligut di cà da l'aga,* datiert »Ciasarsa – Avost (August) MCMXLIV.« Als Einleitung war das Gebet aus *I turcs tal Friúl* abgedruckt ohne einen weiteren Hinweis als der schlichte Titel »Prejera« (Gebet). Von Pasolini-

stammte auch *Discors tra la plèif e un fantàt**, der das Fehlen einer »Geschichte« des Ortes Casarsa zum Thema hat. Die kursiv gesetzte Anmerkung, die den Text begleitet, sagt: »Dùciu a san che, four di un incendi, di na pesta, e da l'invasion dai Turcs, i sincsènt àins da la nustra Parrocchia (1444–1944), a no recuàrdin nuja. La so storia a è duta lì, lavorà, preà, patì, murì ...«**

Man kann durchaus eine Vorwegnahme des Neorealismus aus diesem Text herauslesen: Die Geschichte der Heimat wird »von unten« her, vom dörflichen Detail aus betrachtet. Der – hier sprachwissenschaftliche – Dokumentarismus fließt mit Autobiographischem zusammen. Es wird nicht vordringlich mit dem Verstand gearbeitet. Die Untersuchung geht aus von zufälligen und groben Materialien, wie sie aus der gesprochenen Sprache entnommen werden. Wenn eine Ideologie enthalten ist, und es ist auch eine enthalten, dann postuliert sie einen »Rückschritt«, ein Rückschreiten zur Entdeckung der »Welt«. Die Kreatürlichkeit des Katholizismus, dieses bescheidenen, nicht triumphierenden, nicht römischen Katholizismus, der für die Poebene in ihrer ganzen Weite bis hin zu den grauen friaulischen Steinhäusern charakteristisch ist, dient als Mittel, wenn nicht als Zeugnis für den Glauben an die Transzendenz. Einzigartig an dieser Vorgehensweise – die etwas vorwegnimmt, was der Neorealismus der Nachkriegszeit später sein wird – ist die Aufmerksamkeit, die der Sprache gewidmet wird. Pasolini verbindet nämlich mit einem primären Datum – der potentiellen Beziehung zwischen geschriebener und gesprochener Sprache – einen Literaturbegriff, der im wesentlichen nicht neorealistisch ist.
In derselben Ausgabe des *Stroligut* eine weitere *vilota* Pasolinis:

* *Discors tra la plèif e un fantàt:* Ein Haus- und Hofgeist (plèif) spricht zu einem Kind (fantàt). (Anm. d. Ü.)

** Etwa: Alle wissen, daß man sich außer an eine Feuersbrunst, an eine Pest und an die Invasion der Türken an nichts aus den fünfhundert Jahren (Geschichte) unserer Pfarrei (1444–1944) erinnert. Ihre Geschichte kennt nichts als: beten, leiden, sterben ... (Anm. d. Ü.)

Oh Signòur, misericordia
da la nustra zoventùt,
essi zòvins no val nuja
can la Patria a ni à perdiùt.*

Daneben Prosastücke von Castellani und Gedichte von Bortotto: *lontan dal so paìs e dai so amics* (etwa: fern von seinem Dorf und seinen Freunden). Dann naive, klare Prosatexte von Naldini und Ovidio Colussi. Schließlich eine weitere Chronik von Pasolini, *Memoria di un spetaculut* (etwa: Erinnerung an eine Aufführung): die detaillierte Schilderung von Konzerten der Pina Kalz, mit denen die Dorfgemeinschaft unterhalten wurde; dabei wechselten klassische Musik und *vilote* ab. Eine kleine Gruppe von Kindern sang die Texte.
Kurze Dialoge, Musik und Gesang, die Land und Leute der Pfarrei Casarsa beschreiben: *Ciant dai miej fantàs* (etwa: Gesang meiner Kinder) ist das *spetaculut* überschrieben. Ein großer Erfolg; Heimkehr unterm Licht der Sterne nach einer Sauferei, die zum Ritus geworden ist – doch der Sommer war nicht mehr glücklich. Dieses Leben-wie-das-Volk-lebt und die Freude an einfachen Dingen waren für Pier Paolo auch eine mögliche Art, antifaschistische Gesinnung zu demonstrieren. Das blieb nicht ohne politische Folgen. In einem Brief vom Mai 1944 an den Freund Serra schreibt Pasolini:

Der Krieg stinkt nach Scheiße. Die Menschen sind so angewidert, daß sie fast schon wieder zu lachen anfangen und sagen könnten »hat ja keinen Sinn!« Doch sie warten, ich weiß nicht worauf: daß die Fäulnis von selbst verschwindet vielleicht. (...) Ich gehe alleine über die Felder und gehe und gehe durch das leere und grenzenlose Friaul. Überall stinkt es nach Schüssen, alles reizt zum Erbrechen, wenn man daran denkt, daß die da auf diesen Boden scheißen[14].

Am 29. Mai schreibt er Serra von seiner Verhaftung; »Pina, Luciana, Gastone und ich sind mit großem Tamtam verhaftet worden. Man hat uns beschuldigt, die Zettelchen verteilt zu

* Etwa: Oh, Herr, der du dich/unserer Jugend erbarmst,/jung sein ist nichts wert,/wenn das Vaterland uns verloren hat. (Anm. d. Ü.)

haben, von denen du ein Exemplar im Laden meiner Tante gefunden hast.« Serra war in Casarsa zu Gast gewesen und am Tag vor dem Vorfall abgereist. Pier Paolo und Pina Kalz waren mit den anderen der antifaschistischen Propaganda verdächtigt worden. Verfasser der Flugblätter war in Wirklichkeit Guido gewesen. Doch die Aufmerksamkeit der »Behörde« hatte sich auf den durch seine Aktivitäten bekannten Pier Paolo gerichtet.

Der Brief schließt: »Unsere Unschuld ist so klar bewiesen, daß jetzt die Beschuldiger sich bei uns entschuldigen und sich gegenseitig anschuldigen[15].« Wenn Pasolini so nachdrücklich auf seine Unschuld verweist und sich verächtlich über »die Ausdrucksweise dieses Plakates!« äußert, so hat das seinen Grund: Die Briefzensur war am Werk. Jedenfalls war jetzt klar, daß die »Schule« und die »kleinen Aufführungen« politisch unerwünscht waren und die persönliche Freiheit ihrer Animatoren aufs Spiel setzen konnten. Pier Paolo und Guido übernachteten in dieser Zeit mehrmals in Versuta statt in Casarsa.

Guido und Porzûs

Am 10. September 1943 hatte Guido zusammen mit einem Freund schon einmal sein Leben riskiert: Sie hatten versucht, den Nazis aus einem Fliegerlager in Casarsa Waffen zu stehlen. Der Freund konnte bei einem ähnlichen Unternehmen seine Haut gerade noch retten. Sie verbreiteten Flugblätter und schrieben auf Hausmauern im Dorf: DIE STUNDE IST NAH.

Ende April 1944 bestand Guido die Reifeprüfung am Gymnasium. Am 5. Mai sandte er seinem Vater, der in Kriegsgefangenschaft war, einen langen Brief, um ihm seine Zweifel über die an der Universität zu wählende Fakultät zu schildern. Susanna hätte es gern gesehen, wenn er sich für Medizin eingeschrieben hätte (»mir fehlen auch nicht die Gaben dazu, wie die ruhige Hand, die Ruhe und eine gewisse Neigung zu dieser Art Leben«), doch er interessiert sich für Politik und Philosophie (»ich denke, daß die Politischen Wissenschaften für mich besser geeignet wären, doch die Mama hat so was wie einen Horror vor der Politik, und ich möchte ihr wirklich nicht diesen Kummer bereiten«). Sein Schluß ist: »Was denkst Du darüber? Ich werde machen, was Du wünschst.« Der Brief fährt fort:

Uns geht es allen gut, Pier Paolo ist noch ruhig zu Hause, auch ich bin zu Hause, aber nicht gerade »ruhig« (wenn auch die *Postkarte* [der Einberufungsbescheid] noch nicht bei mir eingetroffen ist ...) Ich kann mich trotz meines guten Willens nicht von der Politik fernhalten, da bin ich schrecklich hitzköpfig (Vorstellungen und Geisteshaltungen haben sich in Italien in der letzten Zeit sehr gewandelt ...), und ich bin wirklich beklommen bei der Vorstellung, gegen meine Denkweise handeln zu müssen. Gleichwohl bin ich überzeugt, daß Du, wenn Du hier wärst, sehr wohl wüßtest, auf welche Seite man sich schlagen muß ... Pier Paolo tut sein Möglichstes, mich zu zügeln, und ich bewundere ihn in dieser seiner Güte (ich bin überzeugt, daß er es einzig und allein tut, um der Mama Kummer zu ersparen) und fühle, daß ich ihn sehr lieb habe, doch leider lasse ich mich oft von meiner Leidenschaft hinreißen ...

Die »Leidenschaft« riß ihn tatsächlich mit sich. Er war jetzt schulischer Verpflichtungen ledig und angewidert von der Aussicht, in die faschistische Armee einberufen zu werden. Die Überwachung durch die Nazis nahm immer mehr zu, und auch wenn er sich damit im Widerspruch befand mit dem Bedürfnis, »der Mama Kummer zu ersparen«, ging Guido dennoch in die Berge. An einem frühen Morgen fuhr er mit dem Zug ab. Pier Paolo begleitete ihn zum Bahnhof. Die Brüder kauften eine Fahrkarte nach Bologna, um die Aufmerksamkeit der Polizei abzulenken. Guido dagegen begab sich nach Spilimbergo und von dort aus nach Pielungo, wo er sich der Division Osoppo anschloß.

Es war ein Morgen, an dem ein Licht des Meeres
nichtsahnend an den rosigen Horizonten träumte:

Ein jeder Grashalm wie mit Mühe gewachsen
war ein Schimmer jenes matten und unermeßlichen Glanzes.

Wir kamen still daher auf dem verborgenen Damm
längs der Eisenbahn, leichtfüßig und noch warm

von unserem letzten gemeinsamen Schlaf im nackten
Kornspeicher zwischen den Feldern, der unsere Zuflucht war.

Weit hinten leuchtete weiß und leblos Casarsa,
verschreckt von der letzten Proklamation Grazianis;

und getroffen von der Sonne gegen den Schatten der Berge,
war der Bahnhof leer: Jenseits der dünnen Stämme

der Maulbeerbäume und der Büsche wartete allein
auf dem Gras des Gleises der Zug nach Spilimbergo ...

Ich habe ihn weggehen sehen mit seinem Köfferchen,
wo in ein Buch von Montale hineingezwängt

zwischen wenigen Wäschestücken seine Pistole war,
in der weißen Farbe der Luft und der Erde.

Die Schultern ein wenig schmal in der Jacke,
die meine gewesen war, der Nacken eines Kindes ...

Ich kehrte zurück auf der glühenden Straße ...[16]

Was hatte Guido zu dieser Entscheidung bewogen? In einem an Serra gerichteten Brief vom 21. August 1945 – der entscheidende Brief, aus dem wir unmittelbar ersehen können, was der Tod des Bruders für Pier Paolo bedeutete – lesen wir:

Du erinnerst Dich an den Enthusiasmus von Guido. Tagelang hämmerte immer derselbe Satz in meinem Kopf: Er konnte seinen Enthusiasmus nicht überleben. Dieser Junge war so selbstlos, mutig und naiv, daß man es kaum glauben kann. Und um wieviel besser als wir alle er gewesen ist; ich sehe jetzt sein lebendiges Bild, sein Haar, sein Gesicht, seine Jacke, und ich fühle, wie mich eine so unsagbare, so unmenschliche Angst packt[17].

Guido ging mit neunzehn Jahren weg und schloß sich den aktionistischen Partisanen der Brigade Osoppo-Friaul an. Susanna nahm die Entscheidung des Sohns tapfer auf. Sie wußte, daß hinter diesem Entschluß, Partisan zu werden, Reife steckte und eine Willenskraft, die sich vor keinem Hindernis beugen würde. Sein Tarnname war Ermes. Er schrieb nach Hause, adressierte die Briefe an seine Mutter und nannte sie »Allerliebste große Dicke« und unterschieb selbst mit »Amelia«. Sein Leben im Gebirge schilderte er verschlüsselt und so, als wäre er eine Frau. Zum Beispiel schreibt er (der Brief kann vom 23. Oktober stammen):

Dort droben, wo »ich« beschlossen habe, Wintersport zu treiben, wird es in wenigen Tagen schneien: Ich brauchte unbedingt Winterausrüstung, warme Pullover, einen Anorak, Wollhandschuhe, Kniestrümpfe und ein weiteres Paar Bergstiefel (die ich habe, sind in erbärmlichem Zustand). Darum solltest entweder Du selbst, oder Giannina zusammen mit dem Fräulein Pina alle diese Sachen Ihr wißt schon wohin bringen, und zwar so bald wie möglich! Die Reise bereitet einer Frau keinerlei Schwierigkeiten. Pier Paolo soll sich beruhigen ... Vergeßt nicht, wenn Ihr in Udine vorbeikommt, eine recht große Menge »Mom« (Insektenvertilgungspulver) zu kaufen. Ich brauche es notwendiger als das tägliche Brot! Bringt ruhig auch viel Seife mit.

An anderer Stelle bedankt er sich für die erhaltenen Pakete. Er macht sich Sorgen um seinen Bruder und wünscht sich, daß der ihm schreibe. Er solle auch für sich und die Seinen ein paar friaulische Lieder texten.

Schicke mir sofort *Poesie a Casarsa* und *Stroligut* und was immer Du kannst von Pier Paolo ... Ein Freund von mir ist ganz wild darauf. Ich habe es bereut, Dir die Idee, mich zu besuchen, in den Kopf gesetzt zu haben: Die Reise ist wirklich sehr gefährlich und beschwerlich ... zum Glück hat Dich Pier Paolo daran gehindert.

Als sich die Bombenangriffe auf den Eisenbahnknotenpunkt von Casarsa verschärfen – das ganze historische Zentrum des Dorfes wurde zerstört – übersiedeln Susanna und Pier Paolo endgültig nach Versuta.

> Mit den wenigen Bauern ringsum
> lebte ich ein glorreiches Leben als von den
> grausamen Verordnungen Verfolgter ...[18]

Dieses »glorreiche« Leben war ein Leben mit seinen Büchern. Das Leben in der Gemeinschaft verlor sich durch den immer heftiger wütenden Krieg mehr und mehr. In Versuta hatte Pier Paolo einen vierzehnjährigen Bauernsohn kennengelernt: Tonuti Spagnol. Er unterrichtete ihn, lehrte ihn Gedichte schreiben. Tonuti schrieb also ein paar Gedichte. In dem Essay *La poesia dialettale del Novecento* (etwa: Die Mundartdichtung des 20. Jahrhunderts) widmete Pier Paolo ihm einige Zeilen:

... und wir dürfen nicht Tonuti Spagnol verschweigen, der als *sonarel*, als kleiner Bauernjunge zu schreiben begann und mit manchem kurzen Gedicht dort Sensibilität und Intonation bewies, wo die ungeschulten Poeten seines Schlags ganz Sentimentalismus und Ohr sind[19]

Tonuti war – vor Ninetto Davoli – für Pier Paolo eine wirkliche Liebe. Sie endete erst Jahre später, als der Junge erwachsen wurde und der »Duft« Versutas nur noch eine beklemmende Erinnerung war. Pier Paolo schrieb also Guido und schickte ihm auch einige Gedichte. Und Amelia alias Guido antwortete der »Allerliebsten großen Dicken« so:

Ich habe den Brief von Pier Paolo erhalten. Er hat meiner Seele Frieden gegeben. Dafür bin ich ihm wirklich sehr dankbar. Das Gedicht hat ganz besonders gut meine Gemütsverfassung an manchen windigen, von der Sonne erwärmten Tagen wiedergegeben: ... ich war dort oben, auf einem hohen Gipfel und unter mir die Ebene bis hin zum Meer nach Istrien; die Dörfer (rote Dächer auf den Häusern) erfüllten die noch grüne Ebene (blaß und verwelkt war jedoch dieses Grün ...). Mit den bangen Augen folgte ich dem weißen Kiesbett des Tagliamento: An einem Punkt trübte sich das Land in einem dünnen bläulichen Nebel ... Dort wart Ihr und dachtet vielleicht an mich. Bitte Pier Paolo, er möge mir noch einmal schreiben, wenn er Zeit hat. Er macht mir große Freude damit.

Im selben Brief fügt er hinzu: »Ich brauche *notwendig* Bücher über moderne und zeitgenössische Geschichte, unter anderem *L'età del Risorgimento italiano* von Omodeo.«
Guido liebte die Mädchen. Unter seinen Schriftstücken im Haus fand man eine Seite, die in einem Umschlag ohne Adresse steckte. Sie war über und über mit Streichungen versehen und nur halbfertig geschrieben:

Meine allerliebste Wilma, seit undenklichen Zeiten habe ich keine Nachricht von Dir ... Manchmal, wenn ich daran denke, beginne ich daran zu zweifeln, ob ich Dich überhaupt kennengelernt habe, und meine Erinnerung an Dich mischt sich dann mit der süßen Unwirklichkeit so vieler anderer schöner Träume ... Doch »Deine« Sachen, die um mich sind, gibt es wirklich, und sie bedrängen mich mit einer ungeheuer großen, verzweifelten Sehnsucht.

Die erste Brigade Osoppo-Friaul agierte in einer etwa zwanzig Kilometer nördlich von Udine gelegenen Zone und befand sich neben der zweiten Brigade Garibaldi. Die Garibaldiner sind Kommunisten, die Leute der Brigade Osoppo sind Aktionisten. Die Gegend, das Attimis-Subit-Tal, wird auch von jugoslawischen Banden durchstreift, die nationalistische Propaganda verbreiten und territoriale Ansprüche auf dieses Grenzland erheben. Die Alliierten stehen seit Oktober 1944 südlich von Bologna: Der italienischen Widerstandsbewegung steht ein langer, harter Winter bevor. Die Nazis und die Faschisten greifen, wo immer sie können, die Partisanengruppen brutal an. In dieser kritischen Situation schließen die Kommunisten und die Aktionisten in diesem Landstrich des Friaul einen Freundschaftspakt. Es bildet sich die Division Garibaldi-Osoppo. Die Division erhält Nachricht, daß die Alliierten in den befreiten Gebieten die Partisanenverbände entwaffnen. Die Brigadisten der Abteilung Osoppo läßt die Nachricht »völlig kalt«: Ihr Ziel ist die Befreiung Italiens. Die Garibaldiner denken anders. Da trifft eine Botschaft des Marschalls Tito persönlich ein, der das Aufgehen der Division Garibaldi-Osoppo in der jugoslawischen Armee vorschlägt. Der Divisionskommandeur Sasso, ein Garibaldiner, zögert; Bolla, der Vizekommandeur aus den Reihen der Osopper, lehnt entschieden ab. Die Leute, die Titos Botschaft überbracht haben, sind unzufrieden. Sie werden erneut vorstellig werden oder die Konsequenzen ziehen.
Die Nacht vom 26. auf den 27. September 1944: Die Deutschen greifen mit einem gepanzerten Zug zwischen Reana und Tricesimo die Partisanenstellungen an. Der Ansturm ist heftig: Garibaldiner und Osopper weichen zurück, laufen auseinander, verlieren sich oder fallen dem Feind in die Hände. Obwohl es ihnen möglich gewesen wäre, greifen die Jugoslawen nicht ein. Am schlechtesten

ergeht es den Aktionisten, die sich im Widerstreit mit den eigenen kommunistischen Kameraden befinden.
Guido erzählt in einem langen Brief an Pier Paolo mit Datum vom 27. November detailliert von den Ereignissen:

Die Garibaldiner Schutztruppen, die wir auf der Straße treffen, tun alles, um uns den Mut zu nehmen und dazu zu bringen, daß wir die Abzeichen mit der Trikolore abnehmen. In Mernicco drückt mir ein Kommissar der Garibaldiner die Pistole auf die Stirn, weil ich ihm ins Gesicht gebrüllt habe, daß er keine Ahnung davon hat, was es heißt, »freie Menschen« zu sein, und daß er wie ein faschistischer Federale argumentiert (in den Reihen der Garibaldiner steht es einem nur frei, den Kommunismus gutzuheißen, wenn nicht, dann wirst du als »Feind des Proletariats« behandelt – Donnerwetter! – oder als »Idealist, der dem Volk das Blut aussaugt«). Mit hocherhobenem Kopf erklären wir, daß wir Italiener sind und für die italienische Fahne kämpfen, nicht für den roten Fetzen ...[20]

Die überlebenden Osopper, darunter Guido, sammeln sich in der Gegend Prosenico-Subit-Porzûs und reorganisieren sich. Sie nehmen von neuem Beziehungen zu den Garibaldinern auf. Gerüchte gehen um, daß die sich den Jugoslawen angeschlossen hätten. Doch diese Nachrichten werden dementiert. Am 7. November, dem Jahrestag der russischen Oktober-Revolution wird verkündet, daß die italienischen kommunistischen Abteilungen sich den jugoslawischen Truppen anschließen. Die Mißbilligung ist, auch unter den Garibaldinern selbst, groß. Guido schreibt:

Viele weinen vor Wut und wollen den roten Stern nicht an die Stelle der Trikolore setzen. Einige schaffen es, in die Reihen der Division Osoppo überzuwechseln und erzählen uns, daß die Kommissare der Garibaldiner mit einer Einschüchterungskampagne begonnen haben.

Es kommt der Befehl vom Marschall Tito, daß die Brigade Osoppo die Zone räumen solle, »wenn sie nicht bereit ist, in die jugoslawischen Verbände einzutreten«. Die Division Osoppo antwortet mit der Gründung einer Zeitung, »Quelli del tricolore«

(etwa: Die von der Trikolore). Guido bittet Pier Paolo im Brief, einen Artikel zu schreiben oder ihm Gedichte zu senden. Er sagt: »Du mußt ein Italiener sein, der zu den Italienern spricht.« In diesem Klima reift jene schreckliche Episode des italienischen Widerstands, die den Namen *strage di Porzûs* (etwa: Gemetzel von Porzûs) erhalten wird. Guido Pasolini wurde dort »von feindlicher Bruderhand« getötet.

Alles ereignete sich aus komplexen Gründen. Die »slowenische Frage«* fungierte als Sprengkapsel. Zwei Prozesse sollten Licht in die verwickelte Angelegenheit bringen (Udine 1945 und vor allem Lucca 1951–1952), mehrere historische Untersuchungen wurden angestellt[21]. Es ist nunmehr nachgewiesen, daß die Verbände der Osopper von der lokalen »weißen« Führungsspitze der Widerstandsbewegung zu erklärt antikommunistischen Zielen benutzt wurden. Daher das auffällige Mißverstehen bei den Kommunisten – ein Mißverstehen, das sich hauptsächlich auf die Verhaltensweisen bezog, die von einer militaristischen und idealistischen Starrheit hervorgerufen wurden, durch den Kommandeur Bolla, alias Francesco De Gregori, eines glühenden Monarchisten, dem Guido Pasolini unterstellt war. Man sprach von Kontakten mit den Nazis und den Faschisten. Durch Vermittlung des Erzbischofs von Udine kamen solche Kontakte zustande. Sie sollten zu einem Friedensschluß oder wenigstens zu einem Waffenstillstand führen, hatten jedoch keinerlei Erfolg. Doch auf der Basis dieser Nachricht und ohne genauere Informationen konnte die kommunistische Führungsspitze mit schrecklichem Leichtsinn eine gewaltsame Aktion beschließen, die in einem Blutbad endete. Die Osopper des Kommandeurs Bolla wurden des Verrats bezichtigt.

Am 7. Februar 1945 stieg eine aus etwa hundert Gappisten** bestehende Kolonne (die meisten waren blutjung und hatten keine Ahnung vom wahren Zweck der Aktion) zu den Almen von Porzûs hinauf. Am Nachmittag desselben Tages fielen Bolla, ein Kommandeur, der sein Stellvertreter hätte sein sollen und den

---

* Gemeint ist die sogenannte »Triest-Frage«. (Anm. d. Ü.)

** *gappisti:* Angehörige der Partisanenorganisation G. A. P. (Gruppo d'Azione Partigiana; etwa: Partisanen-Aktionsgruppe). (Anm. d. Ü.)

Tarnnamen Enea, alias Gastone Valente trug und eine mutmaßliche Spionin, Elda Turchetti. Die drei wurden nach einem Prozeß, der nichts Rechtmäßiges an sich hatte, standrechtlich erschossen. Weitere vierzehn Osopper, darunter Guido Pasolini, wurden gefangengenommen und an den folgenden Tagen getötet. Sie wurden nicht in den Bergen, sondern in der Ebene umgebracht. Es hieß, sie seien mit Hammerschlägen getötet worden, doch das entspricht nicht der Wahrheit, wenn die Geschichte auch im Volksmund weitergesponnen wurde. Die Henker klärten ihre Opfer nicht über das Geschick auf, das sie erwartete.

Die Gefangenen wurden also hinunter aufs flache Land gebracht und am Abend des 8. Februar zur »Politikstunde« versammelt. Es gab eine Unterbrechung: Guido rief, als von Gerechtigkeit die Rede war, dazwischen, daß für die Kommunisten Gerechtigkeit wohl »Genickschuß« bedeute. Er erhielt keine Antwort.

An den folgenden Tagen wurden die vierzehn niedergemetzelt, einer nach dem anderen. Guido muß es ein paar Augenblicke vor der Exekution gelungen sein, seinen Henkern zu entfliehen[22]. Eine Maschinengewehrsalve erwischte ihn an der Schulter und am rechten Arm. Er flüchtete sich in das Haus einer alten Bäuerin, Libera Piani. Er bat um Hilfe, ohne eine Erklärung für die Verletzung zu geben. Die Frau gab ihm Milchkaffee und Schnaps. Da traten zwei Garibaldiner ein. Sie sagten, sie würden den jungen Mann ins Krankenhaus bringen. Guido war sehr schwach. Sie schleiften ihn hinaus und brachten ihn in das Haus von Lina Madaloni, bei der der Verantwortliche der CLN* von Dolegnano wohnte. Hier kam ein dritter Garibaldiner hinzu. Er erkannte Guido Pasolini und sagte zu den anderen: »Wenn ihr den abhauen laßt, dann kriegt ihr's mit mir zu tun.« Er ging hinaus, um nach einem Fahrrad zu suchen. Als er zurückkam, luden sie den Verwundeten, der am Verbluten war, auf die Fahrradstange. Dann brachte ihn der dritte Garibaldiner weg. Den anderen beiden versicherte er, daß er ihn zum Krankenhaus von Cormons bringen würde. Er brachte ihn aber an den Ort zurück, von dem er

* CLN (Comitato Liberazione Nazionale), etwa: Nationales Befreiungskomitee. Dachorganisation der italienischen Widerstandsbewegung. (Anm. d. Ü.)

geflohen war. Man ließ ihn in ein schon geschaufeltes Grab hineinlegen. Wahrscheinlich wurde er von einem Bataillionskommandeur mit Pistolenschüssen erledigt. Das alles ereignete sich vermutlich am 10. Februar im Gebiet von Bosco Romagno, Gemeinde Novocuzzi.

Die Nachricht von dem Gemetzel ging sofort um. Die Informationen waren jedoch widersprüchlich: Erst sprach man davon, daß die Jugoslawen verantwortlich dafür seien, dann hielt man es für eine faschistische Aggression. Nach einigen Tagen werden auch die Garibaldiner und die Gappisten beschuldigt. Die kommunistische Partei des Friaul ordnete eine Untersuchung an. Die lokale CLN drohte auseinanderzubrechen. Die Tage der Befreiung – Ende April – kamen dem zuvor.

Zum Bruch innerhalb der Partisanenverbände kam es später, als der Prozeß in Lucca stattfand. Der Kalte Krieg war heftig im Gange. Die »slowenische Frage« wurde wieder aufgeworfen: Der Vorwurf wurde erhoben, die gemeinsame Sache sei verraten, die territoriale Integrität des Staates sei verletzt worden. Der Prozeß bot Anlaß zu einer erbitterten antikommunistischen Kampagne. Die Kommunistische Partei reagierte darauf mit dem Hinweis, man müsse den Vorfall im politischen Rahmen der gefährlichen Bedrohung der friaulischen Grenzen sehen. Die Angst vor einer jugoslawischen Besetzung hatte während der Monate des Partisanenkampfes die Gemüter verhärtet. Die Faschisten hatten teils mit Erfolg Spaltungen im Inneren des antifaschistischen Kampfes gefördert. Die Jugoslawen hatten ihrerseits verantwortungslos agiert, so als wollten sie die Situation mit weiteren Konflikten anreichern. Das Urteil von Lucca erklärte die Ereignisse mit Rivalität und Animositäten zwischen den Garibaldinern und den Osoppo-Brigadisten, die von ihren ideologischen Divergenzen herrührten. Historiker sind der Ansicht, es habe sich um eine bittere Episode eines Klassenkampfes gehandelt, der parallel zum nationalen Befreiungskrieg abgelaufen sei: Die Osoppo-Brigade war als antikommunistisches Instrument benutzt worden. Das mußte auf eine Tragödie hinauslaufen. Der Zweck war klar: schon vorab ein paar Schachzüge wagen im Hinblick auf die eigentliche politische Auseinandersetzung, die im befreiten Friaul stattfinden sollte. Das soll nicht heißen, daß von der Verantwortung der Personen abgesehen werden soll. Verantwortung trifft, wie auch das Urteil feststellt, mehrere Mitglieder der kommunistischen Ortsleitung und in noch größerem Maße einige Gappisten, deren Initiative das Gemetzel verursachte. Das Urteil von Lucca ließ keinen Raum für weitere Polemiken: Es befreite die Angeklagten von der Beschuldigung des Verrats und des Anschlags auf die territoriale Integrität des Staates, obwohl es strafrechtliche Schuldsprüche erließ.

Gewißheit, daß Guido bei Porzûs getötet worden war, erhielt Pasolini am Nachmittag des 2. Mai 1945 von Cesare Bortotto. Er traf ihn auf der Straße nach Versuta. Die Cousine Annie war bei Pier Paolo. Bortotto war Partisan und kehrte gerade aus den Bergen zurück. Er erzählte Pier Paolo, was geschehen war. Pier Paolo blieb wie versteinert stehen. Die offizielle Benachrichtigung erhielt Susanna Pasolini einige Tage später. Der Tod Guidos war für Mutter und Sohn »wie ein riesiger, furchtbarer Berg«. Von diesem Berg schrieb Pier Paolo am 21. August 1945: »je mehr wir uns jetzt davon entfernen, um so höher und schrecklicher erscheint er uns gegen den Horizont[23].«

Guido war »droben an den Grenzen« gestorben. Diese »Grenzen« machten Pasolini eine tragische Realität bewußt, die sich bis dahin hinter dem Schleier der sprachwissenschaftlichen Probleme verborgen hatte. Diese »Grenzen« konnten sogar das Opfer von Menschenleben fordern und damit jede trostreiche Flucht in Literatur als Illusion zunichte machen.

Dieses Ereignis drängte einerseits bei Pier Paolo den Gedanken an den Tod in den Vordergrund seiner Existenz; auf der anderen Seite veranlaßte es ihn, wenn auch keine politischen Rechtfertigungen, so doch zumindest einen politischen Weg zur Beseitigung von Unverständnis und Konflikten zwischen ethnischen Gruppen zu suchen (die Faschismus und Krieg noch mehr ausgeprägt hatten). Denn sie hatten schließlich zu dem Gemetzel geführt.

Die Bombenangriffe hatten jetzt das Casarsa der Jugendzeit, das Casarsa »der Träume« verschwinden lassen. Die Kirche war nur noch eine Ruine, auf deren Wände alte Freskos »in leicht kalt wirkenden Blautönen und mit vage gotischen Formen« durchschimmerten. Im Mai 1945 tut sich für Pasolini das wirkliche Casarsa auf: Er nimmt immer mehr am örtlichen politischen Leben teil. Die emotionsgeladenen Tage der Befreiung und die Monate, die folgten, forderten von sehr vielen, auch von den zerstreutesten Intellektuellen ein eindeutiges staatsbürgerliches Engagement. Dieses Engagement ließ sich bei Pasolini nicht mit den üblichen Maßstäben messen: Er lebte es in all seiner Problematik und inmitten von Polemiken. In *La ricchezza* (etwa: Der Reichtum) schrieb er zwölf und fünfzehn Jahre später, daß er »zu den Tagen des Widerstands [gekommen war]/ohne davon etwas zu kennen als den Stil.« Dieser »Stil« war »reines Licht«. »Reines Licht« war auch die Verzweiflung Susannas.

> Es kam der Tag des Todes
> und der Freiheit, die gepeinigte Welt
> erkannte sich neu im Licht wieder ...
>
> Dieses Licht war Hoffnung auf Gerechtigkeit.
> Ich wußte nicht, welche: *die* Gerechtigkeit.
> Das Licht gleicht immer anderem Licht.
> Dann wandelte es sich: Das Licht wurde zu ungewissem
> Morgengrauen,
> ein Morgengrauen, das zunahm, sich ausbreitete
> über die Felder des Friaul, über die Wasserläufe.
> Es beleuchtete die kämpfenden Tagelöhner.
> So war das entstehende Morgengrauen ein Licht
> außerhalb der Ewigkeit des Stils ...[24]

Diese Zeilen spielen auf einen Übergang an, der erfolgt ist: Die »Ewigkeit des Stils« stellt eine Synthese der literarischen Illusion von *Poesie a Casarsa* und der ersten Ausgabe des *Stroligut* dar; das »entstehende Morgengrauen« ist das Bewußtsein von konkreten Problemen, die sich in der Nachkriegszeit abzeichnen.
Auf der Suche nach Zeugnissen für diesen Übergang stoßen wir auf zwei Texte, die zum Tod Guidos verfaßt wurden und sicherlich dazu bestimmt waren, gelesen zu werden. Die Texte wurden posthum unter den Schriftstücken gefunden und zeigen, wie Pier Paolo Schmerz und Trauer sublimierte und in ein ausgewogenes Urteil über das Geschehene verwandelte.

Der erste Text muß sofort nach der Befreiung verfaßt worden sein, vielleicht für die erste Gedenkfeier für die Toten von Porzùs. Der Totenschein für Guido, den Susanna von der Kommandantur der IV. Division Osoppo, gezeichnet vom Kommandeur »Emilio« der XIV. Brigade erhielt, trägt das Datum 21. Juni 1945. An dem Tag wurde die Leiche Guidos nach Casarsa gebracht und dort begraben. Wahrscheinlich schrieb Pier Paolo die Seite für die Überführung. Vermutlich war Carlo Alberto nicht dabei; kein Wort dreht sich um seine Trauer[25].

Ich spreche nicht, weil ich irgendein Amt oder ein besonderes Verdienst habe, sondern allein, weil ich der Bruder eines dieser Märtyrer bin. Wie groß der Schmerz meiner Mutter, mein eigener und der all dieser Geschwister, Mütter und Verwandten ist, vermag ich jetzt nicht auszudrücken. Gewiß ist diese Realität, das Wissen, daß sie tot sind, zu groß, als daß sie in unseren Menschenherzen Platz finden könnte. Sie haben in ihrem Tod die ganze Vergangenheit ihrer Familien, unser aller Vergangenheit mit sich genommen und uns allein auf dieser Erde zurückgelassen, die uns fremd erscheint. Ich kann für meinen Bruder sagen, daß es das Schicksal seines Enthusiasmus gewesen ist, das ihn getötet hat, daß er seinen Enthusiasmus nicht überleben konnte. Jetzt haben ihn die Ideale, für die er gestorben ist, seine geliebte Trikolore, in einem Schweigen, das jetzt nicht mehr unser ist, fortgenommen. Und mit ihm auch all seine heldenhaften Kameraden. Und wir allein, ihre Verwandten, können um sie weinen, auch wenn wir nicht leugnen wollen, daß wir stolz auf sie sind, auch wenn wir nach wie vor überzeugt sind, daß ohne ihr Martyrium nicht genug Kraft hätte aufgebracht werden können, um gegen die Gemeinheit, die Grausamkeit und den Egoismus im Namen der Ideale anzugehen, für die sie gestorben sind. Nur wir allein können um sie weinen, die wir wissen, wie sie sprachen, wie sie lachten, wie sehr sie uns liebten. Wir allein können um sie weinen, die wir wissen, wie lebendig sie waren und wie sehnlich sie wünschten, zu uns zurückzukehren, in ihre Häuser, in ihr geliebtes Dasein. Die Außenstehenden, nein, die können nicht um sie weinen, oder nur für kurze Zeit; für die Außenstehenden kann dies nichts weiter als eine tragische Episode, ein notwendiges Martyrium sein. Es ist richtig, es ist menschlich, daß das so ist. Doch wir fordern von der Gesellschaft nicht Tränen, wir fordern Gerechtigkeit.

Der zweite Text ist zwei Jahre später geschrieben worden. Auch er wurde wahrscheinlich bei einer Gedenkfeier verlesen. Pasolini ist jetzt in den Reihen der Linken aktiv, und seine streitbare Haltung läßt ihn etwas polemisch werden.

Am Sonntag wurde in Subit (das Wetter hatte es nicht zugelassen, bis zu den Almen von Porzûs zu gelangen) eine Feier zum Gedenken an Bolla, Enea und ihre Kameraden abgehalten, die von einer Bande entarteter Garibaldiner ermordet worden sind. Als Bruder von Ermes, eines der Märtyrer, muß ich vor allen Dingen den Organisatoren dieser rührenden Pilgerfahrt und allen Anwesenden danken, deren Mitgefühl wirklich trostreich gewesen ist. Seit dem Tag, an dem das Gemetzel stattgefunden hat, sind zwei Jahre vergangen, und doch gelingt es mir noch immer nicht, mich mit der »Schwierigkeit des Unendlichen« auseinanderzusetzen, die das Leben meines Bruders und sein Opfer vor unserer voreiligen Beurteilung schützt. Zuviel Güte ist mit ihm gestorben, diesem zwanzigjährigen Jungen, und zuviel Reinheit liegt in seinem freiwillig auf sich genommenen Tod. Einer Sache kann ich mir jedoch sicher sein: daß ich in seinem Namen sprechen darf. Und in seinem Namen muß ich leider sagen, daß es der Feier von Subit an Ehrlichkeit fehlte; an Ehrlichkeit, sage ich, nicht an gutem Willen. Der Tod von Enea, von Bolla und von meinem Bruder, von D'Orlandi und von allen anderen ist auf der Ebene des Patriotismus gedeutet worden (inwieweit dieser allgemein ist, darum geht es hier nicht), statt auf der Ebene der Moral. Darum lebten die armen Toten von Porzûs am Sonntag nicht unter uns wieder auf und waren nichts als ein abstrakter Vorwand. Ich glaube, daß ihr Verhältnis zu den Garibaldinern, die sie umgebracht haben, nichts anderes ist als das Verhältnis zwischen Gut und Böse; sie sind im Namen des Geistes gestorben, der auch dem Kommunismus innewohnt, oder auch dem schlimmsten Menschen. Wenn wir wollen, daß sie im Namen dieses Geistes unter uns weiterleben, dann müssen wir an *sie* denken und nicht an die von Menschen gemachten Symbole, für die sie ihr Leben gegeben haben. Seht auf meinen Bruder und seinen Freund D'Orlandi; sie waren an jenem tragischen Tag auf der Rückkehr von Musi nach Porzûs, und obwohl sie vom Verrat durch einige Kameraden, die zu fliehen suchten, unterrichtet waren, wollten sie nicht umkehren. Das heldenhafte Vorhaben, ihrem Kommandeur beizustehen, führte sie zum Opfertod. Wie können wir, ihre Angehörigen, jetzt diesen Opfertod für nutzlos halten, weil Italien einen ungerechten Friedensschluß eingehen und einen Teil seines Territoriums verlieren muß? In diesem Opfertod selbst liegt schon ein unumstößlicher Nutzen.

Seine Sehweise ist klar; Polemik gegen die, die zwar für einen kompromißgleichen Frieden mit Jugoslawien sind, denen es aber vorrangig um die Abtretung des Karsthinterlandes geht und nicht um irgendeine Würdigung der »Moralität« des Gemetzels. Pasolini hob das Trauma, das er durch den Tod des Bruders erlitten hatte, aus der rein privaten Sphäre heraus, indem er die »Moralität« als Ausdruck staatsbürgerlichen Empfindens beibehalten wissen will. Doch dieser Tod wurde zu einem Sinnbild, zur Lichtquelle des entstehenden Morgengrauens, »außerhalb der Ewigkeit des Stils«.

Worte, die Zeichen sind

Das Ideal von der reinen Literatur und der klassische Traum von der Poesie leben in Pasolini fort und werden Bezugspunkte für eine Sehnsucht bleiben, die ihn noch mehrmals bewegen wird. Pier Paolo schrieb zu der Zeit auch Gedichte in italienischer Sprache. Im Jahr 1945 veröffentlicht er eine Auswahl, einen kleinen Band in 105 Exemplaren, die nicht in den Handel kommen. Sie sind dem Andenken an Guido gewidmet. Der Titel: *Poesie.* Verlegt wurde der Band vom Haus Primon in San Vito al Tagliamento, das auch die Hefte des *Stroligut* druckte. In diesen Versen wird die Leidenschaft für Foscolo und Leopardi deutlich. Die *nota* (etwa: Anmerkung) stellt bescheiden fest:

Über die Sprache dieser Gedichte könnte ich viel sagen, denn in diesem Problem fassen sich jetzt, so meine ich, alle anderen ungezählten zusammen. Es möge genügen, daß ich diese Syntax, die Wahl der Adjektive und diese traditionsverbundene Manier nicht als endgültige Lösung betrachte. Die Lyriker, die man in dieser Hinsicht von den ganz frühen bis zu den zeitgenössischen nennen könnte, mag sich der nur ein wenig gebildete Leser selbst ins Gedächtnis rufen; was mich betrifft, bekenne ich, zumindest jetzt im

März 1945 meine Vorliebe für die Sprache des 19. Jahrhunderts: Leopardi, Foscolo, Tommaseo und Cattaneo.

Pasolini arbeitet also an einer italienischen Sprache für die Poesie, doch der entscheidende Schritt ist noch nicht getan. An Serra schreibt er am 24. Januar 1944 unter anderem, daß er an drei schmalen, »friaulischen« Bänden arbeitet, von denen der dritte »von religiösen Meditationen: *L'usignolo della Chiesa Cattolica*« handeln soll. Er fährt fort:

Ich habe auch viel in italienisch gearbeitet, jedoch mit weniger Ergebnissen. Bisher sind von den mehreren Dutzend Gedichten, die ich dieses Jahr geschrieben habe, nur fünf oder sechs präsentabel ...[26]

Über den Übergang zum Italienischen und die Entwöhnung von der Muttersprache, die nicht mehr nur lyrischen Zwangscharakter hat, sagt wiederum *La religione del mio tempo* etwas aus:

Und doch, Kirche, war ich zu dir gekommen.
Pascal und die *Canti del Popolo Greco*
hielt ich fest in der Hand, glühend, als ob

das bäuerliche Geheimnis, regungslos
und taub im Sommer dreiundvierzig
zwischen dem Dorf, den Weinbergen und dem Kiesbett

des Tagliamento im Mittelpunkt
von Erde und Himmel wäre ...
(...)
Zwischen den verstreuten Büchern, wenigen Blumen

von hellem Blau, auf dem Gras, dem weißen Gras
und dem Mastkraut, gab ich Christus
meine ganze Unschuld und mein Blut.
(...)

... Die Resistenza fegte
mit neuen Träumen den Traum von den in Christus
Vereinigten Religionen und ihre feurige

Nachtigall hinweg ... Keine der wirklichen
Leidenschaften des Menschen offenbarte sich
in den Worten und in den Taten

der Kirche ...[27]

Das Urteil ist bitter: Es offenbart die Enttäuschung. Was in den Augen eines Außenstehenden als dekadenter, ästhetischer Gefallen am katholischen Ritus erscheinen mußte (ich erinnere an die Aussage von Giovanna Bemporad, die in Pasolinis Erkundungsbesuchen der Kirche von Casarsa das literarische Ergebnis einer »katholischen« Tradition sah, durchwirkt von dem Gedanken der Verdammnis und von brennenden Schuldgefühlen, die von der Lektüre Verlaines ihren Ausgangspunkt genommen haben mochten), war dagegen etwas völlig anderes und mehr: eine auch »politische« Idealvorstellung (die *in Christus Vereinigten Religionen*), die auf der Aufmerksamkeit des noch sehr jungen Lyrikers für das bäuerliche, katholische Friaul wurzelt. Mit der Widerstandsbewegung (die die alten Träume »hinwegfegte«) verwandelte sich die »feurige Nachtigall« in kritische Reflexion, in erkenntnissuchenden Glauben. Daher das Bedürfnis, dieses Feuer von der wohlklingenden, »romanischen« Patina zu befreien, die der friaulische Dialekt darbot, um es auf den möglichst rationalen, ideologisierten Boden des Italienischen zu stellen. Die »wirklichen Leidenschaften des Menschen« mußten im Zeichen einer kommunikativen Tragweite vermittelt werden. Und um der narzißtischen, bis zur Zerfleischung verfolgten ästhetischen Idealvorstellung zu entkommen, wurde aus der »Nachtigall« der sozial engagierte Schriftsteller.

Dies alles erscheint rückblickend klar. Der Entwicklungsprozeß selbst war freilich komplex und mühevoll. Mitten darin gipfelt die »friaulische Aktion« Pasolinis am 18. Februar 1945 in der Gründung der »Academiuta di lenga furlana« (etwa: Akademie der friaulischen Sprache).

Die Academiuta war anfangs die Verwirklichung eines arkadischen Traums im Sinne der *Félibrige**, das Streben nach Wiedererlangung eines verfeinerten Begriffs vom Landleben und auch die ganz poetische Erfindung einer historischen Welt, die damals vor zwanzig Jahren nur in der Einbildung einiger junger Menschen existierte.

---

* Literarische Bewegung der zweiten Hälfte des 19. Jahrhunderts, der es um die Pflege der provenzalischen Sprache ging. (Anm. d. Ü.)

Die beiden schon veröffentlichten *Stroligut* waren vorweggenommene Zeugnisse für diesen Geist der Academiuta. Wir können sogar noch zu ersten Anfängen zurückgehen, die schon im »Setaccio« erschienen waren: friaulische Gedichte von Pasolini, Riccardo Castellani und Cesare Bortotto. Die Mitarbeiter der beiden Hefte des *Stroligut* wurden auch Mitglieder der Academiuta. Sie waren als Schüler aus der Privatschule Pasolinis hervorgegangen: Jugendliche zwischen fünfzehn und siebzehn Jahren, zu denen noch Pina Kalz, Rico de Rocco und Virgilio Tramontin hinzukamen.

Mit anderem Format und datiert August 1945 (Avost MCMXLV), erschien wiederum bei der »Druckerei Primon« in San Vito *Il Stroligut* Nr. 1. Unter dem Titel das Motto: »O cristian furlanut/ plen di veça salut« (etwa: Oh, friaulischer Christenmensch, voll des alten Heils). Das Inhaltsverzeichnis beginnt mit der Satzung der Academiuta:

Das Wappen der Academiuta ist ein Büschel Feldsalat. (...) Das Friaul schließt sich mit seiner unfruchtbaren Geschichte und mit seinem unschuldigen und schwärmerischen Verlangen nach Poesie der Provence, Katalonien, Graubünden und Rumänien an, sowie allen »kleinen Heimaten« romanischer Sprache. Die Academiuta hat eine ganz kurze Geschichte.

Dieses für Pasolini typische Glaubensbekenntnis fährt fort:

In unserem Friaulischen finden wir eine Lebendigkeit, eine Nacktheit und eine Christlichkeit, die seine bestürzende Prähistorie in der Poesie aufwiegen können. Unsere literarische Suche braucht jedoch eine nicht allein mündliche Tradition. Dies kann nicht die friaulische Tradition sein, die bestenfalls ein paar mäßige Dichter (vor allem im 19. Jahrhundert; zum Beispiel Zorut mit seinen im Kleinbürgertum angesiedelten Gedichten) hervorgebracht hat, die dann ganz mundartbezogen war. Unsere wahre Tradition müssen wir darum dort suchen, wo die traurige Geschichte des Friaul sie austrocknen ließ: im 14. Jahrhundert. Da werden wir noch wenig Friaulisches finden, dafür aber eine romanische Tradition, aus der heraus die friaulische geboren werden sollte, die jedoch unfruchtbar blieb. Die Tradition, die wir fortführen müssen, findet sich schließlich in der heutigen französischen und italienischen Literatur, die an einem Punkt der äußersten Abnutzung dieser Sprachen angekommen scheint; unsere dagegen kann noch auf ihre ganze bäuerliche Reinheit zählen ...

Die historische Auffassung von Poesie und Sprachwissenschaft ist hier klar niedergelegt, und wie in Filigranarbeit zeigt sich auch eine politische Linie darin:

Zugleich mit unserer völlig uneigennützigen, entschiedenen Liebe zu Italien erklären wir sofort offen unsere Neigung zu einer teilweisen, oder vor allem ideellen Autonomie der »kleinen Heimat«. Zumindest sollten die Namen der Familien und Orte im Friaul wieder friaulisch werden.

Auch wir mit unserer kleinen Sprache arbeiten für eine kleine Ewigkeit; und wenigstens für einige wenige möchten wir im Klang dieser bei aller Bescheidenheit so eigenartigen Namen (»mari«, »pais«, »camp« ...) jene universellen, absoluten Bilder wieder zugeeignet wissen, die der Mensch auch durch diese seine ungewisse Geschichte hindurch niemals aus den Augen verloren hat.

Pasolini gelang es instinktiv, zu den konkreten Problemen der italienischen Gesellschaft vorzudringen. Sein Loblied auf die »kleinen Heimaten«, also auf die regionale Autonomie sollte sich nicht als rein literarische Illusion erweisen. In der Zeit nach dem Faschismus war man darum bemüht, den vielfältigen lokalen Gruppierungen ihre Identität zurückzugeben. Das ist in einem begrenzten Bereich auch der Sinn der Academiuta und der Veröffentlichung des *Stroligut* Nr. 1. Ganz bewußt wurde zu Beginn der Gedichtanthologie folgender Satz von Carlo Cattaneo als Motto gewählt:

... wenn man beiseite schiebt, was alles an Uniformem, das heißt an Fremdem und Verfälschtem in ihnen steckt, dann beleben sich die matten Dialekte zu absoluten, unabhängigen Sprachen, wie sie es an den Ursprüngen der Menschheit gewesen sind.

Die Zusammenkünfte der Academiuta fanden in dem Bauernhaus in Versuta statt und waren Dichterlesungen. Die noch sehr jungen Mitglieder, fast noch Heranwachsende, lasen aus ihren eigenen Schriften. Pier Paolo kommentierte das Gelesene und illustrierte Geschichte und Sprache des westlichen Teils des Friauls wortgewandt und leidenschaftlich.

Alles war im Februar 1945 entstanden: Cesare Bortotto kam regelmäßig aus den Bergen herunter und traf sich mit Pasolini. Kulturelle Interessen verbanden die beiden jungen Männer. Einmal sprachen sie davon, wie man in Casarsa eine Art Kreis der *Félibrige* organisieren könne, der der Società Filologica (etwa: Philologische Vereinigung) von Udine entgegengesetzt werden sollte. Diese philologische Vereinigung sammelte keine Philologen um sich. Man traf sich zu Festgelagen und begnügte sich mit einer passiven Glorifizierung des *zoruttismo*.*

Pasolini dagegen suchte in den Worten die Zeichen der Geschichte. Im *Stroligut* Nr. 2, »Avril MCMXLVI«, schreibt er in dem Essay *Volontà poetica ed evoluzione della lingua* (etwa: Dichterischer Wille und Entwicklung der Sprache), daß

> in dem Epigraph der »Academiuta cristiàn« (etwa: christliche Akademie] friaulisch als eine Sprache genannt wird, die an den Ursprüngen des »Christlichen« als Sprache unversehrt geblieben ist, als die neue Religion zusammen mit dem Romanischen über Europa graute. *Plen de veça salut* [etwa: voll des alten Heils] kann Sinnbild jener Sprache sein, deren Worte, wenn man sie sprechen hört, in eine ähnliche Landschaft führen, die jedoch zehn Jahrhunderte früher anzusiedeln ist: in einer unverbrauchten Epoche des Bewußtseins, als solche Worte sowohl im Spätlatein als auch in der unbekannten Zone der Frühromantik Dinge und Vorgänge bezeichneten, die mit Sicherheit ursprünglich waren, beeinflußt von der gerade entstandenen Religion. Die linguistische Insel bewahrt also nicht nur die archaischen Merkmale der Sprache als physiologische Gegebenheit. Wenn diese Insel sich mehr in der Zeit denn im Raum ansiedelt, bewahrt sie deren innere Form.

---

* Zorutti: friaulischer Schriftsteller des 19. Jahrhunderts. (Anm. d. Ü.)

Ein zweites und keineswegs zweitrangiges Problem: die Erfahrung der friaulischen Sprache ausweiten; nicht mehr die Suche nach der »reinen Sprache für Poesie«, die Rückkehr oder der Rückschritt »zu dem Moment, als Adam die ersten Worte sprach«.

Für uns jetzt ist das Schreiben in friaulisch ein hervorragendes Mittel, um das festzuhalten, wonach die Symbolisten und die Musiker des 19. Jahrhunderts gesucht haben (auch unser Pascoli, wenn auch planlos), nämlich eine »Melodie ohne Ende«, oder der poetische Moment, in dem ein ästhetischer Ausbruch in jene Unendlichkeit gestattet ist, die sich neben uns ausbreitet und doch »invinciblement chaché dans un secret impenetrable« (Pascal).

Wo war ein solches »secret impenetrable« zu entdecken? In dem lyrischen Sicheinfühlen in das alltägliche Dasein. In beiden Ausgaben des *Stroligut* findet man schlichte Chroniken erlebten Lebens von Tonuti Spagnol. Der Junge erzählt Szenen des Landlebens, erzählt von der Arbeit auf den Feldern, ohne sentimentale Anklänge. Dialoge werden Schlag auf Schlag wiedergegeben, Erzählung und wörtliche Rede wechseln einander wirkungsvoll ab. Was ist an diesen Texten »natürlich«, wo wird »geplant«? Bei diesen und ähnlichen Texten – zum Beispiel bei den von pessimistischem Lebensgefühl durchdrungenen *càbule*, die ebenfalls von Pasolini stammen, die er jedoch mit Pier Fumul zeichnete – wird deutlich, daß die Academiuta eigentlich keine weiterführenden Inhalte hatte. So entstand der Experimentalismus Pasolinis, aus einer phantastischen Erfindung und auch, um dem Leben alles abzuringen, was es zu bieten hatte. Ziel dabei war, das Bild der Literatur zu wandeln. Im Hintergrund strebte er vielleicht auch nach einer geheimen Rache oder Wiedergutmachung für das furchtbare Schicksal, das Guido erlitten hatte.

Friaulisches Epos

Leben in Casarsa

In Casarsa – (...) im alten Teil von Casarsa mit seinem Dutzend altersschwacher Häuser aus dem 16. Jahrhundert, wo der Laubengang in die generationenalten Bereiche führt und inliegende Obstgärten, Gemüsegärten, Ställe, Zäune und Steinmäuerchen die architektonischen Merkmale bilden, und wo nicht selten im Mittelpunkt die zarten Blaus oder die Schwarztöne mancher grobschlächtig renaissancehafter Maler zu sehen sind – spricht man ein solides, graues, noch intaktes und in seiner Altertümlichkeit exemplarisches Friaulisch. Diese Mundart von Casarsa sprechen die Familien kleiner Grundbesitzer, bei denen Ehen unter Verwandten nicht selten gewesen sind und die aus Tradition an der Kirche hängen. Das erklärt auf der einen Seite das Überdauern gewisser Traditionen, die sonst an diesem Straßenknotenpunkt unerklärlich wären, und kann auf der anderen das Empfinden dessen rechtfertigen, der in dieser Sprechweise eine Art grauen Geruch von Weihrauch vernimmt, eine regungslose sonntägliche Langeweile, das Echo liturgischer Chöre, gesungen im Halbdunkel der Apsis von Kindern und alten Leuten, die alle gut katholisch den Scheitel auf der einen Seite tragen und die Haartolle über den hölzernen, unregelmäßigen Gesichtern.

Über den Bahnhof hinaus, wenn man die lange, öde Allee, die eine so klare Sprache spricht und die beiden Dörfer verbindet, hinter sich gelassen hat, kommt man nach San Giovanni. Welche Fröhlichkeit hängt in San Giovanni, wenn auch nicht immer ausgesprochen, in der Luft! Wie einfach ist es, dort immer Menschen zu begegnen, die zur wärmsten lauthals fröhlichen Kameradschaft bereit sind! Da gibt es Sommerabende, an denen man zufällig und nachdem man schon drei, vier Dörfer mit dem Rad durchfahren hat, nach San Giovanni kommt. Da sind überall Lichter zu sehen, halblaute Gesänge und Geräusche zu hören, die sich in einer Atmosphäre aus Staub und Tau in schwingendem Widerhall verlieren. Dort spürt man den Geist des dörflichen Sommers. Es gibt keinen Flecken, der sich mit San Giovanni vergleichen könnte: So frisch ist sein Schwung, der die Gruppen der Freunde im Schatten auf der großen Piazza zusammenschweißt, der die Straßen mit Menschen füllt, der unerwartet aus einem Obstgarten, der im milden Licht daliegt, Rufe laut werden läßt, der die Erinnerung an in der Ferne angestimmte Lieder wachruft. (...) Das Echo des Lachens, der Herausforderungen, der Fäuste, die Stein/Schere/Papier spielen, verklingt dort nie[1].

Jetzt sind die Sonntage schöner, der Krieg ist vorbei. Die Arbeit macht Freude, Freude bereitet die Möglichkeit, den gewohnten Tagesablauf zu durchbrechen. Pier Paolo hatte Bologna endgültig verlassen und lebte in Casarsa. Bologna blieb der Ort des Studiums, der Ort, wo er die Freunde traf. Nichts weiter. Das mütterliche Friaul hatte seine Vorstellungen erfüllt. Die katholische Ritualität und die ungezwungene, heitere Fröhlichkeit sind zwei Pole, in denen sich die Charaktere der beiden Dörfer Casarsa und Versuta (genauer: der Weiler San Giovanni) verkörpern. Zwischen diesen beiden Dörfern spielt sich sein Leben ab.
In Casarsa organisierte Pier Paolo einen Filmclub: Fritz Lang wurde vorgeführt. Außerdem stellte er als Regisseur und Schauspieler eine Theatervereinigung zusammen, die zeitgenössische Autoren aufführte, unter anderem Einakter von Eugene O'Neill. Das Leben in der Dorfgemeinschaft scheint die Schatten von Pasolinis Dasein zu nehmen: der Tod Guidos, seine innere Unruhe.
Weil sein Sohn getötet worden ist, wird Carlo Alberto Pasolini eine vorzeitige Rückkehr aus der Gefangenschaft in Kenia gestattet. Er ist im Spätherbst 1945 in Casarsa. Am 26. November 1945 promoviert Pier Paolo in Literaturwissenschaft. Er erhält die besten Noten und eine Auszeichnung. Die Dissertation wird wie beabsichtigt mit Carlo Calcaterra besprochen und trägt den Titel *Antologia della lirica pascoliana – introduzione e commenti* (etwa: Anthologie der Lyrik Pascolis – Einführung und Kommentar).
Die Originalität der Anthologie – die Auswahl ist auch nach Kriterien getroffen, die denen von Croce und seiner Poesie und Nichtpoesie ähnlich sind – liegt in ihrem linguistischen und sprachwissenschaftlichen Schwerpunkt. Zwar ist der Stil auf die akademische Verwendung ausgerichtet und die Adjektivierung vortrefflich gelungen, dennoch ist es nicht schwer, im Text einen autobiographischen Zug zu entdecken. Pasolini liest in Pascoli den

Dichter heraus, der die Sprache »durch den mütterlichen, angeborenen Dialekt« in Besitz genommen hat, er schält den Schriftsteller eines »modernen, vertraulichen, romanischen, fast dialektalen, also minderen Italienisch« heraus. Es macht ihm Spaß, ihm die Gestalt des Tommaseo wegen »einer Art tauben, monotonen Geschmacks, einer unangenehmen Zartheit, eines zu großen Mangels an Sinnlichkeit« vorhalten zu können. Er sondiert auf diese Weise den abgelegten Romantizismus der *Myricae (Tamarisken)* und der *Poemi conviviali:*

Die Kraft der Erkenntnis bediente sich des Wortes als des einzig sicheren Mittels; und die Entdeckung eines Bildes, eines ursprünglichen Zusammenhangs war ein tieferes Eindringen in die Indifferenz der unergründlichen Welt.

Auf halbem Wege zwischen der religiösen Verzweiflung Rimbauds und der existentiellen »schrecklichen Unruhe« Rilkes sollte es Pascoli nicht gelingen, seine *saison en enfer* bis zur letzten Konsequenz, nämlich die schwärende Abwesenheit Gottes, zu leben: Schuld war die Trägheit einer moralischen und literarischen Tradition, von der er – und daneben auch die ihm zeitgenössische italienische Kultur – sich nicht lösen konnte. Wo liegt hier Autobiographisches? Es handelt sich nicht um Autobiographisches im eigentlichen Sinn. Doch in dieser Doktorarbeit ist eine Poesie enthalten, die dabei ist, Physiognomie anzunehmen, die nach Gegenbeweisen sucht, sich als kritisches Projekt versteht.
Solche Gegenbeweise kann auch das Leben suggerieren. Es kam nicht von ungefähr, daß Pasolini so intensiv am Leben in der Dorfgemeinschaft teilnahm – seine Theateraufführungen, die Teilnahme an den Festen im Dorf, an den gemeinsamen sonntäglichen Vergnügungen, an den Tanzfesten, bei denen der Tanzboden einem Floß glich, das man in die vor Lustigkeit fast verrückte Menge geworfen hatte. Über das natürliche Ausbreiten jugendlicher Lebensfreude hinaus liegt etwas Gewolltes in diesem Verhalten. Wer so intensiv das Leben aller mitleben will, will oft nur seinem eigenen entfliehen. Was in ihm vorging, wußte Pasolini wohl. Und dafür brauchte er einen Ausgleich, den ihm das

Dorfleben in Casarsa, das er in all seinen Ausprägungen genoß, geben konnte. Doch dieser Ausgleich erforderte seinerseits Klarheit und Licht. Die schlichte Bühne öffnete sich auf eine andere Bühne: Ein Theater erinnert an ein anderes. Auf diese Weise zieht die intellektuelle Reflexion Nutzen aus dem Dasein.

Die Freunde sollten an diesem Leben teilnehmen. Pasolini verlangte von ihnen, mehr als nur Statisten zu sein. Er gab etwas von sich selbst her, regte an und drückte mit Leidenschaft und Güte sein Urteil aus.

Giovanna Bemporad suchte ihn wieder auf. Sie hatte sich nach dem Krieg in Venedig, einer weiteren Etappe ihres Herumziehens, niedergelassen. Sie verbrachte einige Feiertage in Casarsa. Pier Paolo zwang sie, an den Tanzereien im Dorf und an den Zechgelagen teilzunehmen. Er forderte sie auf, sich vom Martyrium ihres Ästhetizismus zu befreien. In einem Brief vom 20. Januar 1947 schrieb er ihr (Giovanna hat anscheinend Neujahr mit ihm verbracht):

Liebe Giovanna, ich habe Deine Anspielungen nicht begrüßt; Dein Wunsch erschien mir zu egoistisch. Ist es möglich, daß es Dir dagegen einfach nicht in den Sinn gekommen ist, mich zu bitten, die armselige Gruppe unserer Freunde vom Neujahrsfest in Casarsa zu grüßen? Willst Du ihnen auf keinen Fall die Schuld verzeihen, daß sie keine Gedichte schreiben? Ich weiß, jetzt fühlst Du Dich getadelt; entschuldige. Die Leute sind dumm, gemein, wirr; doch in ihnen ist ein Streben, ein Minderwertigkeitskomplex, die man noch als einen Rest abstrakter Gutwilligkeit ansehen kann; das ist wichtig, das dürfen wir, die wir ein Bewußtsein erworben haben, nicht vernachlässigen. Im Grunde hast Du eine sehr romantische Vorstellung von einem Dichter. Du willst Dir zu viele Dinge verzeihen lassen, nur weil Du Verse schreibst, also etwas Göttliches in Dir hast. Doch Du stehst nicht so weit oben über den anderen, daß es Dich nicht betrüben sollte, wenn sie Dir nicht verzeihen...

Elf Tage später schrieb Pier Paolo als Antwort auf einen Brief, der offensichtlich Erklärungen enthalten hatte:

Liebe Giovanna, danke für Deinen lieben Brief. Wenn Du in einem ruhelosen und verhängnisvollen Dunkel verloren scheinst, just dann tauchst Du voller Unschuld und Treuherzigkeit wieder auf; Du kannst auf liebenswürdige Weise Versäumtes nachholen. Wann wird diese Fähigkeit einmal nach außen sichtbar werden? Wann werden auch Dein Gesicht, Deine Brille, Deine Kniestrümpfe strahlen vor Güte? Wann wirst Du die Siebte leise singen, ohne die anderen zu beleidigen, indem Du sie mit lauter Stimme deklamierst?

Über den Anlaß hinaus wird in diesen Worten der pädagogische Eifer Pasolinis deutlich, den er nicht nur in den Beziehungen zu den Freunden, sondern auch gegenüber der Dorfgemeinschaft Casarsas hervorkehrte. Eine solche Neigung zur pädagogischen Beeinflussung sollte seiner Ansicht nach jeder Intellektuelle aktiv bei sich pflegen (»wir, die wir ein Bewußtsein erworben haben«). Jedenfalls kann man gerade aus solchen Worten entnehmen, warum sich Pier Paolo sowohl zur aktiven Politik als auch zum Unterrichten hingezogen fühlte. Bis dahin ist das Friaul und besonders Casarsa noch der Ort, an dem er sich auf diesen Gebieten entfalten will.

Aktive Politik

Ein erstes Engagement gilt der friaulischen Unabhängigkeit. Pasolini tritt am 30. Oktober 1945 der Vereinigung *Patrie dal Friul* (etwa: Heimat im Friaul) bei. Die Vereinigung wurde von Tiziano Tessitori in Udine gegründet und vertrat offen ein politisches Programm, das die Autonomie zum Ziel hatte.
Friaul erlebt eine schwierige Zeit: auf der einen Seite die Angst vor der jugoslawischen Annexionspolitik, auf der anderen noch vorhandene faschistische Überreste im Land selbst. Die Thesen der Befürworter einer Autonomie mußten konfus, wenn nicht sogar hysterisch erscheinen. Eine Diskussion ist im Gange, ob man Pordenone zur Provinz, und zwar zur friaulischen Provinz für das Gebiet *di cà da l'aga* erheben soll. Pasolini schaltet sich bei dieser Frage ein: Er legt sein »Nein« zu diesem Vorhaben dar und damit

auch seine eigene Vorstellung von Autonomie. Der Artikel erscheint am 6. November 1946 in dem Blatt »Libertà« aus Udine. Sein Titel: *Che cos'è dunque il Friuli* (etwa: Was ist das Friaul eigentlich).

Pordenone ist eine Sprachinsel ziemlich genau im Herzen des Friaul. Das ist kein bloßer Zufall, den man übergehen könnte. Es ist das Resultat einer eigenen Geschichte und deshalb auch einer eigenen Kultur (im Sinne von Mentalität). (...) Das Herzogtum Pordenone, das direkt Österreich unterstellt war, hat zu lange autonom innerhalb der Region Friaul bestanden und war schon zu entfriaulisiert, als es unter die Herrschaft der venezianischen Republik überging. (...) Es genügt, wenn man in den Zug einsteigt (zum Beispiel in den, der um sieben Uhr früh in Casarsa hält) und die Schüler und Angestellten aus Pordenone mit denen aus Casarsa und vor allem mit denen aus Codroipo und aus Basiliano vergleicht.

Pasolini behauptet, Gesichtsausdruck und Verhalten der »Veneter« und der »Friauler« seien ganz verschieden. Aus dieser Feststellung, die ihren Ursprung in Anthropologie und Kollektivpsychologie sucht, kann man den Begriff Pasolinis von der Autonomie deutlich ablesen:

Gefühlsmäßig und irrational fühlen wir, daß das Friaul nicht Venetien ist; es ist Italien, das ja; doch wenn man das sagt, muß man schon rot werden, so als fürchte man sich, daß das Gegenteil möglich sein und formuliert werden könnte.

Die friaulische Autonomie muß deshalb mit dem Ziel einer Stärkung, nicht einer Schwächung der italienischen Grenzen angestrebt werden:

Man kann nichts Besseres tun, als der heimtückischen slawischen Ausbreitung eine Region Friaul entgegenzusetzen, die selbstbewußt ist und wie elektrisiert von der Wertschätzung, die ihr zuteil wurde, indem man ihr das Recht einer eigenen Sprache, eigener Bräuche und einer eigenständigen Wirtschaft zugestand. Alles Bereiche, die tatsächlich eigenen Charakter haben.

Die regionale Autonomiebewegung ist ein Faktor des sozialen und staatsbürgerlichen Fortschritts, kein Ansporn zu Kirchturmpolitik und zu sentimentaler und reaktionärer Dialektpflege.
Während die konstituierende Versammlung eine zukünftige regionale Organisationsstruktur diskutierte und die Region Friaul-Julisch-Venetien plante, veröffentlichte Pasolini auf der Titelseite der »Libertà« am 31. Dezember 1946 und am 26. Januar 1947 zwei Artikel. Er verfolgt mit seiner Polemik eine zweifache Absicht: auf der einen Seite den pathetischen Regionalismus derer kritisieren, die die friaulischen Besonderheiten nur im Sinne einer politischen und kulturellen Immobilität bewahren wollen; auf der anderen Seite die Position der Linken, im besonderen die der Kommunisten erörtern.
Die Christdemokraten unterstützen in gewisser Hinsicht die friaulische Autonomiebewegung. Zumindest unterstützen sie die ausufernden Forderungen friaulischer Lokalpatrioten, weil diese einen Damm gegen die grassierende Slawenfreundlichkeit bilden können. Wir sind jedoch schon im Jahr 1947 und damit beim Auseinanderbrechen der demokratischen Solidarität innerhalb des CLN*. Die KPI steht der Autonomiebewegung ablehnend gegenüber. Togliatti vertrat zu der Zeit eine Politik »für die Einheit«, eine Politik, die den nationalen Zusammenhalt fördern sollte. Pasolini hält sich in seinem Artikel vom 31. Dezember 1946, der mit den Worten »Weil auch wir Kommunisten sind ...« beginnt, nicht damit auf, gegen die offizielle Linie der Kommunistischen Partei zu polemisieren. Am 26. Januar 1947 schreibt er:

Es wäre vor allem Aufgabe der Linken..., dafür zu sorgen, daß die neue Regionalbehörde (die friaulische, venetische, lombardische etc.) kein Nistplatz für lokale Interessen und Kirchturmpolitik, mit einem Wort für die Reaktion wird; sondern daß sie im Gegenteil ein unmittelbares, selbstverständliches Übungsfeld des sozialen Fortschritts sei. (...) Fürchten die Kommunisten in der Region ein Wiederaufflammen des bürgerlichen und klerikalen Konservativismus? Aber nein, der würde sich selbst nur glückselig einschläfern. Von ihnen hängt es ab, eine neue Geisteshaltung zu entwickeln oder

* Dachorganisation der Widerstandsbewegung. (Anm. d. Ü.)

zu festigen, die Vorgeschichte in Geschichte, die Natur in Bewußtsein umzuwandeln. Wir sind jedenfalls überzeugt, daß derzeit allein der Kommunismus in der Lage ist, eine neue, »wahre« Kultur anzubieten (...), eine Kultur, die Moralität und ganzheitliche Interpretation des Daseins sein muß...

Im offiziell vertretenen Standpunkt der Kommunisten glaubt Pasolini eine Neigung zur Taktik zu erkennen: Die Kommunisten sind aufgrund einer abstrakten Gegenposition zu den Christdemokraten aus parteipolitischen Gründen Anti-Autonomisten. Pasolini jedoch wird ein Jahr später, am 28. Februar 1948 wiederum auf der Titelseite von »Il mattino del popolo«, einer Zeitung aus Venedig, darauf beharren, daß er sich mehrmals bemüht habe, »zu beweisen, daß die Grundlagen für eine *linke* Interpretation existierten und auch recht stichhaltig waren...« Jetzt jedoch ist er dabei, selbst aus dem Movimento Popolare Friulano (etwa: Friaulische Volksbewegung) auszuscheiden, das unter seiner Mitwirkung im Januar 1947 gegründet worden war. Diese Bewegung hatte sich, nachdem vom Parlament die regionale Autonomie des Friaul am 27. Juni 1947 verabschiedet worden war, in eine Vereinigung zur Unterstützung der Christdemokraten, in einen verlängerten Arm der Partei zwischen Udine und Pordenone verwandelt.
Pasolini ist inzwischen ein kommunistischer[2] Intellektueller. Die politischen Probleme liegen für ihn in der Parteidialektik. Daß er sich schon seit dem Jahr 1946 der KPI angenähert hatte, hatte manche Beobachter verstimmt. Schließlich war er der Bruder von Guido, den Kommunisten bei Porzûs getötet hatten.
Bei ganz oberflächlicher Betrachtung könnte man diese Geste auch als reine Provokation auffassen. Doch Pier Paolo sah im Kommunismus eine dialektische und rationalisierende Waffe. Er hat das in jenem Artikel vom 31. Dezember 1946 erkennen lassen: Der Kommunismus ist der Weg, um »die Prähistorie in Historie, die Natur in Bewußtsein umzuwandeln«.
Man kann die Ansicht vertreten, daß das eine Illusion war, und es ist nicht gesagt, daß er sich nicht sogar selbst der Täuschung bewußt war, auf der ein solcher Glauben beruhte. Doch die

Vernunft, davon ist er überzeugt, konnte nicht vom Gefühl absehen. Diese intuitiv gefaßte Meinung bewahrte ihn ein für allemal vor allzu vereinfachender marxistischer Orthodoxie.
Bei der Entscheidung Pasolinis für den Kommunismus spielte auch sein Ideal von »Volkstümlichkeit« eine Rolle. Diese Idealvorstellung hatte er gerade in den Jahren 1943 bis 1945 ausgebaut und gefestigt. Der Wunsch nach Befreiung und nach einer Art sozialer Wiedergeburt war in den Jahren der Besetzung durch die Nazis und des Partisanenkampfes im Friaul immer dringender geworden.
Die kommunistische Ortsgruppe, bei der sich Pasolini wahrscheinlich im Lauf des Jahres 1947 einschrieb, war San Giovanni di Casarsa. Merkmal dieser Ortsgruppe war ihre heftige antiklerikale Polemik; das ist im Hinblick auf den reaktionären Klerikalismus, der das öffentliche Leben in und um Casarsa bestimmte, verständlich. Bei den Wahlen 1946 erhielt in San Giovanni die KPI 700, die DC 420 Stimmen. Die DC war erbittert antikommunistisch eingestellt. Die militanten Kommunisten reagierten da, wo sie zahlreich waren, mit der gleichen aggressiven Haltung. Der kommunistische Regionalverband in Udine versuchte mehrmals, die Genossen in San Giovanni zu besänftigen, doch vergebens. Als Pasolini 1949 Sekretär der Ortsgruppe wurde, spitzte sich die Polemik stark zu, denn wenn diese Ortsgruppe auch antiklerikal und antichristdemokratisch eingestellt war, so lehnte sie doch keineswegs christliche Vorstellungen ab.
Auf der kleinen Piazza von San Giovanni findet man von Casarsa kommend links eine kleine Loggia vor. Sie ist in venetischem Stil erbaut: zwei Spitzbögen an der Stirnseite, einer auf der Breitseite; ebensoviele Fenster im ersten Stock; elegante Verzierungen mit Blumenmuster nach Art des 15. Jahrhunderts; auch das Hauptgesims des kleinen Gebäudes mit Blumen verziert.
Das Gebäude zeugt von einem wohlgeordneten kommunalen Leben, in dem auch der Gemeinsinn seinen Platz hat. Unterhalb dieser Loggia – eine Steinbank läuft rings herum – sind die Anschlagtafeln plaziert, die die Wandzeitungen der politischen Parteien beherbergen. Für die Anschlagtafel der Kommunisten schrieb Pasolini in seiner Zeit als Sekretär der Ortsgruppe Texte

auf italienisch und in friaulischem Dialekt. Zu der Zeit wird der Nordatlantikpakt unterzeichnet und findet der Pariser Friedenskongreß statt; Pier Paolo fährt gemeinsam mit Mario Lizzero in einer Delegation hin. In diese Zeit fällt auch die Entscheidung des Papstes Pius XII., die Kommunisten zu exkommunizieren. Hier Pasolinis Antwort auf diese Ereignisse:

Appell an die Christen für den Frieden

Beim weltweiten Friedenskongreß in Paris waren Priester aller Kirchen anwesend. Es waren Anglikaner, Orthodoxe, Protestanten, Calvinisten und KATHOLIKEN dabei. Der Abbé Boulier, ein katholischer Priester, hat seine Unterstützung des Kongresses zugesagt und hochherzige, neue und rührende Worte gesprochen. Von Paris aus ist an alle Christen ein Appell gerichtet worden, dem wir diese Worte entnehmen: Das Reich Gottes ist das Reich des Friedens. Der Christ kann nicht den Anbruch dieses Reiches abstreiten, wenn er nicht entschlossen ist, dafür in der gegenwärtigen Welt zu arbeiten. Im Jahr 1949 wird der Christ von der Propaganda aufgehetzt, den Krieg gegen Rußland als eine Art von Kreuzzug gutzuheißen. Im Namen Christi, unseres gemeinsamen Lehrmeisters, flehen wir jeden Christen an zu begreifen, daß ein solcher Kreuzzug ein Verbrechen wider die Menschlichkeit wäre und daß er sein Gewissen nicht damit belasten darf.

Die Texte im Dialekt haben eine weniger allgemeine, subtil ironischere Ausrichtung:

Die schwarze Seele

Was ist das alles für eine Politik, die die Priester gegen uns arme Kerle treiben? Sie müßten doch eigentlich den gleichen Gedanken wie wir haben; uns scheint, daß unsere Gefühle christlich genug sind! Manche Christdemokraten wundern sich, wenn die Kommunisten in die Messe gehen, wo doch die Kommunisten sich noch mehr wundern könnten, wenn sie sehen, wie die Christdemokraten zur Messe gehen mit ihrer kohlrabenschwarzen Seele*.

---

* Text im Original friaulischer Dialekt. (Anm. d. Ü.)

Oder:

Die Genugtuung des Dummkopfs

Im Dorf redeten zwei Männer miteinander. Der eine sagte, es sei besser, sich nicht in die Politik einzumischen und die Welt ihren Lauf nehmen zu lassen, es sei doch schon immer so gewesen, und immer werde es so sein, daß es schon immer Reiche gab und immer geben wird und so weiter. Der andere ärgerte sich und sagte: »Wir Kommunisten sehen das nicht so, man darf sich nicht von denen in den Sack stecken lassen, von denen, die das bisher getan haben; es ist Zeit, daß das aufhört.« Und der erste: »Na ja, immerhin haben wir jetzt die Freiheit.« Und der zweite: »Welche Freiheit: die zu verhungern vielleicht?« Und der erste: »Na und? Vielleicht geht's mir wirklich dreckig, aber ich kann immerhin zu De Gasperi gehen und sagen: »Du bist ein Blödmann.« Da sagt der Kommunist: »Das ist die Genugtuung des Dummkopfs*.«

In einem Dialog zwischen einem Christdemokraten und einem Kommunisten, bei dem der Kommunist die Lehre des Evangeliums anführt »di amà il prossin, di no faighi a chei altris chel ch'e non ti vous c'a ti fedin a te e tantis altris robis«**, folgert er:

Siehst du nicht, daß, wenn es die Furcht vor Gott gibt, dann vor allem für uns, und die, die gegen uns sind, haben nicht mal einen Grundbegriff von der Religion, aber: Sie sind so schlau, daß sie alles gutheißen, was gut ist, doch sie selber haben alle schlechten Eigenschaften und überhaupt keine Skrupel, wir dagegen arbeiten den ganzen Tag, und dann haben wir keine große Lust mehr zum Späßemachen, doch wir sind die ersten, die diese Furcht spüren, und das ist das Evangelium der Reichen! Doch ab und zu sagt der Pfarrer, daß es schwieriger ist, daß ein Reicher ins Paradies kommt, als daß ein Kamel durch ein Nadelöhr geht. Und das ist unser Trost***.

---

* Text im Original friaulischer Dialekt. (Anm. d. Ü.)

** Friaulischer Dialekt; etwa: »den Nächsten zu lieben, anderen nichts antun, was man selber nicht angetan bekommen will, und noch viele andere Sachen«. (Anm. d. Ü.)

*** Im Original friaulischer Dialekt. (Anm. d. Ü.)

Diese Wandschriften stammen etwa aus dem Frühling und Sommer 1949. Die Jahre Pasolinis im Friaul werden bald ein tragisches Ende nehmen. Diese Polemiken haben dabei eine Rolle gespielt. Wichtig ist der kulturelle und intellektuelle Hintergrund, vor dem der Schriftsteller sich mit diesen Texten bewegt. Der Abstand zu den *Poesie a Casarsa* ist groß. Die erhabene Idee von der »Ewigkeit des Stils« ist untergegangen; die Wahrnehmung eines bäuerlichen Universums ist hier ins Konkrete umgesetzt. Auf diesem Universum als gemeinsamem Nenner aufbauend, wird ein Vergleich zwischen Christentum und Kommunismus, zwischen der Doktrin des Evangeliums und der des Marxismus angestellt.

Populismus und Manichäismus (die »Guten« auf der einen Seite, die »Bösen« auf der anderen) bilden die Bezugspunkte der Argumentation Pasolinis. Dabei kann man mit gutem Grund annehmen, daß er den stilistischen Kniff des Lehrstücks verwendet, um so auch nicht gebildete Leser auf seiner Seite zu haben. Außerdem behandelt er »aus linker Sicht« katholische Werte.

Diese Auseinandersetzung fand im Jahr 1949 statt. Das Pontifikat des Papstes Pius XII. war auf seinem Höhepunkt: Der Katholizismus war in eine Ideologie verwandelt worden, die ihn als Hüter, Garanten und Oberhaupt der Gesellschaft sehen wollte. Aus den Wandschriften Pasolinis spricht ein anderer Gedanke: die Religion als eine Form des unruhigen menschlichen Gewissens, durch die man zum Nachdenken über Fehler und »Ungläubigkeit« gebracht wird. Selbst die positive Einstellung dem Marxismus gegenüber konnte in diesem Licht reflektiert und gelebt werden, ohne daß der Glaube in Gefahr war. Der gesunde Menschenverstand des Bauern färbte die Texte dieser Plakate. Rückblickend erscheinen sie als eine Art Brechtsche Lehrstücke, die von der Forderung des Evangeliums nach Nächstenliebe inspiriert sind. Es zeichnet sich darin aber auch noch etwas anderes ab: der archaische Sinn für das ländliche Leben in der Dorfgemeinschaft. Dieses Leben ist ein Ort, wo ständig neue Beziehungen geknüpft werden und wo das Individuum Gelegenheit zum Austausch mit anderen und zu konstruktiver Gegenüberstellung hat.

Die Wandzeitungen aus dem Jahr 1949 stellen den Höhepunkt der politischen Betätigung Pasolinis im Friaul dar. Er ist in der Region eine Persönlichkeit des öffentlichen Lebens geworden. Eine Fotografie zeigt ihn unter den Gründungsmitgliedern des kommunistischen Bezirksverbandes von Pordenone im Jahr 1948: Er steht auf einer mit Bändern geschmückten Tribüne hinter dem langen Tisch und inmitten der Parteifunktionäre. Pasolini fühlte sich frühzeitig zur Macht berufen. Das soll nicht mißverstanden werden: Es sind die kulturellen Inhalte, die ihn hervortreten lassen, als er sich zu ihrem Sprecher macht. Er leitet Konferenzen, Versammlungen und Diskussionen. Er schreibt auf der Titelseite mehrerer Tageszeitungen der Region. In der Literatur ist er nicht mehr nur der vielversprechende Schriftsteller und Sprachwissenschaftler, der *Il Stroligut*[3] veröffentlicht. Er arbeitet an der Zeitschrift »La fiera letteraria« (etwa: Literaturschau) mit und richtet nicht mehr nur die Aufmerksamkeit der friaulischen Schriftsteller auf sich, sondern auch die anderer junger Leute, die nicht zum engen provinziellen Milieu gehören[4].

1947 hatte er am Literaturwettbewerb »Libera Stampa« des Schweizer Kantons Tessin teilgenommen. Gianfranco Contini sitzt in der Jury; Pasolini schließt Freundschaften, die sein Ansehen auf nationaler Ebene festigen. Enrico Falqui hat ihn eingeladen, an »Poesia« mitzuarbeiten. Er bittet ihn um Feuilletonbeiträge für die dritte Seite des »Il mattino di Roma«. In Venedig hat er am 29. März 1947 den Premio dell'Angelo, einen Preis für Lyrik in friaulischem und venetischem Dialekt gewonnen, der von Kunstkritikern und Malern ausgesetzt wird. An der Spitze der Jury sitzt Giuseppe Marchiori.

Maler sind seine Freunde. Und er malt selbst: mit Öl, außerdem mit Naturmaterialien wie Kräuterextrakten und Milchkaffee. Die Leidenschaft seiner Jugend für die Malerei ist nicht eingeschlummert. Giuseppe Zigaina ist einer dieser Maler-Freunde. Zigaina und Pasolini hatten sich bei einer Kollektivausstellung 1945 in Udine kennengelernt. Sie stellten beide aus. Ihre Freundschaft

wurde auch von ihrer Herkunft begünstigt: Zigaina kam aus Cervignano und begleitete Pasolini gern auf seinen sprachwissenschaftlichen Erkundungsfahrten mit dem Rad durch die Dörfer in der Ebene. Beide waren militante Kommunisten und arbeiteten oft in der Partei miteinander.
Aus der Freundschaft entstand ein kleiner Band, *Dov'è la mia patria* (etwa: Dort wo meine Heimat ist): Gedichte von Pasolini, geschrieben in den Jahren 1948 und 1949, und Zeichnungen von Zigaina für die Veröffentlichungen der Academiuta im Jahr 1949. Die Strophen waren den »Sprechern« von den Lippen abgenommen, und die ursprüngliche »Sprechweise« ist gewissenhaft beibehalten worden. So sprach man in Caorle, Valvasone, Cordenons und Pordenone; eine ganze Sprachgeographie, übersetzt in den Rhythmus des Dichters[5].
Spätkubismus von Zigaina neben dem romanischen Experimentalismus von Pasolini. Der Spätkubismus war der Stil, mit dem die italienischen Realisten in jenen Jahren des intellektuellen Feuereifers Europa entdeckten; er war auch der Stil, in dem eine Synthese von politischem Glauben und moralischer Wahrheit hergestellt wurde. Es war ein epischer Stil – das gleiche Epos, das Pasolini mit reicher Vorstellungskraft in der Szenerie des Friauls verfolgte.

> Erinnerst du dich an jenen Abend in Ruda?
> Dies unser gemeinsam uns Hingeben an ein Spiel
> reiner Leidenschaft, Maß unserer rohen
> Jugend, unseres noch wenig mehr als
> kindlichen Herzens? ...
> ... einer an der Seite
>
> des anderen schrien wir die Worte,
> die, fast unverstanden, sicheres Versprechen
> waren, ausgesprochene, enthüllte Liebe.

Das sind einige Terzinen aus *Quadri friulani*[6] (etwa: Friaulische Bilder; 1955). Das Friaul ist für Pasolini beim Schreiben dieser Zeilen nun der ferne Hintergrund der poetischen Erinnerungen: eine Versammlung auf dem kleinen Marktplatz von Ruda; er steht zusammen mit Zigaina unter »feiertäglich gekleideten Tagelöhnern«, »Jungen, die auf dem Fahrrad gekommen waren/von nahen Dörfern«. Es ist auch die Erinnerung an eine gemeinsame Leidenschaft, die sich in der Malerei von Zigaina spiegelt:

> Die aufgequollene, festliche Luft
>
> deiner ersten Bilder, wo das Grün
> fast ein Kinder-Grün war
> und das Gelb ein Stück hart gewordenes Wachs...

In dieser Malerei fließen ideeller Schwung und »ein graugrüner/ starker Geruch von Kräutern und Mist, den der Wind/ durcheinandermischt...« zusammen. Das ist das Leben auf den Feldern in seiner erregenden Fülle. Doch es ist auch ein Indiz für eine neue Kulturform, in der der Spätkubismus schließlich vom Naturalismus der Poebene, von der panischen, durch ihre physische und existentielle Komponente fast mystischen Sensibilität zunichte gemacht wurde. Das »Stück hart gewordenes Wachs« der Malerei von Zigaina war die Entsprechung zur verhärteten Kehle des friaulischen »Sprechers«. Wie sah diese »neue Kultur« aus? Pasolini scheute sich nicht, ein Projekt dafür auszuarbeiten und selbst teilzunehmen an dem, was der Jargon der Linken »Kulturarbeit« nannte.

> Existiert eine neue Kultur, eine progressive Kultur? Das ist die Frage, die mir der Arbeiter und der Bauer stellen würden: Doch die Frage ist verfrüht. In Italien ist die Kultur noch bürgerlich.

Das sind Worte aus einem Vortrag beim 1. Kongreß der kommunistischen Parteiorganisation von Pordenone, den Pasolini nicht halten konnte und der in einem Bulletin mit dem Titel *Per la pace e per il lavoro* (etwa: Für den Frieden und die Arbeit) im März 1949 veröffentlicht wurde[7]. Von der »kritischen« Haltung der Intellektuellen gegenüber der Bourgeoisie kann man nichts außer der »polemischen Stellungnahme« erwarten. Was die »kreative Stellungnahme« dagegen betrifft, ist »alles noch sehr ungewiß«. Pasolini kennt die »Langzeitprogramme« in der Kunstproduktion. Sein Vortrag klingt nach einer Art von Gegengift, wenn man an den Hang zur Demagogie jener Jahre denkt.

Es gibt eine »bürgerliche« Literatur, die die riesengroße Mehrheit der Bevölkerung zufriedenstellt und die aus schlechtem Geschmack, Heuchelei, Puritanismus, Pornographie und Sentimentalität gemacht ist; doch es gibt auch eine bürgerliche Literatur, die gegen und außerhalb des Geschmacks der bürgerlichen und der verbürgerlichten Massen liegt, die ganz Intelligenz, Reichtum, Phantasie, Kühnheit und Unbefangenheit ist...
Auch in der Literatur gibt es aus rein literarischen Gründen ein Lager der Rechten und der Linken, doch nicht immer ist der, der in der Literatur links ist, auch in der Politik links etc.; es gibt also eine doppelte Verflechtung zwischen dem literarischen Avantgardismus und dem politischen Avantgardismus.
Der Schriftsteller steht nicht grundsätzlich im Dienst des Kapitalismus, wie er einst im Dienst des Adels oder der Könige stand; sein Dienst ist indirekt und seine Wahl ist auf den Einfluß eines bürgerlichen Milieus zurückzuführen, dessen er sich von einem sozialen Gesichtspunkt aus nicht bewußt geworden ist. Im allgemeinen ist der Schriftsteller dazu bereit, seine Klasse zu verraten...

Was für den Marxisten unmittelbare und direkte Beziehung zwischen Struktur* und Überbau, zwischen ökonomischer Grundlage und Ausdrucksform war, wird in den Worten Pasolinis ein komplexes Verhältnis, das in einem Spiel sich überkreuzender Spiegelungen abschattiert ist. »Nicht immer ist der, der in der Literatur links ist, auch in der Politik links«: Das ist die Umkehrung der These von Lukács über Balzac. Doch es ist eine kühne Umkehrung. Nicht immer stimmen die Absichten des Ichs mit seinem Innersten, mit seiner Natur überein. Pasolini scheint das »progressive« Modell des Neorealismus in Frage zu stellen, wie er es später in den Jahren der »Officina« und auch danach tun wird. Wenn er sich auch ein wenig dem Moralismus hingibt[8], läßt seine Polemik doch das Beobachtungsfernrohr in weitem Kreis drehen.

Nun ist das, was man vom Intellektuellen verlangt, weder eine leichte noch eine bequeme Sache: Es ist ein Verzicht. Auch er soll sich

---

* *struttura,* deutsch eigentlich »Basis«. Die Übersetzung »Struktur« wurde gewählt, da Pasolinis Gebrauch dieses Begriffs über den Marxschen Terminus hinausgeht. Vgl. dazu Ketzererfahrungen S. 76, Anm 8 (S. 277). (Anm. d. Ü.)

ruhig der in sich hineinschauenden, inneren, tagtäglichen Prüfung unterziehen, die ja die vitale Gymnastik des denkenden Menschen ist, auch wenn er vor allen Dingen und in ungeheurem Maße Individuum ist. Ansonsten könnte er auch kein Künstler sein. Doch er strebe danach, bei dieser Arbeit objektiver und, sagen wir es ruhig, christlicher zu sein: Er nehme seinen Platz in der Geschichte ein. Anfangs wird dieser sein Historismus vielleicht nicht dem Marxismus-Leninismus entsprechen, er wird Idealismus, Katholizismus, Anarchismus und Humanismus voraussetzen, doch auch Leben und Erneuerungswillen. Das ist es, was man heute vom schreibenden Menschen verlangt. Das wollten im Grunde Banfi und Marchesi sagen, als sie feststellten, daß der kommunistische Schriftsteller völlig frei sein sollte, in der Literatur zu tun, was er wolle, ein loyaler Genosse in der Politik.

Hinter diesen Worten verbergen sich nicht nur Labriola oder Croce: Dahinter steht die europäische Dekadenzdichtung, die positiv als nicht zu leugnender Versuch einer realistischen Sicht der kulturellen Probleme verstanden ist.

Pädagogik

1947. Valvasone, 12 Kilometer von Casarsa entfernt, auf einer weißen Straße. Gruppenfoto: eine untere Gymnasiumsklasse; Jungen in kurzen Hosen, andere in langen Hosen; Turnschuhe, Sandalen, nackte Füße oder Riemchenschuhe; zusammengestükkelte Kleidung wie überall im armen Nachkriegsitalien; verstohlenes Lächeln, offenes Lächeln; drei Mädchen in schwarzem Kittel, ordentlicher als die Jungen, sich darin ein wenig ihres Beinahe-Frau-Seins bewußt. Das ist die Klasse des Professors Pasolini. Der Professor steht mitten unter den Schülern: dunkler Zweireiher, weißes Hemd, Krawatte, Scheitel links.
Als die Zeit der Privatschule in Versuta vorbei war, die »auf Anweisung der Behörde« geschlossen wurde, lehrt Pier Paolo jetzt Italienisch an der Staatsschule, doch seine persönlichen Methoden legt er nicht ab.

Wenn ich sah, wie meine Schüler mit dem Latein umgingen, konnte man meinen, sie seien Bettler mit dem Zylinder auf dem Kopf. Sie konnten einem leid tun. Wir konnten einem leid tun[9].

Er fuhr mit dem Fahrrad von Casarsa nach Valvasone. Neben dem ministeriellen Lehrplan las er Gedichte (und verzauberte beim Vorlesen die Schüler). Er las Tschechow, die Novellen Vergas, *Die Toten von Spoon River**, die Texte der amerikanischen Spirituals. Außerdem Ungaretti, Montale, Saba, Penna, Cardarelli. Er regte die Jugendlichen dazu an, Gedichte zu schreiben, die Möglichkeit eines schreibenden Gebrauchs des »Friaulisch diesseits des Wassers« zu entdecken. Er improvisierte selbst für sie.

Darzin

»Dulà vatu?« (»Wohin gehst du?«)
»A Darzin.« (»Nach Arzene.«)
Seine Stimme ist ein Lufthauch.
Der junge Mechaniker
beugt sich über den Lenker
mit den Haaren über den Augen.
Der blaue Arbeitsanzug holt den
Himmel auf die Erde...
Das Rad murmelt
auf einem Schlamm aus Seide...
Da ist Arzene.
Der Junge hebt den Kopf:
die weiten Kurven der Straße...
die Wiesen...
die Kirche aufgesetzt auf den Erdwall...
Er ist angekommen
in seinem blauen Arzene.
»Bundì Pauli«, lachend »Guten Tag, Paolo«
tritt er auf die Bremse.

*Am Sonntag der Brunnen***

Weißes Boot
im gelben, grünen Meer
der Sonne, verliert sich Domanins.

---

* Gedichtzyklus von Edgar Lee Masters. (Anm. d. Ü.)
** Übersetzung ohne Wiedergabe des Endreims (a, b, b). (Anm. d. Ü.)

Eine alte Frau
dreht am Brunnen das Rad
auf der leeren Piazza.

Steuermann
jenes Bootes, das beidreht,
die Alte müht sich ab,

verloren im gelben, grünen
Licht der Sonne.
Die Stunden schlagen[10].

Impressionismus, Landschaftsmalerei mit Sprache, Anklänge an Pascoli (auch hier Gebrauch des einfachen Reims, der anspringt, als wolle er das Wagnis des Rhythmus selbst übernehmen): Diese Gedichte Pasolinis, die er für seine Schüler verfaßte, sind die Fünffingerübungen beim Klavierunterricht. Der junge Professor zeigte, wie man das Leben, das man sieht und im Inneren fühlt, mit Worten verändern, in Verse zerlegen und einzeln hervorheben kann. Das Leben ist das in den Dörfern ringsum: Arzene, Domanins; das Leben, das die Alte lebt, wenn sie mit Mühe das Wasser aus dem Brunnen hochzieht, oder das Leben des Mechanikers auf dem Fahrrad mit blauem Arbeitsanzug und dem Haarschopf über den Augen. Das Bild dieses Arbeitsanzugs, dessen Farbe »den Himmel auf die Erde« holt, kann noch etwas sehr Persönliches, bebend Sinnliches ausdrücken. Hier ist das Gedicht mehr als eine Fünffingerübung. Sicher erschöpfte sich das Leben des Schriftstellers bei all dem, was ihn bewegte, nicht im Schuleabhalten.
Die Lehrtätigkeit in Valvasone dauerte zwei Schuljahre lang: 1947/1948 und 1948/1949. Im September 1949 erfuhren die Kinder, daß der Italienischlehrer ausgewechselt würde. Die Eltern machten eine Eingabe beim Schulamt von Udine und baten darum, Professor Pasolini im Amt zu belassen. Erfolglos. Der Skandal war geplatzt. Er sollte das Leben des unersetzlichen Lehrers ändern. Sein Unterricht hinterließ Spuren. Andrea Zanzotto erinnert sich: »Natale De Zotti schilderte den Kollegen die Experimente Pasolinis. Er als sein Vorgesetzter nannte ihn einen ›bewundernswerten Lehrer‹[11].« Pasolini experimentierte

damals mit einer »aktiven Pädagogik«, er aktivierte »die erstarrte lateinische Grammatik«. Zanzotto weiter:

Er legte im Hof der Schule ein Gärtchen an und lehrte die lateinischen Namen der Pflanzen. Er zeichnete große Tafeln mit farbigen Figuren (...) und erfand Fabeln wie die vom Ungeheuer Userum, damit die Kinder Spaß am Erlernen der Adjektivendungen -us, -er, -um hätten.

Eine so starke pädagogische Neigung hatte sicherlich unbewußte, psychoerotische Wurzeln. Die Lehrer-Schüler-Beziehung ist in jedem Falle eine mit Erotik durchdrungene Beziehung. »Pasolini als hervorragender Pädagoge wußte dennoch, daß er die kulturellen und sozialen Normen verändern mußte, um in (relativem) Frieden mit sich selbst zu sein und um sich seine pädagogische Liebesgewalt verzeihen zu können«, kommentiert Zanzotto. Vielleicht suchte er aber auch nach anderen Wegen, um sich diese Form ausschließlicher, liebevoller Gewalt »zu verzeihen«. Es waren Wege, die das Problem als nebensächliches, ganz psychologisch bedingtes und ganz persönliches abtaten und es auf das Gebiet der literarischen Entfaltung zu verschieben suchten. Dazu diente der Roman: Einbildung und Zeugnisablegung, phantastische Projektion und autobiographische Daten. Pasolini erkannte intuitiv, daß der erzählerische Stoff ihm dazu dienen konnte, einem quälenden, höchst privaten Gedanken zu entfliehen. Seine Existenz war zur Zeit des Friaul beherrscht von der uneingestandenen Angst, sich »andersartig« zu wissen. Seine Lehrerkollegen und die Freunde in Bologna hatten keine Ahnung von dieser »Andersartigkeit«. Das Geheimnis war gut gehütet. Doch das will nicht heißen, daß es ihn nicht nach einer Offenbarung drängte.

Amado mio

Frühling 1948 – ein glücklicher kreativer Impuls. Fünfundsiebzig Seiten, vier Kapitel Prosa. Der Titel: *Amado mio.* Die Kladde trägt zwischen Titel und Datum die Aufschrift: *Unvollendeter Roman.*

Amado mio ist die Geschichte einer Liebe. Desiderio, der Protagonist mit dem fast zu sehr programmatischen Namen, wird während eines Dorffestes von Leidenschaft (ein richtiger Blitzschlag) für einen Jungen, Benito, ergriffen. Benito verweigert sich ihm zuerst. Dann gibt er nach, vielleicht für etwas mehr als nur für einen Kuß. Dann verweigert er sich ihm von neuem. Desiderio ist verzweifelt. Es ist Sommer. Er begegnet Benito wieder (in Anlehnung an André Gide hat er dessen Namen in Iasìs verwandelt) – an einer Flußbiegung des Tagliamento, wo die Jungen ins Wasser springen und glückselige Stunden verbringen. Sonntägliche Tanzfeste, Saufereien. Felder von der Sonne gemalt, von der Nacht, von flimmernden Lichtern vor Tagesanbruch. Radfahrten durch die Poebene. Ein Bad im Meer von Caorle, im ruhigen Glanz eines Tages Anfang September. Nach langem Weigern aus nie eingestandener Scham wird Iasìs – beim Ausklingen des Tages in Caorle; sie sind im Kino, und auf der Leinwand singt Rita Hayworth »Amado mio« vor einem Publikum aus Kindern, die vor Begeisterung toben – sagen: »Heute abend«.

Alles wird erzählt, wird dargelegt. Pasolini schrieb eine Idylle wie aus hellenistischer Zeit, wie der *Antologia palatina** entnommen, in der er das Glück zum Ausdruck brachte, das er in dieser Zeitspanne erlebt hatte. Es ist ein erotisches Glück, das ganz unbefangen genossen wird. Auf diesen Seiten erklärt sich die Bedeutung des Tagliamento für sein Gefühlsleben, für sein ganzes Dasein: der Fluß mit seiner klaren Strömung, das breite Kiesbett, das in das Niederholz der Akazien übergeht, die Promiskuität unter den Jugendlichen, die dort möglich war. Etwas, das eigentlich unaussprechlich ist: die fünfzehn, sechzehn Jahre eines Jungen, die nassen und schamhaft von einer Nadel gehaltenen kurzen Hosen, plumpe Hände, noch unreife Gliedmaße, die Begeisterung für eine ersehnte Männlichkeit. All das läßt Pasolini in sanfter Prosa dahinfließen, eine Prosa, die immer exakt, nie schlaff oder anzüglich ist.

---

* Sammlung antiker Grabinschriften; zusammengetragen im 10. Jahrhundert. (Anm. d. Ü.)

Glücklosigkeit scheint der unvermeidliche Inhalt jeder Beziehung unter Homosexuellen zu sein. Der unerwartete Abschluß, die überraschende Antwort von Iasìs »heute abend« und der Höhepunkt erotischer Spannung, an dem sie ausgesprochen wird, machen *Amado mio* zu einer Neuheit. Neu ist das Akzeptieren des eigenen So-und-nicht-anders-Seins, das Glück und Schmerz zu gleichen Teilen verspricht und das nicht mehr von Schatten verdunkelt wird. Desiderio weint bittere Tränen, kommt aber dem »Unaussprechlichen« nahe. Er hatte den Jungen in die Büsche hinter einem Tanzboden mitgenommen. Der Mond schien. Dann das steinige Flußbett. Das Licht funkelt heller denn je. Iasìs hatte immer eine Spur Kummer im Blick gehabt. Pasolini gelingt es mit den Instrumenten des erfahrenen Erzählers, gerade dieses betroffene Bangen in einem Jungen darzustellen, der sonst ganz Verfügbarkeit ist.

Desiderio kam zu ihm und umarmte ihn. Benito blieb auf dem Rücken liegen, regungslos, schaute nach oben. Desiderio küßte ihn von neuem auf den Mund. Als er seine Lippen von ihm löste, lag Benito noch immer regungslos auf dem Rücken, genau wie zuvor. Desiderio küßte ihn noch drei, vier Mal. Es waren Küsse ohne Ende. Doch auf einmal machte sich Benito los und lief auf die Zementblökke zu, kletterte an ihnen hoch und sah von oben herunter den Fischen zu, die im Wasser, das durchsichtig wie Luft war, zuckten. Desiderio kam nochmal zu ihm, ganz leise; und schaute wie er den Fischen zu.

Was ist an dieser Erzählung konkret, was ist wirklich an ihr? Konkret geht es um eine psychologische Wirklichkeit: die Distanz zwischen Desiderio und seinem Freund, eine Distanz nicht nur an Jahren, sondern in der Erziehung, in der Bildung. Den ganzen Text hindurch tauchen immer wieder die Namen von Tommaseo, Nievo, Gide und Goethe auf. Desiderio liest: Iasìs hat sich ihm scheinbar unwiderruflich verweigert; er ist überwältigt von Verzweiflung; auf dem Kies des Flusses sitzend liest er die *Canti del popolo greco* und findet darin seine eigenen Qualen gespiegelt:

> ... der Luft werde ich sagen, daß sie dich von mir grüßen soll
> und dir sagen, daß ein junger Mensch für dich stirbt...

Die Namen von Kafka, Dostojewski und Proust kehren immer wieder, doch nicht als Wappenträger einer Idee, sondern gleichsam als literarische Kontrapunkte. Nein, die Distanz zwischen den beiden Gestalten, von der Pasolini erzählt, läßt ihre Liebe notwendig unglücklich werden, Desiderio ist erwachsen. Er ist hingerissen von der Unschuld seines Iasìs; doch diese Unschuld muß sich selbst, ihren Fortbestand verteidigen. Dieses dunkle Gefühl ist in Iasìs fest verankert. Nur in einer Art Ritus, einer kollektiven Befreiung kann es aufgehoben werden.
Der Ausflug nach Caorle. Der Tag vergeht harmonisch: das Baden, die Bootsfahrt. Desiderio und Iasìs sind bei Tagesanbruch losgefahren: Iasìs hat noch nie einen Strand gesehen. Bei ihnen sind noch Gilberto, ein Desiderio durch die Literatur verbundener Freund, und dessen junger Liebhaber. Die vier begegnen anderen Freunden: Mit ihnen fahren sie aufs Meer hinaus, kreuzen die Flußmündung des Livenza. Den Rückweg will Desiderio zu Fuß zurücklegen. Er sehnt sich nach dem Alleinsein, das er mit seinem kindlichen Freund genießen will. Er hofft auf Küsse, auf Umarmungen. Sie laufen auf dem Sand des Ufers dahin. Doch da bietet sich ihnen ein entsetzlicher Anblick:

In dem Bogen, den der Strand zeichnete und der in das rechte Ufer des Livenza eindrang, hatten Ebbe und Flut beim Übertreten eine riesige, ekelhafte Müllhalde hinterlassen: weiter drinnen und an den Rändern die leichteren Abfälle, Ansammlungen von Seegras, Seesterne, Knochen, Muscheln; dichter am Meer und am Fluß die schwereren: Kadaver von Hunden, Katzen und Vögeln, unerkenntliche Tiergerippe, fleischlose Skelette, die in der Sonne leuchteten wie Seide und Silber. Ein paar waren aber noch frisch und verströmten widerlichen Gestank. Die Hunde lagen mit offenem Maul da, als fletschten sie die Zähne, der Gaumen entsetzlich indianerrot, das Fell hart geworden, die Ohren wie aus Pergament.

In dieser widerlichen, unter der Sonne gleißenden Landschaft, die eher gemalt als real erscheint, spricht Iasìs sein letztes, entschiedendes »Nein« aus. Desiderio sagt: »Es ist besser, daß wir uns nicht mehr sehen.« Und Iasìs »schwieg weiter, das Blau seiner Augen nur ein wenig getrübt, oder zu glänzend«. Die Verzweiflung ist grenzenlos: Das Lebewohl bringt zum Weinen. Doch wenig später: das Kino und die Initiationsriten, die die Wende bringen. Ein Kino unter freiem Himmel. Der Mond scheint. Die Kinder schreien vor Freude. Desiderio aber fühlt »Schmerz« in der Brust:

Vielleicht war es der so offensichtliche Widerspruch zwischen dem Zuschauerparkett und dem Firmament, die häßliche Palisade aus Rohren in so direkter Beziehung zum Mond; vielleicht war es der schöne junge Mann dort drüben mit dem schönen, dunklen Haar, der zu den Freunden gewandt den kühnen Mut seines heranwachsenden Geschlechtes hinausschrie; vielleicht schließlich, oder vor allem war es die phallische Vergoldung, die ein Fremder wie Desiderio in jeder Kleinigkeit der unbekannten Orte wahrnimmt, der einheimische, kollektive, fast folkloristische Eros, der sich bricht und zerspringt wie in einem Prisma in der Menge der festlich gekleideten Unbekannten... doch Desiderio war eine einzige schmerzende Wunde.

Als die Lichter ausgegangen sind – alles hält den Atem an – beginnt der Film, »der schönste Film, den Desiderio je gesehen hat«.

Als sie *Gilda* sahen, überkam etwas herrlich Gemeinsames alle Zuschauer. Die Musik von *Amado mio* wütete. So schienen die obszönen Zwischenrufe, die sich im Publikum kreuzten (»Paß auf, daß dir deine Knöpfe nicht abspringen« und »Wieviele nimmst du dir heute vor?«), in einen einzigen rhythmischen Klang zu verschmelzen. Dieses Erlebnis verschaffte ihnen eine Atempause, ihre Aufgewühltheit kam zur Ruhe, auch ohne Aussicht auf ein Happy-End. Als Iasìs von Desiderio umarmt wurde und den Kopf auf seine Schulter legte, als sich in dieser Atmosphäre der außerhalb aller Zeit gelebten Orgie die Spannung in Desiderio endlich löste, da war eine Rührung da, die Tränen gefrieren ließ. Rita Hayworth mit ihrem riesigen Körper, ihrem Lächeln und ihrem Busen der Schwester und der Prostituierten – zweideutig und engelgleich, dumm und geheimnisvoll mit dem Blick der Kurzsichtigen, kalt und zärtlich bis zum Schmachten – sang aus der Tiefe ihres Lateinamerika in der Nachkriegszeit oder wie aus dem Fortsetzungsroman mit göttlich-zärtlicher Ausdruckslosigkeit...

Alles verkörpert die »tragische Resignation« Desiderios: die »bäuerliche« Schönheit der Schauspielerin, eine Erschöpfung wie »post amorem«. Gerade in diesem Moment – offenbar die Wirkung der »außerhalb aller Zeit erlebten Orgie«, dieses Ritus, dem man sich nicht entziehen kann – murmelt Iasìs: »Heute abend.«

Den Philologen bleibt viel Raum zu Vergleichen. Der Anblick der Meeresbrandung, die orgiastische Szene bei der Filmvorführung; die expressionistische Weitung der Bilder, essayistischer Zauber, der sich mit Lyrismus mischt: ein Stoff, der den Erzähler von *Ragazzi di vita* und *Vita violenta* ahnen läßt. An einigen Stellen erscheint *Amado mio* als erster Entwurf für das kleine friaulische Fresko, das später folgen wird *(Der Traum von einer Sache):* Tanzböden und Maisfelder; Horden Jugendlicher auf den Straßen der Poebene und Himmel, die ganz im venetischen Stil geschildert sind. Doch eine so kristallklare Offenlegung des eigenen Eros, der hier als völlige Hingabe und an Panik grenzende Fröhlichkeit gezeichnet wird, hat Pasolini bisher nicht gewagt. All das ist neu. Man meint, ein Heftchen persischer Miniaturen zu lesen, wo das letzte Kapitel den unvorhergesehenen Brand schildert – die ganz persönliche Ahnung von einer Erotik, die ausbricht und sich in der Zelebrierung ihrer selbst tröstet. Die gewohnten Merkmale der Homosexuellen-Literatur – nach dem Vorbild von André Gides *Uns nährt die Erde* – verschwinden hier. Da ist Rita Hayworth auf der Leinwand mit ihrem »riesigen Körper«, göttliche Erscheinung der nicht erkennbaren Natur und Endpunkt einer sehr wohl erkennbaren physischen Spannung (»Paß auf, daß dir deine Knöpfe nicht abspringen«): Die »bäuerliche« Frau mit ihrem Schmachten lockt, entfesselt, beglückt. Anscheinend ist sie es, die in dem Moment, als sie sich »mit delikater Lüsternheit und rasend machender Geduld« einen Handschuh abstreift, Iasìs zu seinem »Heute abend« treibt, und dieser Moment war »ein Freudenschrei, eine süße Naturkatastrophe«.

Klinisch gesehen kann man, glaube ich, von einem Stillstand der Entwicklung der Libido auf der Stufe des Heranwachsenden sprechen. Doch die Projektion des Vaterbildes schwingt in dieser Libido verfänglich mit. Desiderio drückt mit seinem Arm die

Schultern des jungen Freundes an sich. Der legt ihm seinen Kopf auf die Schulter. Das Verhältnis ist unmißverständlich. Der Autor ist hier sicherlich gespalten: Er ist der eine und der andere; er ist der Vater und das Kind; beide vereint von einem leidenschaftlichen Drang, der vor der unwiderstehlichen, göttlichen Erscheinung der Weiblichkeit sich erfüllt. *Gilda* und Rita Hayworth, das braucht nicht wiederholt werden, waren das Symbol für eine Sexualität ohne Schranken: Wie in der »Nachkriegszeit« oder in einem »Fortsetzungsroman« glossiert Pasolini treffend. Das Einswerden des Vaters mit dem Sohn und umgekehrt, die verzweifelt erwartete Vereinigung, die strategisch die ganze Erzählung hindurch immer wieder hinausgeschoben wurde, geschieht im dunklen Bauch des Kinos, gleichsam als Vervielfältigung der weiblichen, mütterlichen Symbolik. Und die Frau ist dort droben, eine eitle Priesterin auf der Leinwand, wo sie tanzt und singt, wo sie lockt und erregt.

Hier eine Vermutung: Die Unvollständigkeit der Erzählung liegt nicht in ihr selbst. Sie liegt anderswo, nämlich darin, was das Leben in ihr als Symbol birgt: die unbewältigte Beziehung zum Vater, das Vaterbild Pasolinis. Als er den Text (er ähnelt bewußt den Texten des griechischen Autors Kavafis, der auch zitiert wird) schreibt und seinem »Sklavengeschlecht« außerhalb jeder Versklavung oder Zweideutigkeit nachgegeben hat, war es ihm unmöglich, über die ganz phantastische Hypothese einer Umarmung zwischen dem »Vater«, der in ihm war, und dem »Sohn«, der er ebenso war, hinauszugehen. Daher sein verzweifeltes Bedürfnis nach Liebe, nach physischer Liebe, das Bedürfnis nach einer Wärme und Leidenschaft, die immer zurückgewiesen und immer insgeheim begehrt worden waren. In dieser Unvollständigkeit der Erzählung – ich wiederhole: eine eher angenommene als reale Unvollständigkeit – verbarg Pasolini das Bewußtsein seiner eigenen Besessenheit: sich seinem jungen Freund zum Vater zu machen, damit er in ihm durch die Erwiderung der Umarmung all seine unerfüllten Sehnsüchte als Sohn widerspiegle.

Eine Episode aus dieser Zeit: Nico Naldini hatte ein Exemplar des *Canzoniere* von Umberto Saba erworben. Die Ausgabe stellte zum ersten Male alle Gedichte des Autors von *Triest und seine*

Frau zusammen. Pier Paolo wollte den Band ausleihen. Einmal fand er das Buch beim Nachhausekommen aufgeschlagen auf seinem Schreibtisch. Der Vater hatte darin ein Sonett aus der Folge der *Autobiografia* angestrichen, das sagt*:

> Mein Vater ist für mich der »Mörder« gewesen,
> bis ich ihn mit zwanzig Jahren erkannt habe.
> Da habe ich gesehen, daß er ein Kind war
> und daß ich das Geschenk, das ich von ihm habe, schon erhalten habe.
>
> Er hatte im Antlitz meinen bläulichen Blick,
> ein Lächeln im Elend, das sanft war und listig.
> Er ging immer als Pilger durch die Welt;
> mehr denn eine Frau hat ihn geliebt und ihn genährt.
>
> Er war lustig und von leichtem Sinn; meine Mutter
> spürte alle Lasten des Lebens.
> Aus der Hand glitt er ihr wie ein Ball.
>
> »Werde nicht«, mahnte sie, »wie dein Vater«.
> Und ich verstand ihn später in mir selbst:
> Es waren zwei Rassen in altem Wettstreit.

Carlo Alberto versuchte, sich des Sohnes wieder zu bemächtigen, ein Sohn, der wegen der Mutter und in der Mutter gespalten war. Bei Saba hatte er etwas gelesen, was ihm sehr gelegen kam: »Er war lustig und von leichtem Sinn.« Wer weiß, ob er je dazu kam, dem auf den Grund zu gehen, was sein »alter Wettstreit« mit Susanna beim Sohn an Bewegung auslöste. In *Amado mio* ist Carlo Alberto nicht der »Mörder«. In einem Augenblick des Glücks konnte es geschehen, daß Pier Paolo sich der Vorstellung von einem wohlwollenden Vater hingab. Sie war ein Traum.
Es war ein flüchtiger Augenblick, wahrscheinlich hervorgerufen von der Gemütsbewegung, die ein Besuch des Films *Gilda* ausgelöst hatte. Vermutlich im Sommer 1947 und tatsächlich in einem Kino von Caorle.

In Caorle glühte das Freilichtkino vor elektrischem Licht unter einem Nachthimmel aus Kohle, dessen unendliche Zelte sich hinter

* Ungefähre deutsche Übersetzung ohne Wiedergabe des Endreims. (Anm. d. Ü.)

der Palisade aus Rohren, der provisorischen Abgrenzung des Zuschauerraums, herabsenkten...

Das sind die ersten Zeilen eines Feuilletonbeitrages, den Pasolini am 11. Dezember 1947 unter dem Titel *Amado mio* im »Mattino del popolo« veröffentlicht. Der Artikel erzählt in Ichform von dem »Freudenschrei, der süßen Naturkatastrophe«, den der Film bei ihm hervorgerufen hatte. Identische Sätze gehen von der Zeitungsseite in den maschinengeschriebenen Text über. Da ist Rita Hayworth, da wird das Publikum hitzig, da kommt ein Junge mit Namen C. vor. Die erzählerische Erfindung mußte befreiend sein, fast zu deutlich sogar. Das Idyll bleibt in der Schublade und »unvollendet«. Die Verherrlichung des Körperlichen, die es darstellte, sollte teuer bezahlt werden.

Die Maßnahme De Gasperi

In diesen Jahren verlangte die italienische Literatur von sich selbst den volkstümlichen Roman: historische und geistige Randgebiete sollten entdeckt und erschlossen werden. Das war die generöse Illusion des Neorealismus. Seine hervorragenden Beispiele sind jedoch lyrische und zugleich dokumentaristische mit stark autobiographischer Komponente. Ich denke an *Christus kam nur bis Eboli* von Carlo Levi. Der Neorealismus gab zu angeregten Polemiken Anlaß. Er gab jedoch auch den Anstoß zu manchem literarischen Experiment. Elio Vittorini und Cesare Pavese waren die Dioskuren dieses Experimentierens. Pasolini erlebte die Polemiken aus der Distanz mit. Er bekam sie auch im Friaul zu spüren.
Schon vor *Amado mio* hatte Pier Paolo sich in der Prosa versucht. Die Ergebnisse sind einige Feuilletonbeiträge für die »Libertà«, die 1946 und 1947 veröffentlicht wurden. Es sind erzählerische Zeugnisse seines Lebens (Träume, Alpträume). Daneben gibt es frühere Versuche, die noch bezeichnender sind.

Leichenbegängnis im September. Trauerfeier in Casarsa. Ein Begräbnis in Casarsa. Gewitter, das die Luft erhellt. Wolken, weiß und vom Himmel abgehoben. Natürlich glitzern alle Wiesen. Auf der breiten Straße der Brücke in Borgo Meonis. Unter den Wolken Menschengruppen zwischen heiß glühenden Pfützen. Männer in Sonntagsanzügen und alte Frauen mit den Kopftüchern und den schwarzen Röcken. Der geschäftige Priester kommt aus der Menge heraus, die Leute sprechen leise, mit einer Gruppe von kleinen Ministranten, gekleidet wie er in weiße Kutten mit schwarzen Verzierungen. Kerzen und Kreuze. Die Gruppe verschwindet in dem Portal. Es regnet bei hellem Sonnenschein. Die Kindergartenkinder kommen mit einer Fahne. Da kommen Aldo und Giovanni aus dem Portal heraus, sie tragen einen Kranz, gefolgt von vier Männern, die auf den Schultern den Sarg des alten Cesarìn tragen...

Eine kurze maschinengeschriebene Seite, die in einem Versheftchen enthalten ist, datiert alle früher als 1944 und versehen mit dem Titel *Lapidi*[12] (etwa: Gedenksteine). Eine aneinandergereihte Prosa, ausgeprägter Nominalstil, fast schon ein »filmischer«: gerade darin inspiriert von Bildern der Epik. Das bäuerliche Epos liegt Pier Paolo am Herzen. Er strebt nach einer Umsetzung in eine Kunstform, die nicht mehr den einzelnen, sondern das Handeln einer Gruppe zum Inhalt hat.
Das Ereignis trug sich Anfang 1948 zu. Am 7. Januar demonstrierten etwa dreitausend Personen in San Vito al Tagliamento für die Durchführung der »Maßnahme De Gasperi«, die schon seit zwei Jahren versprochen war. Die »Maßnahme De Gasperi« war eine politische Entscheidung, die 1946 auf Betreiben von Alcide De Gasperi zustande gekommen war: Den *mezzadri** sollten eine Reihe von Ausgleichszahlungen als Entschädigung für durch den Krieg verursachte Arbeitsbehinderungen und Schäden in der Landwirtschaft gewährt werden. Die »Maßnahme« sah auch die Einstellung Arbeitsloser vor.
Der Aufruhr unter den Bauern von San Vito dauerte bis zum 12. Januar an. Die Gutsbesitzer versprachen, hundertzwanzig Arbeitslose einzustellen; das entsprach 10% der ihnen zugesicherten

* Pächter, die die Einkünfte aus der Bewirtschaftung des gepachteten Bodens laut Vertrag zur Hälfte an den Pachtherrn abführen. (Anm. d. Ü.)

Vergünstigungen an Boden. Das Arbeitsamt dagegen verlangte, daß sechshundert eingestellt werden sollten, was 50% der Vergünstigungen entsprochen hätte. Am 13. Januar schlägt die Verhandlung fehl. Gleichzeitig entscheidet die Lastenausgleichskammer von Udine, auf welchen Teil der Region die »Maßnahme« anzuwenden sei, die prinzipiell nur die Pachtgebiete auf dem Land betrifft. Im Gebiet von Udine sollte ein Teil der Carnia und ein Teil des Landes um Cervignano unter die »Maßnahme« fallen: ein Fünftel des Gebietes; für die verbleibenden vier Fünftel legte die Lastenausgleichskommission unbedeutende Vergünstigungen fest.

Eine neue Phase des Kampfes beginnt. Auf dem Land um San Vito al Tagliamento werden Abordnungen aus Pächtern und Arbeitslosen bei den verschiedenen Landwirtschaftsbetrieben vorstellig, um unabhängig von dem Urteil in Udine individuelle Übereinkünfte zu erzielen. Diese Aktion weitet sich immer mehr aus, auch weil sie von der Gewerkschaft mit Engagement unterstützt wird. Auf der Gegenseite greift die Polizei mit großem Aufgebot ein, um jede Kundgebung zu verhindern. Es kommt der Morgen des 28. Januar. Bis dahin war trotz der repressiven Aktion ein konkretes Resultat erzielt worden: Ein Arbeitsloser auf je fünf Hektar Grund wurde eingestellt. An dem Morgen wurde die Abordnung der Pächter im Herrenhaus des Grundbesitzes Rota vorstellig. Schwere Tumulte brachen aus. Die Verwaltung rührte sich nicht. Die Demonstranten brachen das Gitter auf, betraten das Haus und fanden niemanden vor, nicht einmal die Dienerschaft: Nur ein Hund und eine Katze waren da. Der Gutsverwalter soll in Codroipo gewesen sein.

Um der Besetzer Herr zu werden, bat das Kommando der Carabinieri das Heer und die Polizei von Padua und Mestre um Hilfestellung. Inzwischen versuchte man, die Demonstranten auf der Hinterseite des Gebäudes, gegenüber der Seite, an der ein Gitter aufgebrochen worden war, aufzuhalten. Die Carabinieri wurden von etwa hundert Frauen mit Faustschlägen und Tritten empfangen und zurückgeschlagen. Kurz darauf kehrten Heer und Polizei mit einem Panzerfahrzeug zurück. Die Demonstranten verbarrikadierten sich im Inneren der Einfriedung des Herrenhauses. Der Panzerwagen hob ein Gittertor aus den Angeln, wurde jedoch erneut von den Frauen blockiert. Die Demonstranten errichteten Barrikaden und zwangen die Ordnungskräfte nochmals zum Rückzug. Als sich im Lauf des Abends die Nachricht verbreitete, daß die Gutsverwaltung der Rota sich den Übereinkünften mit den Pächtern, die schon von den anderen Gutsverwaltungen unterschrieben worden waren, anschließen wolle, verließen die Bauern das Herrenhaus.

Am Tag darauf erlebte man ähnliche Demonstrationen in Cordovado. Auch dort wurden für die Pächter zufriedenstellende Übereinkünfte erreicht. Dennoch griff die Polizei die Demonstranten mit Gummiknüppeln und Tränengasbomben an. Aus Protest war am 30. Januar eine weitere Kundgebung ausgerufen worden. Es nahmen fünftausend Personen daran teil. Da entsandte man von der Präfektur in Udine einen Funktionär, der den friedlichen Verlauf dessen, was noch zu verhandeln blieb, garantieren sollte. Die Besetzung des Herrenhauses der Rota hatte eine gerichtliche Folge: dreißig Hauptverfahren, zweiundzwanzig Verurteilungen. Die Demonstranten hatten sich beim Betreten des Hauses eines Diebstahls schuldig gemacht: ein Paar Socken und ein Hemd; einer von ihnen hatte seine alten Schuhe mit einem Paar Socken getauscht.

Um diese Bauernerhebung herum baute Pasolini den Roman seines Friaul auf. Der Roman sollte erst Jahre später (1962) veröffentlicht werden: »gebührend zurechtgestutzt, restauriert, lackiert und gerahmt« mit dem Titel: *Il sogno di una cosa (Der Traum von einer Sache*, dt. 1968). Der »Traum« (das Wort fällt in einem Brief von Marx an Ruge im Jahr 1843) war die Hoffnung in die soziale Erneuerung, die von den Menschen unter Einsatz von Bescheidung und Mühe in einem Bewußtwerdungsprozeß erarbeitet wird.

Der Roman in der Fassung von 1962 besteht aus locker zusammengefügten Skizzen und handelt von der trostlosen Lebensgeschichte dreier junger Leute aus dem Friaul. Sie erleben frei und glücklich ihre Jugend: Tanz am Sonntag, Wein, Liebe. Doch sie erleben auch das Leid des Todes. Und sie haben keine Arbeit. Die Demonstration im Januar 1948 wird schließlich zu

einem Moment der Wahrheit: Im physischen Zusammenstoß mit den Wächtern der bürgerlichen Gerechtigkeit wird ihr leidenschaftliches politisches Engagement (sie verstehen sich als Kommunisten) auf die Probe gestellt. Die Notwendigkeit, Arbeit zu finden, der Hunger, die enttäuschte Daseinshoffnung – das alles erhält jetzt schicksalhaften Inhalt.
Die Epik des Buches bezieht ihre Substanz aus dem Grundmuster des Schelmenromans, aus dem Abenteuerlichen, das das Leben der drei Hauptpersonen bewegt macht. Der strukturelle und stilistische Weg, den Pasolini hier geht, führt zu *Ragazzi di vita*. Man muß *Traum von einer Sache* als den mythischen, bäuerlichen Hintergrund des »römischen« Romans sehen. Daß er teilweise ganz anders entstanden war, sagen die unvollendeten Fassungen aus. Sie stammen aus den Jahren 1948 und 1949 und tragen nicht zufällig den Titel *La meglio gioventù*[13] (etwa: Die beste Jugend). Unter diesen Titel stellte Pasolini später den wohl geglücktesten Teil seiner im Friaul entstandenen lyrischen Produktion, ein wirkliches Epos seiner Jugend im Rückblick.
Mit der volkstümlichen Schilderung verflochten sind in diesen Fassungen zwei weitere Themenkreise, die eine gewisse Verbindung zu ihr haben und zusammen einen einheitlichen Roman bilden sollten: Die Geschichte eines jungen Priesters, der in den Nachmittagsstunden einen Hort für die Kinder der Bauern einrichtet, und die Geschichte einer jungen Frau, einer Intellektuellen und militanten Kommunistin, die für ihre Ortsgruppe die Anschlagtafeln textet, die sonntags ausgehängt werden. Der Priester, Don Paolo, lebt als Lehrer eine heimliche homoerotische Leidenschaft für einen kleinen Jungen; die junge Frau, Renata (in einer anderen Fassung ist sie männlichen Geschlechts und heißt Renato) nimmt eine Beziehung zu dem Priester auf. Ihr Glauben an den Kommunismus macht die Kommunikation geistig komplex. Beide streben danach, aus politischen und ideologischen Schematismen auszubrechen, denen sie sich ausgeliefert fühlen. Sie wollen sie überwinden und sehnen sich nach geistiger Freiheit, die, wie sie meinen, von der Politik beeinträchtigt wird.
Das Profil der beiden Gestalten bleibt stark lückenhaft. Das gespaltene Bild des Autors von sich selbst findet sich darin. Don

Paolo und Renata stellen in ihrer Duplizität seinen christlichen, didaktischen Eifer und seine Leidenschaft für die Politik dar. Sie haben beide ein sonderbares »Sendungs-«Bewußtsein, das sie jedoch in den Abklatsch von Heiligenbildchen zu verwandeln droht. Wahrscheinlich hat der Autor sie deshalb aus der Endfassung des Buches herausgenommen. Besonders bei Don Paolo tritt außerdem noch ein verräterisch autobiographischer Zug zutage: Don Paolo zeigt – in einem Tagebuch, das eingeschoben wird – klar, welche Krisen und Kontraste die Homosexualität bei Pasolini hervorrufen mußte. Sie wurde in manchen Momenten voller Glück erlebt, war jedoch auch Ursache zu heftigen Schuldgefühlen und erbittertem Aufbäumen gegen sich selbst. Der junge Priester sucht Trost bei den Briefen des Apostels Paulus[14] und schreibt:

»Im Fleische bleiben«: mit dem Fleisch lieben, offensichtlich. Doch warum ist es notwendig, daß ich mit dem Fleische liebe? Mein Gott, litt ich nicht schon genug »durch das Fleisch«? ... es fehlte mir gerade noch, mich darin bestärkt zu fühlen.

Oder er erzählt von einer Jugenderfahrung jenseits aller Grenzen der Scham.

Während alle schliefen, ging ich durch die menschenleeren Straßen. Mein lila Hemd, die hellen Hosen, die Haare eben geschnitten, ganz aufgeweicht vor Schweiß: Doch mein Alter hinderte mich daran, mich damit zu befassen.
Ich war zu sehr mit meiner Betrachtung beschäftigt, einer ganz besonders genauen Betrachtung der Bogengänge, der Fensterbänke, der Lichtleitungen und der Platten des Gehsteigs... Ich steuerte auf eine einsame Brücke über den Fluß zu, die seit ein paar Tagen mein bevorzugtes Ziel war. Sie lockte mich mit ich weiß nicht was für einer Anziehungskraft. Dort angekommen, lehnte ich mich in der hellen Sonne an die Brüstung und schaute nach unten. (...) Ich blieb so einige Minuten lang stehen und freute mich daran; dann hob ich wieder den Kopf, schaute mich um und bemerkte ein Detail, das mir bis dahin entgangen war: In einer Seitenstraße, die am Fluß entlang führte, doch abgesondert war, stand unter einer Gruppe von Akazien ein altes Pissoir, umringt von einem Blech, das rot vor Rost

war. Die Sache war neu für mich, denn in meinem Dorf gab es keine solchen Einrichtungen. So näherte ich mich, und als ich ins Innere vorgedrungen war, sah ich nichts als eine einfache Platte aus gelblichem Marmor vor mir, die von ständig tropfendem Wasser benetzt war. Es roch stechend und übel nach Ammoniak, und ich, sehr aufgeregt, als wäre ich dabei, etwas Verbotenes zu tun, schickte mich an, an diesem nie gesehnen Ort zu urinieren. Doch da hörte ich auf einmal Stimmen, die näherkamen. Die beiden, die sprachen, waren schon drin, bevor ich fliehen konnte: Ich konnte nicht mehr hinaus und mußte dort drinnen zwischen den beiden Männern bleiben. Vor der Marmorplatte wartete ich mit schamhaft geneigtem Kopf, bis sie hinausgingen... Als ich mich wieder allein und frei auf der Brücke über dem Fluß wiederfand, merkte ich, daß ich ganz in ein neues, berauschendes, krampfhaftes Herzklopfen getaucht war. (...) In dieser fremden Stadt hatte mein Schamgefühl einen so gewaltsamen, unerwarteten Stoß erhalten, daß auch jenes Vergnügen, das ich schon entdeckt hatte, das Vergnügen, das so anders ist als alles andere, sich in meinen Augen mit verzehrenderen Anziehungskräften auszustatten schien. Ich konnte diese Kräfte noch nicht entschlüsseln, ich war einfach mitten hinein in ihre Gewalt gestürzt. Doch meine Gedanken, grimmig logische Kindergedanken, begannen sich nach der praktischen Ordnung des Betroffenen aneinanderzuketten. Nun suchte ich nach einer Möglichkeit, mir diese Beleidigung meiner Kinderschamhaftigkeit wieder zu verschaffen. Und wie es nur natürlich ist, bildete sich sofort ein Plan in meinem Kopf, dem sich seit einiger Zeit die Versuchungen und die Wißbegier für diese Atmosphäre der Erwachsenen, die geschwängert war von Sündhaftigkeit, eingeprägt hatten. Ich wollte so tun, als betrachte ich wie gewöhnlich den Fluß, und sofort, wenn jemand anderer bei dem Pissoir stehenblieb, würde auch ich hineingehen... So brachte ich zwei Tage lang die ersten menschenleeren und glühend heißen Mittagsstunden damit zu, zwischen diesem Pissoir und einem anderen, ähnlichen, das ich beim Marktplatz entdeckt hatte, hin und her zu pendeln. Wenn ich so vor den dunstenden Marmorplatten stand, hörte ich öfters das Brummen der Schmeißfliegen, der Bremsfliegen oder mancher umherschweifender Wespe[15].

Eine erstickte Erregung, das Gefühl von Sünde und Vergehen: Hier erinnert nichts an die Leichtigkeit von *Amado mio*.

Es ist der Körper, der Körper ist die Ursache für alles, und man muß ihn verschwinden lassen. Manche Nacht erwache ich mit weit aufgerissenen Augen und stütze mich auf den Ellenbogen: So bleibe ich zehn Minuten oder eine Viertelstunde lang liegen und blicke unverwandt auf das »Ding«. Ich sehe es ganz deutlich, in seinen kleinsten Einzelheiten, die hervorgehoben sind von einem fürchterlichen Licht, eingeprägt auf eine Platte...

Die Angst, entdeckt zu werden, die Angst, durch die eigene Fleischlichkeit vor den Augen der anderen verraten zu werden; die geheime, gefürchtete Identität enthüllt. Das Bekenntnis ist deutlich sichtbar auf diesen Tagebuchseiten von Don Paolo. Der Glaube allein hilft Don Paolo nicht, seine Beklommenheit zu mildern. Hier kommt ihm seine Arbeit in der Schule zugute.

Die Mittel sind nötig, die Vermittlungen. Ich habe etwas gelesen über die modernen Lehrmethoden (den Aktivismus), die sich eben der »Mittel« bedienen, die nicht der rein mündliche Vortrag des Lehrers sein sollen und die seine traditionelle Autorität zugunsten der aktiven Mitarbeit der Kinder opfern. Das ist im wesentlichen richtig, aber... um die Kinder dazu zu bringen, gern zu lernen, um sie zu »begeistern«, braucht man wohl mehr als nur eine modernere und intelligentere Methode. Da geht es um Nuancen, um gewagte, erregende Nuancen. (...)
Die Methode der Montessori und der Positivisten hat sicherlich ihr Gutes. Doch ihr Glauben an die äußerliche Anwendung und an die schrittweisen, vorhersehbaren Verbesserungen, dieser Optimismus, der die Rechnung nicht mit dem Kultusministerium macht und mit der Inkonsequenz, die im Grunde Ausdruck der Freiheit sind...
Wir brauchen nur die Begriffe auszutauschen: Derselbe Fehler ist auch im Erziehungsgedanken der Idealisten enthalten, auch sie berücksichtigen im Grunde die Widersprüche, das Irrationale, das Unbegründbare und einfach den Menschen in uns nicht. Auf all das Rücksicht zu nehmen, macht dagegen einen Teil der Anwendung einer wirklich positiven Pädagogik aus, die man schwer in den Begriffen eines Lesebuchtextes darstellen kann. Es ist die lebendige Sachkenntnis dessen, der ständig geistig gefordert wird und dabei den Blick auf die Vorsehung nicht verliert. (...)
Erziehen kann nur, wer weiß, was Lieben heißt, wer immer des Göttlichen eingedenk ist. (...)

Ich habe den Kopf voller Ideen, bin fast zu stark engagiert. Ich habe große Schilder gemalt, die mit Tricks, Symbolen und lustigen Überraschungen die abstraktesten Grammatikregeln darstellen sollen. So habe ich in das trockene Denken Farbe und Bilder gebracht. (Wo habe ich einmal von dem Phänomen gelesen, das man »konditionierter Reflex« nennt? Durch ihn sollte die Regel im Gedächtnis hochschnellen, und zwar nicht mehr durch einen steril mechanischen Prozeß, sondern durch die heitere, farbige Erinnerung an ein Bild, das sich an diese Regel knüpft). Die Kinder stehen diesen wunderlichen Einfällen ein wenig argwöhnisch gegenüber. Doch ihre Augen sagen, daß sie neugierig werden und Spaß an ihnen haben.

Auch hier spricht nicht die Romanfigur, sondern der Autor selbst hinter dem dünnen Schleier der Erfindung. Hier wird sichtbar, wie Pasolini die »liebevolle Gewalt«, die ihm zu schaffen machte, sublimierte. So klingt die katholische Färbung einiger Passagen fast wie eine Beschwörung. Das Christentum war eine Komponente seiner Moralauffassung. Diese Komponente zwang ihn zur Selbstbefragung (hier in der Gestalt des Dorfpriesters) und Diskussion der unverzichtbaren Bedürfnisse seines Körpers (»Es ist der Körper, der Körper ist die Ursache für alles, und man muß ihn verschwinden lassen«).

Doch seine psychologische Finesse, seine kritische Intelligenz erschöpften sich nicht darin, sein Empfinden von der Körperlichkeit tragisch zu steigern. Rationale Bedürfnisse nach einer Interpretation der Geschichte traten in seinen ideologischen Einstellungen und in seiner Phantasie immer mehr in den Vordergrund. Daher die Erfindung der Gestalt der Renata, eines bürgerlichen Mädchens, das zur Marxistin wird und die eigene Klasse verrät (»ihre Klasse sollte es ihr nicht verzeihen: Auch die besten...«)[16]. In der Gestalt der Renata erklärt sich die soziale Erneuerung – geradezu ein Willen zum Scheitern, der sich in einen ethischen Imperativ verwandelt:

Ich kann jetzt nicht anders, als sie zu verstehen [die Pächter und die Tagelöhner] ... mich in ihre Lage versetzen und dann auf die Bewußtseinsebene zurückkehren... Hier liegt die Schwierigkeit.

Doch diese Beschwörung, die Armen und Entrechteten zu »verstehen«, sich »in ihre Lage versetzen«, ist sie nicht vielleicht die unwiderstehliche Beschwörung eines anthropologischen Unterbewußtseins? Das Tagebuch von Don Paolo sagt dazu auch:

Ich habe bemerkt, um wieviel die Jugendlichen aus dem Volk besser sind als die aus der Bourgeoisie. Es ist eine grundlegende, absolute Überlegenheit, die keine Vorbehalte zuläßt – wie die Schönheit einer Landschaft, oder der frische Geschmack einer Frucht. Wenn dann die Jugendlichen aus der Bourgeoisie mit dem Alter besser werden, weil sie in ihrem Bewußtsein gewappnet sind gegen Verfall und Rückschritt, werden die Jugendlichen aus dem Volk als Erwachsene immer nichtiger, immer unwirklicher: ein Klumpen monotoner, nie verarbeiteter Erfahrung. Sie gleiten den Abhang der Erniedrigung hinab.

Ein korrektives Element zeigt sich: der dekadente Ästhetizismus, die Empfänglichkeit für Schönheit, vielleicht ihr sich Mischen mit dem Tod... Don Paolo macht nämlich nicht Halt bei Soziologie und Psychologie. Der junge Priester geht getreu dem *esprit de la décadence* zur Aktion über. Er will, daß die Schönheit jener Bauernkinder unangetastet bewahrt bleibe. Auf dem Höhepunkt des Romangewirrs, bei den Demonstrationen für die »Maßnahme De Gasperi«, wird er von einem Schuß, den die Polizei abfeuert, getötet werden: Er schützt mit seinem Körper einen jungen Demonstranten. Sein Tod ist ein Menschenopfer. Er ist, so scheint es, von seiner eigenen Verzweiflung dazu bestimmt. Diese Vernichtung ist eine Lösung des Schicksals, scheint der Erzähler suggerieren zu wollen. Doch sie ist eine von den Lösungen, die man anwendet, wenn man zu lebendige und düstere Teile der eigenen Vorstellungswelt ins Absolute, ins Schicksalhafte überantworten will...

Was soll man an diesem Punkt sagen? Daß die Biographie im Augenblick der Offenbarung die eigene letzte Wahrheit in Frage stellte: Sie kritisierte sie im Tod der Hauptfigur, oder aber sie kam, wenn man es aus heutiger Perspektive sieht, zu einer bestürzenden Prophezeiung. Doch Pasolini ging es in dieser Phase seiner schriftstellerischen Arbeit nicht so sehr um seine Subjektivität, sondern mit dem Gebrauch dieser Prosa wollte er die Objektivität wiedergewinnen. Das friaulische Epos hätte die Spaltung des Ichs, den Bruch zwischen Politisierung und Schuldbewußtsein beseitigen sollen. Dieses Epos sollte das armselige und doch heitere bäuerliche Leben nachzeichnen, den Duft der Primeln in den Straßengräben und die Frische des Quellwassers. Doch die innere Spaltung blieb auf diese Weise schmerzende, verborgene, unheilbare Wunde.

Vertraute Heimat Friaul

Als er zurückkam, war ich mit meiner Mutter in Casarsa evakuiert. Ich war verloren wie in einer grenzenlosen Vertrautheit, die das Friaul zu ihrer Heimat erkoren hatte. (...) So war er schließlich in Casarsa wie in einer neuen Gefangenschaft. Seine Agonie über ein Dutzend Jahre begann. Eins nach dem anderen sah er meine friaulischen Bücher erscheinen, er verfolgte meine ersten bescheidenen Erfolge als Kritiker, er erlebte meine Promotion in Literaturwissenschaft. Und er verstand mich immer weniger. Der Gegensatz war peinigend: Wenn einer krebskrank wäre und dann geheilt würde, ich glaube, dann hätte er die gleichen Erinnerungen wie ich von diesen Jahren[17].

Carlo Alberto Pasolini fand bei seiner Rückkehr aus der Gefangenschaft seine ganze Welt verändert vor. Italien war nicht mehr faschistisch. Sein Sohn Guido hatte im Kampf gegen den Faschismus sein Leben gelassen, und sein Sohn Pier Paolo war militanter Kommunist. Auch die äußeren Lebensumstände Carlo Albertos waren nicht mehr dieselben. Nicht mehr Bologna, sondern Casarsa; kein kleinbürgerliches Milieu mehr, sondern ein bäuerliches Milieu – für ihn faßbares Zeichen des sozialen Abstiegs. Die kleine Welt ringsum hallte wider von Stimmen in einem Dialekt, der ihm fremd war. Der Sohn wurde sogar zum Dichter für diese Stimmen – ein Sohn, der mehr ein Colussi denn ein Pasolini war.
Pier Paolo lebte seine »grenzenlose Vertrautheit« mit der Mutter. Der tragische Tod Guidos mußte diese Vertrautheit noch unauflöslicher und geheimnisvoller machen. Die Rückkehr des Vaters

störte sie. Carlo Alberto mußte diese Störung wahrnehmen. Seine Bitterkeit steigerte sich, während er peinlich genau und liebevoll die Erfolge des Sohnes in der Öffentlichkeit verfolgte. Er bewahrte Zeitungsabschnitte auf. Im Erdgeschoß ließ er den Raum für die Academiuta bauen. Für den Sohn mochte er eine die humanistische Bildung würdig fortsetzende Zukunft erträumt haben. Doch der handelte dem traditionellen Kodex eines Kleinbürgers, der sich der Literatur widmet, zuwider und verriet den als hochstehend angesehenen Stil seiner Klasse: Er verleugnete die kultivierte Sprache und redete von »kleinen Heimaten«. Carlo Alberto war in seiner Zuneigung gespalten. Er vergab ihm den Verrat nicht. Im Grunde seines Herzens, in seinen geheimsten Gedanken konnte er ihm nicht verzeihen. Manchmal brach es aus ihm heraus: Dann war er wie besessen, anklagend, außer sich. Aus der »grenzenlosen Vertrautheit« des Friaul war er auf tragische Weise ausgeschlossen. Diese Ausgeschlossenheit war die Ursache für seine Krankheit.

So begann die »lange Agonie« von Carlo Alberto Pasolini. Für Pier Paolo war es eine ebenso schreckliche Krankheit. Der Vater kurierte sich mit Wein, bis er sich damit umbrachte. Der Sohn verlegte sich aufs Schreiben – in der althergebrachten Überzeugung der Dichter, daß das Wort die einzig mögliche Heilung für die Übel des Lebens ist.

Am 6. Dezember 1945 schreibt Pier Paolo an Silvana Mauri, eine alte Freundin aus der Bologneser Zeit: »Die Heimkehr meines Vaters hat mich in einen konfusen Gemütszustand versetzt, der jedoch weniger unerträglich ist als der der vergangenen Monate.« Ebenfalls an Silvana schreibt er am 5. Februar 1946: »Mein Leben ist nicht sehr lustig. Es wäre es sicher, wenn mein Vater sich nicht in einem so elenden Zustand befände; die Ärzte nennen ihn einen Paranoiker.« Der Vater überwacht den Sohn: Übertriebene Liebe treibt ihn dazu, im Geheimen zu lesen, was der Sohn schreibt. Doch soviel Liebe nimmt ihm auch jeden Mut. Auch was die Politik angeht, fühlt er sich befangen. All das betont freilich die Krankheit anstatt sie zu lindern. Carlo Alberto schreit laut bei seinen Anfällen, fühlt sich verfolgt, erhebt obskure Beschuldigungen.

Die Homosexualität des Sohnes: Vielleicht hat Carlo Alberto einen Verdacht. Vielleicht will er nichts davon wissen. Oder, wie es manchmal bei stark viril ausgerichteten Männern vorkommt, schreckt ihn die mögliche Homosexualität beim Sohn gar nicht; vielleicht mißt er ihr anfangs gar keine Bedeutung bei. Seine Beklemmung rührt woanders her. Sein Ausgeschlossensein aus der Welt von Casarsa (mit den Schwägerinnen kommt er nicht zurecht, vor allem nicht mit Giannina) läßt bei ihm Gedanken an vergangenen Hader aufkommen: die Verweigerung Susannas ihm gegenüber. Das wiederum ruft Feindseligkeit beim Sohn hervor – eine endlose Kette.

Carlo Alberto hat in Casarsa keine Freunde, macht sich auch keine. Er schließt sich in seinem Stolz des ehemaligen Offiziers ein. Alles wird für ihn Anlaß zur Bildung von Wahnvorstellungen, sogar Susannas Hausarbeit oder die paar Nachhilfestunden, die sie gab, um das magere Familienbudget aufzubessern. Immer wieder kommt es zu Streit und Tränen: Er gibt Susanna Schuld am Tod Guidos, er beschuldigt sie, ihn zur Verzweiflung gebracht zu haben.

Im Lauf des Jahres 1947 kamen die Anfälle immer häufiger. Zuerst verfiel Carlo Alberto in tödliches Schweigen. Er sagte drei oder vier Stunden kein Wort. Dann begann er zu schimpfen, geriet in Raserei, warf sich auf den Boden, stieß Verwünschungen aus. Schließlich bat er darum, sterben zu dürfen; sie hielten ihn mit letzter Kraft zurück, wenn er mit Selbstmord drohte. Dann brach er in Tränen aus und weinte sich in den Schlaf. In den ersten Januartagen 1948 verstärkten sich die Symptome, seine Beschimpfungen wurden noch heftiger, wütende Obszönitäten quollen aus seinem Mund. Pier Paolo beschloß, ihn von einem Psychiater in Udine untersuchen zu lassen. Als er das erfuhr, wurde Carlo Alberto fast wahnsinnig. Er sagte, Mutter und Sohn wollten ihn ruinieren, aber er werde gewinnen, werde sie »zerschlagen«. Um für den Arzt zu dokumentieren, was der Vater in seiner Raserei von sich gab, übertrug Pier Paolo die unzusammenhängenden Wörter auf fünf maschinengeschriebene Seiten. Es sind Faseleien, kurze Wortergüsse von klarer, ätzender Bitterkeit. Im Sohn haßt er den Intellektuellen. An der Ehefrau nimmt er mit Entsetzen eine bäuerliche Verschlagenheit wahr, die zu seinem Schaden intrigiert. Er bedauert den Sohn, Beute der mütterlichen »Schwindeleien«, beschuldigt ihn aber auch der Blindheit. Er jammert, daß Guido nicht mehr da ist, denn Guido wäre auf seiner Seite gewesen. Susanna wirft er vor, sie sei ihm nicht mehr Ehefrau. Die ärztliche Diagnose sprach von Paranoia mit manischer Komponente.

Doch die »grenzenlose Vertrautheit« des Friaul war für Pier Paolo nicht nur erfüllt von den Schreien Carlo Albertos oder von dem Kummer, den ihm Susannas sichtliche Betrübnis mehr und mehr bereitete. Da war auch die glückliche Jugendzeit, da waren die Freunde, der Tanz an den Feiertagen, auch die alten Freunde aus Bologna. Silvana Mauri zum Beispiel. Die Beziehung zu ihr war zärtlich und intensiv, fürsorglich und ein wenig verliebt. Silvana stand Pier Paolo unmittelbar nachdem er die tragische Wahrheit über das Schicksal Guidos erfahren hatte bei. Sie begleitete ihn auch zu den Almen von Porzûs. Er wollte die Schauplätze des Gemetzels sehen.

Eine Liebesbeziehung: Die Nähe zwischen Pier Paolo und Silvana blieb in den Jahren danach erhalten, bis sich die Beziehung nach 1950 verlor, als er in Rom war. Wie die Briefe bezeugen, die Pier Paolo ihr schrieb – leidenschaftliche Briefe –, wurzelte diese Nähe bei ihm tief im Gefühl. Die Beziehung war ursprünglich aus einem Wettstreit des Intellekts entstanden, wie mit Giovanna Bemporad, und hatte sich dann gewandelt.

Die liebevolle Freundschaft erlebte unvermeidlich schwierige Momente. In einem Brief vom 15. August 1947 beschuldigt sich Pier Paolo selbst, bei Silvana »schmerzhaftes Stechen« hervorgerufen, sich einer Art »von Traurigkeit und von Protest« hingegeben zu haben. Alles verläuft wie auf einem Grat aus unausgesprochenen Worten, dennoch wird vieles deutlich:

Schon seit unseren ersten Begegnungen wirst Du verstanden haben, daß hinter meiner Freundschaft mehr, doch *nicht viel anderes* steckte; eine Sympathie, die sogar Zärtlichkeit war. Doch etwas Unüberwindliches, sagen wir ruhig Ungeheuerliches stellt sich zwischen mich und diese meine Zärtlichkeit.

Die von Pasolini selbst hervorgehobenen Worte sagen viel aus. Und das ist noch nicht alles. Im Frühjahr 1947 hat Pier Paolo eine Reise nach Rom, seine erste, unternommen. Er ist Gast des Onkels mütterlicherseits, des Antiquitätenhändlers. Er hat ein paar Intellektuelle kennengelernt, und Rom hat ihn beeindruckt. Silvana kommt ihm nach Rom nach. Der Brief fährt fort:

Erinnere Dich noch an eine Sache, Silvana, und dann wirst Du endlich verstanden haben: Denk nochmal an uns beide in dem Restaurant an der Piazza Vittorio vor unserer ›Pizza-calzone‹ und erinnere Dich an den Eifer, mit dem ich Deine homosexuelle Freundin verteidigt habe. Beunruhige Dich um Himmels willen, Silvana, nicht bei dem letzten Wort. Denk daran, daß die Wahrheit nicht in diesem Wort liegt, sondern in mir. Und ich bin schließlich trotz allem reichlich belohnt von meiner Freude, die Neugier und Liebe zum Leben ist. Das alles diene Dir allein zu einem Zweck: Dir mein Zögern, meine Verständnislosigkeit, meine Unbestimmtheit und falsche Naivität zu erklären, die Dir vielleicht (ich sage vielleicht) weh getan haben...

Die quälende Wahrheit, die zurückgehalten war von dem Netz der freundschaftlichen Gewohnheit, offenbart sich. Dennoch (das sagt er im selben Brief): »Du bist die einzige Frau, der gegenüber ich etwas empfunden habe und empfinde, was der Liebe sehr nahe kommt.«
Silvana hatte in Rom auf der Piazza di Spagna aus der Hosentasche von Pier Paolo ein Heftchen hervorlugen sehen. Sie wollte es lesen; Pier Paolo hinderte sie daran. Es war ein Tagebuch. Wahrscheinlich war darin etwas enthalten, das über ein Bekenntnis noch hinausging. Eine Demütigung, eine Niederlage, die die Liebe vergehen läßt. Daher der Brief der Wiedergutmachung vom 15. August, der Silvana in eine »vitale Vertraulichkeit«, in das »Kämmerchen des Ichs« eintreten läßt: »so werde ich meine Zuneigung auf Dich richten können, ohne die Verwirrung des Kindes zu spüren, das man bei einem Fehltritt ertappt«. Die Beichte war andererseits inzwischen notwendig geworden: Pier Paolo war mit den Mauris im Gebirge, in Macugnaga gewesen; auch dort Schweigen, auch dort offenkundig stumme Bitten von

Seiten Silvanas. Die gegenseitige Befangenheit mußte sich in Zorn verwandelt haben.

Der Wunsch, sich von der Angst vor der Lüge zu befreien, zeichnet sich für Pier Paolo in einem Traum ab. Im selben Brief heißt es:

Wie in einem Aufleuchten erinnere ich mich jetzt, daß ich heute nacht von Dir geträumt haben muß: Wir waren wie gesagt in Macugnaga, doch in einem glücklichen, marmornen Macugnaga, einem Macugnaga ohne den Monte Rosa oder den Wildbach. In der Ecke des Wohnzimmers habe ich wohl in meiner poetischen Erinnerung den Duft des Holzes, die Wärme des Divans, des Tischchens gären lassen... bis ich daraus eine Art Stoff wie Marmor oder Ambrosia gemacht habe, in dem Du und ich ruhig und vergnügt diskutierten.

Bereichert durch die mit Zartheit, doch unmißverständlich ausgedrückte Wahrheit blieb die Beziehung zwischen den beiden intensiv.

Sein ganzes Leben hindurch hatte Pier Paolo Beziehungen zu Frauen. Und diese Beziehungen waren keineswegs zufällig: immer lebendige, manchmal ausschließliche Beziehungen. Meist vereinte sich die Freundschaft mit einem Bündel von Empfindungen, die die Freundschaft schließlich wandelten. Man kann nicht von Liebe oder Sex sprechen, aber wohl von einer starken Gefühlsspannung. Es wäre abwegig anzunehmen, daß diese Beziehungen etwas Schwatzhaftes, Schlüpfriges an sich gehabt hätten, das manchmal die Homosexuellen mit den Frauen verbindet. Sie waren auch keine Suche nach einer Wiederholung des Mutterbildes. Seine leidenschaftliche Liebe zu Susanna unterlag keinen Schwankungen. Susanna ließ keinen Raum für Duplikate. Pier Paolo hatte eine stark hervortretende männliche Komponente in sich, die jedoch von der Konfrontation mit dem Vater erschüttert und gestört war. Der Vater betrog Susanna, verließ das gemeinsame Heim für ein paar Tage wie es in der Vorkriegszeit vorgekommen war, um anderswo die physische Befriedigung zu finden, die ihm die Ehefrau versagte oder ihm nur ungern gab. Das Erlebnis dieses Konflikts kann bei Pier Paolo eine neurotische Sehnsucht nach der Frau fixiert haben. Das umgekehrte Symbol dieser Sehnsucht findet man in seinem zukünftigen Sexualverhalten: Pier Paolo, der in verrückter nächtlicher Jagd die Jungen sucht; der damit sein Geschlechtsleben vom Heim trennt, dem Ort, der Susanna und der Liebe zu ihr vorbehalten ist; eine unschwer verständliche Zweiteilung. So wird es von da an immer sein. Pasolini hat seine Erotik fast zu einem Schema werden lassen. Doch schon zur Zeit der »grenzenlosen Vertrautheit« im Friaul baute sein Unterbewußtsein ein imaginäres, von dem der Mutter unterschiedliches Frauenbild auf, das nicht dem ihren gegenüberzustellen ist. Unter den Epigrammen von 1958 drückt eines eine andere Erfahrung aus: *A un figlio non nato*[18](etwa: An ein nicht geborenes Kind), Zeugnis eines physischen Verkehrs mit einer Frau (»erstes und einziges nicht geborenes Kind, ich empfinde keinen Schmerz, / daß du nie hier sein kannst, in dieser Welt«). Pasolini sagte, daß dies seine einzige Gelegenheit zu heterosexuellem Eros gewesen sei – mit einem »Mädchen und schon Mutter«, »aus Viterbo«:

> ... war schneller,
> lief zur Tür meines Wagens, rief dabei
> so sicher, daß ich sie nicht enttäuschen konnte:
> Sie stieg ein, nahm Platz, fröhlich wie ein Junge,
> und ließ mich in Richtung Cassia fahren...

Kein Unterschied zu einem homosexuellen Verhältnis in der Form, die Pier Paolo gewohnt war – der Wagen hält, der Junge steigt ein, und ab geht es zu einem mehr oder weniger menschenleeren Feld vor der Stadt. Die »kindliche« Prostituierte wird aus dem gleichen Blickwinkel gesehen – »sie stieg ein, nahm Platz, fröhlich wie ein Junge«. Ich glaube, daß in Pasolinis Vorstellung die Frau noch eine andere Rolle haben konnte: diejenige Rolle, die zwei irgendwie komplementäre Gestalten aus *Teorema oder Die nackten Füße* suggerieren – die Mutter und das Dienstmädchen, bei denen sich Freiheit und Aufopferung unentwirrbar mischen. Die Art und Weise, auf die sich beide Figuren spiegeln – ihrer beider Schicksal erfüllt sich in der Heiligwerdung des Dienstmädchens –, läßt den Betrachter annehmen, daß Pier Paolo

die Frau als ein Wesen ansah, das mit einer besonderen Gabe ausgestattet ist, besser gesagt mit keiner besonderen Gabe des Intellekts, doch vielleicht letzte Blüte der Natur, Seherin und Mittlerin zur geheimnisvollen, paradiesischen Erde der Mütter, oder der Mutter. Daß er zwischen »Frau« und »Mutter« unterschied, braucht nicht absurd erscheinen: Für ihn war es notwendig, Susanna von jeder anderen Frau zu unterscheiden. Sie sollte das Gewicht seiner ganzen Liebe ertragen und diese Liebe in reiner, unbefleckter Form bewahren. Ich hörte ihn einmal sagen, daß die Frauen keine »Seele« besäßen, abgesehen von einigen Ausnahmen. An Beispielen für solche Ausnahmen nannte er nur Frauen, die geboren hatten. Offensichtlich verglich er sie mit dem Symbol Susanna. Wenn er behauptete, daß die Frauen keine »Seele« besäßen, dann sprach aus ihm wohl der eifrige Leser der Briefe des Apostels Paulus oder von *Mein bloßgelegtes Herz* von Baudelaire[19]. Für ihn war das nichts Herabsetzendes. Was er meinte, war, daß sie Botinnen seien zwischen dem Leben – und das Leben heißt Mann sein, allein sein – und jenem Bereich des Geistes, in dem dieses Leben Nahrung, Erquickung, Rechtfertigung und Wahrheit findet – die Mutter. Nicht zufällig wird das Dienstmädchen in *Teorema* im Film von Laura Betti dargestellt. Die Beziehung zu ihr hielt Pasolini mit einzigartiger, leidenschaftlich anmutender Anhänglichkeit aufrecht, wenn sie auch in den letzten Jahren seines Lebens gelegentlich von Verstimmungen begleitet war.
Die »grenzenlose Vertrautheit« des Friaul läßt Pier Paolo auch seine Homosexualität auf widersprüchliche, manchmal unglückliche Weise erleben. Auf das Gefühl der Freiheit bei den ersten Begegnungen folgt ein anderes Gefühl: Die Präsenz des Vaters ist ein beunruhigender Stachel. Bei der grenzenlosen Vertrautheit zwischen Susanna und Pier Paolo ist es möglich, daß er sich ihres Verständnisses sicher war. Bei Carlo Alberto konnte er sich keineswegs Verständnis erwarten. Aus den Inhalten dessen, was er schreibt, kann man entnehmen, wie bedrängend das Gefühl der Sünde und Schuld sein muß. Die außerordentlich zahlreiche, verblüffende Produktion der unveröffentlichen *Diari* (etwa: Tagebücher; 1945–1949), aus denen später *Usignolo della Chiesa Cattolica* entnommen wird, bezeugt Konflikt und Beklemmung.

Aus diesen Blättern könnte man eine ganze Sammlung an Zitaten zusammenstellen, in denen sich Begriffe wie »Sklavengeschlecht« und »sich verlieren« (»mein Leben verloren auf seinem Lauf«) zur Genüge wiederholen. Das Gefühl der Qual dominiert über das Gefühl der Befriedigung.

> Was am meisten peinigt, ist das »Nachgeben«,
> ich befinde mich am traurigen Scheideweg der Sünde
> und gebe nach …

Oder auch:

> Ich gebe nach… Leben, halte mich am Rand zurück.
> Oder willst du dieses Geschöpf ausradieren
> aus dem Entwurf einer herrlichen Welt des Nachtrauerns?
> (…)
> Wer beschuldigt mich?
> Komm her, Ankläger,
> richte deinen Finger auf mein frohes Gesicht.

Die Freude ist immer von der Anklage beeinträchtigt, einer Anklage, die ständig gegenwärtig ist, ohne daß eine Person, in der sie sich verkörpert, genannt wird. Die Freude wird aber auch von Angst vor der Einsamkeit getrübt:

Geruch meines Bettes des armen jungen Menschen, Geruch des Engels, oder des Dandy, der ich manchmal bin, wenn ich fern in der Luft einer zu sehr zivilisierten Stadt, mir die Fragmente der Geschichte meiner *Freude* erzähle.

Diese Fragmente scheinen auf zwei Pole hin zu treiben, die Wahrheit oder die Lüge:

> Sich verlieren oder verstellen. Die Pflicht,
> himmelblaues Erbe, Licht der Kindheit,
> glüht auf dem erniedrigten Leib.
> Ich verliere und verstelle mich. Und ich teile mich mit… Objekt
> meiner Verachtung und meiner Vergebung,
> Beispiel des beneideten Lebendigen,
> Jüngling im Bild des Jünglings…

Oh, du mein Schicksal, ich werde dich den Unbekannten
  entgegenschreien:
Ich werde nicht mehr die Fläche des Prismas sein,
und meine Einsamkeit wird gesungen.
Und wenn unter den mitleidigen
Zuhörern des Jungen, der sich verliert,
die Lüge wie eine Sonne strahlen wird,
werde ich mein ganzes Schicksal sehen
und das Wunder... die *Pflicht*... Ich werde ein Toter sein.

Der Schatten von André Gide ist präsent: präsent in dem Drang nach »sich mitteilen«, nach Ausdrücklichkeit. Es ist der Gide von *Die enge Pforte* und *Der Immoralist*, der Gide, der sich fragt, wie er das Dasein mit dem unerhörten Gewicht der »Lüge« und der »Heuchelei« auf dem Herzen fortsetzen soll. Warum nicht seine »Scham«, oder seine »Lust« dem bekennen, den man liebt? Doch bei Pasolini scheint diese beklemmende Angst von einem »freudigen« Reiz gebannt: »Oh, du mein Schicksal, ich werde dich den Unbekannten entgegenschreien«; »meine Einsamkeit wird gesungen«. In diesen Worten liegt die Hoffnung, das eigene »Anderssein« entfalten zu können, indem er sie von den Banden des »himmelblauen Erbes« der Pflicht befreit, dann wird der »Leib« nicht mehr »erniedrigt« sein. Die Freude an diesem Schrei, die Freude über sein »bloßgelegtes Herz«[20] spricht weniger von der Kehrseite des Immoralismus eines Gide als vielmehr vom Dandytum im Stil von Baudelaire – von einem Dichter, der vorsätzlich sein Leben vergiftet, um eine Freiheit zu erobern, die über die Schranken jeglicher Moral hinweggeht, die jenseits von Gut und Böse ist. Er weiß,

wenn er sein Gespenst fürchtet, oder wenn der unbefriedigte
Leib ihn zum Kinde macht,
begeistert er sich für nichts anderes als für sein Geschlecht.

Und er weiß auch von sich:

... immer im Menschen, nie im Gott.
Gibt es denn einen Gott in diesem unbekannten Leib?

Dennoch kann er von sich sagen:

Ich bin glücklich, ein Sünder zu sein, denn meine Sünde am hellen Tag ist ein Schatten aus Marmor! Ich bin glücklich zu wissen, daß ich mich zur Schau stelle, Fehler über Fehler. Du, LIEBE DES SOHNES, gibst mir genug Licht, um mich im Verborgenen über meine Fehler zu trösten.

Manchmal schrieb Pasolini ein Gedicht pro Tag. Er schrieb es mit Maschine auf ein halbes Blatt Seidenpapier und beichtete sich selber damit seine »Fehler«, ließ sich mit einer Wollust davon in Besitz nehmen, die an Verzweiflung grenzte.
Die Zeit Ende 1947 und das ganze Jahr 1948 muß eine lange Periode der beklemmenden Angst gewesen sein – Ängste, die ihn stärker als in der Vergangenheit bedrängten. Zu diesem Schluß muß man kommen, wenn man Blatt für Blatt dieser gewissenhaft gesammelten, sorgfältig in einzelne Hefte aufgeteilten Gedichte überfliegt. Jedes Heft hat ein Inhaltsverzeichnis; alles scheint zum Druck vorbereitet. Wahrscheinlich machte Pier Paolo die Krisenzeit zu schaffen, die sein Vater durchmachte. Auch wenn er ganz vom Leben in Anspruch genommen schien und seine Kreativität sich mehr denn je entfaltete – es entstanden Romanentwürfe und Gedichte –, so war die »grenzenlose Vertrautheit« doch Anlaß zu heftigen Erschütterungen seines Seelenlebens, die schicksalhaft werden sollten. In einem entscheidenden Brief an Silvana Mauri[21], den er 1950 aus Rom schreiben wird, als schon alles geschehen ist, als das friaulische Epos für immer abgeschlossen, seine Homosexualität von der Anzeige in der Öffentlichkeit enthüllt worden ist, wird Pier Paolo rückblickend sagen, daß der »Abstieg« 1947 begann, um sich dann in einen »Absturz« zu verwandeln:

Es gelingt mir noch nicht, über mich selbst zu urteilen, nicht einmal, was doch leicht wäre, mich für schlecht zu halten, doch ich meine, daß es wohl unvermeidlich ist.

Im selben Brief sagt er:

Ich war dazu geboren, heiter, ausgeglichen und natürlich zu sein. Meine Homosexualität war überflüssig, lag außerhalb, hatte nichts mit mir zu tun. Ich habe sie immer wie einen Feind neben mir gesehen, ich habe sie nie drinnen in mir gefühlt.

Die Gedichte aus dem *Diario* 1948 sprechen über diesen »Feind«: ein Feind, der bedrängt, der irreführt, der flüchtige Lösungen bietet und spontanes Glück (»ein Glück, das zum Sterben schön war, war die einzige Rettung«, heißt es im selben Brief an Silvana). Jedenfalls ist es ein Feind, mit dem der Kampf unmöglich, die Schlacht sinnlos ist.

Wenn Pier Paolo über diesen Feind mancher Sieg gelang, wenn er die Erschütterung durch ihn dämpfen konnte, dann indem er auf die katholische Grundstimmung des Kulturkreises zurückgriff, in den er hineingeboren worden war. Zum Beispiel in seiner Beziehung zu Tonuti Spagnol. Am 3. April 1947 schreibt Pier Paolo von Rom aus an Tonuti und erzählt ihm von seiner Reise:

Zum Vatikan gehe ich der Museen wegen. Stell Dir vor, vom Eingang zur Sixtinischen Kapelle (ihre Decke wurde von Michelangelo bemalt: Erinnerst Du Dich, daß ich Euch in der Schule die Bilder zeigte?) führt ein langer Korridor weg wie bei der casa di Colonél in Versuta, der ist ganz sorgfältig bemalt und ausgeschmückt...

Im Brief gewinnt die liebevolle Fürsorge des Lehrers in der Beziehung zum *sonarel* die Oberhand über den »Feind« und bringt ihn zum Schweigen. Es liegt vielleicht auch ein gewisses paternalistisches Verhalten vor, das aus der katholischen Religion her kommt.

Der Katholizismus: Pasolini hatte die christlich-jüdische Vorstellung von der untrennbaren Einheit des Gewissens noch keiner Kritik unterzogen. Dieser Gesichtspunkt wurde täglich erschüttert oder aufs Spiel gesetzt von einer ganz anderen, ganz persönlichen Realität: einer Realität der Neurosen, wo sich tatsächlich eine Spaltung vollzieht. Auf der einen Seite der homoerotische Impuls, auf der anderen die Notwendigkeit, ihn zu korrigieren, sich zu verstellen. Die Pädagogik gab ihm die Möglichkeit, die Verstellung erträglich werden zu lassen. Dennoch hatte die »grenzenlose Vertrautheit« mit dem Friaul einen Stoß erhalten.

Wie in einem Roman

Der Skandal von Ramuscello

Eine Meldung der Carabinieri von Cordovado, Gebietskorps von Padua, vom 15. Oktober 1949:

Von der Stimme des Volkes, da der Vorgang einen Skandal hervorgerufen hat, ist diese Dienststelle davon zur Kenntnis gelangt, daß der Pier Paolo Pasolini Genannte aus Casarsa vor etwa zehn Tagen sich nach Ramuscello begeben hat, wo er bei der Verführung Minderjähriger...

Die »Stimme des Volkes« hatte also protestiert. Einer hatte ein Gespräch zwischen zwei, drei Jugendlichen aus Ramuscello, einem Ortsteil von San Vito al Tagliamento, mitgehört. Das war am 30. September gewesen, man feierte das Fest der Heiligen Sabina. Auf dem Dorffest gab es eine Tanzveranstaltung. Auch Pier Paolo und sein Cousin Nico waren hingegangen. Seit einem Jahr lebte Pier Paolo seine Homosexualität offener aus. Mit dem Mut der Verzweiflung. Nach seinen eigenen Worten wollte er so der traurigen Situation in der Familie entfliehen. Carlo Alberto hatte immer häufiger seine Anfälle. Pier Paolo steckte selbst in einer Krise seiner literarischen Arbeit und wollte sie, wenn auch nur vorübergehend, durch sein Ausbrechen wegwischen. Das Friaul wurde ihm jetzt zu eng. In einem Brief, den er aus Rom[1] an Tonuti Spagnol schrieb, sagte er: »Diesmal habe ich mich vergnügt und an ein intellektuelles und gesellschaftliches Leben gewöhnt, das leider in Versuta einfach nicht zu verwirklichen ist.«

Die Praktizierung seiner Homosexualität machte den Sekretär der kommunistischen Ortsgruppe von San Giovanni höchst angreifbar. Die Sache konnte politische Konsequenzen haben. Der Sommer mit seiner Atmosphäre wie bei *Amado mio* brachte erneut das Glück, dem sich Pier Paolo so schwer entziehen konnte. Pier Paolo ging das Risiko ein. Im Juli und August dieses Jahres

1949 hatte ihn ein Priester erpreßt. Der Priester hatte sich eines Mittelsmannes bedient. Entweder Pasolini verlasse die politische Bühne, hatte er ihm sagen lassen, oder seine Laufbahn in der Schule würde ruiniert werden. Die Antwort Pier Paolos an den Mittelsmann muß schroff gewesen sein. In eine ähnliche Situation war einige Zeit vorher ein Vertreter der Christdemokraten geraten. Das Leben in der Provinz kostete seinen Preis: Wenn sich bestimmte Personen einmal exponiert haben, müssen sie dem Klatsch und sogar der üblen Nachrede ihren Tribut zahlen. Für die »Stimme des Volkes« war es nicht duldbar, daß sich Bekanntheit auf geistigem Gebiet mit kommunistischen Idealen und mit Homosexualität verbinden könne.

Im Friaul zeichnen sich die Merkmale einer Aggression ab, zu deren Zielscheibe Pasolini in seinem ganzen späteren Leben gemacht werden wird. Hier im Friaul wird die Erpressung durch einen Landpfarrer inszeniert. Daraus entwickelt sich eine finstere politische Intrige. Nico Naldini hat eine zufällige Unterredung mit dem Schulleiter des Gymnasiums, das er in Udine besucht: Giambattista Caron, der bei den Wahlen vom 18. April 1948 zum Abgeordneten der Christdemokraten gewählt wurde. Caron ist gebildet, er liest die französischen Spiritualisten. Er sagt zu Naldini, es sei wohl besser, wenn der Cousin mit der kommunistischen Propaganda aufhöre. Die Wandschriften in der Loggia von San Giovanni könnten unheilvolle Reaktionen nach sich ziehen. Pier Paolo und Nico geben nicht viel auf diesen Wink.

Da kam es zum Vorfall von Ramuscello. Es ist Feiertag. Pier Paolo begegnet den drei Jugendlichen – einer ist sechzehn Jahre alt, die anderen sind jünger. Man wird sich einig. Auch Nico ist dabei. Er bleibt jedoch zurück und schaut den Paaren auf der Tanzfläche zu, obwohl Pier Paolo ruft, er solle ihm folgen.

Was Pier Paolo in diesem Moment anzog, war die Promiskuität der Tanzveranstaltungen, die vom Wein geförderte erotische Atmosphäre, das sich Messen zwischen den Tänzen: die Körper noch warm vom Tanz, die Herzen, die bis zum Hals klopfen – dieses ganz besondere Rauschgefühl, das bei einem Fest auf dem Land aufkommt. Er geht mit den Jugendlichen weg, entfernt sich von der Bretterdiele.

Als er zurückkommt, sagt er zu Nico, es sei ein »unvergeßlicher« Abend gewesen. Später beschuldigte einer den anderen wegen der Sache – wahrscheinlich ein gegenseitiges Onanieren. Jemand hörte mit und machte Meldung. Die »Stimme des Volkes« sprach zu den Carabinieri. Der Wachtmeister beruft sich in seinem Protokoll auf »unparteiische und in gutem Glauben befindliche Personen« und auf eine »Vernehmung der Minderjährigen«. Die Eltern rühren sich nicht. Das geschah am 14. Oktober. Am 21. rief derselbe Wachtmeister die Erziehungsberechtigten zu sich, die »– zwar unter Zögern – zu verstehen gegeben haben, daß sie sich das Recht einer Klage vorbehalten wollen.« Doch inzwischen »ist der Vorgang öffentlich bekannt geworden«. Der Wachtmeister verbindet in seiner Niederschrift angebliche neutrale Haltung und Sinn für die Macht der Dinge. Weil »die Empörung allgemein« ist und weil Pasolini an der Schule unterrichtet, »ist dafür Sorge getragen worden, das vorliegende Protokoll in drei Ausfertigungen abzufassen«.

Zu einer Klage seitens der Eltern der Jugendlichen kam es nicht. Doch der Spitzel hat geredet, die öffentliche Meinung ist aufgebracht: Pasolini mußte sich vor dem Amtsrichter von San Vito al Tagliamento wegen Verführung Minderjähriger und obszöner Handlungen in der Öffentlichkeit verantworten. Mit ihm zusammen wird der Sechzehnjährige angeklagt. Vom Vorwurf der Verführung Minderjähriger wurde Pasolini am 28. Dezember 1950 freigesprochen. Er wurde jedoch wegen obszöner Handlungen verurteilt. Erst am 8. April 1952 wird er im Berufungsverfahren vom Landgericht Pordenone wegen Mangels an Beweisen freigesprochen.

Mit der Zeit verhallte das Gerede der Leute, und der »Skandal« geriet in Vergessenheit. Im Moment war die Aufregung in Casarsa jedoch groß. Pier Paolo wurde am 22. Oktober auf die Wache der Carabinieri gerufen. Der Polizeimeister stellte ihn in der Sache zur Rede. Die Antwort lautete etwa: »Ich habe unter dem Eindruck einer Lektüre – eines Romans mit dem Thema der Homosexualität – eine erotische und literarische Erfahrung machen wollen.« Er nannte den Namen von Gide. Pier Paolo leugnete also nicht. Er benützte die Literatur als Tarnung: Gide war Nobelpreisträger

1947. Pier Paolo meinte, die Berufung auf die Schriften eines so angesehenen Mannes könnte ihn retten. Doch Protokolle und Anzeigen gehen oft eigene Wege. Der Polizeimeister unterrichtete die Vorgesetzten; die wiederum unterrichteten Schulamt und Presse. Der »Messaggero Veneto« vom 28. Oktober gab die Aussage wieder, die Aussage eines geständigen Täters. Auch »Il Gazzettino« verbreitete die Meldung am selben Tag. Auf dem Marktplatz von Casarsa taten die Zeitungsausrufer das ihre.

Wenn es eine politische Intrige gewesen sein sollte, wie die Warnung Carons vermuten läßt, dann gingen die Kommunisten in die Falle. Am 26. Oktober schloß die Ortsleitung der Kommunisten von Pordenone auf Drängen des Landesverbandes in Udine und der militanten Kommunisten aus Casarsa Pasolini »wegen moralischer und politischer Unwürdigkeit« aus der KPI aus. Die Lokalausgabe der »Unità« antwortete auf die Unterstellungen des »Messaggero Veneto« und des »Gazzettino« mit der Meldung vom Ausschluß Pier Paolos. Die Zeitung sprach von der »Schuld« Pier Paolos und davon, daß intellektuelles »Abweichlertum« vorliege, das von der Lektüre »bourgeoiser und dekadenter« Schriftsteller gefördert worden sei. Die Entscheidung der Kommunisten war nicht einstimmig getroffen worden: Teresa Degan, eine Lehrerkollegin von Pier Paolo, hatte dagegen gestimmt. Die Entscheidung ist jedoch leicht zu erklären. Der politische und moralische Schematismus war in dem Klima des Kalten Krieges ein Gebot. Der Partei Togliattis erschien es zuviel des Guten, einen homosexuellen Exponenten öffentlich zu rechtfertigen. Pasolini hatte schließlich auch nicht geleugnet. »Was mich betrifft, bin ich einer geradezu unanständigen Naivität strafbar«, schrieb er einige Wochen später an Teresa Degan[2]. In der KPI von Pordenone sprach man davon, daß Pasolini aus der Tatsache, daß er kein Kommunist mehr war, vor Gericht Nutzen ziehen werde. Diese Erwägung zeigt jedoch, in welcher Unterordnungshaltung die Partei den bestehenden Machtverteilungen gegenüber befangen war. Es war ihr praktisch unmöglich, ein Mitglied zu retten, das unter eine Anklage gestellt wurde, die man als diffamierend ansah.

Der Ausschluß aus der Kommunistischen Partei war für Pasolini ein traumatischer Schlag. »Es gab einen Moment, da hätte ich auch in der Mistgrube des Bürgerhasses ertrinken können«, sagt er im Brief an Teresa Degan. Er fühlte sich verstoßen, und seine Wut darüber stellte alles in Frage, selbst den Entschluß, nach dem Mord an Guido überhaupt in die KPI eingetreten zu sein. An Ferdinando Mautino von der Parteiorganisation in Udine adressierte er einen Brief, in dem er, inzwischen wieder mit Festigkeit und Würde, seine Ächtung zurückwies:

Ich wundere mich nicht über die teuflische Heimtücke der Christdemokraten; ich wundere mich aber über Eure Unmenschlichkeit; Du weißt sehr wohl, daß es Blödsinn ist, von ideologischer Verirrung zu sprechen. Eurer ungeachtet bin und bleibe ich Kommunist und zwar im echten Sinn des Wortes. Doch was sage ich da? Bis heute früh hielt mich der Gedanke aufrecht, daß ich meine Person und meine Karriere dem Glauben an ein Ideal geopfert habe; jetzt habe ich nichts mehr, worauf ich mich stützen könnte. Ein anderer an meiner Stelle würde sich umbringen; unglücklicherweise muß ich für meine Mutter weiterleben[3].

»Eurer ungeachtet...«, das ist die Absage an das Taktieren der Partei, an die politische Opportunität oder die opportunistischen Ziele – die gleichen Verhaltensweisen hatte er zurückgewiesen, als es um die regionale Autonomie gegangen war. Diesmal ist jedoch er betroffen, seine Person, sein Überleben selbst. »... bin und bleibe ich Kommunist...«, das ist der »echte Sinn« seines sozialen Engagements, das Pier Paolo sich bewahren will. Er weiß, daß seine Verantwortung vor allem eine intellektuelle ist. Dort hat seine Moralauffassung ihre Wurzel. Er glaubt an ein Ideal. Er läßt die politische Entscheidung in der praktischen Sphäre nicht gelten. Er ist kein militanter Kommunist mehr. Was ihm bleibt, ist die Logik seines Denkens, eine Logik, die die Gesamtheit von vielen bewußten Entscheidungen betrifft, die auf dem roten Faden der Geschichte gereift sind. Diese Entscheidungen können nicht verraten oder zunichte gemacht werden von Wut oder Bitterkeit, sie können nicht von einem noch so starken Gefühl der Einsamkeit und Ausgeschlossenheit weggewischt werden. Die Anzeige hat ihm die Lehrtätigkeit unmöglich gemacht. Sie hat nicht nur

seine Beziehung zu den Schülern, die glücklich und erfüllt gewesen war, ins Zwielicht gerückt; sie hat ihm auch die finanzielle Unabhängigkeit genommen.
Der Brief fährt fort:

> Ich wünsche Euch, daß Ihr mit Offenheit und Leidenschaft weiterarbeiten könnt; ich habe versucht, es zu tun. Dafür habe ich meine Klasse und das, was Ihr meine bürgerliche Erziehung nennt, verraten; jetzt haben sich die Verratenen auf die erbarmungsloseste und furchtbarste Weise gerächt, und ich bleibe mit dem tödlichen Schmerz meines Vaters und meiner Mutter allein zurück.

Mautino, der Adressat des Briefes, kannte Pier Paolo gut. Er war Parteifunktionär und Journalist und Partisan mit dem Namen Carlino gewesen. Er hatte Pier Paolo die Vorgänge von Porzûs zu erklären versucht – die zwiespältige Rolle der Kommunisten und die Schicksalhaftigkeit. Pier Paolo fühlte sich doppelt verraten – von einem Genossen und engen Freund.
Die Welt schien zusammengestürzt. Die Zeitungsausrufer hatten die Nachricht auf der Piazza verbreitet. Carlo Alberto war mit der Zeitung in der Hand nach Hause gekommen. Pier Paolo war voller Angst, erwartete das Schlimmste. Und dieses Schlimmste war nur einen Schritt weit entfernt. Carlo Alberto brüllte Susanna die Schandtat des Sohnes ins Gesicht. Susanna verschwand in ihrem Zimmer und schloß sich ein. Zusammen mit Nico fuhr Pier Paolo auf dem Fahrrad nach San Vito al Tagliamento. Sie suchten einen Anwalt. Dann sprachen Nico, die Tante Giannina und der Anwalt mit den Eltern der Jugendlichen. Hilfe kam auch von den Freunden: Pier Paolo rief Zigaina an. Zigaina kommt mit dem Zug aus Villa Vicentina in der Nähe von Cervignano. Er findet die Familie still und verstört vor. Pier Paolo sagt ihm, er würde sich am liebsten umbringen. Im Brief an Mautino steht: »Meine Mutter war gestern früh drauf und dran, den Verstand zu verlieren, mein Vater ist in einem untragbaren Zustand: Ich habe ihn die ganze Nacht weinen und stöhnen hören.«
Lange Tage voller Verzweiflung beginnen. Die Wochen vergehen, und die Tragödie offenbart sich voll und ganz: keine Arbeit mehr, private Lehrtätigkeit unmöglich. Auf Pier Paolo wird mit dem

Finger gezeigt – er ist ein Verführer Minderjähriger. Er erfährt von jetzt ab schmerzlich, was es heißt, »anders« zu sein; plötzlich ist ihm das Friaul fremd geworden. Der »Feind« hat greifbare Gestalt angenommen.

Dachtest du nicht, daß die Welt,
der ich ein blinder und
verliebter Sohn bin,

nicht ein freudiger
Besitz deines Sohnes sei,
der voller süßer Träume und bewehrt

mit gutem Willen ist – sondern eine alte
Erde der anderen, die dem Leben
die Beklemmung des Exils gibt?

Das sind einige Terzinen aus *La scoperta di Marx* (etwa: Die Entdeckung von Marx), dem letzten Teil von *Usignolo.* Sie stammen aus dem Jahr 1949 und sind offenkundig der Mutter gewidmet. Pier Paolo lebt nun auf der »Erde der anderen«, im »Exil«.

Die Moralkonvention ist grausam, sie ist stärker und gewalttätiger als die heitere, abstrakte Kraft der Literatur. Carlo Alberto ist dieser Konvention in ihren rückschrittlichsten und düstersten Aspekten treu ergeben. Seine Krankheit verschlimmert sich durch die Beleidigung, die ihm der Sohn zugefügt hat. Das Leben zu Hause ist ein Inferno. Ein Tag nach dem anderen vergeht, kein Licht kann diese Tage erhellen. Finanziell kann sich die Familie kaum mehr über Wasser halten, ein Entschluß muß gefaßt werden. »Im Winter '49, (...) floh ich mit meiner Mutter nach Rom – wie in einem Roman[4].«

Ein Roman. Die Entscheidung wurde ohne Wissen Carlo Albertos getroffen. Dann wurden Nico und Zigaina verständigt. Ein paar Freunde liehen das Geld. Früh an einem Morgen, der Himmel noch schwarz von der Nacht, gefrorener Schnee auf den Feldern, fuhren Susanna und Pier Paolo mit dem ersten Zug in Richtung Süden ab. In Rom lebt der Onkel Gino: Er würde ihnen weiterhelfen. Susanna nahm ihren armseligen Schmuck mit, der sich als wenig wert erwies. Pier Paolo bekannte später, diese Abreise habe ihm das Glück wiedergegeben. Er entriß seine Mutter dem Inferno von Casarsa, und er entriß sie seinem Vater. Die Membrane des Friaul, die sich in eine Gefangenschaft verwandelt hatte, in eine Art zwanghafter Gewöhnung an sich selbst, war zerrissen.

Die Entscheidung war in einem langwierigen Prozeß herangereift. In einem Brief an Silvana Mauri schrieb Pier Paolo in diesen Wochen: »Ich werde fortgehen: wohin? Nach Rom, nach Florenz vielleicht; wenn die Dinge einen bestimmten Verlauf nehmen, in den Libanon... Ich entgleise immer mehr, ein Rimbaud ohne Genie.« Der »Rimbaud ohne Genie« reiste im tristen winterlichen Morgengrauen ab. Auch er *le cœur supplicié* (etwa: das Herz zerquält). Auch er hätte bitter und wütend singen können: *Mon triste cœur bave à la poupe (Mein armes Herz speit Galle auf den Dreck)** und *Il s'agit d'arriver à l'inconnu par le déréglement de tous les sens* (etwa: Es geht darum, durch die Verwirrung aller Sinne zum Unbekannten zu gelangen).

Mit seiner Abreise beendete er auch eine Liebschaft. Er ließ ein Mädchen, eine angebliche Verlobte zurück. Zwiespältig und widersprüchlich wie er war, hatte er im letzten Jahr eine Beziehung zu einer jungen Grundschullehrerin aus San Vito aufgenommen. Ihr Name war Maria. Unter Schriftstücken aus der Zeit befindet sich auch ein Kärtchen mit der Unterschrift *Maria.* Es trägt kein Datum. Das Mädchen lädt ihn zur Abendgesellschaft der Società Operaia (etwa: Arbeitervereinigung) ein. Sie will einen Rumba mit ihm tanzen und schreibt:

Ich habe geübt, wissen Sie. Aber ich kann noch nicht sehr gut. Um mich zu vervollkommnen, erwarte ich Sie als Lehrmeister. Keiner kann ihn besser als Sie.

Die melancholisch blickenden Augen, das volle Gesicht: Die Fotografien aus diesen Jahren erklären, warum er den Mädchen so gefallen konnte, um Kärtchen wie dieses zu provozieren.

---

* Nachdichtung von Paul Zech. (Anm. d. Ü.)

Da gab es ein Verlöbnis mit Maria. Nico mußte zu ihr gehen und ihr den »Skandal« erklären. Das Mädchen weinte. Sie war hübsch, zierlich. Ein schönes Paar, sagten alle. Doch die Zeit im Friaul war für immer vorbei.

Entfernung vom Friaul

Erst im letzten Jahr seines Lebens sollte Pasolini zum Friaul seiner Jugend zurückkehren. Im Rahmen seiner Polemik gegen den anthropologischen Untergang des bäuerlichen Italien, die er entfacht hatte, schrieb er in der erworbenen Sprache der »kleinen Heimat«, in der »Mutter«-Sprache die alten Zeilen von *La meglio gioventù* neu. Voller Bitterkeit schrieb er die Strophen von *La nuova gioventù* (etwa: Die neue Jugend).

Das Friaul bleibt in den »historischen« Kurzgeschichten des *Romancero* (1953) und in denen von *Le ceneri di Gramsci* (etwa: Die Asche Gramscis) und *La religione del mio tempo* als Szenerie der Tragödie – der Mord an Guido – oder als Ort überschwenglicher, einsamer Verzweiflung erhalten:

> … ich verzehrte die Stunden
> der schönsten Zeit des Menschen, meinen
> ganzen Tag der
>
> Jugend, in Liebschaften,
> deren Zauber mich noch immer weinen läßt…
> Zwischen den verstreuten Büchern, wenigen blaßblauen
>
> Blumen auf dem Gras, dem frischen Gras
> zwischen dem Mastkraut, gab ich Christus
> all meine Unschuld und mein Blut[5]

Pasolini lehnte das Friaul ab und wußte zugleich, daß es Zeit und Raum seiner ganzen Existenz darstellte. Er lehnte den Ort geradezu physisch ab, auch wenn die Erinnerung noch schmerzlich präsent war.

In einigen Briefen, die er von 1950 an aus Rom an Tonuti Spagnol richtete, wird klar, wie sich diese schmerzliche Erinnerung mit der Zeit ändert.

Wieviel Leben (...) bleibt uns einander mitzuteilen. Das Deine hat vor mir in Bildern voller Jugend aufgeblitzt: Du bist ganz schön im Einsatz, mein lieber Tonuti. Skilift, Schmuggeln und ein Motorrad (und Mädchen, nehme ich an). Das meine dagegen kann man überhaupt nicht zusammenfassen, schon gar nicht in freudvollen, freimütigen Begriffen. Es ist einfach so wie es ist, enorm, neutral, durchdrungen von Gewalt im Guten wie im Schlechten. Es ähnelt ein wenig Rom. (...) Jetzt werde ich Dir etwas sagen. Deswegen werde ich Dich nie vergessen können und Dich immer als einen Menschen, für den es sich zu leben lohnt, in innigstem Andenken bewahren (...) Für nichts bin ich dem Schicksal so dankbar als dafür, daß ich Dich liebhaben konnte.

Diese Worte stammen aus dem Jahr 1950, vielleicht auch 1951. Alles ist in eine Vergangenheit gesunken, zu der noch ein dünnes Band besteht: eine glückliche Erinnerung. Doch nun ist das Leben »violenta« (gewalttätig). Tonuti schickt ihm weiterhin Gedichte, die er schreibt. Pier Paolo antwortet mit Ratschlägen für die Veröffentlichung. Er teilt Tonuti mit, daß er seinen Namen im Vorwort zur *Antologia della poesia dialettale* (etwa: Anthologie der Dialektlyrik) erwähnt. In einem kurzen Brief vom 25. September 1955 heißt es:

In den ersten Augusttagen bin ich in Casarsa vorbeigekommen. Diesmal habe ich einen weniger tristen Eindruck als die anderen Male davon gehabt. Mir scheint, daß sich dort jetzt alles in der Tristesse eingerichtet hat und daß in diesem Sich-Einrichten ein wenig von der alten, weit zurückliegenden Lustigkeit wieder aufgeblüht ist. Wie herrlich ist das Grün unserer Felder und wie frisch ist unsere Luft. Werden wir am Ende gar dorthin zurückkehren, was, Tonuti?

Die Erinnerungen werden immer blasser. In einem kurzen Brief vom 19. Dezember 1955, also aus dem selben Jahr, an den Freund Cesare Bortotto steht:

Zu meiner großen Freude läßt Du ab und zu von Dir hören. Und ein Hauch der Luft von '43 kommt über mich und kühlt mich im Innersten: diese schreckliche, diese quälende Luft.

»Schrecklich« und »quälend« ist die Luft, die »Lustigkeit« der Vergangenheit liegt nun »weit zurück«. Beides gibt der lyrischen Vorstellungskraft Nahrung, doch gehört nicht mehr zum Leben. Alles »dort« hat sich »in der Tristesse« eingerichtet. Am 5. Oktober 1959 schreibt Pasolini wieder aus Rom:

Liebster Tonuti, ich habe seit Monaten Dein Kärtchen mit den Ostergrüßen hier auf dem Tisch. Es ist eine Schande, daß ich soviel Zeit habe vergehen lassen, ohne Dir zu antworten. Doch abgesehen davon, daß ich ein Leben führe, das ganz von Gewalt erfüllt ist, fällt mir das Schreiben an Dich schwer, ja fast beängstigend schwer. Du verstehst, warum: unsere Freundschaft, diese Jahre, die Sommer und Winter, die Jugend an ihrem Anfang, diese absoluten Gefühle, ja vielleicht der Höhepunkt im Leben. Drum vergib mir dieses ungehobelte Schweigen, das eigentlich Angst vorm Zurückschauen ist...

Tonuti ist ein anderer geworden. Er ist jetzt ein Mann, war beim Kommiß, hat sich verlobt, geheiratet und geht einer Arbeit nach. All das macht es Pier Paolo schwer, ohne Angst »zurückzuschauen«. Da ist Angst vorhanden und kommt auch in den Worten zum Ausdruck. Die ursprüngliche Ablehnung der früheren Heimat hat sich im Lauf von zehn Jahren in ein Gefühl der Angst verwandelt: »der Höhepunkt im Leben« ist dort zurückgeblieben – eingeschlossen, undurchdringlich. Die Poesie ist aus dem Dasein verschwunden: Die Gegenwart ist erfüllt von Gewalt. Im Brief vom 25. September 1955 schrieb Pasolini weiter:

Das Leben hier in Rom ist grausam, und wenn man nicht hart ist und hartnäckig und bereit zu kämpfen, dann wird man nicht überleben. Mir kommt es wie ein Traum vor, Tage, Wochen, ganze Monate nur für mich gehabt zu haben, ohne andere Verpflichtung als vielleicht ein Fußballspiel oder den Tanz auf einem Dorffest.

Die ganzen Lebensumstände Pasolinis sind verändert. Er hat die Sehnsucht nach dem Friaul abgelegt, denn die Heimat hat ihn verraten und abgewiesen. Vor ihm liegen nun unzählige beschriebene Seiten an Lyrik und Prosa: Stapel von Blättern aus dünnem Papier, die Seiten übersät mit Bleistiftkorrekturen. Die friaulischen Gedichte werden 1954 unter dem Titel *La meglio gioventù* zusammengefaßt. Er hat sie sorgfältig ausgewählt und grammatikalisch verbessert. Ihre Grundstimmung ist zutiefst kummervoll (ihr Titel, der aus *Bandiera nera* [schwarze Fahne. Anm. d. Ü.] entnommen ist, ist zugleich eine Widmung an die Widerstandsbewegung und damit auch an Guido). Seine in italienisch geschriebenen Materialien arbeitet er nur langsam auf. 1954 wird noch ein schmaler Band, *Dal Diario (1946–1947)* (etwa: Aus dem Tagebuch) veröffentlicht: sechzehn Gedichte und ein hinzugefügtes Kurzgedicht mit dem Titel *Europa.* Im Jahr 1958 erscheint *L'usignolo della Chiesa Cattolica.* Auch *Le ceneri di Gramsci* liegt schon vor. 1962 erscheint *Der Traum von einer Sache.* Bei einem Schriftsteller wie Pasolini, bei dem das Werk nach und nach die Biographie zu schreiben scheint, wirken diese beiden Bücher fast, als seien sie posthum erschienen – das Echo eines Überlebens. Ihr Tonfall im Stil eines Klageliedes wurde geprägt von der »Angst vorm Zurückschauen«.

Die Nachtigall

Nachtgesang, Honig des Herzens, rauschende Wasser – eine »engelgleiche« Lyrik, wie »aus Alabaster und aus Morast«. *L'usignolo della Chiesa Cattolica* ist ein außergewöhnliches Buch. Man kann es nur schwer einer Schule oder einer Doktrin zuordnen. Das Buch ist nur aus der Psyche seines Autors zu erklären. Und aus den Mythen, die ihn bis zur Begeisterung beschäftigten, als er das Buch schrieb. In seinen *Diari* (etwa: Tagebücher), die er zwischen 1943 und 1949 schrieb, liegt sein Inhalt schon in wohlgeordneter, geschliffener Form vor. Pier Paolo schickte einen großen Teil davon zu Literaturwettbewerben. *L'Italia* ging an Giacinto Spagnoletti, der die Gedichtfolge aus fünf »Kapiteln« in seine *Antologia della poesia italiana contemporanea* (etwa: Anthologie der zeitgenössischen italienischen Lyrik) aufnahm. Einige Seiten aus dem ersten Abschnitt – es sind Prosadialoge, vor allem »Che avete, occhi? Ombre di corpi

la luna...« und »La mia luce...«* waren in friaulischen Dialekt schon im *Stroligut* erschienen, jeweils im April 1944 und im August 1945. *L'usignolo della Chiesa Cattolica* arbeitete die ganze Jugend Pasolinis lyrisch auf. Der Band umschließt die geheimnisvolle Kraft, die vom Landleben ausgeht, und ihre dionysische Ermattung. Doch es ist kein Buch einer Jugend. Der Gesang beginnt gedämpft: Verzückung über das Morgengrauen, dämmrige Schauder, »Tage, die wegfliegen wie Schatten«; kurze Dialoge zwischen alten Frauen und Kindern, die inmitten der Felder dahingeflüstert werden; begeistertes Feiern der Messe, sonntägliche Fröhlichkeit. Die Riten sind geschickt in ihrer eigentlichen Bedeutung verfremdet. Alles wird mit den leuchtenden Augen eines Kindes gesehen. Die Mutter steht im Mittelpunkt, auf sie richten sich seine Blicke. Die Szenerie befindet sich immer inmitten der Felder: angenehm kühle Quellwasser, vom Wind bewegte Primeln an den Rändern der Gräben.
Nach dem Vorspiel der frühen Jugendzeit folgt der Konflikt, ein Konflikt zwischen Sünde und Rettung, die narzißtische Virulenz und das Gefühl für das Göttliche, die Bedrängung durch den »Feind« und das Bedürfnis nach Sublimierung. Der christliche Glaube ist hier eine Frage der reinen Verfügbarkeit. Er sucht die Wahrheit im Körper und leidet unter dem doktrinären Gebot. Christlichkeit fällt mit Natur zusammen, und Natur drückt sich in Sinnlichkeit aus. Die Sünde ist auch ein Gut, etwas, das das Leid aufwiegt; vielleicht sogar Ausdruck von Freiheit. Die Sexualität wird zu einem unerschöpflichen Aufblühen des Lebens, und das Leben ist immer unschuldige Schönheit.

> Kaum bekleidet in dem unreinen
> Leuchten der Lampe
> betrachte ich meinen Körper
> aus Schlamm und Elfenbein.
>
> Gott, in meinem Zimmer
> ist mein Leben eingeschlossen:
> jugendliche Ironie,
> kindliche Hoffnung.

---

* Etwa: »Was habt ihr, Augen? Schatten von Körpern der Mond...« und »Mein Licht...« (Anm. d. Ü.)

Die schwer zugängliche, verwirrende Tiefe dieses Gedichtes liegt im Spiel der Doppeldeutigkeiten: das »unreine Leuchten«, der »Schlamm« und das »Elfenbein«; der Körper, der »kaum bekleidet« ist, erscheint fast als mystische Darbietung, als Vision eines Opfersymbols, das aus einer tauähnlichen Substanz geformt ist. Pietro Citati hat geschrieben, daß »im *Usignolo della Chiesa Cattolica* sich Pasolini zu einer Orgie der Psychologie hat hinreißen lassen[6]«. Diese einsame Orgie, die von ungewissem Licht beleuchtet wird, geschieht in einem verschlossenen Zimmer, das zugleich eine Art Beichtstuhl ist. Der Dichter ist der Priester seines eigenen Confiteor und der eigenen Lossprechung. Es gelingt ihm, seine Nacktheit zu betrachten, als träte er aus sich heraus.

Die »Orgie der Psychologie«, die die psychologiefeindliche Tendenz eines Eliot oder eines Montale leugnet und den Poesiebegriff Ungarettis bloßstellt, zielt ab auf eine Verwandlung des Ichs, auf eine Umsetzung der im Inneren brennenden Sünde (oder dessen, was für Sünde gehalten wird) in ein Leben ganz im Hier und Jetzt.

> Ich habe die Ruhe eines Toten:
> Ich schaue auf mein Bett, das meine
> Glieder erwartet und auf den Spiegel,
> der mich verfremdet zurückwirft.
>
> Ich weiß die Kälte der Angst
> nicht zu besiegen, weinend...

Doch für diese süße Qual zeichnet sich ein Ausweg ab. Der Dichter von *L'Italia* spürt schon die sozialkritische Ausrichtung eines Ugo Foscolo: Er läßt in den Strophen das freudige Lied einer anbrechenden Zeit erklingen – Italien setzt seine Hoffnung auf die Widerstandsbewegung.

> Italien wurde wiedergeboren mit der Morgenröte der Erde,
> eine nach Hähnen und Wurzeln duftende Jungfrau,
> herrlich nichtsahnend der Sprache,
> mit der ich eifersüchtig auf das Morgenlicht
> versuchte, ihrer Seele Stimme zu verleihen.

In einem Hauch von Optimismus findet das doppeldeutige Pendel dieser kostbaren Liedersammlung, die auf höchst ausgefeilte und fiebrige Weise dekadent ist, Ruhe. Die »politische« Perspektive schließt die Labyrinthgänge der *décadence*, als glaubhafter Erlaß aller Sünden. Und die politische Perspektive heißt *scoperta di Marx* (etwa: Entdeckung von Marx). Die Sünden des Körpers, die Sünden des Intellekts – alles ist in eine grausame, zugleich unschuldige und tragische Süße gehüllt. Von der Anteilnahme an der »Passion« Christi (»Verwundeter Christus/ Blut aus Veilchen/ Barmherzigkeit der hellen/ Augen der Christen!/ Blühende Blume/ auf fernem Berg/ wie können wir/ dich beweinen, o Christus?«; wo die homosexuelle Verflechtung zwischen dem Christus und seinen Peinigern, oder wo die Erscheinung eines jungen Apostels Johannes »zarter Knabe/ leichter Körper/ Locken aus Licht«, zeigen, wie gut der Dichter die Lehre Roberto Longhis über den »italienischen Malstil« in sich aufgenommen hat), von soviel autobiographischer Anteilnahme am christlichen Mysterium der Passion bis zur Eroberung der Vernunft und der Geschichte durch Marx sind es nicht nur Seiten in einem Buch. Dazwischen liegt, wie wir wissen, eine intensive Erfahrung in der Partei. Da ist auch das Bedürfnis danach, die Beziehung zwischen Körper und Sinnen konkret und real werden zu lassen: das Bedürfnis, den Existenzbegriff, wenn überhaupt möglich, zu durchdringen; das Leben, wenn überhaupt möglich, erwachsen werden zu lassen.

Der Übergang von einem Arkadien zur Historie bildet das Kernthema und die Dynamik des *Usignolo*. Die Anwendung der Intelligenz durch die poetische Empfindsamkeit ist das Gebot dieses Kanons von Pasolini – sozusagen die Wette der Wetten. Pasolini ahnte, daß er sich nur so von den Widersprüchen befreien konnte, die ihn bestimmten. Dieses Buch enthält auch die gewaltige Anstrengung, ein Schicksal aufzuhellen. Man könnte auch, wenn man den Skandal sucht und nur oberflächlich interpretiert, Spuren vom »Laster« darin entdecken, den peinigenden Masochismus, der vom Autor herausgestellt wird. Doch der klinische Fall tritt hinter der Lyrik zurück. Das Buch »erzählt« das Schicksal, das eigentlich jeden Dichter trifft: mit Kühnheit und

Unbefangenheit durchs Leben gehen, dem Leben auf den Grund gehen, ohne Schmerz oder Anrüchigkeit zu fürchten.
Der Gebrauch des eigenen Intellekts zur Eroberung des Geländes der Historie kann auch die Gestalt einer fortwährenden Flucht nach vorne annehmen. Die Erfahrung der Sünde, die Bestürzung angesichts der dunklen Kräfte, die sein Inneres bedrängen, treiben Pasolini in die Utopie. Sie treiben ihn zu der Hoffnung, daß nur die Utopie diese Bedrängung abwehren kann. Diese Flucht nach vorn läßt ihn jedoch unrettbar mit der Sehnsucht nach einer unbefleckten, unschuldigen Vergangenheit verhaftet bleiben. Und die Vergangenheit kann durch ihre Unschuld »voller Gewalt« über das systematische Abwerten der Gegenwart hinaus die Utopie zerfressen und in Asche verwandeln. Diese Gefahren für den Intellekt und für die Lyrik Pasolinis werden eintreten. Pasolini wird sich ihnen nie entziehen, denn er besitzt die Kühnheit des Dichters. Doch er wußte auch immer, daß der Preis der Poesie sehr hoch ist, ja daß er zur Vernichtung führen kann. All das ist im *Usignolo della Chiesa Cattolica* durchdrungen von der Zartheit einer jugendlichen Illusion. »Düfte von Weihrauch«, »Glockenklang«, Licht, das »in den Wolken stirbt«, oder die Häufigkeit, mit der manche Wörter auftauchen (Geheimnis, Zauber, Tod, Weinen, Blut, Morgenröte, Spiegel, Vögelchen und kleine Nachtigall, Brust, Schoß, Lippen, Fleisch, Herz). Alles tritt hinter der Lehre der großen Dekandenzdichtung zurück. Die transparenten Dialoge des ersten Abschnittes erinnern noch an Gide, an die *Paludes* oder an *Uns nährt die Erde*. Die Vierzeiler mit dem Reimschema (a, b, b, a) des zweiten Abschnittes erinnern dagegen an Verlaine. Diese Verse des Lyrikers von *Sagesse (Weisheit)*,

> Écoutez la chanson bien douce
> Qui ne pleure que pour vous plaire.
> Elle est discrète, elle est légère:
> Un frisson d'eau sur de la mousse!*

---

* In der Übertragung von Stefan Zweig: »Hört das Lied, o hört es linde/ tränen, daß es euch gefällt!/ Leise klagts, wie wenn im Winde/ übers Moor ein Wasser wellt.« (Anm. d. Ü.)

scheinen an mehr als einer Stelle auch vom Autor von *Usignolo* angestimmt worden zu sein. Verlaine, so sagte Pasolini, ist größer als Rimbaud; und nicht ohne Absicht hat er dem ersten Abschnitt des Buches neben Worten aus einem liturgischen Gesang eine Kurzzeile von Verlaine als Motto vorangestellt. Doch Rimbaud ist immer präsent, und man könnte den ganzen *Usignolo* als ein Pastiche von Rimbaud, als fein abgestimmte Variation von *Sensation (Empfindung)* lesen:

Par les soirs bleus d'été, j'irai dans les sentiers,
Picoté par les blés, fouler l'herbe menue:
Rêveur, j'en sentirai la fraîcheur à mes pieds.
Je laisserai le vent baigner ma tête nue.*

Wenn die Freude am lyrischen Ausruf auch von Machado übernommen worden sein kann, so ist doch vor allem der Ausruf im Stil Rimbauds auf den Seiten des *Usignolo* wiederzufinden (zur Auslöschung oder zur Dramatisierung des Ichs?) – der Ausruf von *Chanson de la plus haute tour (Lied vom höchsten Turm):*

Oisive jeunesse
A tout asservie,
Par délicatesse
J'ai perdu ma vie.
Ah! Que le temps vienne
Où les cœurs s'éprennent.

Je me suis dit: laisse,
Et qu'on ne te voie ...**

Doch die Anregung durch Rimbaud bleibt nicht bei einer stilistischen stehen. Im *Usignolo* ist die extreme Sorgfalt, die auf den formalen Aspekt verwendet wird, als eine Art Zuflucht zu

* In der Übersetzung von Walther Küchler: »Durch blaue Sommerabende die Wege hin,/ Gepickt von Ähren, will auf zartem Gras ich gehen;/ Träumend, fühl ich es kühl meine Füße umziehen./ Badend im offnen Haar laß ich den Wind mir wehen.« (Anm. d. Ü.)

** In der Übersetzung von Walther Küchler: »O müßige Jugend,/ Jeder Fron verschworen,/Aus zartester Tugend/ Hab ich mein Leben verloren./ Ah, daß die Zeiten entstünden,/ Da sich die Herzen entzünden!!// Ich sprach zu mir: Entsage,/ Und daß dich niemand erblicke ...« (Anm. d. Ü.)

sehen, die in den literarischen Instituten gesucht wird. So soll die Bedrohung abgewehrt werden, die das Dasein mit seinen verderblichen Anziehungskräften darstellt:

> Ich wurde von der Torheit ausgeschlossen.
> Die Blume hat gesungen und weiß jetzt
> nicht mehr zu schweigen...
>
> (...)
>
> Da ist das lebendige Wort!
> Ich wartete darauf. Ich schließe den kalten
> Text, aus dem es herausgebrochen ist,
> lasse meinen Dingen ihren Lauf.

Rimbaud und Verlaine sind nicht so sehr Lehrmeister für den jungen Pasolini als vielmehr Überbringer einer geistigen Botschaft: Sie sind zwei Komplizen.

Über Rimbaud und Verlaine hinaus ist Baudelaire zu nennen, der Schriftsteller, nach dem die reine Leidenschaft aus dem quälenden Stachel einer ruhelosen Reflexion herrührt. Der Intellekt war für Baudelaire eine Gottheit. Ihr opferte er das meiste von sich.

Il y a dans tout homme, à toute heure, deux postulation simultanées, l'une vers Dieu, l'autre vers Satan. L'invocation à Dieu, ou spiritualité, est un desir de monter en grade; celle de Satan, ou animalité, est une joie de descendre...*

Und weiter:

Sentiment de *solitud*, dès mon enfance. Malgré la famille, – et au milieu des camarades, surtout, – sentiment de destinée éternellement solitaire.**

---

* In der Übersetzung von Rudolf Palester: »In jedem Menschen sind zu jeder Stunde zwei Verlangen gleichzeitig vorhanden, eines zu Gott hin, das andere zum Bösen. Die Anrufung Gottes, oder Geistigkeit, ist ein Wunsch, höherzusteigen, die des Bösen, oder Animalität, ist die Freude am Herabsteigen.«

** »Gefühl der *Einsamkeit*, seit meiner Kindheit. Trotz der Familie und vor allem unter den Gefährten, – Gefühl eines ewig einsamen Schicksals.« (Anm. d. Ü.)

An anderer Stelle:

De l'Obsession, de la Possession, de la prière et de la Foi. Dynamique morale de Jésus.[7]*

In den Zeilen des *Usignolo* kann man das hohle, verbitterte Lebensgefühl des Dandy im Sinne Baudelaires wieder vernehmen. Es wird jedoch nuanciert und wie in Harfenklängen gedämpft. Die Gewalt Baudelaires hat sich sozusagen nach innen gekehrt: Das narzißtische Selbstgefallen kann sich in rauschhaften Masochismus verwandeln.

Wir werden am Kreuz dargeboten sein,
am Pranger, zwischen den vor wilder
Freude leuchtenden Pupillen
zur Ironie die Tropfen des Blutes
entdecken, von der Brust bis zu den Knien,
lächerliche Mythen, zittern
vor Intellekt und Leidenschaft in dem Spiel
des von seinem Feuer verbrannten Herzens,
um Zeugnis zu geben von dem Skandal.

Ist das Weissagung? Vorwegnahme der Kunst auf die Biographie? »Wilde« Begierde, das bevorstehende Schicksal von eigener Hand herbeizuführen? Es gibt keine sichere Antwort auf solche Fragen. Vielleicht formt sich aus dem Dandytum eines Poète maudit bei Pasolini das Bedürfnis, »den Skandal« auch nach außen hin zu bekennen. Bis dahin ist der Skandal nur in dem sicherlich bewußt geäußerten Vorschlag einer gegen die Kultur des 20. Jahrhunderts gerichteten »Orgie der Psychologie« manifest geworden: in Versform. Also ein Skandal, der sich mehr im Inneren der Literatur als Institution abspielen mag. Andererseits ist hier auch die »Entdeckung von Marx« selbst schon skandalös: eine Ankunft im Hafen der Vernunft, dieser »herrlichen Gabe«. Der Autor, der noch auf den Bänken des Gymnasiums und der Universität Licht und Schatten in den Terzinen von Ugo Foscolo verehrt hatte –

* »Über die Anfechtung, über die Besessenheit, über das Gebet und über den Glauben. Sittliche Dynamik Jesus'.« (Anm. d. Ü.)

Und netzte mit Tränen
die blutbefleckte Brust
dem zyprischen Jüngling...*

– flüsterte jetzt der Mutter zu,

... Du hast mich im Geheimnis
des Geschlechtes von einer
logischen Schöpfung unterrichtet.

Auf diese Weise habe er neben der »Vernunft« die überschäumende Kraft der christlichen Milde »entdeckt«: Er habe gelernt, die als Kraftlosigkeit erscheinende Sanftmut der Heiligen nachzuvollziehen, die sich aus freien Stücken der Lächerlichkeit ausliefern. Und hier habe er das korrigierende Moment der Ideologie, die Leidenschaft der politischen Linken ansetzen wollen, die auch schon eine Leidenschaft Rimbauds gewesen war.
Pasolini ist ein »Rimbaud ohne Genie«, er ist »arm und Dandy«, er ist bereit zum großen Sprung zu *Le ceneri di Gramsci* – bereit zur Poesie eines anderen »Skandals«,

Der Skandal meines Widerspruchs, mit dir
und gegen dich zu sein; mit dir im Herzen,
im Licht, gegen dich im dunklen Schoße...

Die *Diari* bilden eine Art edelsteinbesetzten Blumenstrauß, aus dem *Usignolo* hervorsticht. Wie in einem kostbaren Wappen sind darin einige Symbole seiner künstlerischen Zukunft enthalten. Die glückselig erlebte Erotik von *Amado mio* wird voll im Film *1001 Nacht* wiederzufinden sein. Das dekadente, rationale »Mysterium« von *La Crocefissione* (etwa: Die Kreuzigung) kündigt die dekadente, rationale Komplexität von *La ricotta (Der Weichkäse)* an. Die moralische Dynamik des Christus, eines Gott und Dämonen, wird auf den bildhaften Seiten von *Teorema (Teorema oder Die nackten Füße)* erstehen. Der zürnende Blick Jesu

---

* Ungefähre deutsche Übersetzung ohne Wiedergabe des Endreims; Zitat aus: Ugo Foscolo, *Odi – A Luigia Pallavicini caduta da cavallo.* (Anm. d. Ü.)

auf welchen glühenden Ländern,
die fern von ihm liegen,
ruht der Blick
Seines Auges?[8]

ist derselbe Blick, den Pasolini in den Einzelbildern des *Vangelo secondo Matteo (Das Erste Evangelium – Matthäus)* festgehalten hat. Der finstere Rimbaud aus der Provinz des Friaul, der beim winterlichen Morgengrauen mit seiner Mutter »wie in einem Roman« nach Rom abfährt, trägt eine außerordentliche, kreative Energie in sich.

Teil zwei

Entdeckung Roms

Herrliche Monotonie des Geheimnisses

Rom 1950. *Wie in einem Roman* kam der Rimbaud »ohne Genie« mit seiner Mutter in der Hauptstadt an. Er war bereit, ein völlig neues Leben zu beginnen. Und neu war es wirklich. Einst waren die Maler der italienischen Renaissance, des Rinascimento – wie der große Caravaggio oder die Manieristen – aus den Dörfern der Poebene nach Rom gekommen. Hier lernten sie die Geheimnisse des Stils und die Geheimnisse des Lebens kennen, den betäubenden Klang der Realität. Pasolini erfuhr in Rom eine neue Art Liebe und war wie betäubt und überwältigt von ihr.

Cesare Garboli war es, der »die ganze umstürzlerische Erfahrung des ›römischen‹ Pasolini« mit Caravaggio in Verbindung brachte. Roberto Longhi hatte den Anstoß gegeben: Longhi hatte 1951 in Mailand die große, ebenso umstürzlerisch wirkende Caravaggio-Ausstellung organisiert. »Mit den Texten in der Hand«, sagt Garboli, »könnte man sagen, daß Pasolini damals nicht nach dem Beispiel von Caravaggio arbeitete, doch vielleicht nach dem Beispiel des römischen Caravaggio, so wie Longhi ihn uns dargestellt hat[1].«

Etwas wie Untergangsstimmung im großen Leib Roms: die Miniatur-Ausgaben von Bacchus oder dem Apostel Johannes, die in Wirklichkeit kleine Gauner oder »Kellnerjungen« sind, die tote Madonna, die eigentlich eine schwangere Dirne ist, die man ertrunken im Fluß gefunden hat, oder die vielen Magdalenas, die Frauen aus der *ciociara**, die am frühen Morgen in die Stadt kommen, um auf dem Markt frischen Käse zu verkaufen. Es war auch für Pasolini eine Art Untergang, doch einer von denen, die vitalisierend wirken, die kreativ sind. Eine Art Wiedergeburt.

Schauen wir auf die Daten. Ein erstes Teilstück von *Ragazzi di vita* wird in »Paragone« veröffentlicht (wie es der Zufall will, die von Roberto Longhi gegründete Literaturzeitschrift), im Juni-Heft

---

* *ciociara:* römische Campagna. (Anm. d. Ü.)

1951. Es ist das erste Kapitel des Schelmenromans *Il Ferrobedò* (etwa: Der Ferrobedò). Mit ein paar Variationen zum endgültigen Text lesen wir: »Es war ein glühend heißer Tag im Juli. Lucià, der die Erste Kommunion und die Firmung kriegen sollte«, und so weiter. Man kann gut sagen, daß alles sich unmittelbar in Worte umsetzt. Der Lucià oder Riccetto, wie er später heißen wird, muß sich nicht erst in einen kleinen, schmierigen Bacchus verwandeln: Er war sofort er selbst – plastische Verkörperung eines Mythos. In seinem Körper treffen Dasein und Kultur aufeinander. Als Pasolini in Bologna Roberto Longhi um ein Thema für eine Doktorarbeit gebeten hatte, hatte sich der nicht recht begeistert gezeigt. Er hielt den genialen Zwanzigjährigen nicht für das Studium der Kunstgeschichte geeignet. Dennoch unterstützte er ihn in gewisser Hinsicht. Der Krieg durchkreuzte alle Pläne. Stimmhafte Ausdruckskraft und Gefühl für Farbigkeit in der Syntax sowie ein Ohr für den Dialekt als tragendes Ausdrucksmittel der Realität kompensierten in der Lyrik Pasolinis die fehlende Ausbildung in Kunstgeschichte. Der junge Autor aus dem Friaul hat auf die Anzeige von Ramuscello hin eine Krise durchgemacht und dabei sozusagen im Nahkampf mit seiner Romanfigur Riccetto sich als Manierist und Realist entdeckt. Es war ein Liebeskampf, der keiner Vorspiegelung mehr bedurfte.
In Casarsa hatte er sich noch »sündig« gefühlt; in Rom nun glaubt er »nicht mehr zu sündigen«. Das Schicksal hat ihn von einem Alptraum befreit, von dem Alptraum, den er Don Paolo in der ersten Fassung von *Der Traum von einer Sache* hatte leben lassen. Diese Befreiung forderte jedoch einen hohen Preis: die Lynchjustiz, dann Flucht und Armut und schließlich die Entweihung seines Bildes von der Mutter.
In Rom angekommen bitten Susanna und Pier Paolo den Onkel Gino um Hilfe. Onkel Gino tut, was er kann. Er bringt sie an der Piazza Costaguti, im Armenviertel unter. Pier Paolo in Untermiete. Susanna geht als »Mädchen für alles« zu einer Architektenfamilie, den Pediconi, um etwas dazuzuverdienen. Auch sie kann so an der Piazza Costaguti in der Nähe des Sohns leben. Sie hat ein Kind spazierenzuführen, Pier Paolo hilft ihr dabei[2]. All das quälte Pier Paolo. Die Einsamkeit machte ihm zu schaffen. Doch bei aller

Bitterkeit konnte er in seinem Innersten glücklich sein: Er genoß eine vollständige erotische Freiheit.

In den Briefen, die er von Rom aus an Silvana Mauri schreibt, haben wir gelesen, wie Pier Paolo vor dem Schicksal resigniert, wie er kummervoll seine Homosexualität eingesteht. Das ist alles wahr. Vielleicht hatte er gehofft, »gesund« zu werden. Doch nur an der Oberfläche seines Bewußtseins, wie auf dem Wasserspiegel eines sehr viel tieferen Gewässers. Hinter der Wahrheit der Worte für Silvana stand eine andere Wahrheit, und die war Arnardo, Lucià, Biondomoro und all den anderen, die die einander überlagernden ersten Gesichter des Riccetto tragen, auf oder in die Haut geschrieben. Der Autor von *Regazzi de vita* (so der erste Titel des Buches) schreibt in einem Zustand der Gnade, in einem Zustand der Lebensfreude und des Glücks. Der Dämon des Riccetto – der vielen »Spitzbuben«, die er verkörpert – beherrscht den Schriftsteller voll und ganz. Und er, so möchte ich sagen, lockt den Dämon an. Er lockt ihn mit »zärtlichen« Freundlichkeiten, wie wir in den Briefen an Silvana lesen können, die sich auch in den Zeilen des Tagebuchs *Roma 1950*[3] widerspiegeln:

> Wer gesündigt und in der Kehle
> die Glut der Lynchjustiz gefühlt hat, ist für immer rein,
> wenn er noch immer nicht zu hassen versteht, und in seine
> ausgebrannten Augen steigt wieder
> ein zärtlicher Schimmer von Sanftheit und von Mut.

Die Spaltung seiner Psyche erlaubt Pasolini jetzt ein neues Register der Entfaltung: Durch sprachliche Mimesis findet er zur Bejahung der neuen, unverhofften erotischen Dimension seines Lebens. Der Autor von *Roma 1950* arbeitet unermüdlich am alten Elfsilber*: Er ist davon überzeugt, daß die Poesie nach Rimbaud gestorben sei. Der Autor des Riccetto dagegen verfolgt eine Sprache, die das Gegenteil vermuten läßt. In Rom angekommen lebt Pier Paolo seine verfestigte homosexuelle Neigung für die Armen und Entrechteten und hat dabei die »Entdeckung von Marx« im Sinn. Ein weiter Horizont liegt vor ihm: das »afrikanische« Rom – er beginnt es zu durchstreifen.

---

* Endecasillabo. (Anm. d. Ü.)

Veränderte die Tragödie von Casarsa und die Flucht auch nur um ein geringes die tiefgehende Unruhe des Autors des *Usignolo?* In *Roma 1950* schreibt er:

> Erwachsen? Niemals – niemals, wie die Existenz,
> die nicht heranreift – sie bleibt immer unreif,
> von einem strahlenden Tag zum anderen –
> kann ich nicht anders, als der
> herrlichen Monotonie des Geheimnisses treu bleiben.

Diese Fixiertheit, die er wie ein Banner vor sich her trägt, läßt den Menschen Pasolini mehr denn je seinem Trauma treu bleiben. Susanna ist gezwungen »zu bedienen«: Doch so viel Herabsetzung erfährt einen unschätzbaren Ausgleich. Das Gedicht aus *Roma 1950* fährt fort:

> Das ist der Grund, warum ich mich im Glück
> nicht habe gehen lassen – das ist der Grund,
> warum ich trotz aller Angst ob meiner Schuld
> nie wirkliche Reue gefühlt habe.

In der Dialektik des Unterbewußtseins würde die »wirkliche Reue« das Schuldgefühl aufheben, es in vernunftgemäße Begriffe umsetzen. Pasolini geht es nicht um solche Lösungen, er lebt die »herrliche Monotonie des Geheimnisses«, in der er sich

> auf gleicher Höhe, immer auf gleicher Höhe mit dem
> Unausgedrückten,
> am Ursprung dessen,

der er ist, befindet. Doch in diesem »Unausgedrückten«, in diesem »Ursprung« lebt alles nebeneinander, die Sünde und die Sündenlosigkeit, das Gefühl der Herabsetzung, unter der er Susannas wegen doppelt leidet, gleichzeitig das Glück, sie ganz allein für sich zu haben, der Schrecken über die Lynchjustiz, die ihn ereilt hat, und das Gegenteil, nämlich das schöpferische, frohe Staunen über die freie Entfaltung der Sinne. Die homosexuellen Begegnungen in Rom sind einfach, die Jungen aus dem Volk sind willig. Man brauchte nur ein wenig Kleingeld. Pier Paolo schreibt davon seinem Cousin Nico in Casarsa. Nico fährt nach Venedig und macht dieses Kleingeld flüssig: Er verkauft die griechischen und lateinischen Klassiker der Reihe Teubner und die italienischen vom Verlag Laterza, Bücher, die Pier Paolo in den Jahren zuvor mit Sorgfalt gesammelt hat. Das »Leben voller Gewalt« strebt seinem Höhepunkt zu.

Die unzulässige Existenz

Die ersten Monate in Rom sind sehr hart. Arbeit ist schwer zu finden. Pier Paolo wendet sich an einige Schrifstellerfreunde, mit denen er bis dahin nur brieflichen Kontakt gehabt hatte, zum Beispiel Giorgio Caproni. Doch Caproni weiß nicht, welche Arbeit er für ihn suchen soll. Silvana Mauri verschafft ihm ein paar Stunden als Privatlehrer. Doch erst durch den Journalismus gelingt es Pier Paolo, das Nötigste zum Leben zu verdienen. Er arbeitet als Fahnenkorrektor. Schreibt in den verschiedensten Blättern, auch solchen, die im weitesten Sinne dem regierungsfreundlichen Lager angehören. Der Ausschluß aus der Kommunistischen Partei kommt ihm zugute.

Am 9. März 1950 veröffentlicht er im Feuilleton von »La libertà d'Italia« den ersten in Rom geschriebenen Artikel, eine Rezension von *Favole della dittatura* von Leonardo Sciascia. Mit einem Artikel unter dem Titel *Romanesco 1950* (etwa: Das Römische; Pasolini rezensiert einen Band mit Dialektgeschichten von Mario Dell'Arco) beginnt er am 12. Mai seine Mitarbeit bei »Il Quotidiano«, dem Blatt der Kurie, wo er neben literarischen Themen auch richtiggehende journalistische Berichte veröffentlichen wird. Hier zeichnet er seine Beiträge manchmal mit »Paolo Amari«.

Er schreibt in »Il popolo di Roma«, in »Il giornale« von Neapel und in »Il lavoro« aus Genua. Ein paar seiner Erzählungen werden in »Il Mondo« gedruckt. Wie in den vorangegangenen Jahren arbeitet er an »La fiera letteraria« mit. Seine Artikel auf der Feuilletonseite sind oft erzählerisch: Pier Paolo zieht einige Kapitel von *Amado mio (Avventura adriatica;* etwa: Abenteuer an der Adria; für die Ausgabe von »Il Quotidiano« vom 31. Mai 1950) aus der Schublade. Oder ein paar kurze Seiten aus dem Material des späteren Buches *Der Traum von einer Sache.* Doch Rom hat ihn schon gefangengenommen. »Rom mit seiner ganzen Ewigkeit ist die modernste Stadt der Welt: modern, weil immer auf der Höhe der Zeit und zugleich Aufzehrerin der Zeit« (so im bereits genannten *Romanesco 1950).*

Pasolini beginnt in den Zeitungen von den Ragazzi di vita zu schreiben: *guaches,* wo der dialektale Anklang nur in einigen Dialogfetzen zutage tritt. In *Ragazzo e Trastevere* (etwa: Ein Junge und Trastevere; »La libertà d'Italia« vom 5. Juni 1950) schreibt er:

> Ich für mich möchte wissen, wie die Getriebe seines Herzens gebaut sind, durch die Trastevere in seinem Inneren lebt – unförmig, hämmernd, müßig ... Wo endet Trastevere, wo beginnt der Junge?

Die literarisch verklärte Homosexualität von *Amado mio* scheint im bunt zusammengewürfelten Rom der kleinen Stadtteilkinos roh und echt zu werden: Menschentrauben, die sich an die Handleisten der Omnibusse und Trambahnen klammern, das ununterbrochene Geschwätz der fliegenden Händler, die emsige Geschäftigkeit der jüngeren Brüder der »sciuscià*«.

Friaulische und römische Welt verschmelzen miteinander, zumindest in der Literatur. Während das Leben Pier Paolos in Rom eine Steigerung erfahren hatte, flicht die Literatur ein subtileres Netzwerk: Die literarische Arbeit flickt und näht an den Rissen, die sich in ihrem Gewebe aufgetan haben. Zwischen der Welt des Friaul und der Welt Roms findet auch ein Austausch statt. Das ist der Fall bei *La rondinella del Pacher* (etwa: Die kleine Schwalbe vom Pacher; »Il Quotidiano« vom 6. September 1950): Die Schlußszene dieser Erzählung, die auf den Hügeln um Cordovado angesiedelt ist, klingt der des *Ferrobedò* ähnlich, der ein Jahr später in »Paragone« erscheint.

---

* *sciuscià:* Schuhputzer; das Wort wurde bekannt durch den neorealistischen Film *Sciuscià* von Vittorio De Sica (1946). (Anm. d. Ü.)

Der Text des »Quotidiano« lautet:

Als Erio nahe bei der Schwalbe war, sah Velino, wie er versuchte, sie zu packen. Doch jedesmal, wenn er sie berührte, zog er wie erschrocken die Hand zurück. »Was machst du?« schrie er ihm zu, »warum nimmst du sie nicht?«. – »Sie hackt nach mir!« rief Erio. Velino lachte, stieg von der Pappel herunter und ging selber bis zu den Füßen ins Wasser hinein. Erio hatte sich inzwischen entschlossen, die Schwalbe zu packen, und schwamm jetzt langsam auf das Ufer zu. Als er gerade dort angekommen war, nahm Velino ihm die Schwalbe aus der Hand. »Warum hast du sie gerettet?« fragte er ihn, »es wäre schön gewesen, ihr beim Ertrinken zuzuschaun.« Velino antwortete ihm nicht. Er nahm die Schwalbe wieder in die Hand und schaute sie an. »Sie ist klein«, sagte er, »jetzt lassen wir sie trocknen.«
Sie brauchte nicht lange zum Trocknen. Nach fünf Minuten flog sie wieder unter ihren Kameradinnen hoch im Himmel über den Pacher, und Erio konnte sie jetzt nicht mehr von den anderen unterscheiden.

Der Text des *Ferrobedò*[4] übernimmt:

Lucià entfernte sich, vom Wasser rasch mitgezogen; sie sahen ihn kleiner werden, mit Schwimmstößen bis zur Schwalbe kommen, dort auf dem Spiegel des stehenden Wassers. Sie sahen, wie er sie zu fangen versuchte. »Geh, Lucià«, schrie Marcè aus vollem Hals, »warum nimmst du sie denn nicht?« Lucià mußte ihn gehört haben, denn sofort vernahm man seine Stimme, die rief: »Die hackt mich.« – »Geh zum Teufel«, schrie lachend Marcè. Lucià versuchte, die Schwalbe zu fassen zu kriegen. Doch sie entkam ihm flügelschlagend, und beide waren inzwischen von der Strömung, die dort unten gewaltig wurde, in Richtung auf den Strommasten getrieben worden. »Geh, Lucià«, riefen ihm die Freunde vom Boot aus zu, »laß sie doch stehen!« Doch in dem Moment hatte Luciano sie endlich gefangen und schwamm mit einer Hand aufs Ufer zu. »Kehren wir um«, sagte Marcè zu dem am Ruder. Sie wendeten. Lucià saß im schmutzigen Gras des Ufers und hatte die Schwalbe in der Hand. »Und wofür hast du sie eigentlich rausgezogen«, sagte Marcè zu ihm, »ich hätt' so gern zugeguckt, wie sie verreckt.« Luciano antwortete ihm nicht sofort. »Sie ist ganz naß«, sagte er ein bißchen später, »wart'n wir, daß sie trocken wird.« Nicht lange, dann war sie trocken: Nach fünf Minuten flog sie wieder unter ihren Gefährtinnen im Himmel über dem Tevere, und Lucià konnte sie jetzt nicht mehr von den anderen unterscheiden.

Die expressive Ausweitung des neuen Textes reißt die mehr idyllische Einfärbung des »friaulischen« Textes mit sich fort – nicht nur wegen der römischen Kadenz des Dialogs. Das »stehende Wasser«, die Schwalbe, die »flügelschlagend« entkommt, und das »schmutzige Gras am Ufer«, zeigen, wie sich die gleiche poetische Welt jenseits der zufälligen geographischen Umwelt dramatisch verändert, wenn man die linguistische Zielsetzung ändert. Die Jugendlichen, die vorher mit heiligenscheinähnlicher, honigsüßer Liebenswürdigkeit betrachtet wurden, werden von einem Licht überflutet, das sie vergiftet – kleine Torsos aus Marmor, die in den Schlamm eingegraben, aggressiv, doch eigentlich krank, tierhaft und von Anämie gezeichnet sind.
Pasolini schreibt über alles: die Omnibusse, die die Stadtmitte von Monteverde zum Bahnhof Termini durchqueren, die rote Ringlinie, die Bedürfnisanstalten am Lungotevere. Er schreibt über Maroniröster und kleine Fußballspieler, über Jungen, die klauen gehen, um sich einen hellblauen Pullover aus einem Schaufenster kaufen zu können, oder die hinuntersteigen unter die Brückenbogen, um sich dort mit einem »Freier« was zu verdienen. Ringsum eine Kulisse, die sich wie Bühnendekoration ausnimmt, oder wie die Gemälde der großen italienischen Schule: die Reste des Kolosseums, des Teatro di Marcello; baufällige Paläste aus der Zeit König Umbertos mit schweren Gesimsen; alles von den Kennzeichen einer verwässerten Renaissance etwas verändert; die Himmel entflammt von unbestimmbarem Lichtschein oder nachts von geisterhaftem Licht erhellt.

Sie schlenderten am Circo Massimo entlang, unter einem eirunden Himmel, auf dessen metallglänzender Oberfläche zwischen roten und violetten Dämpfen, die kompakt über der Stadt lagen, schneeweiße, messerschmale Wolkenbänke dahinglitten[5].

Es scheint, als schriebe Pier Paolo ohne Atem zu holen. Er will sich so gut er kann der Stadt bemächtigen: Von einem Detail, das er ausfindig macht, hebt er den Blick über das Gewirr der Gassen und verliert sich auf den ausgetretenen Wiesen der Peripherie. Die Sonne ist »schaumig und glänzend«, das Haar der Jungen »wild und sanft gewellt«, die kleinen Buben laufen »leichtfüßig in den von der durstigen Luft abgeriebenen Hosen« herum. Eine Welt voll blendender Helle: »Farben wie aus einem elementaren Dreifarbendruck, reine Töne wie für die Experimente eines Optikers aus der Iris entnommen, irisierende Intelligenzen wie Selterswasser.« Auch wenn es abwegig erscheinen mag: Pasolini geht so weit, den Namen Chagall zu nennen:

> die chagallschen Gruppen der Fahrgäste in den Oberleitungsbussen, ein paar Ruinen, ein Magnesiumblitz wie bei Bonini, der jedoch den Raum in Würfel, Kugeln etc. verwandelt, ein Meisterwerk an bezaubernder abstrakter Hypothese ...

Chagall bleibt dort wie eine Metapher beschworen zurück. Er ist der Maler eines im Fluge festgehaltenen, verfärbten Universums. Und der Flug ist Erotik in ihrer reinsten Form, im Traumzustand. Pasolinis Schreibweise wird prall, läßt ihren klassizistischen Tonfall rissig werden. Die Wortspiele und Doppelsinnigkeiten verdichten, ja überstürzen sich. Ekstase der Leidenschaft steht neben sarkastischem Gekritzel. Die innige Identifizierung mit den dargestellten Objekten öffnet das Tor zur gewaltsamen Ablehnung, zur halsstarrigen Verweigerung[6]. Die geschmacklose Stadt par excellence scheint den Schriftsteller im Innersten zu bestrikken. Sie betäubt ihn, nimmt ihn gefangen – nicht nur durch das Gewimmel und Gekreisch der Spitzbuben, die sie bevölkern, vor allem durch die Komplexität ihres Stils: die lebendig bewegten Grundrisse eines Borromini, die marmorne Opaleszenz eines Bernini. Doch überall lauert quälende Einsamkeit.

Pasolini braucht also Arbeit, braucht Freunde. Angst und Beklemmung sind noch nicht verschwunden, wenn auch Rom, allein schon die Vorstellung von Rom ihn umgewandelt hat. Er lebt bis zum Sommer 1951 an der Piazza Costaguti, Nr. 14, bei einer Familie mit Namen Castaldi. Seine Freunde sind Schrifsteller, Leute aus der Literaturszene. Der Kreis erweitert sich langsam. Bei seiner Ankunft in Rom ist er Giorgio Bassani begegnet. Er hat ihm eine Karte geschrieben. Bassani antwortet ihm, und zwischen beiden bahnt sich eine dauerhafte Freundschaft auf intellektueller Basis an. Sowohl Pasolini als auch Bassani bekennen sich nicht zum Neorealismus und sehen auch die Unterwerfung der Literatur unter die Ziele der Politik als nicht legitim an. Das heißt jedoch nicht, daß sie die Ideale der Widerstandsbewegung ablehnen. Demokratie in der Kultur bedeutet für beide eine kritische Abklärung der intellektuellen Prozesse. Demokratie ist für beide eine Lehre der Geschichte, Vermehrung des Wissens mit dem Ziel der Freiheit.

Bassani war Redakteur von »Botteghe Oscure«, der von Marguerite Caetani gegründeten und unter ihrer Leitung stehenden Zeitschrift für internationale Literatur. Bassani schlug Pasolini bei der Fürstin Caetani als Bibliothekar vor. Die Fürstin lehnte ab: Der Dichter erschien ihr zwar gebildet, doch zu jung und zu zart von Erscheinung. Für »Botteghe Oscure« schrieb Pasolini *I parlanti* (etwa: Die Sprecher). Vielleicht kann man sagen, daß dieser geglückte Text das leidenschaftlich ausgesprochene Lebewohl an das Friaul ist, ohne den Schatten von Wehklage oder Schmerz. »Botteghe Oscure« veröffentlichte den Text.

Velso Mucci, Libero Bigiaretti und Enrico Falqui sind einige der Schriftsteller und Publizisten, mit denen Pier Paolo in seiner ersten Zeit in Rom verkehrte. Brieflichen Kontakt hatte er mit Giacinto Spagnoletti, Vittorio Sereni und Carlo Betocchi. Sereni hatte er anläßlich des Preises Libera Stampa 1947 kennengelernt. Mit ihm verhandelte er wegen der Veröffentlichung eines Bandes italienischer Gedichte: *L'usignolo della Chiesa Cattolica*. Sereni war Lektor beim Verlag Mondadori. Er setzte sich stark für das Buch ein, jedoch ohne Erfolg. Pasolini versuchte es daher bei Bompiani, wo Silvana Mauri angefangen hatte zu arbeiten. Doch auch hier ergab sich nichts.

Daß Pasolini danach strebte, veröffentlicht zu werden, ist gut verständlich. Er beteiligte sich mit seinen Gedichten an mehreren Preisausschreiben. Im Sommer 1950 gewann *Il testamento Coran*, ein kleines Gedicht, das jetzt in *La meglio gioventù* erhalten ist, den zweiten Preis beim »Cattolica«, einem Wettbewerb für Dialektlyriker; unter den Jurymitgliedern war Eduardo De

Filippo. Damit war ein Scheck über fünfzigtausend Lire verbunden. Ein Jahr später gewinnt ein Liebesgedicht von ihm ein »ex-aequo« bei dem Wettbewerb Sette Stelle Sinalunga. Im Jahre 1952 nochmals ein »ex-aequo« (und wieder fünfzigtausend Lire) beim Preis Le Quattro Arti von Neapel. Dieser Preis der Literaturkritik war Debütanten vorbehalten. Gewinner war in diesem Jahr Leone Piccioni mit einem Essay über Pavese. Pasolini wurde mit einem Artikel über Ungaretti Zweiter; der Artikel ließ sich nur mühsam in einer Zeitschrift unterbringen[7]. Auf den gleichen Platz kamen Franco Rizzo mit einem Text über Gramsci und Giaime Pintor. Der Jury gehörten an: Goffredo Bellonci, Gino Doria, Giovan Battista Angioletti, Luciano Anceschi, Mario Sansone und Rosario Assunto.

Mit Angiolettis Unterstützung konnte Pasolini am Literaturprogramm der Nachrichtenredaktion im Rundfunk mitarbeiten. Er rezensierte Bücher, schrieb Phantasiebetrachtungen. Die Zusammenarbeit dauerte bis 1954 an. Neben Angioletti waren Leone Piccioni und Giulio Cattaneo Redakteure der Abteilung. Auch Gadda arbeitete dort. So lernte Pier Paolo ihn kennen – eine Bekanntschaft von entscheidender Bedeutung. Gadda hat Pasolinis Sensibilität für Sprache und für die unbewußten Inhalte in ihr noch geschärft. Die Sprache, ein komplexes Zusammenwirken von *langue* und *parole*, wird zu dem Gelände, auf dem Pasolini sein kritisches Talent einübt. Gadda förderte ohne Zweifel mit seinem glänzenden Humor und seiner außergewöhnlichen Fähigkeit zu einer Konversation, die förmlich zu knistern schien, die Entfaltung dieser Sensibilität. Ich glaube nicht, daß Pasolini mit seinem Buch *Ragazzi di vita* hinter *Die gräßliche Bescherung in der Via Merulana* von Gadda zurücksteht. Für Pasolini war der Dialekt vor allen Dingen die privilegierte Sprache der von Gott begnadeten Armen. Bei Gadda war der Bruch mit dem traditionellen literarischen Wortschatz, seine Ausdehnung auf Jargon, Mittel zu einer umfassenderen Darstellung der Wirklichkeit – wenn diese Darstellung dann unmöglich gemacht wird und in ihrem Anwachsen die Strukturen, auf der sie aufbaute, beschädigte, so war das eine Frage der Metaphysik. Jedenfalls meinte Pasolini, er stünde bei Gadda in einer Art intellektueller Schuld. Ähnlich ging es ihm

in der Beziehung zu Contini[8]: deshalb pflegte Pasolini die beiden in einem Atemzug zu nennen.
Unter den neuen Freunden war auch Attilio Bertolucci. Er hatte vorübergehend seine Familie in Parma verlassen und war nach Rom gekommen, um als Drehbuchautor an einem Film mitzuarbeiten. Er lebt zusammen mit Luigi Malerba und Antonio Marchi in einem Haus an der Via del Tritone und ist mit Bassani befreundet. Eines Morgens kommt Bassani in die Wohnung. Er wird von einem dunkelhaarigen jungen Mann begleitet, der einen weißen Pullover trägt: Das ist Pasolini, und damit beginnt die lange Freundschaft mit Bertolucci.
Kleine Fußballpartien auf den Feldern in der Borgata; im Sommer das Meer von Ostia. Pier Paolo lebt sportlich und sieht athletisch aus. Sein Körper ist geschmeidig. Er trägt eine Tolle im dunkelbraunen Haar, den Scheitel auf der Seite. Er bittet Malerba, der einige Regisseure kannte, ihm zu helfen, Arbeit als Komparse beim Film zu finden. Den Gewerkschaftsausweis hat er in der Tasche, er kann es ruhig probieren. Um überleben zu können, ist er sich für kein »Gewerbe« zu gut. Und jedes »Gewerbe« kann ein Zeitvertreib sein. In einem Brief an Silvana Ottieri aus den ersten Monaten des Jahres 1950 schreibt er: »Du bist für mich immer die Frau gewesen, die ich hätte lieben können, die einzige, die mich verstehen hat lassen, was eine Frau ist.« Und er erklärt:

> Mein zukünftiges Leben wird gewiß nicht das eines Universitätsprofessors sein. Ich trage jetzt das Zeichen von Rimbaud, oder von Campana, oder auch von Wilde, ob ich will oder nicht und unabhängig davon, ob die anderen das akzeptieren oder nicht. Das ist eine unbequeme, anstößige und unzulässige Sache, doch es ist so. Und wie Du resigniere ich nicht[9].

Keine katholische Resignation mehr, sondern ein »Paulusscher« Eifer, ein Eifer, der aus dem Geist der Revolte der Dekadenz gespeist wird. Sein Schicksal ist aufgedeckt: Seine Geschichte wird tragisch sein, ein Schicksal der Provokation. Den Vater hat er verlassen. Der Sohn hat vor den Augen der Welt die Verantwor-

tung für seine Überschreitung der Norm übernommen. Jetzt kann er sich alles erlauben: von den Bedürfnisanstalten am Lungotevere bis zum Ausweis der Komparsengewerkschaft.
Sandro Penna begleitet ihn bei vielen seiner Abenteuer. Penna lebt fröhlich und aus eigener Entscheidung in Armut, doch es ist die reiche Armut dessen, der Maler zum Freund hat; und davon lebt er, indem er Bilder kauft und tauscht. Pennas Leben ist unstet, »sonderbare Lebensfreude«, keine besonderen Sorgen. Die jungen Freunde, die Peripherie der Stadt und die lauwarme Sonne der römischen Winter sind die Gestalten und die Kulisse einer persönlichen Mythologie. Auf diesen Wegen folgt Pasolini dem Freund Penna. Wenn die Jahreszeit milder wird, geht man im Tiber baden, in der berühmten Badeanstalt Ciriola unterhalb Castel Sant'Angelo: abgemachter Sammelplatz der Ragazzi di vita aus allen Stadtvierteln, die noch nichts von dieser Bezeichnung wußten. So vergeht diese glückliche Zeit des armseligen, ausgelassenen Lebens.
Der Wettstreit mit Penna dauert Jahre: Wer würde es schaffen, sich mehr Jungen »vorzunehmen«? Pasolini stellte lange Listen mit Nummern auf, und wenn einer ihm zuhörte, fiel die ironische Frage nach dem »Wieviele«, »Wo« und »Warum so viele«. Pier Paolo ließ sich nicht über Einzelheiten aus. Mit einer ganzen Portion Heiterkeit und in offen kindlichem Spiel brachte er die Freunde aus der Fassung und ließ sie alles in allem doch unzufrieden mit der Antwort zurück. Er provozierte Gadda; und Gadda entzog sich in die Enge gedrängt, oder besser gesagt aufbrausend, doch mit lombardischer Liebenswürdigkeit und kommentierte: »Es handelt sich um generischen, aber auch numerischen Petrarkismus.«
Unter den literarischen Arbeiten aus dieser Zeit sind die Rezensionen der *Appunti* von Penna und des Buches *La capanna indiana* von Attilio Bertolucci erwähnenswert. Pasolini ist hier der Kritiker späterer Zeit: Er macht einen Schritt zur Seite, weg von ausgetretenen Pfaden sprich Bildern, um eine Komplexität oder die verschüttete Angst einer nach außen hin unterhaltenden, wirklichkeitsnahen Poesie zu erfassen. Penna ist der »reine« Dichter par excellence, aber ist er auch ein Dichter ohne

Ungereimtheiten? Um ihn ganz verstehen zu können, muß man ein solches Schema hinter sich lassen.

Das ist einfach (das) Leben mit seinen Vergeudungen, seinen Irrtümern, seinen Manien, seiner Leere, seinen Demütigungen, seinen Gemeinheiten, seiner Glanzlosigkeit, das in diesen Gedichten aus wenigen Zeilen gärt und sie über ihre Begrenztheit hinaus noch lange nachklingen läßt[10].

Andere Kritiker sind diesen von Pasolini eröffneten Weg der Interpretation weitergegangen. Bertolucci könnte man vorwerfen, mit sich selber »Spaß zu machen«. Doch was so erscheinen mag, ist in Wirklichkeit die »Rückwirkung einer von der Schüchternheit übermannten Liebe«. Pasolini meint:

Dieser Poesie kann man sich nur ohne Vorbehalte nähern, nur wenn man auf alle Regeln, auf alle herkömmlichen Kriterien verzichtet[11].

Da sind psychologische und linguistische Brüche zu spüren. Pasolini vertieft seinen Einblick in die Literatur. Nicht nur die Stadt Rom und ihr Mythos verändern sein Lebensgefühl und sein Empfindungsvermögen. Pasolini erhält Kontakt zur literarischen Avantgarde und versucht seinerseits, Auseinandersetzungen in der Kulturszene der Stadt anzuregen.

Seit 1948 war der Druck der ersten Auflage der *Quaderni dal carcere* von Antonio Gramsci angelaufen. Der Band wurde beim Verlag Einaudi veröffentlicht, mit Palmiro Togliatti als Herausgeber. Das waren die Jahre Schadanows. Nach der ersten Phase der Freiheit und Entfaltung schwenkte die Kommunistische Partei auch in der Kulturpolitik auf die orthodoxe sowjetische Linie ein. Doch Togliatti verstand es geschickt, aus dem, was Gramsci aus der faschistischen Gefangenschaft geschrieben hatte, einen nicht nur für die Kommunistische Partei obligaten Bezugspunkt zu machen, sondern für die gesamte italienische Linke. Die historische, materialistische Kritik Gramscis wirkte unter der Oberfläche als Korrektiv, ja sogar als Alternative zu den starren Prinzipien des »sozialistischen Realismus«. Gramsci entwickelte, wenn auch im Licht marxistischer Dialektik, den Gedankengang von Croce weiter. Croce hatte Generationen von Antifaschisten geformt. Die zu lösenden Probleme waren nicht nur politischer oder ethisch-politischer Natur; es gab auch literarische. Ein Lieblingsthema Gramscis war die »nationale Volksliteratur« gewesen. Diese Idee konnte die Starrheit à la Schadanow ersetzen, die das Rußland Stalins in diesen Jahren des Kalten Krieges diktierte. Zum Beispiel diskutierte man in Italien kaum über den »positiven Helden«, ein in der Sowjetunion obligatorisches Thema. Hier dagegen ein wachsendes Interesse für all das, was der Faschismus als angeblich für das Land nebensächlich zurückgedrängt hatte: sprachliche und kulturelle Randgebiete, wo die Volksseele, wenn auch zersprengt, noch sprach. Gerade diese Themen machten Pasolini besonders empfänglich für die Lektüre Gramscis. Sie verstärkte, was er sowohl durch eigene Erfahrung im Friaul als auch durch Contini (und durch Gadda) aufgenommen hatte. Nur daß die Marginalität von Jargon und Moralbegriff für ihn eine physische war: eine Marginalität, die selbst die Grenzen des marxistischen Begriffs vom Proletariat sprengte. Das romanische Friaul war ein Randgebiet, doch ebenso und noch viel mehr waren es die Borgate Roms, der Riccetto und seine Prototypen. Sie wurden in der Vorstellung Pasolinis zu einem einzigen Beispiel für den Begriff der »nationalen Volksliteratur«. Ich frage mich: Kam hier im Schriftsteller seine Sensibilität als Christ in dem Gedanken zum Tragen, daß der Ausgestoßene um so mehr Träger und Gefäß der Wahrheit ist, je mehr er ausgestoßen ist? Ohne Zweifel ja, andererseits spielte die Ansicht der Romantik eine Rolle, für die der Ausgestoßene auf mystische Weise das Recht zur Überschreitung der linguistischen, moralischen und politischen Kodizes auf seiner Seite habe. Darum gehörte der rote Fetzen der revolutionären Hoffnung in seine Hände und in die Hände all jener wie er: die Ragazzi di vita. Kommunist sein gehörte für Pasolini fast zu seiner Natur. In Friaul hatte man ihn aus der Partei gejagt, in Rom verkehrte er auf den Tanzabenden der »roten« Peripherie. Pier Paolo hatte nicht nur ein Bedürfnis nach menschlichem Kontakt zu den Genossen, er war auch davon überzeugt, daß der Kapitalismus zur Zersetzung und zum Untergang all dessen

führen würde, was auf der Erde gut und wirklich war. Im Kommunismus, so glaubte er, nähmen durch die Kraft der Überzeugung Instinkt und Überlebenswille Gestalt an. Wie für den Candido von Leonardo Sciascia hatte der Kommunismus für ihn »mit der Liebe, auch mit der körperlichen Liebe zu tun«.
Rom, der marxistische Historismus: eine Linie, die die Tradition des süditalienischen Humanismus an Marx anknüpfen läßt. Mario Alicata war die Hauptfigur dieses Ansatzes in der Kulturpolitik. Wenn ihm auch das System Croces fremd war, bewegte Pasolini sich doch auf diesem Gelände, dessen Dimensionen weit und keineswegs ausschließlich waren. Die Haltung der Kommunisten war weniger eine starre Philosophie als vielmehr eine Politik der Bündnisse. Anthropologie und Linguistik, Psychologie und Literatur – die dominierenden Interessengebiete Pasolinis – konnten sehr wohl in das Universum der Historie einbezogen werden. Die Historie warf auf sie das Licht einer politischen Dimension. Pasolini fühlte im Marxismus jener Jahre stark die Notwendigkeit, nicht intellektualistisch die Beziehung zur Kultur des Volkes zu verlieren. Hier lebte in ihm die ursprünglich bäuerlich-katholische Ausrichtung fort. Wenn er zu diesem Zeitpunkt einen Konflikt erlebte – ein Konflikt, der sich auf seine literarische Arbeit, vor allem *Ragazzi di vita* und *Vita violenta*, niederschlägt –, dann ist das ein Konflikt zwischen der marxistischen Anschauung, daß die »einfachen Menschen« von ihrer naiven Philosophie des gesunden Menschenverstandes zugunsten einer höherwertigen Weltsicht befreit werden müssen, und der katholischen Anschauung, die dagegen diese Philosophie als einen Wert an sich, als ein absolutes Datum ansieht[12].
Rom: Das Bedürfnis, die Stadt kennenzulernen und zu beschreiben, führt zu *Studi sulla vita del Testaccio*[13] (etwa: Betrachtungen über das Leben rings um den Testaccio-Platz); einige Seiten daraus veröffentlicht Pasolini in der Zeitung. Diese *Studi* aus dem Jahr 1951 sind mehr als die Inbesitznahme der römischen Welt durch die Kultur. Die Texte zeugen in ihrer minutiösen Situationsbeschreibung von einer Freude am Erzählen, die lebendig wächst. Alles andere wird dem Schriftsteller unwichtig. Das Kapitulieren vor dem Leben bedeutet ihm mehr als alles andere.

Der Freundeskreis erweitert sich. Endlich kommt auch ein festes Gehalt in Sicht. Eine recht bescheidene Sache: siebenundzwanzigtausend Lire im Monat für den Unterricht an einer Privatschule in Ciampino. Es handelte sich um die *scuola media** Francesco Petrarca in der Via Appia Pignatelli. Ein Dialektdichter aus den Abruzzen, der Ministerialbeamte Vittorio Clemente, machte den Platz für ihn ausfindig. Das war die Rettung. Das Viertel lag an der äußersten Peripherie, ein von der Politik noch nicht wahrgenommenes Universum – gleichgültig und gewalttätig. Pier Paolo hatte Schüler zwischen elf und dreizehn Jahren. Kinder aus Familien des Subproletariats, die überwiegend von der Hand in den Mund lebten. Einer der Schüler war Vincenzo Cerami.
Pasolini lief immer in einer rostroten Karojacke herum. Er brachte diesen staunenden Kindern bei, wie man Adjektive neben Substantive setzt und wie man Lyrik liest. Er las ihnen selbst Ungaretti und Dante vor; er ließ sie die Lieder und Kinderreime sammeln, die ihre Eltern aus den Regionen mitgebracht hatten, wo sie zu Hause waren. Auf diese Weise versuchte er die erbarmungslose Verstädterung auszugleichen, zu der diese Familien durch den Krieg und seine Folgen gezwungen waren. Die Schule war in einem baufälligen Gebäude untergebracht, doch man hatte von dort einen Blick auf die Wiesen, das Umland und die Albaner Berge.
Pier Paolo begann seine Lehrtätigkeit im letzten Trimester 1951. Es war Frühling. Er verließ die Schule im letzten Trimester 1953 vor den Notenkonferenzen. Mit dem Gehalt konnte er sich eine Wohnung mieten und Susanna von der Dienstbotenarbeit bei den Pediconi erlösen. Die Mietwohnung lag in der Via Tagliere 3 im Stadtteil Ponte Mammolo, nah bei Rebibbia, also auch an der Peripherie draußen, nur in Richtung Nordost. Das Institut Ciampino lag dagegen im Süden der Stadt, auf dem Gürtel, den die Borgate um Rom bilden. Bis zur Schule war es ein langer Weg: dreimal Umsteigen mit der Trambahn auf der Hinfahrt, dreimal

---

* Im italienischen Schulsystem sind als Pflichtschuljahre für alle Kinder fünf Klassen Grundschule *(elementare)* und drei Klassen sog. Mittelschule *(media)* vorgesehen. Darauf bauen dann alle anderen Schultypen (berufsbildende Schulen, Gymnasien etc.) auf. (Anm. d. Ü.)

auf der Rückfahrt. Es ging nicht anders. Außerdem war die Wohnung sozusagen noch im Bau – ein kleines, aus Geldmangel halbfertiges stehengelassenes Gebäude. Das Leben in der Borgata hatte immer etwas Vorläufiges an sich. Da keimt in Pier Paolo eine neue Verzweiflung, die die erotische Freude an der Entdeckung Roms verblassen läßt. Rom hat ihn umgewandelt:

Rom hat mich ziemlich heidnisch werden lassen, so daß ich nicht mehr an die Berechtigung gewisser Skrupel glaube, die typisch norditalienisch sind und die in diesem Klima keinen Sinn haben. (...) Wer aus ethnischer Tradition in einer von Extrovertierten bewohnten Welt lebt, deren Geheimnisse und deren Nachgiebigkeit sinnliche und nicht gefühlsbetonte sind, der muß sich einfach für den im ursprünglichen Sinn des Wortes sozialen Zusammenhang als konkrete Ausprägung eines außen an der Oberfläche gelebten Lebens interessieren. (...) Ich lebe nun seit zwei, drei Jahren in einer »anderen« Welt: bin ein Fremdkörper und deshalb in dieser Welt klar umgrenzt und passe mich in einem sehr langsamen Bewußtwerdungsprozeß daran an. Eine Mischung aus einem Jünger Ibsens und einem Pascolis bin ich hier inmitten eines Lebens, das ganz aus Muskeln gemacht ist, das umgewendet ist wie ein Handschuh und das sich immer wie eins von diesen Liedern ausdrückt, die ich früher einmal verachtet habe: bar jeder Rührseligkeit und verkörpert in menschlichen Organismen, die so sinnlich sind, daß sie schon fast mechanisch wirken. Hier kennt man keine der christlichen Haltungen wie die Bereitschaft zur Vergebung, oder die Milde. Hier nimmt der Egoismus akzeptiertermaßen eine starke Rolle an.

Pier Paolo ist vom »christlichen« Norden in die römische »Heidenwelt« gekommen und fühlt sich verändert:

Hier unter Menschen, die sehr viel stärker dem Irrationalen und der Leidenschaft verfallen sind, ist die Beziehung zueinander dagegen immer ziemlich klar definiert und basiert auf konkreten Tatsachen: von der Muskelkraft bis zur sozialen Stellung ... Das von seinem Inferno der Borgate umgürtete Rom ist in diesen Tagen hinreißend schön: Die Hitze liegt so unbeweglich und unausweichlich über ihr und ist genau das Richtige, um ihre Unmäßigkeiten zu dämpfen, um sie zu entblößen und in ihren vornehmsten Formen darzubieten[14] ...

Das sind Stellen aus einem Brief an Silvana Mauri vom Sommer 1952. Die zu Rom entbrannte Liebe macht dem Nachdenken, einer distanzierten Betrachtungsweise Platz: Rom ist auch ein Inferno.

... Der wahre, fürchterliche römische Frühling, den Du kennst, und der Geruch ist wie ein von der Sonne glühender Kotflügel, ein Blech aus nassen, in der Wärme getrockneten Lumpen, aus Alteisen, aus brennenden Abhängen der Müllgruben. (...) Ich bin ganz allein und höre im Radio alte Lieder *(Torna piccina mia)* – die typische Sonntagsmusik. Draußen spielen Kinder Fußball. Ich habe einen Sonntag ohne Aussichten vor mir: Ich werde mit Mariella tanzen gehen. Wenn ich nicht statt dessen dem Dämon nachgebe und nach Settecamini fahre und mir ein Fußballspiel von Jungen aus Pietralata anschaue und dann mit ihnen einen trinken gehe ...

Das sind Worte aus einem anderen Brief ebenfalls an Silvana, wahrscheinlich aus dem Jahr 1953. Sie sprechen von neuem von der würgenden Bedrängung durch die Angst, von einer Einsamkeit ohne Ausweg und nicht mehr von dem Empfinden der Ächtung und der geographischen »Andersartigkeit«. Der erotische Trieb kommt einer Besessenheit gleich; er ist jetzt identifiziert, jederzeit identifizierbar, auch wenn er nicht mehr geheim, nicht mehr hinter Vorspiegelungen verborgen ist.
Nicht mehr hinter Vorspiegelungen verborgen: Das gilt vor allem für das Verhältnis zu seinem Vater. Carlo Alberto kam in Rom an, sobald die Wohnung in Ponte Mammolo gefunden war. Er betrat das Haus, das noch nicht einmal verputzt war. Gegenüber Sohn und Ehefrau verlor er kein Wort über ihre Flucht aus Casarsa, als hätte es sich um einen normalen Umzug gehandelt. Zu Hause tat er den Mund nicht auf, doch wenn ihm ein Schriftsteller in Reichweite kam, einer von den Leuten aus der Literaturszene, mit denen der Sohn befreundet war, dann gab es einen großen Plausch. Anscheinend war er glücklich über die Erfolge Pier Paolos. Pier Paolo begann, an den beiden Anthologien zu arbeiten, an *Poesia dialettale del Novecento* und an *Canzoniere italiano*[15] (etwa: Italienische Liedersammlung). Carlo Alberto hatte nichts anderes zu tun und pendelte deshalb zwischen der

Nationalbibliothek und ihrem Zuhause hin und her, brachte entliehene Bände und spielte Pier Paolos Sekretär. »Il colonnello attaccabottoni« (etwa: Oberst Aufdringlich) nannte ihn Gadda, der immer wieder sein Opfer war. Carlo Alberto redete, und Gadda – nachgiebig und respektvoll bis zur Manie – war nicht imstande, sich dem Geschwätz zu entziehen. Es fehlte ihm, dem Autor von *Gräßliche Bescherung,* nie an Witz. Doch der »Oberst Aufdringlich« lebte in Rom seine alten Tage, und die Plaudereien kamen nur in flüchtigen Momenten der geistigen Klarheit zustande. In Wirklichkeit war sein Schweigen undurchdringlich. Er trank immer mehr und schwieg vor sich hin. Der Sohn fühlte sich überhaupt nicht mehr zu ihm hingezogen, wie er es noch in der Jugendzeit gewesen war.

Susanna richtete ab und zu ein kleines Essen für die Freunde Pier Paolos. Es kamen Bertolucci, Caproni und Gadda mit einer Flasche Frascati in der Hand. Susanna hoffte, daß die neue Umgebung, der neue Kreis ihren Sohn in seinem Inneren verändern würde. Sie setzte ihre Hoffnung in Mariella. Die Mariella, von der im Brief an Silvana die Rede ist, war ein großes, auffallend hübsches Mädchen namens Bauzano, eine Freundin von Zigaina. Sie interessierte sich für Literatur und hatte *Poesie a Casarsa* für »L'Italia che scrive« rezensiert. Sie wollte den Autor kennenlernen. Zigaina sagt ihr, daß Pier Paolo in Rom ist. Sie lernt ihn kennen. Pier Paolo wohnt bereits in Ponte Mammolo. Ihre Freundschaft wird eng, ja innig. Sie fahren mit der Trambahn durch ganz Rom, gehen zum Tanzen und zum Baden ans Meer. Oft sind sie mit Giordano Falzoni und Amelia Rosselli zusammen. Mariella arbeitete in der Nationalbibliothek. Ihre gemeinsamen Tage waren, wie im Brief an Silvana Mauri steht, die Sonntage. Pier Paolo war auf mitreißende Weise neugierig auf alles und jedes: Seine physische Vitalität und Lust am Wettstreit breitete sich auf alles aus, was ihn umgab. Mariella war ein wenig verliebt in diese seine Art.

An einem Abend bei ihr zu Hause umarmten und küßten sie sich. Pier Paolo warf sie aufs Bett und zog sie aus. Mariella ließ sich berühren, hatte aber nicht den Mut, auch ihn anzufassen. Der ungestüme Dreißigjährige war ein Mann. Aber das war nicht alles.

Am Morgen danach am Telefon: Pier Paolo sagt ihr, er sei von der Umarmung aufgewühlt worden. Dann wurde von der Episode nicht mehr gesprochen. Pier Paolo erzählte Mariella, er habe mit achtzehn oder neunzehn Jahren am Meer ein Mädchen gehabt; danach hätten seine heterosexuellen Beziehungen zu nichts weiter geführt. Wenn sie zu einer Tanzveranstaltung gingen und von jungen Männern umringt waren, die Mariella den Hof machten, sagte Pier Paolo zu ihr: »Tu doch mit!« Er sagte es einladend, aber auch herausfordernd. Große Freiheit für jeden, große Vertrautheit miteinander: Für ihre Beziehung wichtig war das bißchen Erotik; eine Art Liebesillusion, die vielleicht anders war als bei Pier Paolos Erfahrung mit Silvana, vielleicht körperlicher (ob sich die knisternde Atmosphäre Roms auf diese Weise auswirkte?). Neben eine Zeichnung von Zigania, die Mariella gewidmet war, schrieb Pier Paolo einen Vierzeiler. Er läßt diese Illusion durchblicken:

> Wolke mit Frauenkörper.
> Frau? Wolke? Dein Gewicht,
> Wolkenfrau, spricht
> zu den Wolken eines Körpers.

Als Mariella einem Mann begegnete und sich in ihn verliebte, war die Beziehung zu Pier Paolo zu Ende. Bei einem gemeinsamen Abendessen – neben Pier Paolo waren Bill Weaver, Giacinto Spagnoletti, Paolo Volponi und Cesare Vivaldi da – wollte Mariella früher gehen, weil sie sich geärgert hatte. Vivaldi begleitete sie. Bald darauf heirateten die beiden und verkehrten nicht mehr mit Pasolini.
Weitere Freundschaften: Toti Scialoja und Gabriella Drudi. Scialoja malte und befand sich in seiner abstrakten Phase. Er schrieb auch Prosastücke von surrealistischer Eleganz, die in den Band *I segni della corda* (1953) aufgenommen wurden. Pasolini arbeitete zu der Zeit bei »Giovedì« mit und schrieb dafür eine Rezension des Bandes von Scialoja. Die Zeitung wurde jedoch eingestellt, und der Artikel erschien nicht. Er schickte ihn darum an »Paragone«, doch die Zeitschrift von Longhi und Frau Banti

wollte ihn nicht drucken. Die Freundschaft zwischen Pier Paolo, Toti und dessen Gefährtin Gabriella Drudi festigte sich.
Pier Paolo sah damals wie ein verfrühter Beatnik aus. Er wollte den Ragazzi di vita gefallen und wetteiferte in seinem Körperbewußtsein mit dem ihren. Der Lohn war eine Pizza oder ein Paar Schuhe. Das reichte. Und die Jungen waren kleine Gauner oder kleine Scheusale, die er wunderschön fand. Was sie gemein hatten, waren die in die Stirn fallenden Löckchen, das »spitzbübische« Lächeln und eine Vitalität, die unversehens aus ihrer sonstigen Stumpfheit hervorquoll. Das waren genau die äußeren Merkmale, die Jahre später Ninetto Davoli haben sollte.
Die »Schönheit« dieser Jungen war ein Verstoß gegen jede Idealvorstellung, selbstverständlich gegen die bürgerliche, aber auch gegen die der Dekadenz. Es war eine originelle Schönheit, die Pasolini da erfunden hatte: Pickel, schmutzige Ohren und ungewaschene Hälse, Bewegungen, die zugleich geschmeidig und flegelhaft wirkten. Seine Erfindung hatte etwas Expressionistisches an sich, eine Plastizität, die in einer bestimmten Bildhaftigkeit mit Renato Guttuso vergleichbar schien. Doch die Originalität Pasolinis blieb nicht beim plastischen Zug stehen: Er brachte eine einzigartige Erfahrung auf sprachwissenschaftlichem und auf sozialem Gebiet mit, die sich in ihrer Bedeutung auf den Seiten von *Ragazzi di vita* und in den Bildern von *Accattone – Wer nie sein Brot mit Tränen aß* niederschlug und dabei eine überraschende Kontinuität in literarischer und filmischer Handschrift bedingte. Vor allen Dingen ging es um die »Entdeckung einer Welt«, danach um deren getreue Wiedererschaffung durch einen Stil, der ihre Folgerichtigkeit und ihre Emotionen herausarbeitete. Die Entdeckung der Stadtrandgebiete war bis dahin eine im wesentlichen visuelle gewesen: Ich denke an die Gasometer und an den Portonaccio, den Lorenzo Vespignani malte. Pasolini gründete auf diesen figurativen Daten eine Art sprachwissenschaftlicher Werkstatt. Der römische Jargon war vom Standpunkt der sprachwissenschaftlichen und ausdrucksbetonten Werte aus gesehen an sich ein Un-wert. Pasolini wollte diesen Un-wert zum ästhetischen Wert erheben.
Die Freundschaft mit Scialoja zerbrach im Streit über das

Verhältnis der abstrakten Kunst zum Realismus. Zu der Zeit fegte die neorealistische Offensive mit grundloser Rauheit alles Andersartige vom Tisch. Es ging um politische Verurteilungen, die aufgrund deterministischer Kriterien zustande kamen und nichts mit Kultur zu tun hatten. Pasolini hatte noch im Jahr 1954 den einführenden Text zu einer Ausstellung von Scialoja in Parma geschrieben. Ihre Freundschaft endete dennoch im selben Jahr. Die Episode kommt nicht von ungefähr: Hier tauchen erstmals die Rechtfertigungen für die Frontenbildung auf, die von jetzt ab das intellektuelle italienische Leben kennzeichnen werden und es in Lager aufteilt, die einander entgegengesetzt und undurchlässig sind.
Seine eigenen Argumente brachte Pasolini in ein Gedicht ein: das kurze Gedicht *Picasso* (1953), das anläßlich einer Werkausstellung des andalusischen Meisters in der Galleria d'Arte Moderna von Rom geschrieben wurde:

Er – unter den Feinden

der Klasse, die er widerspiegelt, der grausamste,
solange er in ihrer Zeit drinnen blieb
– Feind aus Wut und aus babylonischer

Anarchie, notwendige Karies – kommt heraus
aus dem Volk und gibt in einer nicht existierenden Zeit:
unecht mit den Mitteln seiner eigenen alten

Phantasie. Ach, er ist nicht im Gefühl
des Volkes, dieser sein erbarmungsloser Friede,
dieses Idyll aus weißen Orang-Utans. Nicht vorhanden

ist hier das Volk...
(...)

Der Ausweg

in Richtung Ewigkeit liegt nicht in dieser
gewollten, frühreifen Liebe. Auszuharren
in dem Inferno mit marmorharter

Willenskraft, es zu verstehen, darin ist
die Rettung zu suchen.[16]

Das ist eine populistische, anti-intellektualistische Argumentation, doch es liegt auch eine Art Historismus darin und das Bedürfnis, sich an Konkretem festzuhalten; da ist der Drang »auszuharren / in dem Inferno« zu spüren, der zum Ziel hat, dieses Inferno zu verstehen und sich auf diese Weise nicht von ihm überwältigen zu lassen.

Nächtelange Streitereien mit lautem Gezeter: Scialoja bezichtigt Pasolini einer Rhetorik à la Schadanow. Pasolini schlägt mit Argumenten aus dem »Volkslied« zurück, spricht von »Slums«, die besessen sind »von Frohsinn und neapolitanischem Hunger«, von den »verseuchten Quartieren« und den »flegelhaften Dialektstimmen«. Leidenschaft und Ideologie* bringen am Ende die beiden Freunde auseinander.

Das Jahr 1953 hatte wichtige Entscheidungen im privaten Bereich gebracht. Im Frühling unterbricht Pasolini seine Lehrtätigkeit an der Schule von Ciampino. Zwei Wochen lang vertritt ihn der Cousin Naldini, dann die endgültige Kündigung. Die neue Arbeit ist das Kino: das Drehbuch eines Films für Mario Soldati, *La donna del fiume (Die Frau vom Fluß)*. Es entstand in Zusammenarbeit mit Bassani. Schon in den Jahren im Friaul hatte das Kino Pier Paolo angezogen. 1945 schrieb er sein erstes Filmsujet mit dem Titel *Lied* oder *I calzoni* (etwa: Die Hosen). Im Jahr 1949 plante er einen Dokumentarstreifen über die Tagelöhner von San Vito al Tagliamento. Neue Sujets hatte er gleich nach seiner Ankunft in Rom geschrieben in der Hoffnung, daß sie ihm jemand abkaufen würde. Einige Seiten daraus las er Mariella Bauzano vor.

So beginnt seine Arbeit beim Film, eine Arbeit, von der er jetzt gut leben kann und der er sich mit Verbissenheit widmet. Doch auch durch seine literarische Arbeit verbessert sich seine finanzielle Lage. Der Verleger Livio Garzanti, Sohn von Aldo Garzanti, interessiert sich für die neuen italienischen Erzähler. Der Verlag Garzanti hat das alte Programm Treves übernommen. Livio, der zu der Zeit die Publikation »Illustrazione Italiana« leitete, sucht dafür und für den Verlag, dem noch sein Vater vorsteht, neue

---

* *Passione e ideologia* (etwa: Leidenschaft und Ideologie) ist der Titel eines 1960 erschienenen Essaybandes von Pasolini. (Anm. d. Ü.)

Namen. Sein Berater ist Pietro Bianchi. Bianchi stellt ihm Bertolucci vor, und Bertolucci gibt ihm *Il Ferrobedò*, das in »Paragone« abgedruckte Kapitel von *Ragazzi di vita* zu lesen. Livio Garzanti will dessen Autor kennenlernen. Die Verabredung findet in Rom statt: ein Hotel in der Stadtmitte. Bertolucci und Pasolini kommen in der Eingangshalle an. Es ist ein Nachmittag im Frühling 1953. Garzanti redet eine halbe Stunde lang mit Bertolucci. Garzanti ist ein junger Mann mit ausgeprägten kulturellen Interessen, doch zugleich schüchtern und aggressiv in seiner Art. Plötzlich wendet er sich zu Pasolini und fragt ihn, wieviel er verdiene. Pasolini nennt seine siebenundzwanzigtausend Lire Gehalt von der Schule. Da kommt die Antwort: »Ich kann Ihnen auch das Doppelte anbieten, wenn Sie nur den Roman fertigbringen, den Sie angefangen haben zu schreiben.« Garzanti wird Pasolinis Verleger.

Die Faszination, die von Pasolini in dieser Zeit ausgeht und die Geste Garzantis verständlich macht, bestand darin, daß Pasolini die ungewöhnliche Strenge eines Kritikers und Philologen mit dem Wesenszug des Dekadenten verband. Bei Pasolini kompensierten sich zwei nicht der Norm entsprechende Merkmale. Das Resultat war sowohl im Hinblick auf den Menschen als auch auf den Publizisten außergewöhnlich.

Im April 1954 ziehen die Pasolinis um: Monteverde Nuovo, Via Fonteiana 86. Das kleinbürgerliche Milieu und die Möglichkeit, in einem Appartement mittleren Niveaus zu leben, befriedigte die Eitelkeit Carlo Albertos. Zu Ende war das Leben zwischen den »Araberhäusern der Vorstadt«, an den Straßen mit rissigem Asphalt, wo der Frühling »blaß gewordener Abdruck,/ den der Abend weißer als das Morgengrauen macht«[17] sein konnte. Für Pier Paolo ging eine Art Prähistorie zu Ende, in der sich ein unvergleichlicher Erfahrungsschatz angesammelt hatte. Das Friaul und Casarsa waren ländliches, volksnahes Leben gewesen. Die Zeit im Quartier Rebibbia stellte die Erfahrung eines Lebens am Rande einer großen Stadt dar.

> Ach, der alte Sieben-Uhr-Bus, der da
> an der Endstation Rebibbia steht, zwischen zwei
> Baracken, ein kleiner Wolkenkratzer, allein

in dem Geschmack von Frost und Schwüle …
Diese Gesichter der alltäglichen
Fahrgäste, wie wenn sie auf Ausgang
aus tristen Kasernen wären, würdevoll und ernst
in der unechten Lebhaftigkeit von Bürgern,
die ihre bittere, alte Angst
der anständigen, armen Leute verbarg.

Ihnen gehörte der Morgen, der auf dem Grün
der Gemüsefelder rings um Aniene
das Gold des Tages verbrannte
und dabei den Geruch des Mülls wiedererweckte …

Die vielen Morgen im Bus nach Ciampino; die Haltung, die man nach außen hin zu bewahren sucht, wenn man für wenig Geld arbeiten muß und keine Hoffnung auf die Zukunft hat; die nicht greifbare, aber aggressive Präsenz der anonymen Stadt; ein tristes Lebensbild, das Pasolini da in sich aufnahm.

Diese atemlose Fahrt hindurch zwischen den engen
Neubaugebieten, die verbrannten Böschungen,
die lange Tiburtinerstraße … Diese Schlange stehenden
Arbeiter, Arbeitslosen, Diebe, die noch schmierig
vom grauen Schweiß aus ihren Betten
stiegen – wo sie mit ihren Enkeln
am Fußende schliefen – in kleinen Zimmern schmutzig
vor Staub wie Güterwagen, verrufen und fröhlich …
Diese Peripherie, zerschnitten in lauter gleiche
Parzellen, die aufgesogen von der zu heißen
Sonne daliegen zwischen verlassenen Gruben,
gebrochenen Dämmen, elenden Hütten, kleinen Fabriken …[18]

All das war zu Ende, klang aber wie ein Echo nach. Eine Art Blitzschlag, der für immer gegenwärtig bleiben sollte. Das verfluchte Universum, das Universum einer nicht im bürgerlichen Sinne verstandenen Freiheit hatte in der Gedankenwelt Pier Paolos an dieser Stadtgrenze Gestalt angenommen.

… Ach, Tage von Rebibbia,
die ich verloren glaubte in einem Licht
der Notwendigkeit und die ich jetzt so frei weiß!

(...)
Die Welt machte sich zum Gegenstand

nicht mehr des Rätsels, sondern der Historie.
Um Tausend vervielfachte sich die Freude daran,
sie kennenzulernen – wie

jeder Mensch sie bescheiden kennt.
Marx oder Gobetti, Gramsci oder Croce
waren lebendig in den lebendigen Erfahrungen.

Rebibbia war der Ort, an dem Pasolini zur menschlichen und intellektuellen Reife gelangte. Dort endete seine Jugend. Die Jahre im Friaul sind die Jahre des »Planens« – der eher erahnte Entwurf einer Vorstellung von dem, was Dichtung und Kultur sein konnten. Fast könnte man sagen, daß alles, was diese Jahre an Wertvollem hervorgebracht haben – wie *Poesie a Casarsa* und *L'usignolo della Chiesa Cattolica* – nur sporadisch, wenn nicht sogar zufällig zustande gekommen ist. Die Jahre von Rebibbia wandeln eine dunkle Berufung, ein ebenso dunkles Schicksal, das nur einige Gedichtseiten mit »lebendigem Licht« erleuchten konnten:

Die wenigen Freunde, die zu mir
kamen an den Morgen, oder an den Abenden,
die auf dem Gefängnishügel vergessen waren,
sahen mich inmitten eines lebendigen Lichts:
ein sanfter, gewalttätiger Revolutionär ...[19]

Dieses Bewußtsein, das gleichzeitig von krankhaftem Narzißmus durchsetzt war, brach zu dem Zeitpunkt auf, als es Abschied zu nehmen galt von der Borgata, die sich um das neue Gebäude des Bezirksgefängnisses von Rom herum erstreckte. Der Abschied von diesen weiten Flächen aus versengtem Gras verwandelte sich in glühende Sehnsucht, die literarischen Stoff abgab. Das besondere Kennzeichen des Menschen und Schriftstellers Pasolini ist in dem Oxymoron »sanft« und »gewalttätig« treffend eingefangen. Daraus leitet er eine ideelle »politische« Mission her: menschliche Sanftmut und intellektuelle Aggressivität.

Das Leben wird hektisch

1953–1961: Das sind die Jahre der intensivsten Arbeit. Pasolini schreibt und publiziert das Beste aus seinem Werk: *Ragazzi di vita* (1955) und *Vita violenta* (1959), alle Gedichte von *Le ceneri di Gramsci* (1957; etwa: Die Asche von Gramsci) und von *La religione del mio tempo* (1961), die kritischen Essays von *Passione e ideologia* (1960; etwa: Leidenschaft und Ideologie). Er regt eine Literaturzeitschrift, »Officina« (etwa: Werkstatt; 1955–1959) an und schreibt insgesamt dreizehn Filmdrehbücher. Er übersetzt die *Orestie* von Äschylus, die Vittorio Gassmann 1960 inszeniert. 1961 schließlich ist das Jahr von *Accattone.* Die Jahre sind voll von dichtgedrängten, parallel laufenden Aktivitäten, die jede chronologische Schilderung unmöglich machen. Man hat den Eindruck einer wirbelnden Gleichzeitigkeit, einer absichtlich auf mehreren Tastaturen ausgeführten Arbeit. Der Erzähler gibt Leihgaben an den Regisseur und umgekehrt. Der Lyriker von *Le ceneri* läßt seine Sprache in die Tragödie von Äschylus einfließen. Der Organisator von »Officina« ist zugleich der Kritiker von *Passione e ideologia* und spiegelt wiederum mit der Klarheit eines Kristalls den Lyriker und Erzähler in sich wider. Es sind auch die Jahre wütender Polemiken. Pasolini lernt Prozesse, engstirnige Anschuldigungen und verschiedene Formen der Verfolgung kennen. Wenn er ein herausragender Vertreter seiner Zeit gewesen ist, dann nicht in gewöhnlichem Sinne: Vertreter der Kultur der herrschenden Klasse. Er war dagegen Vertreter und Kind eines Kulturkreises, der zu verarmen und versiegen drohte: die bäuerliche italienische Kultur. Er wollte sich nicht zugleich mit ihr geschlagen geben und verschrieb sich einem Kampf, wie ihn nur ein Schriftsteller führen konnte: Er brachte sich mit seiner ganzen Person, nicht nur mit seinem Intellekt und mit seiner Sensibilität ein und warf zugleich alles in die Waagschale, was die Geschichte als Vermächtnis anzubieten hatte. Er nahm die Herausforderung sofort an. Schwer zu sagen, ob das bewußt oder unbewußt

geschah. Die öffentliche Meinung und die Presse richteten ihr Augenmerk auf die Literatur. Er wurde zu ihrem Hauptdarsteller.
Sein Leben wird dabei jedoch hektisch: Pasolini hat weder Raum noch Zeit für sich. Besser gesagt gliedert er sein Privatleben immer mehr in Riten auf, bringt es in den Rhythmus fester Gewohnheiten. Das »unzulässige« Leben wird toleriert, wenn es nicht zur Schau gestellt wird. Dabei wird ihm, ungeachtet seiner quälenden Probleme, eine körperlose Geistigkeit abgefordert. Durch immer neue Begegnungen verändert sich sein Leben und bleibt sich doch auch immer gleich – bis hin zu einem permanenten, in sich aber höchst mobilen Festgefahren-Sein.
Diese Existenz steht im Zeichen der Befreiung von Zwängen. Die harte Arbeit, mit der sie abwechselt, zwingt jedoch zu einem Zeitplan, der später immer derselbe bleibt: die ersten Nachmittagsstunden vor allem im Frühling und Sommer, wenn sich die kleinen Sportplätze vor der Stadt füllen, draußen, oder in den überfüllten Badeanstalten am Meer von Ostia; in den späten Abendstunden nach dem Abendessen, so ab elf, die nächtlichen Streifzüge; die Nachmittage an den Sonn- und Feiertagen wieder draußen, wenn die Jugendlichen auf den Straßen der Peripherie ausschwärmen oder aus der Borgata »nach Rom hinein« kommen und Abenteuer wittern.
Das bebende, vitale Rom jener Jahre: wo eine politische Opposition im Aufbau war, die im Lager der Linken viele Studenten, die Intellektuellen und auch die Massen des Volkes aus den Borgate versammelte. Die Straßen begannen sich mit Kleinwagen und Motorrädern zu füllen. Die Regierungspolitik verschanzte sich hinter der Politik von Innenminister Scelba*, hinter der anti-kulturellen Ablehnungshaltung einer Christdemokratie, die ausgerechnet in Rom taktische Bündnisse mit dem Lager der Rechten suchte. Alles schien klar, ja überdeutlich: hier das Gute, dort das Schlechte. Doch je nach Standpunkt konnten dieses Gute und Schlechte die Plätze tauschen. Es kam nur darauf

* Scelba suchte den sozialen Frieden durch Rückkehr zu im Grunde anachronistischer Politik der »Rechten« zu erreichen. (Anm. d. Ü.)

an, was man gerade im Auge hatte. Eine solche Schwarz-Weiß-Malerei konnte nicht kulturfördernd sein. Doch die Kultur wußte sich, nicht nur in Rom, dieser Oberflächlichkeit zu bedienen, wurde vielleicht teilweise durch sie zunichte gemacht, konnte aber gleichzeitig auf wundersame Weise ihrer Abstraktheit und Verarmungstendenz entkommen.

Die Veröffentlichung der *Quaderni dal carcere* von Antonio Gramsci regte ein neues Interesse an der Geschichte an. Die Verleger ließen wieder mit Hochdruck literarische und essayistische ausländische Produktion übersetzen: Werke von Proust, Freud und Jung. Die italienische Literatur befand sich damals im Gegensatz zu den folgenden zehn Jahren in einer Periode wirklicher und unübertroffener Schaffenskraft. Der Roman war das Aushängeschild, jener »italienische« Roman, der einer Übersetzung schwer zugänglich war. Gadda arbeitete an seinem *Pasticciaccio (Die gräßliche Bescherung in der Via Merulana)*, doch auch Palazzeschi war noch mit großer Vitalität am Werk. Landolfi, Moravia und Brancati sowie Pavese und Vittorini erreichten ein jeder den Wendepunkt in seinem Werk. Ihre Form des Romans drückte durch eine sehr sorgfältige Wahl der Sprache (auf der einen Seite Moravia, auf der anderen Gadda als zwei entgegengesetzte und sich ergänzende Pole) die Zielsetzung der geschichtlichen Erkenntnis aus. Dieser Roman ist nicht von dem Gedanken einer verkleinerten Wiedergabe der Realität beherrscht, sondern von der Suche nach einer möglichen Bestimmung der psychologischen und anthropologischen Kräfte, die im Spiel sind. Der Schriftsteller lebte in einem aggressiven sozialen Gefüge und übertrug diese Aggressivität in sein Werk. Neben Gadda gehören folgende Autoren und Werke zu den wesentlichen Vertretern dieser Zeit: Moravia mit *La romana* (1947; *Adriana – Ein römisches Mädchen)* und *Racconti romani* (1954; *Römische Erzählungen)*, Pavese mit *La casa in collina* (1948; *Haus am Hügel)*, Brancati mit *Bell'Antonio* (1949; *Bell'Antonio)* und Landolfi mit *Racconto d'Autunno* (1947) und mit *La bière du pécheur* (1953). Daneben müssen Schriftsteller wie Anna Banti und Mario Soldati erwähnt werden sowie die neuen Autoren wie Elsa Morante, die im Jahr 1948 das außergewöhnliche Buch

Menzogna e sortilegio (Lüge und Zauberei, 1968) veröffentlichte. Dann folgt die Generation von Pasolini: Bassani, Calvino, Cassola, Fenoglio, Anna Maria Ortese, Leonardo Sciascia, Natalia Ginzburg und daneben noch Ottieri und Testori. In diese Jahre fallen auch die großen Komödien von Eduardo De Filippo und die Suche von Ernesto De Martino nach der magischen Welt Süditaliens. Diese Suche stellt vielleicht die ausgeprägteste Neuheit in der italienischen Literaturszene dar und kann mit dem Weg, den Pasolini in der Literatur geht, in Zusammenhang gesehen werden. Beiden gemein ist, daß sie ihr Augenmerk auf eine volksnahe Welt der Randgruppen richten, wenn sie auch sonst in ihrem Werk keine geistige Verwandtschaft zeigen.
Im Jahr 1953 wird vom Verlag Edizioni »Friuli« das Buch *Tal còur di un frut* gedruckt. Contini schreibt an Pier Paolo, daß diese der Félibrige nachempfundenen Verse ihm »unerwartete Freude« bereitet haben. Schon 1952 ist die Anthologie *Poesia dialettale del Novecento* (etwa: Dialektlyrik des 20. Jahrhunderts) veröffentlicht worden, an der neben Pasolini auch Mario Dell'Arco mitgearbeitet hat. 1955 erscheint ein thematisch verwandter Band: *Canzoniere Italiano – antologia della poesia popolare* (etwa: Italienische Liedersammlung – Anthologie der volkstümlichen Dichtung). Im Jahr 1954 ermöglicht der Verlag von »Paragone« das Erscheinen der im Friaul entstandenen Gedichte in definitiver Buchform unter dem Titel *La meglio gioventù.* Anna Banti möchte in die gleiche Reihe den Roman *Ragazzi di vita* aufnehmen. Im selben Jahr 1954 veröffentlichte Pasolini im Verlag Meridiana, einer Lyrikreihe unter Leitung von Vittorio Sereni, *Il canto popolare* (etwa: Das Volkslied), das erste Essay im Band der Gedichte von *Le ceneri di Gramsci.*
Erfolg brachte dem Literaturkritiker Pasolini seine schon erwähnte Mitarbeit an »Giovedì«, der Wochenzeitschrift für Politik und Kultur, die Giancarlo Vigorelli leitete. Sie sammelte Intellektuelle und Schriftsteller um sich, die weder der laizistischen Linken noch den Kommunisten angehörten und dem Bereich der katholischen Demokraten zuzurechnen waren. Pasolinis Artikel erschienen vom Januar bis September 1953. Ihre Themen: das Werk von Ungaretti, von Saba; die jüngeren Autoren der »lombardischen

Linie«, die Luciano Anceschi herausgearbeitet hatte; die Erzählungen von Gianna Manzini. Seine Rezensionen zeigen ihn als Essayisten von ungewöhnlich eindringlicher Kraft. Carlo Betocchi dankte ihm für eine Rezension und schrieb: »In dem, was Du schreibst, legen wir alle beide ein Bekenntnis ab.«
Neben der Zusammenstellung von volkstümlichen Dialekttexten zu Anthologien arbeitet Pasolini in seiner Eigenschaft als Philologe von 1952 bis 1954 an der Publikation »Il Belli« mit. Seine Ausführungen über die subtile Verknüpfung zwischen Mundartdichtung und Kunstdichtung, die von einem Bewußtsein für historische Bedingtheit angeregt sind, finden volle Zustimmung. Als nach dem Erfolg von *Ragazzi di vita* Moravia dem damaligen Chefredakteur des »Corriere della Sera« Mario Missiroli zur Verpflichtung Pasolinis rät, lehnt der ab. Missiroli ist eine Art scharfsinniger Zeremonienmeister des Regierungskonformismus. Belesen, wie er ist, fügt er jedoch hinzu: »Sagen Sie Ihrem Freund von mir, was seine Arbeit über die Dialekte angeht, hat man seit der Zeit Carduccis nichts Vergleichbares mehr gelesen.« Ich sagte vorher, das Leben Pasolinis werde hektisch. Dies ist ein längerer Prozeß, der von hier seinen Ausgang nimmt. Pasolini wird nach und nach in das Leben der Literaturszene hineingezogen, an der er an sich gar kein Interesse hat – doch schließlich ist er ein Schriftsteller auf der Suche nach Publikum.
Am 25. Juli 1955 schrieb er an Cesare Bortotto:

Liebster Cesarino, ich danke Dir wirklich von Herzen für Deinen Brief und beantworte ihn nur deshalb mit Verspätung, weil er mich hier in Ortisei erreicht, wo ich wie ein Verrückter arbeite (an einem Drehbuch). (...) Verzeihe mir diese schreckliche Eile, diese schmucklose Syntax. Ich möchte nur noch hinzufügen, daß ich bei Deinem Brief ein wenig den Eindruck hatte, daß doch Jahre vergangen sind: Ja, leider sind die Jahre vergangen, doch ich versichere Dir, daß meine Beziehung zu Dir, Cesarino, mir immer noch wichtig ist und sich deshalb nicht ändert. Drum umarme ich Dich mit alter Zuneigung.

Das Drehbuch, an dem er »wie ein Verrückter« arbeitete, war *Il prigioniero della montagna (Flucht in die Dolomiten)*, ein Film von

Luis Trenker. Er arbeitete mit Bassani daran. Die beiden waren im Sommer Gäste von Trenker in Ortisei. Eine Fotografie zeigt Pasolini und Bassani im Gebirge: Pier Paolo hat das übliche verlegene Lächeln auf dem Gesicht, seine Frische, sein schlanker Körper lassen ihn jünger als seine mehr als dreißig Jahre erscheinen. Der Brief an Bortotto erzählt nicht nur von der anstrengenden Arbeit: auch von der jetzt in seinem Inneren vollzogenen Abrückung vom Friaul. Pasolini ist der goldenen Hülle dieses Paradieses entschlüpft.
Das Jahr 1955 bringt die Veröffentlichung von *Ragazzi di vita.* Der Roman ist im April im Handel. Ende Juli wird er vom Ministerrat beim Oberstaatsanwalt von Mailand gemeldet. Die Begründung: »pornographischer Inhalt«.

Ragazzi di vita

Das Erscheinen von *Ragazzi di vita* im Buchhandel löst einen Skandal aus, bringt aber auch einen blitzartigen Erfolg und entfacht heiße Diskussionen. Um das alles verstehen zu können, muß man Bilder aus damaligen Wochenschauen zuhilfenehmen. Pornographie. Was für Pornographie? Ein paar Auslassungspunkte. Das *vaffan* … (etwa: leck mich am …), ein paar Päderasten, die wie chinesische Schattenfiguren an die Pappwände gewisser kleiner Stadtrandkinos gemalt sind; oder das Wort »Schwanz«, das nie vollständig ausgesprochen wird, aber auf der Oberfläche der Erzählung hautnah belassen wird. Pornographie war der Geruch von Wahrheit, der in diesem Buch nach Art eines Schelmenromans zirkuliert; die schwitzige, kranke Vitalität der Hauptfiguren, ihre herausgebrüllte Tobsucht, die höhnisch schamlose Plastizität ihrer Körper.
Bilder aus den Wochenschauen jener Zeit: ein recht züchtiges Italien, das verrückt war auf die sogenannten »Sexbomben«, die Mädchen aus den Schönheitskonkurrenzen, höchst augenfällige Symbole eines Landes, das endlich zu essen hatte und etwas produzierte – große Busen, weiße Bäuche, Schenkel wie bei Rubens. Der Wohlstand nahm blühende weibliche Formen an.

Der Mythos der antiken Obstgöttin Pomona florierte wieder: unter dem strengen Faltenwurf der Schneiderkostüme oder in den »offenherzigen« Ausschnitten der Sommerkleider. Die Gesellschaft der fünfziger Jahre ist im Grunde zopfig. Nur zögernd reagiert sie auf die europäischen und überseeischen Modetrends. Plump wirken die Männerhosen mit der hohen Taille, plump der Borsalino, den man noch wie in der Vorkriegszeit aufsetzt. Dieses Italien ist noch nicht der spätere Industriestaat. Die Industrialisierung hat bisher nur in der Poebene in geringem Umfang eingesetzt. Der Rest ist bäuerlich, betriebsam oder verträumt, aber bäuerlich. Der Lebensrhythmus in den großen Städten ist ebenfalls noch weitgehend dem auf dem Lande ähnlich. Der Montesi-Skandal, wo sich Politik und Nachgiebigkeit der Gerichtsbarkeit überschneiden, und ein Skandal von Devisenhinterziehung, in den in Rom ein hoher geistlicher Würdenträger verwickelt ist, lassen schon in diesen Jahren den Alarmruf nach der öffentlichen Moral erklingen. Vor diesem Hintergrund erscheint das kulturelle Leben als ein Fremdkörper: Man wird sich nicht einig, ob es dem übrigen öffentlichen Leben der Nation einen Schritt voraus ist oder seine Kraft auf wundersame Weise anderswoher schöpft. Doch das Schwungrad der Vermassung beginnt sich schon zu drehen: Die große Umwälzung der gesellschaftlichen Normen in Italien, ihre Veränderung im Sinne einer Unkenntlichmachung (oder eines Absinkens) ist nicht mehr weit. *Ragazzi di vita* dagegen erzählt von Borgate, von entgleisten Existenzen. Pasolini schreibt von einem Leben, das vom Leben nur den Anschein hat. Dieses Leben ist das aufgedeckte schlechte Gewissen eines Landes, das sich an moralische und soziale Vorurteile klammert. Es ist das Skelett, das sich im Schrank versteckt – und dieses Skelett hat eine anmaßende, eine gemeine Sprache.

Die dringende Notwendigkeit, archaische Produktionsverfahren zu überwinden, das Fortleben von tief verwurzelten, eigentlich toten ethischen Prinzipien: Das ist der Hintergrund, vor dem die Beschuldigung wegen Pornographie erhoben wird – gegen ein Buch, das nichts Pornographisches an sich hat, in dem die Erotik beschworen wird, um eine geheime Vorstellung vom Tod aufzuzeigen. Dieses Buch hat einen hochpolitischen Gehalt. Mit einem neuen, akkurat ausgearbeiteten Stil entblößt es den existentiellen Vorort der italienischen Gesellschaft. Diese Gesellschaft hatte soeben ihre tiefen Wunden geheilt, und das recht schnell. Sie hielt sich für genesen, verbarg jedoch ihre alten, tiefer sitzenden Leiden vor sich selber. Das vergeudete Leben des Riccetto und seiner Freunde war vielleicht sogar über die Intentionen des Autors hinaus ein Brennspiegel, in dem sich diese Leiden sammelten. Es war nur zu leicht, diese Leiden zu verleugnen, indem man ihren Spiegel verbannte.

Das Band zwischen einem literarischen Werk und der Gesellschaft, in der es entsteht, ist zweifellos rätselhaft, oft auch unergründlich. Manchmal jedoch kommt es zu Wechselwirkungen, die dieses Rätsel aufdecken. Im Fall von *Ragazzi di vita* war es also der Ministerrat, der sich in Bewegung setzte. Den Vorsitz im Kabinett hatte Antonio Segni inne. Der Abgeordnete Segni sorgte dafür, daß elf Tage nach seiner Amtseinsetzung dem Oberstaatsanwalt von Mailand »wegen eventuellen Vorgehens im Rahmen der Zuständigkeit« geschrieben wurde. Der Brief, der zusammen mit einem Exemplar des Romans übersandt wurde, schloß: »In der Publikation kann man pornographischen Inhalt feststellen[1]«. Am 29. Dezember 1955 sprach der Oberstaatsanwalt von Mailand eine »Vorladung zum Schnellverfahren gegen Garzanti, Aldo, und Pasolini, Pier Paolo, angeklagt wegen Veröffentlichung obszöner Schriften« aus.

Durch Selbstanzeige trat Livio Garzanti an die Stelle seines Vaters Aldo. Der Prozeß fand am 4. Juli 1956 statt. Als Zeugen traten auf: Pietro Bianchi in seiner Eigenschaft als literarischer Berater des Verlags Garzanti, Carlo Bo und – auf dem Schriftweg – Giuseppe Ungaretti. Zur Sprache kamen die »religiösen Werte« und die »Barmherzigkeit gegenüber dem Entrechteten«. Der Staatsanwalt beantragte Freispruch, »da der Vorgang keinen Straftatbestand erfüllt«. Der Freispruch wurde ausgesprochen, und der Roman kehrte in die Buchhandlungen zurück, nachdem er monatelang beschlagnahmt worden war. Das Gerichtsverfahren ging gut aus. Dem Verleger war es gelungen, die Politiker in positiver Richtung für den Fall zu interessieren. Der Urteilsspruch hob das »Klima unparteiischer Erhabenheit« hervor, in dem sich die Verhandlung abgespielt hatte, unterstrich »den noblen Einsatz des Staatsanwaltes und der Verteidigung«. Pasolini hat in seinem Leben viele Anzeigen erfahren, in denen es um sein Werk als Schriftsteller und Regisseur ging. Man zeigte ihn auch anonym an; doch diese Anonymität ist selbst schon eine Verurteilung, über die es sich gar nicht zu diskutieren lohnt. Im Fall von *Ragazzi di vita* überrascht, daß die Initiative von einer der höchsten Institutionen der Staatsgewalt ausgegangen war.

Die römischen Borgate, ihr menschliches und soziales Magma bildeten einen beunruhigenden Gürtel rings um die Hauptstadt herum: ständige Anklage gegen wechselnde Regierungen, denen es nicht gelang, sich vom faschistischen Erbe zu befreien. Das soziale und städtebauliche Krebsgeschwür dieser Borgate war vom Diktator Mussolini durchaus beabsichtigt. Krieg und Nachkriegszeit hatten die Situation chronisch werden lassen. Die neue Demokratie startete in Richtung auf den wirtschaftlichen Wohlstand, doch diese sichtbare Plage, diese schreiende menschliche Plage dehnte sich immer mehr aus – wie eine Metastase. Ein Buch voll literarischer Eleganz hatte das alles offen ausgesprochen. Wenn es uns heute auch noch so vereinfachend oder sogar naiv erscheinen mag – damals hat man versucht, diese Stimme zum Schweigen zu bringen.

»Das ist ja eine Tonspur wie zu einem Film«, sagte Gadda. *Ragazzi di vita* gefiel ihn. Gadda war auch in der Jury, die zu Beginn des Sommers 1955 dem Roman in Parma den Preis Colombo-Guidotti zuerkannte. Neben Gadda setzte sich die Jury noch aus Bertolucci, Giuseppe De Robertis, Piero Bigongiari, Carlo Bo, Cassola, Sereni, Anna Banti, Mario Luzi und anderen zusammen. Der Preis sollte als Anklage gegen all diejenigen fungieren, die – ob Politiker oder nicht – mit Angriffen gegen den neuen Schriftsteller und sein ungewöhnliches Buch gleich bei der Hand waren.

Auch ein Teil der marxistischen Literaturkritik gesellte sich zu den Angreifern. Carlo Salinari hatte in »Il contemporaneo« von »linguistischer Zweideutigkeit« und von »inhaltlicher Zweideutigkeit« gesprochen, von »unechtem Verismus der Worte« und von trüber Inspiration[2]«. Auf Pasolinis Erfindung des Begriffs vom römischen Subproletariat reagierten einige Marxisten moralistisch: Sie stellten eine Art schulähnlichen Vorschriftenkatalog auf, demzufolge diese Definition abzulehnen sei und nicht sein durfte, da sie Frucht einer »narzißtischen« Sensibilität sei. Sie warfen ihm philologische Eigenmächtigkeit vor und beanstandeten Pasolinis Anspruch, der Wirklichkeit gerecht geworden zu sein. Der Schriftsteller sei vielmehr in seiner Realismus anstrebenden Darstellung von seinem eigenen Ästhetizismus betrogen worden[3].

Auch diese Stellungnahmen kennzeichnen in ihrem Suchen nach inhaltlichen Scheingründen nichts anderes als die verborgene politische Brisanz von *Ragazzi di vita.* Die Existenz des städtischen Subproletariats war kein rein ästhetisches Problem. Das war der Schluß, den Pasolini aus allem, was gesagt und geschrieben wurde, ziehen mußte: Sein Werk wirkte unmittelbar auf altersschwache vorfaschistische und vorliberale Überreste ein, die das Gewissen der Nation noch dunkel heimsuchten. Diese Einwirkung geschah nicht allein über den Verstand, als vielmehr durch eine explosive Subjektivität, die alle Brandmale der großen Tradition der Dekadenz trug. Seine Wirkung tat auch das, was man in der christlichen Vorstellung mit »Skandal« umschreibt. Pasolini ging es um die weiten, unerforschten Einflußbereiche des Unbewußten. In ihnen machte er das »reine« Bedürfnis nach sozialer Gerechtigkeit aus; doch diese Reinheit war in ihm Stimme des Inferno, Vision der Unterwelt.

Die großartige Sprachbegabung, die so verschieden von der ist, die der Mundartdichter aus Casarsa hervorgekehrt hatte: *Ragazzi di vita* ist nur Klang, nicht Melodie. Der Roman stellt nicht nur eine Realität dar; die streng literarische Konzeption Pasolinis verwandelt das Buch in eine Realität.

Mit zwanghafter, monotoner Spannung entleert Pasolini die Welt der Borgate von allem, was nicht animalisch und brutal ist. Er verschlingt jedes Luftholen, jeden menschlichen Atemzug, jeden Hoffnungsschimmer: jedes Motiv, das die Gestalten dazu bringen könnte, lieber zu leben als zu sterben[4].

Das schrieb Pietro Citati. Dieses Inferno im Sinne eines Lautréamont, wo alles in der Chiffre der Niederlage enthalten ist, ist dann eigenartig glücklich: Der Stil verwandelt es in ein fortwährendes Blühen von Bildern, überwältigt es mit überschwenglicher Vitalität. Naiv und listig zugleich vermittelt der Autor dieses Universums dem Leser den fröhlichen, schamlosen Schauer seiner eigenen Entdeckung, einer zugleich erotischen und ausdrucksstarken Entdeckung. So kann seine Subjektivität triumphieren; sie ist diffuse, nicht zu bändigende Erotik, die in sich eine unerhörte, durchaus politische Perspektive aufdeckt. Tatsächlich wird der »Fall« ja auch in Marxisten-Kreisen erörtert.
War der römische Dialekt, das *romanesco*, in dem der Roman geschrieben war, eine Willkür des Philologen? Unter den Jungen, die Pasolini in der Borgata kennengelernt hatte, hatte er einen »Berater« gefunden: Sergio Citti; »mein lebendes Römisch-Wörterbuch«, sagte er über ihn[5].
Sommer 1951. Pier Paolo sah Citti zum ersten Mal auf dem Hochwasserbett des Flusses Aniene bei Ponte Mammolo. Ein paar Tage später begegnete er ihm vor einem Kino von Acqua Bullicante am Prenestino. Die beiden fingen eine Unterhaltung an. Sergio war achtzehn, ein paar Wochen vorher war er aus der Besserungsanstalt entlassen worden: Pier Paolo kam ihm wie ein Sozialarbeiter vor. Er war ihm gegenüber mißtrauisch.
Pier Paolo sagte zu ihm: »Ich bin Schriftsteller.« Auch Citti schrieb, oder meinte es wenigstens: Erzählungen. Ein Junge aus dem Volk, ohne Schulbildung, doch mit einer ungewöhnlichen verbalen Erfindungsgabe vom Typ des »Spitzbuben«. An dem Abend unterhielt sich Sergio lange mit Pier Paolo und entdeckte dabei, daß der ein ganz anderer Mensch war, als er auf Anhieb gedacht hatte. Pier Paolo erzählte ihm von Psychoanalyse und wie sich die Erotik in der Jugend entwickelt. Der Abend endete damit, daß beide auf den Stufen der Kirche in diesem Stadtteil *ditate** spielten, bis sie bluteten. Dann sagte Pier Paolo, er sei gerade dabei, ein Buch über die Jungen aus den Borgate zu schreiben, und bat Sergio um seine Hilfe.

---

* gegenseitige Stiche mit dem gestreckten Zeige- und Mittelfinger. (Anm. d. Ü.)

Pasolini und Citti sahen sich nun öfter. Sie gingen in die Pizzeria in Torpignattara: ein Lokal, das »L'Aquila d'oro« hieß. Sergio verdiente zu der Zeit mehr als Pier Paolo. Er war Anstreicher, für 1 800 Lire am Tag. Er spendierte Pasolini die Pizza. Er stellte ihm Franco, seinen Bruder, vor: ein wenig gesprächiger, melancholischer Typ. Bei diesen Abendessen, an denen häufig noch andere junge Männer teilnahmen, wurde viel erzählt: Die »Fressereien« und Trinkgelage waren getränkt von Worten und Gestikulieren. Pasolini hatte immer ein Notizbuch offen vor sich liegen: Er fragte Sergio mit dem pedantischen, haarspalterischen Gebaren des berufsmäßigen Sprachwissenschaftlers nach sprachlichen Feinheiten. Wenn das Abendessen vorbei war, fuhr er mit der Trambahn nach Rebibbia zurück: Er verschwand zu seinen Abenteuern. Sergio machte ihm den Vorschlag, zusammen mit zwei Mädchen auszugehen. Pier Paolo machte ihm den Gegenvorschlag, er sollte ihn bei seinen »Jungen-Jagden« begleiten. Nur einmal sprach er von einer gewissen Franca, ein Name, der jedoch ohne Gesicht geblieben ist. Citti hatte bis dahin der Tatsache, daß der Freund »schrieb«, nicht allzu viel Gewicht beigemessen. Sie verloren sich aus den Augen. Dann, beim Durchblättern einer Zeitung, entdeckte er zufällig ein Foto von Pier Paolo. Es ging um Literaturpreise und um *Ragazzi di vita;* der Roman nahm am Preis von Viareggio von 1955 teil. *Er pasòla* oder *Giacche Palànce* (vertrauliche Spitznamen, die ihm die Jungen verliehen hatten; der zweite spielt auf seine eingefallenen Wangen an, die an den amerikanischen Schauspieler Jack Palance erinnerten) hatte die Wahrheit gesagt.

Fast zwei Jahre vergingen. Da erschien »der Schriftsteller« wieder in Acqua Bullicante. Er hatte einen weißen Fiat 600 aus zweiter Hand und schenkte den Freunden aus der Borgata abgelegte Anzüge. Er schrieb einen neuen Roman, die Beziehung zu Sergio wurde enger. Es entstand *Vita violenta.* Sergio wurde nicht nur Berater im Jargon der Spitzbuben und Gauner, sondern arbeitete auch mit Pier Paolo beim Film; die Filmarbeit nahm immer mehr zu. Sie arbeiteten zusammen an einer ersten Fassung des Sujets für *Il gobbo (Der Bucklige von Rom),* die dann nicht verwendet wurde. Pasolini übernahm in diesem Film von Carlo Lizzani eine

Rolle. Citti hatte als Kind in der Borgata am eigenen Leib das Schicksal von Alvaro Cosenza, genannt ›der Bucklige‹ erfahren. Die Atmosphäre dieser Krimi-Episode war der Atmosphäre der Romane Pasolinis vergleichbar. Sergio half dann Pier Paolo bei der Ausarbeitung der Dialoge in römischem Dialekt für *Le notti di Cabiria (Die Nächte der Cabiria)* von Federico Fellini (1957)[6]. Pasolini wollte, daß Sergio in dem Film eine Rolle übernahm. Fellini war einverstanden, doch Sergio zog es vor, auf der anderen Seite der Kamera zu bleiben.

War der römische Dialekt, den Sergio vorsagte, ein ganz willkürlicher? Es handelte sich um einen Jargon im Jargon: die Sprechweise einer Bande, die zur Verschlüsselung der Kommunikation zwischen Freunden erfunden worden war, um den auszuschließen zu können, der kein Freund war. Doch dieser Jargon zeugte auch von einer tragischen Gettobildung, von einer kranken menschlichen Randexistenz. Pasolini war ein zu guter Philologe, um sich der Erfahrung und poetischen Nachbildung dieses Jargons zu entziehen. Die »Subjektivität« dieser Sprache verkehrte sich unweigerlich in »Objektivität«. Die Phantasie wurde unweigerlich angewendet, um die »Dinge« einzufangen. Die stilistische Mimikry wurde in den Augen des Schriftstellers der absolute, unvergleichliche Moment dieses Einfangens. Dieser Jargon verlor so seine rein literarische Zweckbestimmung. Er wurde allein für Erkenntniszwecke eingesetzt. Er beleuchtete die unberührte, kreatürliche Welt der Borgate und war ein in das Dunkel einer Polypenkolonie entsandter Lichtstrahl. Von einem Gaunerjargon verwandelte er sich in eine Sprache, die geeignet war, das Gegenteil eines Universums, oder besser eines Infernos gegenüber dem Rest dieses Universums zu verherrlichen.

Eine provisorische Schlußfolgerung: Die Schranken der »römischen« Erzählkunst Pasolinis liegen nicht in der Verwendung einer nur einen Ausschnitt betreffenden, willkürlichen Sprache, sondern in der ideologischen Programmatik, in dem lehrmeisterlichen Streben.

Von *Ragazzi di vita* zu *Vita violenta:* Von 1955 bis 1959 hat Pasolini seinen großen Erfolg. Pier Paolo arbeitet nur schubweise an seinem neuen Roman. Livio Garzanti treibt ihn an. Zwischen einem Drehbuch und dem nächsten ringt sich Pier Paolo die Zeit für die Geschichte von Tommasino ab. Inzwischen hat er auch den Konsens der Literaturkritik (1957 mit *Le ceneri di Gramsci)* und den Beifall der Leserschaft erhalten. Pasolini hat die öffentliche Meinung der Nation einerseits wegen seines Talents, andererseits wegen des »Skandals« einer keineswegs vertuschten, sondern im Gegenteil mannhaft gelebten Homosexualität auf sich aufmerksam gemacht. Auch auf dem Höhepunkt der Polemiken legt er die Zeichen intellektueller Strenge nicht ab: »Meine Lehrmeister sind Gramsci und Contini[7]«. Linguistik, Sprachwissenschaft und historischer Materialismus sind die Arbeitsinstrumente, die er frech und verächtlich auf die Schreibtische der italienischen Intellektuellen schleudert. Beeindruckend ist seine Gewandtheit, mit der er seine Untersuchungskriterien auf jedes auch nicht literarische Problem anwendet.

Der Arbeitstisch der italienischen Intellektuellen war noch übersät mit staubigen Retorten und Destillierkolben, mit archaisch anmutenden kleinen Instrumenten, die vergebens nach einem druckfrischen Wörterbuch katalogisiert waren. Pasolini dagegen kann über Mode schreiben, über die Lyrik des Hermetismus oder über kindliche Erotik – und das immer ganz zeitgemäß. Seine Aufmerksamkeit für die Gesellschaft ist Anzeichen für ein neues Verständnis von Engagement: Das Engagement eines Schriftstellers tritt nicht mehr nur im Kampf um politische Rechte und Bürgerrechte zutage. Es ist etwas viel Nuancierteres, Umfassenderes, es ist ein Nachdenken über die Welt, in der man lebt.

Diese Jahre gehen nicht vorüber, ohne bei Pasolini Spuren zu hinterlassen. Teils stiftete er selbst Polemiken an, teils bedrängte man ihn im Zusammenhang mit *Ragazzi di vita* mit solchen Polemiken. Eine mögliche Schwachstelle: diese Polemiken hätten auf subtile, nicht greifbare Weisen in seinem Schaffensbereich das Bedürfnis wachsen lassen, eine Romankonstruktion zu suchen, die den Prinzipien eines realitätsbezogenen Lehrstücks genügten; ein möglicher Mangel, der von seinem ersten Schelmenroman, seiner ersten politischen Schmähschrift rasch übergangen oder als gegeben vorausgesetzt worden war.

Pasolini ist eine gewisse Dialektik durchaus eigen, sie war nur in seinen bisherigen Schriften zurückgedrängt oder zumindest von der Sinnlichkeit in Darstellung und Ausdruck aufgesogen worden. *Vita violenta* dagegen ist ein Erziehungsroman. Darin wird gezeigt, daß das Experimentieren mit der Sprache (linguistischer Experimentalismus ist die Formel, die jetzt das Werk Pasolinis ausdrückt) das von Gramsci entworfene Projekt eines »nationalen Volksromans« weiterentwickeln kann. Diese Ziele gestand Pasolini auch ein. Damit stellte er sich der Kritik der militanten Marxisten – eine Gegenüberstellung, die er mit parabelähnlicher Strategie und Provokation suchte.

Tommasino, die Hauptfigur von *Vita violenta,* ist nicht der Riccetto der *Ragazzi.* Er scheint nicht wie in dem spiegelnden Prisma seiner sinnlosen Existenz eingefangen. Er soll eine ganz runde Persönlichkeit, eine Persönlichkeit aus einem Stück sein, die Synthese aus einer ganzen Reihe von Erfahrungen, die ihn »typisch« machen sollen. Tommasino ist Mitglied der neofaschistischen Partei, ein Ragazzo di vita, und schlägt sich wie alle diese Jungen gerade eben durch. Man steckt ihn ins Gefängnis; als er wieder herauskommt, ist er »gereift«: Er ist bereit, sich in die Gesellschaft einzufügen. Er legt sich sein Leben nach seinen Bedürfnissen irgendwie zurecht. Da erkrankt er an Tuberkulose. Im Sanatorium findet er Zugang zur Idee vom Kommunismus. Er stirbt als eine Art Menschenopfer, als er während einer Überschwemmung versucht, ein paar Barackenbewohner zu retten. Dieses Gerüst sagt viel über eine ideologische Beschränktheit aus. Die Erzählung ist unverblümt didaktisch, der Ideologie wird eine tragende Rolle zugewiesen. Sie determiniert das Geschehen und bietet es gleichzeitig als vorbildhaft an.
Diese Struktur erzielt bei den Gestalten und Handlungsabläufen dieses Romans im Vergleich zu *Ragazzi di vita* eine Art Gegenlichteffekt: Sie werden schwarz wiedergegeben. *Vita violenta* scheint zum Stummfilm reduziert – ein Roman über Verhaltensweisen, die in Montageschnitte gefaßt sind, vor allem visuell vorhanden und nicht mit Ton versehen. Die Welt erscheint hier grausam und öde: Dreikönigsfest eines kranken Jahres, das keine Aussicht auf

Genesung hat. Im Zuschauerraum eines Kinos geht das Licht an, und es ist

wie wenn man einen Stein aufhebt und darunter alles voller Würmer findet: ein Knäuel von ineinander verschlungenen Würmern, die sich bewegen und auf allen Seiten herausgekrochen kommen und dabei die Köpfe und die Schwänze durcheinanderbringen.

Solche und ähnliche Vergleiche in diesem Roman scheinen Bilder Dantes zu beschwören. Sie dokumentieren jedoch eigentlich eine wachsende, düstere Beklemmung. Die Welt der Ragazzi di vita ist dabei, in der Phantasie ihres Autors immer mehr zu zerfallen. Er erlebt diesen Niedergang, hofft aber noch, ihm durch ethisch-politische Verhaltensregeln Einhalt gebieten zu können. Doch das Wort allein reicht zu solchen Rettungsversuchen nicht mehr aus. Zu *Accattone* und dem Film sind es nur noch ein paar Schritte.
Mit neuem Bewußtsein lebt Pasolini noch einige glückliche Jahre voller Lebensfreude. Unter den echten Ragazzi di vita hat er dauerhafte Bindungen geknüpft – Freunde, die später auch in *Accattone, Mamma Roma, Der Weichkäse* und *Das Evangelium* zu finden sein werden. Die Freunde begleiten ihn ab und zu, wenn er mit Schriftstellern und Intellektuellen ausgeht. Mit diesen Freunden spielt er Fußball, wann immer er kann. Mit ihnen verbindet ihn die Solidarität unter Männern, die er braucht. Er sucht ihren Kontakt, sucht ihren handfesten Humor, die schrullige Lebensklugheit in den Worten von Citti, die Muskelkraft und Geschmeidigkeit im Äußeren von Ninetto Davoli. Sergio Citti und Ninetto sind die herausragenden, oft genannten Namen: Sie werden später die Freunde fürs Leben sein; mit ihnen teilt er seine Freude am Schlagabtausch in Dialekt, seine ausgeprägte Neigung zum sprachlichen Rollenspiel. Die vielen, sehr vielen anderen, die ihn einfach Paolo nannten oder auf römisch *a Pa'* und mit denen er immer freundlich und zuvorkommend umging, sind die vielen, sehr vielen Stationen auf seinem Lebensweg, an denen er haltmachte und nach einer Wahrheit und Natürlichkeit des Lebens suchte, die ihm immer mehr entglitt.

Pier Paolo war bei diesen Jungen der glänzende, faszinierende kleine Professor, der er in Valvasone gewesen war. Er war ihr hypothetischer Vater. Er sagte, sie seien frei in ihren Gefühlen und mit ihrem Körper, weil sie bereit dazu waren, mit Homosexuellen Liebe zu machen, mit einem Homosexuellen wie ihm. Sie waren voll ungezwungener Fröhlichkeit dazu bereit, nicht mit der Gleichgültigkeit des gedungenen Liebhabers, auch wenn sie es für tausend Lire, eine Pizza oder ein Paar Jeans taten. Wenn es eine erotische Beziehung war, dann kam es nur ein einziges Mal zu einer Begegnung auf dieser Ebene. Schloß sich eine Freundschaft an, so schloß die wiederum Sex für immer aus.
Pasolini betrachtete diesen Ausschluß des Sex aus seinen Freundschaftsbeziehungen als eine Art Sieg über den Instinkt. Dieser Sieg produzierte jedoch auch Verzweiflung und Unsicherheit in seinen Gefühlsbeziehungen. Mit den Jungen onanieren, mit der Mehrzahl Oralverkehr, dann Abend für Abend immer von neuem die Suche nach immer mehr Liebhabern – das reduzierte die Erotik auf die mechanische Wiederholung ihrer selbst. Die tiefsitzende, beklemmende Angst, die seinen Intellekt bedrängte, mußte immer düsterer, mußte unentrinnbar werden. Die Bedrängnis wurde mit der Zeit erstickend, zwanghaft. Wenn es ihm zeitweise gelang, sich davon zu befreien, kam er zerstört, erschöpft und verstummt an die Oberfläche. Indizien für diese Besessenheit, für dieses Verstummtsein finden sich in den schwarzmalerischen Bildern von *Vita violenta* wieder: Zeichen einer poetischen Welt, die vorzeitig zugrunde geht, weil sie zu sehr mit dem Leben ihres Autors verstrickt ist.

Die Werkstatt in Bologna

Mai 1955: Die erste Nummer von »Officina« (etwa: Werkstatt), ein zweimonatlich erscheinendes Heft für Dichtung wird veröffentlicht. Redakteure sind: Francesco Leonetti, Pier Paolo Pasolini, Roberto Roversi. Sie haben ihr Redaktionsbüro in der Via Rizzoli 4 in Bologna. Das Deckblatt ist aus rauhem Packkarton, die schmutzigweiße Farbe dominiert – eine Werkstattfarbe. Die *ferrarese officina* (etwa: Werkstatt in Ferrara) Longhis ist sicherlich nicht weit: eine Werkstatt für Ideen, Stil und Poesie – die Herausbildung eines »literarischen Diskurses«, der sich an sich selber mißt, doch die Gegenüberstellung mit der Historie und mit der Gesellschaft nicht ausschließt.

Die Zeitschrift erscheint bis zum April 1958 in zwölf Nummern. Gedruckt werden noch die Nummern März-April 1959 und Mai-Juni 1959 aus einer zweiten Serie. Hier ist Fabio Mauri Redaktionssekretär; das Titelblatt ist dunkelgrundig mit dem in weißen Lettern umbrochenen Inhaltsverzeichnis. Dann ist Schluß.

Die Freundschaft von Leonetti, Pasolini, Roversi und dem später hinzugestoßenen Mauri begann schon im Gymnasium: zur Zeit der Publikationen »Eredi« und »Setaccio« in Bologna. Jahre waren inzwischen vergangen, und Pasolini wollte wieder »in der Provinz Kultur machen«. Die Idee, Instrumente zur Verbreitung von Kultur aufzubauen, stammt nicht allein von Pasolini. Auch Leonetti denkt daran, und Roversi konkretisiert die Idee. In seiner Antiquariatsbuchhandlung, »Palmaverde«, finden oft die Zusammenkünfte statt, sie wird zum Ort der Begegnung einer kleinen Gruppe, die nach und nach andere anzieht: Gianni Scalìa aus Bologna; Angelo Romanò, den Pasolini bei seiner Rundfunkarbeit in Rom kennengelernt hat (Romanò war Angehöriger der staatlichen Rundfunkgesellschaft Rai und wohnte jetzt in Mailand); Franco Fortini, der ebenfalls in Mailand wohnte. Bologna hatte eine Mittlerstellung zwischen den Polen Rom und Mailand inne[8].

Pasolini lebt das »Leben voller Gewalt« in Rom; er sagt, er betrachte Bologna, diese ruhige Stadt, die ihr Gesicht seit den Vorkriegsjahren nicht verändert hatte und noch immer das bevorzugte Universitätsstädtchen war, als sein »Portiuncola«. Es gibt lange Diskussionen und einen angeregten Briefwechsel. Jeder kritische Text und jeder kreative Text wurde gemeinsamer Prüfung unterzogen und die Verfasser zu Korrekturen, Hinzufügungen oder Umschreibungen aufgefordert. Der Mitarbeiterkreis war ausgesucht. Pasolini lud einige »römische« Freunde zur Teilnahme ein: Gadda, Bertolucci, Caproni, Bassani, Garboli,

Penna, Vivaldi und Volponi. Es erscheinen auch Texte von Pagliarani, Sanguineti, Arbasino und vom noch sehr jungen Massimo Ferretti, einer Entdeckung Pasolinis.

Die Trennung zwischen kritischen und kreativen Texten ist deutlich. Die kritischen Texte sind zumeist redaktionelle »Analysen« der literarischen Gegenwart oder Vergangenheit. Die kreativen Texte stammen sowohl von den Redakteuren als auch von den »Gästen«. Die Zeitschrift honoriert die Beiträge nicht in Geld. Es kam jedoch vor, daß sich Roversi mit einigen Flaschen Lambrusco frisch vom Bauernhof »bedankte« – Ausdruck einer feinsinnigen Provinz, Ausdruck alter ländlicher Tradition. Die herzliche Atmosphäre in diesem kleinen Kreis ist gut nachzuvollziehen. Dann kam es jedoch zu Unstimmigkeiten mit Fortini.

Das »Aktionsprofil« der Zeitschrift in den Worten von Francesco Leonetti:

> Wir müssen uns dazu erziehen, mit der notwendigen Bedachtsamkeit von der inneren, persönlichen Welt zur sozialen, geschichtsbezogenen Welt hinüberzugehen, von der kleinen Welt in die große Welt mit ihren mächtigen Illusions-Kräften; das sind keineswegs naive Illusionen, wie diejenigen glauben mögen, die vielleicht sogar mit künstlerischer Sensibilität in einem Chaos ohne Ausweg kämpfen. In Wirklichkeit hat uns der Neorealismus mit seiner Eile gezeigt, was geschieht, wenn die »kleine Welt« nicht zur Geltung kommt; es ist klar, daß vielmehr ein beständiger, zweckdienlicher Übergang erfolgen muß ...[9]

Was steckt an Inhalten hinter dieser Feststellung? Eine distanzierte, kritische Haltung dem Neorealismus und der Periode des Hermetismus gegenüber, so weit sie auf den Neorealismus abfärben konnte; die erklärte Absicht, die »geschichtsbezogene Welt« wiederzuerlangen; die Notwendigkeit, einen »Kultur«-Begriff zu erarbeiten, mit dessen Hilfe man sich der menschlichen Wirklichkeit ohne Mystifikation oder süßliche Trostsprüche annähern konnte; ein impliziter Rationalismus. Das soll heißen: Wenn die Welt als auswegloses Chaos erscheint, dann deshalb, weil man sich an eine Illusion klammert, an eine Verwöhntheit des Denkens und an eine Stumpfheit, die eine Haltung des Sich-Bedauerns begünstigen und daran hindern, sich als Sucher nach moralischen und sozialen Zielen zu verstehen. Das mag nach optimistischer Einfärbung, nach einer Nuance von Utopie klingen – legitime Gefühle in den schweren fünfziger Jahren. Diese Nuance von Utopie bleibt auch noch zu dem Zeitpunkt bestehen, als die Ideale der Widerstandsbewegung vorzeitig alterten, nicht nur weil der stalinistische Wahnsinn der zuversichtlichen Erwartung einer revolutionären Wiedergeburt bei vielen Intellektuellen einen Stoß versetzt hatte (in Italien und anderswo); doch auch weil man in weiten Kreisen wahrnahm, daß der historische Materialismus dabei war, sich in eine Art Kult zu verwandeln, der sich als noch einschränkender als die christliche Theologie erwies.

»Officina« regte zum Wiederlesen von Francesco De Sanctis und Antonio Gramsci an. Die Zeitschrift bot eine Interpretation ohne Selbstzweck an, eine Interpretation, die nicht den Prinzipien des sozialistischen Realismus gehorchte, wie er damals allgemein angewandt wurde. Die Zeitschrift brachte die Dekadenzdichtung »als Gegenwartsproblem« wieder ins Gespräch, lancierte die Themen der historischen Avantgardebewegung und deklarierte sie als weder beigelegt noch begraben. Wenn die Zeitschrift auch die absolute Legitimität der literarischen Diskussion als Selbstzweck unterstrich, leugnete sie doch auch nicht einen anderen legitimen Anspruch: daß diese Diskussion fallen gelassen werden müsse, wenn sie sich in dialektische Beziehung zur Existenz begibt.

In diesen Jahren war in der italienischen Kulturlandschaft ein rasches, fortschreitendes Sich-Auszehren der Kenntnis von der »Geschichte« zu bemerken. An ihren Platz trat die Soziologie. »Officina« unterschätzte die Grenzen des Historismus Croces in seinen zum Teil veralteten Ausdrucksformen nicht und bemühte sich deshalb wieder um ein »Geschichts«-Verständnis. Daraus entstanden treffende, einzigartige Interpretationen von Werken der modernen und der zeitgenössischen Literatur: Pascoli, Leopardi, »La Voce«*, Renato Serra, die Vertreter des *Crepuscolaris-*

---

* Vieldiskutierte Literaturzeitschrift, zu Beginn des 20. Jahrhunderts in Florenz erschienen. Vgl. Anm. 3 von Reimar Klein in: *Ketzererfahrungen*, S. 276. (Anm. d. Ü.)

*mo**, Spitzer und Lukács, die linke Kultur der Nachkriegszeit. Unter diesen und anderen Autoren und Themengebieten traf die Zeitschrift eine Auswahl. In der Tradition Gramscis wollte sie aus neuem Blickwinkel einen Überblick darüber anbieten, was von der italienischen Literatur des 20. Jahrhunderts noch lebendig und was schon abgestorben war. War es ein mit Illusionen belastetes Vorhaben? Die Instrumente der Kultur scheinen immun zu sein gegen mögliche Zerfallserscheinungen. Die Illusion bestand also zu Recht. Pasolini sah jedoch eine Schranke. Er schrieb 1974:

> Was an »Officina« irritiert und mißfällt, ist ihre Naivität, die andererseits auch ihr Verdienst ist. Daß sie den bevorstehenden Neokapitalismus und das Wiederaufleben des Faschismus nicht vorausgesehen hat, ist beschämend für ihre leitenden Redakteure. Beschämend ist auch ihre Kritik an den »Werten« – denen der Linken – in einer im Grunde fast wieder kritiklos diesen Werten schmeichelnden Weise. Bei »Officina« lag weder Ungehorsam noch Extremismus vor. Es herrschte die Ruhe der Vernunft, die wiederaufbauend wirkt. Doch es war keine wirkliche Ruhe; oder es war eine Ruhe ohne Berechtigung. In Wirklichkeit schickte sich, wer »Officina« redigierte, an – potentiell, nur potentiell –, den Platz dessen einzunehmen, den er mit lebendiger Kraft, mit Strenge, aber auch mit Respekt kritisierte. Das soll heißen, er schickte sich zur Machtergreifung an ...[10]

Ist das ein fast zu persönliches Urteil? Pasolini war sozusagen der Motor der Zeitschrift: Seine »Naivitäten« wirkten auf seine Freunde zurück. Die besaßen zwar sehr wohl eigene Persönlichkeit und Format, der Freundeskreis hatte aber eindeutig Pasolini zum Mittelpunkt. Francesco Leonetti kümmerte sich geduldig und hartnäckig darum, daß die Treffen zustande kamen. Roversi steuerte sicherlich sehr viel mehr als seine Gastfreundschaft bei. Pasolini brachte seine Erfahrung als Organisator von Kulturarbeit im Friaul mit und dazu ebenfalls aus dem Friaul alte Ideen.

---

* *Crepuscolarismo:* Strömung in der italienischen Lyrik von der Jahrhundertwende bis etwa 1920; Ähnlichkeit mit der Dekadenzdichtung in Frankreich. (Anm. d. Ü.)

Im Heft 1 der Zeitschrift kehrt der Pascoli aus seiner Doktorarbeit in einem Essay wieder. Dieser Pascoli setzt, unter stilanalytischen Aspekten neu gelesen, einen mehrstimmigen Diskurs über die »dekadente« Linie der italienischen Lyrik des 20. Jahrhunderts in Gang. An diesem Thema arbeiten auch Leonetti und Romanò aktiv mit. Als Beispiele werden Gedichte und Prosa von Sbarbaro, Clemente Maria Rebora und Ungaretti angeführt. Die Vielstimmigkeit läßt an die Idee von der Academiuta denken, an die *piccole patrie* (etwa: kleine Heimaten) und an die *poetica della regressione* (etwa: Poesie der Regression). Diese – so die beharrliche Überzeugung Pasolinis – breitet sich wie eine Rose aus und geht am Horizont der Dialekte in den stilistischen Experimentalismus über. Pasolini macht daraus das Instrument der Kritik und einer angemessenen Beurteilung seiner eigenen Lyrik und der anderer.

Hatte der Novecentismo* die Sprache »auf die Ebene der Lyrik« gehoben, wird es die Pflicht der neuen Literatur sein, sie »auf die Ebene der Prosa« herabzuholen. Das wird

> eine wahrscheinlich unvorhergesehene Wiederanwendung von Stilmitteln der frühen Phase des Novecentismo im üblichen Sinn des Begriffes mit sich bringen, da diese jetzt ganz natürlich in die rationale, logische, historische, wenn nicht sogar instrumentelle Sprache eingestuft worden sind. Diese traditionellen Stilmittel werden zu Mitteln eines Experimentierens, das im ideologischen Bewußtsein dagegen sogar absolut antitraditionalistisch ist und zwar so sehr, daß es definitionsgemäß mit Gewalt die Basis und den Überbau des Staates in Frage stellt und mit einem wahrscheinlich tendenziösen und leidenschaftlichen Akt die Tradition verurteilt, die von der Renaissance über die Gegenreformation bis zur Romantik, die soziale und politische Rückentwicklung bis zum Faschismus und zu den heutigen Zuständen nachvollzogen hat[11].

Ein ehrgeiziges Programm, eine ehrgeizige Hoffnung. Pasolini veröffentlicht *Le ceneri di Gramsci* auch in der Absicht, dieses

* *Novecentismo:* künstlerische Tendenz des beginnenden 20. Jahrhunderts; Begriff für die Literatur geprägt von dem ital. Schriftsteller Massimo Bontempelli (1878–1960) und verbreitet durch die Zeitschrift *Novecento*. (Anm. d. Ü.)

Projekt zu untermauern. Roversi und Leonetti schließen sich mit ihren Gedichten an. »Officina« ist ein wahrhafter Dichterkreis: Unter den Autoren, die den Kern bilden, besteht eine einzigartige Gemeinsamkeit in ihren Zielen. Ohne Zweifel entspricht diesen Zielen auch die Ausrichtung der Lyrik von Paolo Volponi, die später in den Band *Le porte dell'Appennino* (1960) aufgenommen wird. Pasolini hat als eigentlicher Initiator das Profil einer »problemorientierten« Literatur erarbeitet. Sein Projekt ist ein *stil novo postnovecentesco**, oder ein »spätmoderner« Stil; und für dieses Projekt hat er einige Anhänger um sich geschart. Sein Traum, ja fast eine scharfsichtige Wahnvorstellung ist, die Poesie als eine mögliche blanke Waffe gegen das Italien der fünfziger Jahre zu betrachten. Doch das Land war schon bereit zu einem unberechenbaren Sprung. Manche witterten bereits die im Gang befindlichen Wandlungen. Das Wirtschaftswunder war eine Realität. Um sie zu verstehen brauchte man andere Hilfsmittel, vielleicht eine andere persönliche Geschichte als diejenige, die Pier Paolo bis zu diesem Zeitpunkt gelebt hatte.
Der Erfolg von »Officina«, zugleich mit dem Erfolg Pasolinis als Schriftsteller und Lyriker, bestand in der Erneuerung – durch eine Synthese mit großer intellektueller Kraft – von Kulturwerten, die einer Tradition angehört hatten, die vom bäuerlichen Katholizismus durchdrungen war und im problembelasteten Verlauf des italienischen Lebens eine verbindende, einigende Rolle gespielt hatte. In dieser Tradition hatten sich zuletzt Historismus und Dekadenz aufgelöst. Die Ideale des Sozialismus hatten darauf Hoffnungen auf eine Erneuerung gesetzt. Diese Tradition – das muß man sehen – hatte auch dem Faschismus Vorschub geleistet. Doch von diesem Übel mußte man sich im Namen eines neuen Ideals, des Glaubens in die rationalen Fähigkeiten des Menschen, befreien. Pasolini fühlte all das lebendig in sich. Er bezog jedoch nicht in seine Erwägung ein, was in der übrigen Welt vorbereitet wurde und wie Italien mit blitzartiger Anpassungsfähigkeit auf diese Vorbereitungen reagieren würde. Die Welt wandelte sich:

---

* *stil novo postnovecentesco* etwa: neuer Stil des späten 20. Jahrhunderts. (Anm. d. Ü.)

Der an der Macht befindliche Stalinismus brach auf dem XX. Parteitag der KPdSU durch die Geheimrede Nikita Chruschtschows zusammen. Das optimistisch gefärbte Vertrauen in den sowjetischen Sozialismus bekam Risse.
Chruschtschow in der UdSSR, John Kennedy in Washington und Johannes XXIII. zum Papst gewählt – unerhörte Ereignisse in rascher Folge. Die Nachkriegsjahre waren düster gewesen. Das kollektive Gewissen schien von den Alpträumen befreit. Die italienischen Kommunisten begannen den nationalen Weg zum Sozialismus zu definieren. Um diese plötzlich veränderte Welt verstehen zu können, durfte man sich keinen Illusionen hingeben. Die Illusion Pasolinis, seine »beschämende Naivität« war, daß er seine literarische Führungsposition als ein für allemal erworben ansah. Die »beschämende Naivität« hatte ihre Ursache im Narzißmus. Die Auswirkungen des Neokapitalismus sollten schnell alle Sicherheit zerstören. Der neue »Machtkampf« sollte in der arkadischen Kultur der Literatur, als deren letzte Blume »Officina« erscheint, Trümmer hinterlassen. Anzeichen davon, freilich unbestimmte, aber doch reale, fehlen auf den dichtbedruckten Seiten aus Bologna nicht.
»Polemik in Versen« mit Edoardo Sanguineti. Ein dem Anschein nach unbedeutendes Vorkommnis. In der Nummer vom Juni 1957 hatte Pasolini zur Erläuterung seines Essays *La libertà stilistica* (etwa: Die stilistische Freiheit) Beispiele zusammengestellt, die den von ihm aufgestellten Thesen entgegengesetzt waren – eine »kleine neoexperimentelle Anthologie« (Texte von Arbasino, Sanguineti, Pagliarani, Brunello Rondi, Mario Diacono, Michele L. Straniero und Massimo Ferretti): Er dokumentierte damit einen der Geschichte gegenüber passiven, nicht im sozialen Klima integrierten Experimentalismus. Sanguineti reagierte. Er sandte einen poetischen Text in Dreizeilern – *pastiche* wie die Terzinen von *Le ceneri di Gramsci* – an die Zeitschrift und beschuldigte darin Pasolini, seinen guten Glauben mißbraucht zu haben. Sanguineti hatte der Zeitschrift eine Reihe von Gedichten eingeschickt. Pasolini habe sie, so sagt er, in einem Blickwinkel ausgewählt und »geordnet«, der ihren Sinn entstellt habe. Dieser Willkür widersetzte sich Sanguineti. Er widersetzte sich dagegen,

daß seine Dichtung »außerhalb der Geschichte« angesiedelt worden sei. Sanguineti wendet sich in den Strophen mit dem bürgerlichen »Sie« an Pasolini. Es steckt viel psychologischer Gehalt in dieser *Polemica in prosa* (etwa: Polemik in Prosa) – so der Titel der Zeilen Sanguinetis:

> Sie glauben an die Geschichte, Sie glauben daran
> auf die Weise, auf die Sie daran glauben, und Sie können
> schreiben,
> damit jetzt verzichtet zu haben auf die
>
> »Sicherheit einer Welt (Ihre Worte),
> die stilistisch reif, ausgefeilt
> und auch dramatisch ist« im Hinblick auf ein Drama,
>
> das höherstehend und eben historischer ist ...[12]

Sanguineti stellte seine methodische »Kühle« zur Schau: Er rechnete »zynisch« mit der durchschlagenden Kraft seiner Beschuldigungen. Es war ihm ein Leichtes, die immer offen bekannte Leidenschaft Pasolinis aufzuspießen, wie man es mit Schmetterlingen tut. Die Bedeutung des Pastiche tendierte zu einer Ablehnung sowohl der persönlichen Offenheit Pasolinis als auch des Risikos, das er mit dieser Offenheit einging (indem er all seine »Leidenschaft«, all seine »Ideologie« verausgabte) – eine Haltung, mit der Pasolini manchen kraftlos gewordenen Erkenntnisinstrumenten wieder zu Durchschlagskraft verhalf. Sanguineti stellte sich, als wolle er sich zu seinen Gunsten einer Linie des existentiellen Historismus anschließen (»... mehr Geschichte ist / die unglückselige Aktivität der ›Besiegten‹ / nicht der Schlauen ...«), doch im Grunde griff er Pasolini als Person an.
Die Sache kann ganz belanglos erscheinen: Naivität bei Pasolini wie bei Sanguineti, Narzißmus bei Sanguineti wie bei Pasolini. Das Feld muß von der Psychologie geräumt werden. Übrig bleiben die konkreten Umstände, die kritisch untersucht werden können. Auf der einen Seite eine Ideologie, die das Geschichtswissen als einen Punkt des Widerstandes betrachtet, jenseits dessen das intellektuelle und soziale Chaos herrscht (dort wird für Pasolini die Barbarei, die »neue Prähistorie« liegen). Auf der anderen die entgegengesetzte Ideologie, für die die Geschichte pures Gesche-

hen oder physiologische Funktionsstörung ist, ein grauer Sumpf, in dem die Existenz sang- und klanglos untergeht. Der Gegensatz war im wesentlichen der: ein Überrest von traditionellem Humanismus, der durch den marxistischen Historismus wiederbelebt werden sollte; dazu in Gegenposition der neopositivistische Soziologismus, der durchdrungen war von existentiellen *refoulments*. Dieser Gegensatz wird sich in erweiterter Form in den Polemiken zwischen Neoavantgarde und ihren Widersachern wiederholen, die die italienische Literaturszene zu Beginn der sechziger Jahre heftig bewegten. Die in Versform gebrachte Hinterlist Sanguinetis in dieser Polemik war ein Vorgeschmack davon. Sanguineti lehnte den Standpunkt der Kritik Pasolinis ab, doch vor allem bestritt er eine mögliche Führungsposition.

In der Redaktion von »Officina« setzte sich ein zentrifugaler Mechanismus in Bewegung, der unterirdisch und unausgesprochen wirkte – ausgerechnet, als die Zeitschrift gerade die meiste Zustimmung erntete. Die erste Nummernserie ging zu Ende. Ein bekannter Verleger, Valentino Bompiani, übernahm Druck und Vertrieb der zweiten Serie. Faktoren von außen kamen dazwischen, so daß die Zeitschrift »für Dichtung« unvorhergesehen die Veröffentlichung einstellte.

Es war zu einem fast unmittelbaren Bruch der Beziehungen zu Bompiani gekommen. »Officina« hatte im zweiten Heft der neuen Serie eine Gruppe von Epigrammen Pasolinis veröffentlicht, darunter eines zum Tod von Pius XII., *A un Papa* (etwa: An einen Papst):

> Niemand verlangte von dir, Marx zu vergeben! Eine ungeheuer
> große
> Woge, die sich seit Tausenden von Lebensjahren bricht,
> trennte dich von ihm, von seiner Religion:
> Spricht man denn in deiner Religion nicht von Barmherzigkeit?
> Tausende von Menschen haben unter deinem Pontifikat,
> vor deinen Augen in Pferchen und Schweineställen gelebt.
> Du wußtest es, sündigen heißt nicht, das Böse tun:
> Nicht das Gute tun, das heißt sündigen ...[13]

Valentino Bompiani war Mitglied im römischen Jagdverein, einem Treffpunkt des Adels im Dunstkreis des Vatikan. Dort verurteilte man das Epigramm als blasphemisch und strengte eine Art von Prozeß gegen ihn an. Der Verleger beschloß, die Finanzierung der Zeitschrift auszusetzen. Es entstand ziemlicher Aufruhr in der Presse, und Pasolini antwortete mit einem neuen Epigramm an die Adresse der adeligen Römer:

> Es hat euch nie gegeben, alte päpstliche Memmen,
> jetzt gibt es euch ein wenig, weil es ein wenig Pasolini gibt[14]

Soweit die Tatsachen. Doch der Bruch mit Bompiani war nur der äußere Anlaß. Kontakte, die mit anderen Verlegern aufgenommen worden waren, um mit der Veröffentlichung fortfahren zu können (Einaudi und Mondadori) scheiterten natürlich. Der Freundeskreis hatte sich schon aufgelöst. Die Vorstellungen, derentwegen sich Pasolini und die Freunde zusammengetan hatten, erschienen archaisch; veraltet erschien die Erwartung, daß Dichtung allein eine »Kulturaktion« zusammenhalten konnte[15]. In Pasolinis Vorstellung dominierte im Grunde die kreative Funktion der Literatur über die politische und organisatorische. Nach seinen Freunden aus Bologna und Mailand – besonders nach Fortini, der jetzt in der Redaktion von »Officina« sehr aktiv war – gehörte die Dialektik zwischen den beiden Funktionen umgestoßen.

Zu dieser Zeit begann die Debatte zwischen »Literatur und Industrie«. Vittorini bereitete sie mit der Veröffentlichung des »Menabò«* im Jahr 1959 vor; auch die ersten Polemiken der Neoavantgarde bildeten eine Art Vorbereitung. Die Massenmedien bedeuteten antitraditionelle Rollen für die Kultur. Das ist die Industrie, deren sich die Literatur zu »bemächtigen« suchte. Das führte zu einem neuen Mechanismus der »Machtergreifung«: Die »Macht« mußte dem entrissen werden, der sie im Namen der »absoluten Werte« der Literatur in Händen hielt. Diese »Werte« waren wertlos geworden – wie entwertetes Geld. Verdrängt

---

* *Il menabò:* zusammen mit Italo Calvino gegründete Zeitschrift, die sich als Sprachrohr der italienischen Avantgarde verstand; es erschienen insgesamt nur zehn Nummern, die Zeitschrift regte jedoch die kulturelle Diskussion in Italien stark an. (Anm. d. Ü.)

wurden sie nicht durch neue Werte, sondern durch andere »Techniken«.

Es ist wahrscheinlich, daß sich Franco Fortini in den Diskussionen bei »Officina« zum Fürsprecher dieser Problematik gemacht hat. Fortini war in der Gruppe wohl am besten über die Neuerungen informiert, denn er arbeitete in dem Industriebetrieb *Olivetti*, der von Adriano Olivetti auf völlig atypische und liberale[16] Weise organisiert war. Die Gruppe führte lebhafte Streitgespräche. Mitte Dezember 1958 kam es bei den Vorbereitungen zur ersten Nummer der neuen Serie in Mailand zum Bruch zwischen Fortini auf der einen Seite und Leonetti, Roversi und Romanò auf der anderen. Pasolini war abwesend. Fortini wurde aufgefordert, die Wohnung von Romanò zu verlassen, wo die Redakteure der Zeitschrift zusammengekommen waren, um die Texte zu besprechen und für den Druck fertigzumachen. Fortini wurde beschuldigt, er behindere die redaktionelle Arbeit. Die Episode an sich ist unbedeutend, zeigt jedoch, zu welchen Spannungen in den persönlichen Beziehungen die Unvereinbarkeit der Standpunkte führen konnte.

Auf der einen Seite die Literatur und ihre Inhalte – auf der anderen nicht ganz lautere Absichten der einzelnen Mitglieder lassen den Freundeskreis langsam auseinanderfallen. Der ganze Prozeß spielte sich innerhalb eines Jahres ab. Am 26. Juni 1957 fand Leonetti in einem Brief an Pasolini noch Worte der Begeisterung für die gemeinsame Arbeit: »eine sehr harte – und erfüllende, erhebende – und darum mehr als kühne, oder besser gesagt großartige Aufgabe« erwarte sie. In einem Epigramm von 1958, das »an die Redakteure von ›Officina‹« adressiert ist, konnte Pasolini antworten:

> Als Don Quichotte und harte Kerle greifen wir die neue
> Sprache an,
> die wir noch nicht kennen, die wir probieren müssen.
> … auch die Zeit des Lebens ist denken, nicht leben,
> und weil das Denken jetzt ohne Methode und Wort vor sich
> geht,
> Licht und Verworrenheit, Vorwegnahme und Ende,
> löst sich in der Welt auch das pure Leben auf[17]

Die Monate in den Jahren 1958 und 1959 sind entscheidend für die weitere Zusammenarbeit der Freunde von »Officina«. Einem jeden scheint anderes wichtiger zu sein. Roversi denkt an eine eigene Zeitschrift – die spätere Publikation »Rendiconto«. Fortini und Leonetti fühlen sich vom »Menabò« Vittorinis angezogen. Pasolini arbeitet mehr und mehr für den Film. Romanò geht in seiner Arbeit fürs Fernsehen auf.

Ich sprach von nicht ganz lauteren Absichten. Die Dominanz Pasolinis kann dazu beigetragen haben, die Beziehungen zu beeinträchtigen, ja sie zu lähmen. Worte aus einem Brief von Roversi an Fortini vom 11. November 1959:

Mach Dich frei von dem Pasolini-Komplex und von seinem Wohl und Wehe. Es ist seines, nicht Deines; nicht unseres. Suche Dein eigenes; das Deines sein wird, nicht seines, nicht unseres. Wollen wir nicht die Straßen verlassen, die aufs Land führen? (...) Ich verstehe gut (und ich mag Dich und verstehe Dich), daß Dir, Soldat von den Thermopylen, die erlebten Enttäuschungen und die scheinbar verlorenen Jahre auf der Seele brennen; daß Du ein paar junge (oder alte) Löwen Dir vorauslaufen und mit dem Schwanz wedeln siehst. Doch in der Vergangenheit war das Engagement eine Form der politischen Paranoia, ein kraftloses, statisches Gerede von Revolution, eine authentische Rückständigkeit. Heute, wo die neokapitalistischen Schemata überholt und die Torfstücke der Erfahrungen dieser letzten Jahre verbrannt sind, können wir wirklich den klaren Kopf zum Handeln haben und suchen. Um die eigenen Ideen *am richtigen Ort* unterzubringen, sie zu überprüfen und sie anderen mitzuteilen. In Absage an Gorgias und auf der Suche nach Sokrates[18].

Man fragt sich: Waren »die neokapitalistischen Schemata« wirklich »überholt«? Waren die »Torfstücke« wirklich verbrannt? Die »politische Paranoia« der fünfziger Jahre hatte sich durch das wachsende Zurückschrecken vor Engagement selbst erledigt. Doch möglicherweise war eine andere »Paranoia« bereits in Vorbereitung.

Der »Pasolini-Komplex« war die Faulstelle gewesen, die den Freundeskreis hatte zerfallen lassen. In einem Brief vom 1. Mai 1959 schreibt Fortini an Pier Paolo:

Man macht ein Gemisch aus unseren ästhetisch-kritischen Ansichten, aus der Qualität unserer Gedichte, dem Privatleben von Pasolini, Bompiani, ›Officina‹ und dem Papst und bringt dabei – das kann man hier wohl sagen – den Arsch mit der Weltkugel durcheinander, wie man in Florenz sagt. Meiner Meinung nach müßtest Du als erster diese unterschiedlichen Dinge auseinanderhalten wollen. Du wirst gehetzt, verfolgt und geschmäht, und ich verstehe Deine Reaktionen; doch die Bedingungen der Gegner zu akzeptieren heißt, sich zu ihren Komplizen zu machen[19].

»Den Arsch mit der Weltkugel« – in seiner Bitterkeit hat Fortini wie in einem Sprachschnitzer den springenden Punkt der Sache erfaßt. Doch Pasolini, der nunmehr im Mittelpunkt zu vieler Polemiken steht, will und kann nicht Dinge »auseinanderhalten«, die dem Anschein nach verschiedene sein sollen: »Privatleben« und Literatur. Leben und Literatur sind für ihn ein und dasselbe – jetzt mehr denn je. Aus ihrer Vermengung entspringt die Haßliebe, die ihn mit seinem Publikum verbindet.
Die Literatur war für viele nicht mehr sie selber: Sie wurde immer mehr ein besonderer Aspekt der Organisation der Kultur. In der »Officina« litt man, wenn auch in einem beschränkten Bereich, unter dem Trauma dieser gewaltigen Änderung. Pasolini blieb eine Gewißheit: daß sein Überleben als Künstler an seine »verzweifelte Vitalität« und ihre mit dem Mut der Verzweiflung vollzogene Umsetzung gebunden war.

Weiterleben, andere Freunde

Am 19. Dezember 1958 starb in Rom Carlo Alberto Pasolini.

Mein Vater litt, ließ uns leiden: Er haßte die Welt, die er auf zwei, drei zwanghafte, unvereinbare Daten reduziert hatte. Er war einer von denen, die ständig verzweifelt mit dem Kopf gegen die Mauer rennen. Seine wirkliche Agonie dauerte viele Monate lang: Er atmete schwer und jammerte dabei. Er war leberkrank und wußte, daß es schlimm um ihn stand, daß allein schon ein Schluck Wein ihm schadete, und trank doch mindestens zwei Liter pro Tag. Er wollte sich nicht kurieren, das lief seiner Lebenseinstellung zuwider. Auf uns, auf meine Mutter und mich, wollte er nicht hören. Er verachtete uns. Eines Nachts kam ich gerade noch rechtzeitig heim, um ihn sterben zu sehen[20].

Aussöhnung mit dem Bild des toten Vaters ist diesen Worten fremd. Hier wird noch die bekannte Szene geschildert: Susanna und Pier Paolo geben weise Sprüche von sich, und Carlo Alberto verliert sich in seinem düsteren Schicksal. Bis dahin war das Leben Carlo Albertos weit entfernt von dem Pier Paolos verlaufen. Bei ihm zu Hause war das Leben »immer wie der Tod[21]«, sein Leben als schöpferischer Mensch vollzog sich jedoch, wenn auch von Angst bedrängt, am Licht der Sonne Roms.
Ein Leben mit den Freunden, den Schriftstellerkollegen und den Jungen aus der Borgata. Seine Freunde waren vor allem noch immer Bassani, Bertolucci und Gadda; dazu kommen Elsa Morante und Alberto Moravia, Renato Guttuso, Pietro Citati, Cesare Garboli und Niccolò Gallo; daneben noch Adriana Asti, Elsa De Giorgi und Laura Betti.
Pier Paolo durchstreifte die Salons der mondänen Literaturszene, ohne sich hervorzutun. Er war kein Salonlöwe. Er stellte vorsichtige Ironie zur Schau, jedes Gehabe war ihm fremd. Jede Maniriertheit in Freundschaftsbeziehungen lehnte er ab. Sah er sich gekünstelten Knigge-Manieren gegenüber, entzog er sich oder reagierte in den letzten Jahren sarkastisch. Eine dauerhafte, leidenschaftliche Freundschaft von zwanzig oder mehr Jahren, bei der es auch nicht an zarten Gefühlsbezeigungen fehlte, verband ihn mit Alberto Moravia und Elsa Morante. Sie wurde ihm von beiden erwidert.
Elsa lernte Pier Paolo kennen, als er mit Toti Scialoja befreundet war. Ein kreatürlicher christlicher Glaube und eine instinktive Sensibilität für den Mythos der Dekadenz konnten die beiden verbinden. Beiden gemeinsam war auch ihr Drang, um jeden Preis aufrichtig zu sein. In ihrer Freundschaft nahm das Spielerische eine wichtige Rolle ein. Zum Beispiel erzählten sie sich gegenseitig ihre Träume und deuteten sie, oder sie deuteten ihre eigenen Gesten und die anderer im Licht der Psychoanalyse. Die

Beziehung zwischen Elsa und Pier Paolo war von einem religiösen Daseinsgefühl geprägt; die Beziehung zwischen Moravia und Pier Paolo dagegen von der streng logischen Beurteilung politischer und kultureller Ereignisse. Manchmal wichen ihre Meinungen stark voneinander ab: Die Ausrichtung Moravias an aufklärerischen, kosmopolitischen Gedanken reagierte heftig auf den unterschwelligen christlichen Glauben Pasolinis. Diese Reaktionen führten jedoch nicht zu einem Bruch, sondern führten im Gegenteil dazu, die Beziehung noch mehr zu festigen. Einer erklärte unbewußt dem anderen die persönlichen Fähigkeiten des Intellekts und des Urteilsvermögens. Das ließ trotz Meinungsverschiedenheiten das Gespräch nie mehr abreißen. Moravia interessierte sich für die archaischen Kulturen. Er war fasziniert davon, und sein Interesse veranlaßte ihn zur Beschäftigung mit der Dritten Welt. Pasolini folgte ihm als enthusiastischer Reisebegleiter nach Indien und Afrika.
Moravia und Pasolini waren die Symbolfiguren der Literaturszene Roms. Ihr promptes intellektuelles Reaktionsvermögen und ihr unbefangenes Inangriffnehmen der verschiedensten Problematiken machte sie für Kritik aus vielen Ecken anfällig und rief bei den Journalisten eine gewisse Abneigung gegen sie hervor. Ihre fast auf Instinkt beruhende Fähigkeit, aktuelle Probleme an den wundesten Punkten zu erfassen – diese Fähigkeit war ihnen beiden gemein –, machte sie zu Gestalten, die aus der Kulturdiskussion nicht wegzudenken waren.
Moravia lernte Pasolini später als Elsa Morante kennen. Die Verbindung wurde von 1955 an enger. Elsa brachte Moravia *Le ceneri di Gramsci,* das soeben fertiggestellte »sozialkritische« Gedicht und wollte, daß er es in »Nuovi Argomenti« veröffentliche. »Nuovi Argomenti« war die Zeitschrift für Kultur und Politik, die Moravia zusammen mit Alberto Carocci leitete. Die Zeitschrift tendierte dazu, den antikommunistischen und antimarxistischen Schematismus zu durchbrechen. Essays von Norberto Bobbio über die Unabhängigkeit der Kultur von der Politik waren dafür konkreter und problematischer Beweis. Die Zeitschrift bot jedoch auch der neuen italienischen Erzählkunst Raum. Gedichte veröffentlichte sie nicht. Deshalb prüfte Alberto Carocci zunächst

das Gedicht von Pasolini. Es war in Versen geschrieben, und auch wenn sein Inhalt zu der Thematik der Zeitschrift paßte, konnte es dennoch nicht veröffentlicht werden. Moravia trat leidenschaftlich für die Gedichtfolge ein, und *Le ceneri* erschien schließlich in der Nummer 17–18 vom November 1955–Februar 1956. In dieser Zeit wütete die Polemik um *Ragazzi di vita* gerade am heftigsten.

Die Freunde trafen sich häufig am Abend in der Trattoria. Moravia und Elsa Morante aßen täglich außer Haus zu Abend. Pasolini machte es sich zur Gewohnheit, sich ihnen anzuschließen. Hinzu kamen abwechselnd Bassani, Penna, Parise, Bertolucci oder Augusto Frassineti. Im Winter speisten sie gewöhnlich in der »Campana« in der Via della Campana oder im »Bolognese« auf der Piazza del Popolo; auch im Lokal »Carbonara« am Campo de'Fiori; in Trastevere beim »Pastarellaro«, oder bei »Carlo«. Im Sommer gingen sie lieber in eine Trattoria an der Via Appia Antica, wenige Schritte entfernt von der Porta San Sebastiano vor den Mauern. In dem Lokal stellte man im Freien unter einem Vordach ein paar Bänke und Tische aus rohem Holz auf; die Bahnlinie Rom–Genua war ganz in der Nähe. Die Freunde nannten den Platz »die kleinen Züge«. Man ging vor allem wegen der Bandnudeln und Lammkoteletts *alla scottadito* (zum Fingerverbrennen) hin. Da gab es Wortgefechte zwischen Elsa und Moravia und zwischen Bassani und Elsa. Pier Paolo warf plötzlich eine ebenso trockene wie bissige und schlagfertige Bemerkung ein, meistens hatte er aber einen eher väterlich beschwichtigenden Ton an sich. Er war nie sehr gesprächig. Wenn es nötig war, sagte er einem Kritik offen und ehrlich ins Gesicht. An anderen gefiel ihm ihr Witz, auch wenn es wie bei Penna eine an Schwatzhaftigkeit grenzende, über alle Maßen lästerliche Komik war.

Mit Elsa De Giorgi blieb er immer in Freundschaft verbunden. Sie hatte zu seinen anderen Freunden keine enge Beziehung. Er widmete ihr mit einer Art belustigter Unterwürfigkeit einige Abende der Woche – die Sache dauerte Jahre. Sie gingen zum Essen aus, damals in ein Restaurant in der Via della Vite, »da Mario«. Elsa De Giorgi liebte es, immer ein wenig Glamour um sich herum zu verbreiten: das Kino der vierziger Jahre; weiße

Telefone; sie, die mit etwas Glück zum Star avanciert war. Sie schminkte sich kunstvoll und frisierte ebenso kunstvoll ihre schönen blonden Haare. Beim Ausgehen trug sie immer eine große weiße Kühlbox mit herum: Ihr Champagner durfte bei Tisch nicht fehlen. Sie trank Champagner, aß mit Vorliebe Steak und sprach mit ungewöhnlichem Ungestüm von einer gewissen klassischen Kultur, die sie liebevoll pflegte. Pier Paolo hörte zu.
Die intensive und dauerhafte Freundschaft mit Laura Betti begann 1958. Nach und nach wurde sie von Lauras Hartnäckigkeit gefestigt und immer wieder erneuert. Sie hatte eine unersättliche Schwärmerei für Intellektualität und Erfolg und mußte daher vom Erfolg Pasolinis hingerissen sein.
Lauras Aggressivität riß Pier Paolo mit. Umgekehrt riß seine Aggressivität, sein blitzschnelles Zurückschlagen auf die Polemiken, die man um ihn entfesselte, sie mit. Das war es wohl, was sie in einem Gedankenblitz und anfangs zum Spiel veranlaßte, sich bei ihm einzuhängen und herausfordernd (die Herausforderung war überlegt und galt vor allem ihr selbst) in der Öffentlichkeit zu sagen: »Er ist mein Ehemann.« Die Umkehr der sechziger Jahre war schon im Gange. Laura Betti war für die Illustrierten »die Jaguarin«: ein kleiner Helm aus platinfarbenen Haaren, die Augen mit der Schminke wie zwei Kommata bis zu den Schläfen hinaus verlängert. Berühmt war sie für ihre heftigen Streitereien mit jedermann und für ihre plötzlichen liebevollen Anwandlungen. Nicht nur das Theater, auch die Straße war ihre Bühne: Ihr gehörte die Via del Babuino (wo sie wohnte), als wäre sie eine Königin. Mit ihrer rauchigen Stimme sang sie Lieder, die von Schriftstellern getextet waren. Laura suchte sie auf und lief ihnen lärmend und polternd nach. Doch auch sie liefen ihr nach, und das gab ihr die ersehnte Genugtuung. Sie hatte eine neue Art von Glamour erfunden – eine andere Art Primadonna zu sein und die Aufmerksamkeit der Reporter auf sich zu ziehen, eine Art Technik des Schocks: Schmeichelei und Beschimpfung. Das war ihr Profil in der Öffentlichkeit. Im Privatleben führte ihre Selbstironie dazu, daß sie ihrem Klischee nicht zwanghaft treu blieb. Sie gab gerne bei sich zu Hause Abendessen, bei denen es ein wenig drunter und drüber ging. Sie hatte zwei schlauchartig

hintereinander liegende Zimmer und eine Küche gleich rechts, hinter der Eingangstür. Durch diese Zimmer schritten alle möglichen Leute: vom Film, aus der Literaturszene, Journalisten, Modeschöpfer und die Jungen aus der Borgata. Diese bunte Mischung unterschiedlicher Bereiche war ein Indiz dafür, daß die Gesellschaft selbst dabei war, sich zu ändern. Es ging um mehr als nur darum, den althergebrachten Verhaltenskodex der Großen Welt aufzusprengen. Pier Paolo vergnügte sich bei diesen Abendeinladungen. Laura krönte sie ab und zu durch die Versteigerung ihrer Nippsachen, mit denen sie sich umgab.
Doch Laura verstand es auch, sich zur Hauptfigur im Leben der Personen zu machen, mit denen sie freundschaftlich verbunden war. Sie überzeugte manches unschlüssige Paar zur Heirat; sie sorgte dafür, daß dem Anschein nach tiefgehende Verbindungen, die in Wirklichkeit nur flüchtige Beziehungen waren, sich auflösten. In Pier Paolo investierte sie unzählige Bruchstücke ihres Lebens. Sie war mit Susanna befreundet, verstand sie zu unterhalten, sie mit ihrer Anhänglichkeit zu umgarnen. Sie begriff, wie wichtig für Pier Paolo das gute Essen war. Da machte sie – eine hervorragende Köchin in der bolognesischen Tradition – für ihn eine »Küche« auf. Lauras »Küche« wurde mit den Jahren ein Ritus und eine Metapher im Wortschatz der gemeinsamen Freunde. Da wurden Klatsch und »Pressemeldungen« geschmiedet, als wären es Rezepte, die man mit Töpfen und Schöpflöffeln in der Hand befolgen mußte.
Das war das Dolce vita, das wirklich übersüße Leben, auch wenn es bis zum Überdruß ausschweifend war, vielleicht nicht elegant und dafür chaotisch, wie man es in Rom zwischen den Jahren des Niedergangs der Ideologien und dem Karussell des »Wirtschaftswunders« lebte. Fellini wird in einem Film später ein wenig von seinem Duft wiedergegeben: schon Nostalgie, wenn man es gerade erlebt und darstellt. Trügerisch und vertraut wie es war, war es auch eine Existenz, in der schwere politische und soziale Probleme dabei waren, sich zu verlieren und zu verlöschen. Die Regierung Tambroni träumt 1960 vom »Staatsstreich« von rechts: unruhige Tage mit Straßendemonstrationen sind die Folge. In diesem gespannten Klima wechseln die Sozialisten ins Regie-

rungslager über. Es ist die Zeit des Vorgeplänkels einer bewegten, düsteren und bitteren Zukunft, die die nächsten Jahre bringen. Pasolini schreibt mit Sergio Citti eine Szene für den Film von Fellini: ein Wortgefecht zwischen homosexuellen Strichjungen in der Orgien-Szene. Das nur als kleiner Hinweis darauf, was für ihn Dolce vita bedeutete. Doch Pasolini lebte kein »süßes«, leichtes Leben, er konnte es nicht leben. Da gab es zuviele ungelöste Probleme in seinem Inneren, über die er nicht unbefangen hinweggehen konnte und die ihm auch nach außen leicht anzumerken waren.

Bald konnte er die Freunde unter den Schriftstellerkollegen, zu denen er eine unverändert gute Beziehung hatte, an den Fingern abzählen. Es war die kleine Schar der römischen Intellektuellen, die wir schon kennen und zu der noch Calvino, Zanzotto, Volponi und Leonetti gehören. Das Verhältnis zu den anderen verschlechterte sich rasch. Der plötzliche Erfolg von *Ragazzi di vita* mißfiel dem kleinen Kreis der Literaten. Dort war man bereit, auch in einem Glas Wasser einen Sturm losbrechen zu lassen. 1957 wurde *Le ceneri di Gramsci* zum Preis von Viareggio vorgeschlagen. Das Buch gewann, man stellte ihm jedoch nach langer Debatte zwei andere Werke »ex aequo« zur Seite: *Poesie* von Sandro Penna und *Quasi una vicenda* von Alberto Mondadori. Im Jahr 1959 wird auch *Vita violenta* für den Erzählerpreis von Viareggio vorgeschlagen. Die Ablehnung durch die Jury war gewichtig und unmißverständlich. Daraufhin erhielt der Roman auf Initiative von Giacomo Debenedetti im selben Jahr den Preis von Crotone. Die Literaturpreise standen beim Publikum als Indikatoren für Qualität noch hoch im Kurs. Die Diskussion über einen Preis war noch Diskussion über Kultur selbst. In den Widerstand, den manche dem Werk Pasolinis entgegensetzten, flossen auch psychologische Komponenten und Moralvorstellungen ein. Der Fall wurde sofort zu einem kulturellen und politischen Ereignis, wenn auch immer Klatsch im Spiel war.

Pier Paolo durchschaute diese Mechanismen. Den Literaturmachern, »seinen Zeitgenossen«, sagte er 1958 in einem Epigramm Lebewohl. Die persönliche Enttäuschung, die Pasolini erlitten hatte, spielte dabei nur eine untergeordnete Rolle; ihm ging es um mehr.

Ich sehe euch: Ihr existiert, wir sind weiterhin Freunde,
sind glücklich, wenn wir in irgendeinem Café uns sehen und grüßen,
in den Häusern der ironischen Römer Damen …
Doch unsere Begrüßung, das Lächeln, die gemeinsamen Leidenschaften,
sind Akte eines Niemandslandes: eines … waste land,
für euch: eine Schranke, für mich, zwischen einer Geschichte und einer anderen.
Wir können nicht mehr wirklich einer Meinung sein: Ich zittere davor,
doch an uns selbst liegt es, daß die Welt der Welt Feind ist[22]

Diese »Feindlichkeit der Welt«, wuchs in seinem Gemüt und ließ vor seinen Augen das Bild einer öffentlichen Verfolgung erstehen. Zu der Zeit hoffte er auf andere Bindungen in seinem Privatleben, die er durch die literarische Arbeit anknüpfen wollte. Pier Paolo hatte in diesen Jahren Massimo Ferretti kennengelernt. Ferretti stammte aus einer Bürgerfamilie aus Jesi. Er litt schon seit seiner Kindheit an Rheuma, das zu einer Herzinnenhautentzündung führte. Er kannte die ernsten Folgen dieser Krankheit, rechnete mit seinem Tod. Er starb am 19. November 1974. Das Wissen um seine Krankheit und sein Verurteilt-Sein – in seinem Äußeren lag etwas Angstvolles, zugleich Vitales, Schönes – brachte ihn zu einer Art wütender Bosheit oder »Allergie« (wie er es nannte) gegenüber den Menschen. Pasolini und er hatten sich auf ganz unverfängliche Weise kennengelernt: Als 1955 »Officina« herauskam, hatte der zwanzigjährige Ferretti einige Gedichte an Pier Paolo geschickt, die dann veröffentlicht worden waren.

Sie schrieben sich und trafen sich öfters in Rom und auch in Bologna. Pier Paolo war beeindruckt von diesem kranken, lebenshungrigen jungen Mann. Er war für den jungen Ferretti »der einzige wahre Freund« – das schrieb ihm Massimo in einem Brief vom 10. Januar 1959. Das bedeutete eine unüberwindliche Schranke der Gefühle. Pasolini hatte die Illusion, diese Schranke überwinden zu können. Im selben Brief vom 10. Januar 1959 schrieb ihm Ferretti auch:

Ich habe keine Abscheu vor Deiner Sinnlichkeit empfunden … Wir haben völlig unterschiedliche Auffassungen von Freundschaft: Ich habe Dich gern, doch es ist mir unmöglich, an Dich als Liebesobjekt zu denken.

Eine Geste Pasolinis – eine Ablehnung durch Ferretti. Das konnte vorkommen. Es muß schon früher dazu gekommen sein, denn am 5. Februar 1958 hatte Ferretti geschrieben:

Mir liegt viel an Deiner Freundschaft, und die Dankbarkeit, die ich Dir gegenüber empfinde, geht weit über die Dankbarkeit für die Veröffentlichung einer Handvoll Gedichte in »Officina« hinaus. Dein Werk hat mir eine neue Welt eröffnet: Inmitten von so viel Konfusion bist Du für mich ein Bezugspunkt, ein moralisches Beispiel gewesen ... Ich will damit sagen, daß Dein intellektueller Einfluß auf mich total und formend gewesen ist. Ich habe seine Früchte in den »Einzelheiten« meines praktischen Lebens geerntet. Doch ich war zwanzig Jahre alt und habe aus Dir eine Heldenfigur gemacht (»Du bist aus dem Stamme dessen, der gewinnt«[23]). Das ist meine einzige große Schuld gewesen. Und als ich eingesehen habe, daß auch für meinen Helden die Leidenschaft keine Gnade war, war es nur natürlich zu reagieren: Da bin ich zu einem entrüsteten Philister geworden, und es wäre so leicht gewesen, sich mit einem verlegenen Lächeln aus der Affäre zu ziehen ...

Bei Ferretti war die Ablehnung nicht allein »ein verlegenes Lächeln« gewesen. Pasolini muß ihn um brüderliche Zuneigung gebeten haben. Der junge Autor war seine Entdeckung. Das flößte ihm ein intensives Gefühl der Zärtlichkeit ein, in dem auch ein Funken Erotik steckte. Auch Tonuti Spagnol war Dichter gewesen. Dennoch ist diese Liebe ein wirklich einmaliger Fall. Pasolini wiederholte bis zum Überdruß, daß die Körper der jungen Bourgeois in seinen Augen einen historischen Widerwillen, ein finsteres Schicksal heraufbeschwörten. Ihre Jugendfrische war nur Schein. In seinen Augen waren sie verklemmt und unfähig, sich ihre Begierden, Träume und die Rohheit des Eros einzugestehen.
Pier Paolo muß an der Seite von Ferretti das sehnliche Bedürfnis nach Freundschaft empfunden haben, in der sich ein unvorhergesehenes Licht entzünden sollte: eine Beziehung, in der nicht nur intellektuelle, sondern auch physische Hingabe stattfinden sollte –

an einen Menschen mit den gleichen literarischen Überzeugungen wie er selbst. Von den anderen, von den Menschen, die ihm nahestanden, erhoffte er sich einen Augenblick lang nicht nur »Mitleid oder Sympathie« zu erhalten, sondern mehr – jenes Etwas, das ihm Antwort geben konnte auf seine unerfüllte Bitte um Liebe, die nichts anderes war »als Liebe, nackte Liebe, ohne / Zukunft[24]«. Er irrte sich, denn über die erotischen Bedürfnisse anderer hatte er, der so durchdringlich und teuflisch subtil war, manchmal schon mehr als naive Vorstellungen. Diese Episode in der Freundschaft mit Ferretti läßt auf eine innere Sehnsucht schließen. Sein wahres Lebensproblem lebte Pier Paolo aber in seinem Verhältnis zum Publikum. Die Vorgänge um die Zuerkennung des Preises der Stadt Crotone für *Vita violenta* im Herbst 1959 sind dafür mehr als symptomatisch.

Wie ich schon erwähnt habe, erhielt das Buch den Preis, als gerade ein Streit in der Literaturszene deswegen im Gange war: Die Jury in Viareggio hatte eine Art »Nein« ausgesprochen, das die Presse und auch die mondäne Gesellschaft in ihrem Klatsch durchaus teilte. Doch es kam noch anderes hinzu. Im August desselben Jahres hatte Pasolini für eine Monatszeitschrift[25] eine Reportage über die italienischen Strände geschrieben. Unter anderem auch über Kalabrien. Daraus entstand ein Hickhack in der Presse, das in eine Klage mündete.

Pasolini hatte die tragischen Aspekte Kalabriens gesehen und eingefangen: arme Leute, Hunger. Über Cutro, ein wenige Kilometer von Crotone entfernt liegendes Dorf, hatte er geschrieben:

> Es ist wirklich ein Gangsterdorf, wie man es in manchen Western sieht. Da sind sie, die Frauen der Gangster, die Kinder der Gangster. Man spürt, daß wir uns außerhalb des Gesetzes befinden, oder wenn nicht außerhalb des Gesetzes, dann doch außerhalb der Kultur unserer Welt – auf einer anderen Ebene. In dem Lächeln der Jugendlichen, die zu ihrer schlimmen Arbeit zurückkehren, liegt ein Zucken wie von zuviel Freiheit, fast wie von Wahnsinn …

Der Bürgermeister von Cutro verklagt Pasolini wegen Verunglimpfung öffentlicher Organe in der Presse, und zwar ausgerechnet in den Tagen, als *Vita violenta* prämiert wurde. Es war eine peinliche Folge der sprichwörtlichen süditalienischen Kirchturmpolitik mit politischer Einfärbung. Der Bürgermeister war Christdemokrat; der Preis von Crotone dagegen war von kommunistischer Verwaltung initiiert worden. Am 12. November 1959 war der Preis verliehen worden. Das Schriftstück des Bürgermeisters von Cutro[26] trägt das Datum vom 17. November: eine Farce. Die Lokalblätter bauschen einen Skandal auf. Man habe einem »Verleumder« Kalabriens einen Preis verliehen. Der Präfekt von Catanzaro sucht dessen Rücknahme zu erwirken. Die Klage hat keine weiteren Folgen. Die ganze Sache verpuffte im Nichts.

Der Vorfall mit den damit verbundenen Streitereien und Debatten rief bei Pasolini das bittere Gefühl hervor, Außenseiter zu sein. Die Bitterkeit entsprang der Niederlage, die sein Ehrgeiz empfand, und er sah sich zur Zielscheibe von obskuren Haßgefühlen reduziert. Seine Existenz erschöpfte sich immer mehr auf der Suche nach einer Beziehung vor allem zu seinen Lesern, was immer es auch für eine sei. In dieser Beziehung und in dem Erfolg, den er erntete, nahm er etwas Zwiespältiges wahr, etwas, das ihn »demütigte«. Er wußte nicht, ob er auf die Tausende und aber Tausende von Lesern »mit Liebe« oder »mit Argwohn« blicken sollte[27]. Ein Teufelskreis: Die Ablehnung produzierte Erfolg, der Erfolg neue Ablehnung. Das Leben lief ihm davon und ließ beklemmende Angstgefühle zurück:

Den Großteil meines Lebens verbringe ich draußen vor der Stadtgrenze, über die Endhaltestellen hinaus, wie ein schlechter neorealistischer Autor sich in der Tradition des Hermetismus ausdrücken würde. Ich liebe das Leben so heftig und verzweifelt, daß mir nichts Gutes daraus erwachsen kann. Ich meine die Naturgegebenheiten des Lebens, die Sonne, das Gras und die Jugendfrische: Das ist ein Laster schlimmer als Kokain, es kostet mich nichts, und es gibt es in Hülle und Fülle, ohne Grenzen, ohne Schranken. Und ich verschlinge und verzehre ... Wie das alles enden wird, weiß ich nicht ...[28]

»Meine Lyrik ist anders als die des Novecentismo; sie setzt das Logische an die Stelle des gegen die Logik Gerichteten, das Problem an die Stelle der Wohlgefälligkeit ...[29]« Pasolini füllte die Seiten der Tages- und Wochenzeitungen mit öffentlichen Erklärungen. Seine Art des Dichtens und seine Sicht der Literatur des 20. Jahrhunderts wurde Gegenstand journalistischer Berichterstattung. Schon D'Annunzio wußte die Massenkommunikationsmittel zu dem Zweck zu benutzen, sein eigenes Schriftstellerbild bekannt zu machen, wenn er damit auch den Anstandskodex seiner Zeit verletzte. Pasolini scheint ihm hier nicht nachzustehen. D'Annunzio wurde bald in einem Atemzug mit Pasolini genannt. Der wies den Vergleich mit übertriebener Geringschätzung zurück.

Ein Unterschied zwischen den beiden: Die italienische Bourgeoisie hatte zu Zeiten D'Annunzios dem Dichter seinen Auftrag nicht entzogen. Es bestand zwar ein Konflikt zwischen D'Annunzio und der Gesellschaft, er war jedoch mehr ein Spiel zweier Parteien. Wenn darin auch eine Art Narretei enthalten war, das heißt eine Verletzung der herrschenden Verhaltensregeln, dann eine, die sich die Gesellschaft selber genehmigte – nichts weiter. D'Annunzio kannte daher seinen Marktwert und zögerte nicht, sich zu seinem eigenen Impresario zu machen.

Pasolini war ein Dichter ohne Auftrag von der Gesellschaft. Er kämpfte hart um einen solchen Auftrag, suchte das Gespräch. Als Ausgangspunkt dafür wählte er sich das Lager aus, von dem er sich für die Zukunft am meisten versprach: die Linke und die Kommunisten. Pasolini richtete sein Augenmerk auf das »Leben« (eine Gemeinschaft mit D'Annunzio?). Doch seine Suche blieb oft ohne Ergebnis. Diejenigen, für die er sich entschied, wollten nichts von ihm wissen. Um nachzuhelfen, stieg der Dichter Pasolini auf das Gelände der Rationalität herab, er setzte in seinen Gedichten »das Logische an die Stelle des gegen die Logik Gerichteten, das Problem an die Stelle der Wohlgefälligkeit«, er deklarierte seine eigenen Widersprüche und leuchtete sie aus. Doch das erwies sich als nicht ausreichend zum Erwerb spontaner

Zustimmung. Es genügte, um auch ihn – jedoch anders als bei D'Annunzio – zum Impresario seiner selbst zu machen: mit der Verbissenheit eines Menschen, der nicht gleich als Einbuße verbucht, was ihm das Publikum verweigert oder nicht abnehmen will. Er weiß von vornherein, daß in seinem Schicksal kein Charisma liegt, und ersetzt es durch Spielarten einer krankhaften Sucht, Dinge zu verklären. Die negativen Auswirkungen sind: Hang zum Pathos und dazu, das Opferlamm zu spielen.

> Hier bin ich selber ... arm, gekleidet
> in die Gewänder, die die Armen in Schaufenstern beäugen,
>
> und die von grobschlächtiger Schönheit sind, den Schmutz
> der abgelegensten Straßen habe ich abgelegt,
> den Schmutz der Sitzbänke der Trambahn, von dem mein Tag
>
> verstört ist ...[30]

Hier will er sich weniger als Opfer seines eigenen Lebens darstellen als vielmehr ein Heldenbild entwerfen: Das Bildnis dessen, der »anders« ist und der durch sein »Anderssein« der Herrschaft des materiellen Universums, des ökonomischen Universums entzogen ist: Er kann für sich eine Freiheit der Äußerung über die Dinge der Welt und des Lebens in Anspruch nehmen, die anderen unmöglich ist.

Ich sprach von einer krankhaften Sucht, Dinge zu verklären. Anders ausgedrückt: zwanghaft diesem Bild treu bleiben, einer Idealvorstellung von der Wahrheit gehorchen. Das »Anderssein« symbolisiert den Protest der Poesie gegen die Umwandlung in eine Ware, gegen die Evolution der Technik, gegen den »anthropologischen Völkermord«, den er schon in diesen Jahren dunkel vorausahnt. Bei Pasolini findet sich die klinische Mythomanie wieder, die schon Baudelaire krank gemacht hatte. Bei ihm hatte sie allgemeine, auch praktische Züge angenommen. Baudelaire wertete im Rahmen seiner Polemik gegen das Fehlen einer strengen formalen Konzeption in der Romantik den Alexandriner und das streng aufgebaute Sonett wieder auf. Pasolini übte Kritik an dem Fehlen einer strengen formalen Konzeption im Neorealismus und kehrte zum Elfsilber und zur Terzine zurück und benützte in ihrem Inneren alle Brüche und Unregelmäßigkeiten der klassischen Komposition. Bei Baudelaire dienten die traditionellen Instrumente der Poesie tendenziell dazu, die Mitteilungskraft des Gedichts zu steigern; ebenso sollte bei Pasolini seine Form der *regressione stilistica* (etwa: »stilistische Umkehr«) Anklang auf dem Literaturmarkt und weite Verbreitung sichern. Livio Garzanti schreibt in dem schon erwähnten Brief vom 27. Juli 1957 (der Band der *Ceneri* war noch keine vier Wochen im Handel): »Ihr Buch ist gut weggegangen. Ich war nur so dumm, lediglich 1500 Exemplare davon zu veröffentlichen. Jetzt habe ich veranlaßt, es nachzudrucken, weil es in diesen Tagen vergriffen war.«

Ist das Erfolg durch Skandal? Hat das Nachklingen von Prozeß und Freispruch um *Ragazzi di vita* bewirkt, daß das neue Buch so schnell vergriffen war? Die meisten unterstellen Pasolini, daß er seinen eigenen Erfolg plante, und die Behauptung ist insofern wahr, als solches Planen etwas Philosophisches an sich hat. Pasolini hat eine neue Vorstellung von der Gestalt des Dichters – neu im Vergleich zu der vom italienischen Novecentismo entworfenen. Nicht neu im Vergleich mit D'Annunzio. Diese Neuheit geht über die wirkliche Ausdruckskraft der Resultate hinaus und berührt »das Öffentliche der Poesie«, so wie es seinerzeit D'Annunzio betroffen hatte.

Pasolini hat jenen alten Fanatismus zwischen Lauda und Büßerhemd an sich, diese geißelnde Lust am Provozieren, die die Natur der Helden, der Heiligen und der Märtyrer auszeichnet, kurz gesagt derer, die in einer Art überkommenem metaphysischem Protest leben und als Bewahrer der Fatalität des Lebens erscheinen, nur weil sie nicht umhin können, ihre grundlegende und angeborene Abstraktion bis zur äußersten Konsequenz zu treiben. Mit dieser unbedachten, faustischen Neigung, auf der Bühne der eigenen Wesensart mit ein paar Abschattierungen nach Art Michelangelos das universale Drama des Geboren-Seins zu verkörpern, paart sich dann in Pasolini ein scharfsinniges, rasches Erfassen des Punktes, an dem sich auf der einen Seite die »ewigen« Übel (auch die »literarischen«) und auf der anderen Seite die am meisten aufrührerischen und trostspendenden Ideale unseres Jahrhunderts (sprich:

Sozialismus, »Kommunismus«) begegnen (und es ist doch ganz klar, daß sie sich treffen, oder?)[31]

Cesare Garboli stellt in diesem Porträt die Dekadenz Pasolinis in die italienische Tradition – Hang dazu, das Opfer zu spielen, Neigung zur Verklärung der Dinge. Er sagt auch, warum der Dichter (dieser so gezeichnete Dichter) nicht im Raster der Vergangenheit verschwindet, sondern unvorhergesehen sogar diese Koordinaten wie bei einem Zielfoto auf die Gegenwart druckt und damit jede Brücke hinter seinem Rücken abreißt. Der Dichter der *Ceneri* kennt eine Musikalität mit langsamen, schmerzlichen Akkorden.

> Sie ist nicht vom Mai, diese unreine Luft,
> die der dunkle, fremde Garten
> noch dunkler macht, oder sie blendend erhellt
> mit blinden Silberstreifen ...[32]

Die Musikalität läßt die Adjektive auf den Notenlinien dahinlaufen, sie sind alle inspiriert von ausgebliebener Befriedigung, von trübsinnig verhaltenen Schritten und von verblaßtem Glanz. Die »mageren« Zypressen, das »kümmerliche« junge Gras, die »violette« Atmosphäre, das »alte« Mißtrauen, der »konfuse« Jugendliche, die »dreckigen« kleinen Strände: »eine verzweifelte Liebe« für das, was existiert, mischt sich mit dem Verb »sich verlieren« im »Schweigen« des »verderbten, unfruchtbaren« Lebens. Es ist ein Gedicht des »übergeordneten Schicksals«: »hier ist das Schweigen des Todes Glauben«. Die Stadt, die als Szenarium dient und in »riesige Halbkreise« auseinanderfließt, die »gottlos in der Frömmigkeit« ist, verblaßt in einer unbestimmt erleuchteten Architektur.

Der *Cimitero degli Inglesi** in Rom liegt an einer unscheinbaren Allee am Stadtrand, die an der Aurelianischen Stadtmauer bei der Pyramide des Gaius Cestius vorbeiläuft. Ein Strich Boden, dann

* Eigentlich »Friedhof der Engländer«; deutscher Name: »Protestantischer Friedhof«. (Anm. d. Ü.)

ein kurzer Anstieg auf einen Hügel, der sich im Angesicht des Monte de'Cocci am Testaccio erhebt. Heute ist das eine verkehrsreiche Straße. 1954 (so die Datierung des Gedichtes von Pasolini) war es ein verlassener Winkel der Stadt – umsäumt von Zypressen, deren braune Silhouette sich scharf gegen die grauen Steine der römischen Ruinen abzeichneten. Die Geräusche des städtischen Lebens kamen abgeschwächt, durch die Entfernung zerdehnt dort an. Dort liegt das Grab von Gramsci – zwischen anderen Grabsteinen »von anderen Anti-Klerikalisten«, zwischen »blassen Schnörkeln von Buchsbaumrabatten, die der Abend / heiter macht und in schmucklosen Umrissen / von Seegras erlöschen läßt ...«

Es muß ein lichter Sonnenuntergang gewesen sein, auf den rasch das Dunkel folgt, wie immer in den süditalienischen Städten. Dieser rasche Wechsel erinnert jedoch auch an ein Stück Ewigkeit, ein Schaudern, das das Menschenleben aus der Alltäglichkeit heraus in einen anderen Bereich fortreißt, ohne den Alltag dabei auszulöschen. Pasolini entdeckt bei all seiner Vitalität im Anblick dieser versunkenen Sonnenuntergangsstimmung seine leidenschaftliche Immobilität – die heimliche Kehrseite und Enttäuschung, die Angst entstehen läßt. Der Hunger nach Geschichte und Erkenntnis, das unaufhörliche Beurteilen seiner selbst und der Welt »verlief sich« auf »verlorenen Straßen« in »einem obskuren Skandal des Gewissens«. Die »Strenge« Gramscis, die Bedeutung dieses von Stille und vager Teilnahmslosigkeit (»aristokratische / Langeweile ist um dich«) bewachten Grabsteins wirkten wie ein Seziermesser, das an das Eitergeschwür aus Naivität und Sinnlichkeit, auf die Zusammenballung der existentiellen Wagnisse angesetzt wurde, die im Inneren des Dichters wie in einer Höhle geborgen waren. »Sehnsuchtstaumel« und »poetisches Licht« machen die Umrisse der Welt durchlässig: Sie halten das Licht des Sonnenuntergangs fest, das »verderbte Geflüster des Windes«. Das Individuum kann seiner durch die eigene Physiologie bedingten Unentschlossenheit nicht entrinnen.

> ... Doch wie ich die Geschichte in Besitz nehme,
> nimmt sie mich in Besitz; ich bin erleuchtet davon:
> Doch wozu denn Licht?

Bei Pasolini bildete sich wie selbstverständlich eine Art Mythos um den Sozialismus, wie es bei einem Romantiker geschehen kann, der für die Verdammten dieser Welt Stellung bezieht: Ihnen fühlt er sich verbunden, ihnen will er sich zum Fürsprecher machen. Doch das »Anderssein« und das Inkaufnehmen eines unsteten Lebensweges, der sich daraus ergibt, verlangen in ihm nach präzisen Antworten. In der Diskussion der Linken, zu der Pasolini zählte, wurde nie auf die Frage nach einer Ethik der Person, nach einer neuen Moral eingegangen, die das Individuum in seiner Ganzheit und Besonderheit wiederherstellen könnte.

> Ich spreche nicht vom Individuum als dem Phänomen
> der sinnlichen und sentimentalen Glut ...
> andere sind seine Laster, anders ist der Name
>
> und die Schicksalhaftigkeit seines Sündigens ...
> Doch ganz in es eingemengt als allgemeine,
> pränatale Laster und als
>
> objektive Sünde! ...

Die Ziele der Linken richten sich auf eine kollektive Erneuerung, den Sinn für alles, was über eine rein ökonomische Gerechtigkeit hinausgeht, was ein Mensch, ein einzelner Mensch – Dieb und Geächteter, Homosexueller und im Herzen Neger – in sich und für sich befriedigt sehen will, würgen sie ab. *Le ceneri di Gramsci* besitzt gerade in dem Versuch einer Definition und in der drängenden Forderung nach solcher Gerechtigkeit eine gewisse Originalität. Ich glaube, daß darin die Kraft des Gedichts liegt, eine Kraft, die sich bei den verschiedensten Lesern über jede persönliche Absicht und über jede kulturpolitische Strategie hinaus auswirkt. Das ist seine »sozialkritische« Neuerung.

> Gut geschützt
> von der unreinen Tugend und dem trunkenen Sündigen,
>
> die Unschuld eines Besessenen verteidigend
> und mit welch einem Bewußtsein!, lebt das Ich: Ich,
> lebe, umgehe dabei das Leben und habe in der Brust
>
> den Sinn eines Lebens, das trauriges,
> gewaltsames Vergessen sei ...

Freiheit und Notwendigkeit scheinen einander gegenübergestellt, und das Ich ist Opfer von unbewältigten und unauflöslichen Abhängigkeiten vom historischen Über-Ich, von der Entwicklung einer Kultur, in der das Gesetz der Repression herrschen soll. Die utopische Befreiung der psychischen Energie ist weit entfernt. Ganz nah dagegen ist das beklemmende Gefühl des Nicht-Lebens, des Vergessenheit-Lebens, das »traurig, gewaltsam« ist. Pasolini gibt diesem tragischen Zustand Ausdruck. Sein »Anderssein« erlaubt ihm, sich zu offenbaren: »Wie ich den Strudel / der Gefühle verstehe ...« Aber um das aussprechen zu können, muß er einen schmerzlichen Preis zahlen; er verschlingt die ganze Existenz und gibt sie in den Chiffren einer befreienden Botschaft wieder; dadurch weitet sich seine Poesie zu einem »gewollt poetischen«[33] Programm: Die Verzweiflung führt sie zu etwas wie Übertreibung und Übermaß.
Pasolini verausgabt seinen ganzen Reichtum an stilistischen Möglichkeiten, um die Bedürfnisse des Ichs in Worte zu fassen. Doch dieses Ich erweist sich als Gemenge aus Überresten von Wortschatz, Syntax und Rhythmus. Das Leben, das der Autor für dieses Ich beschwören will – ein Leben der Freiheit und des Glücks – ist bei soviel dichter, tonloser Materie kaum zu erkennen:

> ... ein tobendes Leben, das aus dem heiseren
> Rollen der Trambahnen, aus Menschenschreien
> in Dialekt ein mattes Konzert macht ...

Moralische Leere, Vorahnung einer kommenden Barbarei – das Ich bleibt ein Trümmerhaufen, das Individuum kann sich nicht retten, die Geschichte stirbt. Was bleibt über den »summenden Frieden, in dem das Leben schweigt« hinaus noch übrig?

> ... Besser wird die herrliche,
>
> versengte Sinnlichkeit, die fast alexandrinisch
> ist, deutlich, die alles in Miniatur malt
> und unrein beleuchtet ...

Die Welt der Ragazzi di vita ist dabei, in eine schwarze Zukunft abzugleiten. Man kann sagen, sie sei »alexandrinisch« geworden, eine »in Miniatur« gemalte Welt, die jedoch schon der auf dem Friedhof gleicht. Die Entdeckung Roms und des körperlichen »Glücks« hatte sich selber verbrannt. Für Pasolini zeichnete sich der Weg des bloßen »Überlebens« ab:

> ... Doch ich mit dem Bewußtsein im Herzen
> eines, der nur in der Geschichte Leben schöpft,
> werde ich je wieder mit reiner Leidenschaft handeln können,
> wenn ich weiß, daß unsere Geschichte zu Ende ist?

Mit dieser Fragestellung schließt *Le ceneri di Gramsci.* Pasolini hat daran wie an einem großen Fresko gearbeitet, mit dem besessenen Eifer dessen, der fürchtet, nicht fertig zu werden: bald mit erschöpfter Sachtheit, bald sich mit der Parodie seines eigenen Stils zerfleischend. Eine drängende Eile macht das Gedicht zu etwas Ungewohntem, Anomalem, auch zu etwas Unvollendetem: Tagebuchstelle ohne Grenzen eher denn Poesie. Man kann darin das Erzählmuster Pascolis oder die *Odi Barbari* von Carducci erkennen. Die Fragestellung am Schluß scheint ein Bruch. Auf der einen Seite stehen die Instinkte im Rampenlicht, die »ästhetische Leidenschaft«, auf der anderen das Bild des Helden Gramsci – er ist das Über-Ich, der Vater. Es ist ein Bild, das das Bewußtsein nur mühsam in den kraftlosen Harmonien der Terzinen wiederherzustellen sucht. Von dem Konflikt bleibt kein anderes Indiz zurück, als der »obskure Skandal des Gewissens«:

> Der Skandal meines Widerspruchs, mit dir
> und gegen dich zu sein; mit dir im Herzen,
> im Licht, gegen dich im dunklen Schoße ...

Unberührt von dieser Fixiertheit bleibt der zeitlose Schimmer der römischen Abendstunde: die Trambahnen und die entfernten Stimmen vom Testaccio; man vernimmt das Dröhnen eines Amboß; zusammengekauert in dem »aphrodisierenden Schmutz« warten die Dirnen auf Soldaten. Das Miniaturleben im Stadtviertel gerinnt zum *tableau vivant.*

Pasolini nähert sich dem Höhepunkt seiner Ausdruckskraft, alles scheint ihm möglich. Dennoch muß er eine unabwendbare

Erschöpfung seiner Fähigkeit, sich inspirieren zu lassen, an sich wahrgenommen haben; wenn er vom Ende der Geschichte spricht, geht es auch um das Ende der Dichtung selbst und um seine eigene Dichtung. Mit *Le ceneri* war er auf dem Höhepunkt eines gewagten Spieles angelangt: die Forderung nach einer neuen Moral für das Individuum. Als Christ und Katholik hatte er in der Ideologie der Linken einen dramatischen Mangel festgestellt. Doch die Forderung brach sofort wieder in sich zusammen, als sei die Anstrengung über jedes erwartete Maß hinausgegangen. In diesen Zusammenbruch wurde alles mit hineingerissen – die Ideale, die Geschichte und vor allem das eigene Geschick. Dieser Zusammenbruch, das Kraftloswerden seiner Leitgedanken stellen den »sozialkritischen« Anspruch des Gedichtes in Frage. Es zeigt sich das Bedürfnis nach einer radikalen Veränderung. Doch die Poesie schien im Wort und in den Rhythmen keinen Ansatzpunkt zu finden.

Dennoch ist *Le ceneri di Gramsci* eine denkwürdige Arbeit. Sie erzählt von einem guten Menschen, der sich Glück mit Gerechtigkeit und Freiheit harmonisch vereint zu sehen wünschte – zuallererst in sich selbst. Doch Zerrissenheit und Spaltung herrschten nicht allein in ihm: Sie betrafen eine ganze Generation, die sich nur einen Schritt weit von großen Möglichkeiten glaubte. Ihre Ideen drängten sie zur Eroberung noch unbekannter Gebiete. Diese Generation entdeckte aber auch unter Schmerzen, daß ihre Ideen vor dem nie bezwungenen Unwägbaren des Daseins verstummen mußten. Das Leben selbst wurde für sie zu einer Illusion, die es nicht zu leben galt.

Im Gegensatz zur großen frühromantischen »Gräberpoesie« von Thomas Gray und Ugo Foscolo ist für Pasolini der Gedanke unmöglich, daß »even from the tomb the voice of nature cries«; wenn diese Stimme »schreit«, dann weil sie das Vorspiel des Endes, des finis historiae ist.

Finis historiae – der Gedanke an eine Apokalypse: Das trennte Pasolini von den Kommunisten. Seine Beziehungen zu einigen Parteiintellektuellen – das heißt seine Beziehung zur Parteipresse – hatte sich unmittelbar nach der Veröffentlichung von *Ragazzi di vita* kompliziert.
Auf der einen Seite die doktrinäre Inflexibilität der Marxisten:

> Sie sind unbeugsam, sie sind finster
>
> in ihrem Urteil über dich: Wer das Büßerhemd
> an hat, kann nicht verzeihen.
> Du kannst von ihnen keinen Funken Barmherzigkeit
>
> erwarten: nicht weil Marx es so lehrte,
> sondern wegen dieses ihres Liebesgottes,
> der elementare Sieg des Guten über das Böse,
>
> der ihren Taten innewohnt ...[34]

Auf der anderen Seite die konkreten, drängenden Probleme (einer Überprüfung ihrer Kulturpolitik), die sich alle militanten Anhänger und Sympathisanten der Linken seit der Verbreitung der Geheimrede Chruschtschows im Frühjahr 1956 stellen mußten.
Das »schreckliche« Jahr 1956: die Geheimrede Chruschtschows, dann im Herbst die Ereignisse in Polen, der Hoffnungsschimmer, als Gomulka an die Macht kam; danach Ungarn, der Aufstand des Petöfi-Kreises, die freiheitlichen Forderungen von Lukács – und die Ankunft der sowjetischen Panzer in Budapest. Gleichzeitig die Sueskrise, die sozusagen entfesselt wurde, um alles auf dem Status quo einzufrieren, was mit den ungarischen Ereignissen nach einer Veränderung gesucht hatte. Eine Tragödie spielte sich ab. Vielleicht kann man im Rückblick die Vorgänge in jenen Herbstmonaten als den Ausbruch eines geistigen Konfliktes ansehen, der seit langem in Europa ausgebrütet worden war – zehn lange Jahre seit Kriegsende – und der seine Ursache in den willkürlich festgesetzten Grenzen hatte. Es waren politische und ideologische Grenzen. Ungarn war der Kristallisationspunkt für

ein Bedürfnis nach Freiheit, das jedes von den Großmächten zugestandene Maß überstieg. Dennoch siegte die Vereinbarung von Jalta: ein willkürlicher Federstrich auf der Landkarte, der die Welt in zwei feindliche Hälften aufteilte.
Es herrschte tiefes Leid. Die Sowjets zersprengten mit ihrem Eingreifen in Ungarn ein ideelles Gedankengut, das innerhalb des jungen sozialistischen Universums selbst entstanden war, indem sie es als »konterrevolutionär« abtaten; dann brachte der anglofranzösische Eingriff in Sues die Absage an die freiheitlichen Absichten der westlichen Demokratien zum Ausdruck. Der großen Politik ging es nicht um die Bedürfnisse der Völker, sondern allein um das internationale Gleichgewicht. Einzelwesen und Machtlosen war wieder einmal die Möglichkeit genommen, in der Geschichte initiativ zu werden.
Schwere Monate und Jahre für die italienische Linke und die KPI. Die Kommunistische Partei wurde von einer regelrechten Kampagne unqualifizierter Beschuldigungen von seiten aller anderen Parteien heimgesucht und war in ihrem Inneren von Spaltungen im Lager der Intellektuellen und von Aufruhr an der Arbeiterbasis bedroht. Giorgio Amendola erzählt:

All dieser leidenschaftlich betriebene Aufruhr entstand aus der Tatsache heraus, daß ein Mythos zusammenbrach, der unser aller Denken beherrscht hatte: der Mythos Stalins. Ein jeder von uns, der Stalinist gewesen war, kämpfte mit seinem eigenen Gewissen. Eines der Elemente, die uns geformt hatten, brach zusammen. Ein jeder reagierte auf seine Weise: Der eine suchte den Ursprung bestimmter Ereignisse historisch zu untersuchen, der andere stieß Flüche aus; doch alle waren zutiefst erschüttert[35].

Die Kulturtradition der Kommunistischen Partei Italiens mischte sich auf ganz eigene Weise mit der liberalen Tradition. Palmiro Togliatti selbst verurteilte in den betreffenden Monaten das Fehlen einer historischen Analyse in der Geheimrede Chruschtschows; zugleich definierte er die Notwendigkeit des »nationalen Wegs zum Sozialismus«. Das war ein genialer politischer Akt. Die Verbrechen Stalins konnten nicht einfach als dessen persönliche Verbrechen ausgegeben werden. Andererseits konnte

die in den Sozialismus gesetzte Hoffnung nicht gemeinsam mit dem Leichnam eines Diktators begraben werden, der sich gräßlicher Delikte schuldig gemacht hatte.
Mit polemischer Heftigkeit forderten alle von der KPI, sie solle sich »ändern«.

Alle Fragen nach einer Änderung der formalen Ziele haben nur geringen Wert. Das Problem ist, bestimmte Änderungen herbeizuführen. Manchmal ist es besser, eine Formel etwas später zu ändern und damit zu zeigen, daß man sich ehrlich um sie bemüht hat, als Bequemlichkeitsformeln anzuwenden, die dem Gegner vorne schöntun, doch denen dann keine intensive, selbstkritische Reflexion entspricht[36].

Giorgio Amendola mag mit seinem Bemühen um das rechte Maß in bezug auf die tumultartigen Monate im Rückblick recht haben. Doch diese aufgeregten Monate waren eine Realität. Und Pasolini bezog Stellung zu dieser Realität.
Wie alle anderen richtete auch Pasolini eine Forderung an die KPI. Er schrieb im Herbst 1956 *Una polemica in versi*[37] (etwa: Eine Polemik in Gedichtform). Im Frühling hatte er bereits in einem kritischen Text der »Officina« auf den »Perspektivismus« der kommunistischen Kulturpolitik hingewiesen und schroffe Kommentare geerntet.
Zum Thema Perspektivismus sagt der Text von »Officina«:

Was sozusagen das taktische Stellungbeziehen der Kommunisten betrifft, etwa in dem vorliegenden Fall der »Unità«, oder von »Il contemporaneo«, wäre es feige, wollte man zu diesem Zeitpunkt mit zu großer Härte vorgehen. Die Roheit und taktisch-ideologische Härte Salinaris und anderer war vereitelt von dem, was Lukács in einem Interview, das er einem Berichterstatter eben dieser »Unità« bei den Vorarbeiten zum Parteitag der KPdSU gegeben hat, Perspektivismus nennt. Die naive und fast analphabetisch (und auch bürokratisch) anmutende theoretische Zwangsverknüpfung, die aus der Konvention herrührt, daß eine realistische Literatur sich auf eben diesen Perspektivismus gründen müsse; während in einer Gesellschaftsform wie der unseren nicht einfach im Namen einer anvisierten Gesundheit, die vorweggenommen und erzwungen werden soll, der Zustand von Schmerz, Krise und Spaltung weggewischt werden kann[38].

Pasolini richtet seine Polemik gegen eine Wunschvorstellung von der Literatur: Er klagt die kommunistischen Kritiker an; die wiederum hatten seinen Pessimismus angegriffen und zurückgewiesen. Eine lebhafte Diskussion auf den Seiten des »Contemporaneo« entflammte. Die Polemik dauerte im Juni 1956 mehrere Wochen lang an. Hauptfigur neben Pasolini war Carlo Salinari[39]. Ein Jahr später stellte Salinari bei der Rezension von *Le ceneri di Gramsci* richtig:

Seinerzeit war unsere Reaktion auf die Beschuldigung des Perspektivismus vielleicht unverhältnismäßig, wie Pasolini schreibt. Man muß als Milderungsgrund jedoch zugestehen, daß es sich um eine schwere Provokation gehandelt hatte …[40]

Doch Pasolini wollte nicht »provozieren«. Er forderte vielmehr ideologischen Mut und ein Gefühl für die existentielle Wahrheit.

»Die Stunde ist verworren, und wir leben sie
wie Verlorene …«, flüstertest du mir zu, bitter
und enttäuscht von dem, was du zehn Jahre lang

mit dir herumgetragen hast, so klar,
daß zwischen Welt und Geist fast ein Idyll bestand:
Und deine Müdigkeit hat – das ist ein bißchen vulgär –

ein Gehabe an sich wie ein alter Sohn
von zugezogenen Süditalienern,
die hungrig sind und feige hinter ihrer finsteren Miene

der armen Arrivierten, der naiven Doktrinäre.
Du hast gewollt, daß dein Leben ein Kampf
sei. Und da ist es nun auf den toten

Gleisen, da hängen die roten
Fahnen ohne Wind herab …

Eine Begegnung auf der Via Quattro Novembre in Rom mit Antonello Trombadori: Trombadori leitete zu der Zeit den

»Contemporaneo« und erschien ihm wie einer von den militanten Kommunisten, die jetzt desorientiert und von den grausamen Neuigkeiten des Augenblicks zerbrochen erschien. Was wollte Pasolini von ihm und allgemein von den Kommunisten?

> ... Euer Schmerz,
> nicht mehr an vorderster Front zu sein,
> wäre lauterer, wenn in der Stunde,
>
> in der der Irrtum, war er auch lauter, abgebüßt wird,
> ihr die Kraft hättet, euch schuldig zu bekennen.

In einem Brief vom 7. Juni 1956 an Trombadori hatte Pasolini zu dem, was er soeben in »Officina« veröffentlicht hatte, Stellung bezogen und den gedanklichen Hintergrund der Gedichte vorweggenommen.

Lieber Trombadori, (...) Du bist unendlich viel gewandter als Salinari und als Dein Onkel. Ich dachte im Gegenteil eigentlich ausschließlich an die beiden: sicher nicht an Muscetta, oder an Gallo, oder an Cases ... Salinari und Trombatore[41] sind im Grunde starr, unfähig zu empfinden und aprioristisch. Kurz gesagt: wie Provinzler von ihrem Moralismus befangen. Du nicht. Und Dein »Perspektivismus« ist, auch wenn er dem Schein nach kompromittierender ist, in Wirklichkeit sehr viel problematischer und entwicklungsfähiger. (...)
Ihr werdet wohl nicht abstreiten, daß Ihr Euch in einer Krisensituation, in einem Stadium der Besinnung und des Unbehagens befindet. Das ist natürlich und richtig, und wenn Ihr wirklich ehrlich und aufrichtig mit Euch selbst sein werdet, dann wird es auch produktiv und voller Zukunftschancen sein. Es geht nicht mehr darum, die übliche Selbstkritik zu üben, die von vornherein als ausgemacht gilt. Die Sache ist viel schwerwiegender und wichtiger. Das sage ich Euch nicht als Gegner, sondern als Freund. Und ein Freund sagt manchmal die Dinge sehr viel heftiger als ein Gegner, das weißt Du.

Pasolini forderte von den Kommunisten moralischen Mut. In diesem Herbst forderte der bestürzte Pasolini noch mehr: das Eingeständnis eines »Irrtums«.

Der Irrtum ist es,
wohin ich euch dränge, zum frommen
Irrtum ... Wieder beginnt in der roten Sonne
der Mittagsstunde des noch schwülen Herbstes
in einer Todesstimmung euer
Fest[42]

Der »Irrtum« war ein für alle Mal der, »dem Volk / gedient [zu haben] nicht in seinem Herzen, / sondern seiner Fahne«.
Im Jahr 1959 veröffentlicht Pier Paolo *Vita violenta*[43]. In der Januar-Nummer 1960 von »Rinascita« äußerte sich der kommunistische Senator Mario Montagnana in einem Leserbrief, als wolle er die unterschiedlichen Meinungen innerhalb der Partei auf eine einheitliche Linie bringen und »richtigstellen«. Er lehnt den Roman heftig ab:

Pasolini reserviert alle Gemeinheiten, Obszönitäten und Schimpfwörter für die Welt der armen Leute ... Man hat den Eindruck, daß Pasolini die armen Leute gar nicht mag, daß er die Bewohner der römischen Borgate ganz allgemein verachtet und daß er vor allen Dingen unsere Partei verachtet ... Die Hauptfigur Tommasino ist in Wirklichkeit ein jugendlicher Verbrecher schlimmster Sorte: ein Dieb, Räuber und Päderast ...

Die Äußerung von Montagnana hatte Gewicht: »Rinascita« gab jeden Monat die offizielle Linie der Kommunisten wieder. Man munkelte, die Äußerung sei sogar aufgrund einer Entscheidung an oberster Stelle der Parteihierarchie in dieser Form gemacht worden. Dagegen wurde in der folgenden Nummer vom Februar 1960 ein sechsspaltiger Artikel mit entgegengesetzter Aussage abgedruckt – ebenfalls ein Leserbrief und zwar von dem berühmten, in seiner Führungsposition anerkannten Senator Edoardo D'Onofrio:

Einer der Gründe, die manche unserer Genossen dazu treiben, den Roman *Vita violenta* von Pasolini falsch einzuschätzen, ist – so glaube ich – der, daß sie die politische und soziale Bedeutung des in Rom vorhandenen, zahlenmäßig großen Subproletariats nicht kennen ...

Der Brief von D'Onofrio klärte über dieses Subproletariat auf, das schon begonnen hatte, sich zu verändern und für weniger aufmerksame Beobachter scheinbar am Verschwinden war. In der Darstellung dieser Wirklichkeit lag für D'Onofrio die starke Seite des Romans. Er stellte fest:

Das Leben der Partei hält sich nicht an ein starres Schema, das auf alle Situationen angewendet werden kann ... Der Kampf und der Entwicklungsprozeß des Klassenbewußtseins des Proletariats geht weder flüssig noch linear voran; er setzt Höhen und Tiefen voraus – Sätze nach vorn und Schritte zurück ... Pasolini verzichtet darauf, der Partei zuliebe etwas zu verheimlichen; er sagt die Dinge, wie sie waren; und er verlangt auch nicht, daß eine Momentaufnahme der Fortentwicklung der Partei in den Borgate der Fortschritt selbst oder das Resultat des Fortschritts sei. Ich könnte Namen und Daten nennen, um die Wahrheit dessen, was Pasolini gesagt hat, zu bestätigen ...

Die Verteidigung des Buches ist eine »politische«, eine inhaltliche. Doch D'Onofrio begnügt sich nicht damit – die Verwendung des römischen Dialekts, dieses besonderen, umstrittenen *romanesco* war für ihn der Beweis für die Echtheit des Romans. Außerhalb eines »jeden frömmlerischen, moralistischen bürgerlichen Einflusses, (...) ist *Vita violenta* (...) ein originelles, bemerkenswertes Werk, das zu lesen lohnt.« Die Aussage D'Onofrios war nicht ausschlaggebend, sie legte jedoch offen, daß innerhalb der KPI sehr wohl Interesse für Pasolini und die in seinem Werk aufgeworfenen Probleme bestand, ja daß er sogar vielerorts aufmerksame Zuhörer fand.
Ein Thema blieb ungelöst: die mangelnde Flexibilität der Kommunisten, wenn es um das Bedürfnis nach individueller Freiheit ging. Nach Ansicht der Marxisten durfte das kollektivistische Modell der Gesellschaft nicht durch solche Bedürfnisse in Frage gestellt werden. Für den Autor von *Ceneri* bildeten gerade diese Bedürfnisse den Ansatzpunkt für die Utopie. Im Gegensatz von Realitätsprinzip und Lustprinzip ging es dem Marxisten nicht darum, ein mögliches Gleichgewicht anzustreben: Die »Lust« wurde von der »Realität« eingeholt und ersetzt. Bei Pasolini

dagegen fand ein verzweifelter Kampf statt. Seine öffentlichen »Provokationen« sollten eine Lösung herbeiführen. Doch der drängende Konflikt blieb bestehen.

Das Überleben

Pasolini leistet höchste Anstrengung und erlebt die vollkommene Enttäuschung – der logische Entwurf einer neuen Welt und das Scheitern des Neuen in der „Barbarei". Der „praktische Zweck" seiner Poesie wurde von der Macht der Dinge besiegt. Als die geschlossene Front des ideologischen Systems der Linken aufgebrochen war, machte das Wirtschaftswunder in Italien die Kultur den philosophischen Problemen von Individualität und Person gegenüber unsensibel. Es schien, als könnte der alte Liberalismus hier wieder zum Zuge kommen. Pasolini befrachtete wie Victor Hugo gern seine Gedichte mit Tagesgeschehen; doch jetzt, in seiner Doppelrolle als Opfer und Provokateur, machte er angesichts der Taubheit seiner Mitmenschen aus sich selbst einen Mythos. Die öffentliche Meinung hörte auf ihn als bekannte Persönlichkeit, nicht auf ihn als Menschen[44]. Das war für ihn ein Problem. Seine Reaktion darauf kam zu schnell: Sein Leben erfuhr eine blitzartige Wende, und er machte sich mit der gleichen rasenden Schnelligkeit ans Überleben. Die Poesie war nur noch Erinnerung, die Totenklage auf die schönen Hoffnungen der Widerstandsbewegung. Pasolini wollte sich als Dichter dieses „reinen Lichts" und eines besiegten Glaubens sehen.

Schon in *La ricchezza* (1955–1959; etwa: Der Reichtum) ist die »poetische Wiedererscheinung« der Vergangenheit zu finden – es ist die Gegenwart, die danach verlangt, ein Leben in der Gegenwart, das sich als ein unheilbares Geschwür, als unaufhörliches, »sinnliches Nachtrauern« darbietet. Doch das »Nachtrauern« verlangt auch danach, »Religion« zu werden. Mit *La religione del mio tempo* (1957–1959) findet eine Wende im dichterischen Werk Pasolinis statt. Das »Opfer« wird zum Propheten.

Wenn ich so auf den Grund der Seelen der
Scharen der lebenden Individuen meiner Zeit
blicke, die mir nah oder nicht fern sind,

sehe ich, daß von den tausend möglichen Gotteslästerungen,
die jede natürliche Religion
aufzählen kann, die in allen von ihnen

immer vorhandene die Feigheit ist.
(...)
Diese Feigheit ist es, die den Menschen irreligiös macht ...[45]

Hier schwingt die Bestürzung über die erlittenen Schmähungen mit. Wenn sich dann die gedemütigte Subjektivität zu den Höhen des Mythos erhebt

... ich habe nie gesündigt, bin
rein wie ein alter Heiliger, doch

ich habe auch nichts erhalten; die verzweifelte
Gabe des Geschlechtstriebes hat sich ganz
in Rauch aufgelöst: Ich bin gut

wie ein Irrer. Die Vergangenheit
ist das, was ich zum Schicksal hatte,
nichts als untröstliche Leere ...[46]

wird das Gefühl von Objektivität vom Sarkasmus verdüstert und von der Trostlosigkeit:

... ich weigere mich
noch weiter zu leben. Es ist nichts mehr da
als die Natur – in der im übrigen nur der Zauber

des Todes ausgebreitet ist – nichts mehr
von dieser Welt der Menschen, das ich liebte.
Alles bereitet mir Schmerz: diese Leute,

die sklavisch jedem Rufe folgen,
mit dem ihre Herren sie gerufen wissen wollen,
und die gedankenlos die schändlichsten Gewohnheiten

des prädestinierten Opfers anwenden;
das triste Grau ihrer Kleidung in den tristen Straßen;
ihre tristen Gebärden, in denen die Schweigepflicht

des Bösen, das sie befällt, eingeprägt scheint;
ihr geschäftiges Trachten nach einem trügerischen
Wohlstand wie eine Herde um wenige Futtertröge herum;

ihr Gleichmaß wie das der Gezeiten, mit dem sich Gedränge
und Menschenleere in den Straßen abwechseln,
geordnet von zwanghaften Zuflüssen und Abflüssen

und anonym in ihren abgestandenen Notwendigkeiten;
ihre Heerscharen in den finsteren Bars, in den finstren Kinos,
das Herz finster ergeben dem Warum? ...[47]

Im Angesicht dieser gottlosen Welt – gottlos und passiv –, die von »schändlichen Schülern eines in den Salons des Vatikan / korrumpierten Jesus« regiert wird, kommt die Poesie zum Erlöschen, wird an den Rand gedrängt: In der verlangsamten Kadenz der dritten Strophe zerstört sie sich selbst. Die Worte scheinen im Himmel »von besinnungslosem Blau«, im Himmel des Manierismus herumzuwirbeln.
Es entstehen Gedichte der Erinnerung, Gedichte über die unmöglich gewordene Zuneigung zu den Jugendlichen und zu ihrer Lebensfreude, Gedichte, in denen die Hoffnung von nachtschwarzen Schatten überdeckt wird. Das Leben gehört der Vergangenheit an, dem »mütterlichen Friaul«. Ein wenig Licht in diese Untergangsstimmung bringt die tröstende Vision der Mutter Susanna.

Wenn ich auch überlebe in einem langen Fortsatz
unerschöpfter, unerschöpflicher Leidenschaft
– die geradezu in einer andern Zeit ihre Wurzel hat –

weiß ich, daß mich im Chaos ein Licht der Religion,
ein Licht des Guten erlöst
von der zu großen Liebe in der Verzweiflung ...

Es ist eine arme Frau, sanftmütig und gut,
die fast nicht den Mut hat zu sein
und im Schatten bleibt wie ein Kind

mit ihrem schütteren Haar, ihren bescheidenen Kleidern,
die jetzt fast armselig sind, über diesen überlebten
Geheimnissen, die noch nach Veilchen duften ...[48]

Nach dem Tod von Carlo Alberto steht offenbar der völligen Hinwendung zur Mutter nichts mehr entgegen – in der Verwirrung aus Enttäuschung, Ernüchterung und Sturm der Verfolgung. In den Mythos seiner selbst als Opferfigur bezieht Pasolini auch Susanna ein (»arme, süße kleine Gebeine mein«):

> Zu jeder Stunde ist nunmehr alles für sie, das Kind,
> für mich, ihren Sohn und schon seit jeher zu Ende:
> Es bleibt nur zu hoffen, daß das Ende
>
> wirklich kommen möge, um den anhaltenden Schmerz
> des Wartens darauf auszulöschen. Wir werden bald
> auf jener armseligen Wiese voller grauer Steine
>
> zusammen sein ...[49]

Der Friedhof von Casarsa, »wo die Gebeine / des anderen Sohnes die Leidenschaft wachhalten, / lebt noch im Frost des Friedens«. Die Rede ist von Guido; kein Hinweis, daß da auch Carlo Alberto begraben ist.

> ... Bald
> werden auch wir, süßer Überlebender, verloren
>
> sein am Grunde dieses frisch ausgehobenen
> Stücks Erde: Doch unsere wird keine Ruhe
> sein, denn es mischt sich darein
>
> zu viel Leben, das kein Ziel gehabt hat.
> Wir werden ein stockendes, armseliges Schweigen haben,
> einen schmerzerfüllten Schlaf, der nicht Süße
>
> und Frieden bringt, sondern Sehnsucht und Tadel ...[50]

Diese Strophen stammen aus dem Jahr 1960: Alles scheint wirklich zu Ende, für das Innenleben gibt es keine weitere Chance mehr. Was Pasolini blieb, war die Überzeugung, post mortem von seiner eigenen Niederlage Zeugnis ablegen zu können – es sollte den »unreinen« Lebenden »Tadel« sein. Dieser Hang dazu, sich als Opfer zu sehen, enthält einen neurotischen Kern. Das Autoritätsprinzip war nach dem Tod des Vaters in die Tiefen des Ichs zurückgedrängt worden; in der bewußten Schicht des Ichs ging es erbarmungslos nur darum, dieses Prinzip zu beschimpfen.

Die Strategie des Unterbewußtseins von Pasolini schien von blinden, negativen Antrieben bewegt und gab damit seinen Feinden und Verfolgern offenbar recht. Doch in seinem Unterbewußtsein fand auch eine Verwandlung dieses Negativen in positivem Sinne statt. Intellektuelle Klarsicht erschöpfte sich bei Pasolini nicht allein im Wort; seine wache Intelligenz war fähig zur Beurteilung des Wirklichen; die Neurose löste sich zum Positiven auf. Er strömte Energie und Licht über die Schatten aus, von denen das italienische Gemeinschaftsleben umgeben war, und nahm den Kampf auf gegen das System aus Zensur, Ethik und Politik, das dieses Leben regierte. Die Enttäuschung konnte den Dichter der *Ceneri* nicht bezwingen – das »Überleben« war im Grunde eine Seite seines persönlichen Mythos und kein Zustand eines irreversiblen Sich-Aufgebens. Es war eine Möglichkeit, wieder zu neuem Leben zu erwachen und seiner Berufung zu folgen. Es war eine Möglichkeit standzuhalten und sich einzusetzen – nicht nur für die an den Rand des sozialen Lebens gedrängten Subproletarier aus den Borgate, sondern für all diejenigen, die von Moralauffassungen und sozialen Gegebenheiten jeder Art (und jeder Klasse) bedrängt wurden.

Geschichte von »Accattone – wer nie sein Brot mit Tränen aß«

»Ich würde mich nicht wundern ... wenn er auf einmal und ganz unvermutet einen anderen Weg einschlagen würde«: So schloß Cesare Garboli seine Beurteilung von *Le ceneri di Gramsci*[1]. Pasolini schlug tatsächlich einen neuen Weg ein, in den Augen der meisten Menschen »ganz unvermutet«. Er drehte einen Film und wurde ein Regisseur von internationalem Ruf. Dennoch reicht der Entschluß, sich der Kamera zuzuwenden, bei Pasolini weit zurück, bis in die Jahre im Friaul. Pier Paolo bekannte einmal:

Ich habe immer mit dem Gedanken gespielt, Kino zu machen. Vor dem Krieg wollte ich noch nach Rom kommen und das Centro Sperimentale machen, wenn ich könnte. Diese ganz alte Idee, Kino zu machen, ist im Sand verlaufen[2].

Doch dann kommt es zur Freundschaft mit Fellini.
Die Freundschaftsbeziehung zu Fellini ist lebendig: Es ist die Zeit von *Le notti di Cabiria (Die Nächte der Cabiria)* und *La dolce vita (Das süße Leben)*. Beide Männer verbindet ihre berufliche Zusammenarbeit und eine tiefe menschliche Beziehung. Sie hatten sich durch Zufall auf der Piazza del Popolo kennengelernt. Pier Paolo hatte schon *Ragazzi di vita* veröffentlicht, Fellini war schon als Regisseur von *I vitelloni (Die Müßiggänger)* bekannt. Sie trafen einander öfter, und es kam zur Zusammenarbeit für *Die Nächte der Cabiria*. Pier Paolo zeigte Fellini die Wege durch das verruchte Rom, das Rom der Nachtschwärmer und der Unterwelt. Sie streiften durch die wie Krebsgeschwüre wuchernden Randgebiete, durch das zersiedelte Irrenhaus von Torvaianica und Ostia. Für Fellini besaß Pier Paolo so etwas wie die Weisheit eines väterlichen Priors und dazu die Launen einer Art Kobold vom Mond. Pier Paolo seinerseits war fasziniert von der komplexen Psyche Fellinis. Beide hatten sicherlich die manieristische Sensibilität für Bilder und die stilistische Kombinationsfähigkeit gemein. Jeder von ihnen war entschlossen, in Film und Literatur nicht der

sentimentalen Erpressung des ausgedienten Neorealismus zu erliegen.

Fellini ist ein Erfinder. Fellini ist ein Zauberer. Sein Reich ist die Einbildung. Pier Paolo läßt sich bezaubern. Nach dem Erfolg mit *Das süße Leben* »erfindet« Fellini mit Hilfe des Unternehmens Rizzoli einen Filmverleih, die »Federiz«. Sein Ziel: ein anderes Kino, ein Kino, das den Markt revolutioniert. Geplant sind Filme von Marco Ferreri, Ermanno Olmi und Vittorio De Seta. Geplant ist auch ein neues Drehbuch von Pasolini: *Accattone.* Pasolini hält noch ein alternatives Sujet bereit, *La commare secca.* Sein Überwechseln vom Schreibtisch an die Kamera kündigt sich an. Auch andere Produzenten waren interessiert, zum Beispiel Tonino Cervi und Sandro Jacovoni, zwei junge Leute auf der Suche nach anderen jungen Leuten. Cervi und Jacovoni zogen sich dann jedoch von Pasolini zurück, und Pier Paolo ging zur »Federiz«.

Fellini war dabei, in einem Appartement an der Via della Croce die Niederlassung der neuen Gesellschaft einzurichten: nach Art einer Taverne wie aus den *Drei Musketieren.* Der Regisseur hatte, schrieb Pier Paolo, »mit dem Glück und dem Stolz eines Kindes – natürlich auch ein wenig kokettierend[3]« das Unternehmen in Angriff genommen.

Fellini nahm das Projekt Pier Paolos auf, und Pier Paolo machte sich an die Arbeit: Suche nach Gesichtern, nach Schauspielern, nach Drehorten – die Vorstellung von einem Autorenkino, das ganz in seinen Händen liegt; das er ausdenkt, schreibt und außerhalb jeder Schablone realisiert. Das beginnt bei nicht-professionellen Schauspielern – eine Grundbedingung. Der professionelle Schauspieler bringt angelernte Gebärden aus der Schauspielschule mit: Sein Gesicht ist schon im voraus bekannt. Hier sollte dagegen die Unvorhersehbarkeit der Existenz ein Stilkennzeichen werden, so wie sich auf den Seiten von *Ragazzi di vita* der Vorstadtjargon in eine verzweifelte, in die »einzig mögliche« Ausdrucksform verwandelt hatte.

»Ich habe so, glaube ich, die schönsten Tage meines Lebens verbracht.« Im Feuereifer der Vorbereitung mußten Pier Paolo erste Anzeichen für mögliche Hindernisse oder für Mißtrauen entgangen sein. Er hatte einen kleinen Mitarbeiterstab um sich. Darunter Bernardo Bertolucci. Der Sohn von Attilio Bertolucci war damals neunzehn Jahre alt – und hatte den Film im Blut. Er schrieb Gedichte, aber so, als warte er nur auf den entscheidenden Augenblick, um an die Kamera gelassen zu werden. Pier Paolo nahm ihn als seinen Helfer zu sich – es sollte eine Wahl fürs Leben sein.

Tage der Aufregung vergingen. Dann die Probe: Fellini bat Pier Paolo, ein paar Szenen zu drehen, um die Truppe auszuprobieren. Es ist September 1960.

Es waren herrliche Tage. Der Sommer glühte noch heiß, war lediglich schon seiner Heftigkeit entleert. Die Via Fanfulla da Lodi inmitten des Pigneto mit den niedrigen Hütten und den rissigen kleinen Mauern war in ihrer ungeheuren Unbedeutendheit von einer grobkörnigen Großartigkeit; eine armselige, ärmliche, unbekannte kleine Straße, die verloren war unter der Sonne – in einem Rom, das kein Rom mehr war.

Die Truppe ist klein. Die Regiearbeit ist für Pier Paolo »ungewöhnlich«. Er hat sofort sein Vorbild im Stil herausgefunden: Dreyers *Johanna von Orleans*, »eine Norm von absoluter Einfachheit des Ausdrucks«. Doch das Licht bleibt nicht gleich; die Schauspieler machen ihre erste Erfahrung auf einem *set;* die alte Kamera funktioniert nur mit Unterbrechungen. Es folgen die Tage am Schneidetisch, der Schnitt und die Bearbeitung der beiden Szenen. Dann: Schweigen. Von Fellini keine Nachricht. Mitarbeiter und Freunde erkundigen sich; Bernardo fragt; Franco Citti fragt. Citti ist schon zum Hauptdarsteller bestimmt. Als noch immer nichts kommt, beschließt Pier Paolo, auch unaufgefordert zur »Federiz« zu gehen.

Als ich eintrete, kommt mir zufällig auch Fellini an der inneren Tür entgegen. Der große Zauberer kann in seinen braun umrandeten Augen nicht verbergen, daß ich unerwartet und ein wenig verfrüht komme, doch er empfängt mich mit einer Umarmung. Er wirkt sauber, glatt und gesund wie ein Raubtier im Käfig. Er begleitet mich nach drüben in sein Arbeitszimmer. Während er sich setzt, sagt er mir gleich, er wolle ehrlich sein mit mir (oh weh), das Material, das er gesehen hat, habe ihn nicht überzeugt ...

Sie besprechen die Sache. Pasolini verteidigt »die Schlichtheit, die Schlamperei, die Plumpheit und die unbeholfene, fast anonym wirkende Schulmäßigkeit«, mit der er gedreht hat. Es war das erste Mal, die Kamera kaputt, das Filmmaterial knapp, die Schauspieler noch ganz unerfahren. Da war kein Wunder zu erwarten, doch es war »sein« Film. Hätte er die Szenen nochmal drehen müssen, würde er sie haargenau wie das erste Mal drehen. Pier Paolo ist sich seiner selbst zu sicher, vielleicht überheblich, und gibt keinen Millimeter weit nach. »Wie ein eleganter, bedeutender Bischof agierend, verlegt Fellini die Angelegenheit auf eine andere Ebene«: die finanzielle Seite des Films. Wenn er wirklich wenig koste, könne man es versuchen ... »Ich weiß, daß es sich um einen Euphemismus, um eine Litotes handelt, um die Geste eines Beichtvaters.« Tatsächlich wird nichts aus der Sache. Pier Paolo erzählt davon in einem »Tagebuch«-Artikel in »Il Giorno« vom 16. Oktober 1960.
Zwischen Fellini und Pasolini gibt es jetzt Grund genug zu einem Bruch. »Es ist sehr viel leichter, sich zu streiten, als im beiderseitigen Einvernehmen das Überdauern der alten Zuneigung auszuprobieren.« Die beiden wollen es aber versuchen und gehen zum Abendessen in ein chinesisches Restaurant.

Fellini bestellte die Speisen mit der Akribie eines Magiers: Das Abendessen – in diesem Lokal wie aus *Das süße Leben* – war eine richtige Regiearbeit. Und Fellini machte von seiner Menschenkenntnis Gebrauch. Ich hätte ihn am liebsten umarmt mit seinen blau geränderten Kuhaugen und dem niedergeschlagenen Ausdruck auf seinen Hängebacken.

Nach dem Abendessen plaudern sie auf der Strandpromenade von Ostia weiter. Es ist ein Abend der Bekenntnisse: Es geht um ihre jeweiligen Ängste, um den Tod, die Leute und die Welt im allgemeinen. Alles scheint ganz nach Drehbuch abzulaufen. Dabei ist alles echt. Echt ist die Ungeduld Pier Paolos, endlich seinen Film machen zu können. Echt ist seine Verzweiflung. Echt ist auch die Tatsache, daß Fellini ihm nicht helfen kann: Die »Federiz«, ein Raumschiff, das dazu bestimmt war, »das Neue« zu erforschen, hatte beim ersten Probeflug versagt und sollte nie mehr abfahren.

Am Morgen danach kommt Mauro Bolognini Pier Paolo zu Hause besuchen. Für Bolognini ist Pier Paolo bei mehreren Filmen ein wertvoller Mitarbeiter gewesen; sogar der einzige, der – zum Beispiel in *Bell'Antonio* – ihm zur Herausstellung der Melancholie und Qual, die aus mißglückten Liebesbeziehungen entstehen, geraten hat.

Auf dem Tisch bei Pier Paolo liegen Szenenfotos von seinem ersten *set*. Bolognini schaut sich eines nach dem anderen an und ist begeistert. Während Pier Paolo noch versucht, den Kontakt zu Cervi und Jacovoni wiederherzustellen, findet Bolognini einen Produzenten für *Accattone:* Alfredo Bini. Er kann ihn überzeugen.

Bini, »mein Altersgenosse aus Gorizia / mit rotem Haar, die Hände in der Hosentasche, / schwer wie ein Fallschirmspringer nach dem Essenfassen[4]« war für Pier Paolo ein Freund. Eine manchmal mit Spannung geladene, auch schwierige Freundschaft. Pier Paolo blieb ihm immer dankbar, und Bini produzierte bis zu *Edipo re (Edipo Re – Bett der Gewalt)* im Jahr 1967 alle seine Filme. Es konnte also losgehen. Franco Citti war Accattone. In ihm wurde die Welt von *Ragazzi di vita* verkörpert – das wirkliche, leidende Gesicht eines Borgataro*. Die anderen »echten« Gestalten waren die »echten« Freunde von Pier Paolo. So begann eine lange Film-Geschichte. Unbekannte Gesichter kamen auf die Leinwand, aus denen eine Persönlichkeit herausgeholt wurde. Pier Paolo schien sie schon seit jeher entdeckt zu haben und stellte sie zu Fresken zusammen, die er mit der Arriflex gestaltete. In *Accattone* spielten Adriana Asti, Stefano D'Arrigo, Adele Cambria und Elsa Morante mit.

Die Kamera auf dem Stativ, ein paar kurze Schwenks, die pöbelhaften Stimmen »von der Straße« – die Handlungsteile sind flott und zugleich mit außerordentlicher Eleganz zusammenge-

---

* *borgatari:* Bewohner der Borgata. (Anm. d. Ü.)

fügt. Als der Film im September 1961 auf der Biennale von Venedig aufgeführt wird, erregt er Aufsehen, entzweit Kritik und Publikum. Ministerielle Zensur wurde verhängt: Man verbot den Film »ausnahmsweise« (so die Plakate) für Jugendliche unter achtzehn Jahren. Pasolinis Sensibilität für die filmische Form orientiert sich an präzisen Vorlagen: Dreyer, wie schon erwähnt; Mizoguchi; Rossellini. Nahaufnahmen herrschten gegenüber Halbtotalen oder Totalen vor; mimische Ausstrahlung war wichtiger als Sprache. Die Musik war den Klassikern entlehnt: die *Matthäuspassion* von Bach – und der Schlußchor der *Passion*, der wie auf die Armseligkeit von Kleidung und Gesichtern der Darsteller aufgepfropft scheint, erzielt eine Gefühlstiefe, die im italienischen Film seit *Ossessione (Ossessione ... von Liebe besessen), Roma, città aperta (Rom, offene Stadt)* und *Paisà (Paisa)* nicht mehr erreicht worden war.

Überwältigend – fast schon eine Gewalttat – ist die in diesem Film zum Ausdruck gebrachte Körperlichkeit. Ein ungewöhnliches Schönheitsideal: Accattone und seine Freunde waren nach der Filmkonvention nicht schön; sie waren auch nicht nach dem expressionistischen Kriterium ausgewählt, das in einer zerzausten Mähne und in einem bleichen Gesicht Stoff für plakativen Sozialprotest sucht. Kern der Darstellung Pasolinis ist ganz deutlich eine nie besiegte, religiöse Furcht: Die ausgemergelten, wie abgetöteten Leiber der Gestalten verkörpern diese Furcht und bildeten ihre fast liturgische Zelebrierung. *Accattone* ist kein Film des politischen, sondern des religiös-existentiellen Protests. Die Überhellen; das erbarmungslose römische Licht; die Intensität der Nahaufnahmen, die durch ihre Ausdehnung bis an die Grenze des Erträglichen erzielt wird (Accattone starrt auf den Tiber, hinter ihm der Engel als eine Art göttlicher Vollstrecker) – all das ruft eine Besinnung auf das immer gegenwärtige Wagnis, das das Leben bedeutet, hervor. Der Film ist die Parabel eines Wartens, zusammengesetzt aus progressiven Stationen, die in der Traumszene ihren Sinn erhalten – einer stummen Sequenz, in der Accattone seinen eigenen Tod sieht. Das Werk stellt Schmerz und Zerrissenheit des Individuums dar. Pasolinis Kino ist in seinen Anfängen malerisch. Mit der schlangenhaften Sensibilität des figurativen Manierismus des 16. Jahrhunderts verbindet Pasolini eine anomale Heftigkeit, die anti-humanistische, anti-renaissancistische und zutiefst bäuerlich-katholische Heftigkeit, die ein mitten in die Renaissance getauchter Maler an sich haben konnte, der sich jedoch auf der Linie der Opposition bewegte: il Romanino. Es ist der Romanino, der den Heiligen rötliche, verbogene und grobschlächtig geformte Füße malt und dessen Christusfiguren starkgliedrige, untersetzte Gebirgler sind. Der Expressionismus des Romanino ist ein einzigartiger, unbewußter »besessener Experimentalismus«[5].

Besessenheit, was den Stil angeht, Besessenheit beim Experimentieren. Die literarische Qualität Pasolinis steht jetzt außer Zweifel. Nach der formenden Periode, einer Art Lehrzeit – von *Poesie a Casarsa* zu den italienischen Texten des *Usignolo,* zur Prosa von *Amado mio* und zu den Vorlagen für *Der Traum von einer Sache* – gibt es keine Entwicklung oder Evolution mehr: Der Zeitablauf scheint unterbrochen, Pasolini fühlt sich zu einem simultanen Experimentieren mit allen möglichen künstlerischen Techniken gedrängt; er wendet alle die Techniken an, die ihm dabei helfen können, seine negativen, selbstzerstörerischen Impulse ihrer Aggressivität zu entleeren. Filmemachen konnte für ihn den »Wunsch, der eigenen Zwangsvorstellungen zu entkommen[6]« bedeuten. Doch das blieb nur ein Wunsch. Er war ein großer Manierist; doch nicht aus übersteigerter Ungläubigkeit oder übersteigertem anti-klerikalen Geist; er war es vielmehr aufgrund einer neurotischen Determiniertheit, aufgrund einer unaufhörlichen, nie befriedigten Suche nach einer irgendwie gearteten Bewältigungsmöglichkeit für die in seinem Inneren verankerte Furcht.

Diese Furcht drückte sich im Film formal in Strenge und Kargheit und in einer deutlichen Schlichtheit aus, die der Stilbesessenheit des Schriftstellers entgegenzustehen scheint. Dieses »schlichte« Gebrauchmachen vom Stil bringt uns zurück zur Ausschöpfung aller lyrischen Möglichkeiten in den Gedichten, die auf *Le ceneri di Gramsci* folgten. Die Welt der römischen Borgata und des armen Subproletariats erinnert jetzt an das finis historiae, an eine Apokalypse des Geistes. *Vita violenta* hatte von der Möglichkeit einer mutigen sozialen Lösung für das Problem des Subproletariats erzählt. *Accattone* dagegen ist Verzweiflung in reiner Form. Das Subproletariat wird wieder wie in *Ragazzi di vita* zu einer transzendentalen Idee – ich verstehe das durchaus in philosophischem Sinne. Das Subproletariat war für Pasolini ein Symbol für etwas, in dem er sich selber wiederfand, dem er sich zugleich auch widersetzte und in einer widersprüchlichen Haßliebe ganz eingenommen davon war.

Ein »unnatürlicher Schwenk«

»Es war im Filmpalast Reale in Trastevere: Als man meinen Namen als Drehbuchautor von *La lunga notte del '43 (Die lange Nacht von 43)* las, hat das Publikum zu raunen begonnen, zwar nur ganz leise, doch mit einem Anklang von Bosheit und Ironie, der mich im Innersten erschreckt und an Lynchjustiz hat denken lassen. Ganz klar: Den ganzen Sommer über kommen Wochenschauen heraus, in denen mich Sklavenseelen auf ganz gemeine Weise fotografieren und ihre Fotos dann genauso gemein mit diesem anbiedernden, vulgären Humor kommentieren, für den das italienische Publikum so empfänglich ist. Sie haben nichts gegen mich in der Hand als diese gemeinen Anspielungen, die auf nichts als unredlichen Anschuldigungen beruhen[7].

Das war im Oktober 1960. Pasolini lebt in einem Klima der Verzweiflung. Er erlebt die Auswirkungen dessen, was er »den sexuellen Rassismus der Italiener« nennt. Begierde und Schüchternheit ließen ihn seine Mitmenschen sehr gut kennenlernen.
Die Verzweiflung führt auch zu einer gewissen Schizophrenie. Seine Erzählung vom Raunen der Zuschauer von Trastevere wird im »Il Giorno« vom Sonntag, 6. November 1960 veröffentlicht. Sie nimmt zwei Zeitungsseiten ein. Das Blatt »Il Giorno« ist erst vor kurzem gegründet worden. Es ist die Tageszeitung, die die wechselnden Stimmungen eines im Wandel begriffenen Italien einfängt – des neokapitalistischen Italien. Pasolini ist zwar verbalen und nicht nur verbalen Angriffen von einem Teil der öffentlichen Meinung ausgesetzt, er läßt sich aber davon nicht aus

dem öffentlichen Leben verdrängen. Nach und nach erhält sein Wort Gewicht.
Zwischen 1956 und 1959 war er Literaturkritiker von »Il punto« gewesen, einer Wochenzeitung für Kultur und Politik, die sich besonders der Probleme der neuen Literatur annahm. Im Jahr 1960 ist er einige Monate lang Filmkritiker eines aktuellen Wochenblattes, das nur kurzes Leben haben wird: »Reporter«. Die Beiträge für »Il Giorno« und für einige linksgerichtete Tageszeitungen wie »Paese-Sera«, sowie der Literaturpreis Chianciano 1961 für *La religione del mio tempo* zeigen, daß er nicht isoliert ist. In den ersten Monaten des Jahres 1960 hat er zusammen mit Moravia eine Konferenzserie im Auftrage der Italienischen Kulturvereinigung (Associazione Culturale Italiana) abgehalten. Die Stationen: Turin, Mailand, Rom, Neapel und Bari. Das Thema: Roman, Sprache und Dialekt.
Im späten Frühling desselben Jahres liest er bei einer Diskussion um den Premio Strega im Saal des Open Gate Club in Rom eine Epistel in Versen unter dem Titel *In morte del realismo* (etwa: Zum Tod des Realismus):

> Friends, Romans, countrymen, lend me your ears!
> Ich bin hier, um den italienischen Realismus zu begraben,
> nicht um sein Loblied zu singen ...[8]

Die Epistel hält sich an Beispiele aus dem Diskurs des Marcus Antonius im *Julius Caesar* von Shakespeare und klagt den »weißen Sozialismus« des Erzählers Carlo Cassola, die »stilistische Überhöhung« und den »Neopurismus« an. Die Epistel ist ein rhetorisches Manifest. Sie ist auch eine Botschaft an die Leute aus der Literaturszene, die einmal seine Freunde waren – eine Bitte, ihm noch ein letztes Mal zuzuhören:

> Liebe, allerliebste Freunde ... ich will euch
> nicht gegen die offizielle Ideologie drängen:
> Jene, die damit im Stil die Restauration
> beliefern, sind ehrenwerte Schriftsteller ...

Der Vortrag in Versen, der mit zögernder und zugleich eindringlicher Stimme gelesen wurde, erregte Aufsehen. Er wurde als exhibitionistische Geste interpretiert – vor einem Kreis von Intellektuellen, die im Jahr zuvor statt *Vita violenta* lieber dem Buch *Il gattopardo (Der Leopard)* von Giuseppe Tomasi di Lampedusa den Preis zuerkannt hatten. Doch Pier Paolo trat jeder böswilligen Klatscherei mit dem Beweis seines kritischen Talents entgegen. Rückblickend muß man sagen, daß die Epistel die Summe aus der Literatur des Realismus darstellt, deren Großteil gerade eben zum Objekt der Polemik von seiten der Neoavantgarde wurde. Welches Vermächtnis ließ der »Realismus« der soeben vergangenen zehn Jahre zurück?

Der Pasticciaccio* von Gadda,
herrliche Vorwegnahme einer jeden
schöpferischen Wandlungsfähigkeit: Er läßt euch zugleich
die guten, unbarmherzigen Diagnosen von Moravia,
die soziologische Sanftheit von Levi,
die goldene Geschichte von Bassani, die Kreaturen
von Arturos Insel**, manchen Jugendlichen,
der auf eine Zukunft ohne Sklavendasein hofft
und eine kleine bolognesische Officina ...
Und er läßt euch Calvino. Seine Prosa,
die eher französisch als toskanisch ist,
seinen Schwung, der eher von Voltaire denn
aus Nationalpatriotismus stammte ...

Eine »große Hypothese« geriet ins Wanken. Übrig blieben ein paar Bücher. Die Möglichkeit einer linguistischen Koine hatte sich geboten – sie hätte die geistige Einigung eines sozial zersplitterten Landes bedeutet. Diese Möglichkeit wurde in einem Literaturstil verkörpert. Doch die Welt veränderte sich, und die Veränderung drohte die Literatur in ihre alte Rolle als Handlangerin der offiziellen Ideologien zurückzustoßen. Nein – die Welt veränderte sich, und die Hoffnungen verblichen.

Verzweiflung im Zurückweichen – doch Pasolini ließ sich auch durch die Verzweiflung nicht in seiner Kreativität und Energie beeinträchtigen. Am Morgen arbeitete er wie ein Wilder: Er

---

* Carlo Emilio Gadda, *Quer pasticciaccio brutto de via Merulana (Die gräßliche Bescherung in der Via Merulana).* (Anm. d. Ü.)

** Elsa Morante, *L'isola di Arturo (Arturos Insel).* (Anm. d. Ü.)

arbeitete an einer Komödie, *Storia interiore* (etwa: Innenleben), einer dramatisierten Autobiographie seines Erlebens der Nachkriegszeit, in der sich Anklänge an die ersten Fassungen von *Der Traum von einer Sache* finden[9]. Er arbeitet an Filmsujets und an Romanprojekten mit den vorläufigen Titeln *Il rio della Grana, Storia burina,* und *La mortaccia.* Diese Texte versuchen, den Stoff aufzuarbeiten, den *Ragazzi di vita* wie mit einem Blitz beleuchtet hat, diese ins Dunkle gerückte Welt, die jetzt mit *Accattone* von einem »durchbrechenden« Licht in einer »unnatürlichen« Kamerafahrt blendend erhellt wird:

Nur zu, Tonino,
geben Sie den Fuffziger Scherben rein, haben Sie keine Angst,
daß es überbelichtet ist – machen wir
diesen unnatürlichen Schwenk![10]

Der »treue« Tonino war Tonino Delli Colli, der Chefkameramann von *Accattone* und von fast allen Filmen Pasolinis. Delli Colli, ein kleiner, ungeheuer nervöser Römer mit leicht nasalem Tonfall und einer Neigung zu unkontrollierbaren Zornesausbrüchen war im Umgang mit Pier Paolo ausgesprochen sanftmütig. Er trug seine Brille auf der Nase und verstand ihn immer im Nu. Pier Paolo lernte von ihm die Verwendung der verschiedenen Objektive, und dann erklärte er ihm jedesmal genau den gewünschten Effekt. Sie kamen mit wenigen Worten aus, oder brauchten auch viele und sehr viele, wenn nötig; ansonsten manchmal eindringliche Bitten Pasolinis, die Tadel bedeuten konnten und zugleich eine Bitte um Hilfe – das war die Beziehung zu Tonino.
Die ins Dunkel gerückte »römische« Welt hatte sich mit *Accattone* in einen Leidensweg verwandelt. Morgens arbeitete Pasolini verbissen bei sich zu Hause. Auf seinem Plattenspieler lag Musik des 18. Jahrhunderts, vor allem Bach und Vivaldi. Oder er diktierte Tagebuchaufzeichnungen auf Band, die für Tageszeitungsartikel verwendet werden sollten. Beeindruckend ist die Quantität der beschriebenen Seiten, die er produziert – die innere Unruhe oder der Zorn verzehren ihn.
Diese Unruhe und dieser Zorn werden zum filmischen Stil. Seine Filmkamera dient ihm dazu, das weite Feld seiner Beklommenheit

abzutasten. Diese Beklommenheit löst sich in einer besonderen, malerischen Form auf:

Was ich als Vision im Kopf habe, als Sichtfeld, sind die Fresken von Masaccio und Giotto – sie mag ich von den Malern am meisten neben bestimmten Manieristen (zum Beispiel il Pontormo). Ich kann keine Bilder, Landschaften und Figurenkompositionen verstehen, die keinen Bezug haben zu dieser meiner anfänglichen Leidenschaft für die Malerei des 14. Jahrhunderts, die den Menschen zum Mittelpunkt jeder Perspektive hat. Wenn deshalb meine Bilder in Bewegung sind, dann so, als bewegte sich das Objektiv auf ihnen wie auf einem Gemälde; ich verstehe den Hintergrund immer als den eines Gemäldes, als ein Bühnenbild, und deswegen greife ich es immer frontal an ...[11]

Dieser »Malereicharakter« läßt uns Hintergrund und Gestalten seines Kinos »unbeweglich und im wesentlichen helldunkel gezeichnet »empfinden«. In hartem Gegenlicht, oder vor einem von weißer Sonne überstrahlten Hintergrund verschwinden die Figuren fast. Sie sind die Zeichen einer wie trauernden Sprache.

Trost für das Elend

Die Filmarbeit hatte Pier Paolos finanzielle Situation schon erheblich gebessert, als er Drehbuchautor wurde. Seine Drehbücher haben Erfolg: Er ist gefragt und wird gut bezahlt.

Ach, herauskommen
aus diesem Gefängnis des Elends!
Sich befreien von der Unruhe, die diese
alten Nächte so herrlich macht!
Es gibt etwas, das den, der um die Unruhe weiß, verbindet
mit dem, der nicht um sie weiß: Der Mensch hat bescheidene Wünsche.
Vor allen Dingen ein sauberes Hemd![12]

Das saubere Hemd, »die guten Schuhe«, die »gediegene« Kleidung »und eine Wohnung in Stadtvierteln / bewohnt von

Leuten, die einem nicht leid tun brauchen«. So die Beschreibung der »ganz persönlichen Lust am Reichsein«[13], die Pier Paolo verspürte. Er befriedigte sie zum Ausgleich für all das Schmerzliche und Demütigende, das seine Mutter und er vorher erst an der Piazza Costaguti und dann in Rebibbia erleben mußten. Die bitter erlebte Armut in seiner Jugend – karg war das väterliche Einkommen, karg auch sein eigenes Lehrergehalt gewesen – ließ ihn den Wohnungswechsel als eine Errungenschaft betrachten: ein Appartement in der Via Giacinto Carini 45, komfortabler als das in der Via Fonteiana, im gleichen Mietshaus, in dem Bertolucci damals wohnte. Es war Juni 1959. Dann der Kauf eines weißen Alfa Romeo Giulietta im Jahr 1961. Dieser Giulietta machte ihm großen Spaß. Naiverweise – und vielleicht hatte er sogar recht damit – nahm er an, daß die Jungen aus der Borgata schon beim bloßen Anblick mit den Ohren schlackern würden.
Pasolini war ein bescheidener, anspruchsloser Mensch. Auch als er viel verdiente, blieb er das. Geld war kein absoluter Wert für ihn, er jagte ihm nicht nach. Die Borgatari fing er nicht mit Bündeln aus Zehntausendlirescheinen ein. Er brüstete sich im Gegenteil damit, daß er ihnen nur eine Pizza, Bier oder ein paar tausend Lire schenken brauchte und sich mit ihnen aus Spaß an der Sache traf. Daß es ihm finanziell gut ging, stellte er nicht zur Schau; freilich war es ihm ganz recht. Seine bäuerliche Herkunft, an die ihn Susanna immer erinnerte, hatte ihn gelehrt, daß ein gutes Einkommen nicht zu verachten ist, im Gegenteil. Umziehen hieß die Einrichtung erneuern: Das Renaissance-Eßzimmer, das der Stolz von Carlo Alberto gewesen und wie im Triumphzug aus Casarsa geholt und in die Via Fonteiana gebracht worden war, mußte seinen Platz räumen. Die dunklen Möbel mit den unvermeidlichen Verzierungen in Form von Löwenpranken mußten zurück nach Casarsa. In der Via Carini zog ein wenig Antiquitäten-Schnickschnack ein. Das war anfangs schon alles.
Der wirkliche »Trost für das Elend« war die Sexualität.

> In der Leichtigkeit der Liebe
> fühlt der Elende sich Mensch:
> gründet sein Vertrauen in das Leben und
> verachtet den, der andres Leben hat[14]

Der wahre »Reichtum«, so das erste Thema von *Religione del mio tempo,* war die Sexualität. Wie wir wissen war dieser Reichtum aber auch eine Kehrseite der Verzweiflung. Der Film gehörte jedenfalls zu dieser »ganz persönlichen Lust am Reichsein«. Dieser »Lust« gab er sich ohne moralische Bedenken hin und fand nichts dabei.

Sexualität

Man kann Pasolini nicht wirklich verstehen, wenn man nicht das Gewicht in Betracht zieht, das sein innerer Dämon in seinem Leben hatte. Er war gefangen von der quälenden Vorstellung von einer Welt aus blinder Sinnlichkeit. Pier Paolo kannte sich selbst sehr gut und wußte sehr wohl seine Bedürfnisse zu befriedigen. Doch damit konnte er den Dämon in sich nicht zum Schweigen bringen. Zu stark war die Verknüpfung mit etwas, das weit zurückreichte und tiefer ging: das Bild vom Vater, der Mutter und der Macht, das das bäuerliche italienische Leben für lange Zeit festgeschrieben hat. Im übrigen war sein Dasein für ihn einfach und fast naiv zu nennen – von einer fast naturgegebenen Schlichtheit und Naivität bestimmt. Er aß gierig und schnell wie ein Bauer; er sprach nur, was unbedingt notwendig war, es sei denn es ging um literarische und theoretische Fragen. Seine ihm eigene Schüchternheit konnte höchst vielsagend sein. Und dann war da seine innere Beklemmung – eine Mauer, an der sein sanftes Gemüt sich aufreiben mußte. Er setzte Intellekt und Bildung als Werkzeuge ein, um dieses Aufreiben zu verhindern oder zumindest offenzulegen. Doch ein Zwischensieg genügte nicht. Der Kampf hatte letztlich kein Ende.
Auf den Fotos aus den frühen sechziger Jahren sieht er aus wie immer: hager, die Wangen eingefallen, im bürgerlich-korrekten Anzug. Er fängt an, dunkle Brillen zu tragen, die wegen seiner Kurzsichtigkeit notwendig wurden: Die Epidermis war zu stark angespannt. Sein Körper war schlank und wirkte sportlich; die Backenknochen traten hervor, das Kinn war spitz, in den Augen

hatte er immer ein gewisses Flackern. Wenn auf der Straße ein Jugendlicher auf einem Moped vorbeifuhr, bebte sein ganzes Gesicht.
Bedrängt von einer Verzweiflung ohne Ende arbeitet er dennoch mit so leichter Hand, daß er Gefahr läuft, flüchtig zu wirken. Im Jahr 1960 übersetzt er auf Bitten von Vittorio Gassman für das Teatro Popolare im Winter und Frühling die *Orestie* von Äschylus.

Was hätte ich machen sollen? Ich hatte für die Übersetzung nur wenige Monate Zeit und war zudem mit zwei oder drei aufeinanderfolgenden Drehbüchern beschäftigt, so daß sich eine gotteslästerliche Verbindung ergab[15].

Seine Lösung: Er legt neben das Original eine schon existierende italienische Version, sowie eine französische und eine englische.

Wie sollte ich die Übersetzung machen? Ich besaß schon ein ›Italienisch‹: Das war natürlich das von *Ceneri di Gramsci* (mit einigen Überresten aus der Zeit von *L'usignolo della Chiesa Cattolica);* ich wußte (instinktiv), daß ich das hernehmen konnte.

Das Resultat war ein Text, wo das Erhabene ins »Soziale« verkehrt ist: »verzweifelte Korrektur jeglicher klassizistischer Versuchung«. Der Wortschatz ist einfach und klingt nachdenklich.
Pasolini experimentiert für die Übersetzung von Äschylus mit der Sprache für sein späteres, eigenes Theater. Die Lyrik seiner Sprache entspringt einer vorgefaßten Wesenheit, angereichert mit essayistischen Lemmata. Die Trilogie wird als Sieg der Vernunft über den Instinkt angesehen:

Das von den Erinnyen repräsentierte Irrationale darf nicht entfernt werden (was sowieso unmöglich wäre), sondern muß einfach zurückgedrängt und von der Vernunft als produktive, fruchtbare Leidenschaft in Zaum gehalten werden.

Er stellt weiter fest: »Die existentielle Unsicherheit der primitiven Gesellschaft überdauert als Kategorie der Existenzangst oder

Phantasie in der entwickelten Gesellschaft.« Der Sieg der Vernunft wird durch psychoanalytisches Gedankengut erklärt: Die neurotische Unruhe ist unbewußte Unschlüssigkeit, doch das Unbewußte ist auch Phantasie. Welche Erfahrung machte er bei dieser in Eile fertiggestellten Übersetzung?

Ganz abgesehen von der Erfahrung, die er sammelte, war die Geschwindigkeit, mit der er arbeitete, eine Folge seiner inneren Verzweiflung. Er wollte sein Leben ausfüllen, das Irrationale zum Schweigen bringen und seiner Vorstellungskraft Ausdruck verleihen. Das konnte den Weg zur Genesung bedeuten, oder zumindest einen Schritt in Richtung auf diese erhoffte Genesung. Die »verzweifelte Vitalität« kam der Arbeit zugute. Seine Einsamkeit

> ... [ich bin] gelaufen,
> (...)
> um den süßesten Akt des Lebens
> zu begehen und zu wiederholen – bis aufs Blut,
> ich allein ...[16]

war sicherlich auch eine sexuelle Einsamkeit. Er bekämpfte und überwand sie mit der Arbeit. Sein erotisches Einzelgängertum läuft parallel zur schriftstellerischen Arbeit. Abseits der sogar manisch zu nennenden Wut des Schreibens erstreckten sich Visionen und Landschaften: die archaische Vision des Äschylus als anthropologische Vorwegnahme irgendeiner bäuerlichen Dritten Welt.

> Ich habe schon alles, was ich wollte, erhalten:
> Ich bin sogar noch hinaus gegangen
> über gewisse Hoffnungen ...
> (...)
> Ich bin rational gewesen und irrational;
> bis auf den Grund.
> Und jetzt ... ach, die vom Wind betäubte
> Wüste, die herrliche, schmutzige
> Sonne Afrikas, die die Welt erleuchtet.
>
> Afrika! Meine einzige
> Alternative ...[17]

Die afrikanische Sonne, die Sonne über der Wüste und über den Bidonvilles, leuchtete für ihn zum ersten Mal in der Arriflex bei

Accattone: Der Film ist sein erstes Afrika, seine totale »Alternative«. In diesem Schiffbruch-Erleiden, in der Opposition gegen jede Vernunft fühlte sich Pasolini als »eine Kraft der Vergangenheit«.

> Ich streife über die Tuscolana wie ein Irrer,
> über die Appia wie ein herrenloser Hund.
> Oder ich betrachte die Dämmerungen, die Morgen
> über Rom, über der Ciociara, über der Welt,
> wie die ersten Handlungen der Nachgeschichte,
> denen ich durch ein Privileg des Einwohnerregisters
> auf dem äußersten Saum irgendeines schon begrabenen
> Zeitalters beiwohne[18]

Die Lockungen des Films

Sein Lachen war stumm, die Augen wurden dabei in die Höhe gehoben, die Lippen waren geöffnet. Zum Lachen brachten ihn Adriana Asti und Laura Betti. Die beiden Schauspielerinnen waren einander sehr verbunden, waren enge Freundinnen. Doch bei den Dreharbeiten zu *Accattone* kam es zu einem Bruch, der die gemeinsamen Freunde in Mitleidenschaft zog und sie zum Lügen zwang; ging man mit Laura zum Abendessen, durfte Adriana nichts davon erfahren. Pier Paolo konnte mit der einen oder mit der anderen ausgehen und ruhig darüber reden: Das war sein Privileg. Hervorgerufen hatte das Zerwürfnis Bernardo Bertolucci.

Bernardo verliebte sich in Adriana, und Laura, die Bernardo als ihre eigene Entdeckung beanspruchte, nahm das – gelinde gesagt – übel. Laura ließ sich gründlich über Adriana und über Bernardo aus: Plötzlich schien eine Epoche zu Ende. Pier Paolo lachte über die Affäre und mit ihm Alberto Arbasino und Goffredo Parise, die beide zwischen Adriana und Laura hin- und herpendelten. Adriana bewahrte Haltung. Laura konnte nicht umhin, ihren Spitznamen »Jaguarin« unter Beweis zu stellen. Herhalten mußten jüngere Freunde von Bernardo, denen sie endlose Szenen machte und von denen sie verlangte, sie sollten ihn »verraten«, die Beziehungen abbrechen, ihn nicht mehr grüßen etc. Laura fuhr derweilen mit den Vorbereitungen für ihre Chansonabende fort,

die sie *Giri a vuoto* (etwa: Leerläufe) nannte. Sie forderte Penna, Ercole Patti, Fabio Mauri und Sandro De Feo auf, ihr Texte zu schreiben. De Feo, der wohl noch nie im Leben eine Strophe geschrieben hatte, litt sehr unter Lauras Launen. Laura bat ihn um ein Lied, er schrieb es, und sie warf es regelmäßig in den Papierkorb. Sie hörte weder auf, ihn um weitere Texte zu bitten, noch weigerte er sich, ihr welche zu schreiben. Pier Paolo sagte von ihr, sie sei ein Quälgeist. Am Klavier in ihrer Wohnung an der Via del Babuino probte die »Jaguarin« die Texte, die man ihr anbot. Sie forderte Korrekturen, brauste auf, machte Vorhaltungen. Was, Moravia verstand sich nicht auf die Erfordernisse der musikalischen Metrik? Dann korrigierte Laura eben ohne sein Wissen seine Texte, obwohl alle protestierten.
Pier Paolo ging nicht mehr in die Häuser »der ironischen Römer Damen«. Lauras Wohnung war jetzt seine obligatorische Anlaufstelle. Doch die beste Freundin in diesen Jahren war Elsa Morante.

Wie schön; wir treffen uns fast jeden Tag, und das gibt mir jedesmal ein Gefühl, als wäre Sonntag, oder als kämen wir von einer langen Reise heim. Wir denken nie daran, aber im Grunde ist es immer ein Wunder, sich zu begegnen. Elsa sitzt hochaufgerichtet und umhüllt von einer ihrer Tiefseefarben auf dem Rand des Sofas; ihre Kurzsichtigkeit breitet um die Pupillen herum, um die Lider und über das Gesicht mit seinem bewegten Mienenspiel einen leichten Dunstschleier. Ich sehe, sie ist heute abend sanft, jenseits des Geländes der Angst. Auch sie »quandoquidem dormitat«: ein leichter, aggressiver, blitzartiger Katzenschlaf. Heute abend wird sie nicht zum Angriff ansetzen auf dem Rücken ihres verrückten Pferdes. Denn ich muß schon sagen, fast jeden Abend wirft sie mich in der Arena der Literaturideologie aus dem Sattel: bums! da liege ich sogleich im Staub, sie hat mich aus dem Sattel gehoben, und sie ist dort drüben, über der dampfenden Gewitterwolke, zwischen den blauen, veilchenblauen Satteldecken, den flaumigen Federbüschen, auf dem bretonischen Pferd und blickt mich noch wütend, aber mit dem ersten Anflug eines Lächelns an, das wie ein Degenhieb den violetten Dunst um ihre Augen zerteilt. Soweit in Fragen der Literaturideologie. Auf anderen Gebieten läßt sie mich nicht nur reiten, sondern auf dem Pegasus fliegen[19].

Die Freundschaft zu Elsa Morante half Pasolini tatsächlich dabei, den übertriebenen Ideologieglauben, für den er anfällig war, mit Distanz zu betrachten. Soziologie war nichts für ihn, zumindest nicht die, für die seine Freunde aus der bolognesischen »Officina« entfacht waren. Das streng ästhetische Kriterium, das Elsa Morante bei ihrem Urteil leitete, und ihre Vorstellung von der Kunst, die gänzlich autonom von der Politik sein sollte, doch deswegen nicht der Prüfung durch die Realität entzogen, überzeugte Pasolini von der Notwendigkeit, die in der Jugendzeit erlernten Begriffe der Linguistik und der literarischen Morphologie beizubehalten. Doch das reicht noch nicht, um den Kern dieser fruchtbaren Beziehung zu ergründen, wo das Leben zu einem fortwährenden Spiel, zu einer nie unterbrochenen Erzählung wurde. Als Pier Paolo sich für den Film entschied, kamen von Elsa Bedenken – ebenso von Moravia. Pasolini hätte sich ihrer Meinung nach nicht von der Literatur abwenden sollen. Aber handelte es sich denn wirklich um ein Abwenden? Vorwürfe und Befürchtungen blieben bestehen und verdichteten sich im Lauf der Zeit.
Elsa und Moravia waren strenge Kritiker, wenn es um Arbeiten ihrer Freunde ging. Sie konnten sogar manchmal erbarmungslos erscheinen. Beide hatten eine fast klösterlich strenge Auffassung vom Respekt, den man der Literatur schuldig sei. Mit privaten Gefühlen durfte sie nichts zu schaffen haben[20]. Beiden war in Pasolinis Werk eine Unzulänglichkeit oder physiologisch zu nennende Funktionsstörung aufgefallen, die nur der Film beheben konnte – und die der Film auf seine Weise tatsächlich ausglich. Darüber dachten die beiden unentwegt nach. Moravia spielt in seiner Rezension von *Accattone* auf die Frage an und verkehrt dabei die Begriffe:

Da er die Welt seiner Romane auf die Leinwand verlegt hat, mußte der friaulische Schriftsteller notgedrungen die ideologischen Läuterungsprozesse fallen lassen, die über seine Absichten hätten in die Irre führen können, und sich an die reine Darstellung halten. Man muß allerdings sagen, daß diese Verlegung perfekt gelungen ist; so sehr, daß der Verdacht aufkommt, daß die Romane Pasolinis eine unbewußte Vorbereitung auf den Film gewesen seien; das heißt, daß die hartnäckige Suche nach dem Körperlichen und dem Authentischen mittels des Dialekts notwendig in das Verlassen des immer metaphorischen Wortes zugunsten des Bildes münden mußte, eines Bildes, das direkt und unmittelbar sein muß[21].

Moravia war überzeugt, daß Pasolini auf eine ästhetische Darbietung abziele, in der die Trennwand zwischen Natur und Sprache aufgehoben sei. Pasolini forderte im wesentlichen von sich selbst das gleiche Resultat. Als er die Arriflex zur Hand nahm, um *Accattone* zu drehen – der biographischen Genauigkeit halber muß man sagen, daß Pier Paolo ab *Teorema* »Schwenker« seiner eigenen Filme wurde; es machte ihm Spaß, die erdachte Realität dokumentarfilmhaft und improvisierend zu drehen – als er also zum ersten Mal hinter der Kamera stand, hatte er die Idee vom »Kino der Poesie« im Kopf, eine Idee, die zum reinen Kommerzfilm in krassem Widerspruch stand. Von dieser Idee wollte er sich wie von einem Windhauch treiben lassen. Noch befand er sich nicht in dieser Art von Ausnahmesituation, die ihn später dazu trieb, seine expressiven Möglichkeiten zu erweitern und ohne jede Vorsicht das Wagnis des Lebens oder des Vitalismus einzugehen. Noch verwirklichte er auf dem Höhepunkt seiner Schaffenskraft all das, was die Zeit erforderte: Dichter sein, Schriftsteller, *homme de lettres* und jeder Erfahrung gegenüber aufgeschlossen. Moravia hielt dagegen die Inbesitznahme der Filmkamera für eine Flucht aus der Literatur. Und diese Flucht traf nicht nur auf Pasolini zu. Nach der Arbeit an *Accattone* bereitete Bernardo Bertolucci seinen ersten Film, *La commare secca,* vor: Das Sujet war ein Geschenk von Pier Paolo. Moravia war überzeugt von den literarischen Fähigkeiten Bernardos und blieb bei seiner Meinung, daß in einer anderen Zeit ein junger Mann von solchem Talent sich dafür entschieden hätte, einen Roman zu schreiben, anstatt einen Film zu drehen. Auf den Einwand, Bernardo habe genau das richtige Gefühl für den Film, antwortete Moravia: »Berufung ist immer das Resultat einer persönlichen Beziehung zur Kultur. Die Kultur unserer Tage ist eine filmische.«
Andererseits war dies die Zeit (Anfang der sechziger Jahre) des Autorenkinos, oder des Kinos der »Poesie«: Godard und Truf-

faut, das Debüt von Bertolucci, die Ankunft amerikanischer Filme wie *The Connection**. *L'avventura*** von Michelangelo Antonioni entstand im gleichen Zeitraum wie *Accattone,* und dann sind da Fellini, Elio Petri und Franco Rosi. Man arbeitete an formalen und stilistischen Lösungen, die dem italienischen Film seine Frische aus der unmittelbaren Nachkriegszeit zurückbringen sollte. Der Lehrmeister, auf den die Franzosen und Pasolini und Bertolucci blicken, ist Rossellini. Ein Aspekt des Formalismus aus dieser Zeit war genau das Gegenteil von dem, was man üblicherweise unter Formalismus versteht: Der Film reflektierte über sich selbst, oder war gerade dabei, mit dieser Reflexion zu beginnen, er übte Selbstkritik und wollte sich von der kommerziellen Syntax befreien, derer er sich bis zum Überdruß bediente. Man wollte einen entblößten, auf die Knochen reduzierten Film: einen Film ohne Wörterbuch. Das war das Kino der Poesie, das Pasolini sich vorstellte. Er war ganz auf diesen Weg außerhalb der Literatur eingestellt, er befand sich auf einer stilistischen Suche nach Ausdrucksmöglichkeiten von lebendiger Aktualität. Das Kino begann in dieser Zeit vorwegzunehmen, was die Kulturkritiker »spätmodernes Zeitalter« nannten: ein Zeitalter, in dem der Zeitgeist seine eigenen Errungenschaften zerstörte – auch die jüngsten und revolutionärsten –, um mit dem schnellen Ablauf der Geschichte Schritt zu halten.

Wandte sich Pasolini darum tatsächlich von der Literatur ab, wie seine engsten Freunde Elsa und Moravia befürchteten? Der Film war wie eine Leben spendende Infusion für ihn, eine Erneuerung des Blutkreislaufes. Das geschriebene Wort hatte nicht mehr die Deutlichkeit, war nicht mehr von so totaler Bedeutung wie früher. Wenn er schreibt oder sich beim Schreiben selbst rechtfertigt, dann will er die Spontaneität des Lebens an sich, den reinen poetischen Charakter einfangen. Die Kameraführung, die schon in *Medea* oder im *Decameron* leicht unruhig ist, läßt seine Hand und die visuelle Möglichkeit seines Auges spüren. Stil will Leben

---

* *The Connection,* USA 1960, Regie: Shirley Clarke. (Anm. d. Ü.)

** *L'avventura (Die mit der Liebe spielen),* Italien/Frankreich 1960. (Anm. d. Ü.)

sein – Leben in seiner Ganzheit. Der Stil sucht eine absolute, ganzheitliche Übereinstimmung ohne Zwischenglied mit dem Leben. Hier kommt seine »Dekadenz« ans Ziel.

Die Jahre der Verfolgung

Einer, dem die Polizei keinen Paß
bewilligt – und dem zur gleichen Zeit
die Zeitung, die der Sitz seines wahren Lebens

sein sollte, keinen Glauben für seine Gedichte
schenkt und sie ihm zensiert –
ist der, den man einen Mann ohne Glauben nennt,

der sich nicht anpaßt und sich nicht lossagt:
Geschieht ihm darum ganz recht, daß er keinen Platz zum
   Leben findet.
Das Leben wird müde an dem, der aushält.

Ach, meine wiederkehrende Leidenschaft,
die keine Wohnstatt finden darf![22]

Zeilen von 1962. Weltbürger »ohne festen Wohnsitz«. Sein Wort zensiert: »ich könnte / auch zurückkehren zu der herrlichen Phase / der Malerei ... Ich rieche schon, wie meine fünf oder sechs / Lieblingsfarben scharf duften ...« Die Gewalt der Verzweiflung erlebt bei Pasolini einen höchst dramatischen Ausbruch. Er lebt zwei, drei Jahre, in denen die Angriffe der Presse von rechts zum täglichen Brot gehören. Er ist die Zielscheibe, auf die beim geringsten Anzeichen einer Erneuerung gesellschaftlicher Normen gedeutet wird. Pasolini kämpft gegen die Filmzensur und gegen den Beistand, den dabei einige fälschlich »naive« Staatsanwälte dem Zensurgeist leisten. Die Zensur ist für Pasolini Ausdruck einer »Provinzkultur, die heuchlerisch und schon an ihren Wurzeln falsch ist«[23].

Doch die Verfolgung Pasolinis spielt sich in präzisen Etappen ab. Die Nacht vom 29. auf den 30. Juni 1960: Pier Paolo sitzt in seinem Auto und fährt heim. Es ist fast eins. Er kommt durch den Corso Vittorio. Ein Pfiff und eine Stimme: »*A Pa'*«. Ein Junge aus

Trastevere ruft ihn. Er wird ›il Tedesco‹ genannt. Pasolini begegnet ihm oft in dieser Gegend. Tedesco ist nicht allein. Er hat einen Freund bei sich, il Picchio. Pier Paolo fährt den neuen Giulietta TI. Die beiden beglückwünschen ihn dazu, lachen und fragen, ob sie ihn ausprobieren dürfen. »Nur fünf Minuten, ich bin nämlich müde«, sagt er. »Nur fünf Minuten«, ist die Antwort. Sie drehen eine Runde über den Largo Argentina, wieder über den Corso Vittorio und durch die Via delle Campanelle. Sie kommen in die Via di Panìco. An die Hinterseite der Chiesa Nuova grenzt das Herz des Stadtviertels an: Quartiere del Belli, noch immer ein Viertel der Spitzbuben – das Rom der großen Gebärden und Prahlereien, das Rom der Taschendiebe. Am Ende der Via di Panìco, Ecke Via dei Coronari ist eine Menschenmenge zu sehen. Anscheinend eine Rauferei. Pier Paolo erzählt:

Ich schalte das Fernlicht ein: Es erscheinen eine ganze Menge Gestalten, die weiß wie Bäcker aus der Backstube aussehen; es sind alte Männer und Frauen, die halbnackt oder in Unterhosen durcheinander laufen, als wären sie von der Tarantel gestochen. Ich fahre näher hin. Es ist eine Prügelei zwischen zwei Jugendlichen und zwei Alten: ein Mann und eine Frau ... Die beiden schlagen wütend aufeinander ein, packen sich gegenseitig an der Gurgel und brüllen sich an. Da schreit il Tedesco neben mir: »Das ist der Barone, den kenn' ich.«
»Steig aus und bring ihn weg!« sage ich zu ihm. Es ist klar, man muß die beiden sofort trennen ...[24].

Am Morgen danach wird Pasolini um sieben Uhr von der Polizei geweckt und auf das Kommissariat gebracht: Er soll einen Tatverdächtigen, nämlich den Anstifter zu der Schlägerei, den polizeilichen Ermittlungen entzogen haben.
Zu der Schlägerei war es aus ganz unbedeutenden Gründen gekommen: Einer hatte ein Mädchen verspottet, das sich aus dem Fenster auf die Straße hinausgebeugt hatte und laut geschrien hatte, sie habe eine Küchenschabe gesehen; da fuhr unten ein Fiat 600 mit aufheulendem Motor an und streifte mit einer offen gelassenen Tür zwei Freunde des Mädchens – und schon regnete es Beschimpfungen und Ohrfeigen. Die Zeitungen – sowohl die

rechten als auch die sogenannten unabhängigen – berichten natürlich über die Episode. Der Grundtenor ist eine Attacke auf das Leben, das die Kunst nachäfft; auf die Verbindung zwischen den Ragazzi di vita und dem Autor, so daß man nicht mehr zwischen Schauspielerei und Wirklichkeit unterscheiden kann. Schließlich die Empfehlung, Pasolini solle »seine Nase in seine eigenen Angelegenheiten stecken« und »nicht nach Mitternacht durch die verrufenen Gegenden der Stadt fahren«. Am 15. November 1961 findet das Hauptverfahren statt. Pasolini ist der Begünstigung angeklagt. Der Vorsitzende fragt ihn: »Was taten Sie zu dieser nächtlichen Stunde auf der Straße?« Pasolini gibt zur Antwort: »Ich habe eine Spazierfahrt unternommen, um Eindrücke von einem Milieu zu sammeln, das den Hintergrund eines geplanten literarischen Werkes bilden sollte.«

Die Antwort klingt defensiv und macht die Vermengung von Leben und Kunst glaubwürdig, die inzwischen in der Öffentlichkeit immer zitiert wird: eine Art Kennzeichen, die den Menschen zum Objekt reduziert. Doch Pier Paolo muß diese Erklärung als schnellste Art erschienen sein, um unter diese peinliche Farce einen Schlußstrich zu ziehen. Er fügte noch hinzu, daß es durchaus zu seiner Arbeitsweise gehöre, sich gründlich über Personen und Vorgänge zu informieren. Am 16. November spricht ihn das Gericht »wegen Mangels an Beweisen« frei. In zweiter Instanz erklärt das Urteil am 5. Juli 1963, der Raufhandel erfülle keinen gesetzlichen Tatbestand. Pasolini wird wegen erwiesener Unschuld freigesprochen[25].

Der Vorfall von Anzio. Es ist der 10. Juli 1960, der kleine Hafen von Anzio. Eine Promenade, die sich abends um sieben mit Sommerfrischlern füllt; kleine Kinder; Fischer; eine Häuserreihe entlang der steinernen Mole; Boote liegen vertäut da; ein Restaurant am anderen; gläserne Kioske, in denen Kisten mit frischem Fisch ausgestellt sind. Ein Boot durchschneidet das ruhige Wasser im Hafen; ein paar kleine Jungen sind darauf. Einige andere stehen an der Mole und sehen zu. Diesen soll sich Pasolini angenähert und gefragt haben: »Kennt ihr die? Wie alt sind sie?«

Die kleinen Jungen antworteten: »Zwölf Jahre.«

»Die haben bestimmt schöne kleine Schwänze«, soll Pier Paolo angemerkt haben. Zwei Journalisten haben von weitem die Szene beobachtet. Anscheinend war der Sohn des einen einer der kleinen Jungen. Die Männer benachrichtigen die Polizei. Es kommt zur Klage: Zwei Erziehungsberechtigte erstatten wegen »Versuch der Verführung Minderjähriger« Anzeige beim Oberstaatsanwalt von Velletri. Der übermittelt sie dem Oberstaatsanwalt von Rom »wegen Verbindung mit einem anderen anhängigen Verfahren«. Der Oberstaatsanwalt von Rom schickt sie zurück, weil er in dem Vorfall keinen Tatbestand »des Vergehens der Verführung Minderjähriger« erblicken kann, höchstens »Erregung öffentlichen Ärgernisses«. Die Akten wurden dem Amtsrichter von Anzio übermittelt. Ein Verhör der beiden Jungen ergibt folgendes:

Wir standen am Geländer des Restaurants »Marechiaro«, da kam ein Herr, schaute auf zwei kleine Jungen, die in einem Boot waren, er sagte zu uns, wie alt sie denn wären, ich sagte zum Scherz zwanzig Jahre, er antwortete: Die haben aber ein kleines Schwänzchen, dann sagte er zu uns: Und wie ist eurer? Wir sagten nichts, ich fing an zu lachen. Dann ging er weg, und zwei Leute kamen, die uns fragten, was uns der da gesagt hatte, einer sagte: Wir geben euch hundert Lire, und ihr müßt uns alles sagen! Da haben wir es gesagt. Sie sagten uns, wir sollten zum Kommissariat gehen. Wir glaubten, daß die zwei Polizisten wären.

Am 14. Dezember 1960 wird die Klage mangels »hinreichenden Tatverdachts gegenüber Pasolini, Pier Paolo« eingestellt[26].
Via di Panìco und Anzio. Die Zeitungen sind voll von Kommentaren und Erläuterungen. »Pasolinisch« wird zum Adjektiv, das man bei der Berichterstattung für alles gebraucht, was mit dem römischen Subproletariat, allgemein mit der Unterwelt oder mit Homosexuellen zu tun hat. Beim Erscheinen von *Accattone* in den Kinos entzünden sich die Auseinandersetzungen um so heftiger. Der Film wird im Filmpalast Barberini in Rom am 23. November 1961 uraufgeführt – vier Tage nach dem Abschluß des Prozesses in erster Instanz um den Vorfall in der Via di Panìco. Eine zahlenmäßig starke Gruppe jugendlicher Anhänger einer neofa-

schistischen Organisation, die sich »Nuova Europa« nennt, dringt um sieben Uhr abends an jenem 23. November gewaltsam in den Vorführraum ein. Zuschauer werden angegriffen, Stinkbomben zwischen die Sitzreihen geschleudert, Tintenflaschen gegen die Leinwand geworfen, Sessel umgestürzt. Eine halbe Stunde später kehrt wieder Ruhe ein. Am selben Abend füllt sich zur Spätvorstellung das Kino mit Intellektuellen und Cineasten – eine Geste der Solidarität. Ein langer Applaus begleitet den Schluß des Films. Luchino Visconti umarmt Pasolini. Pasolini erklärt ein wenig draufgängerisch vor den Journalisten: »Wenn die Faschisten was gegen mich haben, dann sollen sie doch zu mir nach Hause kommen.«

Der November 1961 ist in Pier Paolos Leben ein unseliger Monat. Am 30. 11. 61 veröffentlicht die römische Tageszeitung »Il Tempo«, ein »unabhängiges«, aber rechtsgerichtetes Blatt auf einer vollen Seite den Bericht: »Pier Paolo Pasolini angezeigt wegen versuchten Raubes an einem Tankwart«. Illustriert war der Bericht mit einem Standfoto aus *Il gobbo (Der Bucklige von Rom)* von Carlo Lizzani: Pier Paolo hält als Schauspieler ein Maschinengewehr in der Hand.

Am 18. November war Pasolini zusammen mit Sergio Citti Gast im Haus von Elsa De Giorgi in San Felice Circeo gewesen. Die beiden arbeiteten am Drehbuch des Films *Mamma Roma*, der auf *Accattone* folgen sollte. Am frühen Nachmittag geht Pier Paolo allein aus dem Haus: Er macht eine Spazierfahrt mit dem Auto. Über den Schultern hat er einen Lumberjack aus hellem Wildleder hängen. Er fährt auf der Straße, die von San Felice zu den Dünen an den Meeresstrand von Sabaudia führt. An einer Tankstelle hält er.

> Eines Tages ging ich hin, wie ein Fisch außerhalb des Netzes,
> in der trockenen Luft
> in der Gegend eines menschenleeren Vorgebirges, das krank da lag
> in dem Blau,
> und jetzt werde ich euch sagen, was mir zustieß und wie die Dinge wirklich abgelaufen sind.
> Ich ging an jenem Tag auf einer trockenen Straße hin,

die Hände ebenso trocken und das Hirn trocken, ich kann euch sagen,
daß nur der Leib lebendig war wie dieses Vorgebirge im
nutzlosen
Blau.
Alle Mythen waren zusammengebrochen und verwest, doch wenigstens in dem Vorgebirge
lebte noch einer.
Also, getrieben vom lebendigen Leib und von meiner Kurzsichtigkeit
lenkte ich mich in der trockenen Sonne
auf ein wenig Asphalt
durch Herbstgestrüpp hindurch, das noch sommerlich war,
auf ein einsam in der Sonne daliegendes Gehöft zu,
das eine Struktur aus alten Wänden und alten Pflöcken und alten
Netzen zeigte und alte Bretterzäune, blau und weiß
– wir sind in Italien –, wo das Sonne-Regen-Gemisch stank.
Dort drinnen war ein finster blickender Junge,
ich glaube mit einem Kittel, das Haar
dicht wie das einer Frau,
die Haut blaß und gespannt, eine gewisse törichte Unschuld in den Augen,
wie die eines starrköpfigen Heiligen oder des Sohnes, der so wie seine gute Mutter sein will.
In Wirklichkeit, das sah ich sofort, ein armer Besessener,
dem die Ignoranz traditionelle Sicherheiten gab,
indem sie seine leichenhafte Neurose in die Strenge des gehorsamen
Sohnes verwandelte, der sich mit den Vätern identifiziert.
Wie heißt du, was machst du, gehst du zum Tanzen, hast du ein Mädchen,
verdienst du genug,
waren die Gesprächsthemen, mit denen ich vom ersten Impuls der alten
Begierde des frühen Nachmittags zurückwich wie ein Dörrfisch.
Ihr habt mein Evangelium gesehen,
ihr habt die Gesichter aus meinem Evangelium gesehen.
Ich durfte mich nicht vertun, und manchmal mußten die Entscheidungen in wenigen
Minuten fallen:
Ich habe mich nie vertan,
weil meine Begierde und meine Schüchternheit
mich dazu zwangen, mir Gleichgesinnte gleich zu erkennen.

Ich erkannte sofort auch ihn,
den elenden Besessenen des von der Sonne belagerten Gehöfts.
Der Winter kam,
er war dort in seinem Gesicht,
mit seiner Finsternis und seinen stillen Häusern, seiner
Keuschheit.
Ich zog mich zurück.
Doch nicht rechtzeitig, als daß er nicht, wie eine Frau, den
Schrecken gefühlt hätte,
den Schrecken vor dem Vater, der nicht den Vätern gleicht,
die durch seinen Gehorsam die Welt begründet hatten[27]

Der Junge namens Bernardino De Santis zeigte dagegen bei den Carabinieri vom Circeo einen Überfall an. Er war in der Imbißstube der Tankstelle allein. Es ist Nachmittag, drei Uhr dreißig. Ein Unbekannter mit einem schwarzen Hut auf dem Kopf kommt herein; fragt nach einer Coca-Cola; trinkt sie; stellt ihm ein paar »seltsame« Fragen: was er verdient, ob das Motorrad draußen seines ist, ob er ein Mädchen hat. Dann blickt er sich um, macht einen Sprung zur Tür hin, streift sich ein paar schwarze Handschuhe über, zieht eine schwarze Pistole aus der Tasche, steckt eine Kugel »aus Gold« in den Lauf. Er droht und sagt: »Wenn du dich rührst, dann erschieße ich dich.« Er lehnt sich von neuem an die Tür, schließt sie von innen ab; schließt auch die Flügel einer zweiten Tür aus Glas; geht um den Tresen herum. Bernardino sagt, er habe auf einmal die Pistole am Hals gefühlt. Der Unbekannte versuchte mit der linken Hand die Kassenlade zu öffnen: Es waren zweitausend Lire drin. Auf der Theke lag ein Messer. Der Jugendliche ergriff es und traf den Mann an der Hand. »Wir beide werden uns wiedersehen«, habe der im Fortgehen gesagt. Am Tag darauf in einer Straße von San Felice erkannte Bernardino den Unbekannten am Steuer eines Giulietta wieder. Durch das Nummernschild kam man auf Pasolini. Am 22. November durchsuchen die Carabinieri von Rom die Wohnung und den Giulietta von Pier Paolo. Sie suchen nach der Pistole. Pier Paolo bringt seine Version vor. Man glaubt ihm nicht. Man glaubt an den schäbigen schwarzen Hut, an die schwarze Pistole, an die Kugeln aus Gold. Daran glauben vor allem die rechtsgerichteten Zeitungen, die zu einem Spektakel von Beschuldigungen und

Unterstellungen ansetzen. Ohne sich im geringsten zu hinterfragen, schreibt man vom »Raub am Circeo« und von einem »Realismus ..., der übers Ziel hinausschießt«. Die neofaschistischen Blätter fragen, wieso Pasolini »noch auf freiem Fuß herumläuft«. In diesen Tagen wird auch der Film von Paolo Heusch uraufgeführt, der sich von *Vita violenta* hat inspirieren lassen; rechtsextremistische Jugendliche ohrfeigen im Kino Quattro Fontane in Rom die Zuschauer und schleudern faule Eier gegen die Leinwand.
Am 3. Juli 1962 findet vor dem Amtsgericht in Latina die mündliche Verhandlung statt. Pasolini ist des Raubes mit Waffen und der unerlaubten Waffenführung angeklagt. Die Pistole hat niemand außer Bernardino De Santis gesehen. Am 21. Juni 1962 verbreitet ein Pressedienst, die »Stampa Internazionale Medica« ein Gutachten über Pasolini, das der Privatkläger in Auftrag gegeben hat. Bestimmt ist es angeblich für die Chefredakteure der Zeitungen (»vertraulich, darf nicht veröffentlicht werden«). Verfasser ist der Ordinarius für Psychologie der Universität von Rom, Aldo Semerari. Professor Semerari fragt sich: Ist die Beschuldigung absurd? Ist es absurd anzunehmen, daß Pasolini wegen zweitausend Lire einen Jugendlichen berauben wollte? Die Antwort ist:

Wenn wir vor Taten stehen, die auf der psychologischen Ebene grob gesehen unverständlich sind, müssen wir vermuten, daß diese nicht Ausdruck einer bewußten Fähigkeit zur Selbstbestimmung im Hinblick auf einen Zweck sind, sondern *Symptome* eines krankhaften Prozesses, oder zumindest einer angeborenen oder erworbenen Alteration der Persönlichkeit.

Das Gutachten fährt fort: »Pasolini ist ein Psychopath des Instinktes, ein sexuell Anomaler, ein Homophiler im absoluten Sinn des Wortes.« Semerari greift auf das Protokoll der Vorgänge von Ramuscello zurück. Er spricht von »Skeptophilie«, von einer »stark unsicheren und äußerst beeinflußbaren Persönlichkeit« von einer »gemeingefährlichen Person«.
Das »Gutachten« von Semerari läßt recht gut die Atmosphäre spüren, in der sich dann die mündliche Verhandlung abspielte. Im

Rückblick ist es jetzt nach Jahren erstaunlich, daß man damals allen Ernstes über einen angeblichen Raub debattieren konnte, obwohl nur die Geschichte von Bernardino De Santis vorlag, an der überhaupt nichts einleuchtet, außer daß hier ein krankhaft zum Lügen veranlagter Mensch sich eine Comics-Scheinwelt aufgebaut hat. Doch bei der Debatte ging es eigentlich weniger um den Raub selbst als vielmehr um die Homosexualität Pasolinis. Davon sprachen die Staatsanwälte. Sie riefen Ramuscello und Anzio ins Gedächtnis zurück und suchten unter Vermischung von Wahrheit und Vermutung Beweise in den Büchern *Ragazzi di vita* und *Vita violenta.*

Der Vorsitzende fragt Bernardino De Santis, ob Pasolini ihm Anträge gemacht habe, von denen zu sprechen er sich schäme. De Santis gibt zur Antwort: »Er hat mir keinerlei sexuellen Antrag gemacht.« Pasolini wird vom Vorsitzenden befragt, warum er De Santis solche Fragen gestellt habe. – »Weil ich einen Film im Sinn hatte, der an diesem Ort spielen sollte; ich stelle immer solche Fragen, um die Reaktionen der Menschen zu studieren.«

De Santis hat bei seiner Antwort die Wahrheit gesagt, doch er ist unfähig dazu gewesen, zum Ausdruck zu bringen, was ihn unbewußt zu seiner absurden Anzeige verleitet hat. Er war nicht in der Lage, von dem »Schrecken vor dem Vater, der nicht den Vätern gleicht« zu sprechen, den er an jenem Herbstnachmittag vor Pier Paolo empfand, als der ihn nach seinem Mädchen und nach dem Motorrad fragte. Pier Paolo verschanzt sich seinerseits hinter genau den Worten, die man von ihm erwartet: das wirkliche Leben studieren, um es dann nachzuzeichnen. Die Antwort läßt nicht eindeutig erkennen, daß sie auf Wahrheit beruht. Doch es war die einzig mögliche Antwort, die einzige Rechtfertigung, die einen Schlußstrich unter die ununterbrochene Kette von Spekulationen ziehen konnte, die nicht abreißen wollte.

Im Gerichtssaal von Latina liegt drückende Hitze. Pier Paolo sitzt ganz in Weiß gekleidet auf einem hellen Holzstuhl, der dem Stil nach aus der Zeit des Faschismus übriggeblieben sein muß. Er ist blaß, trägt eine Brille. Ein Wachtmeister der Carabinieri steht hinter ihm. Pier Paolo hört aufmerksam dem Vortrag seiner Ankläger zu; er hört seinem Verteidiger zu, dem Rechtsanwalt

Francesco Carnelutti, ein Christdemokrat, der schon die Verteidigung von *Accattone* übernommen hatte, als zu befürchten war, daß der Film wegen der ministeriellen Zensur nicht in die Kinos kommen sollte. Pier Paolo hört zu. Gelegentlich wirft er einen Blick hinüber zu ein paar Freunden, die ihn an diesem Sommermorgen nach Latina begleitet haben: Moravia, Adriana Asti, Laura Betti und einige andere. In seinen Augen liegt eine gewisse Müdigkeit, aber auch ein Ausdruck von Schrecken und Ungläubigkeit.
Das Urteil nimmt als erwiesen an, daß er einen Film geplant und den Raub »zu Studienzwecken« gespielt habe, um menschliches Verhalten zu testen. Der versuchte Raub mit Waffen verwandelt sich in »Nötigung«. Die Strafe ist: fünfzehn Tage Haft; zusätzlich fünf Tage wegen unerlaubter Waffenführung sowie zehntausend Lire Geldstrafe. Natürlich wird die Haftstrafe bei Pier Paolo zur Bewährung ausgesetzt. Wer dem Prozeß beigewohnt hat, mußte, was Gerechtigkeit in Italien anbetrifft, ein recht unbehagliches Gefühl mit nach Hause nehmen. Verurteilten die Richter Pasolini wirklich wegen der Vortäuschung eines Raubes? Moravia sagte:

> Die Richter haben verstanden, daß die Behauptungen von De Santis reiner Wahnsinn waren. Dennoch haben sie einen Schuldspruch verhängen wollen aus dem einfachen Grund, daß Pier Paolo homosexuell ist. In Italien gibt es keinen Paragraphen, der die Homosexualität als Straftatbestand in Betracht zieht. Sie haben deshalb nach einem Vorwand gesucht. Es ist ein hirnverbrannter Vorwand, aber der genügt ihnen.

Es wurde Berufung eingelegt (13. Juli 1963) und von beiden Parteien Revision beantragt (1. März 1965 und 17. Dezember 1968). Pasolini wurde schließlich nicht wegen erwiesener Unschuld, sondern »wegen Mangels an Beweisen« freigesprochen[28].
Die Frage ist: Was ging wirklich im Inneren jenes »in der Sonne daliegenden Gehöfts« vor? Es kam nicht zu sexuellen Anträgen. De Santis legte Wert auf diese Feststellung. Alles muß so abgelaufen sein, wie Pier Paolo es in seinen Zeilen geschildert hat: seine Fragen und sein Empfinden dabei. Was er empfand, war der

»lebendige Leib«, seine »alte Begierde«, die ihn auch dazu gedrängt hatte, mit den kleinen Jungen an der Mole von Anzio zu sprechen. Diese Begierde verlangt nach Verbalisierung, verleitet zu mancher Anspielung, wenn der Zufall es so will. Diesmal konnte es schon der Tonfall gewesen sein. Doch der »arme Besessene, / dem die Ignoranz traditionelle Sicherheiten gab«, mußte darüber hinaus etwas wahrgenommen haben, das eben diesen Sicherheiten einen Stoß versetzte. Man kann die Vermutung anstellen, daß Pasolinis ausgesuchte Liebenswürdigkeit auf einen labilen, unsicheren Menschen wie Bernardino De Santis gewalttätig wirkte. Der entscheidende Punkt ist deshalb nicht die Reaktion von De Santis auf das Gespräch mit Pier Paolo – hier deckt sich der Vorfall mit dem in Anzio –, sondern die Ausbeutung der Episode durch einen Teil der Presse und die Interpretation, die die Carabinieri und dann mehrere Staatsanwälte in Protokollen und Akten gaben.

Es herrschte ein Klima von Hetze und Hysterie. Daß Hysterie bei der Behandlung Pasolinis als Figur des öffentlichen Lebens mit im Spiel war, machen einige an sich unerhebliche Ereignisse deutlich, die in Verbindung mit dem Vorfall vom Circeo an Bedeutung gewinnen. Am 25. Oktober 1961 zeigt ein dreiundzwanzigjähriger Grundschullehrer aus Avellino, Antiono Vece, Pier Paolo an: Man habe ihn in den inzwischen berühmten Giulietta TI geladen, hinaus aufs Land gebracht, mit einer Pistole bedroht, betäubt und eines handgeschriebenen Romanmanuskripts beraubt. Sein Titel, man höre und staune, *I figli del peccato* (etwa: Die Kinder der Sünde). Zwei Tage später nimmt Vece alles zurück. Er gesteht, daß er nur Schriftstellerallüren habe an die Öffentlichkeit tragen wollen. Er wird wegen Vortäuschung einer Straftat angezeigt.

Am 24. Februar 1962 verklagt ein ehemaliger christdemokratischer Abgeordneter aus Muro Lucano, Salvatore Pagliuca, die Produktionsfirma von *Accattone* und Pasolini selbst. Eine Figur des Films trägt seinen Namen, ein Dieb, Zuhälter und Raufbold. Pagliuca verlangt Ersatz für die moralischen und materiellen Schäden sowie die Entfernung seines Namens aus der Tonspur des Films. Der ehemalige Abgeordnete fühlt sich verspottet. Er behauptet, Pasolini habe der Figur seinen Namen gegeben, um ihm politisch zu schaden. Er hat die Absicht, sich bei den nächsten Wahlen zum Senatskandidat aufstellen zu lassen; der Film könne potentielle Wähler negativ beeinflussen. Pagliuca wird bei den Parlamentswahlen 1963 nicht gewählt. Vor Gericht macht er Pasolini dafür verantwortlich. Außerdem schreibt er verschiedene Krankheiten, an denen er leidet, sowie ein plötzlich aufgetretenes Desinteresse an Arbeit und Familie »der rufschädigenden Kampagne gegen ihn« zu. Am 22. Februar 1965 räumt der zuständige Richter ein, daß eine Verwechslung des Rechtsanwaltes Pagliuca mit der Figur aus *Accattone* möglich ist; er weist zwar die Forderung nach Schadensersatz für die Rufschädigung ab, ordnet jedoch die Entfernung des Namens aus der Filmtonspur an und verurteilt Pasolini und die Produktionsgesellschaft zum Ersatz des Vermögensschadens. Die Geschichte könnte in einem Buch von Pirandello oder Eduardo De Filippo stehen. Der Name Salvatore Pagliuca ist in der Campagna und in Lukanien sehr verbreitet; der Ex-Abgeordnete war keine politisch so hervorstechende Persönlichkeit, zumindest nicht überregional gesehen, daß seine Behauptung, man habe ihn bewußt verspotten wollen, gerechtfertigt wäre. Die Episode muß wohl im Zusammenhang mit dem damals herrschenden Klima von Hetze und Hysterie um die Person Pasolinis gesehen werden.

Im April 1962 kommt es zu einem anderen Fall von krankhafter Geltungssucht. Ein junger Römer, Andrea Di Marco, behauptet, sich in der Figur des Begalone, einer Gestalt aus *Ragazzi di vita*, wiederzuerkennen. Er verklagt Pasolini wegen »übler Nachrede in einem Presseorgan«. Die Zeitungen der Rechten, allen voran »Il Tempo« aus Rom, räumen der Notiz breiten Raum ein und rechtfertigen die Haltung von Di Marco: Er wolle eben nicht in einen Topf geworfen werden

mit der jugendlichen Lebewelt und meint obendrein, daß die Rechte der Kunst auf anderen Gebieten liegen und andere Schranken dem auferlegt sein müssen, der, weil es ihm an Farben und Pinseln mangelt, den Fotoapparat zur Hand nimmt und haargenau Personen und Dinge kopiert und dabei nichts als reine Berichterstattung betreibt[29].

Wieder eine peinliche Vermengung von Leben und Kunst. Der anonyme Chronist erlag der Versuchung, die Ästhetik in sein Urteil einzubeziehen. Doch Di Marco zog die Klage zurück, und das Ganze verlor sich im Sand.
Als Pasolinis zweiter Film, *Mamma Roma,* in den Kinos erscheint, kommt es wieder zu Szenen von Intoleranz. Der Film wird auf der XXIII. Biennale in Venedig am 31. August 1962 aufgeführt. Der Oberstleutnant, der der örtlichen Abteilung der Carabinieri vorsteht, bringt ihn wegen Obszönität zur Anzeige. Die obszönen Stellen sind die Worte »pissen« und »Scheiße« sowie furzähnliche Geräusche. Der zuständige Staatsanwalt befindet, daß die vorgetragenen Verdachtsmomente nicht zur Erhebung der öffentlichen Klage ausreichen. Die Presse gewinnt der Angelegenheit natürlich Farbe ab. Einige Tageszeitungen machen boshafte Anspielungen auf »Pasolini und die Pasoliniden«, die Gäste im Kinopalast am Lido sind; die »Pasoliniden« sollen die »aus dem Leben gegriffenen« Schauspieler und Interpreten des Films sein.
Bei *Mamma Roma* stand Anna Magnani im Mittelpunkt der Geschichte – als Huldigung an Rossellini und an *Bellissima* von Visconti. Die Magnani wird als Kinoobjekt, als eine Art Requisit gesehen, das für sich allein schon Anlaß geben kann für die Erfindung einer Parabel. Der Film geht von der Voraussetzung aus, daß das Subproletariat ein Interesse an seiner eigenen Veränderung hat. Erkennbar ist eine illusionäre Sehnsucht nach einem Aufsteigen in das Kleinbürgertum und der darauffolgende Zerfall dieser Idee. Der Tod bildet den Hintergrund des Geschehens. Pasolini kommentierte: »Das Element, das diesen Film von *Accattone* unterscheidet, ist eine moralische Problematik, die in *Accattone* nicht vorhanden ist[30].« Die gleiche Distanz trennt *Ragazzi di vita* und *Vita violenta* voneinander, wenn das expressive Ergebnis dann auch ähnlich ist. Auch bei *Mamma Roma* machen sich Lehrhaftigkeit und Schulmeisterei unangenehm bemerkbar. Der Tod des jungen Protagonisten, dargestellt von Ettore Garofalo – ein Jugendlicher stirbt im Gefängnis auf einer Besserungsbank –, wird von Pasolini anhand einer tatsächlich geschehenen Episode erzählt: der Tod des jungen Marcello Elisei im Gefängnis. Eine Verschmelzung aus Masaccio, dem *Toten*

Christus von Mantegna und dem Licht eines Caravaggio bildet den Rahmen für die filmische Umsetzung dieses Sterbens. Die Gesellschaft spielt eine determinierende Rolle: Die Verantwortung ist kollektiv und wurzelt sowohl in dem zum Mythos erhobenen Konsum als auch in der Struktur des Gefängniswesens. Diese soziale Determination erstickte die emotionale, die Pasolinis Empfinden eigentlich mehr entsprach – Accattone war noch überwältigt und getötet worden von einer Todessehnsucht, von einem Etwas, das jeden Widerstand brüchig werden ließ und ihn zugleich zum Protagonisten und zum Opfer seines Seins machte.
Tragische Mutterliebe – der Sohn ein Opferlamm im grausamen Rachen der Welt. Unschwer lassen sich in *Mamma Roma* autobiographische Anklänge finden. Schon bei *Accattone* war ein stark autobiographischer Zug zutage getreten: der der Christologie. Die Mythen des *Usignolo* werden ihrer verzauberten literarischen Musikalität entkleidet und in das grölende Universum der römischen Borgate versetzt. Sie werden durch die kontrastreiche, stark malerische Verwendung von Weiß und Schwarz in der Fotografie von Tonino Delli Colli zu neuem Leben erweckt. Aus diesen Mythen taucht abnorm die quälende Schilderung des Opfers empor – einer bringt sein Leben und Leid zur Belehrung aller dar. Pasolini reichert immer mehr seinen persönlichen Mythos im Bild Christi an. Die Hetze, der er sich ausgeliefert fühlt, kündigt den Kreuzigungsritus an. Von *Accattone* und *Mamma Roma* verläuft eine klare Linie über *La ricotta (Der Weichkäse)* bis hin zu *Il Vangelo secondo Matteo (Das Erste Evangelium – Matthäus)*. Während der Vorbereitungsarbeiten zum *Evangelium* äußerte sich Pier Paolo in einem Interview unmißverständlich über sich selbst: »In der Welt, in der ich lebe, bin ich eigentlich das Schaf unter den Wölfen. Was in diesen Jahren geschehen ist, beweist das: Ich bin buchstäblich zerrissen worden[31].«
Am 22. September 1962 wird *Mamma Roma* im römischen Kino Quattro Fontane uraufgeführt. Nachts um eins geht die Spätvorstellung zu Ende. Pasolini ist im Saal gewesen. Eine Gruppe von Studenten, Mitglieder der rechtsextremistischen Organisationen »Giovane Italia« und »Avanguardia Nazionale« greifen ihn im

Foyer des Kinos an. Bei Pasolini sind Laura Betti und zwei Darsteller des Films, Sergio Citti und Piero Morgia.

Bei einer Uraufführung eines meiner Filme hatte ein Faschist – ein ziemlich abgemagerter junger Mann, um die Wahrheit zu sagen – mich im Namen seiner ganzen schönen Jugend öffentlich beleidigt; ich hatte die Fassung verloren (was ich bereue), ihn geohrfeigt und zu Boden geschleudert. Meine Freundin Laura Betti war dabei und hat also »mit eigenen Augen« die ganze Szene gesehen. Die Zeitungen, die über den Vorfall berichteten, haben ihn, ich weiß nicht aus welchen Berechnungen, so verkehrt dargestellt (indem sie ihn mit gefälschten Fotografien versahen), daß *ich* als der Geohrfeigte dastand. Diese Darstellung ist dann verbreitet worden, und die öffentliche Meinung hat sie sich zu eigen gemacht, ja sich ihrer so gründlich bemächtigt, daß sogar Laura Betti in ihrer aggressiven Arglosigkeit, obwohl sie die Szene »mit eigenen Augen« gesehen hatte, mir gegenüber von »dem Faschisten, der dich geohrfeigt hat« sprach[32].

Pier Paolo führte an dem Abend im Foyer des Quattro Fontane den ersten Schlag. Es kam zu einem Handgemenge. Die Polizei besetzte das Kino und brachte alle Beteiligten auf das Präsidium. Ein paar Tage später wurde Laura Betti in der Via del Babuino von Unbekannten angegriffen. In diesen Monaten wurde – abgesehen von einigen Geltungssüchtigen – vor allem die neofaschistische Rechte gegen Pasolini im Sinne des Wortes tätlich. Auf einer anderen Ebene spielt sich dagegen der Prozeß wegen der Verunglimpfung religiöser Symbole ab, der eingeleitet wird, als *Rogopag* in die Kinos kommt. Dieser Episodenfilm enthält auch *La ricotta (Der Weichkäse)*.
Es ist Februar 1962. Der Produzent Roberto Amoroso plant einen Film mit dem Titel *La vita è bella* (etwa: Das Leben ist schön), der von vier Regisseuren gedreht werden soll. Er fragt Pasolini. Der nimmt an und schreibt das Sujet von *Der Weichkäse.* Amoroso lehnt das Sujet ab. Er verurteilt es als eine Ansammlung beleidigender Schamlosigkeiten. Da springt Alfredo Bini ein. Bini wird *Rogopag* produzieren: eine Abkürzung aus den Namen seiner vier Regisseure Rossellini, Godard, Pasolini und Ugo Gregoretti.

Auf einem hügeligen Gelände der Campagna vor den Toren Roms, etwa zwischen der Via Appia Nuova und der Via Appia Antica in der Nähe der Quelle vom Heiligen Wasser dreht Pasolini im Herbst 1962 *Der Weichkäse*. Dort auf dem Tuffsteinboden entsteht sein eigenwilligster Film. Moravia definierte ihn in seiner Rezension als »genial«:

damit wollen wir nicht sagen, daß er perfekt oder wunderschön ist; doch man begegnet darin den Merkmalen der Genialität, besser gesagt einer gewissen Form von Vitalität, die zugleich überraschend und tiefgründig ist[33].

Ein Gedicht in Bildern: das Kino als Selbstbezug, Kino erfaßt in seiner Umhüllung, oder Kino vom Kino. Doch auch ein Kino, das sich gefräßig der Malerei und der Literatur bedient. Gedreht wird eine Kreuzigung mit Grablegung, für die il Pontormo und Rosso Fiorentino als Bildbeispiele hergenommen werden. Der Regisseur, dargestellt von Orson Welles, antwortet einem Interviewer mit Versen von Pasolini:

> Ich bin eine Kraft der Vergangenheit.
> Allein der Tradition gehört meine Liebe ...

Intellektueller Hang zum Autobiographischen und Lebenserfahrung formen zusammen eine ganz ungewöhnliche Metapher. Der römische *set* wird im Stil des Neorealismus in seiner sarkastischen Spontaneität treffend porträtiert.
»Weg mit den Kreuzen«; »tragt die Kreuze hinauf«; »laßt sie angenagelt«; »Scheißkerle«; »Ruhe«; die Magdalena, die ungerührt vor dem auf dem Boden liegenden Kreuz Cha-Cha-Cha tanzt; und Stracci, der arme Stracci, der als Komparse einen der Schächer mimt und in der Drehpause so viel »Weichkäse« verschlingt, daß er sich eine Verdauungsstörung zuzieht und daran buchstäblich krepiert – unter gleißender Sonne ans Kreuz gebunden. Mit seinem Schreien und Gestikulieren ist dieser *set* in seiner erbitterten Grausamkeit nichts anderes als der von den Händlern heimgesuchte Tempel. Die Armut, suggeriert der Autor, nur die Armut mit ihren ehrlichen, sauberen Worten kann den Glauben retten.

Das Thema ist komplex und zutiefst christlich. Es sagt dem Klerikalismus einer jeden Kirche den Kampf an. Die Blasphemie der wiederholten Schreie »weg mit den Kreuzen« kennzeichnet eine überkommene Verzweiflung: In der Welt gibt es keine Entsprechung für den nie versiegenden Drang nach Religion. Vulgäre Stimmen und Zurufe: ein brodelndes Durcheinander, plötzliche Pausen (als die ausgehungerte Familie verstohlen daherschleicht und Stracci, ein armer Teufel unter vielen in dem Ameisenhaufen von Cinecittà, seine Essensration den Angehörigen zuschiebt) – alles fließt zusammen zu einem Anblick von »bestürzender Sakralität[34]«. In diesem Rahmen erreichen die kulturelle Sensibilität Pasolinis und sein beständiges Bedürfnis nach Entweihung einen expressiven Höhepunkt und lassen das christliche Credo konkret werden.
Ein Schimmer von Determiniertheit liegt im Hungertod von Stracci, und der ist zugleich durchzogen von Ironie. Im Gegensatz dazu die ebenfalls mit Ironie verbrämte Enttäuschung in den Antworten des Regisseurs: giftige Anschuldigungen der italienischen Bourgeoisie, die Zurschaustellung eines »tiefen, innigen, archaischen Katholizismus«, dieses distanzierte und intellekteull gewagte Etwas, das er über den Tod, ein »Pseudo-Problem für einen Marxisten« zu sagen hat. Pasolini ist es gelungen, zugleich sein eigenes Spiel zu spielen und mit den Instrumenten des Films spielerisch umzugehen. Er hat mit der Eleganz eines Zunftmeisters agiert. Das war die »Genialität«, die ihm Moravia zuerkannte. Die Kleriker sprachen sie ihm gänzlich ab.
Der Film wurde beim Erscheinen in den Kinos kühl aufgenommen, fand geringe Beachtung. Die Ursache lag, so Moravia, an den Worten, die Pasolini seinem Regisseur »mit naivem Mangel an Taktgefühl« in den Mund gelegt hatte:

Du liebe Zeit! Der Regisseur erklärt beim Interview: »Italien hat das am meisten analphabetische Volk und die ignoranteste Bourgeosie von ganz Europa«, und schon hat er es sich mit den Parteien von rechts und links verdorben. Dann erklärt Orson Welles noch schlimmer: »Der Durchschnittsmensch ist ein gefährlicher Verbrecher, ein Ungeheuer. Er ist Rassist, Kolonialist, verficht die Sklaverei und kümmert sich ansonsten nur um sich allein«, und schon hat er sich's mit allen verdorben. Das Italien der Vergangenheit war in der Tat das Land des Menschen in all seiner Menschlichkeit; das heutige Italien dagegen ist nur ein Land des Durchschnittsmenschen.

Am 1. März 1963 wurde der Film wegen »Verunglimpfung religiöser Symbole der Staatsreligion« beschlagnahmt. Diese Verfügung ist vom stellvertretenden Oberstaatsanwalt Giuseppe Di Gennaro unterzeichnet. Am 4. März wird im Palazzo Marignoli, dem Sitz der Italienischen Pressevereinigung, eine Debatte abgehalten, um die Solidarität mit Pasolini auszudrücken. Kritiker, Regisseure und Schriftsteller fürchten, daß sich die Justiz zum Fürsprecher einer schematischen, reaktionären Sicht der Religion machen könnte. Nicht alle Katholiken sind mit dem stellvertretenden Oberstaatsanwalt einer Meinung: Die Priester und Dozenten der Päpstlich-Gregorianischen Universität von Rom können in dem Film keinerlei Verunglimpfung erblicken. Der Fall hat nicht allein eine juristische Dimension.
Die mündliche Verhandlung fand am 6. und 7. März statt. Hauptperson ist Di Gennaro, der sich zum Wortführer eines Glaubensbegriffs macht, der keinen Raum für unterschiedliche Auslegungen läßt. So und ähnlich klingt das in seinem Plädoyer:

Sie werden sich fragen, wieso ausgerechnet die katholische Presse nicht mit Empörung auf die Schmähung durch diesen da reagiert hat. Und Sie haben guten Grund dazu: Die Katholiken hätten Stellung beziehen müssen. (...) Ich bin sicher, daß Ihr Urteilsspruch die Toten auferwecken wird und alle jene zaudernden Katholiken zu Leben und Würde zurückrufen wird, die aus Furcht, des Konformismus bezichtigt zu werden, auf ihre Kultur verzichtet haben. (...) Die Katholiken mögen wachsam sein, daß sie nicht in die Stadt Gottes das trojanische Pferd Pasolinis tragen.

Die Absicht ist klar, die hinter ihr stehenden Vorstellungen von Kultur auch. Durchschaubar ist vor allem der psychische Hintergrund des Staatsanwaltes:

Hier bin ich, auf der Bank des Staatsanwaltes, doch in welcher Funktion? Wenn der Angeklagte derjenige ist, den man aufruft, sich gegen eine Beschuldigung zu verteidigen, nun gut, dann bin auch ich Angeklagter! Die Pflicht erfordert es, daß ich eine exakte Bewußtseinsbildung von der Wirklichkeit vornehme. Aus verschiedenen Quellen klagt man mich ganz unverblümt an: der Attentäter auf die Freiheit, der Unterdrücker der Freiheit, der Inquisitor! Das genügt, um einzusehen, daß in diesem Prozeß der Angeklagten zwei sind: Pier Paolo Pasolini und ich.

Die Forderung an die Richter ist unmißverständlich: »Wenn Sie Pasolini verurteilen, werden Sie mir recht geben, doch wenn Sie ihn freisprechen, dann werden Sie unweigerlich meinen Einsatz verurteilen[35].« Pasolini wurde vom Gericht »des ihm zugeschriebenen Vergehens schuldig« befunden und zu vier Monaten Gefängnis verurteilt. Am 6. Mai 1964 sprach man ihn in zweiter Instanz frei, weil »der Vorfall keinen Straftatbestand erfüllt«. Dieser zweite Urteilsspruch wird am 24. Februar 1967 vom Revisionsgericht annulliert, »weil die Straftat durch Amnestie getilgt ist«.
Der Prozeß von 1963 und die Diskussion, die er um die Filmzensur und die Artikel des sogenannten Kodex Rocco erregte, der in Italien für »Verunglimpfung der Staatsreligion« noch in Kraft war, gaben exakt die Lage der Kultur im Lande wieder. Das Wirtschaftswunder hat die Produktionsstrukturen gewandelt: Die großen Städte des Nordens ändern ihre Physiognomie; das Autobahnnetz verunstaltet die Landschaft; die Massenmedien, allen voran das Fernsehen, expandieren. Das alles spielt sich an der Oberfläche ab; darunter liegt ein Kern von erstarrten Vorstellungen, eine Moral, die auf ihre Unbeweglichkeit so stolz ist, daß sie das Zirkulieren von Ideen unsicher und verkrampft macht. In diesem neuen Italien gibt es Schranken von solcher Abstraktheit und Realitätsferne, daß sie einen Menschen wie Pasolini zur systematischen Provokation treiben müssen. Er war sich seines Schicksals bewußt, ohne deswegen leichtfertig damit umzugehen. Er wußte sehr wohl, daß das, was er den Auffassungen des stellvertretenden Oberstaatsanwaltes Di Gennaro entgegenhielt, nicht Zukunft im Verhältnis zur Vergangenheit genannt werden konnte – es war vielmehr eine ganz andere

Sicht Christi. Genau das war das Wesen eines Landes, das unbefangenen Gebrauch machen wollte von jedem nur möglichen aufklärerischen Gedankengut; das aber gleichzeitig wie neurotisch die Überbleibsel der Vergangenheit bewahren und in den eigenen sozialen Frustrationen Wurzeln schlagen wollte. »Ich bin eine Kraft der Vergangenheit«, schrieb Pasolini. Doch das hieß für ihn nicht (auch das hat er geschrieben), daß er »den Priestern das Monopol des Guten« überlassen wollte. Die Kultur der ländlichen Pfarrsprengel wurde durch ihn mit einer dynamischen Geschichtsauffassung angereichert. Doch diese Dynamik war untrennbar mit der evangelischen Botschaft vom »Skandal« verbunden. Der Film eignete sich noch besser als die Literatur zum Träger des »Skandals«. Pier Paolo sagte einige Jahre später, der Film sei »geschriebene Sprache der Wirklichkeit«; 1966 sagte er, der Film drücke für ihn nichts anderes aus als »eine verblendete, kindliche und pragmatische Liebe zur Wirklichkeit«. Sie sei nicht nur »pragmatisch«, sondern »religiös«, da sie

gewissermaßen, durch Analogie, mit einer Art immensem Sexualfetischismus verschmilzt. Nichts anderes scheint die Welt für mich zu sein als ein Ensemble von Vätern und Müttern, denen gegenüber ich einen Impuls vollständiger Hingabe verspüre; diese besteht aus Respekt und Verehrung sowie aus dem Bedürfnis, diese Verehrung durch Entweihungen – auch durch gewaltsame und skandalöse – zu verletzen[36].

Väter und Mütter, Sexualfetischismus, Skandal: Alles schließt sich in einen Kreis zusammen, der nirgends unterbrochen ist. Ein Rundkurs aus Leidenschaften, die gefährlich nahe an der Neurose sind, aber vom Verstand und künstlerischer Intuition in eine expressive Vitalität verwandelt werden, in die »verzweifelte Vitalität«, von der Pasolini selbst spricht.

Nach dem Urteilsspruch kehrte Pier Paolo an diesem Märzmorgen 1963 nach Hause zurück. Die Sonne schien warm; es war schon Frühling. Seit ein paar Monaten lebte bei ihm und Susanna auch Graziella, die Tochter von Annie Chiarcossi Naldini. Graziella hatte sich an der Literaturwissenschaftlichen Fakultät der Universität Rom eingeschrieben. Als Susanna von der Verurteilung erfuhr, brach sie in Tränen aus und fiel in Ohnmacht. Der Anfall war besorgniserregend. Pier Paolo war tief erschüttert. Er suchte nach Moravia und bat ihn, zu ihm nach Hause zu kommen. Dann fand er die Telefonnummer von Di Gennaro heraus und rief ihn an. Er schrie ins Telefon und machte den Staatsanwalt für die Betroffenheit seiner Mutter verantwortlich. Das war die einzige extreme Reaktion, die Pier Paolo je auf eine Verurteilung gezeigt hatte. Weinen und psychische Erschöpfung Susannas verfinsterten sein Gemüt. Ihr galten diese Worte:

> Du bist unersetzlich. Deshalb ist das Leben,
> das du mir gegeben hast, zur Einsamkeit verdammt.
>
> Dabei will ich nicht einsam sein. Ich habe einen grenzenlosen Hunger
> nach Liebe, nach der Liebe zu seelenlosen Körpern.
>
> Denn die Seele ist in dir, bist du, doch du
> bist meine Mutter, und deine Liebe ist meine Sklaverei.
>
> Ich habe die Kindheit als Sklave dieses tiefen,
> unauslöschlichen Empfindens von übergroßer Verpflichtung zugebracht.
>
> Es war die einzige Möglichkeit, um das Leben zu spüren,
> die einzige Farbe, die einzige Form: Jetzt ist es zu Ende.
>
> Wir leben weiter: Und es ist die Verwirrung
> eines außerhalb der Vernunft wiedergeborenen Lebens.
>
> Ich flehe dich an, ach, ich flehe dich an: Stirb nicht.
> Ich bin hier, allein, bei dir, in einem zukünftigen April …[37]

Die schönen Fahnen

Die Schilderung von Pasolinis Leben müßte nun mit der Darstellung eines heftigen Gefühls der Einsamkeit und inneren Zerrissenheit fortfahren. Pier Paolo lebte Jahre der Schaffenskrise; eine Krise, aus der er sich nur mühsam befreien konnte. Wichtig für ihn war eine neue Aufgabe: Auf Drängen von Antonello Trombadori hatte er einen »Dialog mit den Lesern« in einer populären kommunistischen Wochenzeitschrift »Vie Nuove«, aufgenommen. Die Mitarbeit dauerte mit einigen Unterbrechungen für seine Filmarbeit bis 30. September 1965. Die Aufgabe bedeutete für Pasolini ein leidenschaftliches intellektuelles Engagement – andererseits war sie ein neuer Beweis dafür, daß ihn die Kommunistische Partei nicht der Hetze seiner Feinde auslieferte. Am 7. Juli 1962, zur Zeit der Verurteilung wegen des Vorfalls am Circeo hieß es in »Rinascita«.

Die Wahrheit ist, daß die Verantwortung für die über einen schlechten Scherz weit hinausgehende, buchstäbliche Verfolgung, der Pier Paolo Pasolini seit geraumer Zeit ausgesetzt ist und die bis zu einer paradoxen Verbrüderung von Presse und Staatsgewalt zu seinen Lasten führt, sicherlich in der schamlosen Doppelmoral der Bourgeoisie zu suchen ist.

Der Fall Pasolini ist nicht allein auf seine Person beschränkt. Indem Pasolini – bewußt oder unbewußt – die herrschende Moral durchbricht, stellt er die Bürgerrechte eines jeden Menschen zur Diskussion. Diesem Problem scheint die Linke von den Laizisten bis zu den Kommunisten – und auch die katholische Linke – in diesen Jahren der Erneuerung empfänglicher gegenüberzustehen. Der Fall Pasolini ist ein wunder Punkt: Wenn seine »Andersartigkeit« bei der öffentlichen Meinung Unbehagen hervorruft, dann wird die Anerkennung der Andersartigkeit als legitim zu einem durchaus politisch zu verstehenden Schritt zur Veränderung. Die Kommunisten waren so klug, jetzt – wenn auch unter Zögern –

genau das Thema als das ihre zu vereinnahmen, das sie im Jahr 1949, als es um die Vorgänge von Ramuscello ging, hatten verleugnen wollen.
Die Leser schreiben und Pasolini antwortet – als Schriftsteller und Philosoph, Filmemacher und Moralist, Beichtvater und Ideologe. Man verlangt von ihm

ein Urteil über die ungarische Literatur und einen Ratschlag, ob man die Kinder taufen soll, eine Meinung zum Problem des Lateinunterrichts und eine Erzählung über die Grubenarbeiter, eine Information über die sowjetische Militärmacht und die Beurteilung des italienischen Familienrechtes, eine Anleitung, wie man sich in die KPI einschreibt, und die Antwort auf eine theoretisch-marxistische Streitfrage, Hilfe bei der Arbeitssuche und Beurteilung eines literarischen Manuskripts, einen Vorschlag, wie man sein Leben gestalten soll, und die Klärung der Südtirolfrage. Mancher alte oder junge Genosse wirft ihm auch einmal mit altmodischer, aber offenherziger Moral den »sexuellen« Gehalt und die »Schimpfwörter« in seinen Romanen vor. Es fehlt auch nicht an Briefen von Gelegenheitslesern, die als anständige Leute an so manchem Anstoß nehmen, oder an neiderfüllten Stellungnahmen von Winkeljournalisten, die auf ihn, den öffentlichen Verderber, den »Pornographen« und blasphemischen Politiker mit den Fingern zeigen[1].

Pier Paolo hat jedem etwas zu sagen. Manchmal läßt er in seine Antworten Gedichte einfließen wie *Poesia in forma di polemica* (etwa: Gedicht in Form einer Polemik), oder die in Verse gefaßte Einleitung zu dem Roman, an dem er nach *Vita violenta* jahrelang arbeitet, *Il rio della Grana*. Er druckte in der Zeitschrift auch einen Teil der in Verse gesetzten *Le belle bandiere* (etwa: Die schönen Fahnen) ab – Fahnen einer Hoffnung, die er schwächer werden und verschwinden sah unter dem, was er »die Gewalt des Neokapitals« nannte. Er ließ die Leser in seine Werkstatt hineinschauen, ohne sie einzuschüchtern. Das ist es wohl: Diese Antworten, die so reich sind an einer Wahrheit, die sich auch zu Zweifeln und Widersprüchen hinreißen läßt, die nicht davor zurückschreckt, sich selber zu zerreißen, eine intellektuelle Substanz in reinster Form, sind gerade ein Zeichen dafür, daß in

seinem Innersten trotz aller Beklommenheit die Hoffnung, die flammende Farbe der roten Fahnen noch leuchtete.
Worüber schreibt Pier Paolo in diesen Antworten? Er schreibt von sich. Er ist inzwischen ohne Zweifel eine bedeutende Persönlichkeit geworden – vielleicht auch eine Persönlichkeit mit positiven Seiten, zumindest für diejenigen, die ihn um Rat bitten oder ihm freundschaftliche Vorwürfe machen. Auf jeden Fall ist er eine Persönlichkeit. Darunter leidet und darüber redet er.

Der öffentliche Teil meines Lebens: (...) dieser große Teil meiner selbst, der mir nicht gehört und der so etwas wie eine Maske wie im Nuovo Teatro dell'Arte geworden ist; ein Ungeheuer, das so sein muß, wie das Publikum es haben will. Ich versuche wie ein Don Quichotte gegen dieses verhängnisvolle Schicksal anzukämpfen, das mich meiner selbst beraubt, aus mir eine Rotationsmaschine macht und sich am Ende wie eine Krankheit über mich breitet. Doch anscheinend kann man nichts dagegen tun. Der Erfolg ist für ein Leben des Geistes und Gefühls etwas Schreckliches und basta[2].

Oder: *Mamma Roma* wird den kritischen Augen des Publikums präsentiert. Es kommt zu Handgreiflichkeiten und Anzeigen. Pasolini weiß, daß sein Film weniger gelungen ist als *Accattone*, er weiß auch, daß die Mitwirkung von Anna Magnani viel zu den offensichtlich begangenen »Fehlern« beigetragen hat. Pasolini ist zu sehr verstrickt mit einer Wirklichkeit, die ist-wie-sie-ist, als daß diese Wirklichkeit dargestellt werden könnte, ohne durch den Professionismus einer verbrauchten Schauspielerin Schaden zu leiden. Er schreibt:

Mir ist es nicht nur verboten, Fehler zu begehen, sondern sogar, die kleinste Schwäche zu zeigen. Und wenn hier vielleicht ein bißchen Verfolgungswahn mitklingen sollte, dann wäre der, wie mir scheint, nur gerechtfertigt. (...) Ganz klar ist etwas Unrechtes im Gange: etwas nicht Faßbares wie in allen kafkaschen Situationen, die diese Bezeichnung verdienen[3].«

Er wird gefragt, warum er sich als »eine Kraft der Vergangenheit« fühle. Die Antwort ist:

Auch meine gewagtesten experimentellen Ansätze lassen niemals meine bestimmende Liebe für die große italienische und europäische Tradition außer acht. Wir müssen den Traditionalisten das Monopol an der Tradition entreißen, denn: Nur die Marxisten lieben die Vergangenheit, die Bourgeoisie liebt nichts und niemanden. Ihre rhetorischen Liebeserklärungen an die Vergangenheit sind schlicht zynisch und frevelhaft. Diese ihre Liebe ist bestenfalls eine rein aufgesetzte, oder »monumentale«, wie Schopenhauer sagte, gewiß keine historisierende, das heißt reale, die in der Lage dazu wäre, neue Geschichte zu erzeugen ...[4]

Als das Gespräch auf seine »Religiosität« kommt, stellt er klar:

Ich glaube nicht an Gott. Wenn aber in meinen Werken ein »Hauch« christlicher Liebe für die Dinge der Welt und ihre Menschen überdauert – ich will damit sagen eine irrationale, auf Eingebung beruhende Liebe –, dann, glaube ich, brauche ich mich dessen nicht zu schämen. (...) Und bei wem fände sich das nicht? Das mag wie ein Scherz klingen: daß tief in jedem von uns ein »historisch«-christlicher Untergrund ist, ist ganz klar; so klar, daß man sich keine Gedanken darüber machen braucht[5].

Diese publizistische Aktivität ist also nicht von dem beklemmenden Erleben einer übermächtigen Einsamkeit geprägt; beim Durchblättern der Seiten sieht es fast nach einem Wiederaufflammen der Lebensfreude aus. Und so ist es auch. Oft sind die Aufzeichnungen für »Vie Nuove« selbstsicher und in Eile hingeworfen; nie jedoch flüchtig. Pasolini zeigte sich immer aufmerksam, immer hellwach. Wie der Film war auch das eine Möglichkeit, der Askese der Literatur zu entfliehen. Zu dieser Askese bezog Pasolini nie Stellung; man darf annehmen, daß er selber meinte, sie nach wie vor zu pflegen, wie er sie im Friaul während seiner Zeit als militantes Mitglied der KPI praktiziert hatte. Doch seine schöpferische Sensibilität brauchte offenbar kräftige Nahrung – ein Klima der Aggressivität und der Aktion, von dem er sich ständig wiederbeleben ließ.
Der Schriftsteller, den die Leser von »Vie Nuove» im Dialog kennenlernen, macht sich gleichzeitig zum Theoretiker einer Vorstellungswelt im Sinne Gramscis: das Bewußtsein durch die Geschichte einen. Ohne Zweifel erlebte er die Zerrissenheit in

seinem Inneren bewußt. Zugleich kämpfte er heftig um eine Wiederzusammenfügung. War sich Pasolini bewußt, daß Zusammenfügung oder Versöhnung mit sich selbst ihm unmöglich war?
Pier Paolo konnte als Mensch auch heiter sein. Seine Freunde wissen das. Sie wissen auch, daß er wochenlang in finsterem Schweigen verharren konnte. Von den Begegnungen mit Elsa Morante, von den Diskussionen mit Moravia oder auch von den wirbelnden, unerbittlichen Streitgesprächen mit Laura Betti ließ er sich anregen. Letztere konnten heftig und ausfallend werden. Elsa Morante schaltete sich in diesem Fall mit dem Zwischenruf ein: »Wenn ihr schon miteinander schlafen wollt, dann hört auf damit, es mit Worten zu machen.« Pier Paolos Verhalten im täglichen Leben war also recht situationsabhängig und allem Anschein nach temperamentvoll. Die Zwiesprache mit seinem inneren Dämonen war erbittert, immerwährend und geheim. Das heißt, wie er in *Le ceneri di Gramsci* geschrieben hatte, das Wissen um seine Widersprüche hörte nicht auf, ihn zu quälen.
War es dann Unredlichkeit, wenn Pasolini all seine Kraft dazu verwendete, am Licht der Geschichte das Bewußtsein auszubilden? In den Beiträgen zu »Vie Nuove« liegt die institutionelle Unredlichkeit, die die Beziehungen zwischen Lehrer und Schüler bestimmt: Man hört den verfremdeten, väterlich herablassenden Ton dessen, der sich selbst zwar freimütig auslebt, dem Zuhörer aber zu verstehen gibt, daß diese über die Schranken der Scham hinausgehende Freimütigkeit nicht zur alltäglichen Existenz, sondern zum beispielsetzenden Universum der Absoluten gehört.

Ich will keine Autorität sein, das sollen Sie wissen. Wenn ich dennoch Autorität darstellen werde, dann von Fall zu Fall und nur wegen der möglichen Überzeugungskraft meiner Argumente in *diesem bestimmten* Fall und unter *diesen gegebenen* Umständen; und vor allem aufgrund meiner Freimütigkeit. Das Außergewöhnliche am einflußreichen Menschen ist, daß er über Freimütigkeit verfügt, über ein totales Engagement und über den Einsatz seines ganzen Seins. Dadurch hat er die Autorität erlangen können, und sobald er sie einmal erlangt hatte, haben sich diese Werte mechanisch und wie vorgezeichnet reproduziert …

So schrieb Pasolini am 15. Oktober 1964 in »Vie Nuove«, nachdem er fast ein Jahr lang keine Beiträge mehr geliefert hatte. Er war auf der Suche nach geeigneten Schauplätzen und Gesichtern für *Das Erste Evangelium – Matthäus* herumgereist, hatte dann den Film gedreht und daran mit solcher Intensität und Ausschließlichkeit gearbeitet, daß ihm kaum Raum für anderes blieb. So schrieb er in dem Versuch, »den Punkt, an dem Autorität und Freimütigkeit zusammentreffen«, besser zu bestimmen. Doch dieses »Zusammentreffen« glaubte er schon durch die eigenen Widersprüche erworben zu haben: »Im Grunde werde ich von meinen Widersprüchen geschützt« – diese Worte findet man ein wenig weiter unten auf derselben Seite von »Vie Nuove«. Was soll man dem hinzufügen? Daß er sich dessen bewußt war, daß er sich dem unüberbrückbaren Kontrast zwischen Freimütigkeit und Unredlichkeit nicht entziehen konnte, es sei denn durch die systematische Praktizierung des Widerspruchs. Das allein schon konnte ein weiterer Beweis seiner Unfähigkeit sein, dem Teufelskreis des existentiellen Trugschlusses zu entrinnen.
Pier Paolo konnte auch kleinlicherer Unredlichkeit bezichtigt werden. Das war der Fall bei der Klage, die ihm Alfredo Bini anhängte. Die beiden hatten eine erbitterte Auseinandersetzung, die sich in den Zeilen von *E l'Africa?* (etwa: Und was ist mit Afrika?) niederschlägt. Seine Thematik: der Vater und die Mythen, die sich um ihn ranken. Der Prozeß um *Der Weichkäse* war schlecht ausgegangen. Die Produktionsfirma war in Schwierigkeiten. In Gerichtskreisen munkelte man, daß die Verurteilung auch auf eine Revanche der Richter zurückzuführen sei, die sich von einer Figur im Film beleidigt fühlten, nämlich von dem aufdringlichen Interviewer Orson Welles', Pedoti. Pedote hieß ein römischer Staatsanwalt, der in früheren Verfahren Pier Paolo vernommen und sich als besonders hinterhältig gezeigt hatte. Pier Paolo wollte sich mit einem Scherz rächen; vielleicht wurde er durch den Fall des Abgeordneten Pagliuca, der ihn in diesen Monaten hartnäckig verfolgte, auf den Gedanken gebracht. Er gab der Figur im Drehbuch den Namen Pedote, änderte ihn aber später in Pedoti ab. In seinem Plädoyer unterstrich Staatsanwalt Di Gennaro diese Tatsache. Er sagte zu den Richtern: »Bedenken

Sie die Bosheit, die Figur des Pedoti einzuführen, der im Drehbuch Pedote heißt.«
Bini hatte Pier Paolo gebeten, die Anspielung zu unterlassen. Pier Paolo kümmerte sich nicht darum. Angesichts der Verurteilung tobte Bini vor Wut. In diesem Fall handelte es sich jedoch nicht um Unredlichkeit, sondern eher um die ironische Halsstarrigkeit, mit der er seinen Gegnern eins auszuwischen suchte und an der Pier Paolo Vergnügen fand. Diesesmal kam ihm das Vergnügen teuer zu stehen: Er konnte den geplanten Film, der in Afrika spielen sollte, nicht drehen: *Il padre selvaggio* (etwa: Sein Vater, der Wilde); ein Stoff, in dem er seine alte Leidenschaft für die Pädagogik mit dem eben geborenen Engagement für die Dritte Welt verquickt hatte.

Afrika! Einzige Alternative ...

Der erste Ruf, die erste Anrufung Afrikas. Pier Paolo sprach sie im *Frammento alla morte* (etwa: Fragment an den Tod), einem Gedicht von 1960 aus. Jenseits seines Rationalismus, jenseits seines Irrationalismus blieb – nachdem er alles »bis auf den Grund« erprobt hatte – »die vom Wind betäubte / Wüste, die herrliche, schmutzige / Sonne Afrikas, die die Welt erleuchtet«. Das war ein erster Hoffnungsschimmer. Das »arme Italien« mit seiner gewichtigen Last an eigener bäuerlicher und christlicher Geschichte steuerte wie Europa auf einen Schiffbruch zu. Was würde die Zukunft bringen?
In den sechziger Jahren begann Pier Paolo systematisch zu reisen. Das Abenteuer Film brachte ihn dazu, seine »italienische«, seine provinzielle Hülle zu zerreißen. Seine Reisen ergaben sich meist durch bestimmte Anlässe: eine Ortsbesichtigung, eine Landschaft, die es Schritt für Schritt zu durchstreifen galt, um sie dann mit der Kamera neu zu erfinden; oder aber die Teilnahme eines seiner Filme an einem internationalen Festival.
Eine Reise ganz ohne solche Verpflichtungen war dagegen die nach Indien im Dezember 1960 und Januar 1961. Pier Paolo fuhr zusammen mit Moravia ab. Elsa Morante holte die beiden auf

halber Strecke ein. Dieser Reise widmete Pier Paolo einen schmalen Band, *L'odore dell'India* (etwa: Der Geruch Indiens), in dem er die Reisetagebücher zusammenfaßte. Er hatte die noch frischen Eindrücke aufgeschrieben und nach und nach in »Il Giorno« veröffentlicht. Moravia verbrachte Weihnachten und Silvester nie gern in Italien: Die Festtagsstimmung, die an diesen Tagen einen jeden in den katholischen und protestantischen Ländern ansteckt, ging ihm auf die Nerven; er vermied sie lieber, indem er sich nach Afrika oder in den Orient flüchtete, wo es entweder überhaupt kein Weihnachten oder aber eine noch naive, archaisch-barbarische Form davon gibt. Pier Paolo schloß sich ihm an: Zwischen beiden entbrannte ein journalistischer Wettstreit. Auch Moravia veröffentlichte sein Reisetagebuch. Rationalistisch, wie er war, gab er ihm den Titel *Un'idea dell'India (Indienreise)*.

Für Pier Paolo war diese Reise ein Sich-selbst-Erkennen – und ein Erkennen des unermeßlichen Elends der wie Ameisen durcheinander wimmelnden Menschen in Bombay oder Calcutta als altbekannte Tatsache. Erkennen konnte er in den Gesten der Inder aber auch einen vertrauten Stil, oder doch einen auf vertraute Weise lesbaren.

Der Kopf geht rauf und runter, als wäre er leicht abgesetzt vom Hals, und auch die Schultern wogen ein wenig mit der Geste eines jungen Mädchens, das seine Scham überwindet und sich zärtlich aufrichtet. Wenn man zurückblickt, prägen sich die indischen Menschenmassen mit dieser Geste der Zustimmung und mit ihrem kindlichen, strahlenden Lächeln in den Augen, das die Geste begleitet, im Gedächtnis ein. Ihre ganze Religion liegt in dieser Geste[6].

Die Armut, ihr süßlicher, schwerer »Geruch«, ist für Pier Paolo ein berauschender Duft. In seinem Reisetagebuch wird von den wohlriechenden indischen Nächten erzählt, von dem gefahrvollen Herumstreifen in Begleitung von Jugendlichen, durch spärlich beleuchtete Winkel, unter Bogengängen hin, wo zusammengekauert die Obdachlosen schlafen.

Sie liegen hingestreckt auf dem Boden, an den Säulen und Wänden, vor den Türschwellen. Ihre Lumpen umhüllen sie vollständig, sind wie eingewachst vor Schmutz. Ihr Schlaf ist so tief, daß sie aussehen wie Tote, eingehüllt in abgerissene, stinkende Schweißtücher[7].

Die nächtliche Stille wird von schrillen Klageliedern zerrissen. Zwei kleine Jungen lächeln »mit ihrem Lächeln, das wie sonnenüberglänzt tief in den dunklen Gesichtern leuchtet«. Pier Paolo gibt ihnen ein paar Rupien; Einer der beiden ergreift seine Hand und küßt sie. Er läßt sie ihm, »gerührt wie ein Trottel[8]«.
War es eine Reise zu den Delirien des Orients, vielleicht eine Reise ähnlich der, die Flaubert als Dreißigjähriger nach Italien, Griechenland, in die Türkei und nach Palästina machte? Oder ähnelte sie eher der meditativen und kreativen Reise, die derselbe Flaubert nach Tunesien unternahm, während er *Salammbô* entwarf und schrieb? Sind gar *Das Erste Evangelium – Matthäus* und noch mehr *Edipo re, Medea* und *Erotische Geschichten aus 1001 Nacht* die *Salammbô* von Pasolini? Bei Flaubert geht es um den Gedanken einer möglichen Flucht aus der Gegenwart – die Erschaffung eines Gobelins mit Szenen aus der Geschichte. Bei Pasolini bedeutet Flucht aus der Gegenwart gleichzeitig ein Anpassen der Vergangenheit und ihres Mythos an diese Gegenwart. Flaubert und Pasolini ist gemein, daß zu ihrer Flucht durch die Geographie sowohl Freud als auch Marx einen Beitrag geleistet haben. Die Reise nach Indien brachte Pasolini Stoff zu einem Sinnesrausch, veranlaßte ihn aber auch zu kritischer Analyse.

Daß wir uns richtig verstehen: Indien hat nichts Mysteriöses an sich, wie es die Legenden glauben machen wollen. Im Grunde handelt es sich um ein kleines Land mit nur vier oder fünf Großstädten, von denen nur eine einzige, Bombay, diese Bezeichnung verdient; keine Industrie, oder fast keine; ein sehr uniformes Land mit einfachen historischen Schichtungen und Kristallisationen. Im wesentlichen handelt es sich um ein riesiges, agrarisches Subproletariat, das seit Jahrhunderten von Fremdbeherrschung in seinen Institutionen blockiert gewesen ist. Das hat bewirkt, daß sich diese seine Institutionen bewahrt haben und daß sie wegen einer solchen erzwungenen, unnatürlichen Konservierung degenerierten[9].

Flaubert reiste mit dem Augenmerk auf das »Andersartige« und »Unbekannte«. In einer Welt der Massenmedien, in der man von allem Existenten eine bemerkenswert präzise Vorstellung haben kann, werden das »Andersartige« und das »Unbekannte« allein dazu benutzt, es dem einzuverleiben, was man schon kennt, und es in seiner eigenen Realität zu verleugnen. In Indien findet Pasolini das »agrarische Subproletariat« wieder, dessen Institutionen aufgrund »erzwungener, unnatürlicher Konservierung«, hervorgerufen durch den europäischen Imperialismus, degeneriert sind. In Indien sucht Pasolini die sakrale, erdgebundene Kreatur: Sie wartet auf die Befreiung, und er ist gerührt von dieser Erwartung – einer verzweifelten Erwartung – und verliert sich.

Man kann in dieser Menschenmenge von vierhundert Millionen Seelen verlorengehen: Doch verlorengehen wie in einem Bilderrätsel, mit dem man mit etwas Geduld zu Rande kommen kann; schwierig sind die Einzelheiten, nicht der Gehalt[10].

In Indien befällt Pasolini eine unbezähmbare Verzweiflung: eine historische, soziale, moralische.
Von da an mehren sich die Reisen. Im Januar 1961 ging er nach Kenia und kehrte über den Sudan ein Jahr später von dort zurück. Im Jahr darauf fährt er zur gleichen Jahreszeit nach Ghana, Nigeria und Guinea; und im Juni und Juli nach Israel und Jordanien. Zu der Zeit (1963) plante er noch, das *Evangelium* in der Dritten Welt spielen zu lassen; auf *Padre selvaggio* hatte er verzichten müssen. Er hatte die Vorstellung, daß die »Négritude (...) Vernunft* sein wird[11]«. Man kann sagen, daß ein alter Kulturtraum – der Hang zum Exotischen – bei ihm progressive Züge annimmt. Wahr ist: Die Progessivität in ihm war in ständigem Widerstreit mit den dekadenten Rätseln von Vergessen und Gedächtnisschwund. Man werfe ihm »Populismus**« vor? Ja, das gibt er zu:

---

* Der Zusammenhang ist: »... in deren Licht / Europa so klein ist, sich auf nichts stützt, / denn auf die Vernunft des Menschen (...) Die Négritude, sage ich, die Vernunft sein wird.« (Anm. d. Ü.)

** Hier im Sinne von »nicht wissenschaftlicher Sozialismus« (Anm. d. Ü.)

Wenn man den Begriff Populist in dem Sinne gebraucht, den das Wort jetzt allgemein angenommen hat, das heißt in dem Sinn von »Marxist, der das Volk mit einer Liebe bedenkt, die schon vor dem Marxismus bestanden hat, oder die teilweise außerhalb von ihm existiert«, dann (...) könnte ich die Definition schon akzeptieren.

Doch diese seine Liebe, so bemüht sich Pasolini zu beweisen, läßt eine politische Sehweise der Dinge nicht außer Betracht:

Jetzt, da der Neokapitalismus danach strebt, entweder die Arbeiteraristokratie einzuschläfern (in einer Resignation, die keinesfalls die aus dem Evangelium ist!) oder sie auf harten Positionen erstarren zu lassen (...) ist augenfällig, daß sich das Problem des – riesengroßen – süditalienischen Subproletariats in einem neuen Licht darbietet: unberührte, reife Massen, die zu ihrer historischen Funktion gerufen werden müssen[12].

Die Bestimmung des süditalienischen Subproletariats ist dieselbe wie die des Subproletariats in Indien und Afrika: die Erfüllung einer historischen Funktion. Und Indien und Afrika sind riesige Speicherbecken menschlicher Energie. Darum wurde Afrika zur einzigen Alternative. Unter dem Zeichen dieser »Alternative« entwirft Pier Paolo für sich das Gesicht eines bäuerlichen, aufrüherischen Christus, einen Christus, der die Frohe Botschaft, aber auch Krieg den Pharisäern jeglicher Coleur bringt und Vorurteile mit »Kraft« und »Sanftmut« zerstört.

Auf Motivsuche

Die Vorbereitung zu *Das Erste Evangelium – Matthäus* war lang und schwierig. Es war nicht einfach, Geldgeber zu finden. Alfredo Bini verwandte viel Energie darauf; anfangs schien es, als sei das Projekt zum Scheitern verurteilt. Der Film war komplex und kostspielig. Vor allem machte er potentielle Geldgeber mißtrauisch. Wie sollte man der Öffentlichkeit einen »pasolinischen« Christus präsentieren?

Der Gedanke allein war in den Augen vieler schon zwiespältig und verwegen. Doch Pier Paolos zwiespältige Verwegenheit stellte eine Kraft dar. Er war dazu fähig, sein Publikum gewaltsam zu überzeugen. Nach der Serie dicht aufeinanderfolgender Prozesse, die hinter ihm lagen, sah er sich jetzt zum entscheidenden Schritt gezwungen. Der sollte ihm mit einem Überraschungsmanöver das Interesse, wenn nicht die Gunst auch der Feindseligsten eintragen. Die Überraschung: das *Evangelium.* Pier Paolo würde sein natürliches Wesen nicht verraten; im Gegenteil, er würde es zur deutlich sichtbaren Wahrheit führen. Die Anschuldigungen wegen Blasphemie, die bei *Der Weichkäse* gegen ihn erhoben worden waren, sollten sich vor seinem *Evangelium* in ihrer ganzen Hinfälligkeit, ihrem ganzen Klerikalismus zeigen. Sein Glaubensgefühl war ein ganz anderes.

Ich bin eigentlich antiklerikal (das sage ich ohne Angst!), doch ich weiß, daß in mir zweitausend Jahre Christentum stecken: Ich habe mit meinen Vorfahren die romanischen Kirchen errichtet, dann die gotischen Kirchen und die Barockkirchen: Sie sind in Gehalt und Stil mein Erbe. Ich wäre wahnsinnig, würde ich eine solch starke Kraft in mir ableugnen ...[13]

Diese Sicherheit, die also eine anthropologische, kulturelle ist, erweckt eine neu gestaltete Fiktion zum Leben: Pasolinis pädagogische Neigung verkörpert sich im Mythos der mittelmeerländischen Mythen, in Christus.

Wie gesagt, die Vorbereitung des Films war schwierig, ging nur langsam voran. In der Zwischenzeit arbeitet Pier Paolo und reist zu Ortsbesichtigungen. Anfangs ist sein Christus Afrikaner – es drängt ihn unwiderstehlich nach einer Modernisierung des Mythos. Christus war der wirkliche »wilde Vater«. Dann wird seine Vorstellung präziser – auch aufgrund einer taktischen Notwendigkeit. Nur bei gewissenhafter Beachtung der historischen Wahrheit konnte ein Film von Pasolini das erhoffte Maß an Zustimmung erzielen. Die Landschaft mußte also Palästina sein. Doch in einem andauernd belagerten, im Kriegszustand befindlichen Israel einen Film zu drehen, war nicht einfach. Vor allem finanziell war das nicht leicht.

Inzwischen hatte Pier Paolo an anderem gearbeitet. Ein erster ganz aus Dokumentarmaterial zusammengeschnittener Film entsteht: *La rabbia* (etwa: Die Wut). Die Arbeiten dazu schließen sich unmittelbar an *Der Weichkäse* an. *La rabbia* geht auf den listigen Plan eines Produzenten, Gastone Ferrante, zurück. Er wollte Pasolini neben Giovanni Guareschi stellen, der ein Beispiel für den leichtfertigen italienischen Qualunquismo* ist. Eine solche Art Duett, meinte Ferrante, würde die Zuschauer begeistern. In dem Film sollten die beiden Regisseure von ihrem jeweiligen Blickpunkt aus das vergangene Jahrzehnt »kommentieren«. Guareschi war wegen »verschärfter und fortgesetzter Diffamierung« von Alcide De Gasperi im Gefängnis gelandet. Wenn Pasolini seinen Namen neben den Guareschis setzte, gab er damit seinen Widersachern und ihren Argumenten recht: Die hielten ihn für nichts weiter als eine Skandalfigur – wenn auch unter linkem Vorzeichen. Pier Paolo war leichtsinnig und ging in die Falle. Als der ganze Film fertig war und er ihn zu sehen bekam, zog er seine Zustimmung zurück und verhinderte, daß er in die Kinos kam. Er nannte sich ein Opfer seiner eigenen »Naivität«. Es hagelte Angriffe von allen Seiten. Von neuem sprach ausgerechnet die Linke in bezug auf seine »Naivität« von Unredlichkeit oder von einer doppelten Wahrheit, die nicht praktikabel sei[14]. Pasolini hatte die neue Mitte-Links-Regierung mit einigen Pietro Nenni gewidmeten Zeilen begrüßt; das brachte ihm Angriffe von kommunistischer Seite ein[15]. Pasolini begrüßt die in Johannes XXIII. verkörperte Erneuerung der Kirche. Doch derselbe Pasolini setzt seinen Namen auch unter einen Film mit Guareschi und bemerkt erst zum Zeitpunkt der Freigabe für das Publikum, daß er einem Irrtum erlegen ist.
Pier Paolo dachte, die Stärke seines Wortes könne die Trivialität Guareschis aufheben. Das war seine wirkliche, fast unverzeihliche »Naivität«, eine intellektuelle Verbohrtheit, die vom Endprodukt zerschlagen wurde. Das Mittel fiel, um es mit McLuhan zu sagen, mit der Botschaft zusammen. Alles an diesem Film drehte sich –

---

* *qualunquismo:* steht im umgangssprachlichen Gebrauch für eine völlig gleichgültige Haltung politischen und sozialen Problemen gegenüber. (Anm. d. Ü.)

was immer auch sein Inhalt war – um den Bindestrich zwischen den beiden Namen.

Was ist *La rabbia?* Ein Gedicht in Bildern, eine poetische Prosa aus Fotomaterial. Es geht um die Krisensituation von 1956 – Ungarn und Sues. Um die großen Hoffnungen der sechziger Jahre: die Papstwahl von Johannes XXIII., um die »Entspannung« und um Gagarins Flug ins All. Und auch um die Wahrnehmung einer »neuen Prähistorie«: Das Gesicht von Patrice Lumumba, der Algerienkrieg und die Folterungen, die Kolonialherren an Unschuldigen vornehmen, die nur nach staatsbürgerlicher und politischer Freiheit dürsteten. Am Ende wird eine sehr zarte Elegie auf den Tod von Marilyn Monroe angestimmt, Symbol für eine Schönheit, die nun von der Erde verschwunden ist. Der Film gefiel nicht: Die mit Pietät bemäntelte Beredsamkeit des Textes gefiel nicht.

Pasolini glich den Mißerfolg bei *La rabbia* mit einer ganz anderen, von der Technik des *cinéma-vérité* nach französischem Muster inspirierten Arbeit aus: eine Film-Umfrage über die Sexualität der Italiener. Die Untersuchung sollte ursprünglich den Titel *Cento paia di buoi* (etwa: Hundert Paar Rinder) tragen. Der Film erhielt dann den Titel *Comizi d'amore* (etwa : Liebesversammlungen).

Eine Fahrt durch ganz Italien mit Filmkamera und Tonband in der Hand. Er fragte überall – berühmte Fußballer, unbekannte Bauern aus der Gegend um Crotone – was die Leute über Liebe und Erotik dachten. Der Film ist in Kapitel unterteilt, an deren Anfang jeweils Cesare Musatti und Alberto Moravia oder Giuseppe Ungaretti und drei Journalistinnen befragt werden: Adele Cambria, Camilla Cederna und Oriana Fallaci. Die Intellektuellen kommentieren – die Leute reden und sprechen ohne Hemmungen von sich selbst.

Comizi d'amore ist ein unvoreingenommenes Abbild des Italien im Wandel – eine Vorlage für viele Fernseh-Umfragen, die folgen werden. Was beeindruckt, ist die Präsenz von Pasolini selbst. Der Film ist sein leidenschaftlichstes Selbstporträt. Seine Dickköpfigkeit, wenn es um seinen Hang zur Pädagogik ging; seine Sanftmut, die Gewalt, und seine Gewalt, die Sanftmut war; sein beharrliches

Nachhaken mit den Fragen, die er einer Mutter, einem Rekruten, einem Burschen aus Sizilien oder zwei Besucherinnen einer Tanzveranstaltung stellt; das Modulieren dieser Fragen wie mit einem Pinselstrich; dann der ungewohnte Ton seiner Stimme, die sich hinter rationaler Strenge verschanzt und nicht zu ihm zu gehören scheint. Der Film paßte perfekt und ganz unbeabsichtigt zu seiner äußeren Erscheinung, zu der Art, wie er seine Brille aufsetzte und wie ihm die Jacke um die Schultern hing.

Für Alfredo Bini und Pier Paolo hatte der Film einen heimlichen Zweck: Italien zu durchqueren auf der Suche nach einem geeigneten Drehort für das *Evangelium.* Nur so konnten von der Produktionsseite her die großen finanziellen Schwierigkeiten überwunden werden. Crotone, Matera und Massafra: Die Orte des *Evangeliums* wurden auf dieser abenteuerlichen Fahrt entdeckt. Auch in Palästina wurden Ortsbesichtigungen[16] vorgenommen, auch sie wurden gefilmt und zu einem Kurzfilm zusammengestellt. *Comizi d'amore* ist aber auch das fotografische Einfangen italienischer Gesichter und Körper, ist visuelles Experimentieren mit einer plastischen, ja malerischen Materie, die zur Nachzeichnung der Christus-Legende von Bedeutung sein sollte. Der Süden Italiens wurde wegen seiner ästhetischen Eignung zur Landschaft von Judäa und Galiläa; Bauern aus Lukanien, die zerstreut auf dem Gebiet von Sassi di Matera wohnten, bildeten bei der Ankunft des Christus aus Nazareth in Jerusalem die applaudierende Menge.

Das Erste Evangelium – Matthäus

Ein Brief Pasolinis vom Februar 1963, adressiert an Lucio S. Caruso von der Pro Civitate Christiana in Assisi:

Lieber Caruso, ich möchte Ihnen schriftlich besser darlegen, was ich Ihnen mündlich etwas konfus anvertraut habe. Als ich zum ersten Mal zu Ihnen nach Assisi gekommen bin, habe ich neben meinem Kopfkissen das Evangelium gefunden: welch köstlich-teuflische Absicht von Ihnen! In der Tat ist alles verlaufen, wie es sollte: Ich habe es nach etwa zwanzig Jahren wiedergelesen (es ist vierzig oder einundvierzig gewesen, als ich es als Jugendlicher zum ersten Mal gelesen habe: Und daraus ist *L'usignolo della Chiesa Cattolica* entstanden; dann habe ich es nur ab und zu gelesen, mal eine Stelle hier und eine da, wie es so geht ...). Bei Ihnen habe ich es an jenem Tag von vorne bis hinten ganz gelesen – wie einen Roman. In der Begeisterung über die Lektüre – Sie wissen, es ist die am meisten begeisternde von allen! – ist mir unter anderem die Idee gekommen, einen Film daraus zu machen. (...) Tage und Wochen vergingen, und die Idee wurde immer dringlicher und ausschließlicher: Sie hat alle anderen Ideen für meine Arbeit, die ich im Kopf hatte, in den Schatten zurückgedrängt, schwächer werden und an Lebendigkeit verlieren lassen. Sie allein ist voller Leben und Frische in mir zurückgeblieben. (...) Meine Idee ist folgende: Das *Evangelium nach Matthäus* Punkt für Punkt verfolgen, ohne daraus ein Drehbuch oder eine Umarbeitung zu machen. Es getreu in Bilder umsetzen, indem man ohne Auslassung oder Hinzufügung der Erzählung folgt. Auch die Dialoge sollten streng die vom Apostel Matthäus sein, sogar ohne einen Satz der Erklärung oder Überleitung: Denn kein eingefügtes Bild oder Wort könnte auf gleicher poetischer Höhe mit dem Text sein. (...) In sehr einfachen und schmucklosen Worten: Ich glaube nicht daran, daß Christus Sohn Gottes ist, weil ich nicht gläubig bin – zumindest im Bewußtsein. Doch ich glaube, daß Christus göttlich ist. Das heißt, ich glaube, daß die Menschlichkeit in ihm eine so hohe, strenge und ideale Form angenommen hat, daß sie über die gewöhnlichen Begriffe von Menschlichkeit hinausgeht. Deshalb spreche ich von »Poesie«: ein irrationales Instrument, um dieses mein irrationales Gefühl für Christus auszudrücken. Ich möchte gern, daß mein Film am Ostersonntag in den Filmsälen aller Pfarreien Italiens und der Welt aufgeführt werden könnte. Das ist der Grund, warum ich Ihre Hilfe und Ihre Unterstützung brauche. Ich möchte, daß meine künstlerischen Bedürfnisse, meine poetische Inspiration niemals Ihrem Empfinden als gläubige Christen entgegensteht. Denn andernfalls würde ich mein Ziel nicht erreichen, allen ein Leben vorzuführen, das ein – wenn auch unerreichbares – Vorbild für alle ist[17].

Es war im Oktober 1962 geschehen. Pier Paolo war Gast der von Giovanni Rossi ins Leben gerufenen »Cittadella«, und während rings um ihn »gedämpft, fremd und im Grunde feindselig das Fest

zur Ankunft des Papstes« stattfand, las er das Evangelium und spürte »sofort das Bedürfnis ›etwas zu tun‹: eine schreckliche, fast körperlich spürbare Energie[18]«. Seine Erklärung für dieses Gefühl ist eine »ästhetische«: Er fühlte sich überwältigt von einer »Steigerung der Vitalität«, die das poetische Schaffen – so auch die These von Bernard Berenson – anregt. Das war sein spontaner Gedanke, und so, wie er ihn zum Ausdruck bringt, verleugnet er praktisch nicht, daß es sich um eine poetische, laikale Bekehrung »auf dem Weg nach Damaskus« handeln könnte. Dieses starke Interesse an Jesus, das irrational und nicht auf der Ebene des Bewußtseins zustande kam, bewegte sich in zwei Richtungen. Auf der einen Seite die Identifizierung seiner selbst als Verfolgter und von Prozessen Bedrohter mit der Gestalt des Christus, verbunden mit einem unerforschlichen Bedürfnis nach Buße. Auf der anderen Seite die filmische Wiedererschaffung – schon in *Der Weichkäse* angedeutet – »christlicher« Gedanken und Werte, die ihn unterschwellig bereits seit den Jahren als Heranwachsender begleitet hatten.
Der Brief an Lucio S. Caruso ist völlig aufrichtig: Er drückt sowohl die Richtung der eigenen poetischen Religiosität als auch die Bitte um Hilfe an die Pro Civitate Christiana offen aus. Als der Film abgedreht war und ein Leser von »Vie Nuove« ihn herausfordernd fragte, wie er Marxismus und Christentum in Einklang bringen könne, antwortete Pier Paolo und zitierte dabei Gramsci:

Der Glaubensbegriff stellt in der Arbeiterklasse keinen Grund zur Spaltung dar, wie er auch in der Bürgerklasse keinen Grund zur Spaltung darstellt. Dieses Fehlen von Motiven für eine Spaltung im Glaubensbegriff gilt in jedem Falle. Wenn es Dir rechtens erscheint, die Kirche in einer historischen Phase mit der Ausbeuterklasse zu identifizieren, dann heißt das nicht, daß Du das immer tun kannst. (...) Der Papst hat sich die Mitra vom Kopf genommen und sie den Armen geschenkt. Dafür hat er lauten Applaus bei den fortschrittlichen Bischöfen und Kardinälen ausgelöst, die die Kirche als Kirche der Armen sehen ...[19]

Zur Amtszeit von Papst Johannes XXIII. und zur Zeit des Zweiten Vatikanischen Konzils herrschte eine besondere Atmo-

sphäre – die auch in der Anfangszeit des Pontifikates von Paul VI. noch lebendig war. Außerhalb dieses besonderen Klimas sind die individuellen und objektiven Gründe kaum zu verstehen, die zur Verwirklichung eines Films wie *Das Erste Evangelium – Matthäus* geführt haben.
Elsa Morante war von dem Projekt begeistert. Pier Paolo wollte sie an der Auswahl der Musikstücke für die Tonspur und bei der Wahl der Gesichter mitwirken lassen. Elsa stellte eine große Anzahl Schallplatten von Bach und Mozart bis zu zeitgenössischen Musikern wie Leoš Janáček zusammen und unterbreitete sie Pier Paolo. Sie überlegten lange hin und her. Lang und gründlich waren auch die Diskussionen um die Schauspieler. Einige suchte man sich aus den befreundeten Intellektuellen, andere aus der Borgata. Alfonso Gatto, Giorgio Agamben, Ferruccio Nuzzo und Giacomo Morante, ein Neffe von Elsa, traten in der Rolle von Aposteln auf; ich war auch dabei. Leonetti stellte Herodes II. dar; Rodolfo Wilcock den Kaiphas; Mario Socrate war Johannes der Täufer; Marcello Morante, der Bruder von Elsa, war der Heilige Joseph. Natalia Ginzburg stellte Maria von Bethanien dar, und in ihren Szenen trat als ihr Gatte natürlich auch Gabriele Baldini auf.
Schwieriger war es, den Christusdarsteller zu finden: den spanischen Studenten Enrique Irazoqui aus Barcellona. Irazoqui hatte Pier Paolo durch Zufall gerade zu diesem Zeitpunkt um ein Treffen gebeten. Er studierte Wirtschaft; hatte *Ragazzi di vita* in Übersetzung gelesen, war auf Urlaub in Rom und wollte den Autor des Romans kennenlernen. Pier Paolo hatte unter anderem daran gedacht, J. Jewtuschenko die Rolle des Christus anzuvertrauen. Doch als er Irazoqui sah, entschied er sich sofort für ihn. Manche sagten über ihn, er wirke wie aus einem Gemälde von El Greco herabgestiegen und sein Gesicht entspräche eigentlich nicht Pasolinis sicherem Geschmack. Doch Pier Paolo hatte recht: Der durchdringende Blick Enriques, der wie von einem im Zaum gehaltenen Zorn verdüstert wirkte, war neu an diesem Christus.
Die Pro Civitate Christiana von Assisi leistete tatsächlich konkrete Hilfe zum Film. Durch Erlaß von Papst Johannes XXIII. war der Vereinigung im November 1959 aufgetragen worden, »die

Gesellschaft zu den Grundsätzen des Evangeliums zurückzuführen«. Diese Hilfeleistung war ein mutiger Akt. Viele Filmleute und Kirchenmänner hielten das Unternehmen für verrückt. Es kam zu Polemiken. Die Cittadella von Assisi antwortete:

Von Pier Paolo Pasolini haben wir einen sehr guten Eindruck gewonnen, wie von jedem, dem wir näherzukommen das Glück haben. In jedem menschlichen Antlitz sehen wir nämlich das wunderbare Antlitz des Herrn widergespiegelt. (...) Denen, die uns sagen, daß Pasolini nicht nur ein Ungläubiger, sondern auch ein Sünder ist, antworten wir in aller Bescheidenheit, daß, wenn es auch wahr wäre, uns dies kein Grund erscheint, ihm die Türe vor der Nase zuzuschlagen und ihm die Hilfe zu verweigern, um die er uns gebeten hat. Jesus liebte alle, doch er bevorzugte die Steuereintreiber, die Sünder, die Räuber und auch die armen Geschöpfe, die in das beklemmendste moralische Elend gefallen sind, wie die Magdalena, die Ehebrecherin und die Samariterin. Auf die Angriffe einer bestimmten Presse haben wir nicht geantwortet, es liegt nicht in den Gewohnheiten der Pro Civitate Christiana zu polemisieren. Wir haben jedoch ergeben angemerkt, daß wir, wenn wir alle wirkliche Christen wären, auf die menschlichen Wunden nicht Essig, sondern Öl oder Güte gießen würden. Jesus starb, um allen zu helfen, um allen das Heil zu bringen ...[20]

Zu diesen »Evangeliums«-Gründen kamen noch Erwägungen praktischer Natur hinzu. Unter den Katholiken breitete sich eine kulturpolitische Idee aus: der Gebrauch des Films – nicht zu Propagandazwecken, sondern zur Verbreitung des Evangeliums. Aus den Resolutionen des Ökumenischen Konzils stammte die Feststellung, nach der die Massenmedien, »wenn sie gut eingesetzt werden«, »gewaltigen Nutzen ... für die Menschenfamilie« mit sich bringen. Die Pro Civitate Christiana erklärte den Hinweis des Konzils:

Jetzt kann der Film die Rolle übernehmen, die in den vergangenen Jahrhunderten die sogenannte »Bibel der Armen«, das heißt die großen Fresken, die Skulpturen, kurz gesagt die ganze Sakralkunst innehatte[21]«.

In einem Brief vom Juni 1963 schrieb Pier Paolo an Bini:

Vom religiösen Standpunkt aus haben für mich, der ich immer versucht habe, meinem Laientum die Merkmale der Religiosität wieder zu verleihen, zwei vereinfachend ontologische Daten Gültigkeit: Die Menschlichkeit Christi ist von einer solchen inneren Kraft getrieben, von einem solchen nie versiegenden Wissensdurst und Streben nach Überprüfung dieses Wissens und dabei ohne jede Furcht vor Skandal oder Widerspruch, daß für sie die Metapher »göttlich« an den Grenzen der Metaphorik liegt und sie fast schon ideell eine Wirklichkeit ist. Außerdem ist für mich die Schönheit immer eine »moralische Schönheit«. Doch diese Schönheit erreicht uns immer mittelbar: durch die Poesie, die Philosophie oder die Praxis. Den einzigen Fall von unmittelbarer »moralischer Schönheit« habe ich im Evangelium erfahren.
Was meine Beziehung zum Evangelium betrifft, ist sie eine recht sonderbare. Du weißt vielleicht, daß ich als Schriftsteller, der ideell aus der Widerstandsbewegung geboren ist, als Marxist etc. in den fünfziger Jahren meine ideologische Arbeit auf das Rationale gerichtet habe – in Gegenposition zum Irrationalismus der dekadenten Literatur, von der ich mich hatte formen lassen und die ich sehr schätzte. Die Idee, einen Film über das Evangelium zu drehen, und das Weiterdenken über die technische Ausführung ist dagegen – das muß ich gestehen – Frucht einer heftigen Aufwallung von Irrationalismus. Ich will ein Werk reiner Poesie schaffen, auch wenn ich dabei vielleicht Gefahr laufe, dem Ästhetizismus zu verfallen (Bach und teilweise Mozart als musikalische Untermalung; Piero della Francesca und teilweise Duccio als Bildvorlagen; die im Grunde prähistorische, exotische Wirklichkeit der arabischen Welt als Hintergrund und Ambiente). All das setzt meine ganze Schriftstellerkarriere gefährlich aufs Spiel, ich weiß. Doch das wäre ja noch schöner, wenn ich zwar den Christus von Matthäus innig liebte, dann aber mich fürchtete, irgend etwas aufs Spiel zu setzen[22].

Das Erste Evangelium – Matthäus bedeutete einen entschiedenen kreativen Sprung: Der Schriftsteller lebte in der Krisenzeit, in der auch *Poesia in forma di rosa* entstand. Der Irrationalismus seiner Sensibilität war bedrängt von dem Streben danach, ein subjektives Zeugnis abzulegen, und zugleich von dem entgegengesetzten

Drang, die Subjektivität in einer über dem Einzelmenschen hinauswachsenden Verbindung mit dem Leben vergessen zu lassen. Dem zum Trotz, oder vielleicht gerade deswegen, teilte er die Überzeugung, daß der Film potentiell so kommunikativ wie die »Bibel der Armen« sei, und auf dieses Ziel arbeitete er hin.
Pier Paolo fuhr mehrere Male nach Assisi. Die Laien von der Cittadella und Pfarrer Giovanni Rossi selbst verfolgten das Voranschreiten seiner Arbeit. Es halfen ihm auch zwei Jesuiten vom Centro di San Fedele; der Theologe Romano Guardini drückte sein methodisches Mißtrauen aus, daß man Christus überhaupt durch einen Schauspieler darstellen könne; manchmal nahm an den Diskussionen der Schriftsteller Stefan Andres teil.
In den ersten Frühlingstagen 1964 wurde mit den Arbeiten am *Evangelium* begonnen. Die ersten Einstellungen wurden von der Taufe Jesu gedreht; den Jordan fand man in einem Einschnitt zwischen Orte und Viterbo, den ein Wildbach in den rauhen, wild zerklüfteten Fels ringsum gegraben hatte. Bei dieser Gelegenheit entdeckte Pier Paolo den Turm von Chia und verliebte sich in das Gemäuer. Er beschloß, den Turm zu erwerben, der Kauf kam aber erst Jahre später zustande. Chia: diese Landschaft des oberen Latium mit ihrem zugleich kraftvollen und lieblichen Charakter, durchdrungen von einer archaisch anmutenden Melancholie. Hier baute Pier Paolo später seine letzte Zuflucht – am Fuß einer Ruine aus dem Mittelalter, die einsam und unnahbar aufragte.
Auf die Taufe folgte die Sequenz am Ölberg, die etwa auf halber Höhe zwischen Villa Adriana und Tivoli angesiedelt wurde. Dann fuhr die Truppe nach Matera und Crotone. Von den »Schauspielern« – keiner von ihnen sollte später einer werden, Franco Citti, der nach *Accattone* Schauspieler wurde, bildete die Ausnahme – verlangte Pier Paolo kein Rezitieren. Er wollte ihren gewöhnlichen Gesichtsausdruck, wollte, daß sie so waren wie immer. Kurze Einstellungen, vor allem stumme. Man arbeitete den ganzen Tag – Pier Paolo war unermüdlich. Er sagte seinen Schauspielern immer wieder, sie sollten sich keine Sorgen machen: »Das Filmobjektiv ist das Serum der Wahrheit. Ihr werdet als das herauskommen, was ihr seid, und nur darauf kommt es mir an.« Auf dem Ätna

wurden die Versuchungen des Satans gedreht. Am meisten zu schaffen machte die Sequenz der Bergpredigt. Schließlich löste Pier Paolo das Problem noch in den letzten Drehtagen mit einer Serie von Nahaufnahmen von Irazoqui: Sie wurden im Studio vor einem dunklen Hintergrund realisiert; man beleuchtete sein Gesicht durch Auf- und Abblenden. Die Lösung erschien ihm improvisiert und eher ein Notbehelf. Durch die Montage erwies sie sich dann jedoch als sehr originell.

Symptomatisch die Wahl eines Gesichtes: Susanna verkörpert auf dem Hügel Golgatha die vom Schmerz überwältigte Madonna unter dem Kreuz des Sohnes. Pier Paolo »schrieb«, ersann, erschuf sichtbar sein eigenes *Stabat mater* für sie. Diese Wahl war eine erklärte Liebesgeste, bezeichnet aber auch das Zutagetreten eines archaischen Christentums, das von der Vernunft sozusagen unangreifbar ist: die Figur der Maria von Nazareth als »Allmutter«, die nur mit der eigenen Mutter identifiziert werden kann.

Pier Paolo kümmerte sich den ganzen Sommer über um die Fertigstellung des Films. Am 4. September 1964 wurde *Das Erste Evangelium – Matthäus* auf der XXIV. Biennale in Venedig präsentiert. Der Abend verlief nicht ruhig: Die Faschisten inszenierten ihr übliches Spektakel, warfen Flugblätter und beschimpften einige Zuschauer. Sie griffen unter anderem Renato Guttuso und Paolo Valmarana an, den Filmkritiker von »Il popolo«, der Tageszeitung der Christdemokratischen Partei Italiens. Die Vorführung des Films ging unter einem langen, herzlichen Applaus zu Ende.

Felice Chilanti schrieb über den Abend:

An diesem Abend hatte sich zu diesem Anlaß ein unglaublicher Kreuzungspunkt gebildet, an dem ganz unterschiedliche und einander entgegengesetzte Philosophien zusammenflossen; an diesem Kreuzungspunkt waren nicht zu vereinbarende Interessen und politische Kräfte plötzlich so nahe beieinander, daß sie sich ein wenig miteinander mischten. Nur die Faschisten setzten sich sehr wohl davon ab, sie waren allein, redeten und gestikulierten allein. Am Ende des Abends wußten auch manche Leute, die nicht allein redeten, nicht mehr, was sie glauben und von der ganzen Sache

halten sollten. Der Vorgang, der sich abspielte, war – wie bekannt – die Aufführung eines aus dem Evangelium abgeleiteten Films, der angekündigt worden war als die getreue Darstellung dieser Erzählung, getreu auch in ihrem Geiste, geleitet von einem Schriftsteller, der wenige Stunden vor der Aufführung bei einem Gespräch mit den Journalisten zum wiederholten Male bekräftigt hatte, daß er Marxist sei und deshalb auch Atheist.
Unter den Persönlichkeiten, die in gewisse Schwierigkeiten gerieten, darf der Polizeipräsident nicht vergessen werden, der dachte, er könne politischen und ideologischen Kontrasten und Widersprüchen des Ereignisses damit Herr werden, daß er die Zahl der vor dem Kinopalast postierten Wachtposten und Polizisten verdreifachte. Und so flanierten an dem Abend auch die reichen Herren im Smoking und die Damen in großer Gala, juwelengeschmückt und nerzbeschützt, ebenso wie die Intellektuellen und die Schriftsteller, die Kritiker und die Schauspieler unter den Blicken dieser Bewaffneten im blendenden Licht der TV-Scheinwerfer dahin ...[23]

Der Film war »der gütigen, fröhlichen, leutseligen Erscheinung Johannes XXIII.« gewidmet und wurde vom Internationalen Katholischen Filmbüro OCIC ausgezeichnet. In der Begründung hieß es:

Der Autor, von dem gesagt wird, daß er unseren Glauben nicht teilt, hat in der Wahl der Texte und der Szenen Respekt und Taktgefühl bewiesen. Er hat einen schönen Film gemacht, einen christlichen Film, der einen tiefen Eindruck hinterläßt.

Die Worte von Chilanti erklären die Qualität des von Pasolini errungenen Erfolges; ein Erfolg, der Achtung in entgegengesetzten ideologischen und politischen Lagern erwerben konnte. Nur die Faschisten blieben isoliert. Und Chilanti erzählt, daß auch sie am Ende der Vorstellung schweigen mußten. Nicht alle Probleme waren durch den Abend in Venedig und die Verbreitung von *Das Erste Evangelium – Matthäus* gelöst, doch jetzt war jedermann klar, daß das Werk von Pasolini als Regisseur und Schriftsteller Nachdenken verlangte und Probleme von großer moralischer Tragweite berührte.

Pasolini ist naiv und zugleich höchst unverfroren. Er ist voller Instinkte und Leidenschaften, und zugleich ist er vollgestopft mit Kultur. Er ist voller Begierden, und zugleich erinnert er sich an alle Bücher, die er gelesen hat, und gelesen hat er sie alle. (...) Das ist schon recht und wäre auch nicht so schlimm. Schlimm ist einfach, daß er keinerlei Anstrengung, aber wirklich gar keine, unternimmt, um zu einer Zusammenfügung, einer Synthese zu gelangen; er bewegt sich noch nicht einmal in die Richtung. Der Petrus und Paulus in ihm können offenbar niemals zu einem einzigen Namen verschmelzen. Die beiden Richtungen der Religion, die natürliche, evolutionäre (Petrus) und die dogmatische (Paulus) scheinen bei ihm auf eine zerfleischende, immerwährende Trennung hin angelegt: zerfleischend, weil Pasolini ein großer Geist ist und darunter leiden muß; immerwährend, weil sein böser Wille ebenso groß ist, besser gesagt, weil sein Mangel an gutem Willen absolut ist, mit dem er diesen fundamentalen Manichäismus überwinden und, wenn auch von der Ferne und nur in Anfängen, irgendeine Einheit suchen könnte[24].

Mario Soldati definierte so bei seiner Rezension des *Evangeliums* die systematische Widersprüchlichkeit Pasolinis. Wir können sagen, daß der Lyrismus des Films in der Ambiguität wurzelt; Einstellung für Einstellung wird der Glaube nach und nach von der Vernunft überlagert; dahinter steht eine kreatürliche Weltsicht – eine Sehweise, wie sie von Spitzer und Auerbach in den Inkunabeln der europäischen Poesie entdeckt und definiert wurde. Doch dieses nicht zur Ruhe gekommene Verblassen des Gefühls konnte bei einem Teil der Zuschauer Zweifel und Ablehnung hervorrufen.

Ablehnung kam von Franco Fortini. Fortini schrieb am 19. Oktober 1964 Pier Paolo einen Brief. Er sagt, er habe aus lauter Anteilnahme an dem Film »weinen« müssen, fügt jedoch hinzu:

Diesem Jesus/Pierpaolo fehlt der zentrale Punkt des Christentums, nämlich die Unumgänglichkeit des Kreuzestodes; er reduziert sich so zum »Humanismus« und zum sozialistischen Christentum, kurz gesagt zur Stümperei. Christus ist nicht Salvatore Carnevale, noch Giordano Bruno oder Fra Michele Minorita; oder er ist es historisch gesehen gewesen, doch dann ist er nicht Gott, und das muß man sagen.

Wie lautet die Beschuldigung Fortinis? Pier Paolo lege es darauf an, »auf zwei Tischen zu siegen«. Er fährt fort:

Ich sollte Dich zur Demut aufrufen. (...) Die Streitreden dieses Jesus machen Dir zu großen Spaß. Er kann Dir nicht helfen (noch kann ich es). (...) Ich weiß nicht, ob Du den Sinn dieser meiner Bemerkung verstehen wirst. Ich ärgere mich über Dich, weil Dein Leben in der Öffentlichkeit Anzeichen häßlicher und plumper Kalküle trägt; ich bin wütend über das objektive (das heißt konterrevolutionäre) Übel, das Dein öffentliches Auftreten mit verursacht hat; ich hege die Hoffnung, daß Du Dir bis zu dem Punkt widersprechen können wirst, Dir nicht mehr widersprechen zu wollen, ich hoffe, daß Du, wie einer sagte, »sterben (aber wirklich) und werden« kannst. Ich ziehe es vor, Zuneigung in lieblose Worte zu kleiden. Es genügt nicht, lieber Pier Paolo, die Schmeichelei zu verachten; man muß sie verdienen.

Fortini unterzeichnete mit »Dein Freund«. Pier Paolo dachte, daß sein Freund Opfer eines unbelehrbaren »Moralismus« sei und daß der Moralismus an sich schon bedeutende »konterrevolutionäre« Risiken in sich berge. Doch in dem Brief Fortinis zeichnen sich Haltung und Urteil klar ab: Er will nicht mehr verstehen, was für Pasolini verzweifelt wesentlich und bestimmend war, »der Stachel des Fleisches«, jener Stachel, von dem Kierkegaard sagte, wenn er ihm verloren gegangen wäre, wäre er gestorben. Analog war für Pasolini der »Stachel« Kreuzigungsgrund für seinen Christus.

Lossagung vom »lächerlichen Jahrzehnt«

Pasolini führte ein lyrisches Tagebuch über diese Jahre: Er faßte es in *Poesia in forma di rosa* (etwa: Poesie in Form einer Rose). Der Band kam im späten Frühling 1964 in den Handel. Teils war das Tagebuch aufgestückelt in die geschilderten Ereignisse, teils verlor es sich in Ideologie. Da findet sich das Tagebuch vom Prozeß um *Der Weichkäse:* Sein Titel ist *Pietro II* nach dem Namen des nach der Legende letzten Papstes, der den Ruin der »wahren Religion« unter den Schlägen des Klerikalismus bedeuten soll. Enthalten ist das Tagebuch von *Mamma Roma* unter dem Titel *Poesie mondane* (etwa: Gedichte aus der großen Welt); dann Fahrten zur Motivsuche für das *Evangelium* nach Israel und Süditalien. Enthalten ist auch das *Progetto di opere future* (etwa: Projekt zukünftiger Werke); dann die Wiedergabe einer Diskussion mit Leonetti und Calvino in *Poesia in forma di rosa* und noch anderes. Technisch gesehen charakterisiert die Terzine den ersten Teil, verschwindet jedoch im zweiten. An ihre Stelle tritt der ungereimte Elfsilber; dann die rhythmische Prosa und eine kalligrammähnliche Geometrie in *Libro delle croci* (etwa: Buch der Kreuze) und in der *Nuova poesia in forma di rosa* (etwa: Neue Poesie in Form einer Rose). Über allem thront der prophetische Ton voller Wut und Schmerz: Die Weissagung ist düster und beklommen. Das Lebensgefühl scheint hier zum Skelett reduziert.

> Das Leben wird müde an dem, der aushält.
>
> Ach, meine wiederkehrende Leidenschaft,
> die keine Wohnstatt finden darf!

Bei dieser Leidenschaft geht es unvermeidlich um die Geschlechtlichkeit:

> Ich, finster vor Liebe und ringsum der Chor
>
> der Fröhlichen, denen die Realität Freundin ist.
> Es sind Tausende. Nicht einen davon kann ich lieben.
> Ein jeder hat seine neue, seine alte
>
> Schönheit, die allen gehört: dunkel
> oder blond, leicht oder schwer, ist die Welt,
> die ich in ihm liebe ...[25]

Das Gefühl für diese Geschlechtlichkeit, die »reine Sinnlichkeit« ist und sich in den »heiligen Tälern der sadistischen, / masochistischen Begierde« wiederholt, ist immerwährend: Es ist eine heilige Geste. Sie sucht nicht das Individuum, sie sucht »den Zauber der Spezies«, »die Norm, die aus den Söhnen zärtliche Väter macht«:

> ganz langsam
> sind sie Monumente aus Stein geworden,
> die zu Tausenden meine Einsamkeit bevölkern[26]

Vom Sex zur Freundschaft. Jetzt, da die Grenzen der Existenz verschwommen sind, bieten sich die Freunde als die Spieler einer traumgleichen »kleinen Partie« dar und wechseln dabei die Gesichter:

> Im Laufen hat Giorgio das Gesicht von Carlo Levi,
> wohlwollende Gottheit, wenn er einen Rückzieher macht,
> hat Giannetto die Heiterkeit von Moravia, Moro ist
> beim Zurückgeben Vigorelli, wenn er sich ärgert, oder einen umarmt,
> und Coen und Alicata und Elsa Morante und die Redakteure
> vom Paese Sera oder vom Avanti! und Libero Bigiaretti
> spielen mit mir zwischen den kleinen Bäumen des Trullo,
> der eine Verteidiger, der andere Stürmer. Andere
> wie Pedalino mit dem orangen Winterpullover
> und Ugo mit den weißen Blue-Jeans vom letzten Jahr am Leib
> stehen angelehnt an der honigfarbenen Gefängnismauer
> ihrer Häuser, Benedetti, Debenedetti, Nenni,
> Bertolucci mit dem Gesicht von der Sonne ein wenig weiß gemacht
> unter der schlappen Krempe des Hutes und mit dem süßen Grinsen
> der heiligen Sicherheit der Unsicheren.
> Und neben einem goldüberglänzten Müllhaufen steht Ungaretti und lacht.
> Und die Jungs, die den Jungs vom Trullo Brüder sind,
> Siciliano, Dacia, Garboli, Bertoluccis Sohn; und – wie Sordello –
> der mißbilligende, verliebte Citati. Und wer ist dort,
> auf dem Stück Erde mit einer rosa Dose und einem gelben Kerngehäuse?
> Baldini und Natalia. Und in einem vom Licht
> durchschnittenen Hof wie auf einem Caravaggio ohne Schwarz sind Longhi und
> die Banti mit Gadda und Bassani. Roversi
> und Fortini steigen an der Omnibushaltestelle aus,
> verabschiedet von Contini und ich weiß nicht welchem deutschen Soziologen …[27]

Die Kontakte sind nicht verlorengegangen, aber die Verzweiflung macht die Wahrnehmungsfähigkeit zunichte, verschärft das Gefühl der Isolation, und in der Isolation wiederum wächst der tragische Irrtum.

Ich habe alles falsch gemacht.
Er machte etwas falsch, verängstigt vor dem Mikrophon,
mit der anmaßenden Unsicherheit des Bösewichts,

des smarten Dichters, mein Namensvetter dort,
der noch immer meinen Namen trägt.
Er hieß Egoismus, er hieß Leidenschaft.

Er machte etwas falsch, mit seiner stotternden Bravour ...[28]

Das Gefühl, sich im Irrtum zu befinden, wird in diesem »mickrigen Herkules der Literatur« (das sagt er selbst von sich) zwanghaft. Doch Irrtum worüber? Ein Irrtum im historischen Urteil: Seine Verzweiflung als Individuum wächst (»Ich schreie in den Himmel, wo meine Wiege schaukelte«) – es ist eine historische, eine soziale Verzweiflung. Kein Problem der fünfziger Jahre ist Pasolini mehr wichtig. Er lehnt »die neidischen Moralisten, die aus dem Sozialismus einen ebenso langweiligen Katholizismus gemacht haben« ab. Die Ideologie ist »eine Droge«. Sein Schlachtruf ist: »ICH SAGE MICH LOS VOM LÄCHERLICHEN JAHRZEHNT![29]«

In dieser Verzweiflung haben Hetze und Verleumdung – so scheint es – keine Bedeutung mehr, es sei denn als erneute Bestätigungen. Es steht fest: Gegen den »Industriepakt« ist kein Widerstand möglich.

Nichts kann ihm Widerstand leisten: Siehst du nicht wie schwach
die Verteidigung der antiklerikalen oder kommunistischen
Freunde gegen die niederträchtigste Berichterstattung klingt?

Die Intelligenz wird im Urteil dieser Meinung nie,
niemals Gewicht haben ...[30]

Die Intelligenz stirbt, und die »Irrealität« greift Raum – in Körper und Geist. Drohend zieht die »Neue Prähistorie« herauf: »bald wird die Vorstellung / vom Menschen sterben, der an den großen Morgen Italiens / oder Indiens wie betäubt bei seiner unbedeutenden Arbeit erscheint«. Vielleicht kann in Italien, Indien oder Afrika etwas anderes entstehen und eine Alternative, eine freudige Hoffnung hervorbringen. Doch diese Hoffnung ist flüchtig, geht gleich wieder unter.

... Wißt ihr das nicht? Gerade
zur gleichen Zeit mit dem Barock des Neo-Kapitalismus
beginnt die Neue Prähistorie[31]

Es gibt keine Hoffnung mehr: Das Individuum schließt sich immer mehr in eine Schale ein. In der Zukunft gibt es nur noch einen Weg ohne Alternative – die »Opposition«:

Opposition dessen, der
von niemandem geliebt werden und niemanden lieben kann
und darum seine Liebe als ein vorgefaßtes
Nein darbietet, politische Pflichtübung
als Ausübung der Vernunft[32]

»Gekreuzigt zu seiner zerfleischenden Rationalität« und »kasteit vom Puritanismus« sieht Pasolini ein, daß es für ihn nur noch ein Schicksal gibt, das einer »aristokratischen und ja leider unpopulären Opposition«. Der Autor der *Freibeuterschriften* und der *Lettere luterane* (etwa: Lutherbriefe), dieser fast puritanisch wirkende Mahner zeichnet sich erstmals in *Poesia in forma di rosa* ab.

Wo hat seine Verzweiflung ihren Ursprung, die doch offensichtlich über das rein Persönliche hinausgeht? Freilich konnten auch persönliche Motive mitspielen. Zum Beispiel die letzten polemisch geführten Diskussionen in der Literaturszene – die der Neovantgarde –, die das Eindringen des Neokapitals in den heiligen Bezirk der Literatur ankündigten. Die Polemiken der Gruppe 63 – ein Literaturbegriff, der vollständig anti-rational sein sollte und nicht am Geschichtsablauf teilhatte – tendierten dazu, Pasolini an den Rand des kulturellen Lebens zu drängen. Ebenso wurde mit Moravia, Cassola und Bassani verfahren, also mit den Schriftstellern, die im gerade zurückliegenden Jahrzehnt die eindrucksvollsten Resultate erzielt hatten. Pasolini suchte wieder Boden zu gewinnen. Seine Mitstreiter waren Leonetti und Calvino (das erfährt man aus dem Gespräch, das im gleichnamigen Gedicht *Poesia in forma di rosa* enthalten ist) und auch Vittorini. Vittorini war bestrebt, durch die Arbeit an »Il menabò« die Front zwischen Tradition und Avantgarde zu durchbrechen. Er stellte einen Stil zur Diskussion, der zwar nicht mehr humanistisch war, aber die unberechenbare Eigendynamik der industrialisierten Welt erklären sollte. Der Gedanke von Leonetti, Calvino und Pasolini war ein anderer und reichte weiter als der von Vittorini: In die Arbeit am »Menabò« sollte aufgenommen werden, was im gesamten europäischen Bereich der Literaturwissenschaften an Innovationen geschaffen wurde. Die Zeitschrift sollte in ein internationales Instrument von Kultur und Erkenntnis verwandelt werden.

> Ach, System der Zeichen,
> lachend ausgeklügelt mit Leonetti und Calvino
>
> beim üblichen Halt im Norden.
> Zeichen für Taubstumme aus Ideogrammen,
> die ein für allemal international sind[33]

Man machte eine Zeitschrift in der Zeitschrift: Die Probenummer hieß »Gulliver« und nahm die Nummer 7 des »Menabò« vollständig ein. Die Beiträge kamen von ganz unterschiedlichen Leuten[34]. Das Ergebnis war nicht zufriedenstellend, wirkte zu stark zusammengestückelt und anthologisch. Es blieb bei dieser einen Nummer. Die Neoavantgarde wollte enge Beziehungen mit der ihr verwandten europäischen Literatur knüpfen. Das in gewisser Weise konkurrierende Experiment des »Gulliver« zeigte, daß diese Beziehungen nicht durch eine einfache Addition zu realisieren waren.

Die Lösung, die »Gulliver« für die Probleme anbot, die nicht zufällig gerade die italienische Literatur bedrängten, mußte Pasolini zufällig und enttäuschend erscheinen. Ihm lag nichts an einer derartigen Summierung; er strebte – in Nachfolge von Gramsci – noch immer nach der Rückgewinnung der Geschichte, nach einer nicht nur abstrakten Wiederinbesitznahme; italienische Geschichte verstanden als realistische Synthese von Geisteswelt und Anthropologie, aus Politik und Poesie. Die damals im Gang befindliche literarische Diskussion hielt nicht viel von diesem Vorhaben: Der Historismus wich der Soziologie; man hielt den Historismus immer mehr für einen trockenen Ast, der keiner

Wiederbelebung zugänglich schien. Pasolini dagegen hatte eine dunkle Vorstellung von dieser Wiederbelebung. Seine Mittel: die Sprachwissenschaft und eine instinktive Anthropologie.
Pier Paolo sah sich in die intellektuelle Vereinsamung gedrängt. Er lebte Jahre der Verzweiflung. Und in dieser verzweifelten Situation kam er zu seinem »Irrtum«: Er hatte die Apokalypse nicht vorhergesehen, die sich vorbereitete. Er sagt sich los »vom lächerlichen Jahrzehnt«. Dabei war er einer der Protagonisten dieses Jahrzehnts gewesen. Der Grund für seine Verzweiflung ist jedoch anderswo zu suchen. Auch die Neoavantgarde qualifizierte das eben zu Ende gegangene Jahrzehnt als »lächerlich« ab: Alberto Arbasino nahm in vielbeachteten Artikeln in »Il Giorno« »die düsteren fünfziger Jahre« aufs Korn – Jahre, die seiner Meinung nach nur der Verschwendung und Zerstreuung gedient hatten; Jahre, in denen zu wenig gelesen und kurzsichtig-kritisch analysiert worden war. Es ging um die üblichen Streitpunkte, die aufgeworfen werden, wenn sich eine Literaturtendenz an die Stelle einer anderen setzen will. Pasolinis Blick drang unter die Oberfläche der Literaturdiskussion; sein Interesse galt der sozialen Dynamik. Die fünfziger Jahre hatten auch heftige politische Diskriminierung, erstickende Zensur und Intoleranz gebracht. Diese Intoleranz hatte sich nicht in einer einzigen Richtung – von den Klerikalen zu den Antiklerikalen und den Marxisten – bewegt: Die meisten Katholiken, Kommunisten und Antiklerikalen waren von ihr angesteckt, wobei die Freiheit jedoch von der gesamten Linken, die Katholiken, Kommunisten und antiklerikale Gruppen umfaßte, verteidigt worden war. In diesen politisch düsteren Jahren wuchs das Bewußtsein, daß man die Bürgerrechte erobern und erbittert verteidigen mußte. Erbittert verteidigt werden mußte jeder Buchstabe der Verfassung. Nur so konnte sie als ganzes in die Wirklichkeit übertragen werden. Die Kulturszene dieser »düsteren Jahre« (das Adjektiv »düster« stammt von Arabasino) war ein Sammelbecken von Ideen, die zum Wachsen dieses Bewußtseins beitragen konnten. Die italienische Kulturszene mit ihrer großen Anzahl fähiger Intellektueller erlebte von 1948 bis zum Beginn der sechziger Jahre eine fruchtbare Periode. Pasolini sagte sich los davon; doch es war klar, daß die Bedeutung

dieser Zeitspanne unterschwellig fortwähren mußte, auch wenn das Land sich wandelte. Das Gesicht des Landes wurde häßlicher: Der wirtschaftliche Boom und die Ausbreitung der Massenmedien trugen zu seiner Verrohung bei. Soweit konnte man die im Gang befindlichen Veränderungen nach außen sehen. Doch es gab auch noch andere Auswirkungen, unter anderem eine kollektive, nicht greifbare Sensibilisierung für die Probleme der individuellen und sozialen Freiheit. Spektakuläre Fehlplanungen in Politik und Wirtschaft, die in den siebziger Jahren von der ganzen Nation schmerzlich gebüßt wurden, gingen zu der Zeit mit anderen Auflösungserscheinungen einher. Im Land wurde ein antiklerikaler Eifer entfacht, der in keiner Weise den Traditionen entsprach. Eine solche Anpassung der Normen und Lebensgewohnheiten an die moderne Zeit schien der Preis zu sein, den man für das Wirtschaftswunder zahlen mußte, das dann eine nicht nur ästhetische Verrohung auslöste. Pasolini nahm alle diese Faktoren und bildete daraus ein negatives Urteil: Er differenzierte nicht. Weil er nicht differenzierte, sah er alle zusammen auf die Apokalypse zutreiben: die Führungsschicht, die noch ihr Privileg ausspielen und Willkür ausüben wollte und auch all diejenigen, die nicht dieser Gruppe angehörten, aber einen gegen die Knebelung durch die Staatsreligion gerichteten Freiheitsdrang verspürten. In seiner Gedankenwelt sparte Pasolini ein paar glückliche Inseln aus: seine Freunde, die ihr »Fußballspielchen« spielten, oder einige Kommunisten. Sein Pessimismus gipfelte in der »Lossagung«; in der Selbstbezichtigung, einer Illusion oder einer Utopie – einem »Irrtum« erlegen zu sein:

Der
ich, von dem Neuen
Gang der Geschichte
– von dem ich nichts weiß – wie
ein Unbefugter, ein
Zurückgebliebener, der für immer ausgelassen ist …[35]

Was blieb noch? Das »Magma«, der »Zufall« und ein »feiges Geflenne des Kleinbürgers«:

So
entblätterte ich eine unnütze Rose,
die des Schreckens und der
Geschlechtlichkeit beraubte Rose, gerade in den Jahren,
in denen man von mir verlangte,
ein Partisan zu sein,
der nicht gesteht und nicht weint[36]

Wo liegt eigentlich seine Enttäuschung? Darin, daß seine sehnlich erträumte Religion der Vereinigten Kirchen vereitelt ist? Seine von der Mutter stammende bäuerliche und katholische Prägung (nicht die vom Vater stammende bürgerliche und alles in allem dekadente) hinderte ihn daran, unter der Oberfläche aus Widersprüchen in diesem im Wandel befindlichen Italien ein Laboratorium der Freiheit zu entdecken.

»*Ninetto ist ein Bote ...*«

All seiner Verzweiflung zum Trotz war Pier Paolo sehr wohl zur Daseinsfreude fähig. In diesen Jahren wurde diese Daseinsfreude konkret, als er Ninetto Davoli begegnete.
Ninetto war 1963 etwa fünfzehn Jahre alt. Er war Sohn von Bauern aus Kalabrien, die in Rom zu Städtern geworden waren. Aus seiner Sprechweise war jede Spur des Dialekts, wie er in Catanzaro gesprochen wird, verschwunden. Seine Mundart war die römische – das Römisch der Borgata, dieser Sprachverschnitt, dem Pasolini soviel Aufmerksamkeit gewidmet hatte. Dieser magere, abgezehrte junge Bursche mit dem pickligen Gesicht, den krausen Haaren und den unglaublich »lachfreudigen« Augen hatte ein ganz anderes, zugänglicheres Wesen an sich, als der zynisch-locker auftretende typische Borgataro. In Ninetto lebte die komödiantische Vitalität des Bauern aus Kalabrien wieder auf – ein Zug, der fast verlorengegangen ist, so sehr ist die Landbevölkerung Kalabriens geschrumpft.
Pier Paolo lernte Ninetto bei den Vorbereitungen zu *Das Erste Evangelium – Matthäus* kennen. In einigen Zeilen aus dem Jahr 1965 wird die Begegnung geschildert:

Und da kommt in den Zuschauerraum ein Besessener, mit
sanften,
listig lächelnden Augen,
gekleidet wie die Beatles.
Während große Gedanken und große Gesten
zu dem Verhältnis dieser Reichen zur Vorführung gehören,
die *auch* für ihn gemacht ist, schreibt er mit seinem Finger, der
mager ist wie bei einem Schaubudenpferd,
seinen Namen »Ninetto«
auf den Samt der Rückenlehne (unter einem kleinen beohrten
Nacken,
der zu den Verhaltensregeln und zur Vorstellungswelt der freien
Bourgeoisie gehört).

Ninetto ist ein Bote,
und indem er (mit einem zuckrigen Lächeln,
das ihm aus dem Innersten herausleuchtet,
wie bei einem Moslem oder Hindu)
die Schüchternheit besiegt,
stellt er sich wie in einem Areopag hin,
um von den Persern zu sprechen.

Die Perser, sagt er, drängen sich an den Grenzen zusammen.
Doch Millionen und Abermillionen von ihnen sind schon
friedlich eingewandert,
sind hier, an der Endhaltestelle der Linie 12, 13 oder 409 und
der Tramlinien
der Stefer*. Was sind das für schöne Perser!
Gott hat sie eben entworfen, in all ihrer Jugendlichkeit,
wie die Moslems oder die Hindu:
Sie haben die gedrängten Züge der Tiere,
die hart gezeichneten Backenknochen, die kleinen platt
gedrückten, oder nach oben zeigenden Nasen,
die langen, langen Wimpern und das Haar aus lauter
Löckchen ...[37]

Pier Paolo verliebte sich in ihn, als Vater und Freund, und überwand dabei das Konkurrenzverhältnis, das ihn gelegentlich mit den jugendlichen Freunden verband. Gegenüber diesem »Chor der Fröhlichen«, »denen die Realität Freundin ist«, empfand er eine zwanghafte, nicht verliebte, nur erotische Freude

* öffentliches Transportunternehmen. (Anm. d. Ü.)

am Wettstreit. In diesem Chor gab es für ihn keine Gesichter, nur Körper. Ninetto dagegen hatte ein Gesicht, hatte eine Stimme: eine rauh klingende Stimme und eine plastische, ausgemergelte Plastizität. Sein Komödiantentum hatte im Grunde einen melancholischen Anstrich und ließ einen unaussprechlichen Hunger nach Zuneigung und Zärtlichkeit durchblicken. In all das verliebte sich Pier Paolo.

Ninetto verkörperte auch einen Mythos: den Mythos des von den »Persern«, von den »Barbaren« bedrängten Rom, die sich im Südosten des Stadtgürtels, an den Endhaltestellen der »Tramlinien« am Prenestino breitmachten. Dieser junge Freund war ein unschuldiger »Barbar«. Die Dritte Welt ad portas, Moslems und Hindu – welche Zukunft bereitete sich da vor? An diesen unschuldig-unbewußten »Barbaren« liebte Pasolini ihre rohe, unbewußte Eleganz. Diese Eleganz wirkte auf ihn, der dafür empfänglich wie ein Manierist sein konnte, wie ein Zauber. Die Liebe zu Ninetto hatte auch etwas mit einer solchen ästhetischen Freude zu tun. Doch die Beziehung war auch spontan und direkt. Ninetto mochte die Beatles und Adriano Celentano, er trug gern farbige Pullover und auffallende Stiefeletten. Er genoß den ganzen poppigen Firlefanz – die Lockmittel des Konsumterrors. Pier Paolo ließ sich von dieser Form von Fröhlichkeit anstecken: Er begleitete Ninetto ins »Piper« *das* Rock-Lokal von Rom – eine Erfindung der sechziger Jahre, wo sich auf der Tanzfläche nicht nur die Jugendlichen jeder Couleur beim Tanz entfesselten, sondern auch Moravia, Arbasino, Sandro De Feo und sogar Mario Pannunzio.

Die Leidenschaft für Ninetto setzte dem wie besessenen nächtlichen Umherstreifen Pier Paolos keinen Schlußpunkt. Ihn verlangte nach wie vor nach Anonymität, und die risikoreichen Irrfahrten gingen weiter. Alfredo Bini und der Produktionsleiter Eliseo Boschi wurden mehrmals in Rom oder während der Fahrten auf Motivsuche in Afrika und Palästina durch einen Telefonanruf oder durch böse Vorahnungen veranlaßt, nach ihm zu suchen, und mußten Pier Paolo dann aus so manchem zwielichtigen Abenteuer retten. Es kam vor, daß sie ihn übel zugerichtet und blutend auf den Straßen Roms oder einer afrikanischen Stadt fanden[38]. Das

Wagnis gehörte für ihn zur Erotik: Herausforderung an den eigenen Mut oder Zelebrierung eines Verlangens nach Qual (die »sadistische«, »masochistische« Begierde, von der in *Poesia in forma di rosa* gesprochen wird).
Die Liebe zu Ninetto war eine andere Sache. Sie war der zärtliche Ausgleich, den Pier Paolo nach seiner täglichen Fahrt ins Dunkel genoß. Ninetto wurde so zum »Boten« der Fröhlichkeit, zur Verkörperung eines bäuerlichen Sendboten. Diese Rolle kam ihm schon bei den Dreharbeiten zum *Evangelium* zu. Pier Paolo wollte ihn ständig neben sich haben – eine Art shakespearscher Narr, in dessen Unschuld er einen Hauch von Wahrheit vernahm, die anderen verborgen blieb. Dann wurde Ninetto älter und verliebte sich in Mädchen. Pier Paolo fand das anfangs lustig, dann begann er darunter zu leiden. Doch damit sind wir schon bei einem neuen Lebensabschnitt.

Die neue Wohnung

Ich suche das Haus meiner Grabstätte
und durchstreife die ganze Stadt wie der Insasse
eines Heims oder Sanatoriums

an seinem freien Tag, mit dem vom Fieber
enstellten Gesicht, weißer, trockener Haut und Bart ...[1]

Das Haus, genauer gesagt die Wohnung wurde im Frühling 1963 erworben: Via Eufrate 9. Ein Appartement im Erdgeschoß, ein Vorgarten auf der Terrasse, großflächige Fenster, ein Neubau; von einem Balkon aus sah man auf Valle della Magliana in Richtung auf das Meer von Ostia; auf der Rechten Rom und in der Ferne die Kuppel von Sankt Peter. Das Viertel war Eur, eine Wohngegend an der äußersten Peripherie; ruhige, von Bäumen gesäumte Straßen. Garten und Ruhe waren für Susanna gedacht; die Wohnung war ein Geschenk für sie. Im Mai 1963 war das Appartement bereits vollständig eingerichtet und wurde bewohnt.

Beim Einrichten half der Onkel und Antiquitätenhändler. Pier Paolo entschied sich zum Beispiel für einen englischen Kronleuchter aus dem 19. Jahrhundert für das Eßzimmer. Von ein paar Freunden wurde die Wahl des mehrarmigen Messingleuchters bis ins einzelne diskutiert. Moravia prangerte sie als geschmacklichen Fehltritt an und vertrat die Ansicht, Pier Paolos beim Filmen so sicherer Geschmack – zum Beispiel bewiesen in *Der Weichkäse* durch die elegante Verquickung von Pontormo und Rosso Fiorentino – sei im Leben nicht so ausgeprägt. Der kugelgeschmückte Kronleuchter hielt dennoch seinen triumphalen Einzug in der Via Eufrate und thronte dort viele Jahre lang über den Sofas, dem Kamin und der Bibliothek. Er war von solider Machart: ein »bürgerlicher« Gegenstand, sagte mancher. Kurze Zeit später achtete niemand mehr auf ihn. Auf lange Sicht wirkte er eher vertrauenerweckend, wie er da oben thronte.

Pier Paolos Leben änderte sich, je berühmter er als Regisseur wurde. Schon die Auslandsreisen hatten dazu beigetragen. *Poesia in forma di rosa* beweist es. Die lyrische Landschaft seiner Gedichte erweitert sich: nicht mehr nur Rom und der Gürtel seiner Borgate, sondern Afrika, Israel und Indien, der »die Appia-Straßen / und die Centocelle der Welt« miteinbezieht. Pier Paolo hatte bis dahin in der traditionellen kleinbürgerlichen Eierschale des italienischen Schriftstellers gelebt: zuerst in der Provinz, aus der man stammt, dann in den Metropolen Rom oder Mailand. Jetzt begann Pier Paolo damit, von einem Kontinent zum anderen zu fliegen, nahm schnelle Ortswechsel vor, wie nur erfolgreiche Menschen es tun können. Der Erfolg änderte jedoch seine Gewohnheiten nicht: Abendessen in der Trattoria, Begegnungen in der Borgata, gelegentlich ein »Fußballspielchen«. Im Gegensatz zu den Gepflogenheiten anderer Regisseure, die gerade »in« waren, umgab er sich nicht mit einer Schar von Getreuen. Er lebte allein: Ninetto und vielleicht noch Sergio Citti waren seine ganze Gefolgschaft. Zu Hause lernte Graziella schnell, wie man ihm Bittsteller und ähnliche Leute vom Leibe hielt. Mit solchen Leuten war Pier Paolo jedoch geduldig und, wenn nötig, durchaus hilfsbereit.
Das Leben an der Seite von Susanna spielte sich mit einer gewissen Eigengesetzlichkeit ab. Außenstehende blieben von der gegenseitigen leidenschaftlichen Zuneigung ausgeschlossen. Manchmal begleitete Pier Paolo seine Mutter im Sommer nach Casarsa zu ihren Schwestern; ein andermal fährt er mit ihr zur Sommerfrische ins Gebirge – fährt mitten im August durch halb Italien. Susanna ist vom Garten der neuen Wohnung angetan. Sie genießt in ihren alten Tagen die mild wärmende römische Sonne. Doch auch im Alter läßt sie sich nicht gehen. Von Jugend an trug sie gerne einen zarten Farbschimmer auf den Lippen und pflegte ihr Haar, das sie kastanienbraun mit einem eben angedeuteten Kupferton färbte. Pier Paolo hätte für sie am liebsten die Zeit stillstehen lassen: Auf seinen Wunsch hin sollte sie sich einer Verjüngungskur unterziehen. Susanna nahm alles als Schmeichelei auf, und das war es wohl auch.

Pier Paolos fruchtbare Phantasie entwarf täglich neue Romane und Filme. Freunden schenkte er Ideen und Titelvorschläge für ihre Bücher. Mehrmals kam er auf eigene Romanvorlagen zurück, wie auf *Il rio della Grana,* doch er konnte die Welt Roms nicht mehr ins Sonnenlicht rücken, nachdem sie mit *Vita violenta* ins Dunkel gesunken war. Spuren der römischen Sprechweise, vermischt mit den Erfordernissen der filmischen Sprache finden sich in *Rital e raton*[2]. Die Kulisse hat gewechselt: Algerien, die Guerillas der Befreiungsbewegung und Paris; Welt ist hier Dritte Welt. Der Text fällt jedoch durch seinen eleganten Stil auf, unter dem Pasolini seine tatsächliche Schwierigkeit verbirgt, sich eines geistigen und menschlichen Klimas zu bemächtigen, das ihm eigentlich fern ist. Er dachte intensiv an eine Neufassung der *Göttlichen Komödie* und sprach auch häufig davon. Er fühlte sich zu diesem ehrgeizigen Projekt berufen: Einige Kritiker hatten ihn wegen seines sprachlichen Reichtums dem Vorbild Dante gegenübergestellt. Pier Paolo dachte an einen Wettstreit mit diesem Vorbild und arbeitete immer wieder an diesem Projekt: Seine verschiedenen Anläufe stammen aus den Jahren 1963 und 1965 bis 1967. Heraus kam ein dünnes Heft mit Notizen und Prosafragmenten. Nur die ersten beiden »Gesänge« wurden vollendet. Das Ganze bereitete er noch selbst zum Druck vor und fügte im Anhang einige Fotos als »vergilbte Ikonographie« hinzu. *La divina mimesis* (etwa: Die göttliche Nachahmung) – so der Titel des Bandes – erschien im Dezember 1975, einige Wochen nach seinem Tod.

Ich gebe heute diese Seiten als ein »Dokument« in Druck, aber auch um meine »Feinde« zu ärgern: Indem ich ihnen einen Grund mehr liefere, mich zu verachten, liefere ich ihnen einen Grund mehr, zur Hölle zu fahren.

So schreibt er im »Vorwort« 1975. *Seine* Feinde – eine Warnung an sie. Die Unvollständigkeit des Textes konnte manchen mit Genugtuung erfüllen. Seine Rechtfertigung war polemisch, von einer literarischen Polemik.

La divina mimesis ist als Bearbeitung der *Göttlichen Komödie* als Reise angelegt. Die ersten beiden Gesänge überraschen den Dichter »in unsres Lebensweges Mitte«; sie überraschen ihn bei der Begegnung mit einem anderen Selbst, ein Selbst, das sich verwirklicht hat, das sich aufgrund seiner errungenen Vernünftigkeit ungezwungen und unverschämt glücklich bewegt. Der andere, der Erzähler, der von sich mit »ich« spricht, hat jede Lebensfreude verloren: Er entdeckt vor seinen Augen die wilden Tiere, die aus den »allgemeinen Abstellkammern« der Seele hervorgestöbert wurden, er entdeckt sein zerrüttetes Unterbewußtsein.
Die Reise beginnt an einem Sonntagmorgen in Rom, in einem Kino an der Peripherie, als unter roten Fahnen die neu eingeschriebenen Mitglieder der lokalen KPI gefeiert werden. Das Fest wirkt etwas weltfremd und matt: Die Krise der Ideologien macht die Zusammenkunft zu einem Ritual. Über ihr schwebt der Eindruck des Sich-Bescheiden-Müssens, auch wenn alles im Vergleich mit früher unverändert erscheint: das Lachen der Kinder und der alten Leute, die Farben der Fahnen. Von hier aus beginnt die Reise in die Hölle. Doch welche Hölle?
Es ist das Inferno des Konsumterrors und des Neokapitals. Das Diktat des Neokapitals an die Literatur ist klar: Engagement soll ein Wort ohne Sinn sein, die Literatur soll eine Betätigung sein, die ihre eigenen Probleme mit sich selber abmacht. Keine Fata Morgana aus roten Fahnen mehr. Die Literatur soll sich auf das Wort »Gehorsam« reduzieren.
Diese fragmentarischen Seiten scheinen eine Art Gegengesang zum erbitterten Individualismus von *Poesia in forma di rosa* zu sein. Sie sind die Kommentierung dazu und passen zu Pasolinis Verzweiflung. Eine »Anmerkung des Herausgebers« (also von Pasolini selbst) wird zwischen die Fragmente für den VII. Gesang geschoben und erklärt die Bedeutung dieser Verzweiflung. In dieser »Anmerkung« wird gesagt, daß der Autor des Textes tot sei: Er hat beschriebene Seiten und Notizen seines Werkes in Schubladen und in der »Innentasche an der Tür seines Wagens« aufbewahrt. Einige dieser kurzen Seiten sind unverständlich; andere sind vollständig lesbar und datiert. Die Arbeit des

Herausgebers (ich wiederhole: Pasolini selbst) wird von all dem erleichtert: Es genügt, die Blätter zu sammeln und anhand der Daten am Fuß der Seiten in eine zeitliche Reihenfolge zu bringen. Der Kommentar zum vorgegebenen Tod des »Autors«:

Ein makabres, doch – das muß man zugeben – auch rührendes Detail ist ein kleines kariertes Blatt (offensichtlich aus einem Notizblock herausgerissen), das mit etwa zehn sehr unsicher gezogenen Linien gefüllt ist; es wurde in der Jackentasche an seiner Leiche gefunden (er ist letztes Jahr in Palermo gestorben – mit Stockschlägen getötet).

Diese Zeilen sind datiert mit »1966 oder '67«. Im Jahr 1965 hatte in Palermo ein zweites Treffen der Gruppe 63 stattgefunden, die sich polemischer denn je gegen die Literatur des »lächerlichen Jahrzehnts« und gegen die Literatur des Engagements aussprach. Pasolini hatte bis zu diesem Zeitpunkt trotz der Angriffe auf der ganzen Linie angenommen, er könne die dialektischen Beziehungen zur Neoavantgarde aufrechterhalten, mußte aber seine »Isolation« feststellen und hinnehmen. Von dieser »Isolation« war der Dichter in der Metapher wie mit Stockschlägen getötet worden[3].
Als Folge dieses Gefühls, isoliert und zurückgestoßen zu sein, litt Pasolini unter dem »Hinfälligwerden einer gewissen Reinheit und Leidenschaft – Überbleibsel aus den Jahren der Widerstandsbewegung etc., etc.«. In diesem »et cetera« verschlüsselte Pier Paolo – in einer Antwort auf einen Leserbrief in »Vie Nuove« – all seine Gewissensbisse und unangenehmen Erinnerungen, die ihn quälten. Die literarischen Polemiken waren nur Reflexe von etwas anderem. An denselben Leser von »Vie Nuove« gerichtet fügt er – am 3. Juni 1965 – hinzu:

Es steht außer Zweifel, daß sich die Zeiten geändert haben. Bis noch vor ein paar Jahren gab es ein ganzes System von Anspielungen und allgemeinen Andeutungen, das auch einen an sich banalen und vielleicht nur so dahingesagten Satz bedeutungsschwer machte. Jetzt ist diese Serie von Anspielungen und Andeutungen (mit einem Wort: Ontologie und Eschatologie der ›Hoffnung‹) zerfallen. Das bißchen an Irrationalem, das sie nach sich zog, hat darum seine Vitalität verloren. Man kann nicht mehr auf den starken, brüderlichen und begeisternden Hintergrund bauen, den ein gemeinsamer politischer Glaube darstellt ...[4]

»Krise der Ideologien« und eine tiefgehende persönliche Ermattung trafen zusammen.

Die Revolution ist nichts weiter als ein Gefühl[5]

Auf dem Höhepunkt dieser bitteren Betrachtungen ergriff Pasolini für sich selbst Partei und für eine »Opposition« gegen alles und jedes. Doch seine bis dahin nie versiegende, wie wahnsinnige literarische Kreativität ging ihm verloren. Bei einer Diskussion am 27. Mai 1964 im Centro Sperimentale di Cinematografia in Rom bekannte er:

Das Reden nimmt mir ein wenig den Wunsch nach dem Tun. Es gab einmal ein Buch, das sich vor lauter Reden darüber vorher ganz entladen hat; ich glaube, ich werde es nicht mehr schreiben.

Herbst 1965 endete die Mitarbeit an »Vie Nuove«. Pier Paolo behauptete, er sei »Egoist« geworden und hänge viel mehr als früher an dem, was er individuell produzieren konnte. Der Film nahm ihn ganz in Beschlag. Um sich lebendig zu fühlen, mußte Pier Paolo jetzt unbedingt in einer provokativen Beziehung zum Publikum stehen. Sein Dasein spielte sich immer mehr im Licht der Öffentlichkeit ab. Er fiel schließlich unweigerlich mit der Rolle zusammen, die man ihm zugewiesen hatte.

Zerrüttung der Sprache

Italien änderte sich, und damit änderte sich auch seine Sprache:

Man könnte es so zusammenfassen: *die Zentren, die die Sprache schaffen, ausarbeiten und vereinheitlichen, sind nicht mehr die Universitäten, sondern die Betriebe.* Man beachte zum Beispiel die ungewöhnliche sprachliche Suggestivkraft, die Slogans in der »Sprache der Werbung« besitzen ...[6]

Es entstand, »... was man mit einer monströsen Definition ›Massenexpressivität‹ nennen könnte«. Pasolini begann sie zu analysieren.
Bis dahin hatte es keine Nationalsprache gegeben, es sei denn als naives und phrasenhaftes Wunschdenken: ein Wunschdenken der Literatur oder der Universitäten. Die Massenmedien wälzten die Tradition um: Sie brachten eine »normierte« Sprache hervor, die man »mittleres Italienisch« nennen konnte. In den fünfziger Jahren war das gesprochene Italienisch »neorealistisch« und vom Römischen gefärbt gewesen – die durch das Kino verbreitete Sprache. In den sechziger Jahren bietet der Norden mit seinem Bestand an verfeinerten technologischen Sprachen – nicht mit seinen Dialekten – das Vorbild für eine »Normierung«.

Welches werden die wichtigsten Merkmale dieses nationalen Italienisch sein? Da es sich um die ihrer Bildung nach internationalen und ihrer Tendenz nach streng funktionalen technologischen Sprachen handelt, werden sie dem Italienischen voraussichtlich einige typische Gewohnheiten der fortgeschrittensten romanischen Sprachen beibringen und dabei den kommunikativen Geist stark betonen, etwa entsprechend den folgenden drei Tendenzen:
1. Eine gewisse Neigung zur progessiven Sequenz (...)
2. Das Aufhören der Durchdringung mit dem Lateinischen (...)
3. Das Obsiegen des kommunikativen Zwecks über den des Ausdrucks[7] ...

Pasolini hatte diese Gedanken in einem Vortrag unter dem Titel *Neue Fragen der Sprache oder die Geburt einer Nationalsprache* dargelegt, der am 26. Dezember 1964 in »Rinascita« veröffentlicht wurde. Daraus entstand eine Diskussion, bei der sich als erste Alberto Moravia, Umberto Eco und Andrea Barbato zu Wort meldeten. Pasolini wurde vorgeworfen, er habe »den Regenschirm erfunden« (ein mittleres Italienisch, so die These Moravias, habe es immer gegeben), bzw. er habe sich die Existenz einer Sprache ausgedacht, die noch gar nicht existiere. Im Januar 1965 verlegte sich die polemisch geführte Debatte von »Rinascita« auf »L'Espresso«. Pasolini antwortet am 7. Februar 1965 in dem Nachrichtenmagazin, daß er nichts habe aus der Taufe heben wollen: Er habe lediglich ein Ereignis registriert, »etwas durchaus Tiefgreifenderes und Gewaltsameres (...) als eine normale Neuordnung der Gesellschaft«. Die alte »humanistische« Bourgeoisie verschwand, eine neue »technokratische« Bourgeoisie »mit stark hegemonialer Tendenz« nahm ihren Platz ein: »... von dieser geht zugleich ökonomische Macht, Kultur und folglich Sprache aus[8].« Pasolini machte auf ein Phänomen aufmerksam und führte eine Diagnose durch – er erschuf keine neue Sprache (wie seine Gesprächspartner ihm unverblümt vorwarfen).

An sich interessiert mich die neue technologische Sprache der Bourgeoisie nicht, persönlich verachte ich sie, und meine Aufgabe als Schriftsteller ist es, mich ihr zu widersetzen, nicht aber, sie zu ignorieren. Sie ist ein reales Phänomen ...[9]

Der Diskussion stellen sich auch Enrico Emanuelli im »Corriere della Sera« und Pietro Citati im »Giorno«. Citati liefert Beispiele, die die Argumentation Pasolinis bestätigen. Im März 1965 antwortete Pier Paolo im »Giorno«, daß die »ersten Anfänge« eines wenn nicht neuen, so doch »anderen« Italienisch anzutreffen seien: eine bürokratisierende, jargonhafte, sicherlich »kommunikative« Sprache, deren Anwendung nicht risikolos sei. Die Polemik zog sich über Monate hin, wurde fast zum Gesellschaftsspiel. Pasolini hatte wie ein Wünschelrutenträger die Richtung einer im Gang befindlichen Tendenz erfaßt: Das Italienische konnte sich im Kontakt mit einer mehr auf Effizienz ausgerichteten Kultur, als es die bäuerliche gewesen war, nicht reinigen und verrohte. Anhand der Sprache konnte so eine Verrohung der gesellschaftlichen Normen in der Zukunft vorausgeahnt werden. Pasolinis Verharren auf der Schwelle der bäuerlichen, christlichen Kultur, wie es jahrhundertealter italienischer Tradition entsprach, hatte einen positiven Aspekt: Er war empfänglich für die Anzeichen, daß soziale Neuerungen, die das Land vorzubereiten schien – ganz neue Lebensformen nämlich –, schon in ihren Anfängen veraltet und abwegig sein konnten.

Pier Paolo hatte in den fünfziger Jahren die anti-irrationalistische Welle miterlebt und sich davon beeinflussen lassen – sie war in der gesamten italienischen Kulturszene zu spüren gewesen und basierte auf der mehr oder weniger präzisen Vorstellung von der »Zerstörung der Vernunft« im Sinne von Lukács. Pasolini hatte sich mit dem Irrationalen und der Individualität auseinandergesetzt und nach eigenen Antworten gesucht, obwohl er persönlich das marxistische Gedankengebäude für vernünftiger hielt. Seine Vorstellung vom Marxismus war dennoch im weitesten Sinne mystisch: Marxismus war für ihn und viele andere eine reine Geschichtsphilosophie, ein geschlossenes, vorsehungsähnliches System, in dem das Verlangen nach dem Irrationalen befriedigt werden konnte. Pier Paolo wird in die »Krise der Ideologien« hineingezogen, erlebt, wie eine andere Zeit heraufzieht und wendet sich der Existenzsituation zu: Er entwirft das Abbild der Verzweiflung – *Poesia in forma di rosa*. Seine Einsamkeit wird ihm heftig und schmerzlich bewußt. Er erklärt, er habe mit den anderen keine »gemeinsame« Sprache mehr. Die »Einsamkeit« befreit ihn unvorhergesehenerweise ganz von der Metaphysik. Man könnte sagen, die Ideologie ist nur der Reflex eines kollektiven religiösen Ritus: Sobald er verlorengeht, bleibt von ihr keine Spur zurück. Pasolini entdeckt offenbar seinen Hang zur Methodologie: Sprachwissenschaft und Anthropologie mit ihren experimentellen, intuitiven Kriterien ziehen ihn an. Auch der Marxismus wird in dieser Sehweise zur Methodologie. Damit sind wir bei der abschließenden Schrift über die »neuen Fragen der Sprache«: bei dem Essay *Aus dem Laboratorium – Notizen en poète für eine marxistische Linguistik*[10].

Das Essay *Notizen* beschränkt sich auf eine flüssige, aussagekräftige Darstellungsweise, wie schon vorher die für die Presse bestimmten Artikel. Pasolini hat anscheinend seinen »Stilwillen« abgelegt und ist selbst befangen in der Sprachsituation, die er beschreibt. An Pasolini kann hier der Leser die Umwälzung in Wortschatz und Syntax feststellen, die das »neue« Italienisch erfahren hat. Pasolini sagt, er habe diese Seiten »in scheinheiliger Weise[11]« niedergeschrieben und sei sich seiner »Unredlichkeit« bewußt gewesen. Eines ist sicher: Pasolini stellte sich diesem

»signalisierenden« Italienisch und erlag ihm bei seiner kritischen Überprüfung in gewisser Weise selbst. »Die Untersuchung ist im Gange, das Buch ist unabgeschlossen[12].« Welche vorläufigen Schlüsse zog er? Vom alten Bertoni kam er über Croce, Saussure und Gramsci zu Lévi-Strauss und Hjelmslev. Mit der Aufmerksamkeit eines Anthropologen betrachtete Pasolini die Stadtflucht der zweiten industriellen Revolution. Ihm ging es um die Veränderung der »wilden«, bäuerlichen Gedankenwelt, um den Dritte-Welt-Gedanken. Er wollte wissen, wie die archaische Sprache Widerstand leisten oder sich an die Neuerungen anpassen würde, die beschleunigt ablaufende Wirtschaftsprozesse den Menschen aufzwingen. Wiederum ist es die sogenannte Volksseele, die Pasolini mit scharfem Blick aus der Distanz beobachtete.

... die Geschichte von Ninetto, dem kalabresischen Jungen, der zum erstenmal erlebt, wie es schneit. Wir waren gerade in Pescasseroli angekommen, die weiten Schneeflächen hatten bereits, aus reiner Überraschung, bei ihm eine für sein Alter (er war sechzehn) etwas zu kindliche Freude hervorgerufen. Doch als die Nacht hereinbrach, wurde der Himmel unversehens weiß, und als wir das Gasthaus verließen, um in dem kleinen, zu dieser Stunde verlassenen Ort noch ein wenig spazierenzugehen, belebte sich plötzlich die Luft; in einer seltsamen optischen Täuschung – denn die Flocken fallen ja nieder – scheint man zum Himmel emporzuschweben, doch unregelmäßig, da sie nicht stetig fallen, ein jäher Bergwind versetzt sie in Wirbel. Blickt man nach oben, so wird einem schwindlig. Es ist, als käme der ganze Himmel auf einen herab und löste sich auf in diesem glücklichen und wilden Fest des appenninischen Schneefalls. Man stelle sich nun Ninetto vor: Kaum nimmt er das nie gesehene Ereignis wahr, dieses Sichauflösen des Himmels über seinem Kopf, und schon überläßt er, den keine gute Erziehung hindert, seine Gefühle kundzutun, sich einer zügellosen Freude. Sie durchläuft sehr schnell zwei Phasen: zunächst eine Art Tanz mit genauen rhythmischen Zäsuren (das erinnert mich an die Dinka im südlichen Sudan, die mit den Fersen auf den Boden stampfen und mich seinerzeit an die altgriechischen Tänze erinnert hatten, wie man sie sich beim Lesen der Verse klassischer Dichter vorstellt). Er stampft kaum merklich, er deutet ihn gerade nur an, jenen Rhythmus, der die Erde mit den Fersen schlägt, indem er sich in den Knien auf und ab bewegt. Die zweite Phase ist vokalisch: sie besteht in einem kindlich-orgiastischen Freudenschrei, der die Höhepunkte und Zäsuren jenes Rhythmus begleitet: »Hè-eh, hè-eh, heeeeeh!« Ein Schrei also, der keine schriftliche Entsprechung hat. Eine Vokalität, die sich einem Memoriellen verdankt, das den Ninetto von heute in Pescasseroli mit dem Ninetto in Kalabrien – einer Randzone, die sich Reste der altgriechischen Kultur bewahrt hat – und mit dem vorgriechischen, rein barbarischen Ninetto, der die Fersen auf den Boden stößt, wie es heute die vorgeschichtlichen, nackten Dinka im südlichen Sudan tun, *in einem Kontinuum ohne Unterbrechung verbindet*[13].

Der Ton dieses Essays ist einerseits beschreibend, andererseits polemisch. Seine Polemik richtet sich gegen den Strukturalismus, der »Geometrien« und »formale Projektionen«[14] entwirft. Dichter und Marxist können sich damit nicht zufriedengeben: der Dichter, weil er mitten im Magma leben und es »unmittelbar erfahren« will; der Marxist, weil er in das Magma

... durch Erkenntnis und Handeln eine Ordnung (...) bringen will – beide rebellieren gegen die Welle von Formalismus und Empirismus der großen neokapitalistischen Renaissance im heutigen Europa[15].

Sein Schluß lautet: systematische Ablehnung der neuen aufklärerischen Tendenzen sowohl in der Neoavantgarde (als seiner herausragenden literarischen Entsprechung)[16], als auch beispielsweise der im Verlagswesen inzwischen gebräuchlichen propagandistischen Techniken. Pasolini sah eine stürmische Zukunft voraus, eine Zukunft voller sozialer Konflikte, zu deren Lösung die alten, festgefügten Schemata und die alten Überzeugungen (zum Beispiel vom »demokratischen Pazifismus«) keinen Beitrag mehr würden leisten können. Die Landflucht in die Städte, eine auch »sprachliche« Flucht, sah er unter verhängnisvollen Vorzeichen stehen – als apokalyptisch drohendes Ende all dessen, was ihm lieb gewesen war.

Ein Weiser, der wie ein Rauschgiftsüchtiger wirkt, ein liebenswerter Beatnik, ein Dichter, der nichts mehr zu verlieren hat, eine Figur von Elsa Morante, ein Bobi Bazlen, ein nobler und lächerlicher Sokrates, der vor nichts haltmacht und dem auferlegt ist, niemals zu lügen, gleichsam als wären seine Inspiratoren die indischen Philosophen oder Simone Weil. (...). Der Rabe ... – eine Art ungewöhnlicher Metapher für den Autor[17].

Im Jahr 1965 schuf Pasolini einen Film, den er selbst als »Prosa«-Film bezeichnete: *Uccelacci e uccellini (Große Vögel – kleine Vögel)*. Die Komik verwandelte die Prosa in Poesie. Pier Paolo hatte Geduld. Er war überzeugt, daß man auf lange Sicht seinen Ansichten Glauben schenken würde. Er sagte die Apokalypse voraus und war zugleich überzeugt davon, daß seine Worte sie vertreiben könnten. Er sah sich gern als eine der Sprache mächtige Grille: eine Grille, die drohendes Unheil voraussagt und auch über ihre eigene Aufdringlichkeit lachen kann.
So wird der Rabe erfunden. Sein enger Freund Francesco Leonetti leiht ihm die Stimme. Neben ihm spielen Totò und Ninetto. Ninettos Heiterkeit konnte die Grundstimmung der Verzweiflung bei Pier Paolo mildern. An der Erfindung von *Große Vögel – kleine Vögel* kann man die Intensität der Beziehung zwischen Pier Paolo und Ninetto messen und begreifen, wieviel an Symbolik Pier Paolo in diese Beziehung investierte. Es mag verrückt oder als banale Romantik erscheinen, daß Pier Paolo viel von sich selber in die Gestalt von Ninetto legte. Doch seine Zuneigung war einfach von großer poetischer Kraft. Er sah sich selber als sprechende Grille, ein jämmerlicher Lehrmeister wie aus einer Lehrfabel, mit dem es ein schlimmes Ende nehmen muß. Seine Wahrheitsliebe muß auf die Dauer irritieren. Gerupft und gebraten endet der Meister im Magen derer, die er zu den Objekten seiner pädagogischen Fürsorge erkoren hatte: Ninetto und Totò, die austauschbar sind wie ein neuer Don Quichotte und sein Sancho Pansa. Doch welches Schicksal könnte einen Lehrmeister, der beseelt ist von einer starrsinnigen Freude am Lehren, glücklicher machen, als sich in lebendige Nahrung für seine Schüler zu verwandeln?

Ein »elegischer«, »todessüchtiger« Glückszustand, könnte man sagen[18]. Doch diese Tendenz wird im Verlauf von *Große Vögel – kleine Vögel* einer fortwährenden Metamorphose, einem ununterbrochenen Geplänkel komischer Anspielungen ausgesetzt. Das Thema des Films ist klassisch, eines der wirklich klassischen Themen der Literatur: eine Reise auf der Suche nach etwas, die »Reise« par excellence. Totò und Ninetto suchen auf den Straßen der Welt und in der Geschichte materielle und geistige Nahrung. Sie erinnern an Don Quichotte und Sancho Pansa – und, weil es sich um einen Film handelt, natürlich auch an Chaplin. Sie verkörpern die Sanftmut und die Kraft des Herzens, sie lassen den Glauben, den Glauben der Franziskaner erleben, der jedoch geläutert ist und befreit von dem rasenden Eifer, der den Christus aus dem *Evangelium* besessen hatte. Auf der Reise begegnen Totò und Ninetto einem Komplizen, dem Naseweis, nämlich dem Raben, der zur Hauptperson der Reise wird. Der Rabe will sie lehren, nicht nur den äußeren Anschein einer Sache zu sehen: Er will sie lehren, wie man die Welt mit dem Verstand, nicht nur mit dem Gefühl kennenlernen kann. Sein Schicksal wird ihn dennoch ereilen. Die Welt bleibt Sieger über die Naivität von Totò und Ninetto; oder, welche Doppelsinnigkeit der Metapher, der Verstand muß sich, hat er einmal seine Aufgabe erfüllt, von dieser Naivität verschlingen lassen.
Die Filmhandlung ist abstrakt und nicht greifbar. Die Abenteuer sind mit Symbolen beladen und hängen etwas in der Luft. Sie werden erst durch die traumtänzerische Gestik von Totò und die natürliche Lebensfreude von Ninetto aufgefangen. Wo geht die Reise hin? Was steckt verschlüsselt hinter den beiden komischen Gestalten und vor allem hinter dem frenetischen Krächzen des Raben?

Der Marxismus wird als eine naive Norm, als eine dennoch nicht verrückte, sondern überlegte Wiedergeburt mit einem Bruch der Norm und mit dem Trauma in Verbindung gebracht (die nostalgische Sehnsucht nach dem Leben, die Loslösung davon, die Einsamkeit, die Poesie als Ausgleich, die natürliche Pflicht des leidenschaftlichen Einsatzes etc.). Doch autobiographische Anklänge finden sich vor allem in der vom Raben vertretenen Form von Marxismus. Ein Marxismus, der offen ist für alle möglichen Synkretismen und Regreßformen, dabei jedoch auf der Grundlage der Diagnose und der Perspektive bleibt ...[19]

Die beiden Personen unternehmen eine Reise durch die »Krise der Ideologien« auf der Suche nach einer möglichen Kontinuität, einem wenn auch »irregulären« Gleichklang mit den aus der Widerstandsbewegung übriggebliebenen Hoffnungen. Sprachrohr sind der Autor und der Rabe. Der Rabe betrachtet die Heiterkeit der besitzlosen Proletarier Ninetto und Totò als ein historisches Gut, das nicht verloren gehen darf; die Borgate sind für ihn der Ort, wo eine geistige Wiedergeburt möglich ist. Geschichte und Ideologie sind zentrale Themen, die mit Ironie und Komik behandelt werden. Pate gestanden haben bei dieser Reise in eine Fabelwelt Fedro und La Fontaine. Und in dieser Fabel kam Pasolinis Verzweiflung am Dasein für einen Augenblick zur Ruhe, ja fast zu einer Art Erlösung[20].

Leben und Krankheit

»Ich werde nie vergessen können, daß die italienische Gesellschaft mich durch ihre Gerichte hat verurteilen lassen[21].« Auch der Ausflug in die Fabelwelt läßt Pasolini nicht vergessen. Er geht so weit zu sagen, daß er Filme gemacht habe, »um das Land zu verleugnen, aus dem ich hundertmal drauf und dran war abzuhauen.« Seine »Opposition« richtet sich jetzt »auf zwei Fronten gegen das Kleinbürgertum und gegen sein Spiegelbild, den Konformismus von links[22].«

Pasolini bleibt trotz seiner Verzweiflung standfest und läßt sich auch in der aufgezwungenen Vereinsamung nicht von der kulturellen Diskussion ausschließen. Mehr denn je nimmt ihn der Film gefangen; er beschäftigt sich jetzt intensiv mit der Theorie des Films.

Godard in Frankreich, Pasolini in Italien. Aus Frankreich kommen die kritischen Analysen der »Cahiers du Cinéma« von

Roland Barthes oder Christian Metz. In Rom hatte sich im Umfeld der Zeitschrift »Cinema e Film« eine Gruppe junger Cineasten gebildet, unter anderen Adriano Aprà, Luigi Faccini und Maurizio Ponzi. Sie arbeiten an einer Katalogisierung der filmischen Sprache. Sammelpunkt und Experimentierlabor für diese Bestrebungen wurde das Festival von Pesaro, das als Festival des »Neuen Kinos« angekündigt wurde. Organisiert wird es von Lino Miccichè. Im September 1965 wurde neben den Vorführungen auch eine Gesprächsrunde aufs Programm gesetzt. Pasolini liest dort seine erste These vom *Kino der Poesie* und nennt als Beispiele Antonioni, Bertolucci, Godard, Glauber Rocha und Milos Forman. Die Filmsprache hat kein Wörterbuch, sie ist »irrationalistisch«, »onirisch«, »primitiv« und »barbarisch«. Diese Sprache ist »die Realität«: Das Kino der Poesie ist ihre absolute, unmittelbare Wiedergabe. Die Literatur arbeitet mit einem festgelegten Wortschatz – das Kino nicht: »Während die Tätigkeit des Schriftstellers also in einer ästhetischen Erfindung besteht, ist die des Filmautors zunächst eine linguistische, dann eine ästhetische[23].«
Auch Barthes kam nach Pesaro. Er diskutierte lange mit Pier Paolo über die Aufstellung einer filmischen Grammatik, wies jedoch auch darauf hin, wie wichtig in einem Film Erzähldynamik und eingebaute Logik sind, aufgrund derer ein Film »beginnt« und »endet« und die Parabel eines Schicksals beschreibt.
Im Herbst 1965 setzte Pasolini große Hoffnungen auf eine literarische Initiative: die Neugestaltung der jetzt von Alberto Carocci und Moravia geleiteten Zeitschrift »Nuovi Argomenti«. Ihre kulturpolitische Mittlerrolle war seit 1963 geschwächt worden. Andere Zeitschriften – zum Beispiel »Quaderni piacentini« – hatten sie verdrängt und arbeiteten von einer linken Position aus an einer Kritik der KPI-Politik. Die polemischen Diskussionen der Neoavantgarde hatten einen black-out in der Literatur hervorgerufen. Moravia plante eine neue Serie der »Nuovi Argomenti«, wo die kreative Literatur dominieren sollte. Pasolini war von diesen Plänen begeistert: Er suchte sogar Moravias Entscheidung zu beschleunigen und nahm Kontakte mit Editori Riuniti, dem Verlag der KPI auf, der Druck und Vertrieb der

Zeitschrift übernehmen sollte. Die Sache war schon fast perfekt, als sich Moravia und Pasolini im letzten Moment doch noch anders entschlossen: Sie fürchteten, daß die Herausgabe in dem parteigebundenen Verlag eine Literaturzeitschrift zu sehr einengen könne. Darum sprachen sie mit Livio Garzanti, und Garzanti erklärte sich bereit, »Nuovi Argomenti« zu drucken und zu vertreiben. Garzanti hoffte darauf, daß die Zeitschrift neue Autoren ausfindig machen würde und vertraute auf Pasolinis Talent, diese neuen Autoren anzuziehen. Ich selbst wurde damals zunächst zum redaktionellen Berater ernannt. Pier Paolo ging es nicht mehr darum, parteiische und einheitliche Linien festzulegen wie noch bei »Officina«. Die neue Linie der »Nuovi Argomenti« richtete sich auf die Kunst des Möglichen, gebunden an das Kriterium der Qualität. Aus den vorliegenden Manuskripten wurden einige neue Namen ausgewählt: Dario Bellezza, Giorgio Manacorda und Renzo Paris. Vor allem Bellezza überzeugte Pier Paolo mit der instinktiven, naturgegebenen Lyrik seiner Gedichte. An Bellezza amüsierte ihn auch dessen Neigung zum Klatschen; Bellezza zog über alles und jeden her. Pier Paolo sagte, Bellezza sei der »Priester seiner selbst« – und das in unfreiwilliger Komik. Diese Komik trug auch bösartige Züge; sie kennzeichnete ihn als modernen Schriftsteller. Bellezza verließ seine Familie. Finanziell ging es ihm immer schlecht. Ein paar Jahre lang ließ Pier Paolo ihn seine Korrespondenz führen, soweit sie nicht allzu persönlich war. So verdiente sich Bellezza zumindest ein geringes monatliches Einkommen und konnte sein Buch *Invettive e licenze* schreiben.

Die Literatur war für Pasolini nicht von der Bildfläche verschwunden. Er beginnt damit, Gedichte »auf Bestellung« zu schreiben – die ersten Gedichte von *Trasumanar e organizzar* (etwa: Vergeistigen und gestalten). In seiner Phantasie nimmt »eine neue Art von Hofnarr« Gestalt an: der Dichter, dessen »Reinheit« auch »Mystifikation« sein kann. Pasolini schreibt:

> Die Mystifikation ist Leichtsinn.
>
> Die Ehrlichkeit ist schwer und vulgär:
> Mit ihr gewinnt allein das Leben.
> Gewinnen soll dagegen die Jugend

und zwar mit frechen, netten – und geduldigen Verstößen gegen
jede Regel:
Denn geduldig sind die Jungen, nicht die Alten.
Soll ruhig die Fistelstimme wiederkommen.

All das ist mir eingeflüstert worden von der Erythräer Gnaden[24]

Diese Zeilen stammen aus den ersten Monaten 1969 und bilden die Summe einer Daseinserfahrung, die zur Zeit von *Große Vögel – kleine Vögel* ihren Ausgang genommen hatte. Eine Erfahrung, zu der das Spiel und die Masken gehören: Die Erinnerung an Nietzsche wird wach.

Pasolini lehnt sich nie ausdrücklich und bewußt an Nietzsche an. Nietzsche war für ihn das gleiche wie Lukács für viele seiner Leser: das negative, beispielhafte Abbild des bürgerlichen Irrationalismus. Doch mancher Gleichklang drängt sich auf. War Pier Paolo über seine Belesenheit hinaus nicht ein Jünger »eines unbekannten Gottes«, oder »eine mystische, fast mediumgleiche Seele«? Diese Innerlichkeit ließ ihn von »Leichtsinn« sprechen. Und war der »Leichtsinn« nicht obligatorisch für den Jünger Zarathustras? »Leichtsinn« bedeutete bei Pier Paolo auch frenetische Aktivität, eine kreative Aktivität bis zur totalen Erschöpfung. Im März 1966 erleidet er beim Abendessen in einem Restaurant im römischen Armenviertel des Portico d'Ottavia einen Magendurchbruch. Er war in Gesellschaft von Moravia und Dacia Maraini. Pier Paolo war vom Tisch aufgestanden und zur Toilette gegangen. Es verging ziemlich viel Zeit. Dann ging plötzlich eine Tür auf, Pasolini fiel in den Raum und brach in einer Blutlache zusammen. Blut sprudelte ihm aus dem Mund. Dacia zog ihn gleich hoch; er wurde dreimal hintereinander in ihren Armen ohnmächtig. Als er wieder zu sich kam, flehte er sie an: »Geh nicht weg, geh nicht weg.« Sie kühlte ihm die Stirn mit Wasser. Er sah wie tot aus. Die Kellner halfen Dacia, ihn zum Auto zu tragen. Zusammen mit Moravia fuhren sie zu einem Arzt, den sie kannten. Er bekam eine Spritze und erholte sich. Pier Paolo mußte einen Monat lang im Bett bleiben und durfte sich nicht rühren. Wieder gesund sagt er zu Giorgio Bocca:

An manchen Tagen, wenn ich aufwache, durchfährt mich der Gedanke an das Altwerden wie ein Blitz. Zum ersten Mal habe ich mich alt gefühlt: das Magengeschwür, einen Monat Bettruhe, schwach sein und sich schonen müssen[25].

Er wog noch fünfzig Kilo. Seine Diät hielt er peinlich genau ein, trank Milch und aß Schonkost. Der Speisezettel für die gewohnten Abendmahlzeiten bei Laura Betti mußte ein paar Jahre lang radikal geändert werden. Nach zwei, drei Jahren hatte sich Pier Paolos Gesundheitszustand so weit stabilisiert, daß er zu seinen alten Eßgewohnheiten zurückkehren konnte. Doch die Krankheit und die lange, sorgsam eingehaltene Schonung setzten in seinem Leben ein Zeichen. Seine Worte »zum ersten Mal habe ich mich alt gefühlt« waren sehr bewußt gewählt.
Von Alter zu sprechen, war freilich übertrieben. Mit seinen vierundvierzig Jahren war Pasolini nicht »alt«. Doch die Einsamkeit und die Zeit zum Nachdenken, die er im Krankenbett hatte, brachten ihn zu diesem »Leichtsinn«, zu dieser »Mystifikation« im guten Sinn, zu der ihn der »Rabe« aus *Große Vögel – kleine Vögel* »aufgerufen« hatte. Der »Leichtsinn« war eine Waffe der Ironie: hinzugewonnene Freiheit und Reife. Als er sich wieder mit den Freunden traf, sagte er: »Im Krankenbett habe ich sechs Tragödien geschrieben.« Tatsächlich hatte er in diesem einen Monat die sechs Texte seines dramatischen Werks entworfen: *Calderón, Pilade, Affabulazione, Porcile, Orgia* und *Bestia da stile*. In Umrissen zeichnete er auch *Teorema*.
Gemeinsam mit Moravia und Dacia Maraini hatten wir ein Theater der italienischen Schriftsteller ins Leben gerufen: das Teatro del Porcospino (etwa: Stachelschwein-Theater) in einem Keller in der Via Belsiana, im Zentrum von Rom. Das kleine Ensemble wurde von Carlotta Barilli und Paolo Bonacelli geleitet, Regisseur war Roberto Guicciardini. Trotz mancher Schwierigkeiten hielt sich das Theater zwei Spielzeiten lang. Guicciardini ging weg, andere Regisseure folgten nach. Das Hauptaugenmerk wurde auf die Texte gerichtet. In diesen Monaten diskutierten wir lange über das Theatermachen. Schriftsteller und Schauspieler stritten sich. Pier Paolo behauptete, die Schauspieler hätten sich

nie von ihrer traditionellen »Gespreiztheit« befreien können. Sein »geschriebenes« Theater sei noch nie »rezitiert« worden, und niemals würde er es dem »Porcospino« anvertrauen.
So war es dann auch. Nach langem Zögern druckte er 1967 *Pilade* und 1969 *Affabulazione* in »Nuovi Argomenti« ab[26]. Beides waren Übergangsfassungen. Er wollte noch 1975 an seinem gesamten dramatischen Werk letzte Hand anlegen. Nur *Calderón* ist wohl noch von ihm selbst fertiggestellt worden. Das Stück erschien 1973 in Buchform. Unter seiner eigenen Regie wurde am 27. November 1968 *Orgia* (etwa: Orgie) in Turin uraufgeführt. Die Darsteller waren Laura Betti, Luigi Mezzanotte und Nelide Giammarco.
Pasolinis Unzufriedenheit mit dieser Ausdrucksform blieb immer bestehen. Vielleicht kam das daher, daß er nach nicht allein stilistischen Lösungen suchte.
Das Schlüsselthema von Pasolinis Tragödienwerk, das in diesem Frühling 1966 entworfen wird, ist das Dasein in Familie und Gesellschaft. Schon in *Poesia in forma di rosa* wurde sein Gedanke von der »Macht« des Neokapitalismus deutlich, der historisch gewachsene moralische Werte zerstört und der Gesellschaft einen nicht wiedergutzumachenden Schaden zufügt. Pasolini wollte in Lyrik und Drama die Auswirkungen anprangern.
Das daraus folgende soziale und existentielle Leid wurde als ein Akt der Zerknirschung unter den Augen Gottes und des Schicksals dargestellt. Pasolinis Theater ist in sich geschlossen, verharrt im Selbstgespräch. Man könnte sagen: Keine Tür führt nach draußen.
Die sechs Tragödien fügen sich eine an die andere und drehen sich um die konfliktbeladene Vater-Sohn-Beziehung, um die politischen Utopien der Jugend und um die Massenkultur, die ins Autoritäre abzurutschen droht. Die Gestik tritt hinter essayistischen Elementen zurück, ruht wie stehendes Wasser. Die Personen, die konzertierenden Stimmen splittern ihre vitale Erfahrung auf und erleben sie Stück für Stück von neuem. Genauso wird in Pasolinis Filmen Einstellung für Einstellung wie Mosaiksteinchen zu einem Ganzen komponiert und damit das Leben wie auf Devotionalientafeln dargestellt.

Deshalb also vermeide ich die Einstellungssequenz: sie ist naturalistisch und daher – natürlich. Meine fetischistische Liebe zu den »Dingen« der Welt hindert mich daran, sie als natürliche zu betrachten. Sie weiht die Dinge entweder, oder sie entweiht sie mit Gewalt, eines nach dem anderen: sie verbindet sie nicht in einem maßvollen Fließen – dieses Fließen akzeptiert sie nicht –, sondern isoliert sie und betet sie an, mehr oder weniger inbrünstig, eines nach dem anderen[27].

Das Reale wird angebetet, das Leben verliert sich im Pragmatischen. Nacheilen will er diesem Leben, eintauchen darin. Der intellektuelle Pessimismus und das mystische Streben sind tief verankert. Geno Pampaloni umschrieb in einer Rezension der in *Ketzererfahrungen* zusammengefaßten Essays diesen Pessimismus und seine religiöse Ausprägung so:

Nach dem Verlust der ideologischen und moralischen Gewißheit des hegemonischen Marxismus richtet sich Pasolinis Idealvorstellung immer mehr auf eine pluralistische, spontane, anarchistische Welt. Sein Interesse konzentriert sich auf ein allgemeines Problembewußtsein, oder eine allgemeine Politisierung. Er ist nicht mehr auf der Suche nach einer Ordnung, sondern nach dem Sinn des Lebens. In diesem religiös zu nennenden Bereich setzt er seine markantesten Akzente. Niemand kann uns wie Pasolini heute die Hektik, den Schrecken und das Elend einer Epoche vermitteln, die noch im Sterben eben diese Qualen, Haßgefühle und schmerzlichen Erinnerungen zerstreut beiseite legt, die in ihrem Verlauf für Dramatik gesorgt hatten. Diesen oft wütend mit Formeln und theoretischen Spitzfindigkeiten gespickten Seiten entnimmt man vor allem eine Art Katastrophenstimmung, als wäre hier ein Intellekt vom Mitleid überwältigt worden[28].

Die Religion, eine besondere Beziehung zur Realität. Hier setzt Pasolini den Akzent seines »Mitleids«. Doch in diesem religiösen Fühlen tauchten durchsichtige Schatten der Vergangenheit auf: in erster Linie D'Annunzio, dann die verschütteten und wiederentdeckten barbarischen Kulturen der Romantik. Das Vorbild von Flauberts *Salammbô* ist nicht weit. Die bildhafte Schlichtheit des *Evangeliums* ließ schon einen Pasolini vermuten, der in den

Mythen oder in einer träumerisch von der Geschichte losgelösten Vergangenheit verloren war. Seine Tragödien und die sie beherrschende visuelle Erfindungskraft bestätigen diese Vermutung.
In der Beschwörung psychologischer und moralischer Archetypen entdeckt Pasolini aber auch eigene Materie, die in Vergessenheit geraten war, einen Teil seines Ichs, der seit seinen Jugendjahren darniedergelegen hatte: die Beziehung zum Vater, die Sehnsucht nach dem Vaterbild. Pier Paolo entdeckt die Komplexität einer Beziehung, der er jahrelang mit Haßgefühlen gegenüber gestanden war. Dieses Thema findet sich insbesondere in *Affabulazione (Affabulazione oder Der Königsmord)*, dem Text zu diesem Komplex, der vielleicht am meisten betroffen macht.
Man sagt, die Krankheiten des Körpers seien sichtbarer Ausbruch unsichtbarer Leiden der Seele. Der Ursprung des Magengeschwürs bei Pier Paolo ist sicher psychosomatisch: aufgestaute innere Zwänge, langes Schweigen unterbrochen von stummem Lachen, von Büchern und Filmen, schmerzliche Erfahrung des Familienlebens, die Liebe zu Susanna, der Tod von Guido und die Abneigung gegenüber Carlo Alberto. Diese Abneigung brütete er lange Zeit in seinem Inneren aus. Er verfolgte aufmerksam jede seiner Regungen. Auch die kleinste war Anlaß zu eingehender Prüfung. Dann kam die Krankheit und die Genesung: Seine Selbstprüfung mußte sich in den im Bett verbrachten Wochen noch verstärken, ein Gefühl der Reife und des »Altwerdens« kam hinzu und gewann immer mehr Raum. Das Drohbild des Vaters, ein sicherlich symbolisches Bild, mußte sich klar abzeichnen. Es überrascht daher nicht, daß in *Affabulazione* der Vater als Protagonist im Vordergrund steht – oder in *Pilade* die starke Sehnsucht nach ihm, als tragender Säule der Gesellschaft. In *Affabulazione* sucht, ja braucht der Vater eine positive Gegenüberstellung mit dem Sohn. Er verzweifelt daran, daß er keinen anderen Ausweg aus der Gegenüberstellung findet als den Mord. Kronos verschlingt seine eigene Nachkommenschaft. Pasolini wählt beim Nachempfinden des Mythos in modernem Gewand nicht durch Zufall den Blickwinkel von Kronos:

> ... Nun, ich wollte
> meinen Sohn ja gar nicht umbringen ...

ich wollte selber umgebracht werden!!
Findest du das nicht eigenartig?
Er aber wollte mich nicht umbringen
– und auch nicht selber umgebracht werden,
willig und ergeben
wie seine braven Altersgenossen –
er wollte mich nicht umbringen und sich nicht umbringen lassen!!
(...)
Er machte sich überhaupt nichts aus mir und
aus all den Morden, alten wie neuen,
die einen Vater mit einem Sohn verbinden ...
So hatte er alles von sich abgeschüttelt[29]

Doch die Legende von Kronos ließ bei Pasolini einen neuen Gedanken auftauchen. Pasolini sah schon die Bürgersöhne – stimuliert von der Euphorie des neokapitalistischen Booms – »sich von allem befreien«, das Freiheitsgefühl in Indifferenz verwandeln und die religiöse Bedeutung der Mythen ableugnen, um die sich Psychologie und Geschichte ranken. Die Verzweiflung Kronos' spiegelte in nicht geringem Maße den radikalen Pessimismus des Autors dieser Neufassung wider. Welche Hoffnung konnte er noch haben?

*War das die Zukunft, so war nichts vorauszusehen**.
(...)
Und die unvorhersehbare Zukunft, die mir die Hand bewehrt hat,
ist eben diese des Jahrzehnts, in dem wir leben.
Sie hat die Vergangenheit zerfallen lassen
und beherrscht vor ihrer Zeit die Menschen.
Die Menschen leben sie ganz unbewußt,
empfinden sie in Wirklichkeit vielmehr als Tod
vergangner Werte, denn als die Geburt von neuen.

---

* *Affabulazione oder Der Königsmord*, a. a. O., S. 69. Die folgenden Zeilen sind in der deutschen Ausgabe von *Affabulazione* (a. a. O.) nicht enthalten. Der Text wurde von Pasolini mehrfach umgeschrieben: »Die erste Fassung geht auf den Frühling 1966 zurück. Eine zweite Fassung ist in ›Nuovi Argomenti‹, 15, Juli-September 1969, erschienen. Beim hier veröffentlichten Text handelt es sich um eine dritte – nicht definitive – Fassung.« Zitat (ungefähre deutsche Übersetzung) aus: *Affabulazione/Pilade*, 2. Aufl., Mailand 1979, S. 241 (Anm. d. Ü.)

Das erniedrigt sie und läßt sie sich rückentwickeln
zu kindlicher Gottlosigkeit.
Das ist es, was mich in Wirklichkeit zum Mörder hat gemacht
an einem kräftelosen, anachronistisch unschuldigen
Sohn (es sei denn, es handle sich um eine
anachronistisch neue Unschuld)

1967 entsteht *Edipo re (Edipo Re – Bett der Gewalt):* ein Szenengemisch aus der Zeit, als man Fremde noch für Barbaren hielt, eingerahmt von Sequenzen, die in der Poebene spielen. In zarten Pastellfarben sehen wir die Lombardei in der Zeit nach dem Ersten Weltkrieg und in der Gegenwart. Mittelpunkt des Films bildet die prächtig gestaltete Schilderung einer Zeit, die vor der Geschichte lag und bei allem antiken Gepränge dennoch wie eine quälerische Vorwegnahme wirkt. *Edipo Re* und die Tragödie um die Muttergestalt, *Medea,* bilden gemeinsam die wirkliche *Salammbô* Pasolinis: dekorativer Pomp, ein Netz aus Anspielungen, kostbare formale Ausstattung. Daneben lebt der wohl von Jung (oder von Nietzsche?) suggerierte Gedanke auf, daß in den archetypischen Symbolen wie in einem Keimling das ganze Menschsein enthalten ist.
Pasolini schrieb über seinen Film und sprach dabei selbst von »Ästhetizismus« und »Witz« – eine Art ironische Zurücknahme. Freud sei zwar gegenwärtig und »scheint fast Marx zu schlagen«, sei aber in den Film »eingeschaltet«, wie das nur ein »Dilettant« könne. Doch die Zurücknahme geht tiefer: ein Vorgang, der sich in seinem Inneren abspielt. Warum Ödipus? Pier Paolo erklärt sich jetzt »mit fünfundvierzig Jahren« für befreit von jeglichem Wirrwarr Freudscher und marxistischer Ideen. Er akzeptiert seine Stellung als »bürgerlicher« Intellektueller mit all ihrer Zwiespältigkeit und den notwendig auftretenden Begleitumständen. Darum erzählt er in *Edipo Re* »Dinge, von denen er jetzt weit entfernt ist«. Hat er sich deshalb von Sophokles inspirieren lassen, weil er die Gewalt des mütterlichen Einflusses auf sich erklären wollte? »Nie habe ich eine Liebesnacht mit meiner Mutter ersehnt. Nicht einmal im Traum.« Es klingt wie ein zerstreut abgelegtes, eigentlich überflüssiges Geständnis, wenn er schreibt:

Wenn schon, dann habe ich eher davon geträumt, mit meinem Vater Liebe zu machen (gegen die Kommode in dem armseligen Zimmer, das mein Bruder und ich teilten) und vielleicht auch, glaube ich, mit meinem Bruder; und mit vielen Frauen aus Stein[30].

Man kann wohl kaum noch mehr Deutlichkeit oder Selbsterkenntnis von ihm verlangen.
Edipo Re wird im September 1967 auf der XXVIII. Biennale in Venedig vorgestellt. Franco Citti überzeugte als Hauptdarsteller nur wenig. Eine überzeugende Leistung dagegen bot Silvana Mangano als Iokaste, ein Totem aus aneinandergereihten farbigen Topasen (eine »Frau aus Stein«). Vor allem aber beeindruckte die Landschaft Marokkos, die das antike Theben und sein Umland darstellen sollte. Guido Piovene verteidigte den Ästhetizismus, der Anleihen bei D'Annunzio zu nehmen schien:

Es gibt heute sehr viel Schlimmeres, als sich an D'Annunzio anzulehnen; D'Annunzio ist ein viel bedeutenderer Dichter als der Großteil der Idole, die heute von der Masse der Kritiker und Literaten beweihräuchert wird. Und was den Ästhetizismus angeht: Sicher steckt viel stilistischer Ästhetizismus in Pasolini. Um so besser für ihn ...

Die Kritik wagt sich noch weiter vor:

Endpunkt der Suche und der Blindheit des Ödipus ist (wie im ganzen Werk Pasolinis impliziert), daß das Leid des Menschen nicht vom Zufall bestimmt und auch nicht, möge es noch so intim und brennend sein, an irgendeine historische Ursache gebunden ist; das menschliche Leid ist existentiell und schicksalhaft, es ist an das lebendige Leben gebunden und gehört nicht zum historischen, sondern zu einem außerhistorischen Bereich – dorthin, wo die großen tragischen Mythen es angesiedelt haben[31].

Amerika, Amerika

Ein Maserati 3500 GT: Pier Paolo hatte ihn, wenn auch aus zweiter Hand, extra für den Sommer 1966 gekauft. Ein paar Tage fuhr er mit Susanna in Urlaub nach Piano d'Arta in der Carnia.

Das große Auto war vermutlich reine Angeberei. Außerdem fing er an, sich auffällig zu kleiden, so als wolle er mit der Mode gehen, die gerade »in« war: Er trug Wollpullover in gewagten Farben, Hosen und Jacken aus Leder und modische Stiefeletten. In den sechziger Jahren begann er auch sein Haar dunkler zu färben. Er machte selber ironische Bemerkungen und sprach von einer erotischen Pflicht – seine einzige Stelle, wo er etwas oberflächlich sein konnte. Der Maserati gehörte als aufsehenerregendes Pop-Objekt dazu.

Jetzt führten ihn Reisen in die Tschechoslowakei, nach Ungarn, Rumänien und in die USA. In den osteuropäischen Volksrepubliken überzeugte er sich von dem Alterungsprozeß, zu dem der Marxismus verurteilt schien. In der Tschechoslowakei, in Ungarn und in Rumänien traf er mit Intellektuellen zusammen:

... durch sie, durch ihre Unruhe und ihr Unbehagen [habe ich] die Unruhe und das Unbehagen dieser Länder gespürt. Man kann hierfür, glaube ich, schematisch und summarisch die Tatsache verantwortlich machen, daß »die Revolution nicht weitergegangen ist«, daß also der Staat sich nicht dezentralisiert hat, nicht verschwunden ist und die Arbeiter in den Fabriken nicht wirklich an der politischen Macht teilhaben und sie verantworten, sondern vielmehr – wer wüßte es nicht inzwischen und gäbe es nicht zu? – von einer Bürokratie beherrscht werden, die revolutionär nur dem Namen nach ist[32].

Im Oktober 1966 machte er eine kurze Reise nach New York, seine erste Reise in die USA. In diesem Land fühlte er eine ganz neue Atmosphäre, die ihn überwältigte.

In Amerika habe ich, trotz meines sehr kurzen Aufenthalts, viele Stunden im Klima des Untergrunds, des Kampfes, der revolutionären Ungeduld und der Hoffnung gelebt, demselben Klima, das 1944 und 1945 in Europa herrschte. In Europa ist alles zu Ende; in Amerika hat man den Eindruck, als stünde alles am Anfang. Ich will nicht behaupten, daß in Amerika Bürgerkrieg wäre – vielleicht nicht einmal irgend etwas Ähnliches –, noch will ich ihn prophezeien; dennoch lebt man dort wie am Vorabend großer Ereignisse[33].

New York hat ihn gefangengenommen. In Interviews sagt er immer wieder Sätze wie diesen: »Am liebsten möchte ich achtzehn sein und ein ganzes Leben lang hier leben können[34].«
Doch er beobachtet auch sehr genau:

Gewiß, all das, was ich in New York gesehen oder zu sehen geglaubt habe, hebt sich gegen einen finsteren Hintergrund ab, den wir nicht begreifen, jedenfalls nicht akzeptieren können: gegen das amerikanische Alltagsleben, das Leben der konservativen Massen, das sich in einem Schweigen abspielt, welches von beträchtlich größerer Gewalt ist als die »Schreie«, die uns aus der Linken erreichen[35].

Wenn man in Amerika »die schönste Linke, die man sich vorstellen kann« antrifft, nämlich eine nicht kommunistische, sondern vom »Mystizismus der Demokratie« beherrschte Linke, muß man gleichzeitig sehen, daß diese Linke sich gegen ein granithartes Establishment behaupten muß. Doch dieser von »Unzufriedenheit« und »Begeisterung« angestachelte Kampf reißt Pier Paolo mit und überzeugt ihn, daß der Mythos der Revolution noch lebendig ist.
Es gibt ein paar Fotos von Pier Paolo in New York: am Times Square und am Broadway. Er war zu einem Filmfestival hingefahren, bei dem *Große Vögel – kleine Vögel* aufgeführt wurde[36]. Das Festival wurde von Richard Raud parallel zu einer Londoner Filmschau veranstaltet. Hier konnte man die ganze Bandbreite des »neuen« Kinos sehen, die auch schon in Pesaro vorgeführt worden war. Pier Paolo durfte nicht fehlen. Für ihn war es der Anfang seiner internationalen Bekanntheit. Auf den Fotos trägt er einen leichten Wettermantel, Cordsamt-Jeans und *Clarks*. Über dem hell-karierten Hemd flattert die Krawatte, eine frische Brise fährt ihm durchs Haar. Sein Gesicht wirkt gezeichnet und eingefallen. Er mied die Einladungen der High-Society: In der Nacht lief er durch Harlem und nahm jede nur mögliche Herausforderung an. Wenn einer ihn auf die Gefahren hinweisen wollte, lachte er ihn aus. Seine Wege führten ihn nach Greenwich Village und nach Brooklyn.

Eines Nachts in Harlem habe ich einer Gruppe junger Schwarzer die Hand geschüttelt (aber sie schüttelten die meine mit Argwohn, weil ich ein Weißer war), die auf dem Hemd das Abzeichen des Panthers trugen, das Emblem einer extremistischen Bewegung, die sich auf einen echten bewaffneten Kampf vorbereitet. (...) Ich bin einem jungen farbigen Gewerkschaftler gefolgt, der mich zum Sitz seiner Bewegung brachte, einer kleinen Bewegung, die in Harlem nur ein paar Hundert Mitglieder zählt und gegen die Arbeitslosigkeit der Schwarzen kämpft. Ich bin ihm in die Wohnung eines seiner Genossen gefolgt, eines Maurers, der sich bei der Arbeit verletzt hatte; er hat uns, auf seinem armseligen Bett ausgestreckt, mit dem Lächeln des Freundes und Komplizen empfangen, voll von jener Herzlichkeit, die wir als Partisanen kannten.
Ich bin zu einem »bürgerlichen« Appartement in der schmutzigsten Gegend des Village hinaufgestiegen, um das hysterische Lachen und das bittere, wirre Reden einer mit einem Schwarzen verheirateten weißen Intellektuellen zu hören, die ihre Haßgefühle gegen den alten amerikanischen Kommunismus und die Linke der Droge hervorstieß ...[37]

Was er erzählt, ist sicher nur ein kleiner Teil seiner Abenteuer. Pier Paolo wurde von einer prickelnden, erotischen Euphorie erfaßt. Auf anderer Ebene, aber ebenso stark wurde er von der damaligen amerikanischen Protestbewegung beeindruckt. Er entdeckte darin ein Demokratieverständnis, das in Italien nicht existierte.
Seine überschwengliche Begeisterung hinderte ihn nicht an einer eingehenden Würdigung des Phänomens »Amerika«. In Italien brachte man den Beatniks und der amerikanischen Revolte gegen den übersteigerten Konsum »bloße Kuriosität« und »Ironie« entgegen. Pasolini dagegen wußte zu berichten:

Wer sich in den großen amerikanischen Städten betrinkt, wer Drogen nimmt, wer nicht bereit ist, sich in die sichere Welt der Arbeit zu integrieren, der vollbringt mehr als eine Reihe von alten und festgelegten anarchistischen Taten: er lebt eine Tragödie[38].

Auch New York mit seinen Stadtrandgebieten, dem Rassenproblem und seinen vielfältigen menschlichen Schicksalen ist Dritte

Welt: »Zwei oder drei Generationen haben in der Tat nicht ausgereicht, um die Psychologie der ungeheuren Massen von Einwanderern bis in die Tiefe zu verändern[39].« Pasolini interpretierte die gesellschaftlichen Vorgänge mit Hilfe seiner gewohnten Methoden. Er konnte beobachten:

Die »Furcht vor dem Verlust der Präsenz« und der Snobismus eines frisch erworbenen Bürgerrechts sind es also, die den Amerikaner – diese seltsame, konkret gewordene Mischung aus Subproletarier und einem Bürger, der zutiefst und redlich von der eigenen bürgerlichen Loyalität erfüllt ist – daran hindern, über die Vorstellung nachzudenken, die er von sich selbst hat. Deshalb bleibt sie »falsch«.

Doch im Inneren dieses Sozialgefüges war festzustellen »... daß das Klassenbewußtsein bei den Amerikanern in gänzlich neuen und für den Marxismus fast anstößigen Situationen aufdämmert« und zwar

in pazifistischen und gewaltlosen Demonstrationen (...), die von einem intelligenten Spiritualismus beherrscht werden. Der stellt übrigens objektiv, wenigstens für mich, eine erstaunliche Tatsache dar und hat meine Liebe zu Amerika geweckt. Er ist das Weltbild von Personen, die auf Wegen, welche wir für verkehrt halten – die geschichtlich aber sind, was sie sind, nämlich richtig –, zu einem Selbstbewußtsein als mündige Bürger gelangt sind (vergleichbar vielleicht den Athenern oder Römern?), ausgestattet mit einer redlichen und tiefen Auffassung von Demokratie ...[40]

Was bringt Pier Paolo dazu, sich in die Vereinigten Staaten regelrecht zu verlieben? Seine – wenn man will konstruierte, doch »redliche« – Überzeugung, daß man dort zu einem neuen Demokratiebegriff käme, indem man sich mit »dem Kreuzweg der Neger« und aller möglichen Randgruppen auseinandersetzte. Der Kampf um die Bürger- und Menschenrechte war ihm ein tief empfundenes Anliegen, das er selbst schon mit *Le ceneri di Gramsci* verfolgt hatte und von dem er jetzt ein ganzes Land beseelt glaubte.

Was er in Amerika geschehen sah, war keine »Revolution«, vielleicht war es das Vorspiel zum »Bürgerkrieg«, doch die amerikanische »Neuheit« trug in seinen Augen ermutigende Anzeichen vitaler Energie – die Zeichen der Poesie:

Seit den alten Zeiten von Machado hat keine Lektüre in mir ähnlich brüderliche Empfindungen erweckt wie die von Ginsberg. Und war es nicht wunderbar, wie der betrunkene Kerouac Italien durchreiste und die Ironie, den Verdruß und die Mißbilligung unserer dämlichen Literaten und Journalisten auf sich zog[41]?

Pasolini besaß gewisse dekadente Züge, eine übersteigerte Freude an allem Vitalen zum Beispiel, und dabei registrierte er es gar nicht, wenn etwa sein Schrifsteller-Kollege Jack Kerouac, der im Herbst 1966 im Schlepptau der Werbeleute eines Verlages durch Italien reiste, nur noch der matte Abglanz seiner selbst war: vom Alkohol arg zugerichtet und Reden schwingend, die nicht gerade zu einem Dichter paßten. Pier Paolo verwechselte ein Sich-gehen-lassen mit Vitalität, und in seiner Einsamkeit, zu der er sich selbst verurteilt hatte, war ihm das genug. Er kam jetzt immer mehr zur Überzeugung, daß ein Dichter und Intellektueller dem bürgerlichen Zusammenleben entfliehen mußte, und pries alle Lösungen, von denen er sich eine Befreiung von jedem Zwang versprach. Er wollte die physische Ekstase leben, sich ganz vom Leben berauschen lassen, sich ungezügelter Wollust hingeben. Es kam so weit, daß er von der Reise nach New York sprach, als habe sie ihm ewige Jugend, ja eine unverhoffte körperliche Auffrischung gebracht. Nach überstandener Krankheit flammt die Lebenslust wieder auf, und Pier Paolo will sie auskosten. Doch er kam noch zu einem weiteren, philosophischen Gedanken: Er entdeckte die Spontaneität. Er fühlte sich unausweichlich »bürgerlich« und allein gegen alle anderen und entdeckte den Fluch des geistigen Anarchismus. Darüber hinaus sehnte er sich in der jetzt bekräftigten Ablehnung der Literatur – er wollte nicht mehr als »Stilbestie« abgestempelt werden – nach einer äußersten, »heiligen« Ganzheit. Ein unveröffentlichtes Interview in Gedichtform aus dem Jahr 1966, das einem hypothetischen New Yorker Journalisten gegeben wird, kann eine Erklärung anbieten:

… ich möchte nur leben,
auch wenn ich Dichter bin,
denn das Leben drückt sich auch durch sich alleine aus.
Ich möchte mich mit den Beispielen ausdrücken.
Meinen Körper in den Kampf werfen.
Wenn aber die Taten im Leben ausdrucksvoll sind,
dann ist auch der Ausdruck Tat.
Nicht mein Ausdruck als Dichter des Verzichts,
der nur Dinge sagt
und die Sprache benutzt wie du, armseliges direktes Instrument,
sondern der von den Dingen abgesetzte Ausdruck,
die zu Musik gewordenen Zeichen,
die gesungene, dunkle Poesie,
die nichts ausdrückt als sich selbst,
aus einem fremden, auserlesenen Gedanken heraus, daß sie geheimnisvoller Klang
in den mündlichen Zeichen einer Sprache sei.
Ich habe meinen Altersgenossen und auch den Jüngeren
diese fremden, auserlesenen Gedanken gelassen: und spreche ganz offen zu dir.
Und weil ich nicht zurückkehren und einen
fremden Jugendlichen vortäuschen kann,
der seine Sprache für die einzige Sprache der Welt hält
und in ihren Silben Geheimnisse der Musik hört,
die nur seine Landsleute hören können, weil
sie ihm in Charakter und literarischer Verrücktheit ähnlich sind,
– denn Dichter wird ein Dichter der Dinge sein.
Die Taten des Lebens werden nur mitgeteilt werden,
und sie werden die Poesie sein,
denn, ich wiederhole dir, es gibt keine andere Poesie als die wirkliche Tat
(du zitterst nur, wenn du sie in den Gedichten
oder auf den Prosaseiten wiederfindest,
wenn sie perfekt wiedergegeben sind).
Ich werde das nicht mit Freude tun.
Ich werde immer jener Poesie nachweinen,
die selbst eine Tat ist und in ihrer Loslösung von den Dingen,
in ihrer Musik, die nichts als die eigene
unfruchtbare, erhabene Leidenschaft für sich selber ausdrückt.
Nun gut, bevor ich dich verlasse, werde ich dir anvertrauen,
daß ich Komponist sein möchte,
mit Instrumenten in dem Turm von Viterbo
leben, den ich kaufen möchte und nicht kann –
dort inmitten der schönsten Landschaft von der Welt, wo Ariost

vor Freude verrückt geworden wäre – wiedergeschaffen
in solcher Unschuld aus Eichen, Hügeln, Wassern und Weihern.
Dort möchte ich Musik komponieren,
die vielleicht einzige ausdrucksvolle Tat,
die vornehm und undefinierbar wie die Taten der Wirklichkeit
ist.

Musik oder Tat ist hier die Frage: »meinen Körper in den Kampf werfen«. Das Mißtrauen in die Mittlerfähigkeiten der Literatur ist radikal. Pasolini scheint jetzt ganz eingenommen zu sein von der filmischen Sprache, oder besser gesagt: von seiner eigenen, von ihm selbst ausgearbeiteten Filmsprache. Er bekennt, daß er sich keinen »Illusionen« mehr hingibt: Die Realität, das höchste Gut, läßt sich nicht mit Worten einfangen. Die Poesie ist die Tat selbst – um das geltend zu machen, darf man keine Angst mehr vor der »Natur« oder vor dem »Naturalismus« haben.

> Ja, ich würde sogar sagen: »Wenn ich mit der kinematographischen Sprache einen Gepäckträger ausdrücken will, dann suche ich mir einen wirklichen Gepäckträger und reproduziere ihn – mit seinem Körper und seiner Stimme.«
> Darauf lacht Moravia: »Na also, das Kino ist naturalistisch, wie du siehst. Naturalistisch ist es, naturalistisch! Aber das Kino ist Bild. Nur wenn du einen stummen Gepäckträger (gut) darstellst, kannst du ein irgendwie nicht naturalistisches Kino machen.«
> »Keineswegs«, erwidere ich, »das Kino ist ›semiologisch‹ eine audiovisuelle Technik. Folglich der Gepäckträger wie er leibt und lebt und spricht.«
> »Aha, der Neorealismus!«, versetzt Moravia.
> »Ja, wenn ich Kino mache – *nicht* einen meiner Filme – und einen Gepäckträger auszudrücken habe, so nehme ich einen wirklichen Gepäckträger, mit seinem Gesicht, seinem Körper und der Sprache, in der er sich ausdrückt.«
> »Nein, hier irrst du«, läßt sich Bernardo Bertolucci vernehmen, »warum soll man einen Gepäckträger sagen lassen, was er selber sagt? Seinen Mund muß man gebrauchen, aber in den Mund muß man ihm philosophische Worte legen (wie es Godard zu tun pflegt).[42]«

Die Unterhaltung ist originalgetreu wiedergegeben. Viele, endlose Diskussionen verliefen ähnlich: das Lachen von Moravia, die didaktische Hartnäckigkeit von Pier Paolo und Bernardo Bertolucci, der damals von Godard eingenommen war und einem neoromantischen Traum hinterherlief. Pier Paolo bewahrte sich mit seinen feinen Unterscheidungen vor der Gefahr eines Schiffbruchs im Irrationalismus. Das Kino, die »von der Realität geschriebene Sprache«, setzte sich an die Stelle der Literatur und stellte Pasolini vor ein *teorema,* eine heilige, nachweisbare Meditation – daß die Realität zugleich sie selbst und ihr Spiegelbild sei. Ist also die Unaussprechlichkeit des Realen in sich beweisbar, wenn man darin nicht eine Präsenz oder den Besuch des Göttlichen vermutet? Pasolini schien mit den großen Fragen der europäischen Dekadenz beschäftigt zu sein und suchte – weit entfernt vom strengen Marxismus der fünfziger Jahre – anstatt nach einem neuen Betätigungsfeld für seine Expressivität (das hatte er schon im Kino gefunden) nach einer anderen, neuen Wahrheit seiner selbst. Der Besuch in den Vereinigten Staaten hatte ihn begeistert; später sollte er in leidenschaftlichem Engagement »seinen eigenen Körper in den Kampf werfen« – jetzt ging es ihm noch um rein rationale Erkenntnis, um Erweiterung seiner eigenen Erfahrung. Seine historischen und soziologischen Erkenntnisse über das Leben in Amerika besitzen zwar eine eindeutige Aussagekraft, werden aber erst später entsprechend verarbeitet.

Teorema

Ein Film, ein Buch. Die Idee dazu ist in dem Interview in Gedichtform von 1966 dargelegt. Der Film sollte in New York spielen, der Hauptstadt der westlichen, der bürgerlichen Welt. Es war die Idee vom Besuch Gottes, der alle mitreißt und beherrscht – ein Besuch, der die Heiligkeit des Realen ausdrückt und beweisbar macht: die Idee des Theorems.

Teorema (Teorema – Geometrie der Liebe) wurde in Mailand gedreht, der »europäischsten Stadt Italiens«, der Stadt, in der die Bourgeoisie das kompakteste, modernste Gesicht hat. Die Bourgeoisie hat die Ideale des Besitzens und Bewahrens ausgetauscht: Sie will jetzt produzieren und konsumieren. Ihre Irrealität wird

dadurch vollständig: »gräßliche Konventionen, gräßliche Prinzipien, gräßliche Pflichten, gräßliches Demokratieverständnis, gräßlicher Faschismus, gräßliche Objektivität, gräßliches Lächeln ...[43]« So malte Pier Paolo diese Bourgeoisie aus und glaubte, inmitten all dieses Grauens könne sich das Wunder entfesseln und das Theorem sich realisieren. Aber konnte das Wunder das Grauen zunichte machen? Der Film schließt mit einem Schrei – der Schrei hat einen doppelten Sinn: Er wirkt befreiend und drückt zugleich Entsetzen aus. Das wirkliche Wunder ist, daß Gott erscheint – nichts weiter. Er erscheint in Gestalt eines rätselhaften, anziehenden jungen Mannes und erobert mit seinem Körper eine ganze Familie: den Vater, einen Industriellen, die Mutter, die beiden Kinder und das Hausmädchen Emilia. Dann verschwindet er wieder. Sein Verschwinden treibt alle in eine Lebenskrise: Der Vater schenkt seine Fabrik den Arbeitern und zieht sich am Bahnsteig des Mailänder Hauptbahnhofes nackt aus; das Hausmädchen verkörpert absolute Reinheit und Identifikation mit dem Göttlichen und wird als Heilige in den Himmel erhoben, aus ihrem Grab sprudelt eine Weihwasserquelle.
Der Film wurde im Frühling 1968 gedreht. Pasolini kehrte mit seiner Kamera zur verschwommenen Helle der lombardischen Landschaft zurück. Der Film weist keinerlei dramaturgische Risse und Sprünge auf (die den »römischen« Filmen Pasolinis Kraft und Gewalt verliehen). Das gleichnamige Buch* wurde ebenfalls im Frühling veröffentlicht, noch bevor der Film in die Kinos kam. Pier Paolo schrieb in der Vorbemerkung:

Gleichsam auf Goldgrund entstanden, habe ich »Teorema« mit der Rechten gemalt, während ich mit der Linken zugleich damit beschäftigt war, ein Fresko auf eine große Wand (den gleichnamigen Film) zu bringen. Bei einer solchen Doppelnatur weiß ich nicht, was mehr Gewicht hat: die Literatur oder der Film. In Wahrheit war »Teorema« vor etwa drei Jahren schon als *Pièce* in Versen entstanden; dann verwandelte es sich in einen Film und zugleich in die Erzählung, die dem Film zugrunde liegt und die durch den Film korrigiert wurde ...[44]

---

* *Teorema oder Die nackten Füße*. (Anm. d. Ü.)

Eine Devotionalienmalerei auf »Goldgrund«: Die Reinheit im Ausdruck geht mit einem betont schlichten Stil von Syntax und Wortschatz einher. Präsens und Indikativ vereinheitlichen die Erzählung wie immer im filmischen *treatment*. Es finden sich auch die Knappheit und die Auslassung weniger wichtiger Wortteile wie bei Drehbüchern wieder. Doch der Schriftsteller besitzt zuviel manieristische Gewandtheit und zwar durchaus in positivem Sinne: Die elliptische Ausdrucksweise wird bei ihm zum Kennzeichen eines »Primitiven«, eines Malers, der diesen »Goldgrund« mit sakraler Ehrfurcht verwendet. Diese Ehrfurcht ist jedoch nur unter Anführungszeichen zu sehen: Pasolini hat zuviel Kulturerfahrung verinnerlicht. Sein Gefühl ist teils natürlich, teils nicht: Es ist eine Errungenschaft, oder sogar eine Rückeroberung, wenn man an die unverfälschte Aura von *Poesie a Casarsa* denkt. Cesare Garboli nennt im gleichen Atemzug mit *Teorema* auch Oscar Wilde[45]. Pasolinis »Goldgrund« schimmert wie bei einem frühen Raffael durch – ein sublimierter Unschuldstraum, in dem der Eros göttlich wird.
Mit Ausnahme von Garboli sahen die Kritiker in *Teorema* nichts weiter als ein *treatment*, einen Kniff des Ex-Schriftstellers, dessen Auge an der Kamera ruht, der aber auch im Literaturbetrieb wieder auf sich aufmerksam machen will. Wir sprachen schon von Pasolinis fast philosophischem Mißtrauen in die Literatur: *Teorema* fällt zwar in ihren Bereich, ist aber ihr poetisches Zeugnis, nicht ihre Ware. In diesen Jahren beherrschte die Doktrin vom Anti-Roman und von der Anti-Erzählkunst das Feld. *Teorema* und sein figuraler, filmischer Befund ist zugleich Bestätigung und Widerlegung dieser Doktrin.
Pasolini entschloß sich dazu, mit *Teorema* am Premio Strega teilzunehmen, wie er es schon mit *Ragazzi di vita* und mit *Vita violenta* getan hatte. Sein Entschluß war eine Herausforderung – eine Herausforderung, die ihm Spaß machte. Pier Paolo bewegte sich seit langem nicht mehr im Literaturbetrieb. An seine Vertreter richtete er immer wieder bissige Kritiken:

Die Welt der Kultur – in der ich lebe aus einer literarischen Berufung, die mit jedem Tag weniger dieser Gesellschaft und dieser Welt zuzugehören scheint – ist der Schauplatz der Dummheit, der Feigheit und der Armseligkeit. (...) Sprechen wir es ruhig aus, ich finde mich isoliert und auf dem Wege, mit mir selbst und meinem Widerwillen gegen die Rede von Engagement und Desengagement zu vergilben ...[46]

Damit sind wir bereits im Frühling 1968.
Schon in den beiden Jahren vorher waren Stimmen gegen die Literaturpreise laut geworden, auch von seiten der Verleger selbst, die sich daran beteiligten und mitverantwortlich an ihrer Entstellung waren – *politique d'abord*. Die Jury des Premio Strega war unverhältnismäßig angewachsen und hatte ihre ursprünglichen Merkmale als kleiner, vertrauter Kreis verloren. »Protestklima« lag in der Luft, und auch der geringste Anlaß konnte zur Zielscheibe werden. Bei der damaligen Situation war die mächtige Kulturindustrie hinter dem Premio Strega sicher nicht deutlicher zu spüren als bei anderen Literaturpreisen. Doch das »Protestklima« mischte sich in diesem Frühling mit einem »Klima der Unruhe« unter der Jugend, bot für manche die Gelegenheit, lang zurückgedrängte oder schlummernde Instinkte und Wünsche auszulassen. Pasolini hatte keine schlummernden Wünsche, noch drängte es ihn zu einer Art Abreaktion an der Literatur. Seine »Herausforderung« hatte ein anderes Ziel.
Der erste Wahlgang zur Preisverleihung fand am 18. Juni wie üblich im Haus Bellonci, Via Fratelli Ruspoli 2 in Rom statt. Das Gerücht ging um, daß Studenten die Manöver einer verknöcherten Kultur lächerlich machen und zu einem Protestmarsch gegen die versammelten Schriftsteller antreten wollten. Doch es kam zu keinem Marsch. Bei der Abstimmung kam der Roman von Alberto Bevilacqua *L'occhio del gatto (Das Auge der Katze)* auf den ersten Platz; es folgte *Teorema*. Pasolini beschloß, sein Werk zurückzuziehen. Ihm folgten noch andere Teilnehmer: Antonio Barolini, Cesare Zavattini und Giulio Cattaneo. Die kleine Welt der römischen Literaturszene erlebte Wochen erhitzter Diskussionen – man traf sich, verschwörte sich, telefonierte endlos miteinander. Feindliche Lager wurden gebildet. Maria Bellonci hätte gern die Spaltungen überbrückt. Doch alle Mühe war umsonst.

Wie kam es zu den Meinungsverschiedenheiten? Allgemein klagte man über den recht unverfrorenen Stimmenfang, den die Befürworter des Romans von Bevilacqua unternommen hatten. Auch Pasolini hatte brieflich ein paar Freunde um ihre Unterstützung und Stimme gebeten – das war beim Premio Strega durchaus üblich. Wirklich unterschiedlicher Meinung war man sich über die Aussagekraft von *Das Auge der Katze*. Man sprach dem Buch die gekonnte Form nicht ab, wohl aber Notwendigkeit und determinierte poetische Aussage. *Das Auge der Katze* wurde als Beispiel für den Niedergang von Literatur und Erzählkunst verurteilt – mitverursacht von Verlagen, denen es nur um hohe Auflagen um jeden Preis ging. Den Verlegern warf man vor, daß sie allein ihre Interessen verfolgten. Von der Jury erwartete man, daß sie sich diesen Interessen nicht in solchem Maße fügen sollte. Hier setzte Pasolinis Herausforderung an. Er forderte durch seine Teilnahme und die Rücknahme des Werkes die italienische Literaturkritik an einer wunden Stelle heraus: Der Roman war ebenso freundlich wie unaufmerksam aufgenommen und gelobt worden. Die Gründe für die Herausforderung waren keineswegs nebensächlich. Zwei Jahre vorher hatte Pier Paolo in dem Essay *La fine dell'avanguardia* (etwa: Das Ende der Avantgarde) bereits eine unmißverständliche Erklärung geliefert:

Die in gewisser Weise notwendige Aktion, die die Avantgarde durchgeführt hat, um die literarischen Werte, die sich zu kodifizieren begannen, neu zu überdenken und zu untergraben, hat natürlich am Ende zu den entgegengesetzten Ergebnissen geführt (die mich übrigens nicht im mindesten interessieren; ich treffe hier lediglich eine Feststellung). Die Papierbombe, die die Avantgardisten unter der kodifizierten Zitadelle der literarischen Werte zur Explosion gebracht haben, hat bewirkt, daß durch die Bresche ein ansehnliches Grüppchen von zweitrangigen Literaten einfallen konnte (Berto, Bevilacqua, der gute Prisco usw.). So ist die italienische Literatur in die Landesliga abgestiegen. Aber das ist auch ganz gut so, denn es entspricht der Wahrheit, und folglich wird man der Avantgarde dankbar sein müssen, daß sie die Wahrheit auf ihre Weise wiederhergestellt hat[47].

Die Ironie klingt bitter; und voll dieser Ironie ließ Pasolini im ruhigen Salon des Premio Strega seine Papierbombe explodieren.
Am Abend des 4. Juli 1966 im Nymphäum der Villa Giulia gewann *Das Auge der Katze* von Alberto Bevilacqua beim letzten Wahlgang mit 127 Stimmen. Gegenstimmen: 117 unbeschriebene Blätter. Bei Fernsehinterviews richteten einige Wahlmänner gemeine Beleidigungen an Pasolini. Auch Piero Dallamano hatte sich einige Tage vorher kritisch geäußert:

Seien wir doch ehrlich: Diese Protestaktion beim Strega kommt ausgerechnet in einem Moment daher, wo Protestieren Mode ist. Und auch die Finalisten sind nicht alles Unschuldslämmer, wenn sie sich beim Endspurt zurückziehen und lauthals (allerdings ohne ihn je beim Namen zu nennen) bei Jury und Publikum die Unfairneß des Siegers anklagen, der gerade durchs Ziel geht. Armer Bevilacqua[48]!

Pasolini hatte nicht die Absicht, jemanden in die Opferrolle zu drängen. Wie immer ging es ihm auch hier um das sehr zwiespältige Verlangen nach dem »Skandal«. Jede auch noch so unbedeutend erscheinende Situation wollte er bis auf den Grund der Wahrheit klären.
Die Polemiken zogen sich noch eine ganze Weile hin. Das Gerede entstand, Pasolini habe mit dem Spektakel seines »globalen Protestes an den Institutionen« nur wieder Eingang in den Literaturbetrieb finden wollen. Doch für ihn war der Premio Strega keine »Institution«, er war höchstens »der Triumph des Bundes zwischen dem gutbürgerlichen Literaten und der gutbürgerlichen gnädigen Frau in ihrem guten Salon[49]«. Man hielt ihm vor, er übertreibe. Warum er überhaupt am Wettbewerb teilgenommen habe, wenn er so darüber dachte? Dahinter stand der Vorwurf, sein Verhalten widerspräche dem Berufsethos. Aber mußte sich Pasolini denn an einem abstrakten Ethos dieser Art verantwortlich fühlen?
Teorema wurde auf der XXIX. Biennale von Venedig im September 1968 aufgeführt. Auch in Venedig konnte man ein gespanntes Klima des allgemeinen Protestes erwarten. Pasolini

war mit seinem Film von Luigi Chiarini, dem Festspielleiter der Biennale, zum Festival geladen worden.

Anfangs hatte ich mich deshalb dafür entschieden, den Film zur Mostra zu schicken, weil Chiarini mir versprochen hatte, daß es ein Festival ohne Preise und ohne Polizei werden sollte und daß man eine »verfassunggebende Versammlung des Kinos« abhalten werde, lauter Dinge, die dann nicht eingetreten sind. Deshalb habe ich *Teorema* zurückgezogen[50].

Das war Pier Paolos Retourkutsche für die Einladung.
Für die Filmkritiker wurde der Streifen am Morgen des 4. September vorgeführt. Zu Beginn forderte Pasolini die Anwesenden auf, den Saal aus Protest gegen den Präsidenten Chiarini zu verlassen, der im wesentlichen den Status quo der Mostra verteidigte. Die Mostra verlief dann turbulent. Jugendliche und Cineasten veranstalteten ein Sit-in. Die Eingriffe der Polizei wurden nicht unterbunden und konnten auch nicht unterbunden werden. Daher kam es zu Protesten und Gegenprotesten. Das Publikum aus Fachjournalisten verließ die Vorstellung von *Teorema* jedenfalls nicht. Danach fand in den Gärten des Hotels »Des Bains« am Lido eine improvisierte Pressekonferenz statt. Pier Paolo wurde beschuldigt, er mache Sperenzchen. Er protestiere und finde zugleich einen Weg, die mit dem Produzenten eingegangenen Verpflichtungen zu erfüllen; er beruhige sein Gewissen und verlöre doch gleichzeitig nicht die Kasse aus den Augen. Pasolini überwand mit seiner Dialektik diese Anschuldigungen. Er akzeptierte sie in seiner Widersprüchlichkeit und erwiderte, es sei wichtig gewesen, die Mostra zu der Rolle zu zwingen, die ihr zukomme – nämlich die einer Schau der Produzenten und nicht der Autoren. Seine geschickte Argumentation konnte am Ende überzeugen.
Teorema bestürzte durch seinen Inhalt. Zum ersten Mal wurde auf der Leinwand ein vollständiger männlicher Akt – vom Hauptdarsteller Terence Stamp – gezeigt, ohne daß es sich um einen Pornofilm handelte. Daran entzündeten sich heftige Diskussionen. Pasolinis Provokation wurde als »kommerziell« verurteilt.

Politik und permissive Moral tauschten – wie zu der Zeit an der Tagesordnung – ihre Rollen. Pasolini wollte mit dem Akt die Sakralität des menschlichen Körpers ausdrücken, sie in ihrer unmittelbaren Realität »zitieren«. Der Skandal um diesen Akt diente als Beweis, wie wenig der Anblick des Authentischen an sich toleriert wurde: Der Körper ist göttlich, und das ist genug. Er ist rituelle Epiphanie – im Angesicht seiner Entfaltung entfesselt sich die Tragödie. Das Psychodrama beschränkte sich nicht auf das Milieu der Intellektuellen. Am 13. September 1966 ordnete die Oberstaatsanwaltschaft von Rom die Beschlagnahme von *Teorema* wegen obszönen Inhalts an.
In Venedig war der Film vom Office Catholique International du Cinéma (OCIC) wie schon vorher das *Evangelium* preisgekrönt worden. Laura Betti hatte als beste weibliche Darstellerin die Coppa Volpi erhalten. Trotz der Anerkennung durch die OCIC schrieb »L'Osservatore Romano« am 13. September:

> Die bestürzende Metapher, mit der der Anspruch erhoben wurde, die Problematik einer Begegnung mit einer Realität zu schildern, die Symbol einer Transzendenz sein will, wird an ihrem Ursprung vom Freudschen und marxistischen Bewußtsein untergraben (...). Der mysteriöse Gast ist nicht das Abbild eines Wesens, das den Menschen von seinen existentiellen Qualen, seinen Schranken und Unreinheiten befreit und erlöst, sondern er ist beinahe ein Dämon ...

Bei der mündlichen Verhandlung, die im November 1968 in Venedig stattfand, suchte Pasolini in seiner Verteidigung die Beziehung zwischen dem Authentischen und dem Nicht-Authentischen zu klären, um die es in dem Film geht. Er erläuterte den Einbruch des Göttlichen ins Alltägliche, die philosophische Rolle des Eros in den Existenzkrisen. Der Prozeß endete mit einem Freispruch: Der Film wurde zum Werk der Poesie erklärt.
War das Theorem damit bewiesen? Deckte sich die Realität des Göttlichen mit seiner Darstellung? Ich glaube, man kann auf diese Fragen keine positive Antwort geben. Pasolini hatte vielleicht das eine Ergebnis erzielt: zu zeigen, wie sehr sein Kino wirklich die Epiphanie eines »ungeheuren sexuellen Fetischismus« war. Seine

»verblendete, kindliche und pragmatische Liebe zur Wirklichkeit« war bei sich selber stehengeblieben, als er den glatten Körper von Terence Stamp entblößte und suggerierte, daß dieser Körper heilig sei. Nachdem er das Gelände der Ideologie verlassen hatte, entdeckte Pasolini im Sinn für das Heilige jetzt autobiographische Symbole. Die bestürzende Ankunft des jungen Unbekannten in der bürgerlichen Familie umschrieb die Projektion einer Bestimmung, die er gern zu seiner eigenen gemacht hätte – er als mysteriöser Bote eines himmlischen Eros, der von der vulgären Aggressivität der *Überflußgesellschaft* beleidigt und ausgelöscht wird. Doch die Fabel des Filmes kam nicht über diesen Ansatz hinaus: Das Theorem, der Lehrsatz erstarrte noch bei seiner Aufstellung.

1968

Die Ereignisse rollten über Europa hinweg wie ein schweres Gefährt, das die Knallkörper auf seinem Weg unter den Rädern platzen läßt: Rauchwolken aus Tränengas, Polizisten, die hinter Plastikschildern in Deckung gehen. Alte Barrikaden und Verkleidungen wie in Science-fiction-Filmen. Der altbekannte Wind der Revolte blies heftig: in Turin, Rom, Berlin und Paris, wo die Studenten *L'immagination au pouvoir* schrien.
Man glaubte, daß die Revolte vor allem Schauspiel ihrer selbst sein sollte – eine Aktion, die ihr eigenes Auftreten ins Licht rücken wollte. Die Aktion löste sich vom Handeln ab und zitierte sich selbst. Die Metalinguistik grassierte in den heiligen Hallen der Universitäten wie eine Seuche und verdeckte elementare politische Erfordernisse. All das war ganz berechtigt und hatte gute Gründe, doch es herrschte ein fieberhafter Drang nach Veränderung, und die Wahrheit verschwand unter dem Nebel aus Tränengas. Das Jahr 1968 ließ einen jugendfrischen Wind durch Europa wehen und schien eine Wiederbelebung zu bringen. Die Permissivität war auf die Fahnen geschrieben: Die Welt brauchte keine Permissivität. Sie brauchte Rückbesinnung. Die Freudsche Theorie forderte das Individuum auf, sich wieder auf seinen eigenen Körper zu besinnen. Die einzelnen gesellschaftlichen Gruppen hätten sich auf ihre Geschichte rückbesinnen müssen. Diese Aufgabe und Pflicht hätte in einer Gesellschaft, die jede Tradition in Bausch und Bogen als rückschrittlich abqualifizierte und verlorengehen ließ, vielmehr als das gewertet werden müssen, was sie war: ein notwendiger Schritt hin zum anthropologischen Überleben.
Das Jahr 1968 erfuhr in jedem Land – Frankreich, Deutschland, Italien – seine eigene Prägung. Die permissive Gesellschaft, der gemeinsame Nenner der Überflußgesellschaft, wollte sich keinerlei begründeter historischer Selbstkritik stellen und lief mit der Zeit auf einen Rückschritt hinaus. Politische Motive auf der Linie

eines unerbittlichen Konservativismus setzten sich durch. Das neue Fieber zeigte sich als das, was es war: eine Jugendkrankheit, die – wenn nicht ausgeheilt – schwere Komplikationen mit sich bringen kann. Zu solchen Komplikationen kam es in Italien. Doch der »Fall Italien« war – damals noch in seinen Anfängen – komplex. Leitgedanken der Studentenbewegung hier waren: wirkliche Teilnahme am Leben des Landes durch die jungen Generationen; Reduzierung der Verfügungsgewalt, die traditionell der Führungsschicht zukam. Das hieß auf dem eigentlichen politischen Gebiet, eine wirkungsvolle Reformpolitik voranzutreiben. Der wirtschaftliche Boom, das Wunder der sechziger Jahre, hatte sofort sein »armes« Gesicht gezeigt: Er war unfähig dazu, ein aus dem Gleichgewicht gebrachtes Land zu wandeln; das Nord-Süd-Gefälle mit seiner Problematik war nicht auszurotten. Dieses Ungleichgewicht erzeugte beunruhigende moralische und soziale Effekte wie Wanderbewegungen im Landesinneren, die ungeahnte Ausmaße annahmen, und Auspowern der landwirtschaftlichen Ressourcen.

Die begründeten Überlegungen der politisch Andersdenkenden wurden von ihrer fehlenden kulturellen Einbindung erschüttert und verdreht. Die Revolte nahm theatralische Züge an, hängte sich an Äußerlichkeiten des Pop auf – die Plakate und die Mythisierung eines Bildes zählen mehr als die Ideen – und machte jedes fundierte Kulturprojekt zunichte. Dabei herrschte ein übergroßes Bedürfnis nach einer anderen Kultur. Doch dieses Bedürfnis verlor sich beim Anblick der rätselhaften, asketischen Lippen Ho Chi Minhs, oder noch stärker beim Anblick des schönen, ja wunderschönen Gesichts von Che Guevara.

Eine neue Romantik wurde geboren. Es schien, als dächten die italienischen Bürger, von Grund auf Kleinbürger, an nichts anderes als daran, aus den Fotos dieses Christus mit dem Haarflaum auf den Wangen die Figur eines neuen Santorre di Santarosa zu konstruieren. Das Foto lief um die Welt, und ein jeder konnte es nach seiner Fasson lesen. Man brauchte nichts von diesem Helden zu wissen; wichtig war nur, daß er ein Märtyrer war und daß die Märtyrer nunmal einen solchen Gesichtsausdruck und einen solchen Bart hatten.

Das italienische 1968 wurde in den Universitäten geboren: Turin, Palazzo Fontana; Rom, Fakultät für Architektur, Valle Giulia. Es verlangte von der Kultur eine Selbstprüfung und zwang ihr dabei gleich das Endergebnis auf. Die Politisierung um jeden Preis lebte wieder auf: Die kulturelle Aktivität mußte »dem Volke dienen«. Diese Formel hatte anfangs nur ästhetische Bedeutung: ein auf das Einfache gerichteter Ästhetizismus. Nach kurzem zeigte sich ein Wiederaufleben des Stalinismus. Der italienische Kleinbürger verwandelte seine noch frischen Ideale von der Permissivität in Repression. In den Häusern einiger römischer Intellektueller tauchte eine kleine Gruppe Jugendlicher auf. Sie bezeichneten sich als »Vögel«, gaben Piepslaute von sich, plünderten die Kühlschränke, vermieden ganz bewußt jedes Wort, machten Wände schmutzig und gingen auf Hunde und Katzen los. Ihr Eindringen sollte wohl ein »Fest« sein, trug aber am Ende das stumpfe, ausdruckslose Gesicht der Gewalt. Das instinktive, jämmerliche Gefühl, in der Gruppe stark zu sein, trieb sie an. Sie waren zu keinem Glücksgefühl fähig und besessen von einer Wut, der sie keinen Ausdruck geben konnten. Woher kam diese Wut? Vielleicht aus der Verallgemeinerung von Bedürfnissen und Wünschen, die von ideologischen Erwägungen anstatt von Lebensnotwendigkeiten bestimmt waren. Diese Wut und Vergeltung wurden von einer Tendenz in der Gesellschaft gefördert, die Wünsche jeder Art nur unter dem Aspekt des Konsumismus sah.
Der Ursprung der Wut lag auch in der Gesellschaft selbst. Unkontrolliertes Wachstum der städtischen Ballungszentren und Universitäten, die in Bewahranstalten intellektueller Lernwilliger verwandelt waren, leisteten Formen der Vermassung Vorschub, die ganz neue Merkmale trugen: eine Vermassung, die existentielle und soziale Krisenherde bildete. Welche praktischen Möglichkeiten eröffneten sich zum Beispiel den vielen Lernwilligen, die sich in den verschiedenen Universitätsfakultäten drängten? Aus diesem Blickwinkel gesehen glich die italienische Protestbewegung 1968 keiner in einem anderen Land. Wenn in ihr auch die gleichen Bestrebungen wie in anderen Ländern vorherrschten – gegen die Institutionen und für eine Kritik an jeder vermuteten

Form von Autoritarismus –, so war die enthaltene soziale Problematik doch eine spezifische. Dieser Problematik wurde jedoch auch von seiten der Verantwortlichen nur geringe Beachtung geschenkt. Sowohl die politischen Parteien als auch die Regierung, die eine nicht allein administrative Verantwortung trug, waren hier nicht wachsam genug. Man sprach von einer allgemeinen Revolte der Söhne gegen die Väter – als einer periodisch auftretenden, generationsabhängigen Erscheinung –, doch man kümmerte sich nicht um die gefährliche Bedeutung, die diffuse kollektive Frustrationen für die gesamte Gesellschaft erlangen konnten.

Revolte, nicht Revolution. Diese Unterscheidung machte Eindruck – doch bei der Revolte verbuchte man als Positivum, daß sie eine »wilde« Unternehmung war, eine Art Aderlaß, den die ganze westliche Zivilisation, nicht nur Italien allein, dringend benötigte. In den politischen Parteien und zwar auch in den marxistischen, die kulturell sensibler als andere für die im Begriff »Revolte« (im Gegensatz zu »Revolution«) enthaltenen Gefahren hätten sein müssen, wurde der anarchistisch orientierte Freiheitsdrang gutgeheißen, ohne daß man zu der Überlegung gekommen wäre, daß die anarchistische Euphorie mit ihren großzügigen Gesten rückschrittliche Geisteshaltungen verbarg. Auf lange Sicht kamen diese Geisteshaltungen jedoch zum Vorschein und haben Interpretationen des Leninismus Raum gegeben, die auf das Merkmal der Gewalt und ihrer programmatischen Anwendung reduziert waren. Es existierte ein vorgefaßter, doch schwer durchschaubarer Plan, der im Kleinbürgertum systematisch verfolgt wurde: das politische Gewicht des Proletariats und seiner Parteien schwächen – auch durch Aneignung seiner Sprache und durch die Ausbeutung seiner Ideologie.

Die Kommunisten zeigten sich nachgiebig oder zustimmend – wie andere auch.

Zweifellos kam es '68 während des sogenannten Jahres der Studenten zu einer allgemeinen Verwirrung, und ich gebe zu, daß selbst wir nicht ganz immun dagegen waren. Mit anderen Worten machten wir den Fehler, bei der Auseinandersetzung mit diesem

Aufruhr der Jugend eine übertrieben positive Wertung abzugeben ohne zu begreifen, daß die Arbeiterklasse nichts mit solchen Phänomenen zu tun hatte, vor allem, wenn es sich um Fälle von Verderbtheit, Intoleranz und echter Gewalt handelte[1].

Diese Worte stammen von Giorgio Amendola, der nach zehn Jahren im Rückblick klar das Problem umreißt, das die KPI damals in seiner Gesamtheit zurückstellte.
Der gescheiterte »Prager Frühling« stellte eine ähnliche, wenn nicht schlimmere Erschütterung für das Gewissen der Kommunisten im Westen dar, wie der Herbst 1956 von Budapest. Die sowjetische Staatsräson verlangte es, daß jede Hoffnung auf den sogenannten »nationalen Weg zum Sozialismus« liquidiert werden mußte. Als Reaktion darauf pries man in den westlichen Kommunistischen Parteien den freidenkerischen Geist – doch eine Sache ist es, diesen Geist in Rom oder Paris zu verwirklichen, eine andere, ihn in Prag zu praktizieren. Und wenn es um Rom geht, darf man einen Charakterzug des italienischen Kleinbürgers nicht vergessen:

In den gebildeteren Kreisen des Kleinbürgertums können diejenigen häufig auftreten, die sich mit den Arbeitern nicht so sehr aus wirtschaftlichen Gründen solidarisch fühlen, sondern vielmehr aus ideellen Gründen oder aus Gründen des sozialen Fortschritts; von daher kann man verstehen, warum es Personen gibt, die auch Maßnahmen befürworten, die ihren eigenen unmittelbaren wirtschaftlichen Interessen schaden. Die Entscheidung der Kleinbürger, die sich dem politischen oder gewerkschaftlichen Leben zuwenden, kann von ideellen Motivationen bestimmt sein, kann aber auch (und gleichzeitig) bestimmt sein von der mehr oder weniger bewußten Überlegung, daß sie, wenn sie sich auf die Seite der Arbeiter stellen, Führungspositionen übernehmen können, während sie, wenn sie sich der Bourgeoisie zuwenden, untergeordnete Beamte würden[2].

Sylos Labini scheint die Generation von Scheinheiligen, von Unteroffizieren, Geschäftsleuten, gefallenen Adeligen und verstädterten Bauern zu beschreiben, wie schon Trotzki sie beschrieben hat: die russischen Studenten von vor über hundert Jahren,

die inmitten dichter ideologischer Nebelschwaden die nihilistische, revolutionäre Tendenz geboren haben und daran dachten, die Geschicke des Landes selbst in die Hand zu nehmen.
Diese soziale Unzufriedenheit und die Forderung nach Generationentausch hätte nur durch umsichtige politische Entscheidungen ausgeglichen und befriedigt werden können. Die Führungsschicht des Landes bewies keinerlei Weitsicht. Die Parteien – DC, KPI und Sozialisten – waren in ihrem Inneren gespalten: beseelt von dem Wunsch, an dem Geist der Erneuerung teilzuhaben – mithalten zu können mit der Jugend – und zugleich ängstlich bestrebt, nur ja nichts zu verändern. Das Aufflammen der Revolte verlockte die Linke. Ein Großteil der Intellektuellen ließ sich davon mitreißen. An den Universitäten verbrannte man die Lehrbücher: Die Studenten hielten »Gegenvorlesungen« über den Vietnamkrieg ab. Ein in dieser Breite nie gekanntes Verlangen nach Totalität schien durch die Köpfe zu geistern. Die Unruhe war groß, und zum Ausbruch kam dann das, was Alberto Ronchey die »Experimentalrevolution« genannt hat: Diese Revolution »neuen Typs« lief »nach Varianten (ab), wie sie weder Marx, noch Gramsci, noch irgend jemand vorhergesehen hatten«. Ihr Kennzeichen war die Bildung kleinster Einheiten.

Wie in der industriellen Produktion sind die verschiedenen Abläufe parzelliert. Wie in der experimentellen Literatur sind die Zeiten durcheinandergemischt. Wie im Kino und in den Bildenden Künsten sieht man Bildfetzen, die wieder zusammengefügt werden müssen. Wie in der Experimentalmusik ist jede klangliche Hierarchiebildung abgeschafft. Doch in Wirklichkeit ist seit '68/'69 die systematische, schrittweise Zerstörung aller politischen und ökonomischen Machtstrukturen erfolgt, der Entscheidungs- und Führungsbefugnisse über die Fabriken und über die Produktionsverhältnisse, über die Schulen, die administrativen Apparate, über die großen Dienstleistungsunternehmen und über die Medien für Information und Bildung, während der Gesetzgeber in Wirklichkeit ohne bestimmtes und erkennbares Ziel Gesetze ausarbeitete[3].

Diese »Parzellierung« lief darauf hinaus, schließlich jede einheitliche Zielsetzung zu vereiteln: Es konnte kein einheitliches Bild von der Gesellschaft entstehen. Die Revolte zerbrach an der hinterlistigsten Falle, die der kleinbürgerliche Geist stellen kann, dem Korporativismus. Die Schlachten der Gewerkschaften vom Herbst 1969 – auch sie waren von de facto untragbaren Zuständen gerechtfertigt – wurden von dem fehlenden Gleichgewicht zwischen privatem Konsum und öffentlichen Ausgaben verfälscht. Der Korporativismus hatte zwar einen roten Anstrich, machte aber jede wirkliche revolutionäre Perspektive problematisch. Streitpunkt für die Massen war die Politik der »Opfer«: schließlich waren Steuerhinterziehung durch die Wohlhabenden und Kapitalflucht ins Ausland Tatsachen. Die Frage war: Wer mußte für die Opfer zahlen? Allein der Gesetzgeber hätte die Kontraste mildern können. Doch er zog sich auf Wartestellung zurück und trug damit zur Vertiefung der Gegensätze bei. Im Dezember 1969 begann mit dem Blutbad in der Nationalen Landwirtschaftsbank an der Piazza Fontana in Mailand die lange Reihe der Attentate – Attentate auch auf die Stabilität des Landes.

Bei all ihrer Zwiespältigkeit gab die Bewegung von 1968 dem Bedürfnis nach umfassender Teilnahme der Massen am Staatsleben Ausdruck. Angefeindet wurde diese Forderung anfangs von der extremen Rechten, dann von der Linken im Untergrund, deren Verstrickungen noch heute nicht geklärt sind. Gemetzel auf offener Straße, Attentate, Morde und dramatische politische Skandale sind der hohe Preis für ein verändertes Italien. Pasolini litt unter diesen kollektiven Widersprüchen. Er wollte zugleich rational und irrational sein, er hatte seine Freiheit, sich zu widersprechen, zur Institution erhoben. Für alle sichtbar erfuhr er, wie sehr das Ich in seinem privaten und seinem öffentlichen Bereich »gespalten« war. Pier Paolo war ständig dazu bereit, sich selbst zu widersprechen und radikalen Widerstand zu leisten gegen jede politische oder ethische Voreingenommenheit. Er erkannte den reaktionären kleinbürgerlichen Gehalt der »Revolte« von 1968.

Die Bourgeoisie hat mich als Jugendlichen in der schwierigsten Phase meines Lebens ausgeschlossen: Sie hat mich in die Liste der Ausgestoßenen, der Andersartigen eingereiht: Das kann ich nicht mehr vergessen. Noch immer fühle ich die Schmach und den Schmerz in mir: genau das, was ein Neger aus Harlem empfinden muß, wenn er auf der Fünften Straße spazieren geht. Es ist kein Zufall, daß ich, als man mich aus dem Zentrum weggejagt hat, an der Peripherie Trost gefunden habe[4].

Diese Worte widmete er den Ereignissen 1968. Der »Schmerz« hatte ihn hochempfindlich gemacht: Er wußte, daß Intoleranz und Zersetzung im Bourgeois und im Kleinbürger steckten. Pasolini ahnte früher als die meisten, daß der studentische »Mai« in Italien nichts von einer maoistischen Kulturrevolution an sich hatte, auf die er sich gern berief: Es war vielmehr eine verschlüsselte Revolte der Bourgeoisie gegen sich selbst.

Liebe Studenten ...

Ein strahlender Frühlingsmorgen: erster März 1968 in Rom. Fast wie durch Zufall kommt es zu schweren Zusammenstößen zwischen Polizei und Studenten auf den Straßen von Valle Giulia. Mannschaftswagen fahren auf, Rauchbomben werden geworfen. An den Auffahrten, die in die Via Antonio Gramsci zur Fakultät für Architektur führen, spielte sich eine regelrechte Schlacht ab. Die Nachricht verbreitete sich in der Stadt. Es war ein nie dagewesenes Ereignis. Dieser Märzmorgen ging zu Recht in die Geschichte von 1968 ein.
Pasolini schrieb noch ganz unter dem Eindruck der Ereignisse einige Gedichte – er nannte sie »häßliche Gedichte«, gedacht als Polemik und Pamphlet. Er hatte sie für »Nuovi Argomenti« entworfen. Die Zeitschrift wollte die Entwicklung kritisch nachverfolgen. Im ersten Heft des Jahres hatte sie die Vorfälle in Turin und die »Kultur-«Polemiken der Zeitschrift »Quaderni Piacentini« kommentiert; im folgenden Heft brachte sie eine Analyse dessen, was in Rom geschehen war[5]. Pasolinis Gedichte erschienen im Vorabdruck im »Espresso«. Obwohl sie nicht vollständig abgedruckt wurden und willkürlich ausgewählt waren (Pier Paolo protestierte dagegen), entzündeten sie eine Debatte[6].

Titel des Pamphlets war *Die KPI an die Jugend!!*

> Schade. Die Polemik gegen
> die KPI war in der ersten Hälfte
> des letzten Jahrzehnts fällig. Ihr kommt zu spät, Kinder.

Hier ging es nicht nur um die Beziehung und die harte Frontenbildung zwischen der Jugend und der kommunistischen Partei, sondern um den politischen und sozialen Inhalt der »Revolte«.

> Als ihr euch gestern in Valle Giulia geprügelt habt
> mit den Polizisten,
> hielt ich es mit den Polizisten!
> Weil die Polizisten Söhne von armen Leuten sind.
> Sie kommen aus Randzonen, ländlichen oder städtischen.

In diesen ganz unlyrischen Worten lag Zündstoff. Die Polizei war in den Polemiken der Linken immer als Waffe der Repression angesehen worden. Die Polizei wurde gleichgesetzt mit der Uniform, in der sie steckte, und die Uniform war ein Signal. Pasolini rechnete wutentbrannt mit Psychologie, Anthropologie und Geschichtswissenschaft ab. Die Polizisten, die »Kinder armer Leute«, gehören seiner Meinung nach zur Galaxie der »Verdammten dieser Erde«, über die Frantz Fanon geschrieben hatte. Sie, diese Polizisten, waren die Söhne eines armen Subproletariats, das von der bürgerlichen Gesellschaft ausgesondert worden war – in die Polizei.

> Und dann seht, wie sie angezogen sind: wie Hanswürste
> mit jenem groben Stoff, der nach Truppenverpflegung,
> Schreibstube und Volk riecht. Schlimmer als alles natürlich
> ist die psychologische Verfassung, auf die sie reduziert sind
> (für vierzigtausend Lire im Monat):
> kein Lächeln mehr,
> keine Freundschaft mehr mit der Welt,
> abgesondert,
> ausgeschlossen (in einem Ausschluß ohnegleichen);
> erniedrigt, weil sie ihr Menschsein verloren haben,
> um Polizisten zu sein (gehaßt werden lehrt hassen).
> Sie sind zwanzig, in eurem Alter, liebe Freunde und
> Freundinnen[7].

Wer waren die Studenten auf der anderen Seite? »Vatersöhnchen« beseelt von »heiligem Bandentum (in vornehmer Tradition/des Risorgimento)«. Sie waren »die Reichen«, die – »obwohl im/Recht« – »die Armen« »verprügelt« hatten.

Das war der Kontrast, der buchstäblich Öl ins Feuer goß. Von Vittorio Foa bis zu Johannes Agnoli tadelte man Pasolini, er habe eine Argumentation wie die der »faschistischen und der gemäßigten Presse[8]« wiederaufleben lassen. Die Studenten führten ihre Polemik in Diskussionen noch jahrelang fort. Der Hartnäckigkeit Pasolinis, der sich nie einem Gesprächspartner entzog, gelang es schließlich, bei manchen die schematische Überzeugung aufzubrechen, die der Text noch bestärkt hatte. Noch nie war ein der Poesie so konträrer Inhalt in Gedichtform gefaßt worden. Pasolinis Überzeugung war von dem Gedanken ausgegangen, der ihn latent schon in seiner Auseinandersetzung mit der Neoavantgarde beschäftigt hatte. Die Neoavantgarde hatte seiner Polemik den praktischen Ansatzpunkt geliefert: Sie nahm ein angeblich verknöchertes literarisches Establishment zur Zielscheibe – auch sie unter dem Aspekt des Generationskonflikts. Darauf hatte Pasolini schon mit dem Hinweis geantwortet, daß die wirkliche Machtergreifung nicht in Redaktionen, Verlagshäusern oder Universitäten erfolgen konnte. Sie mußte über die Historie, über die positiven Inhalte der Literatur und über die Bildung neuer Ausdrucksformen angestrebt werden. Pasolini dehnte bei dieser Gelegenheit seine Argumentation auf die Politik aus. Seine Aufforderung an die Studenten war:

> Hört auf, an eure Rechte zu denken,
> hört auf, die Macht zu fordern.
> Ein reuiger Bourgeois hat auf all seine Rechte zu verzichten
> und aus seiner Seele ein für allemal
> die Idee der Macht zu verbannen. All das ist Liberalismus:
> überlaßt es
> Bob Kennedy.

Diese Vorstellung von »Macht« oder ihrer Zerstörung – als ein lähmendes psychologisches Erbe – war der giftige Inhalt dieses Pamphlets. Wenn da »Macht« ergriffen werden mußte, dann »von einer Partei, die dennoch in der Opposition ist«.

Wenn auch übel zugerichtet durch die Autorität von Herren
in dunklen Zweireihern, Freunden des Boccia und der Litotes,
Bürgern im gleichen Alter wie eure dummen Väter

so hat die kommunistische Partei doch wenigstens »zum theoretischen Ziel die Zerstörung der Staatsgewalt«. Der Kontrast zwischen den Generationen wurde von Pasolini auf seinen Kern zurückgeführt: Zielsetzung war nicht die »Befreiung von den Fesseln des Kapitals«, sondern ein bloßes Auswechseln der Figuren auf dem Schachbrett der bürgerlichen Wirtschaft. Die Aufforderung Pasolinis – *Die KPI an die Jugend!!* – war dialektisch zu verstehen: Der Bourgeois wird nicht gleichzeitig mit dem Anzug auch seinen Kopf und seine Strategie ändern.
Die Polizei wird nicht als Garantie für die verfassungsmäßige Ordnung, sondern als Ausdruck einer repressiven Staatsgewalt angesehen: Hinweis auf eine Distanz zwischen der Wirklichkeit des Landes und dem Staat. Nicht anders dachte man damals auch in den linken Parteien, die sich ebenfalls zu Garanten für die Einhaltung der Verfassung machten. Polizei als »faschistisches« Überbleibsel im Staat. Auch für Walter Benjamin hat sie einen »schmachvollen« Charakter: In ihr sei »die Trennung von rechtsetzender und rechtserhaltender Gewalt aufgehoben«. Nach Benjamin ist ihr gegenüber der Staat selbst, »sei es aus Ohnmacht, sei es wegen der immanenten Zusammenhänge jeder Rechtsordnung«, schutzlos. Die Sicherheitserwägungen, aufgrund derer die Polizei eingreifen kann, wann und wie sie will, bewirken nach Ansicht von Benjamin, daß der Staat »seine empirischen Zwekke«, die er zu erreichen wünscht, vereitelt sieht[9]. Diese Vorstellung erinnert an Staatsauffassungen der Vorkriegszeit – die die verschiedenen Ausprägungen des Faschismus begünstigt und überhaupt erst möglich gemacht haben und die dann Europa von den zwanziger Jahren bis zum Zweiten Weltkrieg beherrschten. Alles war im Wandel, auch in Italien hatten Veränderungen stattgefunden. Die Auffassung Benjamins von der Polizeigewalt mußte mit den in Gang geratenen politischen und anthropologischen Veränderungen in Zusammenhang gesehen werden. Wenn Pasolini darauf hinwies, daß der Konflikt zwischen Studenten und

Polizisten ein Konflikt zwischen zwei Banden sei, die er bedeutungsschwer und poetisch die »Reichen« und die »Armen« nannte, dann kam diese Argumentation ganz einer für die soziale Dynamik aufgeschlossenen und in keiner Weise befangenen Sehweise zugute. Dies waren auch die dunklen Attentats-Jahre: Einen Teil der Verantwortung daran schob man dem Vorgehen der Polizei zu. Schließlich mußte man aber einsehen, daß die Polizisten, die »Kinder armer Leute«, die Kinder aus den Stadtrandgebieten und die *Verdammten dieser Erde* nicht den Klischees entsprachen: der Wirtschaftsboom hatte das Sozialgefüge und damit auch die Klischees zunichte gemacht, noch bevor sie als solche erkannt wurden.

Pasolini war überzeugt davon, daß die Bourgeoisie versuchte zu »vergeistigen«. Das ist auch das in *Teorema* enthaltene Thema und das Thema des Pamphlets in Gedichtform *Die KPI an die Jugend!!*. Doch solche Absichten waren – in Zeiten einstimmiger, absichtlich nicht nuancierter Proklamationen – schwer zu klären. Und wenn sie auch klargelegt werden konnten, wollte man sie oft nicht wahrhaben. Pasolini schrieb im »Espresso«:

> Darum provoziere ich die heutige Jugend. Sie ist vermutlich die letzte Generation, die noch Arbeiter und Bauern sieht, die folgende wird sich von nichts anderem mehr umgeben sehen als von bürgerlicher Entropie[10].

Den eigenen Körper in den Kampf

Hintreiben auf »die bürgerliche Entropie« – eine unerbittliche Gleichmacherei von Normen und Moralvorstellungen, denen man entfliehen, sich davor in Sicherheit bringen mußte. Dazu mußten alle nur möglichen Dinge ausgesprochen werden, auch auf die Gefahr hin, mißverstanden zu werden. Pasolini kümmerte sich nicht darum, ob man ihn mißverstand.

Ein unbequemer Gast, ein »Ruhestörer[11]«: Das ist Pasolini für den italienischen Kulturbetrieb gewesen. In diesen Jahren drängte es ihn zu einem direkteren Gespräch mit der Öffentlichkeit. Seine

Beziehung zum »Publikum« war konfliktbelastet und eine ständige Herausforderung für beide Seiten. Der Vatikan hatte dagegen protestiert, daß *Teorema* den Preis des OCIC erhalten hatte. Doch Pasolini fordert Publikum und Zensoren in seinen folgenden Filmen noch mehr heraus: mit den Argumenten »des Körpers«, die er als einprägsame Argumente des Geistes versteht. Der Akt, der in *Teorema* nur flüchtig zu sehen war, bereitete den wiederholten Akt in der *Trilogia della vita* (etwa: Trilogie des Lebens) vor. Die Zeit Johannes' XXIII. war vorüber: Pasolini hatte einen Film über den Apostel Paulus geplant, doch die Katholiken verweigerten ihm jede Hilfe; ganz im Gegensatz zu ihrem Verhalten zur Zeit des *Evangeliums*. Der Film wurde nicht gedreht.

Der Apostel Paulus hat wie ein Revolutionär mit der schlichten Kraft seiner religiösen Botschaft eine Gesellschaft zerstört, die auf Klassengewalt, Imperialismus und vor allem auf die Sklaverei gegründet war; folglich ist klar, daß man an die Stelle der römischen Aristokratie und verschiedener anderer kollaborierender Führungsschichten analog die heutige Klasse der Bourgeoisie setzen muß, die das Kapital in Händen hält, während an die Stelle des niederen Volkes und der Unterjochten analog die fortschrittlichen Bürger, die Arbeiter und die Subproletarier von heute gesetzt werden müssen ...[12]

Die zum Programm erhobene Opposition »gegen alles und jedes« und die Isolation hatten Pasolinis Neigung zur psychologisch geschickten Beeinflussung noch verstärkt. Blick in die Zukunft und Aktion mischten sich. Der Geist von 1968 hatte Pier Paolo bei allem Vorbehalt und Mißtrauen angesteckt – vor allem die Idee von eigener Aktion. Diese Aktion konnte »Filmen« heißen, noch mehr aber »Schreiben«. »Ruhestörer« ist dafür der richtige Ausdruck. Pasolini warf »seinen eigenen Körper in den Kampf«. Die Entscheidung war naheliegend, war natürlich: Es war eine seit den Jahren im Friaul getroffene Entscheidung. Körper und Sprache waren eins. Hatte sich anfangs die Synthese in der Lyrik verwirklicht, befreit sich jetzt die Sprache von jeder literarischen Gefälligkeit und will »politisch« werden. Das Vorbild des San

Paolo, des Predigers auf beiden Seiten des Atlantiks, des Hirten des Geistes inmitten der gewalttätigen, technologischen Gesellschaft, taucht Jahre später auf den Seiten des »Corriere della Sera« wieder auf, als Pasolini seine *Freibeuterschriften* und *Lettere luterane* (etwa: Lutherbriefe) schreibt.
Am Anfang ist dieser »Freibeuter« der »neue Typ Hofnarr«, »Il Gracco«:

> Dieser Hofnarr gibt groß an. Es stimmt,
> er schreibt mit meinem Stil.
> Muß Händeklatschen von jugendlichen Händen erhalten:
> ist deshalb gezwungen, noch mehr anzugeben als sie selber.
> Aber: Der Inhalt der Demagogie ist die Demagogie.
> Und: Jede Demagogie ist gleich jeder anderen Demagogie.
> Aus Opposition *kenne* ich und *will* ich nun die Nutzlosigkeit
> jedes Worts.
> Ich werde (mit dem Mund) dieses Manuskript in den
> Victoriasee werfen, sagen wir, in einer Coca-Cola-Flasche ...[13]

Dieser »Hofnarr« widmet sich ganz dem Widerspruch, legt sich eine Theorie davon zurecht und brüstet sich damit: »gibt groß an«. Später entzieht er sich auch nicht dem Ernst seines eigenen Spiels. Seine Beiträge werden satirisch-polemisch. Eine Rubrik in der Wochenzeitung »Tempo illustrato« wird eingerichtet. Sie trägt den Titel *Il Caos* (etwa: Das Chaos) – ein Sammelsurium von Gedanken, Dialog mit den Lesern, Ansätze von Film- und Literaturkritik und Notizen über Trends in der Gesellschaft und über Politik. Die Rubrik läuft am 6. August 1968 an und besteht bis zum 24. Januar 1970. Der Ton ist persönlich. »Ich habe zuviel von mir geredet«, schreibt Pier Paolo am Ende des ersten Jahres. Doch das »zuviel« von sich selber Reden ist nicht zu vermeiden: Es gehört zu seinem »predigenden« Stil.
»Für eine Reise zum Mond wie viele Rückschritte auf der Erde«: Pasolini macht Politik durch die Moral; dazu verleiten ihn sein Wissen um die Sprache und seine Menschenkenntnis. Darüber vergißt Pier Paolo aber den »täglichen Kleinkrieg« nicht: »Das Chaos ist eine Front im täglichen Kleinkrieg[14].«

Pasolini filmt unermüdlich: *La sequenza del fiore di carta (Die Geschichte einer Papierblume)*, eine Episode von *Amore e rabbia* (1968); *Porcile (Der Schweinestall)* und *Medea* im Jahr 1969; im selben Jahr *Appunti per un film sull'India* (etwa: Notizen für einen Film über Indien) und *Appunti per una Orestiade africana* (etwa: Notizen für eine afrikanische Orestie).
Das Thema der »Andersartigkeit« wird in *Der Schweinestall* mit zwei abwechselnden, einander ergänzenden Geschichten behandelt: Eine spielt im heutigen Deutschland, die andere ist eine in Spanien angesiedelte Fabel des 15. Jahrhunderts. Gemeinsamer Nenner ist der Kannibalismus. In der Fabel tötet ein junger Mann den Vater; im Sühne-Wahn wird er zum Räuber und tötet weiter, um sich Nahrung zu verschaffen. In der »deutschen« Episode kehrt sich die Perspektive um. Anstatt mit Menschenwesen Liebesbeziehungen einzugehen, gibt sich der Protagonist der Liebe zu Schweinen hin. Als er mit den Schweinen verkehrt, fressen sie ihn auf.
Pasolinis Manierismus erhält neue Vorbilder: Mizoguchi und Jean-Marie Straub. *Der Schweinestall* ist ein Film über eine historische und eine soziale Katastrophe. Pasolini nahm sich zwei Regisseure zum Vorbild, die an einer ähnlichen Thematik gearbeitet hatten und in Stil und Alter weit voneinander entfernt sind.
Tragische, rituelle Feierlichkeit prägt diesen Film. *Der Schweinestall* birgt literarische Inspiration und eine Rhetorik kombiniert aus Geschichtsverleugnung und Bindung an die Gegenwart. Enthalten ist aber auch die rohe Ödipussche Botschaft, die Tötung des Vaters; dieser Tötung wird nicht ohne Absicht die sexuelle Abartigkeit (Sodomie) gegenübergestellt. *Medea* dagegen schwelgt im Dekorativen, in einer Mischung aus Barbarismen und Anklängen an D'Annunzio, wie sie schon bei *Edipo Re* zu spüren waren. Pasolini war zu der Überzeugung gelangt, daß ein Schriftsteller nur »eine sakrale Beziehung zu den Objekten« haben konnte. Mit besessener Präzision gestand er: »Ich kann die Natur einfach nicht mit Natürlichkeit sehen[15].« *Medea* spiegelt

eine Optik wider, die an Spontaneität verloren hat. Der Schriftsteller, der noch immer in Pier Paolo steckte, ließ seine Beziehung zur Realität immer mehr durch die Filmkamera Gestalt annehmen.

Appunti per una Orestiade africana: eine Reise nach Tansania, Uganda und Tanganjika. Pasolini dreht einen Dokumentarfilm für die RAI*. Angelo Romanò, der Freund aus der Zeit von »Officina«, war inzwischen Programmdirektor des einen Fernsehkanals geworden und unterstützte ihn. Pier Paolo reiste mit der Kamera in der Hand: suchte ganz Schwarzafrika ab, entdeckte Personen und Orte und mischte Archivmaterial zusammen (Kriege, Revolten, blutige Auseinandersetzungen). Nach Abschluß des Films fragte sich Moravia: »Warum hat Pasolini den Realismus seiner ersten Filme und seiner Romane abgelegt?« Seine Antwort war: »Vielleicht wollte Pasolini die vorgefertigten Interpretationen vermeiden, die aus den praktischen Erfordernissen der politischen Aktion entstehen, und hat sich dazu auf eine Ebene der Vieldeutigkeit begeben.« Er fährt fort: »Die einfachste Erklärung ist, daß die kulturelle Vermittlung jetzt für Pasolini eine poetische Notwendigkeit ist[16].« Mit anderen Worten hatte die Realität in Pasolinis Inspiration an Dichte verloren. Was blieb, war die Kultur.
Das Gewand der Medea: ein Wasserfall aus Juwelen. Ihre Sinnlichkeit düster, animalisch. Ihr Gemüt beherrscht von den Furien, wie schon Elektra in *Pilade.* Wer sind diese Furien? In der *Orestiade africana* waren sie die ungeheuerlichen, anthropomorphen Wurzeln der gigantischen Baumstämme des schwarzen Kontinents. Medea erinnert an sie in ihrem Gewand aus rauhem, schwarzen Tuch, das schwer vor Gemmen und Steinen ist.
Medea und Jason: spröde, finstere Mütterlichkeit bei Medea; unbefangene, wirkungsvoll zur Schau getragene Männlichkeit bei Jason. Jason ist die Zivilisation, ist der Schüler des Zentauren. Der Zentaur unterweist ihn:

---

* Staatliche Rundfunk- und Fernsehanstalt Italiens. (Anm. d. Ü.)

Alles ist heilig, alles ist heilig, alles ist heilig. Nichts Natürliches ist an der Natur, mein Junge, denke immer daran. Wenn die Natur dir natürlich erscheinen wird, dann wird alles zu Ende sein – und etwas anderes beginnen. Leb wohl, Himmel, leb wohl, Meer[17]!

Medea verkörpert die Prähistorie, wo man ganz aus den Sinnen heraus lebt und wo die Natur ein Bündel aus dunklen, unerklärlichen Kräften ist. Die Magie ist Medeas Kultur.

Bei diesem Film mußte man sich fragen: Mit welcher Figur hat Pasolini sich identifiziert? Mit dem Zentauren? Mit der übermütigen Jugend von Jason, mit dem Jason, der inmitten der Freunde fröhlich vor den hellen Mauern der Piazza dei Miracoli in Pisa tanzt? Oder mit der Verzweiflung ausdrückenden Maske der Medea? Pier Paolo hatte beide in sich: den Zentauren und Medea – als komplementäre Pole der idealen, reinen und tragischen körperlichen Schönheit von Jason.

Durch Medea, durch ihre Verzweiflung drückte Pasolini seine eigene Verzweiflung an der Kultur aus. Doch er verschloß sie in Mythos, tränkte sie mit der Unaktualität, die zur dekadenten Darstellung gehört. Schließlich triumphierte seine Vorliebe für Collagen: Landschaften wie die Türkei und die Insel Grado, antike Zellen der Christen, versehen mit angedeuteten byzantinischen Fresken; Pisa. Daneben erfindet er Kannibalenriten und griechische Gebräuche. Schließlich das Gesicht und die magnetische Anziehungskraft von Maria Callas.

Maria Callas und Medea waren ein und dieselbe Gestalt. Das konnte man seit der *Medea* von Luigi Cherubini 1953 an der Scala voraussehen. Dirigent war damals Leonard Bernstein gewesen. Pier Paolo spottete über das Melodrama, lachte über die Musikbesessenen: »Nur blöde Gänse schmachten nach Opern.« Er liebte die Musik des 18. Jahrhunderts, doch musikalische Gefühlsseligkeit interessierte ihn offenbar nicht. Franco Rossellini, der Produzent des Films, hatte ihm den Namen von Maria Callas als Darstellerin suggeriert.

Die Callas besaß als tragische Schauspielerin einen glänzenden Sinn für Spiel und Gestik, die den Gesang begleiten. Dieser Instinkt wurde durch Unterweisungen von Luchino Visconti noch

»bearbeitet« und verfeinert. Viscontis Regiearbeiten *La Vestale, La Traviata* und *La Sonnambula* führten die Callas zum Höhepunkt ihrer Ausdruckskraft.
Für ihre Wahl sprachen künstlerische Gründe und auch kommerzielle Motive: Maria Callas war, auch nachdem sie das Theater verlassen hatte, beim Publikum noch immer ein glänzender Name. Pier Paolo entschied sich für sie, und seine Medea begleitete ihn zu den heidnischen Göttern für lyrische Musik und Gesang im Jenseits:

> bringst du mit dir diesen Geruch vom Jenseits
> und singst Arien komponiert von Verdi und gerötet von Blut,
> dessen Erfahrung (die nicht dessen Wort ausspricht)
> die Sanftmut lehrt, die wahre Sanftmut[18]

Aus der Begegnung der beiden, der Begegnung zwischen dem Autor und seiner Gestalt, entstand die Legende einer Liebe. Die Illustrierten brachten Fotos: ein Kuß auf die Lippen, ausgetauscht vielleicht bei der Begrüßung auf einem Flughafen. Pier Paolo folgte Maria einmal in die Ferien auf die griechischen Inseln – das Griechenland der Obristen (er schrieb ein Gedicht für Panagulis). Er fuhr zu ihr nach Paris. Sie kam nach Rom. Mit Moravia und Dacia Maraini unternahmen sie im Dezember 1970 und Januar 1971 eine Reise nach Afrika. Er nannte sie: »Vögelchen mit starker Adlerstimme/und bebender Adler[19]«. Die große Tragödin, eine schwierige Künstlerin, die nicht nur mit ihrem unnachahmlichen Können Mailand in Atem gehalten hatte, sondern auch für ihr berechnendes Wesen berühmt gewesen war, wirkte eigentlich mädchenhaft naiv – trotz ihrer vierzig Jahre. Sie hatte eine mysteriöse Leichtigkeit an sich, die Pier Paolo faszinierte: die Faszination, die auf Pier Paolo die Weiblichkeit an sich ausübte, vor allem, wenn er darin ein wenig die Symbolgestalt der Mutter spürte, der Unterdrückten, die im Leben auf allen Gebieten an den Rand gedrängt wird. Als er Maria näher kennenlernte, fand er seine intuitive Einschätzung bestätigt: Ihre Naivität, »ein junges Mädchen, das nach unblutigem Massaker dürstet[20]«, war der Widerschein einer unbewußten Erotik, einer »Unterdrückung«, die sich nur im Gesang löste. Er porträtierte sie mehrmals und

färbte die Zeichnungen dann mit Kaffeesatz, Öl, Essig und Wein. Auch Victor Hugo hatte oft mit lebendigen Materien wie Tabak gezeichnet.
Ninetto war noch immer eng mit Pier Paolo verbunden. Damals war Ninetto in Triest beim Barras. Pier Paolo suchte manchmal verzweifelt seine Nähe. Maria stand der Beziehung der beiden anscheinend ungläubig gegenüber. Möglicherweise kam es so weit, daß Pier Paolo die Abwesenheit von Ninetto ausspielte.
Maria kam zu ihm nach Hause in die Via Eufrate und lernte Susanna und Graziella kennen; sie führten lange Telefongespräche von Paris aus. In Paris hörte sich Pier Paolo mit ihr Musik an und erfuhr die Musik Verdis plötzlich ganz anders als bisher. Schließlich resignierten beide. Sie konnten nicht über eine liebevolle Freundschaft hinauskommen.
Ein Gedicht Pier Paolos zeugt von der Unmöglichkeit, diese Schwelle zu überwinden. Sein Titel *Timor di me?* ist Verdis *Troubadour* und den von Salvatore Cammarano stammenden Worten für Leonora nachempfunden: Leonora singt am Fuße des Turms, in dem Manrico gefangengehalten wird, in »oscura notte« von der verlorenen »amor sull'ali rosee« – Maria Callas konnte mit wundervoller Stimme und lebendiger, fraulicher Sensibilität von dieser Finsternis, der geheimnisvollen Entschlossenheit und der im Inneren verborgenen Leidenschaft singen.

> Oh, eine schreckliche Furcht;
> Das Glücksgefühl birst
> gegen diese Fenster ins Dunkle
> Doch dieses Glücksgefühl, das dich *in voce* singen läßt,
> ist eine Rückkehr vom Tod[21]...

Die Frau ist für Pier Paolo eine »chthonische Wiedererscheinung«, eine Erscheinung, die von einer Reise zurückkehrt, die an von ihm nie betretene Orte geführt hat. Die Frau kehrt mit einer Nachricht zurück, der Nachricht von der »Leere im Kosmos«.

> Wer ist da, in dieser LEERE DES KOSMOS,
> die du in deinen Sehnsüchten trägst und kennst?
> Da ist der Vater, ja er!
> Du glaubst, daß ich ihn kenne? Oh, wie sehr du irrst;

wie naiv du für gesichert hältst, was überhaupt nicht sicher ist;
du gründest deine ganze Rede, aufgezeichnet hier im Gesang,
auf diese Anmaßung, die für dich bescheiden ist
und weißt dagegen nicht, wie hochmütig sie ist
sie trägt in sich die Zeichen des tödlichen Willens der Mehrheit –

Pier Paolo hatte eines Abends in Paris (»Paris zeichnet hinter deinem Rücken einen tief hängenden Himmel/mit dem Gewirk aus schwarzen Ästen ...«) bei Maria ein Verlangen nach Liebe wahrgenommen, nach Liebe zwischen Mann und Frau. Er spürte das altbekannte Verlangen der Frau, daß der Mann auch »Vater« sei. Pier Paolo konnte darauf nichts erwidern. Von seiner Psyche her war für ihn keineswegs sicher, was für sie »gesichert« schien. Der Vater und sein Bild waren in ihm eine »Leere des Kosmos«.

Du lächelst dem Vater zu –
Dieser Person, über die ich keinerlei Information habe,
mit der ich in einem Traum zu tun hatte, an den ich mich
offenbar nicht erinnere.

Und doch hatte er im Leben nach diesem Bild (»dieser Person ...«) eine heftige, ja wilde und uneingestandene Sehnsucht verspürt – so heftig und wild, daß sie, wie wir wissen, zu einem Trauma führte.
Auf das Verlangen Marias, das ganz im Gesang zum Ausdruck gebracht wurde (»Du gibst, verschwendest Gaben, mußt einfach geben«), konnte Pier Paolo mit einem Lächeln antworten:

ich gebe vor entgegenzunehmen;
ich danke dir, herzlichen Dank.
Doch das matte, flüchtige Lächeln
ist keins aus Schüchternheit;
es ist die schreckliche, sehr viel schrecklichere Bestürzung,
einen in den Reichen des Seins gespaltenen Körper zu haben –
wenn das eine Schuld ist,
wenn es nicht einfach nur ein Unglück ist: Doch an des anderen
Stelle
ist für mich eine Leere im Kosmos,
eine Leere im Kosmos,
und von dort her singst du.

Sein Lächeln sollte Zeichen von »Bestürzung« sein. Sein Trauma oder seine Homosexualität ließen keine Abenteuer zu – es sei denn die bekannten.
Die Freundschaft mit Maria Callas erlosch nicht aus diesem Grund. Unter anderen Bedingungen hat Pier Paolo hier in Gedichtform die gleichen Worte wie in dem Brief an Silvana Mauri im Jahr 1950 ausgesprochen. Die Gedichtform ermöglichte ihm, sein Geheimnis in Symbole zu kleiden. Ein flüchtig gesetztes Zeichen in dieser neuen, ganz funktionalen Poesiesprache: das Wort »Vater«. Er fügte quasi ironisch hinzu:

> Seltsam, von diesem Ungeheuer an Autorität
> rührt auch die Sanftheit her,
> zumindest als Resignation und kurzer Sieg.

Die Telefonanrufe aus Paris wurden seltener, auch die Besuche Marias in Rom. Laura Betti war eifersüchtig geworden. Ihr »Küchenimperium« wankte. In der Theorie gestattete Laura ihrem »Liebhaber« manchmal, sich ein paar Freiheiten herauszunehmen. Sie beschuldigte die Callas, des Nimbus nicht würdig zu sein, der sie umgab.
Eines Abends kam Pier Paolo wieder zu Laura zum Abendessen. Als Geschenk brachte er ihr einen Seidenschal, bestickt in leuchtenden Farben, mit. Das Wiedergutmachungsgeschenk, sagte Laura: Jeder Ehemann ist so schlau, ein Geschenk mitzubringen, wenn er heimkommt und sich vergeben lassen will. Bei Laura litt Pier Paolo nicht darunter, einen »gespaltenen Körper« zu haben. Laura »hielt mit« und hielt Pier Paolo ihre eigenen Liebschaften entgegen, ihre eigenen »Jungs«. Ein Eros, der keineswegs »unterdrückt«, sondern im Gegenteil frech bis zur Unverschämtheit zur Schau gestellt wurde. Maria Callas dagegen offenbarte Pier Paolo, was weibliche »Furcht« sein konnte.

»Unsere so keusche Liebe«

Die liebevolle Freundschaft mit Maria Callas verlor für Pier Paolo an Gewicht, als er zur gleichen Zeit in eine heftige Gefühlskrise geriet.

Oh, Ninarieddo, denkst du noch an jenen Traum ...
von dem wir so viele Male gesprochen haben ...
Ich war im Auto und fuhr alleine weg, den Sitz
neben mir leer, und du liefst mir nach;
auf der Höhe der noch halboffenen Tür,
liefst du drängend und hartnäckig mit und riefst
mit ein wenig kindlich-weinerlicher Stimme:
»A Pa', nimmst du mich mit? Zahlst du mir die Fahrt?«
Es war die Fahrt des Lebens: Und nur im Traum
hast du nun gewagt, dich zu verraten und mich um etwas
zu bitten.
Du weißt sehr wohl, daß dieser Traum der Wirklichkeit
angehört;
und es ist kein geträumter Ninetto, der diese Worte
ausgesprochen hat.
Du wirst ja auch rot, wenn wir davon sprechen.
Gestern abend in Arezzo, in der Stille der Nacht,
während der Wachposten mit der Kette das Tor hinter dir
schloß und du schon fast verschwunden warst,
hast du mit deinem plötzlichen und komischen Lächeln mir ...
»Danke!« gesagt.
»Danke«, Ninè? Das sagst du mir zum ersten Mal.
Und du merkst es auch gleich und korrigierst dich, ohne das
Gesicht zu verlieren
(darin bist du Meister) scherzend:
»Danke fürs Mitnehmen.« Die Fahrt, die ich für dich
zahlen sollte, war, ich wiederhole, die Fahrt des Lebens.
Und in diesem Traum vor drei, vier Jahren habe ich mich
für etwas entschieden,
was meiner zwiespältigen Freiheitsliebe widersprach.
Wenn du dich jetzt bei mir fürs Mitnehmen bedankst ... mein
Gott,
während du im Bau bist, steige ich voller Angst
ins Flugzeug zu einem weit entfernten Ort. Nach unserem
Leben bin ich unersättlich,
denn etwas auf der Welt einmaliges kann sich nie erschöpfen[22]

Dieses Gedicht – das einzige heitere Liebesgedicht, das Pasolini geschrieben hat – trägt das Datum vom 2. September 1969. Ninetto war zum Militärdienst eingezogen worden. Eine Wende in ihrer Beziehung trat ein, als ob die Entfernung und die kurzen Wiedersehen das Gefühl so drängend gemacht hätten, daß es

keine Rettung gab. »Nach unserem Leben bin ich unersättlich«, schreibt Pier Paolo.
Doch Ninetto war dabei, erwachsen zu werden und seine Entwicklung führte ihn von Pier Paolo weg. Ninetto wollte mit Pier Paolo »die Fahrt des Lebens« unternehmen, doch zugleich wollte er seinem eigenen Leben freien Lauf lassen. Der Sex zwischen ihnen gehörte der Vergangenheit an. Die Erotik hatte sich in die Alltäglichkeit verwandelt, die das abfahrende Auto, der »leere Sitz«, die »halboffene Tür« und das »drängend und hartnäckig« Laufen widerspiegeln. Hier wird die Homoerotik sublimiert, und zugleich entsteht das Bild einer Männerfreundschaft – einer Freundschaft, die wegen des Altersunterschiedes keine Beziehung unter Gleichgestellten sein kann. Pier Paolo war kein »Vater« für Ninetto – oder er war es auf eine ganz unvermutete Weise. Man merkte Ninetto keine psychische Abhängigkeit an. Er hatte ein naives Bedürfnis nach Unabhängigkeit in sich. Pier Paolo förderte an ihm die alte, überkommene bäuerliche Redlichkeit und andererseits die ungehinderte Entfaltung seiner Vitalität. Sie erschienen gleich, wenn es überhaupt eine Gleichheit zwischen ihnen geben konnte.
Wirkliche Gleichheit aber war es nicht, denn Pier Paolo litt unter dem sich bemerkbar machenden Alter. Pier Paolo fürchtete das Schwinden der Jugendlichkeit. Im Frühling 1971 war er nach Rumänien in die Klinik Aslan gefahren, um sich einer Verjüngungskur zu unterziehen. Er ließ sich von Moravia und Ninetto begleiten. Ninetto ging mit Mädchen – und Pier Paolo fing an, darunter zu leiden. Es war keine sexuelle Eifersucht: Ninetto war dabei, seinen eigenen Lebensweg zu finden. Die Mädchen gehörten dazu. Pier Paolo erkannte unter Schmerzen, daß Ninetto jetzt zum Mann geworden war und daß das Dasein einen anderen Lauf nehmen würde. In Rumänien schrieb Pier Paolo das Drehbuch von *I racconti di Canterbury (Pasolinis tolldreiste Geschichten)*. Als er zu den Filmaufnahmen nach England fuhr, verschärfte sich die Krise.
Pier Paolo litt darunter, daß sein Haar schütter wurde und sich in der Farbe veränderte. Er kleidete sich dafür immer mehr nach der jungen Mode. Seine Schlankheit kam ihm zu Hilfe. Sein Gesicht

war blaß und ausgezehrt, sein Blick bekam einen leidenden Ausdruck. Die Zähne machten ihm zu schaffen. Er fuhr mehrmals nach Meran, um sie in Ordnung bringen zu lassen. Doch all das waren Nebensächlichkeiten im Leben.

In Bath (England) während der Dreharbeiten – unter den Schauspielern war natürlich wie immer Ninetto – begriff Pier Paolo, daß sich eine Loslösung vorbereitete, die nicht mehr rückgängig zu machen war: eine sicherlich nicht physische, aber gefühlsmäßige Loslösung. Daher um so dramatischer. Ninetto sagte ihm, daß er heiraten würde. Pier Paolos Verzweiflung schien grenzenlos. Er dachte, er müsse sterben.

Er begann in diesem August, die Sonette der Verzweiflung zu schreiben: *L'hobby del sonetto* (etwa: Das Hobby des Sonetts). Pasolini fand wieder Gefallen an der klassischen Komposition, an Metrum und Reim, die sich mit Präzision zusammenfügen. Doch die Form wurde schließlich verletzt – überwältigt von der Lust an der Vernichtung, die Worte und Gefühle durcheinanderbringt. Pier Paolo verwendet darin das »Ihr«; das Liebesobjekt wird in der Anrede »mein Herr« genannt. Die Sonette schildern eine Liebesqual, die an Shakespeare erinnert. Das Ganze – weit über hundert Texte bestehend aus Entwürfen und Neufassungen und eine Menge Korrekturen, die die Lesbarkeit beeinträchtigen – kann als lange Ballade des Liebesleids, zugefügt von »gemeinem« Verrat interpretiert werden. Neben dem Vergleich mit den Sonetten Shakespeares kann man auch an eine Gegenüberstellung mit der *Ballade vom Zuchthaus zu Reading* von Oscar Wilde denken.

Der Wunsch zu sterben, sich »an einem Baum im Garten« mit einer »vertrauenerweckenden« Schnur zu erhängen, wird ausgesprochen: »Ich bin nur noch ein halber Mann«, »ein Hund, der sich zusammenkauert,/um sich die Wunden zu lecken«. Keine Vorwürfe, keine Anklage: »meine Schande will keine Entschuldigungen haben«:

> da meine Gewohnheit
> nunmehr eingefleischt ist, masturbiere ich mich in den
> ausgetrockneten
> Mäandern des mit Schweiß bedeckten Bettes.

Eine Lösung: daß »sie«, das Mädchen, stirbt – ein Tod, der nur eine Freveltat bedeuten würde. Ansonsten gibt es keine Lösung. Es sind »acht Jahre« verlorener Liebe: Bei diesem verbitterten Vorwurf in Gedichtform reimt sich »Frieden« (pace) auf »Glut« (brace). Ist hier der Stachel des Geschlechts am Werk?

> Es geht nicht um Sex, das wißt Ihr:
> sondern um ein Gefühl, das wie der Tod krumme Hände hat.

»Der wenige Samen, den wir an uns gesehen haben/bei unsren ersten, weit zurückliegenden Begegnungen ...« Die »lachende« Natur dieses »Herren«, der jetzt verrät, hat den Sex in Liebe verwandelt, ihn unwiederbringlich sublimiert:

> Was Ihr seid, ist beinahe das Unaussprechliche.

Die Liebe ist vielleicht in ihrer Ganzheit »unaussprechlich«. Als das Liebesobjekt – oft bei »den Kosenamen« genannt, die auch »der Mutter« gegeben werden – auf die Probe seines Lebens gestellt wird, erscheint es »taub«, mit »dumpfem«, »entstelltem« Gesicht, denn es enthält kein Lachen mehr. Und doch entzündet sich inmitten dieser Wahrheiten die Liebe noch heftiger: »nie ist Eure Würde verlorengegangen«.

Zuletzt die schmerzliche Erkenntnis: Es ist nicht »Eifersucht auf das Mädchen«, die die gequälten Schreie hervorruft, sondern das Gefühl einer Schändung, ein einsames und daher noch mehr verbitterndes Gefühl. Der Autor von *L'hobby del sonetto* entdeckt, beinahe in der Nachfolge von Proust, daß das Leiden unter sich selbst leidet: Es ist das Unvermögen, der eigenen Psyche zu entkommen. Doch das macht ihn fast wahnsinnig vor Schmerz.

Pier Paolo vertraute den Freunden seinen Schmerz an, sprach davon verbittert und ohne Ende. Anscheinend suchte er gleichzeitig nach extrem masochistischen, erotischen Erfahrungen. Die menschliche »Gemeinschaft« mit Ninetto hatte in den vorangegangenen Jahren Zeiten des Glücks gebracht. Ein großflächiges Gemälde von 1969 – Pier Paolo kehrt zu einer früheren, mit Leidenschaft verfolgten Ausdrucksform zurück – zeigt es deutlich: Ninettos Locken symbolisieren Fröhlichkeit. Das Bild war bestimmt für die neue Wohnung von Laura Betti, die von der Via del Babuino in die Via di Montoro zog. In einem Porträt von Laura wiederholt der gelockte Kopf des im Hintergrund dargestellten »Boten« nach Art von Chagall das Symbol der Freude. Ein Gleichgewicht war erreicht. Das Leben mußte es wieder zerstören.

Elsa Morante beschuldigte Pier Paolo, er sei von Liebe wie besessen – und egoistisch. Zwischen den Freunden war die alte Vertrautheit dahin. Elsa sagte, Pier Paolo liebe Ninetto nicht wirklich: Wer liebt, will das Glück des geliebten Menschen.

> Es ist wahr, daß die Liebe heilig sein muß.
> Elsa hatte recht, und nichts anderes darf man wollen,
> als das Glück dessen, den man liebt. Doch es ist auch wahr,
> daß es kein Recht gibt, dem sich keine Pflicht gegenüberstellt.

Pier Paolo nahm wahr, daß es keinen Ausweg für sein Gefühl gab, doch er hatte auch Angst vor der Einsamkeit in der Zukunft. Diese Einsamkeit konnte von der Gegenwart – der liebevollen, nicht erotischen Gegenwart – des »Engels« und »Boten« ausgefüllt werden. Diese Gegenwart war eine »Pflicht«.

> Elsa hat sicher nicht begriffen, daß
> ich hätte sterben können; oder daß ich so schwach war zu
> wünschen,
> getröstet zu werden, oder zurückgehalten wie ein Wahnsinniger.

Pasolini wollte nichts von seinem »Egoismus« hören. Er nahm schweren Herzens hin, daß Ninetto heiraten und Kinder haben würde – wie es dann auch der Fall war. Ninetto trat andererseits nicht in sein Dasein ein und ging auch nicht fort daraus: Er blieb der, der er war. Die Heirat stellte keinen Bruch eines Freundschaftsbundes dar, der schon lange keine erotische Komponente mehr hatte. Aber auf eine beinahe kindliche Art wehrte sich Pier Paolo dagegen, das zu glauben:

> ich kann nicht das Warum
> begreifen von soviel Raserei in deinem Herzen
> gegen unsere so keusche Liebe

Die »keusche« Liebe blieb im Herzen Ninettos erhalten, und Pier Paolo verstand das. Er verstand es freilich nicht sofort.
Pier Paolos erotisches Leben ging indes immer neue Bahnen. Er spricht davon in einem Sonett, das ohne Korrekturen auf dem Manuskript geblieben ist. Er nimmt hier die Szenerie des letzten Abends in seinem Leben vorweg:

Es war fast zwei Uhr nachts – der Wind
wischte über die Piazza dei Cinquecento
wie in einer Kirche – da war nicht einmal Abfall,
einziges Leben zu dieser Stunde – in den Anlagen

streiften die letzten zwei oder drei Jungen umher,
weder Römer, noch vom Land herein, auf der Suche
nach den tausend Lire, doch wie ohne Schwänze –
ich sprach im Auto mit einem von ihnen –

ein Faschist, der arme Kerl, und ich mühte mich ab,
ihm das hoffnungslose Herz zu rühren.
Du bist dazugekommen mit deinem Auto

und hast gehupt; an deiner Seite war ein gräßliches
junges Individuum; Diebesgut
hing aus dem Fenster; von wo kamst du, und wohin gingst du?

Pier Paolo akzeptierte diese Heirat. Ninetto sollte eine Ehefrau und ein »Nest« haben, ein »kleinbürgerliches« Nest:

dagegen lebe ich die Realität,
vorbehalten dem Andersartigen, der keine Alternative hat,
als dem gut zu sein, den er liebt.

Mit der Eheschließung Ninettos akzeptierte Pier Paolo auch etwas in sich, das er nie hatte akzeptieren wollen: sein unstetes Gefühlsleben. Dagegen hatte er sich wie rasend gewehrt.

Verzweiflung an der Kultur und Politik

Pasolini litt natürlich auch unter seiner Einsamkeit im Kulturbetrieb. Es kam der Zeitpunkt, da sein Ruf als Regisseur sein Ansehen als Schrifsteller in den Schatten zu stellen schien. Er entwarf die Filme der Phantasie und sagte über *Decameron, Pasolinis tolldreiste Geschichten* und *1001 Nacht,* diese Filme sollten der spielerische Ausbruch seiner Freude am Erzählen sein, wie sie es in der Tat dann waren. Er habe mit seinen stilistischen Mitteln die drei Meisterwerke der europäischen und mittelmeerischen Erzählkunst des Mittelalters zusammengefaßt, um die Phasen nachzuzeichnen, in denen der Mensch – der neue Mensch, das Verbindungsglied zwischen archaischen, bäuerlichen Idealen und humanistischen Werten – sich selbst als geistiger Handlungsträger seines eigenen Geschicks entdeckte.

Die *Trilogia* sollte die Form einer Romanze, eines märchenhaften Bildwerks haben - eines Werks im Flamboyantstil, in dem es wimmelt vor menschlichen Schicksalen, die untereinander verflochten sind und alle vom gütigen, holden Schicksal berührt und mitgerissen werden. Die drei Filme entstehen 1971, 1972 und 1974 und sind Pasolinis wirkliche Publikumserfolge. Dem Regisseur kommen früher erworbene Fähigkeiten zugute, die er als Schriftsteller und Schüler von Spitzer und Contini und als Kunsthistoriker und Schüler von Roberto Longhi gesammelt hat. Auge und Ohr sind bei ihm ständig aufnahmebereit für den Klang und die Bilder der Realität unter dem transparenten Schleier der Erscheinungsformen.

Pasolini zeigte sich als glänzender Dekorateur, faßte seine Bilder in wie vom Goldstaub des Ästhetizismus gestreifte Rahmen, legte aber auch den ungewöhnlichen Scharfsinn des Showman an den Tag: Er webte in seine Gobelins Handlungsabläufe mit unverhohlen sexuellem Inhalt ein. Er zeigte männliche und weibliche Akte und Erektionen in zum Teil so übersteigerten Proportionen, daß der Skandal dadurch vervielfacht wurde. Und Skandal bedeutete Erfolg.

Die Freiheit des Körpers, der Körper als Sprache: Pasolini befand sich hier auf einer Linie mit den gewagtesten Erkenntnissen der Psychiatrie Freudscher und anderer Prägung. Die totale Visualisierung des Eros und seiner geheimsten Symbole schien in diesen Filmen das Ergebnis aus Berechnung und Spiel, aus Sinn fürs Spektakuläre und Provokation der Moral. Der Regisseur strebte danach, sich als Therapeut auch der am tiefsten eingewurzelten kollektiven Hemmungen darzubieten. Es regnete Anzeigen und Prozesse. Daß ein Autorenfilm wegen obszönen Inhalts angezeigt wurde, war in Italien so gang und gäbe, daß es schon fast zur Werbekampagne beim Anlaufen des Films gehörte. Die *Trilogia della vita* passierte diese Klippe und wurde freigesprochen[23]. Die Kunst siegte über die Pornographie, und Pasolini verwirklichte eine Utopie.

Was war seine Utopie? Zu zeigen, wie das ganze Sein von einem Bild der Jugend und der physischen Vitalität katalysiert wird, die sich außerhalb der Norm und in einer unberührten, unverdorbenen Landschaft entwickeln. Dies ist die Utopie eines Menschen, der keine Behinderungen und Tabus des erotischen Lebens anerkennt. Moravia schrieb über *1001 Nacht* und nannte die »bäuerliche« Utopie Pasolinis und diese andere Utopie, die er als »homosexuelle« bezeichnete, in einem Atemzug. Er frage sich:

Welche Beziehung besteht zwischen dem authentischen Bauern und der Homosexualität? Wenn man *1001 Nacht* ansieht, erscheint klar, daß die Beziehung in einem gewissen Bild von der Jugend besteht. Die bäuerliche Kultur ist die Jugend der Welt von gestern gewesen, die Homosexualität ist die Jugend der Welt von heute. So gleichen sich auf überraschende Weise bäuerliche Kultur und Homosexualität ...[24]

Bei dieser Gleichsetzung spielte die damals verbreitete permissive Idealvorstellung mit. Die Gestalten Pasolinis lächelten und zeigten dabei im *Decameron* verunstaltete Zahnreihen – doch sie schienen zu strotzen vor Gesundheit und waren in *Erotische Geschichten aus 1001 Nacht* dazu noch makellos schön. Das Lächeln erlosch bald. Das Leben in Italien wurde von Schatten verdüstert, die jeden Traum, jede Utopie zunichte machten. Die Permissivität in ihrer konkreten Form zeigte sich Pasolini als ungeheures Krebsgeschwür. Pier Paolo sah immer mehr Grund zu Pessimismus, doch mit der Kamera in der Hand erlaubte er sich das Träumen. Die Lossagung davon war bitter. Die Sprache des Körpers, die er selber zum Leben erweckt hatte, rief bei ihm jetzt Schaudern hervor. Nach Abschluß der *Trilogia* stimmte er deren

Totenklage an – den »Haß« auf die »Sexualorgane der heutigen Jugendlichen in Italien[25]«. Das Wort vom »menschlichen Müll« fiel. »Der Zusammenbruch der Gegenwart« bedingte »den Zusammenbruch der Vergangenheit«.

Pasolinis Verzweiflung war methodisch. Er warf seinen eigenen Körper in den Kampf. Seine seelische Krisensituation drängte ihn zu vitalistischen Lösungen. Mit dem Film hatte er die ersten erlittenen Wunden zu schließen versucht. Die Theorie vom Film als der »geschriebenen Sprache der Wirklichkeit« hatte sich zur Milderung des Konflikts angeboten, an dem sein Gefühl und sein Intellekt zu zerbrechen drohten. Dann hatte ihn der Film mit seinen vielfältigen Anforderungen ganz in Beschlag genommen. Die *Trilogia della vita* genügte sowohl solchen Ansprüchen in der Produktion als auch kulturellen Ansprüchen und zielte dabei nicht allein auf Erfindung, sondern auf eine kollektive Therapie. All das war noch nicht genug: Pasolini wollte in der Öffentlichkeit und mit der Öffentlichkeit die Übel im privaten Bereich ausheilen – er wollte den Kampf.

Die KPI an die Jugend!! war eine erste Kampfesgeste. Es folgte die Teilnahme als Cineast unter Cineasten an den Demonstrationen gegen die Biennale von Venedig 1968. Die Besetzung des Filmpalastes in Venedig brachte ihm einen Prozeß ein. Die mündliche Verhandlung fand am 11. Oktober 1969 statt. Mitangeklagte waren Cesare Zavattini, Lionello Massobrio, Marco Ferreri, Alfredo Angeli, Francesco Maselli und Filippo De Luigi. Auf einem Foto – es zeigt sie im Amtsgericht von Venedig; sie stehen alle in einer Reihe – hält Pasolini die Hand am Kinn und starrt auf den Boden. Die sieben werden freigesprochen, denn »die (ihnen) zugeschriebenen Vorfälle erfüllen keinen gesetzlichen Tatbestand«.

In *Il Caos* veröffentlichte er am 21. September 1968 zu dem Konflikt zwischen Polizei und Demonstranten bei der Biennale in Venedig einen anklagenden Offenen Brief an den Ministerpräsidenten Giovanni Leone. Der antwortete ihm öffentlich und bekräftigte, daß in Venedig »keinerlei Brutalität und Gewalt« verübt worden sei. Am 5. Oktober erwiderte Pasolini in derselben Rubrik von »Tempo Illustrato«:

Ich glaube uneingeschränkt an Ihren guten Glauben. (...) Doch auch Sie müssen an meinen guten Glauben glauben. Ich war in der betreffenden Nacht dabei. Und ich habe *mit eigenen Augen* die Gewaltakte der Polizei gesehen.

Das ist der erste Schritt zu einer Konfrontation mit der Klasse der Politiker, die Pasolini von da ab in erbitterter Weise die letzten sieben Lebensjahre führen wird, keine abstrakte, keine intellektuelle Konfrontation. Es geht um ganz spezifische Details.
Er wirft seinen Körper nicht nur gegen die Repräsentanten der Staatsgewalt in den Kampf. In der Antwort auf den Brief von Giovanni Leone heißt es auch:

Ich weiß: Das Bewußtsein von den eigenen Rechten – ich habe das schon so oft gesagt und werde nicht müde werden, es zu wiederholen – kann aggressiv und terroristisch werden. Machen Sie sich keine Sorgen: Ich werde weiterkämpfen so gut ich kann, auch gegen den Linksfaschismus.

Der Ausdruck »Linksfaschismus« provozierte giftige Kommentare. Doch Pasolini hatte schon damals die Wandlung bemerkt, die sich in einem Teil der protestierenden Jugend – sowohl in der kommunistisch orientierten als auch in der katholisch ausgerichteten (unter den Mitgliedern der ACLI*) – vollzog und ahnte deren Konsequenzen. In der Rubrik *Il Caos* hatte er am 28. September 1968 erklärt, wo die Wurzel des »Linksfaschismus« läge. Er sah darin die Entstehung des Terrorismus voraus:

Viele Katholiken bringen, wenn sie Kommunisten werden, den Glauben und die Hoffnung mit und vernachlässigen, ohne es überhaupt zu merken, die Nächstenliebe. Genau so entsteht der Linksfaschismus.

Die junge Generation bewies es: Das Land verlangte nach einer anderen Form des öffentlichen Lebens. Zugleich lehnte es jede Rückbesinnung auf Geschichte und Tradition ab, lehnte alles ab,

---

* ACLI: Associazione Cristiana Lavoratori Italiani; etwa: Christliche Vereinigung Italienischer Werktätiger. (Anm.d.Ü.)

verbrannte jedes Buch, jede Norm. Wo es den jungen Katholiken an Nächstenliebe fehlte, wandelte sich Glaube in Fideismus, in gewalttätige Blindheit. Die Freiheit ist ein Paradoxon, das man durch die Ermittlung seiner Grenzen in der Dialektik von Rechten und Pflichten regelt. Die Pflicht geht aus dem Geschichtsbewußtsein hervor. Pasolini hatte von all dem eine klare Vorstellung und erlebte es als eigenen Konflikt. Er polemisierte zwar gegen »Lotta continua«, lieh der Zeitung jedoch seinen Namen als verantwortlicher Chefredakteur, damit sie an den Kiosken erscheinen konnte: Presserechtlich war die Eintragung ins Berufsregister der Publizisten als Qualifikation für den sogenannten »verantwortlichen Direktor« erforderlich, aber kein Redakteur des außerparlamentarischen Blattes besaß diese Eintragung. Pasolini wurde dann wegen der Beilage Nr. 5 mit dem Titel *Proletari in divisa* (etwa: Proletarier in Uniform) zur Verantwortung gezogen. Die Begründung wird in einem Bericht des Polizeipräsidiums von Turin vom 27. Mai 1971 an die Oberstaatsanwaltschaft genannt: »der stark polemische Inhalt gegenüber den Streitkräften ...[26]« Der Prozeß wurde vom Schwurgericht Turin ausgesetzt und die mündliche Verhandlung nie abgehalten.

All diese Verhaltensweisen Pasolinis bewirkten, daß ihm die öffentliche Meinung »Zwiespältigkeit« vorwarf. Pasolini antwortete auf diese Beschuldigungen in einem Interview, das er Jean-Michel Gardair gab:

Ich kann nicht mehr an die Revolution glauben, aber ich kann nicht umhin, auf der Seite der jungen Menschen zu stehen, die dafür kämpfen. Es ist sowieso schon eine Illusion, wenn man Dichtung schreibt, und dennoch schreibe ich noch welche, auch wenn für mich die Dichtung nicht mehr der wunderbare klassische Mythos ist, der mich als Heranwachsender zum Schwärmen brachte. (...) Ich glaube nicht mehr an die Dialektik und den Widerspruch, sondern nur noch an die pure Opposition. (...) Dennoch fasziniert mich die beispielhafte Allianz immer mehr, die sich bei den Heiligen, wie zum Beispiel beim Heiligen Paulus, zwischen aktivem und kontemplativem Leben vollzieht[27].

Scheitern der Revolution, Dichtung als Illusion, das sind die Gründe für Pasolinis methodische, komplexe Verzweiflung an der

Kultur. So kennzeichnete er selbst seine Einsamkeit. Diese Einsamkeit verwandelte sich in Wut und dann in aggressive Polemik. In ihm brach sich immer mehr die opferbereite, herausfordernde Wollust eines Kamikaze Bahn. Die Darbietung des eigenen Körpers im Kampf sollte in der Öffentlichkeit Spuren hinterlassen, was dann auch geschah.

Die »Restauration von links«

> Ohne sich je kompromittiert zu haben, doch mit großem
> Geschick,
> dem Geschick einer großen Potenz,
> beschützt uns die Kommunistische Partei von neuem wie die
> geliebte Glucke.
> Und ich beklage mich nicht darüber. Ein bißchen Sicherheit in
> soviel Risiko ist menschlich.
> Also, mit dem Schweif ein bißchen zwischen den Beinen
> kehren die jungen Leute nach soviel Stolz zum CLN zurück,
> wie sie sagen, gegen die Repression der bösen Staatsgewalt:
> Jeder Zusammenschluß birgt ein Verschieben auf die Zukunft
> und daher Schwäche[28]...

Bei jedem Ruf an die Wahlurnen gab Pasolini seine Wahlempfehlung zugunsten der Kommunistischen Partei ab. »l'Unità« druckte sie. Seine Beziehungen zur KPI blieben jedoch vage und unterschwellig feindselig.

> Ich habe mich der KPI immer mit Hingabe widersetzt und
> erwartete mir
> eine Antwort auf meine Einwendungen. Denn ich wollte ja
> dialektisch vorgehen!
> Diese Antwort ist nie gekommen: Eine brüderliche Polemik
> ist für eine blasphemische gehalten worden[29]

»Die geliebte Glucke«: Ein revolutionäres Ideal hatte an Kraft verloren. Der Geist der »Revolte« enthielt mehr als eine Lüge der Bourgeoisie: Die »Borghesia« (der Nominalismus Pasolinis erlaubte sich diese Großschreibung) hatte im Lauf von ein paar Jahren sozusagen alles Pulver feucht werden lassen. Freilich

da gab es das Wiederaufleben der Gewerkschaften,
die in dem leeren Raum, der sich aufgetan hatte, die großen
Massen
der Arbeiter mit ihrem Klassenbewußtsein voranbrachten[30]

Dadurch wurde »das alte Prestige der Kommunistischen Parteien [...] restauriert«. War diese »Restauration« ein »neuer Frühling«? Die Kommunistische Partei fand sichtbar Zustimmung im Mittelstand: Der Terrorismus von rechts, der damals für wiederholte Attentate verantwortlich war, ließ bei den Linken Sinn für Verteidigung und Legitimität der Verfassung entstehen.

Die Straße war übersät mit Leichen und Verwundeten,
die hinterherkeuchten,
doch sie waren erkennbar an ihren Haaren
und zusammengedrängt wie in Konzentrationslagern[31]...

Dem Erfolg gegenüber, den die Kommunistische Partei erntete, bewahrte Pasolini ironische Distanz. Es war ihm jedoch klar, daß sich noch weiter links vom »Konservativismus« der KPI ein dunkler, vieldeutiger Bereich erstreckte.

Die Orthodoxie (diese Zeilen sind mit 15. April 1970 datiert):

... übers »Manifesto«* sollte ich zu euch sprechen
(darum habt ihr mich gebeten)
Nun, der Häretiker suchte nicht mit selbstloser Liebe die
Häresie:
Er dachte nicht einmal im Traum daran!
Er setzte Ernsthaftigkeit der Ernsthaftigkeit entgegen;
er suchte die ursprüngliche Reinheit des Gedankens.
Er rang in Wirklichkeit um die wahre Orthodoxie.
Er kämpfte gegen die Gewohnheiten und ihre Verirrungen.
So weit ich (ich, ein Unreiner) in Gedanken zurückgehe,
finde ich nichts anderes als Revolten
geleitet von einer geheimen Sehnsucht nach Ordnung
Die Orthodoxie nistete am Grunde der Revolte
und stellte sich den Anhängern entgegen, die der Geschichte
und ihren
Erfordernissen nachgegeben hatten.
Die Autoren des »Manifesto« waren also unerschrocken,
doch um neue Gewißheit, neuen Schutz zu suchen für wen –[32]

---

* Organ der gleichnamigen Gruppierung der extremen Linken. (Anm. d. Ü.)

Pasolini suchte keine Vieldeutigkeit, sondern »Unreinheiten«, den Spiegel seines eigenen »unreinen Ichs«: jene Unreinheit, die Durchschauen der Geschichte »und ihrer Erfordernisse« bedeutete. Der Verdacht ist dieser – und Pier Paolo hatte allen Grund, ihn zu hegen: daß »die geliebte Glucke« der Partei in ihrer scheinbar müde gewordenen Weisheit es besser verstand, sich selber nicht zu gehorchen, als all diejenigen, die mit häretischem Eifer gegen sie protestierten. Daß er »il manifesto« als Beispiel genommen hat, überrascht nicht; »il manifesto« war so etwas wie der Spähtrupp im Heer der häretischen Marxisten am Beginn der sechziger Jahre. Alle anderen zerstreuten, aber aktiven Splittergruppen wirkten wie zornige Musterschüler, wie emsige Bewahrer einer zu Grabe getragenen Vergangenheit – sie erschienen ihm vom kulturellen Gesichtspunkt her wie neue Jünger Schadanows und vom praktischen Gesichtspunkt her wie »Linksfaschisten«. Im übrigen waren sie »die Barbaren«, und wenn auch

> ... was mich betrifft ich fortfahren werde (in erster Person,
> versteht sich)
> von den Barbaren die poetische Vorstellung zu haben,
> die mir das Leben wunderschön macht[33]

so waren sie schon gezeichnet, trugen die Anzeichen der bevorstehenden Apokalypse.

Die »unglückselige Generation«

> Die Einsamkeit: Man muß sehr stark sein,
> um die Einsamkeit zu lieben; man muß gut zu Fuß sein
> und eine außergewöhnliche Widerstandskraft haben; man darf weder
> Schnupfen, noch Grippe, noch Halsweh riskieren; man darf nicht Räuber oder
> Mörder fürchten; wenn es heißt, den ganzen Nachmittag
> oder vielleicht den ganzen Abend zu laufen,
> muß man es tun können, ohne mit der Wimper zu zucken;
> hinsetzen kann man sich nicht;
> vor allem im Winter; mit dem Wind, der übers nasse Gras streicht

und den großen Steinen, die feucht und schlammig zwischen
Müllhaufen liegen;
es gibt wirklich gar keinen Trost, darüber besteht kein Zweifel,
als den, daß man einen Tag und eine Nacht ohne irgendwelche
Pflichten oder Schranken vor sich hat.
Der Sex ist ein Vorwand ...[34]

Pasolini lehnte sich nicht gegen seine intellektuelle Vereinsamung auf: Er litt nicht darunter. Sie war vielmehr das Resultat eines tiefgehenden Schmerzes. Nach den Polemiken 1968 um die Preisverleihung beim Premio Strega hatte man ihn wegen *Teorema, Decameron, Pasolinis tolldreiste Geschichten* und *1001 Nacht* zum »Pornographen« abgestempelt. In *Decameron* und in *Tolldreiste Geschichten* erschien Pasolini selbst im Bild: ein Selbstporträt in Miniatur inmitten der vielen Gestalten; wie in der Ecke eines Freskos; ein Künstler, den man bei der Arbeit überrascht – Giotto im ersten Film, Chaucer im zweiten. Voller Ironie belächelte sich Pier Paolo selber, gefiel sich in der Verkleidung und betonte auf der Leinwand, was er im Leben eher zu verbergen suchte: seine fünfzig Jahre. Er amüsierte sich dabei – die Freude der *Trilogia* war wie ein letztes Aufblitzen seines Glücks.
Die Dichtung war eine Illusion. Dennoch schrieb Pasolini weiter und schrieb sogar viel.

Ich höre damit auf, ein origineller Dichter zu sein, was auf
Kosten
der Freiheit geht: Ein stilistisches System ist zu ausschließlich.
Ich wende bewährte literarische Schemata an, um freier zu sein.
Natürlich aus praktischen Erwägungen[35].

»Der praktische Nutzen« seiner Poesie trat immer mehr in den Vordergrund: Immer dringlicher wurde die Notwendigkeit, kompromißlos »einzugreifen« – ein Dazwischenrufen aus der Vereinsamung her. Der Stolz brachte ihn dazu, von sich selber das Verlassen jeglicher Zwänge des Stilwissens zu verlangen. Er verbannte den Elfsilber, zog die Strophe in die Länge, so daß sie sich dem Gesprochenen anpaßte. Er reihte die Strophen frei an den Brüchen aneinander, die den Diskurs skandieren. Manche seiner Gedichte scheinen einen improvisierten Einwurf in einer öffentlichen Diskussion nachzuahmen. Doch die Anlehnung an diese Brüche und logischen Sprünge enthüllte sich als subtiler Kniff: Pasolini stellte einen ganz persönlichen Schreibkodex auf, der mit einer fast selbstverständlichen inneren Dynamik der Kommunikation ausgestattet war.

Er schrieb, aber er glaubte in einer »literarischen Leere« zu schreiben. Auch in der Literatur folgen Leerphasen auf erfüllte Phasen. Seine Leerphase war bestimmt »vom Verfall der Negationsliteratur der Neoavantgarde und der Aktionsliteratur der Studentenbewegung«. Ein solcher »Verfall« rief noch andere Folgen hervor: »in den Momenten der kulturellen Leerphase trifft man ein plötzliches Aufblühen der Existenz an«. Die Existenz, Ablehnung jeder intellektuellen Vermittlung: Sie erscheint als reine Mobilität, ist im Grunde aber Immobilität.

Mit den jungen Leuten (die weder den Hermetismus, noch den Neorealismus, noch die engagierte Literatur, noch die Neoavantgarde erlebt haben) wird der Dialog jeden Tag schwieriger. Sie sind Byzantiner ihrer selbst geworden und scheinen immer mehr von der Wahrheit entfernt zu sein: Denn ihre *Unerfahrenheit* geht mit einer seltsamen, frühreifen und ein wenig ungeheuerlichen *Erfahrung* einher ...

Was geschah mit diesen jungen Leuten? Sie füllten mit den Ideen, zu deren Verbreiter sie sich machten und sich dabei jeder Dialektik mit der Vergangenheit verweigerten, die herrschende »Leere« mit keiner Neuerung, sondern begünstigten die Wiederherstellung der »erfüllten Phase«, die schon abgeschlossen schien[36].

Wenn man abtasten will, was Pasolini in den unmittelbar auf 1968 folgenden Jahren dachte und wenn man die Entwicklung seiner Verzweiflung nachzeichnen will, stößt man auf dieses Gedicht, das eine tiefe Überzeugung Pasolinis widerspiegelt:

O unglückselige Generation!
Was wird morgen sein, wenn so eine Führungsschicht –
als sie blutige Anfänger waren,

kannten sie weder die Poesie der Tradition
noch machten sie eine unglückliche Erfahrung, denn ohne
realistisches Lächeln war sie ihnen unerreichbar,
und auch bei dem bißchen, das sie sie kannten, mußten sie
beweisen,
daß sie sie kennenlernen wollen, ja, aber aus der Distanz,
unbeteiligt.

In diesen Zeilen, die den Titel *Poesia della tradizione*[37] (etwa: Poesie der Tradition) tragen, ist seine Überzeugung, seine Besessenheit klar: Der Bruch der historischen und kulturellen Kontinuität brachte Ungeheuer, brachte Nihilismus hervor: Die Ablehnung der Vergangenheit, eine wütende, blinde Ablehnung, in der sich der italienische Mittelstand selbst zu vernichten schien. Was war im Innersten des Landes geschehen?

Das Anwachsen der Klasse der intellektuellen abhängigen Arbeitnehmer kann nicht wie bei Technikern geschehen, die man an die Schlüsselstellungen der Produktion setzt und dadurch deren Entwicklung sicherstellt. (...) Die große Masse der Kinder des selbständigen Kleinbürgertums, die sich in den Universitäten drängt, begreift an einem gewissen Punkt, daß sie sich in Bewegung gesetzt hatte, um Elite zu werden, oder zumindest Mittelstand zu bleiben, und hat dagegen das Spektrum der intellektuellen Arbeitslosigkeit und des sozialen Abstiegs vor sich. In diesem Rahmen reift die verhängnisvolle Revolte von 1968. Bei dem Versuch, die eigene Klassenzugehörigkeit zu definieren, wird diese Klasse im Niedergang versuchen, sich mit dem industriellen Proletariat zu identifizieren. Hier liegt der grundlegende Unterschied zwischen der italienischen Situation und der der Vereinigten Staaten oder der deutschen und französischen Situation. Nicht das Proletariat ist es, das versucht, Mittelstand zu werden, es ist der letztere, der sich in der Bedrohung an das Proletariat klammert und es in seiner Revolte unterstützt[38].

Dem muß man noch hinzufügen: Indem er es unterstützte, lieferte dieser Mittelstand, dieses Kleinbürgertum dem Proletariat nicht nutzbare, alt-anarchische Ideale, die zum Ansatzpunkt für den Terrorismus werden konnten.

O unglückselige Generation!
die du im Winter '70 phantasievolle Mäntel und Schals trugst
(...)
kamst zur Welt, die groß ist und doch so einfach
und fandest hier jemand, der über die Tradition lachte,
und du nahmst diese vorgetäuscht schelmische Ironie wörtlich
und errichtetest jugendliche Barrikaden gegen die herrschende
Klasse der Vergangenheit
die Jugend geht bald vorbei; o unglückselige Generation.

Es war eine Generation, die den Lockungen falscher Lehrmeister nachgegeben hatte – die »vorgetäuscht schelmische« Ironie der Neoavantgarde wird unter Anklage gestellt. Doch diese Generation war noch unglückseliger, weil sie nach Art der Jugend und unbewußt der Welt nachgegeben hatte, gegen die sie »mit Eifer« kämpfte:

sie war es, die die Geschichte in Verruf bringen wollte – ihre
eigene;
sie war es, die mit der Vergangenheit aufräumen wollte – mit
der ihren;
o unglückselige Generation, und du gehorchtest im
Ungehorsam!

Welches Geschick wartete auf diese jungen Menschen? Sie hatten keine Tränen vergossen – »intellektuelle, auf die reine Vernunft zurückzuführende« Tränen –, weder »für eine Oktave des 16. Jahrhunderts« noch für »die Tabernakel der Vorfahren«:

der Klassenkampf wiegte euch und hinderte euch am Weinen:
Starr geworden gegen alles, was nicht nach guten Gefühlen und
verzweifelter Aggressivität aussah ...

Von diesen Jugendlichen war ein Verrat begangen worden:

aus Liebe zum Arbeiter: Doch niemand verlangt von einem
Arbeiter,
nicht ganz und gar Arbeiter zu sein
die Arbeiter weinten nicht vor den Meisterwerken,
aber sie begingen auch keinen Verrat, der zur Erpressung führt
und dann zum Unglück
o unglückselige Generation,

> du wirst weinen, doch aus Tränen ohne Leben,
> denn vielleicht wirst du nicht einmal zurückzukehren wissen
> zu dem, was du nie gehabt und darum nicht einmal verloren
> hast …

Erpressung und Unglück: Pasolini war keiner von denen, die, von der Aggressivität der Jugend mitgerissen, über den »Selbstmord« des Intellektuellen und des Dichters theoretisieren. Die Literatur war für ihn keine Sünde oder Schuld, für die man Abbitte tun mußte. Hier unterschied sich der insgeheim christliche, katholische Schriftsteller von sehr vielen anderen. Zum Christentum von Pasolini gehörte der Feuereifer eines Paulus, eine orakelhafte Fähigkeit zur Vorausschau und eine ganz aus Erlebtem gewonnene Sensibilität für anthropologische Fragen. Ihm lag der Gedanke des »Vermittelns« und des von katholischer Seite angestrebten Schlichtens von Meinungsverschiedenheiten fern. Sein Abweichen von der Norm trat immer offener zutage: Abweichen von der Norm, Bereitschaft zum Widerspruch. Es schien, als machte er sich zum Sklaven seiner ewigen Besserwisserei, tatsächlich aber ahnte kein anderer mit solcher Treffsicherheit voraus, welche Konsequenzen der Verlust von Geschichtsbewußtsein auf so breiter Linie für Italien haben würde.

> Im Altern habe ich eure Köpfe voller Schmerz gesehen,
> und eine konfuse Idee spukte darin, eine absolute Gewißtheit,
> eine Anmaßung von Helden, die bestimmt sind nie zu sterben –
> o unglückselige Kinder, die ihr einen wunderbaren Sieg
> zum Greifen nah gesehen habt, der gar nicht existierte!

Literarische »Inaktualität«

Pasolini veröffentlichte im Februar 1971 seinen letzten Gedichtband, *Trasumanar e organizzar* (etwa: Vergeistigen* und gestalten). Er beschloß sich selbst zu rezensieren, so gering und

---

* *trasumanare* wörtlich: über die Grenzen des Menschlichen hinausheben oder -wachsen. (Anm. d. Ü.)

ausweichend war das Echo der Kritiker[39]. In der Rezension sprach er von sich selbst in der dritten Person: schulmeisterlich und ironisch. Er teilte das Buch in drei Abschnitte auf: »ein privates Tagebuch«; »das Versbuch für eine Frau namens Maria« (die Zeilen für die Callas); und einen dritten »ganz politischen« Abschnitt.

Die Sehnsucht nach einer Daseinsform, die der Vergangenheit angehört (und die Pasolini manchmal mit zaghafter und plumper, beinahe reaktionärer Schwärmerei darstellt) und die sich wegen eines definitiven Siegs des Bösen nie wieder herstellen lassen wird, verwandelt sich in eine Art kosmischen Mitleids für die jungen Brüder, die dazu bestimmt sind, schon von jetzt ab existentiell von den Werten zu leben, die Pasolini unerträglich erscheinen ...

Das bittere Ende des Artikels liegt dann auch in den letzten Zeilen: In dem Band gäbe es »Falschheit, Unaufrichtigkeit, Plumpheit«, doch nicht »Irrealität«.

Allgemein gesprochen (und im Vertrauen auf den Leser) könnte man sagen, daß Pasolini die Realität liebt; doch wiederum allgemein gesprochen könnte man vielleicht auch sagen, daß Pasolini die Wahrheit nicht mit derselben umfassenden und tiefen Liebe liebt: Denn vielleicht »zerstört die Wahrheitsliebe am Ende alles, weil es nichts Wahres gibt«, wie er sagt (›Nuovi Argomenti‹, April 1971). Könnten wir deshalb mit der Feststellung schließen, daß diese Weigerung, die Wahrheit zu erkennen, sie zu suchen und sie zu wollen, irgendeine Wahrheit (doch keine relative, denn für Teilwahrheiten kämpft Pasolini unaufhörlich und wie ein Don Quichotte), diese ödipussche Furcht, die Wahrheit zu erfahren und zugeben zu müssen, eben das ist, was das seltsame und unglückliche Geschick dieses Buches und wahrscheinlich das ganze Werk Pasolinis bestimmt?

Die Frage bleibt ohne Antwort. Die ödipussche Furcht ist die eigentliche Enthüllung des Artikels – der Punkt der kritischen Selbsterkenntnis. Diese nicht »relative« Wahrheit, die abgelehnt wird, produzierte das vage Gerede einer im Nebensächlichen befangenen Lyrik. Die wirkliche Wahrheit lag, wenn auch unerkannt, anderswo: vielleicht im Glauben.

Trasumanar e organizzar fand bei seinem Erscheinen so gut wie keine Beachtung. Auch der Verleger Livio Garzanti selbst glaubte nicht mehr wie früher an seinen Autor. Viele hielten diese Gedichte für den Auftritt eines Dichters, der seine Zeit überlebt hat. Im Literaturbetrieb hatte Pier Paolo nur sehr wenige Freunde. Dennoch wollte er auch dort nicht mit Werken fehlen. Er nahm die Tätigkeit als Kritiker wieder auf[40].

Im Jahr 1971 wurde *Satura (Satura/Diario – Aus den späten Zyklen,* 1976) von Eugenio Montale veröffentlicht. Pasolini rezensierte das Buch in »Nuovi Argomenti«. Er unterstrich ganz im Gegensatz zu anderen den ideologischen Zug an diesem komplexen Werk. Die Form des Buches erschien ihm ironisch und absichtlich »unpoetisch«.

Wenn man weiß, daß die Unpoetik und der Inhalt von *Satura* seiner Form entsprechen (...) dann, scheint mir, kann man einem Leser, der auf die Pragmatik mit Pragmatik und auf die Ideen mit den Ideen antwortet, nur recht geben[41]

Diese Antwort des »Lesers« Pasolini lautete:

Das ganze [Buch] *Satura* ist im Grunde ein antimarxistisches Pamphlet. Aber wenn das alles wäre, würde ich mich darauf beschränken, davon Kenntnis zu nehmen. Wenn ich es mißbillige, dann deshalb, weil Montale ignoriert, daß auch die bürgerliche Pragmatik und nicht nur die marxistische Praxis sich auf die Illusion der Zeit gründet und daß die Bourgeois wie die Kommunisten nichts anderes tun, als vom »Morgen« zu reden. Wenn die »bessere Welt« (dieses verfluchten Morgen) ein Versprechen der Opposition ist, dann ist es auch eine Sicherstellung der Machtverhältnisse.

Doch im Unterschied zum Marxismus »befreit« sich Montale als satirischer Dichter nicht von der Macht. Im Gegenteil vollzieht er eine Art Identifizierung von Macht mit Natur.

Sein Buch gründet sich ganz auf die Naturgegebenheit der Machtverhältnisse.

Montale antwortete. Er tat es in Gedichtform und nannte Pasolini »Malvolio«*. Pasolini hatte von »Feigheit«, von ideeller Feigheit gesprochen.
Die Zeilen von Montale** lauteten[42]:

Dieser heftige Windstoß aus Mitleid,
der auf uns herniederbricht,
ist eine letzte Betrügerei.

Möge es nie geschehen, daß sie *at home* beginnt,
wie man uns an der Berlitz beigebracht hat; nie
möge es vorkommen, daß sie sich in den Lesebüchern findet.

Und sicher nicht von dir, Malvolio, oder von deiner Bande,
nicht vom Trompetengeheul, nicht von dem, der daraus
eine zweite Haut macht, die man dann wegwirft.

Das Mitleid gehört niemandem …

Und in weiteren Strophen mit dem Titel *Lettera a Malvolio* (etwa: Brief an Malvolio) heißt es:

Es hat sich nie um eine Flucht von mir gehandelt, Malvolio,
und auch nicht um ein Flair von mir, das das Schlimmste auf
tausend Meilen wittert. Das ist eine Tugend,
die du besitzt, und ich beneide dich nicht, auch
weil ich keinen Nutzen daraus ziehen könnte. Nein,
es handelte sich nie um eine Flucht,
sondern nur um ein respektvolles
Abstandnehmen.

Es war nicht sehr schwierig anfangs,
als die Trennungen klar waren,
das Grauen auf der einen Seite und der Anstand,
o nur ein unendlich kleiner Anstand
auf der anderen Seite. Nein, es war nicht schwierig,
es genügte, sich davonzumachen, zu verblassen,
sich unsichtbar zu machen,
vielleicht es auch zu sein. Aber nachher.

Aber nachher, als die Ställe sich leerten,
bildeten die Ehre und die Unanständigkeit, die in einem
einzigen Pakt

* etwa: Böswilliger. (Anm. d. Ü.)
** Hier eine ungefähre Übersetzung; in der deutschen Ausgabe nicht enthalten (Anm. d. Ü.)

zusammensteckten, das permanente Oxymoron,
und dann war da keine Frage mehr
nach Fliehen und nach Schutzsuchen. Es war die Stunde
der mißgestalteten Begriffsbildung,
und das Falsche war das Rechte über jede andere
Verspottung und Stille hin.

Es war deine Stunde, und sie ist noch nicht zu Ende.
Mit welcher Geschicklichkeit vermischtest du
historischen Materialismus und evangelischen Pauperismus,
Pornographie und Befreiung, Übelkeit wegen des Geruchs
von Trüffeln, das Geld, das dich erreichte.
Nein, du hast nicht unrecht, Malvolio, die Wissenschaft des
  Herzens
ist noch nicht geboren, ein jeder erfindet sie, wie er will.
Aber laß doch die Ausflüchte …

Die Anschuldigungen waren beißend, vor allem da, wo Montale bei Pasolini eine Verbindung zwischen intellektueller »Geschicklichkeit« und kommerziellen Interessen zu entdecken glaubte. Pasolini schlug mit einer Serie von Epigrammen zurück:

Der Unreine an den Reinen

Ich habe keine Bande, Montale, ich bin allein.

Ich tadle dich nicht, Angst gehabt
zu haben, ich tadle dich, sie gerechtfertigt zu haben.

Böses will ich vielleicht; aber mir selbst.

Dich hat deine ein wenig zu italienische
Musa Oscura umnachtet.

Schlau bin ich im übrigen nicht:
Gewöhnlich ist schlau, wer Angst hat.

Italienische Penaten

Beim Erfinden eines Spitznamens für mich
wird die einzige enttäuschte Erwartung, was Poesie betrifft,
die von Jakobson* gewesen sein:
Du hast dich zum Wortführer der Bourgeoisie gemacht,
mit Saragat und dem Oberbösewicht im Rücken.

---

* Gemeint ist der Sprach- und Literaturwissenschaftler Roman Jakobson. (Anm. d. Ü.)

Evangelischer Pauperismus (?)

Ach Montale,
du hast eine angedeutete Anzeige beim Finanzamt gemacht
mit deinen Andeutungen.

Unter Dichtern

Mir war ein einziges Auge noch geblieben,
und du hast es mit einem Zahnstocher durchbohrt;
doch ich habe dich immer unter dem Namen von Οὖτις
gekannt,
und daher kann ich nur Οὖτις anklagen[43]*.

Der bittere Ton in dieser Antwort weist über den Anlaß hinaus: Pasolinis Verzweiflung ist noch größer geworden, wenn das überhaupt noch möglich ist.
Im Frühling 1972 hielt Pier Paolo für die Associazione Culturale Italiana in Turin, Mailand und Rom eine Konferenz ab. Zu Beginn sagte er:

Vor allen Dingen muß ich sagen, daß ich mich in keiner glücklichen Phase meines intellektuellen Lebens befinde. Ich spüre zum Beispiel vage, daß hier meine Worte weder die Merkmale der Neuheit noch der Autorität tragen.

Im Rahmen eines Interviews an »Il Mondo« sagte er:

Ich lebe jetzt außerhalb des Literaturbetriebs. Ich nehme nicht mehr am Strega teil. Ich habe mich freiwillig abgesondert. Die gesellschaftliche Seite an der Literatur interessiert mich nicht sehr. (...) Was die Stille um mich angeht, scheint sie mir nur ein Zeichen von Unkenntnis, Gemeinheit oder einfach von Haß.

Auch Jahre vorher schienen ihn die Kritiker zu »hassen«.

Es war ein allgemeiner Rassenhaß, den man für alle Andersartigen empfindet, seien es nun Juden oder Homosexuelle. Dieser Haß kam zu einem spezifischeren Haßgefühl hinzu, nämlich zu dem für die

* Οὖτις: dichterisch erfundener Name für Odysseus. (Anm. d. Ü.)

intellektuellen Kreise spezifischen: der Haß, den man jedem entgegenbringt, der sich weigert, mit einem bestimmten Aushängeschild identifiziert zu werden. Der Haß war überall, solange ich mich den Definitionen entzog. (...) Der Haß von gestern war der Haß der Subkultur. Der Haß von heute ist derselbe, aber in den Bereich der Kultur verlegt[44].

Die Figur des Verfolgten, eine Seite des persönlichen Mythos Pasolinis, tauchte auf. War dieser Mythos gerechtfertigt? Die »Erpressung« der Jugend wirkte bei vielen. Pasolini wußte das. Er fühlte sich einsam und »verzweifelt unaktuell«; das sagte er in der Anmerkung* des Herausgebers zu *Empirismo eretico (Ketzererfahrungen)* über sich. Der Essayband erschien im Frühjahr 1972. Pasolini schrieb über seine »Inaktualität«:

Der Autor empfindet im gleichen Maße Stolz auf seine Inaktualität wie Verachtung für seine Kritikerkollegen – fast alle –, deren Überalterung und stumpf gewordene Spitzen der Unmenschlichkeit der jungen Generation Vorschub leisten.

Die Einsamkeit verkörpert sich im Turm von Chia, der so sehnlich erwünscht war und im November 1970 endlich erworben werden konnte. Pier Paolo schloß sich darin ein, manchmal begleitet von Ninetto, manchmal alleine. Der Turm – Überrest einer mittelalterlichen Burg, die von einer Ringmauer geschützt wird, über der ein zweiter, nicht bewohnbarer Wachturm aufragt – erhebt sich von weit her sichtbar auf einem Felssporn über der Kreuzung von Felsschluchten, in denen zwei Wildbäche zusammenfließen. Der Turm liegt im Norden der Monti Cimini von einem Hügel geschützt an der Straße, die von Viterbo nach Orte führt und könnte für eine Sequenz von *Decameron* oder *Pasolinis tolldreiste Geschichten* entworfen worden sein. Im Schutz der äußeren Mauer wurde auf dem Felsen ein Block aus Zement und Glas angebracht: schlauchförmige Zimmer, in denen man höchstens zu zweit leben konnte. Pier Paolo hätte dort begraben werden

---

* In den neueren italienischen Ausgaben (nach 1972) sowie in der deutschen Ausgabe nicht mehr enthalten. (Anm. d. Ü.)

wollen. Er liebte den Ort. Auf einer Wiese daneben ließ er eine Halle aus hellem Holz errichten – ein weitläufiger, lichter Raum. Er sagte, das solle sein Maleratelier werden. Daß er wieder malen wollte, erwähnte er öfters. Laura Betti hielt ihm deshalb bei sich in der Via di Montoro ein Zimmer frei, das einen eigenen Eingang hatte und ihm als Studio dienen sollte. Dazu kam es jedoch nie.

Die Zufluchtsstätte von Chia wurde dagegen zu einer anderen Arbeit genutzt. Seit dem Sommer 1972 zog sich Pier Paolo öfters dorthin zurück, um einen neuen Roman zu schreiben. Er sollte nach seiner Aussage zweitausend Seiten lang werden. Über den Inhalt des Buches sagte er nur sehr wenig: Er entwerfe darin sein Selbstporträt – das wirklich authentische; zugleich werde das Buch ein Porträt des Italien der Gegenwart sein: das Italien der Ölkrise, die vom Kippur-Krieg und vom Ölembargo hervorgerufen worden war. *Petrolio* (etwa: Erdöl) ist als Titel auf die erste Seite geschrieben und wird später durch *Vas* ersetzt: ein Stoß von über fünfhundert Blättern, die mit Korrekturen übersät und von flüchtigen, unverständlichen Notizen unterbrochen sind. Ein chaotisches Durcheinander. Wenn Pier Paolo wirklich zweitausend Seiten geplant hatte, dann wurde davon gerade ein Viertel geschrieben – ein Viertel, das von Verbesserungen wie zerfressen ist.

Die Einsamkeit von Chia, die spiegelnden Scheiben der Fenster, die großflächig wie Wände sind, scheinen den Kunstgriff der Verdoppelung suggeriert zu haben. Akteur des Buches ist ein junger Intellektueller, der wie auf einer Spielkarte seinem Doppelgänger gegenübergestellt wird. Das erinnert an Dostojewski: Das Positive wird vollständig verkehrt ins Negative. Die Spiegelung geht so weit, daß sich eine Person in die andere verwandelt; und zugleich wandelt sich die Männlichkeit in eine verzweifelte Weiblichkeit.

Die Verdoppelung des Ichs ist der Erzählwelt Pasolinis nicht fremd. Wir finden sie bei den italienischen Werken Pasolinis ebenso wie in den unveröffentlichten friaulischen Blättern, auf den Entwürfen zu *Der Traum einer Sache* und zur *Divina mimesis*. Bei *Vas* ist alles anders. Der Unterschied dieser letzten Blätter zu den früheren liegt in der trunken machenden Begeisterung, die darin zu spüren ist.

Diese Verdoppelung des Ichs – oder seine Entdoppelung – ufert aus in Abenteuer, die wie Träume entschlüsselt werden müssen: ein Fest im Quirinalspalast zum Beispiel, bei dem sich Politiker und Vertreter der Literatur miteinander verschwören. Die Realität sprengt die Grenzen des Möglichen. Die Bedeutung bleibt dunkel. Der Leser hat beim Durchblättern der Seiten den Eindruck, in ein Geheimnis zu dringen, an das nicht gerührt werden soll: die Werkstatt eines Erzählers, die sich unversehens aufgetan hat. Beim Eintreten muß man unwillkürlich den Atem anhalten.

Geglückt sind die Seiten, wo es um Erotik geht, ein expressives Glück in Trauerfarben. Nie hatte Pasolini auf so totale, direkte Weise das Geheimnis seiner Sinnlichkeit preisgegeben. Offensichtlich war an dem »generischen und numerischen« Petrarkismus, über den sich Gadda, neugierig geworden, lustig machte, durchaus etwas Wahres. Und bei einer nächtlichen Szene auf einer Wiese an der Peripherie, einem wie immer unbestimmten, widerlichen Gelände, wo sich viele *Ragazzi di vita* mit dem doppelten, verweiblichten Protagonisten zum oralen Koitus hinreißen lassen wie zu einem Ritus, der die Wunden der Seele vernarben soll und sie zugleich wiederaufreißt, wird deutlich, wieviel an quälender menschlicher Erfahrung, wieviel Gelebtes darin zusammengefaßt ist – gelebt in einer namenlosen Beklemmung. Die erotische Leidenschaft kam bei Pier Paolo mit alptraumgleicher Zwanghaftigkeit zum Ausdruck: ein ständig wiederkehrender, sich wiederholender Rhythmus, der sein Leben in immer den gleichen, bekannten Bahnen ablaufen ließ. Auf der anderen Seite war dieses Leben das, was er am meisten liebte: ein Gut, ein unerschöpflicher Traum, dem er gerade in diesen Jahren mit der Filmarbeit in voller Freizügigkeit seine Vorstellungskraft widmete. Doch muß man nicht selbst in den heitersten, unbeschwertesten Sequenzen der *Trilogia* Anzeichen für eine quälerische Verbissenheit bemerken? Den gleichen Eindruck vermitteln die gewählten Körper (mit Ausnahme derer der Jugendlichen in *1001 Nacht*): Beim Lächeln tut sich ihr Mund über traurig

karieszerfressenen Zahnreihen auf, als sollte schmerzlich bewußt gemacht werden, daß alles Seiende nichts anderes ist als eine abscheuliche Wunde. Für Pasolini gehörte zum Leben auch die Sünde – eine Sünde, die begangen werden mußte und die im Sex ihren Ausdruck fand.
In einem Interview an eine französische Monatszeitschrift hatte er gesagt:

Ich liebe das Leben wild und verzweifelt. Und ich glaube, daß diese Wildheit und diese Verzweiflung mich an mein Ende führen werden. (...) Die Liebe zum Leben ist für mich ein ärgeres Laster als Kokain geworden. Ich verschlinge meine Existenz mit einem unersättlichen Appetit. Wie wird das alles enden? Das weiß ich nicht. (...) Ich bin skandalös. Ich bin es in dem Maße, wie ich eine Schnur, besser gesagt eine Nabelschnur zwischen dem Heiligen und dem Profanen ziehe[45].

Der letzte, größte Skandal: Der Fotograf Dino Pedriali hat erzählt, er habe Mitte Oktober 1975 zwei Tage mit Pasolini in Chia verbracht. Pier Paolo ließ sich von außen durch die Fensterfront seines Schlafzimmers nackt fotografieren. Draußen scheint es Nacht zu sein; drinnen im Turm grelles elektrisches Licht. Pasolini soll zu Pedriali gesagt haben, die Fotos würden in den Romanband aufgenommen, an dem er gerade arbeitete. *Vas* ist eine unbekannte Größe. Doch auf den Fotos, die seinen hageren Körper, muskulös wie der eines Fußballspielers, zeigen, ist es das nicht mehr. Halb liegend auf der schneeweißen Bettdecke oder neben der Kommode stehend, blättert Pier Paolo in einem Buch: In seiner Körperlichkeit liegt kein Skandal. Er wirkt eher ein wenig eigensinnig, wie er da ein Buch in Händen hält – und gleichgültig dem gegenüber, was geschieht. Da ist eine grundlegende Schamhaftigkeit zu spüren, die keine anzügliche Interpretaion zuläßt. Den Skandal liest man dagegen aus den Seiten von *Vas,* wo der orale Koitus zelebriert und in aller Ausführlichkeit geschildert wird. Der Skandal bricht hervor aus dem Verbalisieren dessen, was unser Körper und unsere Sinne unbewußt in sich bergen. Das ist der Skandal, der wie ein Bumerang Herz und Leidenschaft Pasolinis traf.

Vielleicht liegt in *Vas* noch ein anderer, nicht vorhersehbarer Skandal: ein Wunsch nach moralischer, psychologischer, intellektueller Veränderung, der die letzten Lebensjahre Pier Paolos zu beherrschen scheint. In diesen nicht vollendeten Blättern steckt ein Schriftsteller, der seinen Drang zu einem expressiven Abenteuer offenlegt, dessen Ausgang er nicht vorausahnen kann. Da ist aber auch ein Mensch, der die Zerrissenheit in seinem Inneren bis ins Kleinste erforscht und den der Wunsch quält, ihren tragischen Ursprung zu ergründen.

In seiner Selbsterfahrung war Pier Paolo erstaunlich hellsichtig – so sehr, daß man wie vor einem Rätsel steht. Seine »Spaltung«, die Doppelung seiner Psyche und seine offenkundige Widersprüchlichkeit waren ihm bekannt. Er rühmte sich ihrer sogar:

> In allem kann man falsch spielen, nur nicht im Stil. (...) Sich selber immer gleich zu bleiben ist unmenschlich, ist eine Ausdrucksform für fanatische Mönche, nicht für Menschen. (...) Das seriöse Sich-gleich-bleiben ist die gute Eigenschaft derer, die keine anderen haben[46].

Dennoch konnte er an den Punkt gelangt sein, Versöhnung zu suchen. Die Seele entblößen – vielleicht den Körper – und in Worten und Bildern die alles beherrschenden Zwangsvorstellungen wiedererstehen lassen, von denen seine Existenz bedrängt war, konnte die äußerste Abscheu bedeuten.

> Das Leben wird müde an dem, der aushält.
>
> Ach, meine wiederkehrende Leidenschaft,
> die keine Wohnstatt finden darf!

Der Film hatte inzwischen alle seine finanziellen Probleme gelöst und machte ihn international berühmt; in der Literatur schien er dagegen definitiv an den Rand gedrängt. Zu diesem Zeitpunkt begriff Pier Paolo, daß eine Veränderung nötig war – daher der Gedanke an diesen letzten Skandal. Die Wandlung konnte durch eine Widerspiegelung seines geheimsten Bildes von sich erfolgen. Hätte *Vas* dieses Ziel erreicht? War das der verborgene Plan, den er mit seinen zweitausend Seiten ausführen wollte? Der Stoß unvollendeter Blätter kündigt einen Entwicklungsroman an. Doch die Vermutung kann nicht mehr bestätigt werden.

Nachtrag zu den vorangegangenen Kapiteln

Pasolini glaubte an die soziale Erneuerung. Er glaubte daran wie ein zweiter Joachim von Fiore; doch er glaubte auch daran wie ein Politiker, der seine Überzeugungen nach den jeweiligen Umständen ausrichtet. Der feinsinnige Dichter, der an den französischen Dekadenten und an den Hermetikern der dreißiger Jahre geschult worden war, glaubte von den historisch bedingten Wunden der Seele genesen zu können, indem er die ästhetische und psychologische Zielsetzung seiner Dichtung in eine praktische und politische verwandelte. Dieser Dichter hat auf seinem Weg radikale Veränderungen erfahren: Er ist zur politischen Figur und zum Filmemacher geworden.
Ich sprach von seiner praktischen Zielsetzung. Pasolini prophezeite und nahm dabei das Recht für sich in Anspruch, Erklärungen abzugeben und sich auch wieder von ihnen loszusagen. Er setzte ganz auf den Widerspruch und war sicher, daß die Wahrheit des Gefühls hic et nunc das Heil bringen konnte.
Hatte er vielleicht nicht prophezeit, daß die »Alì dagli Occhi Azzurri« (etwa: Die Alis mit den blauen Augen), die jungen Menschen aus der Dritten Welt, den alten Westen heimsuchen und seine Geschichte mit Gewalt zerstören würden?

> … Sie werden Rom zerstören,
> und auf seinen Ruinen
> werden sie den Keim der
> Antiken Geschichte ablegen.
> Dann werden sie mit dem Papst und allen
> Sakramenten wie Zigeuner
> gen Westen und Norden gehen –
> mit den roten Fahnen
> Trotzkis im Wind …[47]

Die Worte ließen keinen Raum für Zweifel. Der ganze Band *Poesia in forma di rosa* war von dieser düsteren und zugleich heiteren Gewißheit durchzogen. Die Ereignisse 1968 stießen die Prophezeiung um: Pasolini nahm sie zurück.

Warum nehme ich diese Prophezeiung zurück? Weil ich damals allein war und mich mit ihr lächerlich machte, heute ist sie Allgemeingut geworden. Doch das bedeutet nicht, daß ich mir das Monopol an bestimmten Ideen und das Vorrecht, mich dafür zu begeistern, anmaßen will. Nein, das soll heißen, daß diese Prophezeiung damals richtig war eben weil sie falsch war; sie war eine vitale, fruchtbare Laune der Leidenschaft für Politik, ein gewolltes und bewußtes Umstoßen des zukunftsbezogenen gesunden Menschenverstandes[48].

Der Intellektuelle, der *homme de lettres* hatte also bewußt gelogen. Zu welchem Zweck?

Wie kommt es also zu der Tatsache, daß diese in die revolutionäre Potentialität der Bauern der »Dritten Welt« gesetzte Hoffnung jetzt falsch ist? Weil sie nicht mehr in einer revolutionären Perspektive betrachtet wird. Die Studenten sind tatsächlich Bourgeois. Sie möchten gern die arme, vorindustrielle bäuerliche Welt beschwören, sie als metahistorische Größe hinstellen und als apokalyptischen Führer vornehmen. Um Revolution zu machen? Nein, um Bürgerkrieg zu machen.

Die Revolution, die rote Revolution der Entrechteten verschwand am Horizont. Sie war der große Mythos in Pier Paolos Leben gewesen, der Mythos, der ihn von der alten Religion der bäuerlichen Vorahnen zu befreien schien, unter der er gelitten hatte. Dieser Mythos erlitt im seichten Meer des Neokapitalismus Schiffbruch. Für ihn, der diesen Mythos erst mit den vieldeutigen, lieblichen Bildern der Dekadenzdichtung und dann mit dem Ungestüm eines bis zum äußersten aktiven Lebens ausgeschmückt hatte, war dieser Schiffbruch nicht nur ein politischer, sondern auch ein moralischer Rückschlag. Der Mythos verschwand: Die letzten Kinder der Bourgeoisie vereinnahmten und entstellten ihn. Wie konnte man ihn wieder erneuern? Wie konnte man in den Armen und Entrechteten der Welt die prophetische Sendung der sozialen Erneuerung wiederentdecken? Der weise, alte Maulwurf

Kommunismus maß weiterhin die Tempi des sozialen Fortschritts mit einem langsamen Metronom. Doch auch er arbeitete reformistische Strategien aus und löschte die schillernde Flamme des Mythos durch Pläne aus, die mit übertrieben wirkender Geduld berechnet waren.

Hier hatten die Kommunisten unfreiwillig und auch wenn sie sonst an ihrem alten Fehler festhielten, recht, die mich vor einigen Jahren kritisierten, als all das nicht in Mode war. Die Bauern können Revolution machen, aber *in konkreten Situationen.* Besser gesagt machen in der Praxis immer sie die Revolution zusammen mit den armen Arbeitern (in Rußland, in China, auf Kuba, in Algerien und in Vietnam). Doch es sind nationale Revolutionen, nicht internationale, sie entstehen aus einem nationalen Hunger. Die Arbeiter sind international, die Bauern nicht, die sind universal.

Diese Worte diktierte Pier Paolo 1968 Ferdinando Camon. Da klingt keine Enttäuschung mit. Doch die Offenheit, mit der der »Fehler« eingestanden wird, kündigte vielleicht den Wunsch an, die Dinge aus der Distanz zu betrachten, ja sogar in der Strategie des »alten Maulwurfs« eine konsequente Wahrheit zu entdecken. Anscheinend war Pasolini dabei, einige eingefleischte Überzeugungen abzulegen; anscheinend wollte er sich regenerieren.
Ein weiteres Beispiel, vielleicht ein kleiner Hinweis auf diesen Wunsch: Im Herbst 1969 wurden alle Gedichte von Ungaretti in einem Band zusammengefaßt. Ungaretti war, wie wir wissen, der Dichter gewesen, den der junge Pasolini mit der größten Anteilnahme gelesen hatte. Welchen Eindruck nimmt der siebenundvierzigjährige Pasolini beim Wiederlesen dieses in der Jugendzeit verehrten Dichters mit? »Ich habe nichts entnehmen können, zumindest keine Antworten[49].« Das Urteil ist hart. Doch es wird sofort abgemildert und moduliert: Die Lyrik Ungarettis ist »Lyrik von totaler Unschuld«, die »wie jede wahre Unschuld schamlos ist« – sie ist »chaotisch, mißverständlich, kindisch, zweideutig, dämonisch, naiv, unreif, unfertig«; sie ist »wie ein listiger Blick, der sich von den Regeln der guten Erziehung nicht trüben läßt«. Die Worte bekräftigen, was sie verneinen. Dennoch ist das Urteil vernichtend – oder vielleicht ist es ein zutiefst autobiographisches

Urteil. Pasolini spricht von seiner Lyrik *in fieri*, die mißverständlich und unfertig ist und sucht Trost bei den offensichtlichen Mängeln des Lehrmeisters. Das ist der Trost, nach dem man mit etwas Ironie sucht und dabei Bitterkeit spürt, weil man sich selbst anders, sehr viel anders haben will als man ist.
Das Jahr 1968 hatte seine Bürde an verdrängten Wahrheiten und künstlichem Intellektualismus zurückgelassen. Die Bourgeoisie, noch immer Protagonist der Geschichte, hatte neue »metahistorische Mythen, Fahnen der Absolutheit[50]« geschaffen. Pasolini war klug genug, um zu verstehen, was vor sich ging. Er gestand Lügen der Vergangenheit ein und sprach leichthin von seinen schuldhaften Leichtfertigkeiten. Im Kulturpanorama, in dem er sich bewegte, vermutete er gewichtigeres Verschulden als sein eigenes:

Unter den Gebildeten gab es keinen einzigen, der den Mut gehabt hätte, seine Stimme zum Protest zu erheben. Das Risiko der Unpopularität machte mehr Angst als das alte Risiko der Wahrheit. Im übrigen verhielt sich auch die einschlägige Kultur ihrer Zeit entsprechend: Ihre interne Organisation war jetzt definitiv pragmatisch. Die intellektuellen Produkte waren schon durch ihr Vorhandensein Produkte, so wie Dinge oder Tatsachen: gewonnene oder verlorene Wetten. Die Unredlichkeit war ideologiebesetzt, ein Element der Bildung und des Dichterdaseins. Einzelne »Gruppen« – auch sie psychisch und physisch einer Bourgeoisie ähnlich, die für immer zu Ende schien - setzten sich die »Literaturmacht« zum erklärten oder direkten Ziel. Das strebten sie ganz ohne Scham mit moralistischen, terroristischen und erpresserischen Mitteln an, die sie mit unerhörter Unverfrorenheit aus dem pathetisch geschlagenen Gauchismus folgerten.
Die einzige Realität, die mit dem Rhythmus und dem Streben nach der Wahrheit pulsierte, war die – erklärte – Realität der Produktion, des Schutzes der Währung und der Instandhaltung der für die neuen Machthaber wesentlichen Institutionen, und das waren sicher nicht die Schulen oder die Krankenhäuser …

Das ist eine Seite aus *Vas*. Die Perspektive von 1968 ist verkürzt auf die sich im Kulturleben ergebenden Wirkungen. Pasolini ging gern »das alte Risiko der Wahrheit« ein, litt aber unter mancher persönlicher Zwiespältigkeit. Er hatte seine Stimme »zum Protest« erhoben *(Die KPI an die Jugend!!)*, doch im Film verfiel sein Bemühen um die reine Sprache des Körpers zu einer entfesselten, »permissiven« Bebilderung. Er ideologisierte die »Unredlichkeit« und behauptete, nur so könne sich das Urteil der Erfahrung anpassen. Deshalb zeigt die Hellsichtigkeit, mit der er sich melancholisch und distanziert wie ein Historiker ausdrückt, noch stärker den Wunsch nach intellektueller Umkehr. Sich ändern, so weit als möglich »das alte Risiko der Wahrheit« eingehen: Doch auf welche Weise – das ist die Frage – auf welche Weise »den eigenen Körper in den Kampf werfen«?

Freibeuterschriftsteller

Ninetto heiratete Anfang 1973. Für Pier Paolo war das Dichten nicht mehr das, was es einmal gewesen war. *Trasumanar e organizzar* war ein prosaähnliches, bis zum Wahnsinn autobiographisches Buch. *L'hobby del sonetto* ließ den Dichter bei der Gewalt der eigenen Leidenschaften hängen bleiben.
Das alte kulturelle Engagement verlor die Bedeutung, die es früher für ihn gehabt hatte. Wenn sich jemand anschickte, mit ihm darüber zu sprechen, antwortete er mit schroffem Eigensinn. Zum Beispiel sagte er zu Enzo Golino in einem Interview zum Dialekt:

Die Rückkehr zum Dialekt? Aber nein, das ist eine kleine Erfindung, die nicht der Realität entspricht. Wenn man heute wieder in den Filmen von Dialekt spricht, wenn das Fernsehen ein paar dialektale Farcen überträgt, wenn die Schlager unser folkloristisches Erbe wiederzuentdecken scheinen, dann ist das ein unerheblicher Faktor: Er betrifft den Überbau, nicht die Struktur der Gesellschaft. Der Dialekt und die Welt, die er ausdrückte, existieren nicht mehr, die Leute sprechen nicht, wollen nicht und können nicht Dialekt sprechen[51].

In seinen Filmen *Decameron* und *Pasolinis tolldreiste Geschichten* wird Dialekt gesprochen, aber ...

in meinen Filmen stelle ich ein verloren gegangenes Leben dar, Menschen und Orte aus einer historischen Ecke außerhalb der Zeit, ein archaisches Fossil. Zur Zeit von *Accattone, Mamma Roma* und auch von *Große Vögel, kleine Vögel* existierte diese alte Welt... aber dann ist sie weggewischt worden, und vom Zeitalter der Unschuld sind wir zum Zeitalter der Korruption übergegangen.

Die Konsumzivilisation hat die »alte Welt« zerstört. Die Ideologie verwandelte sich in Moralismus. Der »Paulussche« Eifer gewann die Oberhand.
1973 wurde Pier Paolo mit seinem Verleger unzufrieden. Er war nicht mit der Art und Weise einverstanden, wie der Verlag die Bücher *Trasumanar e organizzar, Empirismo eretico* und *Calderón,* die im Herbst veröffentlichte Tragödie, vertrieben und werbemäßig unterstützt hatte. Es war im Grunde mehr eine Unzufriedenheit mit sich selber als mit anderen. Seine literarische Ausdruckskraft war schwächer geworden oder entsprach zumindest den Lesererwartungen weniger als früher. Pasolini mußte sich in die Schranken des privaten, rein individuellen Lebens verwiesen sehen.
Pier Paolo wollte seinen Vertrag mit Livio Garzanti lösen, ohne die persönlichen Beziehungen zu ihm abzubrechen. Zum Anlaß nahm er zufällige Ereignisse ohne große Bedeutung, zum Beispiel, daß Garzanti einen Erzähler bringen wollte, der den erklärten Kriterien des Verlags nicht genügte. Das waren Vorwände, über die er auch selber spöttelte. In Wirklichkeit wollte er sich verändern: Er nahm das Angebot von Giulio Einaudi an.
Nachdem er dem Dialekt jede Funktion abgesprochen hatte, machte er sich mit Eifer daran, eine Art Palinodie zu *La meglio gioventù* zu schreiben. Er verkehrte den früheren Enthusiasmus für das Universum der »kleinen Heimat« in »trostlosen Enthusiasmus«. Die *Dedica* (etwa: Widmung) der *Poesie a Casarsa* lautete:

Fontana di aga dal me paìs.
A no è aga pì fres-cia che tal me paìs.
Fontana di rustic amòur.

(etwa: Wasserbrunnen in meinem Dorf. Es gibt kein frischer Wasser, als in meinem Dorf. Brunnen ländlicher Liebe)

Der Gegengesang der neuen *Dedica* sagt:

> Fontana di aga di un païs no me.
> A no è aga pì vecia che ta chel païs.
> Fontana di amòur par nissùn.

(etwa: Wasserbrunnen in einem Dorf, das nicht meines ist. Es gibt kein abgestandeneres Wasser als das in diesem Dorf. Brunnen der Liebe zu niemandem[52].)

Rücknahme und »Lossagung«. Der Band mit dem Titel *La nuova gioventù* (etwa: Die neue Jugend) wurde im späten Frühjahr 1975 bei Einaudi veröffentlicht. Auch er rief kein lebhaftes Echo bei der Kritik und den Lesern hervor. Pasolini sah ein, daß es nichts gebracht hatte, den Verleger seiner früheren Erfolge zu verlassen. Es reute ihn, und er trug sich mit dem Gedanken zurückzukehren. Doch in diesem Frühling war er nicht mehr der leidende, aus der Gemeinschaft der Lebenden ausgeschlossene Christus, verblichenes Bildnis eines ländlichen Gottes. In diesem Frühling war er ein glühender Paulus aus Tarsus, der seine »Römerbriefe« voller Anklagen und dunkler Weissagungen verfaßte.
Die Lossagung vom Dialekt war zu einer Lossagung von der *Trilogia della vita* geworden. Pier Paolo hatte andere Filmvorhaben gestrichen oder verschoben, um mit größter Sorgfalt *Salò o le 120 giornate di Sodoma (Die 120 Tage von Sodom)* zu drehen: Seine Vitalität, seine kraftvolle Freude hatte düstere Trauerfarben angenommen.
Eine Veränderung war vor sich gegangen. Man kann auch sagen, seine Fähigkeiten hatten eine Bereicherung erfahren: Fähigkeiten, die ihn schon am Ende der fünfziger Jahre zu einem nicht mehr wegzudenkenden Gesprächspartner der ganzen italienischen Gesellschaft gemacht hatten. Pasolini schrieb jetzt politische Pamphlete auf der Titelseite des »Corriere della Sera«.
Pasolini lehnte den »Reformismus« des neuen Kurses der Kommunisten ab, zugleich wies er aber auch den kleinbürgerlichen, »barbarischen Extremismus« der ultralinken Protestbewegung zurück. Die demokratischen Kräfte des Westens und insbesondere die Italiens wurden nach 1968 von einer heftigen Krise heimgesucht. Je mehr sich die offizielle Linie der kommuni-

stischen Parteien konkret den parlamentarischen Idealen annäherte (die ja erneuert werden sollten), um so mehr traten dieser Linie diejenigen entgegen, die sich um die »Revolution« betrogen fühlten. Pasolini war mit seiner Position noch mehr isoliert als früher. Er wurde zum einsamen Rufer: nicht in Versen, auch nicht in einem Dialog mit den Lesern wie bei »Vie Nuove« und »Tempo Illustrato«.

Einsamkeit hieß jetzt, daß er sich nicht nur »gegen alles und jedes« wandte, sondern sich sogar in die Position eines »Linksreaktionärs« begab. Er war schwer einzuordnen. Seine Zielscheiben bildeten der Konsumzwang, die Art der Machtausübung durch die Christdemokraten, die Permissivität unter der Jugend und die offizielle Linie der Kommunisten. Er provozierte in einer Art Überraschungseffekt bald die eine, bald die andere Polemik. Einmal unterstützte er offen diejenigen, die die KPI von links kritisierten, ein andermal nahm er eine Haltung ein, die sogar der Rechten genehm erscheinen konnte. Die Polemik durfte nicht sofort einzuordnen sein: Sie mußte »freibeuterisch« bleiben, so daß sie von niemandem vereinnahmt werden konnte.

1972 war Piero Ottone als Nachfolger von Giovanni Spadolini zur Leitung des »Corriere della Sera« berufen worden. Ottone erkannte, daß die Umwälzung der italienischen Gesellschaft nach 1968 die verschiedensten Standpunkte kennenlernen mußte. Die großen Zeitungen verloren ihre gewohnte »offiziöse« Funktion, die sie während der zwanzig Jahre Faschismus innegehabt hatten und die danach nur wenig abgebröckelt war: Sie wurden zu einem Verbindungsglied zwischen Bevölkerung und politischen Funktionsträgern. Der »Corriere della Sera« bot mit seiner Rubrik »Tribuna aperta« eine Stimulierung der öffentlichen Diskussion an. Die Mailänder Tageszeitung hatte bis dahin die gemäßigte Haltung der lombardischen und italienischen Bourgeoisie nie in Frage gestellt. Die neue »Offene Tribüne« bot Gelegenheit dazu. Sie würdigte die individuelle Meinungsäußerung als notwendiges Element politischer Dialektik.

Schon D'Annunzio hatte im »Corriere della Sera« Texte veröffentlicht: Seine Gedichte und Stellungnahmen entzündeten sich an einem hitzigen Interventionsstreben – der Krieg von 1915 stand vor der Tür. Die italienische Bourgeoisie brauchte einen Ansporn. Pasolini, der sich aus seiner einsamen Position äußerte, weigerte sich, einen solchen Ansporn zu liefern. Seine Rolle als »unbequemer Gast« der italienischen Literatur- und Kulturszene erreichte ihren Höhepunkt.

Frage: »Tribuna aperta« gibt uns die Möglichkeit, einen Faktor zu unterstreichen, der später sehr bedeutsam für den »neuen Corriere« wurde, nämlich den Beginn der Mitarbeit von Pier Paolo Pasolini am 7. Januar 1973. Wie sind Sie zur Mitarbeit dieses Schriftstellers gekommen, der von einem Teil des Establishments verachtet und von den linken Parteien manchmal nicht für »gesellschaftsfähig« gehalten wurde?

Antwort: Wir waren wie gesagt auf der Suche nach weniger angepaßten, weniger traditionellen Stimmen. Ich habe schon gesagt, daß wir an den freien Gedankenaustausch glaubten: Wer ist dafür eher zuständig als die Intellektuellen, die schließlich die primären Urheber von Ideen in der Gesellschaft sind? Die Beiträge Pasolinis fanden vor allen Dingen deshalb ein breites Echo, weil sich Pasolini in diesen Monaten in einer besonders guten Periode befand. Wir trugen dazu bei, die Italiener auf seine Artikel aufmerksam zu machen, indem wir sie auf die erste Seite setzten[53].

Soweit die Darstellung von Piero Ottone. Das Ganze war so abgelaufen: Nico Naldini hatte inzwischen lange in Mailand im Verlagswesen gearbeitet und war dann nach Rom gezogen. Bei Alberto Grimaldi, dem neuen Produzenten von Pasolinis Filmen, kümmerte er sich jetzt um die Öffentlichkeitsarbeit. Naldini hatte gute Beziehungen zu Mailänder Kulturmachern und Journalisten und wußte, was beim »Corriere della Sera« unter der Leitung von Ottone vorging; ihm war bekannt, daß die Zeitung auf der Suche nach ungewöhnlichen und zudem prestigeträchtigen Beiträgen war. Pier Paolo hatte den Wunsch, sein Image zu wechseln. Er wollte nicht zum Kino verdammt sein. Auch darüber wußte Naldini Bescheid. Pier Paolo sprach zwar nicht darüber, doch man konnte ihm seinen Wunsch anmerken. Naldini wurde also aktiv. Nicht wenige Schwierigkeiten mußten überwunden werden. Trotz seiner neuen Leitung war der »Corriere della Sera« noch immer

das Abbild eines gewissen Konservativismus, gegen den Pasolini ohne Skrupel mit beißender Kritik vorging. Naldini sprach mit Gaspare Barbiellini Amidei, dem stellvertretenden Chefredakteur der Tageszeitung, der auch für das Feuilleton zuständig war. Der sprach sofort eine Einladung aus. Jetzt ging es darum, Pasolini zu überzeugen, ihm klarzumachen, daß der Rahmen der »Tribuna aperta« eine Versicherung für Freiheit auf beiden Seiten – für Mitarbeiter und Zeitung – darstellte.
Der erste Beitrag erschien unter dem Titel *Contro i capelli lunghi* (etwa: Gegen die langen Haare) am 7. Januar 1973 auf der zweiten Seite des »Corriere della Sera«: »... ich verstand, daß die Sprache der langen Haare keine linken Inhalte mehr ausdrückte, sie drückte vielmehr etwas Zwiespältiges aus, etwas Rechts-Linkes ...« Der »Diskurs« über die anthropologische Wandlung der Italiener und nicht nur der Italiener war eröffnet.

So drücken heute die langen Haare mit ihrer unartikulierten und zwanghaften Sprache nichtverbaler Zeichen in ihrer halbstarken Bildlichkeit genau das aus, was Fernsehen und Werbung ausdrükken[54] ...

1973 ist Pasolini im »Corriere« nur dreimal vertreten. Der zweite Text wird am 17. Mai in »Tribuna aperta« veröffentlicht. Sein Titel: *Il folle slogan dei jeans Jesus*[55] (etwa: Der verrückte Slogan der Jesus-Jeans*). Der dritte Artikel, *Sfida ai dirigenti della televisione*[56] (etwa: Herausforderung an die Programmdirektoren beim Fernsehen**) wurde am 9. Dezember 1973 als Feuilletonbeitrag auf die dritte Seite gesetzt. Durch diese Plazierung kam die von Pasolini ausbedungene Abgrenzung seiner Aufsätze vom redaktionellen Teil der Zeitung nicht mehr klar zum Ausdruck. Er war verärgert, und Naldini mußte auf Bitten von Barbiellini Amidei vermittelnd eingreifen.

---

* Unter dem Titel »Linguistische Analyse eines Werbeslogans« in: *Freibeuterschriften*, S. 85–89. (Anm. d. Ü.)

** Unter dem Titel »Alte und neue Kulturpolitik« in: *Freibeuterschriften*, S. 29–31. (Anm. d. Ü.)

Pier Paolo schrieb also für den »Corriere«. Sein erster Artikel hatte ironische Reaktionen und Mißbilligung hervorgerufen. Schon allein die Tatsache, daß er für den »Corriere« schrieb, war ein Verstoß gegen die Norm. Die traditionellen Leser der Zeitung sahen in seinen Beiträgen einen Richtungswechsel und fühlten sich provoziert.
Die Dynamik der italienischen Gesellschaft drückte sich in diesen Jahren in Zerreißproben und Gewalttaten aus: vom Entstehen des Terrorismus (damals bildete sich die Überzeugung heraus, es handle sich um »Spannungsstrategie« bis hin zu einer öffentlichen Diskussion, die auf allen Gebieten mehr denn je zu brodeln begann. In diesen Rahmen fällt das Referendum, der Volksentscheid über die Scheidung, der für den 13. Mai 1974 angesetzt ist. Der Sieg des »Nein«, der den Weg zu einer nicht mehr rein religiösen Auffassung von Ehe öffnete, war ein wichtiger Schritt zur Trennung von Kirche und Staat. Pasolini setzte hier mit seinen Artikeln auf der ersten Seite den Hebel an.

1968 und danach gab es ganz gewiß berechtigte Gründe, aktiv zu werden, zu kämpfen, zu schreien, historisch war es jedoch völlig unvermittelt. Die Revolte der Studenten ist von einem Tag auf den anderen entstanden. Es gab keine objektiven, realen Gründe, aktiv zu werden (außer vielleicht der Vorstellung, die Revolution könne man jetzt oder nie machen – eine abstrakte und romantische Vorstellung). Darüber hinaus war das für die Massen wirklich historisch Neue der Konsumismus, der Wohlstand und die hedonistische Ideologie des Herrschaftsapparats. Heute dagegen sind die objektiven Gründe für ein totales Engagement gegeben. Die Notstandssituation ergreift die Massen; genauer gesagt: vor allem die Massen.[57]

Das war im März 1974 der Gedanke Pasolinis: Der »außerhalb der Politik« stehende Intellektuelle fand sich einer »Pflicht zur politischen Intervention« gegenüber. Für die Notstandssituation gab es zwei Gründe. Der erste: die Attentate des neofaschistischen Terrorismus. Der zweite: Es war notwendig geworden, »den ›historischen Kompromiß‹ neu zu überdenken«, denn »er erweist sich heute eher als Hilfestellung für die Machthaber zur Aufrechterhaltung der Ordnung«.

Pasolini will den »Corriere della Sera« zum »Kampf« benutzen. Dem könnte man entgegenhalten, daß er selbst seinerseits von der Zeitung benutzt wurde. Doch dieser Einwand ist unberechtigt. Die von Piero Ottone geleitete Tageszeitung konnte man in diesen Jahren nicht als das Sprachrohr der herrschenden Klasse bezeichnen. Pasolini sah in dieser Zeitung wie in einem Spiegel das Bild einer aus den Fugen geratenen, im Fluß befindlichen Gesellschaft, die so ganz anders war als das Bild, das man sich bisher von ihr gemacht hatte. In die orthodoxe Vorstellung vom Antagonismus der Ideologien ließ Pasolini sich nicht einordnen. Mit diesem Antagonismus war gebrochen worden, und die Zeitung, die Piero Ottone unter Mitarbeit der kulturell verschiedensten Intellektuellen zusammenstellte, zeugte von diesem Bruch.

Anfang Juni 1974 kam es zu vertraglichen Vereinbarungen zwischen Pasolini und den Eigentümern des »Corriere«. Pasolini fuhr zu einer Vorführung des Films *Erotische Geschichten aus 1001 Nacht* nach Mailand. Bei dieser Gelegenheit traf er mit Giulia Maria Crespi zusammen, die die Verlagseigentümer vertrat. Er kannte sie bereits und hatte in ihrer Villa am Fluß Ticino einen Teil von *Teorema* gedreht. Zugegen war auch Barbiellini Amidei. Eine Übereinkunft kam zustande[58]. Am 10. Juni 1974 veröffentlichte die Zeitung auf der ersten Seite, wenn auch noch unter dem Motto »Tribuna aperta« den Artikel mit dem Titel *Gli italiani non sono più quelli* (etwa: Die Italiener sind nicht mehr die, die sie mal waren*). Das war der Startschuß zur Polemik.

Ich sprach davon, daß das Referendum für den Großteil der Italiener den Höhepunkt der eingeleiteten Trennung von Kirche und Staat darstellte. Davon waren sehr viele überzeugt. Pasolini war sicherlich auch der Meinung, daß das erzielte »Nein« »ein Sieg« sei. Doch er analysierte die Qualität dieses »Sieges«. Und kam zu einem provozierenden Ergebnis:

Das »Nein« war zweifellos ein Sieg. Doch was sich in Wahrheit daraus ablesen läßt, ist die Tatsache, daß in Italien eine kulturelle

---

* Unter dem Titel »Studie über die anthropologische Revolution in Italien« in: *Freibeuterschriften*, S. 32–36. (Anm. d. Ü.)

»Mutation« stattgefunden hat, die inzwischen ebensoweit vom traditionellen Faschismus wie von sozialistischer Fortschrittlichkeit entfernt ist[59].

Der Sieg war darauf zurückzuführen, daß sich in der ganzen italienischen Gesellschaft die Werte »des Konsums und der daraus folgenden modernistischen Toleranz amerikanischer Machart« verbreitet hatten: Das bäuerliche und frühindustrielle Italien hatte sich aufgelöst. Das Vakuum, das es zurückließ, werde »möglicherweise ... von einer vollkommenen Verbürgerlichung« ausgefüllt werden. Nicht einmal die Kommunisten waren offensichtlich in der Lage, diesen Prozeß zu stoppen. Eine »›kulturelle‹ Gleichschaltung« war im Gange, die alle gleichermaßen betraf: »Volk und Bourgeoisie, Arbeiter und Subproletarier. Der gesellschaftliche Zusammenhang hat sich im Sinne einer extremen Vereinheitlichung gewandelt.« Sein Schluß mußte beim Leser eine heftige Abwehrreaktion auslösen:

Es ist ein und derselbe Schoß, aus dem heute sämtliche Italiener kriechen. Und so gibt es denn auch (abgesehen von den verschiedenen politischen Standpunkten – leeren Schemata, die man durch Schaumschlägerei zu füllen versucht) zwischen einem x-beliebigen faschistischen und einem x-beliebigen antifaschistischen Italiener keinen erkennbaren Unterschied mehr*.

Pasolini war klar: Der Faschismus selbst hatte sich gewandelt, war nur noch eine »rein nominalistische« Definition seiner selbst. Hatten nicht auch viele Faschisten beim Volksentscheid über die Scheidung mit »Nein« gestimmt?
Die heikelste Stelle des Artikels, über die eingehend nachgedacht werden mußte, war die Behauptung, daß der Antifaschismus als einer der »politischen Standpunkte« nur mehr zu den »leeren Schemata« gehörte. Die Reaktion auf seiten der Kommunisten war hart. In der »Unità« vom 12. Juni 1974 warf Maurizio Ferrara Pasolini Irrationalismus und Ästhetizismus vor. Pasolini habe ein verzerrtes Bild von der italienischen Gesellschaft geliefert, weil

* *Freibeuterschriften*, a.a.O., S. 34. (Anm. d. Ü.)

das besser zu seinem eigenen, unbewußten Weltbild paßte. Ähnlich argumentierte Franco Ferrarotti im »Paese-Sera« vom 14. Juni. Beide suggerieren ihren Lesern, Pasolini sei in einen wahnwitzigen Widerspruch zu sich selber verfallen – oder er habe eine bisher verborgene Seite enthüllt. Im Rückblick muß man sagen, daß er seinen Standpunkt seit seinen intellektuellen und politischen Lehrjahren nicht geändert hatte: Ihm ging es darum, mit demagogisch geäußerten Meinungen und geltenden Prinzipien zu brechen. Das war schon im Friaul und auch im Jahr 1956 so gewesen. Wenn Pier Paolo bei diesem – spektakulären – Anlaß eine Verantwortung für etwas traf, dann dafür, daß er nicht restlos deutlich machte, wie sehr es ihm auf die historische Kontinuität als Leitgedanke der anthropologischen Analyse ankam. Er hatte einen moralistischen Zug an sich: Seine Anthropologie und Semiologie des Kollektivverhaltens besaßen, wenn man so will, ein Unterbewußtsein. Und das war zornig und nachtragend: Seine psychische Realität trübte seinen Sinn für die tatsächliche Wirklichkeit. Dennoch gelang es ihm, die Verantwortung unterschiedlicher gesellschaftlicher Gruppierungen zu erfassen und darauf aufmerksam zu machen.
Schuld und Verantwortung bei Intellektuellen und Politikern. Beispielsweise fiel die Schuld an den neofaschistischen Attentaten auf die gesamte Linke zurück:

...wir haben nichts dazu getan, damit es gar keine Faschisten gäbe. Wir haben sie nur verurteilt und unser Gewissen mit unserer Entrüstung beruhigt; und je stärker und stolzer die Entrüstung war, um so ruhiger war das Gewissen. In Wirklichkeit haben wir uns gegenüber den Faschisten (ich meine vor allem die jungen) wie Rassisten benommen: Wir haben nämlich in Eile und ohne Erbarmen glauben wollen, daß sie von ihrer Herkunft her zu Faschisten prädestiniert wären ...«*

---

* In: *Il vero fascismo e quindi il vero antifascismo* (etwa: Der wahre Faschismus und demnach der wahre Antifaschismus), erschienen am 24. Juni 1974 im »Corriere della Sera« unter dem Titel *Il Potere senza volto* (etwa: Die gesichtslose Staatsgewalt); in: *Scritti corsari*, Mailand 1977, S. 53–59, hier S. 57f.; in der deutschen Ausgabe der *Freibeuterschriften* nicht enthalten. (Anm. d. Ü.)

Etwas war neu an den Artikeln, die Pasolini in diesem Jahr im »Corriere della Sera« und in anderen Zeitungen veröffentlichte. Neu war nicht sein Liebäugeln mit einem hypothetischen »Goldenen Zeitalter« – bei diesem Zeitalter konnte es sich um das »gute alte Italien« (»Italietta«) des Faschismus handeln. Was an den Artikeln neu sein sollte, war nicht auf den ersten Blick erfaßbar.

Es scheint fast so, als ob diejenigen, die gegen ihn polemisierten, ihm unbedingt eine Zielscheibe anheften wollten: die eines Pamphletschreibers, der sich nach einer politisch und moralisch hinfälligen Vergangenheit zurücksehnt. Nicht nur Maurizio Ferrara und Italo Calvino beschuldigten ihn der Nostalgie

Ich sollte dem »guten alten Italien« nachtrauern? Dann hast Du keinen einzigen Vers der *Ceneri di Gramsci* oder des *Calderon* gelesen, keine einzige Einstellung eines meiner Filme gesehen, Du hast keine Zeile meiner Romane gelesen, Du weißt nichts von mir! Denn alles, was ich getan habe und bin, ist von Natur aus unvereinbar mit einem Nachtrauern nach diesem Italien. Es sei denn, Du glaubst, ich hätte mich radikal geändert. Das entspräche der wundergläubigen Psychologie der Italiener, die ich jedoch für unter Deinem Niveau halte.

Das antwortete Pier Paolo in einem offenen Brief an Calvino im »Paese-Sera« vom 8. Juli. Calvino hatte am 18. Juni befragt vom »Messaggero« nachdrücklich behauptet, Pasolini wolle mit seiner anthropologischen Analyse nur »nachtrauern«. Wie kam er zu diesem Mißverständnis? Nun, Pasolini hatte von der »grenzenlosen, vornationalen und vorindustriellen bäuerlichen Welt« gesprochen, die bis zu den Jahren des Wirtschaftswunders unversehrt erhalten geblieben war. Die Menschen dieser Welt hatten nicht in einem »Goldenen Zeitalter« gelebt, sondern in einem »bitteren Zeitalter des Brots« (Pasolini nahm hier ein Bild von Felice Chilanti auf):

Sie waren Konsumenten von unbedingt notwendigen Gütern. Das war es vielleicht, was ihr armes und prekäres Leben so notwendig machte. Es ist klar, daß überflüssige Güter das Leben überflüssig machen. (...) Ob ich diesem bäuerlichen Universum nachtrauere oder nicht, bleibt letztlich meine Angelegenheit. Aber das soll mich keineswegs hindern, an der gegenwärtigen Welt, so wie sie ist, Kritik zu üben. Im Gegenteil, diese Kritik wird um so durchdringender sein, je mehr ich mich von dieser Welt gelöst habe und nur noch stoisch in ihr zu leben ertrage[60].

Pasolini betrachtete diese »Notwendigkeit« der »armen und prekären« Existenz als einen Wert, einen Wert, den man nicht noch weiter ausbauen, aber auch nicht verlorengehen lassen sollte. Ein Wert, mit dem man Geschichte machen konnte. Seine mehrfachen Äußerungen in diesem Sinne enthielten ideell nichts Neues. Mit Recht erinnerte er seine Kritiker an das, was er in Gedichten und in Prosa schon geschrieben und auf der Leinwand gezeigt hatte. Und doch gab es da etwas Neues an ihm – etwas Neues, das überraschte: Es war die »besonders gute Periode«, in der er sich nach späterer Aussage von Piero Ottone befand. Die Neuheit lag vor allen Dingen im Stil. Den »praktischen Zweck« der Dichtung erreichte Pasolini jetzt durch eine stark inhaltsbezogene Prosa. Das Schreiben für die Zeitung schien eine nebensächliche Betätigung zu sein, sie war es aber nicht. Zum Gelingen trug sein starkes Bedürfnis bei, aus seiner alten Haut zu schlüpfen und neues Gelände zu erobern. Zugleich ist aber auch die Härte der Ablehnung, der Lossagung von der Welt ringsum zu spüren, die Pasolini in diesen Jahren beschäftigte. Er nahm das Leben in dieser Welt »nur noch stoisch« hin, suggerierte sich selbst moralische Distanz zu ihr und fühlte sich fast zwanghaft dazu gedrängt, so viele andere wie möglich an seiner Gemütsverfassung teilhaben zu lassen. Seine Distanz bedeutete nicht, daß er nicht auf eventuelle, zukünftige Veränderungen hoffte. Durch Verbindung dieser persönlichen Widersprüche kam er zum Erfolg.

Intellektuelle »von der ersten Seite«. Das wurde ein ironischer und auch abwertend gemeinter Slogan. Pasolinis Name fiel am meisten auf, um ihn kam es zu den heftigsten Streiterein. Moravia, Calvino, Fortini, Umberto Eco, Giorgio Bocca, Natalia Ginzburg: Das sind nur einige von vielen, die ihm antworteten. Pasolini wußte für sie alle flammende Erwiderungen. Er polemisierte mit Ausdauer.

Obwohl sich die Polemiken wie Ölflecken ausbreiteten, ließ sich Pier Paolo nicht von ihnen beirren. Als hätte er einen thematischen roten Faden vor Augen, leitete er seine Argumente von vorherigen ab und zog nach und nach Gesprächspartner in die Diskussion hinein. Die ersten Artikel über die anthropologische Veränderung und das Verschwimmen des Kontrastes Faschismus-Antifaschismus greifen die Konsumorientierung im allgemeinen an. Das alte Thema der »piccole patrie« (kleine Heimaten) ist in dieser Phase wieder sehr aktuell:

Kein anderes Land hat wie wir eine so große Zahl »spezieller und realer« Kulturen, eine solche Zahl von »kleinen Heimaten« und Dialekt-Welten besessen: Kein Land, meine ich, hat dann eine so umwälzende »Entwicklung« durchgemacht. In den anderen großen Ländern hatte es schon früher eindrucksvolle Fälle von »Kulturerwerb« (acculturazioni) gegeben: Als letzte, definitive Ausprägung ordnet sich der Erwerb der Konsummentalität in gewisser Weise logisch in dieses System ein[61].

Und hier kommt der »christliche« Schlenker: Angesichts des Konsumterrors solle die Kirche den Mut haben, sich von allen weltlichen Ansprüchen freizumachen, denn dann

... könnte die Kirche die Führung übernehmen, eine gewaltige, doch nicht autoritäre und vor allem nicht nach der Eroberung der Macht strebende Führung. Sie könnte – und das sage ich als Marxist – all diejenigen Kräfte zusammenfassen, die sich der neuen Herrschaft des Konsums nicht beugen wollen, einer Herrschaft, die vollkommen irreligiös, totalitär, gewalttätig, scheintolerant – oder besser: repressiver denn je, korrupt und entwürdigend ist (die Marx'sche Bemerkung, daß das Kapital die menschliche Würde zum Tauschwert macht, war nie so aktuell wie heute). Für diese Verweigerung könnte die Kirche zum Symbol werden, indem sie zu ihren Ursprüngen, zur Opposition und zur Revolte zurückkehrt. Entweder sie entscheidet sich hierfür oder sie muß eine Macht akzeptieren, die von ihr gar nichts mehr wissen will – was dann ihr Selbstmord wäre[62].

Der Prophet kommt immer mehr zum Vorschein, und mit ihm nimmt der Weltschmerz violette Farben an:

Der fröhliche Nominalismus der Soziologen erschöpft sich anscheinend in ihrem Dunstkreis. Ich stehe mitten in den Dingen und erfinde so gut ich kann Wörter, um sie beim Namen zu nennen. Freilich, wenn ich versuche, die schrecklichen Aspekte einer ganzen neuen Generation zu »beschreiben«, die sämtliche Nachteile einer aus dem Gleichgewicht geratenen, dummen und erbarmungslosen Entwicklung erlitten hat, und wenn ich versuche, sie in »diesem« jungen Menschen, in »diesem« Arbeiter zu »beschreiben«, dann versteht mich keiner: Weil dem Soziologen und dem Berufspolitiker »dieser« junge Mensch und »dieser« Arbeiter persönlich völlig egal ist. Mir dagegen kommt es nur auf ihn allein an[63].

In der zweiten Phase der Artikelserie geht es um Abtreibung und Sex. Die radikale Partei, Hauptakteur im Volksentscheid über die Scheidung, erwog eine Serie neuer Volksentscheide, um all das abzuändern, was den Bürgerrechten im Wege stand. Die Liberalisierung der Abtreibung, ein wesentlicher Schritt im Kampf um die Rechte der Frau, stand ganz oben auf dem Cahier der Radikalen. Pasolini polemisierte gegen die Befürworter der Abtreibung.

Gleichzeitig schockiert mich der Gedanke an eine Legalisierung der Abtreibung, denn ich betrachte sie, wie viele andere, als Mord. In meinen Träumen, in meinem ganzen Verhalten lebt – wie bei allen Menschen – etwas von meinem Dasein vor der Geburt weiter, von einem seligen Schwimmen im Mutterleib: ich weiß, daß ich da schon existiert habe.

Die Sache mit den neuen Volksentscheiden (damals neun), die von den Radikalen vorgeschlagen wurden, sollte sich über Jahre hinziehen. Das Parlament ergriff die Initiative, um den meisten davon zuvorzukommen und regelte auch die Abtreibung. Pasolini kam das Thema der Abtreibung gerade recht, um die Diskussion über die Funktion der Sexualität aufs Tapet zu bringen.

Ich gehe (...) davon aus, daß die große Mehrheit bereits potentiell für die Legalisierung der Abtreibung ist (...) Die legalisierte Abtreibung ist nämlich ohne Zweifel ungeheuer bequem für diese Mehrheit. Und zwar vor allem deshalb, weil sie den Koitus – die heterosexuelle Vereinigung – noch einfacher machen würde, indem sie ihm das letzte Hindernis aus dem Weg räumt. Aber diese Freiheit des Koitus in der »Paarbeziehung«, so wie die Mehrheit sie sich vorstellt, diese wundervolle Liberalität, die man ihr zollt – wer hat die denn stillschweigend gewollt, stillschweigend proklamiert und stillschweigend und unwiderruflich zur allgemeinen Gewohnheit werden lassen? Die Herrschaft des Konsums, der neue Faschismus[64].

Der neue Faschismus, der nicht greifbar ist und unterschwellig wie eine Fäulnis an der Gesellschaft zehrt, ohne daß sichtbar wäre, wieviel ihr schon zum Opfer gefallen ist, hat sich der »liberalen und fortschrittlichen« Forderungen nach mehr Freiheit »bemächtigt«, hat sie »in ihrem Wesen verändert« und sie zerstreut. Die sexuelle Freiheit, die von den Herrschenden »›geschenkt‹« wurde, produziert eine »Kollektivneurose«; sie ist eine »Mühelosigkeit«, die »›manipuliert‹« und »verordnet« ist und einen neuen Rassismus erzeugt hat, eine Masse, die »stets bereit [ist], Minderheiten zu erpressen, zu prügeln, zu lynchen«. Eine neue Intoleranz ist entstanden, eine Intoleranz, die »gemein, schäbig und gewalttätig« ist: »das italienische Volk will mit seiner Armut gleichzeitig auch seine ›wahre‹ Toleranz vergessen ...« Die Ehe ist vor diesem Hintergrund nur noch ein Ritus, der an »Totenmessen« erinnert; und ebenso trist schätzt er das Dasein in einer Welt ein, die dem Paar das mechanische Glück des Koitus verordnet. Pasolinis Schlußfolgerung:

Meine äußerst vernünftige Meinung ist (...) folgende: anstatt gegen diese Gesellschaft, die die Abtreibung repressiv verurteilt, auf der Ebene der Abtreibung zu kämpfen, muß man sie auf der Ebene der Ursache der Abtreibung bekämpfen, d. h. auf der Ebene des Koitus.

Dazu gilt es,

eine ganze Reihe von Maßnahmen »realer« Liberalisierung des Koitus (und folglich auch seiner Auswirkungen) durchzusetzen: Mittel zur Empfängnisverhütung, Pillen, andere Liebestechniken, eine neue Sexualmoral usw. usw.*

---

* *Freibeuterschriften*, S. 60. (Anm. d. Ü.)

Eine wahre Streitschrift über den Sex. Wieder wetterte Pasolini gegen die Permissivität. Seine Absicht war klar; besser gesagt, man konnte sie seiner Argumentation sehr wohl entnehmen. Seine christliche Achtung vor der Heiligkeit des Lebens hinderte ihn nicht an einer »liberalen« Auffassung von Erotik. Doch darum ging es bei der Kontroverse gar nicht; seine Gesprächspartner stritten nicht über diesen Punkt. Wenn man den Text von Pasolini liest, entdeckt man eine unterschwellige Zügellosigkeit – die Leichtigkeit (und die ist wirklich »neu«), mit der auf die Homosexualität angespielt wird. Der heterosexuelle Koitus, der von der neuen Liberalität »manipuliert« wird, soll bei den Italienern eine althergebrachte Toleranz ausgelöscht haben: die Toleranz, die die Jugend aus dem Volk für den homosexuellen Verkehr verfügbar machte, ohne daß ihre Heterosexualität dadurch in Frage gestellt wurde. Da schwang sogar die Hypothese von der Homosexualität als Verhütungsmittel in Pier Paolos Worten mit. In seiner Unbefangenheit ging er so weit, ironisch mit diesem Gedanken zu spielen. Wenn die Abtreibungsbefürworter das Argument von der Geburtenregelung als Schranke gegen die Überbevölkerung brachten, legte er die Überlegung nahe; »daß der heterosexuelle Verkehr eine Gefahr für die Spezies darstellt, während die Homosexualität ihre Sicherheit bedeutet.«

Man warf Pasolini vor, er wolle das Problem der Abtreibung mit der Aufforderung zu abartigem Verhalten lösen; der tiefere Grund seiner Polemiken und der Gedanke von der anthropologischen Veränderung rühre nur daher, daß die Ragazzi di vita in Zeiten des wirtschaftlichen Wohlstands nicht mehr so bereitwillig zu haben waren. Immer wieder wurde gesagt, daß die von ihm aufgeworfenen Probleme ganz »persönliche« und »private« seien.

Der Polemiker Pasolini befreite sich nicht von den Fesseln der Psychologie. Er ließ sich von ihr bei seinen Schlußfolgerungen leiten. Am 30. Januar 1975 antwortete er Moravia:

Ich weiß schon, Du bist aus pragmatischen Gründen dafür, den Status quo zu akzeptieren. Ich als Idealist bin es nicht. »Den Konsumzwang gibt es nun mal, was willst Du dagegen machen?«

wirst Du mir wahrscheinlich sagen. Laß mich Dir antworten: Für Dich ist der Konsumzwang da und damit basta; er trifft Dich nicht, es sei denn – wie man so sagt – moralisch; konkret trifft er Dich nicht mehr als alle anderen auch. Dein ganz persönliches Leben ist nicht in Mitleidenschaft gezogen. Bei mir dagegen schon. Als Staatsbürger bin ich wie Du betroffen und erleide wie Du eine Gewaltanwendung, die mich verletzt (darin sind wir brüderlich vereint; wir können an ein gemeinsames Exil denken): Doch als Person, das weißt Du wohl, bin ich unendlich viel mehr hineingezogen als Du. Der Konsumzwang ist nämlich eine richtige anthropologische Katastrophe. Und ich *lebe* diese Katastrophe, die zumindest bis jetzt eine reine Entwürdigung ist, an meinem eigenen Dasein. Ich lebe sie in meinem täglichen Leben, in den Formen meiner Existenz, *in meinem Körper*. Da sich mein soziales Dasein, mein Leben als Bourgeois in der Arbeit erschöpft, hängt es ganz von den Leuten ab. Ich sage absichtlich »Leute« und meine damit die Gesellschaft, das Volk, die Massen, und zwar in dem Moment, in dem sie existentiell (und vielleicht nur visuell) mit mir in Kontakt kommen. Aus dieser existentiellen, direkten, konkreten, dramatischen, ja körperlichen Erfahrung erwachsen schließlich alle meine ideologischen Erörterungen. Was die anthropologische Verwandlung (bis jetzt eine Entwürdigung) der »Leute« betrifft, ist der Konsumzwang eine Tragödie, die sich als Enttäuschung, Wut, Lebensüberdruß, Trägewerden und schließlich als idealistische Revolte, als Verweigerung des Status quo manifestiert[65].

Der Lebensüberdruß mündete in Zügellosigkeit; die quälenden *körperlichen* Gründe führten zu den anthropologischen Vorhersagen. Die Existenz mit ihrer Tragik wurde nicht verleugnet: Pier Paolo akzeptierte alle ihre Konsequenzen. Seine »ideologischen Erörterungen« hatten deshalb nicht weniger Aussagekraft. Pasolini legitimierte die Abartigkeit, doch er legitimierte sie als Erkenntnisinstrument. Sein »soziales Dasein« war reduziert auf ein schmales Feld, auf dem er seinen intellektuellen, moralischen Kampf ausfocht. Er hatte keinen anderen Raum. Die altbekannten nächtlichen »Jagden« dienten jetzt nur noch dazu, die Richtigkeit seiner Schlußfolgerungen zu erweisen. Sie verstärkten den quälenden Lebensüberdruß, der ihn gefangenhielt. Pier Paolo lebte intensiv das, was er »Lossagung« nannte: Das Wort taucht in

den polemischen Schriften dieses letzten Jahres bemerkenswert häufig auf. Eine theologische Wut, ein theologisches Bedürfnis nach Veränderung entbrannte in ihm.
Nach Abschluß der *Trilogia della vita* arbeitete Pasolini an dem Projekt des *San Paolo* (etwa: Der Heilige Paulus). Er schrieb das Drehbuch dazu – und seine Artikel sind so etwas wie die *Briefe* die Römer, Korinther, Philipper und Epheser.

Wir haben ja nicht zu kämpfen gegen Fleisch und Blut, sondern gegen die Mächte, gegen die Gewalten, gegen die Weltherrscher dieser Finsternis, gegen die Geister des Bösen im Reich der Himmel (Epheser 6, 12)*.

Soweit die Worte des Apostels. Und gegen die Auswirkungen der »Macht« auf dieses sehr irdische Leben kämpft Pasolini und wird gleichzeitig zerfleischt von der Gewißheit, daß das Übel ein Schicksal ist, dem man sich nur schwer entziehen kann.
Eine Apostelgeschichte. Die Heiligkeit wird der Aktualität gegenübergestellt: die Konkretheit des Göttlichen gegen die Abstraktheit dessen, was die Historie für unwesentlich hält.

Paulus hat revolutionär und mit der schlichten Kraft seiner religiösen Botschaft eine Gesellschaftsform zerstört, die sich auf die Gewalt der Klasse, den Imperialismus und vor allen Dingen die Sklaverei gründete[66].

Pasolini vergleicht diese Botschaft mit der seinen, vertieft sich darin und macht sie zu seiner eigenen.
Im Drehbuch wird eine Predigt zitiert:

Wisse noch dieses: In den letzten Tagen werden schwere Zeiten heraufziehen. Die Menschen werden Egoisten sein, das Geld lieben, werden eitel sein, hochmütig, Gotteslästerer, ungehorsam gegenüber ihren Eltern, undankbar, ruchlos, lieblos, unversöhnlich, verleumderisch, unmäßig, unbarmherzig, werden das Gute nicht lieben, Verräter sein, anmaßend, blind gemacht von den Rauch-

* In der Übersetzung von Josef Kürzinger. (Anm. d. Ü.)

schwaden des Stolzes lieben sie das Vergnügen mehr als Gott: Leute, die so aussehen, als seien sie religiös, die aber den wirklichen Gehalt der Religion verleugnet haben[67].

Die dritte Phase der Polemik Pasolinis nimmt eben diese »Leute, die so aussehen, als seien sie religiös, die aber den wirklichen Gehalt der Religion verleugnet haben« zur Zielscheibe: die christdemokratischen Politiker. Das war am Ende 1974 und in den ersten Monaten von 1975.

> Ich weiß.
> Ich weiß die Namen der Verantwortlichen für das, was man *Putsch* nennt (und was in Wirklichkeit aus einer ganzen Serie von *Putschen* besteht, die als System der Herrschaftssicherung auftritt).
> Ich weiß die Namen der Verantwortlichen für die Bomben von Mailand am 12. Dezember 1969.
> Ich weiß die Namen der Verantwortlichen für die Bomben von Brescia und Bologna von Anfang 1974. (...)
> Ich weiß alle diese Namen und weiß alle Taten (Anschläge gegen Institutionen und Bombenmassaker) derer, die sich schuldig gemacht haben.
> Ich weiß. Aber mir fehlen die Beweise. Ich habe nicht einmal Indizien.
> Ich weiß, weil ich ein Intellektueller bin, ein Schriftsteller ...[68]

Pasolini behauptete zu »wissen«: Das war seine Art und Weise, Politik zu machen, das war – so korrigierte er sich – seine Art und Weise, »intellektuellen Mut zur Wahrheit« zu zeigen. »Intellektueller Mut zur Wahrheit und praktische Politik sind in Italien zwei unvereinbare Gegensätze[69].«
Eine unfähige Politikerklasse hat im Land ein Machtvakuum entstehen lassen, das nicht mehr ausgefüllt werden kann. Diese Politikerklasse kann aufzählen, was sie an Positivem geleistet zu haben glaubt und ist sich nicht bewußt, daß diese Aufzählung »reiner (...) Nominalismus« ist. Der Politiker »kümmert sich nicht – sozusagen, als sei das nicht seine Angelegenheit – um die menschlichen, kulturellen und politischen Auswirkungen[70]«, die von den inzwischen eingetretenen Veränderungen hervorgerufen worden sind. Das Land ist anders geworden: ein Land, wo es

einmal »die Glühwürmchen« gegeben hatte, die nun aus diesem Land verschwunden sind.
Die Metapher von den »Glühwürmchen« kennzeichnete für Pasolini die Wende des christdemokratischen »Regimes«.

Anfang der sechziger Jahre begannen aufgrund der Luftverschmutzung und, vor allem auf dem Land, aufgrund der Verschmutzung des Wassers (der blauen Flüsse und der klaren Bäche) die Glühwürmchen zu verschwinden. Eine Sache, die mit blitzartiger Geschwindigkeit vor sich ging. Ein paar Jahre später gab es die Glühwürmchen nicht mehr[71].

Vor dem Verschwinden der Glühwürmchen: Die alten Werte des bäuerlichen und frühkapitalistischen Universums, die mit denen des Faschismus übereingestimmt hatten, bestehen fort, als die Christdemokraten an die Macht kommen. Nach dem Verschwinden der Glühwürmchen: Die alten Werte »sind auf einmal nicht mehr wichtig«. Sie werden ersetzt durch die »›Werte‹ eines neuen Gesellschaftsmodells, das mit der bäuerlichen und frühindustriellen Gesellschaft nichts mehr gemein hat«. Das vereint und traumatisiert zugleich das Land. Für diese gewaltsame kulturelle Gleichschaltung hatte es »nur einen einzigen Präzedenzfall« gegeben: »Deutschland vor der Machtergreifung Hitlers[72].« Die christdemokratischen Politiker registrieren – schuldhaft – die Veränderungen, die stattgefunden haben, nicht, um nur ja nicht die Macht zu verlieren. Doch die Veränderungen sind da.

Die Italiener hätten auf dieses traumatische Erlebnis gar nicht schlimmer reagieren können: sie sind innerhalb weniger Jahre (vor allem in Mittel- und Süditalien) zu einem degenerierten, lächerlichen, widerwärtigen und kriminellen Volk verkommen. Man braucht nur auf die Straße zu gehen, um das zu begreifen. Doch um wirklich zu verstehen, was sich an den Leuten verändert hat, muß man sie natürlich lieben. Ich habe – leider – diese Italiener einmal geliebt: nicht im Sinne der gängigen Klischees (sondern in verzweifelter Opposition dagegen) und auch nicht in einem volkstümelnden und humanitären Sinne. Es war eine echte Liebe, die aus meiner ganzen Lebensweise herrührte. Ich habe also »mit all meinen Sinnen«

gesehen, wie das von der Konsumgesellschaft geforderte Zwangsverhalten das Bewußtsein des italienischen Volks umgemodelt, deformiert und zu einer Degradierung getrieben hat, von der es kein Zurück mehr gibt[73].

Die christdemokratischen Politiker sind an dieser »Degradierung« schuld. Und ihre Schuld ist noch gravierender, weil sie ihnen nicht bewußt ist. Die Democrazia Cristiana

hat nicht gemerkt, daß sie fast mit einem Schlag nur noch ein Instrument jener formalen Macht war, die noch überlebt hat und mit deren Hilfe ein neuer, realer Machtapparat ein ganzes Land zugrunde gerichtet hat[74].

In diesem so heruntergekommenen Land gibt es eine Art rettende »Insel«, die Kommunistische Partei:

> Die Kommunistische Partei ist wie ein sauberes Land in einem schmutzigen Land, ein ehrliches Land in einem verlogenen Land, ein gescheites Land in einem Idiotenland, ein kultiviertes Land in einem stumpfsinnigen Land, ein humanistisches Land in einem konsumistischen Land.

Aber:

Die Teilung unseres Landes in zwei Länder – eins davon bis zum Hals in Degradierung und Degeneration abgesunken, das andere intakt und nicht kompromittiert – schafft nicht gerade die besten Voraussetzungen für Frieden und Konstruktivität[75].

Die Lösung: Um diese Unstimmigkeiten zu beseitigen, ist ein »Prozeß« nötig. Pasolini dachte im Sommer 1975 über einen solchen »Prozeß« nach, der den Anführern der Christdemokraten gemacht werden sollte (»ein Prozeß vor einem ordentlichen Gericht[76]«, aus dem die Angeklagten »in Handschellen[77]« von den Carabinieri abgeführt werden sollten). Worin bestand die Schuld dieser Männer?

Sie besteht nicht in ihrer Unmoral (die vorliegt), sondern sie besteht in einer politischen Fehleinschätzung ihrer selbst und der Macht, in deren Dienst sie sich gestellt hatten: eine politische Fehleinschätzung, die wirklich verheerende Konsequenzen für das Leben unseres Landes gehabt hat[78].

»Politische Fehleinschätzung«, falsche Einschätzung ihrer eigenen Rolle und Bestimmung, Vertrauensbruch und Verrat des Humanismus: Das zusammen ist die wirkliche Schuld der Democrazia Cristiana. Pasolini als Prophet; sein Stil hatte einen immer deutlicher liturgischen Tonfall angenommen. Die Polemik hatte sich ausgeweitet, einige politische Kommentatoren wie Leo Valiani, Giorgio Galli und Luigi Firpo hatten sich zu Wort gemeldet. Pier Paolo schien immer mehr in eine Prophetenrolle hineinzuwachsen. Er sprach von seiner »Phantasie eines Moralisten[79]«, erkannte aber klar, wie dringend notwendig alle Bemühungen waren, das Land vor dem »tragischen« und »lächerlichen« Geschick zu bewahren, dem es entgegenging. Das »Gerichtsverfahren« gegen die christdemokratische Führungsschicht sollte »die Form, den Gehalt und den Wert einer Synthese[80]« haben, wie er sagte. Das sei zur Rettung des »demokratischen Kräftespiels« dringend erforderlich.
Am 15. Juni 1975 errang die Linke bei den Regionalwahlen einen starken Stimmenzuwachs, bemerkenswert der Stimmenzuwachs der Kommunistischen Partei. Pasolini war der Ansicht, daß nach diesem Datum der Zeitpunkt gekommen sei, an dem die italienischen Staatsbürger etwas »erfahren« sollten und zwar »im reinen Geist der Stoa[81]«. Die Italiener »wollen erfahren«, auch wenn ihre Fragen noch nicht »ausreichend klar« formuliert sind, was für »›Lebensbedingungen‹« das sind, »in denen sie beinahe wie von einer Naturkatastrophe zu leben gezwungen sind«; was ist »die ›neue Kultur‹ – in anthropologischem Sinne –, in der sie wie in einem Traum leben: eine gleichmacherische, entwürdigende, vulgäre«; was ist »die ›neue Machtform‹, von der diese Kultur produziert wird: wenn schon die Macht der Klerikal-Faschisten geschwunden ist«; was ist das für ein »neues ›Produktionsverfahren‹«, wenn es nicht »zum ersten Mal in der Geschichte ›unveränderliche soziale Beziehungen‹ produziert: Das heißt Beziehungen, die ein für allemal jeder möglichen Form von

›Andersartigkeit‹ entzogen und verweigert sind«. Ohne das alles zu wissen, »kann man nicht regieren« – oder man regiert wie die Christdemokraten, die »in den Mäandern des Palazzo der Verrückten[82]« eingeschlossen sind.
Im September und Oktober 1975 entwarf Pasolini »sein« Reformprojekt: sofortige Abschaffung der Schulpflicht, soweit sie über die fünf Grundschuljahre hinausgeht, sowie sofortige Abschaffung des Fernsehens[83]. Das bedeutete die Ausrottung des Übels an seiner Wurzel: die Ansteckung verhindern und ein ganzes Land von der Verseuchung befreien, der es ausgesetzt war. In diesen Monaten ist aus Pier Paolos Worten anscheinend jede »nostalgische« Perspektive verschwunden. Vielleicht war er wirklich dabei, sein Leben zu verändern, und zwar auf viel radikalere Weise als damals, als er mit dem Filmen begonnen hatte. Das aktive politische Leben als »Recht und Pflicht« des Intellektuellen schien ihn jetzt mehr als in der Vergangenheit zu interessieren.
Inzwischen war auch sein Verhältnis zur Kommunistischen Partei anders geworden. Ein paar kommunistische Intellektuelle polemisierten nach wie vor gegen ihn. Dagegen wurden die Leiter des Jugendverbandes innerhalb der Partei zu seinen bevorzugten Gesprächspartnern[84]. Am 24. September 1975 nahm Pasolini in Rom an einer Veranstaltung teil, die die römischen Jungkommunisten am Pincio einberufen hatten. Diskutiert wurde über die Themen »Permissivität« und Rauschgift; Pasolini sah in beidem Ursachen für die Kriminalität.

Man muß ein für allemal das Versagen der Permissivität zugeben. Die ist freilich eine Scheintoleranz und einer der Hauptgründe für die Degenerierung des Großteils der Jugend[85].

In der Partei diskutierten die jungen Kommunisten eingehend über die Gründe, die Jugendliche in Italien zum Aussteigen aus der Gesellschaft brachten. Man wurde sich der Notwendigkeit bewußt, daß man nicht starr an ideologischen Prinzipien festhalten und darüber die veränderten Lebensbedingungen vernachlässigen durfte. Pasolinis Bekenntnis zum Marxismus und sein »Moralismus« (ein immer mehr grundlegender Moralismus, der sich vieler Elemente aus der Begriffsflut der Geisteswissenschaften bediente) konnten stimulieren und weiterführend sein – zumindest für jeden, der nach einer neuen Ausdrucksform für seine politischen Anschauungen suchte, nach einer Form, die nicht noch aus den fernen fünfziger Jahren stammte. 1968 war für viele Jugendliche jetzt nur noch Erinnerung und Ausgangspunkt für ein politisches Abenteuer, das einer kritischen Analyse unterzogen werden mußte. Pasolini bot Anregungen dafür. Seine Ablehnung der »Scheintoleranz« und der Permissivität leitete eine Überprüfung der zugkräftigsten Forderungen von 1968 ein. Ihnen gegenüber »muß man sich bei der Beurteilung konsequent verhalten und nicht ›a priori‹ Schlüsse ziehen (ich meine das progressistische ›a priori‹, das bis vor etwa zehn Jahren Gültigkeit hatte)[86]«. Die jungen Kommunisten in Schule und Fabriken wußten, daß die angelernten Beurteilungskriterien und politischen Verhaltensregeln, die Slogans und Parolen jetzt nur mehr wenig nützten. Von Pasolinis Art, die Dinge anzusprechen, ging eine große Suggestion aus: Er setzte sich voll für eine Kultur ein, die nicht nur mit Worten die italienischen Probleme anging und die zugleich einen Gegenpol zur chiffrierten Sprache des »Palazzo«, des offiziellen Sammelpunkts der Macht, bilden sollte. Pier Paolos Popularität wuchs, und zwar eben weil er den Politikern, so wie sie waren, das Vertrauen absprach und sich mit ganzer Kraft für seine eigenen ideellen Werte einsetzte.

Die Politiker sind schwer für ein solches Unternehmen zu gewinnen. (...) Heute können anscheinend nur weltfremde Intellektuelle (ich muß hinzufügen: marxistische Intellektuelle) – die vielleicht nicht über die nötigen Informationen verfügen, aber sicherlich auch frei sind von Eigeninteresse und Mittäterschaft – mit einiger Wahrscheinlichkeit den Sinn dessen erahnen, was wirklich gerade vorgeht, freilich nur unter der Bedingung, daß dieses Ahnen von Wissenschaftlern, die ebenfalls weltfremd sind, übersetzt wird – buchstäblich übersetzt – in die Fachsprache der einzigen Wissenschaft, deren Realität objektiv gesichert ist wie die der Natur, nämlich die Volkswirtschaft[87].

Das sind die Schlußworte des letzten Artikels von Pasolini, der noch zu seinen Lebzeiten veröffentlicht wurde (am 30. Oktober 1975 in »Il Mondo«). Es sind die letzten Worte seiner »Paulus-Briefe«.
Es waren die Worte seiner persönlichen Utopie, die sicherlich nicht zu Ende gedacht wurde. Doch es zeichnen sich klare Linien darin ab. Das Land und seine Geschichte mußten Gegenstand eines Rückgewinnungsprozesses sein, der vor allen Dingen ein kultureller und erst in zweiter Linie ein praktischer und politischer sein mußte. Pasolini klagte zu Recht das mangelnde Geschichtsbewußtsein der Führungsschicht der Christdemokraten an, und das ist etwas anderes und geht tiefer, ist komplexer, als wenn er sie einfach der Unfähigkeit angeklagt hätte. Er betrachtete das Leben aus langfristiger Perspektive und entwickelte dazu in rascher Aufeinanderfolge immer neue Gedanken. Eines ist richtig: Seine Polemik beruhte auf einer urchristlichen Vorstellung vom Bösen. Hinzu kam ein beredtes Streben nach der Erneuerung im marxistischen Sinne (er war ein eifriger Leser von Gramsci gewesen und hatte die Berechtigung von dessen Gedankengang erkannt). Diese Vorstellung vom Bösen – eine Art Grundübel der modernen Welt, die mit hochempfindlichen Erkenntnisinstrumenten recht barbarisch umging – hinderte ihn daran, die positive Dynamik der gesellschaftlichen Alternativen zu begreifen, die diese neue, aufklärerische Zeit bei allen Schwierigkeiten ausarbeitete.
Pasolini war ein Radargerät in beständiger Bewegung. In seinen Artikeln nahm er es Zeile für Zeile gleichzeitig mit der polemischen Argumentation der Umweltschützer und der extremen Jakobiner, der Radikalen mit der Blume im Mund und derer, die unerschütterlich an das Gute im Menschen glauben, auf, mit der Argumentation derer, die die formale Effizienz der staatlichen Institutionen für gegeben halten und derer, die den Staat im Namen von unheilvollen, nihilistischen Plänen zerstören wollen. Seine Ahnungen drückte er mit einer überzeugenden und dramatischen, mit einer leidenschaftlichen und mitreißenden Sprache aus. Das war eine Sprache, die die Literatur dem Leben näherbrachte und seinen schmerzenden existentiellen Sinn auf-

deckte. So entstand seine Legende – vor allem unter den jungen Leuten, die zu den Diskussionen mit ihm kamen. In diesen Begegnungen verausgabte er viel von sich und von seinem pädagogischen Eifer. Mit einer seltsamen Mischung aus Eigensinn und Hingabe improvisierte er seine Reden oder las stockend die maschinengeschriebenen Seiten vor, die er aus der Tasche gezogen hatte. Pasolinis Lächeln wirkte oft gequält; wenn er bei einem Gesprächspartner die gleiche Beklommenheit wahrnahm, dann sprach er zu ihm – und sagte es ihm auch – wie zu einem »Kameraden in der Not«. Im Spiegel eines anderen sah er seine eigene Qual, die ihm das letzte Lebensjahr am meisten zu schaffen machte, und konnte sie so leichter tragen.

»Die Gewohnheiten, diese Schwestern der Tragödie[88]*«*

Die letzten Jahre: Der Turm von Chia wird ihm wichtig. Im Dorf Chia hatte er einen Jugendlichen, einen Bauernsohn, kennengelernt, ein Jüngelchen mit lockigem Haar, das Gesicht von Pickeln übersät, beinahe ein zweiter Ninetto. Er hieß Claudio Tròccoli – er nannte ihn Troccoletto. Der Junge war still und schüchtern. Pasolini nahm ihn ein paarmal nach Rom mit. Auf seinem Gesicht als letztem Ausdruck von Unschuld ruht die Kamera bei der Schlußeinstellung von *Sodom* – die Einstellung mit den beiden tanzenden jungen Männern.
Sein Hang zur Gewohnheit hatte nicht nachgelassen. Wenn er mit Freunden zu Abend gegessen hatte, stand er noch immer um elf Uhr vom Tisch auf und verschwand in der Nacht, die ihm gehörte, wie in einem Tunnel. Freilich kam das jetzt weniger häufig als früher vor. Das sonntägliche Abendessen im Hause Betti, wo es raffinierte Kartoffelaufläufe gab, bildete eine Ausnahme: Pier Paolo ging wie die anderen erst zur Schlafenszeit weg. Bei Laura kam es auch oft zu Diskussionen über den Feminismus und die »Revolte«. Laura hatte immer etwas beizutragen, ob sie nun andere aufs Korn nahm oder ihnen beipflichtete. Pier Paolo amüsierte sich wie immer köstlich.

Von Laura hatte Pier Paolo eine fest umrissene Vorstellung:

Du bist ein alter Orang-Utan,
arme, junge Betti,
und vor hunderttausend Jahren warst du im Schlamm
dieser zukünftigen Auserwählten.

Und weiter:

Mit grimmiger, apolkalyptischer, zerstörerischer und selbstzerstörerischer Wut wirft sie den Kelch zu Boden, und der tut natürlich seine Schuldigkeit und zerspringt geräuschvoll und dramatisch in die tausend glitzernden Scherben, in die Kelche zerspringen, wenn sie von Divas zu Boden geschleudert werden ...[89]

Für den letzten Chansonabend, den Laura 1964 gegeben hatte, hatte ihr Pier Paolo einen kleinen Einakter, *Italie magique,* auf den Leib geschrieben. Ein Porträt von ihr verfaßte er Jahre später auch für »Vogue«[90], ein Nachruf von »einem Augenzeugen im Jahre 2001«: »Vorkämpferin der Protestbewegung? Ja, aber auch Überlebende der Protestbewegung ...«
»Madame«, wie Laura sich selber gern nannte, sagte von sich, sie habe »alles« vorweggenommen: die sexuelle Befreiung und den Feminismus, die neue Schlagersprache und die Schauspielerselbstverwaltung der Theater. Pier Paolo nahm ihr alles ab und kommentierte:

... Überlebende der Protestbewegung. Und daher Wiederherstellerin eines »Status quo ante«. Wo vorher Fülle herrschte (die bürgerliche Ordnung und die offizielle Opposition), hatte man jetzt das Chaos; nach dem Verfall des Chaos schien diese Fülle plötzlich eine Leere; und wer mitten drin war und den Hofnarren der Protestbewegung spielte, sah sich jetzt wie in einem Raum, bei dem plötzlich die Wände verschwunden sind ...

Zwei Jahre lang, von 1968 bis 1970, hatte das »Chaos« geherrscht: Der protestlerische »Hofnarr«, der sich bis dahin nur in diesem Zimmer bewegt hatte, hatte nach der Rückkehr der »Normalität« an sich ein ganz allgemeines Phänomen entdeckt:

»das Älterwerden«. Der »Nachruf« fuhr fort:

Die Person, von der ich im besonderen spreche, gibt nichts von all dem zu. Sie ist alt geworden und gestorben, doch ich bin sicher, daß sie sich noch im Grab wie ein kleines Mädchen fühlt. Sie ist bestimmt stolz auf ihren Tod, weil sie ihn für einen ganz besonderen Tod hält (...). Sie hat sich ihrer wirklichen Natur als Fossil angepaßt und sich die immer gleiche Maske des blonden Püppchens aufs Gesicht gedrückt (doch: Achtung, hinter dem Püppchen, das ich vortäusche, steckt eine tragische Marlene, eine wirkliche Garbo), und im selben Moment, in dem sie ihre kindische Fossilwerdung durch die Maske konkretisierte, da widerspricht sie ihr schon wieder selber, indem sie ganz unterschiedliche Personen spielt, deren Merkmal immer schon das gewesen ist, daß eine das Gegenteil der anderen war.

Laura als System von Widersprüchen, nicht als zwiespältige Person; ein »klares« Spiel der Widersprüche, bei dem »Mitleid« und »Großherzigkeit« sich summierten und »etwas Heroisches« dabei herauskam: »Dies ist der Nachruf auf eine Heldin. Dazu sagen muß man, daß sie sehr witzig war – und eine ausgezeichnete Köchin.« So schloß Pier Paolo.

Laura war in einen jungen deutschen Bühnenbildner verliebt gewesen. Dann war sie allein geblieben. In den Tagen der Trennung von dem Bühnenbildner war ein Bücherregal auf sie herabgestürzt. Sie war immer auf Achse: Von einem Arzt zum anderen, von einer Behandlung zur nächsten. Sie war immer auf halbem Weg zwischen eingebildeten Leiden und wirklichen Krankheiten, aber diesmal wurde Laura wirklich krank. Sie schwankte zwischen Wutausbrüchen und Verzweiflung hin und her. Pier Paolo half ihr so gut er konnte. Kurz darauf war alles wieder beim alten: das Abendessen am Sonntag und die endlosen Diskussionen über Filmprojekte.

Sie fuhren auch zusammen ans Meer in Urlaub. Moravia mietete im Sommer ein Haus auf den Dünen von Sabaudia. Der damals noch wenig besuchte Strand, der sich wie eine lange Sichel unter dem grün überzogenen Felsen des Circeo hinstreckte, war von einem Freund, dem Maler Lorenzo Tornabuoni, entdeckt worden.

Pier Paolo verbrachte ein paar Wochen im Haus von Moravia; auch »Madame« mietete eine Villa, die nicht auf den Dünen, sondern auf dem Felsmassiv an der Küste lag und von der aus man eine Sicht bis nach Ponza hatte. Pier Paolo setzte sich mal den Ultraviolettstrahlen der Sonne auf dem Felsmassiv aus, mal erholte er sich am Sandstrand von Sabaudia.

Auch von dort aus entfloh er zu seinen nächtlichen »Gewohnheiten«. Er fuhr nach Nettuno, wo er unter den Schülern der Polizeischule Freunde hatte. Er sagte, die jungen Burschen seien »ganz reizend«. Es waren Söhne aus typisch süditalienischen Familien. In Sabaudia schrieb er im August 1973 zusammen mit Dacia Maraini das Drehbuch zu *Erotische Geschichten aus 1001 Nacht.* Ferien machen hieß bei ihm, daß er eben am Meer arbeitete. Dann fuhr er zu Susanna ins Gebirge, und im September war er wieder in Rom und mit den hundert gleichzeitigen Verpflichtungen in seinem Leben beschäftigt.

Nach Abschluß der *Trilogia* plante er wie gesagt *San Paolo.* Doch gegen Ende 1973 hatte er Enzo Golino noch ein anderes Projekt anvertraut:

... zu dem Film, den ich nach Abschluß von *1001 Nacht* machen werde. Protagonisten werden zwei Neapolitaner sein, und ich möchte gern, daß der eine von Eduardo De Filippo dargestellt wird. Der Film beginnt in Neapel und zeigt eine lange Reise, auf der diese beiden Neapolitaner viele andere Neapolitaner auf der ganzen Welt treffen. (...) Neapel ist die einzige Großstadt, wo der Dialekt noch wirklich lebendig ist. Die Anpassung an die zentralistischen Muster und an die von oben aufgezwungenen Normen in Sprache und Verhalten ist nur oberflächlich. Schon seit Jahrhunderten passen sich die Neapolitaner wie in Mimikry an die an, die über ihnen sind...[91]

Von dem Projekt bleibt ein *treatment* von fünfundsiebzig Seiten übrig, das einige handschriftliche Korrekturen trägt. Sein Titel: *Porno-Teo-Kolossal.* Als Hauptdarsteller waren Eduardo und Ninetto vorgesehen – eine Neuauflage von *Große Vögel – kleine Vögel* der siebziger Jahre. Der Film ist eine gedankliche Reise durch drei symbolische Städte – Sodom (Rom), Gomorrha

(Mailand) und Numantia (Paris) – und endet im indischen Ur. Die beiden Gestalten folgen einem wie von Zauberhand geführten Kometen, der sie eine neue »Frohe Botschaft« entdecken lassen soll. Die obligatorischen Etappen ihrer Reise (die drei Städte) verkörpern jeweils die sinnlose Zügellosigkeit, die gewalttätige Revolte gegen jede Andersartigkeit und den neokapitalistischen Faschismus der Herrschenden.

Aus »stoischer« Ironie brachte sich Pasolini selbst ein: in der Gestalt eines naiven und zugleich weisen Alten, der distanziert, aber auch anteilnehmend ist und sich durch die noble Intelligenz auszeichnet, wie sie nur die wirklichen Menschen aus dem Volk haben. Eduardo De Filippo war in *Porno-Teo-Kolossal* für die Rolle eines Dichters vorgesehen, der in seinem eigenen Innenleben einer Utopie nachjagt – einer utopischen Vorstellung von Politik und Religion, die auch ein wenig zum Lächeln Anlaß gab. Das Projekt *Porno-Teo-Kolossal* wurde zurückgestellt.

Pasolini realisierte dafür *Salò o le 120 giornate di Sodoma (Die 120 Tage von Sodom)*. Er drehte von den ersten Monaten des Jahres 1975 bis in den späten Frühling hinein in einer Villa bei Mantua. Sergio Citti und Pupi Avati hatten am Drehbuch mitgearbeitet. Das Gerücht ging um, daß die erotischen Szenen des Films – schlüpfrige, skandalöse Darstellungen von Masochismus und Sadismus in allen Spielarten – von den Schauspielern ganz echt dargestellt worden seien. Die Nacktdarstellungen sind eindeutig; eindeutig ist auch die Rohheit der Szenen. Doch ganz eindeutig ist auch Schokolade, was da im Film in den Koprophagie-Szenen Exkremente sein sollen.

Bei jedem *set*, wo der Regisseur berühmt ist und das Sujet Stoff für Klatsch bieten kann, bilden sich Gerüchte. Das ist ja schon Aufgabe des Pressebüros. Und das hält die wundersame Maschinerie im Gange, die der Film zum Leben braucht. Das Sujet von *Sodom* bot an sich schon reichlich Stoff zum Klatsch; und den gab es dann auch. Pier Paolo provozierte seinerseits in den gewagtesten Szenen die Darsteller mit dem subtilen Sarkasmus, zu dem er fähig war. Für ihn war es ein Kinderspiel, einen erwachsenen Heterosexuellen dazu zu bringen, leidenschaftlich einen Jugendlichen auf die Lippen zu küssen (beide keine Profischauspieler). Er

war fest überzeugt, daß alle Menschen eine starke, unbewußte Neigung zur Homosexualität in sich tragen, die aus rein gesellschaftlichen Gründen unterdrückt wird.
In den Monaten in Mantua schrieb er das unvollendete pädagogische Traktat mit dem Titel *Gennariello*. Es erschien in wöchentlichen Fortsetzungen in »Il Mondo«. *Gennariello* sollte sein *Émile* sein – der Ausdruck seines besessenen Hangs zur Pädagogik. Er wollte einen »neapolitanischen« oder auf jeden Fall süditalienischen Jugendlichen – der deshalb historisch prädestiniert dazu ist, unter der Gewalt des Herrschaftsapparates zu leiden – belehren, wie er sich retten kann: wie er in der heutigen Gesellschaft leben und zugleich ihrem korrumpierenden Einfluß widerstehen kann. Lossagung und Utopie – und Hoffnung sprechen aus diesem Text.
Die Monate in Mantua: Nur wenige Kilometer entfernt drehte in der Gegend von Parma Bernardo Bertolucci seinen Film *1900*. Pier Paolo hatte der Vorgänger *Der letzte Tango in Paris* nicht besonders gefallen; er hatte sich übertrieben kritisch dazu geäußert und ihn als Nachgeben Bertoluccis an das Kommerzkino verurteilt. Reibereien und Rivalitäten hatten die frühere Beziehung zwischen Meister und Schüler brüchig werden lassen. Einige Zeit lang waren sich Pier Paolo und Bernardo aus dem Weg gegangen. Jetzt waren sie ganz in der Nähe und beide tief in der Arbeit. Laura Betti gehörte zur Besetzung von *1900*. Beide Filme wurden von Alberto Grimaldi produziert. Nico Naldini frequentierte durch seine Arbeit beide *sets*. Die Schauspieler beider Filme forderten sich bei einem Fußballspiel gegenseitig heraus. Pier Paolo spielte selbst mit. Am Ende schlossen sich die Freunde wieder in die Arme.
Pier Paolo brachte die Aufnahmen ziemlich schnell zu Ende. Den Sommer brachte er mit der Montage und Fertigstellung des Films zu. Ein paar Jahre vorher hatte er mit Moravia zusammen ein Grundstück auf den Dünen von Sabaudia gekauft. Sie hatten ein Haus, das im Rohbau auf diesem Grundstück stehen gelassen worden war, fertigbauen lassen und in zwei Hälften geteilt. Das Haus war in diesem Sommer fertig geworden. Moravia verbrachte die Ferien dort; Susanna und Graziella bewohnten ihre Hälfte. Bei

Graziella war Vincenzo Cerami, der Schüler von der Schule am Ciampino. Er hatte einen Roman geschrieben und schrieb Gedichte. Ende Oktober war *Sodom* fertig. Pier Paolo stand mit Eduardo De Filippo kurz vor einem Abschluß für *Porno-Teo-Kolossal.* Dennoch hatte er ein paar Freunden erzählt, daß er seine Verpflichtungen beim Film lockern wolle. Er sprach davon, daß er den Roman, an dem er schrieb, zu Ende bringen wollte[92]. Er war wie besessen von einem Bedürfnis nach Veränderung. Gleichzeitig bedrängten Pier Paolo seine Gewohnheiten; und der Film war jetzt eine von diesen Gewohnheiten geworden.
In Schweden kam eine Anthologie seiner Gedichte heraus. In der letzten Oktoberwoche 1975 reiste er nach Stockholm. Im selben Monat war er bereits nach Paris gefahren; er kümmerte sich dort um die französischen Dialoge von *Sodom.* Der Film ist eine Art kritisches Essay in Bildern. Thema des Essays, in den der posthum erschienene Roman von de Sade als intellektuelle Provokation einbezogen wird, ist die Geisteshaltung des deutschen Faschismus, die Gewalttätigkeit geradezu hervorruft. Themen sind aber auch die Ausschreitung auf sexuellem Gebiet und der Tod. Im Vorspann, dessen Titel wie immer bei Pasolini in Bodoni-Schrift auf weißem Grund ablaufen, wird auf eine »grundlegende Bibliographie« verwiesen. Aufgeführt werden die Schriften über de Sade von Barthes, Klossowski, Blanchot und anderen. Der Autor des Films zeigt damit, daß er die wesentlichen Schlußfolgerungen einiger Interpreten von de Sade begutachtet und in sein Werk aufgenommen hat. Vor allen Dingen: daß die Schriften de Sades eines der größten Denkmäler für den Nominalismus sind. De Sade legt seinen Gestalten Erörterungen von unmäßiger Weitschweifigkeit und Erzählungen in programmatischer Abstraktheit in den Mund. Doch dieser verschwenderische Gebrauch von Worten hat ein ganz bestimmtes Ziel: die romanhafte Aktion zu einem Ritus und einem Symbol zu reduzieren.
De Sades Ritualismus und Symbolik kommen in *Sodom* deutlich zum Tragen. Die Gestalten von *Les 120 journées de Sodome* erläutern im Buch ihre Aktionen wie die Schauspieler, sie fallen aber nie mit ihnen zusammen. So kommt es zu einem vorausberechneten Aufspalten zwischen dem, was sie sagen und dem, was

sie tun. Pasolini beabsichtigt diese Aufspaltung, diesen von Brecht begründeten »Verfremdungseffekt«.

Sodom, ein »brechtscher« Film, ein »kritischer« Film, ein ritualistischer Film, beginnt mit Bildern der Landschaft der Poebene: Die Nazis führen dort eine Razzia unter Jugendlichen durch. Die Farbe ist aquarellzart und gedämpft oder vom Nebel ins Bläuliche gezogen. Wir sind bei der Vorbereitung der Zeremonie; die Zeremonie selbst beginnt, nachdem die Razzia sorgfältig bis zum Ende durchgeführt worden ist. Vier Herren und vier Damen (die Erzählerinnen) sperren sich selbst in einer klassizistischen Villa ein, um in hundertzwanzig Tagen das Reglement eines Kodex des Grauens in die Tat umzusetzen. Die Staatsgewalt ist Anarchie, sagt Pasolini: Die Staatsgewalt will die Geschichte abschaffen und die Natur besiegen. Geschichte und Natur können durch den Sex abgeschafft und besiegt werden. Wie man aus den Berichten über die Menschenschicksale in der Republik von Salò erfährt, war unter der Herrschaft der Nazis eine solche radikale und totale Abschaffung möglich. Daher im Film der Bezug auf de Sade und die offene Metapher für diese Apokalypse.

Gezeigt wird ein Inferno von Schmerz und Angst, das in einer geschlossenen Struktur aufgebaut wird, deren Basis die aufeinanderfolgenden Erzählungen der Frauen bilden. Mit widerlichem Vergnügen zelebrieren sie ihre Handlungen im Orgiensaal. Während die Zelebrantinnen erzählen, versuchen die Herren, das Gesprochene umzusetzen und benutzen dazu die jungen Mädchen und Burschen, die sie im Land ringsum gefangen haben, als Anschauungsobjekte.

Von der eisigen Kälte blau gefrorene Körper zeigt uns Pasolini in *Sodom*, Körper, die nichts mehr von der armseligen, reinen Schönheit der *Trilogia della vita* an sich haben. Diese Körper macht die Farbe grau; sie sind noch immer schön und wohlproportioniert, doch in ihrer Schönheit zunichte gemacht und ausgelöscht von dem Inferno, in das sie hineingerissen worden sind. Ihre Sanftheit als Opfer läßt den Betrachter versteinern; denn obwohl sie Opfer sind, können sie nicht umhin, eine vergiftet einverständliche Beziehung zu ihren Peinigern aufzubauen. Grauen erregt ihr

Hin-und-Hergerissensein zwischen Einverständnis und Ablehnung. Die völlig konfuse Situation – die in Wirklichkeit von strengen Regeln bestimmt wird – bewirkt, daß sie sich manchmal sogar frei fühlen und sich dann einbilden, daß sie in voller Freizügigkeit sich in Liebe hingeben können. Hier greift die Irrationalität der Machthaber ein: Sie zwingt sie zu den abscheulichsten Praktiken einschließlich der Koprophagie – bis zur »Endlösung«, als alle getötet werden. Der Reihe nach betrachtet einer der vier Herren nach dem anderen die Szenen des Gemetzels aus einem Fenster der Villa mit einem Fernglas. Manchmal dreht der Herr, der gerade an der Reihe ist, das Fernglas um und vermittelt dem Zuschauer dadurch einen ästhetischen Rahmen um das – jetzt verkleinerte – Bild.
Nichts als ein Sich-ins-Unvermeidliche-Schicken wird hier dargestellt, auch wenn, als letzte Botschaft des Films, der Tanz, den zwei junge Burschen (zwei Jugendliche der faschistischen Wache, die inmitten des Grauens sie selber sein dürfen) anfangen, auf einen vagen Hoffnungsschimmer anspielt. Doch was für eine Hoffnung? Wenn man Georges Bataille glauben will, könnte man sagen, daß in diesem Film das Kennenlernen des Todes nicht mehr schaudern macht, als das Ins-Leben-geboren-Werden. Der »Freibeuter« und »Lutherbriefschreiber« Pasolini scheint bei *Sodom* nichts anderes darstellen zu wollen als einen mystischen Hang zur Vernichtung – und den setzt er plastisch und bis in alle Einzelheiten visuell um. Die Lebensfreude und das Lachen über die Übertretung erotischer Schranken – die hervorstechendsten Kennzeichen von *Erotische Geschichten aus 1001 Nacht* – scheinen aus dem Blickfeld Pasolinis ganz verschwunden zu sein; oder besser gesagt, sie scheinen zur kalkulierten Ritualität einer *Grande Messe des Morts* zurückgeführt.
Die Erotik war in *1001 Nacht* eigentlich Liebe gewesen: In *Sodom* ist sie Haß. Sollte das vielleicht eine dialektische Gegenposition sein? Es ist wahr, wie geschrieben wurde, daß in *Sodom* »Pasolini de Sade benützt, um Pasolini zu entlarven«[93], doch die Entlarvung nimmt die Gestalt einer bedingungslosen Kapitulation an; und die völlig bloßgelegte Erotik wird zur Schuld. Das war die Schuld, die abgebüßt werden mußte, die Schuld, über die Paulus aus Tarsus

seine eindringlichsten Worte geschrieben hatte. Dieses Schuldbewußtsein stammte bei Pasolini noch aus den dunklen Ängsten seiner Jugend und schien sich in dem widerzuspiegeln, was er den »anthropologischen Völkermord« nannte.
Die in den politischen Pamphleten enthaltene Verzweiflung mischt sich mit der auf den »erotischen« Seiten von *Vas* und breitet sich programmatisch in den Bildern von *Sodom* aus. Die hie und da in diesen Jahren aufkeimende Hoffnung, die utopische Freude daran, auch positive Ausblicke zu geben – das alles zerbröckelt wieder angesichts eines unberechenbaren Übels. Auch in *Sodom* ist eine Utopie enthalten, die – wenn auch nach außen hin in den vierziger Jahren spielend – auf die Zukunft projeziert ist: Es ist eine düstere Vorhersehung. Der Foxtrott, den die beiden Burschen am Ende tanzen, kann daran nicht viel ändern. Im Inneren Pasolinis scheint alles nach Trauer und Tod zu rufen.
Wahr ist, daß er keine Freude mehr an der Erotik fand. Wahr ist, daß seine Beklommenheit so groß war, daß er nicht mehr davon schweigen konnte. Die Lossagung vom Körper und vom Geschlecht der Ragazzi di vita war nicht das Produkt eines intellektuellen Manierismus. Die Zeit hatte Vorstellungen und Ideale entstehen und sich verändern lassen. Susanna zeigte schon leichte körperliche Verfallserscheinungen. Pier Paolo legte den Arm um sie und flüsterte ihr zärtliche Worte zu. Sie aber schien schon ein wenig im Alter entrückt. In diesem Sommer 1975 saß Susanna oft auf der Terrasse des Hauses in Sabaudia und murmelte wer weiß welche alten Erinnerungen vor sich hin; nur das Meer hörte ihr zu. Diese Monate verstrichen wie ein schmerzlich erwarteter Sonnenuntergang.
Pier Paolo fand keinen rechten Spaß mehr an der Erotik. Das machte ihn niedergeschlagen, das war eine Niederlage für ihn. Doch Pier Paolo ließ sich davon in seiner Vitalität nicht beeinträchtigen. Er ließ sich keineswegs unterkriegen, machte Pläne und arbeitete, nahm tausend Dinge in Angriff und überdeckte damit Verzweiflung und Beklommenheit. Er teilte sich sein tägliches Leben neu ein: Im Winter wollte er nach seinen eigenen Worten Konzerte besuchen und wieder systematisch

Musik hören. Dann hatte er noch immer den Gedanken, wieder zu malen und auch wieder Romane zu schreiben. Aber seine Gewohnheiten und Leidenschaften waren noch immer dieselben. Bei seinen Streifzügen war er in der letzten Zeit angegriffen worden: Plötzlich hatte er wirklichen Verbrechern gegenüber gestanden. Er sah diese Erlebnisse als Folge davon an, daß die ganze italienische Gesellschaft aus den Fugen geraten war. Um sich selbst hatte er keine Angst. Er war ein mutiger Mensch, dem es nicht vor allem darum ging, die eigene Haut zu retten.

Am Sonntag, dem 26. Oktober flog er also nach Stockholm. Im Lauf der Woche reiste er von Stockholm nach Paris, um sich dort um die französische Version von *Sodom* zu kümmern. Am 31. Oktober kehrte er nach Rom zurück. Samstag, den 1. November blieb er zum Mittagessen zu Hause. Susanna hatte für ihn gekocht. Abends wollte er mit Ninetto zum Essen ausgehen. Abendessen im »Pommidoro« in San Lorenzo. Das *foto-finish,* die letzte Aufnahme seines Lebens, müßte zeigen, wie er mit dem Giulia GT in der Nacht verschwindet. Seine letzten Worte sind die üblichen Abschiedsfloskeln, die ganz gewöhnlichen Worte eines ganz gewöhnlichen Abends. Bei dem, was danach geschieht, ist Pier Paolo stumm: die stumme, nur in Umrissen angedeutete Gestalt zwischen den Zeilen eines Geständnisses, das ein Gennariello*, der zum Mörder geworden ist, vor den Carabinieri abgelegt hat.

Gewohnheiten und Leidenschaften hatten im Schriftsteller über jede Lossagung, über jede Utopie gesiegt. Pier Paolo war jetzt nur noch ein entstellter Körper, der im trüben Morgenlicht des 2. November 1975 auf dem vagen Gelände des Idroscalo von Ostia langsam sichtbar wurde.

* Vgl. Prolog Anm. 4 (Anm. d. Ü.)

Epilog

Wille zum Leben

Wollte Pasolini selber sterben? War seine Ermordung ein delegierter Selbstmord? Ich fragte im Prolog nach der Bedeutung der fatalen Zusammenhänge, die es bei Pier Paolos Tod gibt: Erfundene und wirkliche Umgebung stimmen überein, ein Schicksal erfüllt sich bis ins Kleinste wie im voraus berechnet. Ich sprach von »Fatalität«.
Pasolinis Leben erklärt anscheinend alles: Die Nacht für Nacht wiederholten »Jagden« scheinen die unwiderlegbare Bestätigung zu enthalten, daß er sich selber täglich einer möglichen Art Hinrichtung aussetzte. Der Gedanke an die Erotik in Trauerfarben kommt dabei wieder in den Sinn: Pasolini, der in der finsteren Nacht den Tod sucht, bis der sich in Gestalt des Pelosi oder seiner mutmaßlichen Mittäter zeigt.
Die altbekannte, von Widersprüchen erfüllte Abscheu vor dem eigenen Geschlechtstrieb. Pasolini war sein ganzes Leben von dem Gedanken gequält, nicht wirklich das tun zu können, wozu es ihn eigentlich trieb; und das hatte mit Dunkelheit, mit Finsternis, mit Nacht zu tun. Es drängte ihn nicht nach Inzest, er phantasierte nicht einmal davon; vielleicht war gerade das Fehlen einer solchen Phantasie mit ein Grund für sein Verlangen nach Qual. Gleichzeitig verlangte es ihn nach einem Ausgleich für all das, was seine Sehnsüchte nach dem Vaterbild anging – dem Vater, mit dem ihn eine Haßliebe verbunden und den er verloren hatte. Dann waren da noch die Jungen: »Es sind Tausende. Nicht einen davon kann ich lieben ...[1]«
Ein jeder mit seiner Schönheit, ein jeder ein Stück von der Ewigkeit: ein jeder ein Schritt auf dem Weg zur Selbstzerstörung und eine Erinnerung an die Unmöglichkeit der Sublimation.
All das ist keine willkürlich konstruierte Vermutung. Pasolini selbst »beichtete« in seinen Gedichten und nahm dabei kein Blatt vor den Mund.

Da bin ich nun in der Helle eines alten April
und beichte auf den Knien
bis zum letzten, bis zum Sterben ...[2]

Was soll es bedeuten, wenn er sich hier verzweifelt auf die Knie wirft? Um auf die Beichte zurückzukommen: Wenn wir gedanklich die komplexe Bedeutung zurückverfolgen, die der Akt des Beichtens in der katholischen Tradition angenommen hat, dann kommen wir dabei an den schlimmsten Qualen des Ichs nicht vorbei. Und dieses leidende, gespaltene Ich, das auf Knien, also so nah wie möglich bei der (Mutter) Erde kauert, um zu beichten, versucht durch das quälerische Unterfangen der Verbalisierung alle Schizophrenie zu überwinden und die zerstreuten Teilstücke wieder zusammenzufügen. Das bedeutet zugleich Willen zur Heilung: Denn die Sünde ist eine Krankheit – eine ganz besondere Krankheit, deren Heilung darin besteht, sie überhaupt aussprechen zu können. Kann aber das bloße Aussprechen der Sünde dem sündigen Menschen wirklich die Heilung erschließen? Der Katholik (und der Christ) ist davon überzeugt. Und die christliche Grundhaltung Pasolinis brauchen wir an dieser Stelle nicht erneut beweisen. Pasolini wirft sich zu Boden und beichtet. – »Dann ... ach, in der Sonne allein finde ich Freude ...«[3]
Das Aussprechen der Sünde war für ihn erlösend – aber nicht wirklich befreiend. »J'ai fait le premier pas et le plus pénible dans le labyrinthe obscur et fangeux de mes confessions. Ce n'est pas ce qui est criminel qui coûte le plus à dire, c'est ce qui est ridicule et honteux. Dès à présent je suis sûr de moi; après ce que je viens d'oser dire, rien ne peut plus m'arrêter[4].« Das sagt Jean-Jacques Rousseau in seinen *Confessions*. Das »Lächerliche« und das »Beschämende« wird hier ins Spiel gebracht. Jean-Jaques beichtet den Moment, als er sich seines Masochismus bewußt wird, nämlich als er von Mademoiselle Lambercier gezüchtigt wird und dabei zu seiner Verblüffung Genuß empfindet. Rousseau glaubt nicht an das bloße Aussprechen der Sünde: Er glaubt an die von der »Beichte« verliehene Kraft zur Erkenntnis. Rousseau war kein Mann der Kirche. Doch auch er begeistert sich bei der Beichte für den Gedanken an seine eigene, unermeßliche »An-

dersartigkeit«, er, der alleinige Inhaber der Wahrheit. Pasolini verhält sich bei seiner Beichte ebenso. In ihm wächst eine »unzulässige« Glut:

> Ich muß dieses ungeheure Maß
> an verzweifelter Zärtlichkeit verteidigen,
> das ich bei meiner Geburt, wie die Welt, erhalten habe[5]

So wird das Sündenbekenntnis zur Zelebrierung einer Ekstase. Und wenn die nicht mehr möglich gewesen wäre – »lieber den Tod/als darauf verzichten[6]!« Die Lossagung war zugleich auch ein Verzicht: darum »lieber den Tod«. Damit ist scheinbar alles geklärt: Pasolini hat sich bei dem Versuch, die Widersprüche auszugleichen, in denen er lebte, verrannt. Die Schlußfolgerung scheint zu stimmen. Der Tod ist eine Erlösung vom Dasein: Mit ihm wird auf einmal alles zurechtgerückt, was vorher unklar und konfus war. Auf diese Weise würde das, was vorher widersprüchlich schien, zu einer tragischen Folgerichtigkeit zusammengefügt.
Doch alles was Pasolini betrifft, bleibt noch immer von Kontrasten und Unstimmigkeiten durchsetzt. Das Urteil im Berufungsverfahren gegen Pelosi, das am 4. Dezember 1976 von Ferdinando Zucconi Galli Fonseca unterzeichnet wurde, geht bei der Rekonstruktion der Nacht am Idroscalo von nur zwei Beteiligten aus: Pasolini und Pino, genannt »der Frosch« – einer gegen den anderen. Obwohl die vorliegenden Indizien für die Beteiligung Dritter an dem Verbrechen eingehend geprüft werden (die Schuhsohle und der Pullover, die im Inneren des Giulia GT gefunden worden sind, die Abdrücke von Schuhen mit Gummisohlen, die auf dem Fußballplatz sichergestellt worden sind, die geringen Blutspuren an Pelosi, das Vorhandensein von Blutspritzern auf dem Autodach und alles andere), kommt das Gericht in seinem Urteil zu dem Schluß:

> Daß diese Elemente sich mit der Hypothese der Beteiligung von mehreren Personen erklären lassen, ist unbestreitbar; daß dafür jedoch sichere und unumstößliche Indizien bestehen, muß verneint werden.

Freilich: Die Schuhsohle befand sich unter dem Autositz, Graziella Chiarcossi kann sie beim Autowaschen übersehen haben; den Pullover kann irgend jemand im Lauf des 1. November im Auto vergessen haben (Pier Paolo war an diesem Nachmittag allein unterwegs); die Abdrücke von gummibesohlten Schuhen auf dem Gelände am Idroscalo können von Personen stammen, die Stunden vor dem Mord dort herumgegangen waren; die Blutspuren sind bei Pelosi gering, weil der Junge Pasolini als erster und völlig überraschend angegriffen hat; die Blutspuren auf dem Autodach können von einem Stück Stock stammen, das in die Luft geschleudert wurde. Jedes Beweisstück wird also auch zum Gegenbeweis. An einem Punkt hält das neue Urteil fest: die Unglaubwürdigkeit der Schilderung durch den jugendlichen Mörder. Pelosi lügt. Das beweist die Vorsätzlichkeit seiner Tat. Es beweist, daß er die Tat nicht »ohne Motiv und in Unzurechnungsfähigkeit« begangen hat. Er war sehr wohl in Kenntnis der Person Pasolinis und dessen, was bei einer Begegnung mit ihm geschehen konnte. Das Urteil zerstreut auch die Hypothese eines sadistischen oder zumindest aggressiven Verhaltens von Pasolini:

Das Gericht hebt hervor, daß bei eingehender Untersuchung der Schilderung [von Pelosi] und auch, wenn man die Unstimmigkeiten nicht berücksichtigen will, von denen sie gespickt ist, auf der Suche nach dem Auslöser für die Aggression nichts gefunden werden kann, was Anlaß dazu gibt zu glauben, daß die sexuelle Freiheit des Angeklagten oder seine physische Integrität wirklich in Gefahr geraten ist oder ihm auch nur schwer bedroht erscheinen konnte. Wenn möglicherweise auch Pasolini etwas verlangt haben mag, was Pelosi vielleicht aus einer im letzten Moment in ihm aufgestiegenen Einsicht oder einem Widerwillen heraus nicht akzeptieren wollte, geht aus der Schilderung doch nichts hervor, was auf den Versuch einer gewaltsamen Gefügigmachung des Jungen für seine Wünsche deuten kann.

Pelosi sagte, daß Pasolini versuchte, ihm mit einem Stock Gewalt anzutun. Der Urteilsspruch hält fest: Wenn die Geste

als abnorme Form eines Annäherungsversuches oder als Reizmittel durchgeführt worden ist, wäre sie nicht wiederholt und von dem

Versuch begleitet worden, dem Jungen mit Gewalt die Hosen herunterzuziehen, so daß Pelosi dagegen nicht hätte Widerstand leisten oder gewalttätig reagieren brauchen.

Abschließend spricht das Urteil des Berufungsgerichtes, das das Verbrechen ja mit einem Motiv erklären muß, jedoch von »unklaren Umständen«, unter denen sich die Vorgänge insgesamt abgespielt hätten; das Gericht spricht schließlich von der »Unmöglichkeit, den Beweggrund für die Straftat herauszufinden«. Pelosi hat getötet: Aber er sagt nicht, warum er getötet hat, und auch sein Verhalten erklärt das nicht. Es ist daher nur legitim, wenn man auf der Suche nach einem wie auch immer gearteten Motiv wieder auf die Hypothese einer Falle zurückkommt, die an Glaubwürdigkeit gewinnt und zugleich die Zweifel am Tathergang bestärkt. Doch auch in diesem Fall (was wäre das Motiv für eine Falle?) löst sich das Ganze nicht auf: Widersprüche und Unstimmigkeiten bestehen fort.
Wo die Fakten nicht weiterhelfen, kann die Psychologie zur Klärung beitragen.

Die Gründe für die Aggression können viele gewesen sein. Wir kennen sie nicht. Doch der Tod Pasolinis ist in seiner psychologischen Realität, die als einzige zählt, sicherlich vom Haß des Mörders sich selber gegenüber und von seiner Identifizierung mit Pasolini im Moment des Verbrechens provoziert worden. Indem er Pasolini tötete, hat sich der Mörder selbst bestrafen wollen; der Mord ist damit eine Art abgetrennter, objektiver Selbstmord gewesen.

Soweit die Meinung von Moravia[7]. Der delegierte Selbstmord sei also von Pelosi an Pasolini vollzogen worden. Das ist ein stichhaltiger Gedanke: Viele Homosexuellenmorde, die von käuflichen Sexobjekten verübt worden sind, sind so begründet worden. Dennoch wissen wir nicht, was bei Pelosi den blutrünstigen Anfall entfesselt hat. Über das Geld war schon verhandelt worden. Die Gegenleistung war klar. Wahrscheinlich wurde von seiten Pasolinis eine Forderung gestellt, vielleicht in Verbindung mit einer Provokation – mit dem Stock. In diesem Moment hatte sich eine ganze Reihe von Mißverständnissen zu einer einzigen

Geste und zu verhängnisvoller Dynamik verdichtet. Simulierte die Geste Pasolinis eine Form von Masochismus? Simulierte sie eine Herausforderung bis aufs Blut? Hatte er den Drang zu einer selbstmörderischen Delegierung in sich? Die Hypothesen nehmen kein Ende, wenn nicht irgendwann Tatsachen, die uns bisher unbekannt sind, ans Licht kommen und Klarheit in das Geschehene bringen. Doch ich wiederhole, was ich oben geschrieben hatte: Es ist die Realität dieses Todes, die zählt, nicht seine Wahrheit.

Leben und Werk Pasolinis lassen erwarten, daß er seinem Mörder mit einem Mut gegenübergestanden ist, der anderen unbekannt ist. Woher kommt dieser Mut? Wäre er in dieser entsetzlichen Nacht lebend davongekommen, behauptete Rossana Rossanda, wäre Pasolini

»auf der Seite des Siebzehnjährigen [gestanden], der ihn halb totgeschlagen hat. Er hätte ihn verflucht, wäre aber auf seiner Seite gewesen. Und so weiter bis zur unvermeidlichen, vielleicht vorhergesehenen und gefürchteten nächsten Todesgefahr[8].

Pasolini wußte, daß über Leben und Tod der Menschen historische, nicht zufällige Umstände entscheiden: Das war eine Form seines auf Erkenntnis beruhenden Mutes. Er hatte aber auch eine christliche Haltung an sich, wie sie Rossana Rossanda beschreibt: Diese Haltung wurde durch seine marxistische Überzeugung komplex und explosiv. Der Mut, von dem ich spreche, ist dagegen ein existentieller, nicht ein kultureller. Gegen alle Widerstände sein eigenes Leben zu leben und das bis zum äußersten Wagnis – das war Pasolinis Mut. Er setzte seine Existenz als bekannter Intellektueller aufs Spiel, war zu jedem Widerspruch bereit und ließ sich als Person in kein vorgefertigtes Schema pressen. Alles scheinbar Unbegründbare, Anrüchige war seine Domäne. Auch auf dem kleinen Sportplatz am Idroscalo – wie immer sich die Dinge auch zugetragen haben. Gleichzeitig verzichtete er in seinen Worten nicht auf eine fatale moralische Botschaft und auf die ganze Härte einer rationalen Strenge darin. Seine Bestimmung als »Verdammter« war ständig im Widerstreit mit den Erfordernissen der Vernunft. All das bedeutete Mißachtung

einer jeden Konvention und auch Mißachtung der letzten Konvention, die man dem Leben gegenüber einhalten muß: sich selbst zu schützen.
Seine »Unredlichkeit«: Pasolini benutzte oft »Masken« als Deckung. Die Maske der »Nachtigall« oder des Christus, den man anspuckt und auslacht; die Maske des »Raben« oder des phantasierenden Don Quichotte; schließlich die Maske des Paulus. Diese Masken sollten eine kollektive Rettung suggerieren. Der tiefe, unüberbrückbare Widerspruch Pasolinis rührte daher, daß er sicher war, unumstößlich und beklemmend sicher, daß er niemanden retten konnte, nicht einmal sich selber. Deshalb klingen seine Worte der Hoffnung jedesmal matt und wehmütig. Pasolini wollte vom Leben keinen delegierten Selbstmord. Er sah dem Tod mit dem Mut eines entgegen, der seinem Schicksal nicht zu entfliehen versucht. Er war ein zutiefst religiöser Mensch, doch in seiner religiösen Haltung gab es keinen Platz für den Anruf »Gott«: Das Wort »Transzendenz« hat bei ihm einen schalen Klang. Seine Religiosität hatte einen stolzen Zug an sich, der vielleicht an Dante erinnert. Darin gab es keinen Raum für die Werte der Sohnesliebe und der Unterwerfung unter den Willen Gottes: Seine Beziehung zu Gott war eine Herausforderung. Umgekehrt riß ihn das Göttliche in Gestalt einer »Kreatur« mit und warf ihn auf sich selbst zurück: aber nicht in die Rolle des Sohnes. Seine meist gebrauchte »Maske« war die des »Lehrmeisters«: Er leugnete in seinem Inneren jede Erinnerung an einen Sohn und stattete sich mit der Rolle des »Meisters«, des Vaters aus. Nur diese Verwandlung gab ihm die Kraft, das »Martyrium« zu ertragen – ein Martyrium, das er auf der anderen Seite mit seltener und bösartiger Treffsicherheit zu beschwören, provozieren und zu verwandeln wußte. Dieses Martyrium jedoch – und hier liegt seine »Unredlichkeit« – diente ihm dazu, seine Gedanken nur um so paradoxer und treffsicherer zu machen und zu einer bemerkenswerten Hellsichtigkeit zu bringen.
Diese Gedanken konnten auch widersprüchlich und destruktiv sein. Doch das war seiner Ansicht nach der einzig mögliche Weg, um nach hartem Kampf auch die grausamsten Wahrheiten über uns selbst aussprechen zu können.

Wenn er sich auch für die Politik entschloß und »seinen eigenen Körper in den Kampf werfen« wollte, blieb Pasolini doch unweigerlich Künstler. Er wollte seinen Worten die leidenschaftliche Tat folgen lassen: Aber ihn bedrängten die Gespenster seines kranken Bewußtseins. Er war kein Dekadenter, der ganz im Handeln aufgehen wollte. Sogar ein Erzähler wie Joseph Conrad konnte schreiben: »Die Aktion ist tröstlich. Sie ist die Feindin des Gedankens und die Freundin der verführerischen Illusionen.« Pasolini verachtete Ideale nicht. Im Gegenteil, er folgte ihnen und beschäftigte sich eingehend damit. In seine Ausdrucksweise ließ er den rationalisierenden Wortschatz von Psychoanalyse und Marxismus einfließen. Und doch haben zweifellos Film und Journalismus bei ihm in den letzten Jahren einen agitativen Anstrich. Seine Worte sind so beseelt, daß sie sich gegen alle Widerstände durchsetzen.

Rufen wir uns den Pier Paolo der frühen Jahre wieder ins Gedächtnis: Er schwelgte voller Begeisterung in der reinen Literatur – Foscolos Gedichte, die Idee von der *amor de loinh* und Gides Anziehungskraft – und war doch damals wie tot. Sicherlich genial und ein feinfühliger Dichter, doch das Schreiben war für ihn eher eine Krankheit, von der ihn das Dasein nicht heilen konnte. Sein Gefühl für die Wirklichkeit wurde von einer allzu sinnlichen Beziehung zum Leben beeinträchtigt. Pier Paolo erkannte intuitiv, daß er auf irgendeine Weise aktiv werden mußte. Hinzu kamen die besonderen Umstände der jüngeren Geschichte: der intellektuelle Eifer der Nachkriegszeit, das leidenschaftliche Anliegen, das nur kleine kulturelle Vermächtnis, das unter dem Trümmerhaufen des Faschismus unversehrt geblieben war, nicht zu zerstreuen und die Hoffnung auf soziale Gerechtigkeit in der Zukunft. Die Botschaft Gramscis war hier für Pasolini von großer Bedeutung. Der Stempel der Verruchtheit, die allzu engen Bindungen an alles Körperliche und das zerstörerische Ringen mit diesem Körper wurde später in ihm vom Traum von der christlich beeinflußten Pädagogik zur Ruhe gebracht. In seiner Vorstellung mischten sich die Tradition der »piccole patrie« (etwa: kleine Heimaten) mit der von den »piccole pievi« (etwa: kleine Pfarrsprengel). Mit all dem hatte er eine gewisse Ausgeglichenheit erzielt und lebte in den fünfziger Jahren eine glückliche, kreative Periode. Dann veränderte sich alles.

Pasolini hatte sein Vertrauen wieder in die Objektivität der Geschichte gesetzt: Sein Leben als Individuum stand immer in dialektischer Beziehung mit der Gemeinschaft. Die in der linken Szene erzielte Verständigung zwischen Kultur und Politik gab ihm Auftrieb. Diese Verständigung hatte in seinen Augen symbolische, auf die Zukunft projezierte Bedeutung. Auch die keineswegs unproblematischen Beziehungen zur Kommunistischen Partei ließen ihn nie an dieser Bedeutung zweifeln. Er setzte sich vielmehr unermüdlich dafür ein, sie am Leben zu erhalten und inhaltlich zu erneuern.

Ich glaube nicht, daß Pasolini eine konkrete Vorstellung von der »Diktatur des Proletariats« hatte: Sozialismus und Kommunismus verbanden sich in seiner Sehweise zu einer Einheit, deren Ziel und Sinn die Hilfe für den Menschen und für eine historisch bedrängte Nation sein sollte. Er war ein Utopist und hatte gleichzeitig keine Hemmungen, all seine utopischen Vorstellungen hintanzustellen, wenn es um seine erotischen Bedürfnisse ging. Das war seine Eigenwilligkeit: Er hatte keine Angst vor seinem inneren Dämon.

Als die Ideologien in eine Krise gerieten und die Welt der »kleinen Heimaten« oder der »kleinen Pfarrsprengel« fragwürdig wurde, bedeutete das für ihn den Entzug eines fruchtbaren Nährbodens. Um seinen anthropologischen und poetischen Vorstellungen auch visuelle Plastizität zu verleihen, wandte er sich dem Film zu, »der geschriebenen Sprache der Wirklichkeit«. Der Film suggerierte ihm die Idee, damit einen mystischen Erkenntnisritus zu zelebrieren. Der Film konnte die neue »Armenbibel« sein.

Es drängte ihn jetzt zu aktivem Kampf: ein Kampf, der einen verlorengegangenen Glückszustand zurückbringen sollte. Pasolini schien nach dem Imperativ von Nietzsche zu handeln:

Noch nicht genug! – Es ist noch nicht genug, eine Sache zu beweisen, man muß die Menschen zu ihr auch noch verführen oder zu ihr erheben. Deshalb soll der Wissende lernen, seine Weisheit zu *sagen:* und oft so, daß sie wie Torheit *klingt*[9]!

In Pasolinis Worten klingt das Echo des philosophischen Wahnsinns nach. Seine Argumente sind weder für die politische Rechte, noch für die Linke funktionalisierbar, auch wenn er selbst zur Linken hält. *Noch nicht genug!* Pasolini verschrieb sich einer Art politischem Sehertum, das zu einer polemischen Waffe wurde und fast zwei Jahre lang die öffentliche Meinung Italiens beschäftigte.

Der feinfühlige Dichter des *Usignolo* brachte jetzt die Verantwortlichkeiten der politischen Machthaber aufs Tapet: Er zitierte sie zum Rechenschaftsbericht, zum »Prozeß«. Pasolini hatte die Entwicklungen im Italien der sechziger Jahre und danach sehr bewußt miterlebt und konnte die Geschehnisse realistisch einschätzen. Dieser Schriftsteller war wie besessen vom Manierismus – von einem barock anmutenden Manierismus, der die Asymmetrien und die holprigen Versmaße liebt, der aus seinem Stil ein glänzendes Beispiel des Regelwidrigen macht, der gern eine »Poesie der Regression« betrieb und damit den goldenen Käfig des akademischen Novecentismo zu durchbrechen suchte, ein Manierismus, der die großen Helden der griechischen Tragödie (in Theater und Film) zu neuem Leben erwecken wollte, aber nicht aus falsch verstandenem Klassizismus, sondern um aus einer hoffnungslosen Nostalgie heraus zeitlose Leidenschaften und Gefühle sprechen zu lassen. Dieser Schriftsteller und Regisseur schien sich aus nüchterner Einschätzung der Vorgänge in die politische Arena begeben zu haben.

Die Polemik über die Fehler der Regierung in den Jahren des Wirtschaftsbooms war Pasolini noch präsent. Die Probleme waren noch immer die gleichen: Schäden durch ungleichgewichtige Siedlungspolitik, Vernachlässigung der Landwirtschaft, Verschmutzung der Meeresküsten und Vergeudung der Wasserressourcen, die höchst gefährlichen Auswirkungen der inneren Emigration und die konzentrische Anziehungskraft der urbanen Agglomerationen. All diese Probleme hatte Pasolini klar vor Augen. Andere Aspekte des »caso italiano« (etwa: Der »Fall« Italien) konnte er dafür nicht im richtigen Licht sehen. Für ihn war zum Beispiel die Vervierfachung des Bruttosozialprodukts kein positiver Faktor der wirtschaftlichen Entwicklung. Schon allein

die Bereitschaft der Italiener, eine lange Zeit der Armut hinter sich zu lassen, war für ihn ein schlechtes Zeichen. Diese Blindheit – eine Blindheit, die seinen Vorhersagen allgemein innewohnte – paßte in das irrationalistische, »antiindustrielle« Klima, das die Umbruchstimmung des Jahres achtundsechzig heraufbeschworen hatte. Das Schulsystem geriet aus den Fugen, immer mehr Intellektuelle erwiesen sich als nicht angepaßt. Pasolini erfaßte, wo die Fehler in der politischen Führung gelegen hatten, die diese explosive Entwicklung in Bewegung gesetzt hatten. Bidonvilles wie aus der Dritten Welt legten sich als Gürtel um die großen Städte herum. Pasolini hatte am eigenen Leib erfahren, was für Sammelbecken der Gewalt sie darstellten.
Pasolini gab viele Rätsel auf. Er war ein nur allzu feinfühliger, allzu verletzlicher Mensch und Schriftsteller; man möchte meinen, daß er eher hätte im Verborgenen wirken müssen, als sich einem regelrechten Zusammenstoß mit dem Publikum auszusetzen, wie er ihn stattdessen suchte. Doch Pasolinis übergroßer Lebenshunger war stärker als seine Empfindsamkeit und Verletzlichkeit. Ein weiterer unklarer Punkt ist sein Streben nach verstandesmäßigem Handeln, das von seinem schulmeisterlichen Eifer auf der anderen Seite wieder untergraben wurde. Er war ein Mensch, der ganz in seiner Zeit lebte, der sich freiwillig in Feindesland begab und Anlaß zu Polemiken und Beschuldigungen bot: Seine unhaltbare persönliche Situation trieb er bis zum Paradox und kümmerte sich nicht um das Urteil seiner Umwelt. Doch hier lag auch eine Gefahr, die den klaren Blick seines Intellekts trüben konnte und die Ideologie zu einem beschwerlichen Gewicht machte. Er war mehr ein Redner denn ein Politiker und konnte sich von seiner psychischen Verfassung, in der er befangen war, nicht befreien. Er bemühte sich sehr um eine solche Befreiung und versuchte aus »Ironie«, sich selber zu einem stoischen Weisen hochzustilisieren, der andere mit seinem kühlen Beispiel auf den rechten Weg führt, so wie er ihn selbst mit unangreifbarer Korrektheit beschritt. Doch in Wirklichkeit lag ihm diese Strenge gar nicht, sie war nur aufgepfropft.
Die Ideologie als beschwerliches Gewicht: Das war eine Erbschaft der fünfziger Jahre, die Pasolini dazu veranlaßte, die komplexe

kulturelle Vereinheitlichung, die im Land vor sich gegangen war, als eine verhängnisvolle »Gleichschaltung« abzuurteilen. Er entlud darauf seinen ganzen Zorn. Sein »Wahnsinn« ließ ihn jenseits der minutiösen Abwägung zwischen Mittel und Zweck, zwischen Ressourcen und »Bedürfnistheorien« oder »Wunschtheorien« blicken. Der Wohlstand war für ihn ein Vehikel zum Unglück. Er wurde Opfer seines Moralismus. Übertriebener Hang zur Ideologie, Ablehnung jeder auf Erfahrung beruhenden Philosophie und Gefahr des Abgleitens ins Irrationale: Das sind spezifisch italienische Merkmale, die bei Pasolini verstärkt hervortreten.

Pasolini stimmt auf der einen Seite scheinbar perfekt mit einer bestimmten italienischen Geisteshaltung überein. Auf der anderen hebt er sich jedoch stark davon ab.

> ... Ich werde am Ende ankommen, ohne
> in meinem Leben die wesentliche Prüfung
> abgelegt zu haben, die Erfahrung,
>
> die die Menschen verbindet und ihnen eine
> so zärtlich definitive Vorstellung von
> Brüderlichkeit wenigstens in den Liebesakten gibt!
>
> Wie ein Blinder: dem im Tod etwas
> entgangen ist, eine Sache, die mit
> dem Leben selber zusammenhängt...[10]

In einem Stoß von Blättern, die aus dem Jahr 1969 oder 1970 stammen, ist eine Zeichnung gefunden worden: seine einzige »abstrakte« Zeichnung. Das Blatt ist in Quadrate gefaltet, ähnliche Quadrate wie die auf den Blättern mit den Porträts von Maria Callas, die er dann mit Wein, Essig und Kaffee färbte. Auf diesem Blatt erscheint in jeder Unterteilung eine diagonale Linie, die an Lippen, an Hügel oder an Vögel im Flug erinnern könnte. Unten auf die Blattmitte hat Pier Paolo geschrieben: »Die Welt will nichts mehr von mir wissen und weiß es nicht.« Maßloser Stolz oder maßlose Verzweiflung? Pasolini war beherrscht vom Überlebenswillen. Dieses starke Gefühl wurde jedesmal in ihm wach, wenn der direkte oder indirekte Angriff der Realität besonders grausam zu werden drohte. Sein Tod war vielleicht der mutige Versuch, die Welt aufzufordern, auch gegen ihren Willen von ihm etwas »wissen zu wollen«.

Anmerkungen

Prolog

Der Idroscalo von Ostia

1 Im Verlauf der Gerichtsverhandlung wird gesagt, daß der Wagen zwar tatsächlich zu einer »Eigentumsgemeinschaft« gehörte, daß aber jeder der drei Eigentümer Schlüssel besaß.
2 Alberto Arbasino, *Troppe coincidenze nella morte di Pasolini* (etwa: Zu viele Zufälle beim Tod Pasolinis), »Corriere della Sera«, 5. November 1975.
3 Pier Paolo Pasolini, *Lettere luterane* (etwa: Lutherbriefe), Turin 1976, S. 8f.
4 Ebd. S. 16f. Die kurze Abhandlung *Gennariello* wurde vom 6. März bis 5. Juni 1975 in wöchentlichen Fortsetzungen in »Il Mondo« veröffentlicht. Sie wurde aus typographischen Gründen gekürzt; die allein gültige Fassung ist die im angegebenen Buch.
5 Ebd. S. 73.
6 Alberto Moravia, *Come in una violenta sequenza di »Accattone«* (etwa: Wie in einer Gewaltszene aus »Accattone«), »Corriere della Sera«, 4. November 1975.

Teil eins

Im Herzen eines Kindes

1 Pier Paolo Pasolini, *Le poesie,* Mailand 1975, S. 670–672.
2 Ebd. S. 193.
3 Ebd. S. 573.
4 Dacia Maraini, *E tu chi eri?* Mailand 1973, S. 259–269.
5 Pier Paolo Pasolini, *Ketzererfahrungen,* München 1979: Auf Seite 86 wird die Episode ausführlich geschildert. Es heißt dort unter anderem: »Damals in Belluno also, wie gesagt im Alter von drei oder dreieinhalb Jahren, verspürte ich die ersten Schmerzen der sexuellen Liebe, dieselben, die ich bis heute verspüre (und die mich zwischen dem sechzehnten und dem dreißigsten Lebensjahr entsetzlich gequält haben): jene schreckliche und beängstigende Süße, die einem angesichts des geliebten Wesens die Eingeweide ergreift und

umkehrt, verzehrt, verbrennt wie ein heißer, glühender Windhauch. Vom Objekt meiner damaligen Liebe habe ich nur die Beine noch in Erinnerung – und genau die Kniekehle mit den gespannten Sehnen ...«

6 Pier Paolo Pasolini, *Affabulazione, Pilade,* Mailand 1977, S. 124.

7 Ebd. S. 129.

Die Zeit der Analogie

1 Franco Farolfi, *Un ricordo* (etwa: Eine Erinnerung); in: »Nuovi Argumenti«, Januar–März 1976, S. 85–88.

2 Pier Paolo Pasolini, *Lettere a Franco Farolfi* (etwa: Briefe an Franco Farolfi); in: »Nuovi Argomenti«, a.a.O., S. 21.

3 Ebd. S. 6.

4 Pier Paolo Pasolini, *Lettere agli amici (1941–1945),* Mailand 1976, S. 7.

5 Ebd. S. 15f.

6 Giacomo Leopardi, *Zibaldone,* 3837–38.

7 *Lettere agli amici,* a.a.O., S. 29–31.

8 *Lettere a Franco Farolfi,* a.a.O., S. 12.

9 Pier Paolo Pasolini, »*Al lettore nuovo*« (etwa: An den neuen Leser); in: *Poesie,* Mailand 1970, S. 6.

10 Ebd. S. 6.

11 Luciano Serra, Vorwort zu *Lettere agli amici,* a.a.O., S. XI.

12 Vgl. bei allem, was die Zeitschrift angeht: Mario Ricci (Hrsg.), *Pasolini e »Il Setaccio«,* Bologna 1977.

13 In dem Text »*Al lettore nuovo*« in *Poesie* (a.a.O.) gibt Pasolini als Datum das Jahr 1937 an. Rinaldi korrigiert das in *Pasolini o dello stato di »guerriglia permanente«* (etwa: Pasolini oder vom Zustand der »permanenten Guerrilla«) in »Salvo imprevisti«, Januar–April 1976, S. 1 und gibt das Schuljahr 1938/1939 an.

14 *Lettere a Franco Farolfi,* a.a.O., S. 12.

15 Ebd. S. 21.

16 *Lettere agli amici,* a.a.O., S. 17f.

17 Ebd. S. 33f.

18 »*Al lettore nuovo*«; in: *Poesie,* a.a.O., S. 7.

19 Vorwort zu *Lettere agli amici,* a.a.O., S. XIf.

20 »Abend im Licht des heraufziehenden Regens, im Graben/steigt das Wasser ...«, in: *Ketzererfahrungen,* a.a.O., S. 74f. u. 277 Anm. 6.

21 »Botteghe Oscure«, VIII, S. 405–436.

22 Hier darf man sich von der dritten Person nicht täuschen lassen; dieses Zitat stammt wiederum aus *I parlanti,* »Botteghe Oscure«, a.a.O., S. 430.

23 *Le poesie,* a.a.O., S. 467.

24 Alberto Asor-Rosa, *Scrittori e popolo,* 2. Aufl., Rom 1966, S. 73.

25 *Le poesie,* a.a.O., S. 454–456.

26 Die in diesem Kapitel enthaltene Zitatstelle aus *Poesie a Casarsa* (dessen Titel, wie mir scheint, sich an *Morto ai paesi* von Alfonso Gatto anlehnt) stammt aus der Ausgabe des Bandes von 1942. Später ist Pasolini sowohl in *Tal còur di un*

frut, Udine 1953 (wo man eine Neufassung von »*La domenica uliva*« findet), als auch in *La meglio gioventù,* Florenz 1954 zu einer etwas vereinfachten Umschrift des Dialekts übergegangen.

Das »reine Licht« des Widerstands

1 »*Al lettore nuovo*«; in *Poesie,* a.a.O., S. 8.
2 Vgl. *Lettere agli amici,* a.a.O., S. 37.
3 »Al lettore nuovo«; in *Poesie,* a.a.O., S. 9.
4 Pier Paolo Pasolini, *Il turcs tal Friúl,* Udine 1976, Nachwort von Andreina Ciceri, S. 59.
5 *Le Poesie,* a.a.O., S. 217.
6 *Passione e ideologia,* Mailand 1960, S. 136f.
7 *La meglio gioventù,* Florenz 1954, S. 149 und *La nuova gioventù,* Turin 1975, S. 157.
8 »Das war der einzig mögliche Weg der Erkenntnis [für den Autor von *Poesie a Casarsa*]: wenn am Ursprung seiner Sinnlichkeit einer direkten Form der Erkenntnis von innen nach außen, von unten nach oben ein Hemmnis entgegenstand – der Gefühlsausbruch und die reine, blendende Hitze der Jugendzeit; wenn eine Trennwand zwischen ihm und der Welt, für die er eine so heftige, kindliche Neugierde empfand, niedergefallen war. Da er sich des Rationalen nicht auf den psychologisch normalen Wegen bemächtigen konnte, mußte er von neuem ganz darin eintauchen; zurückgehen; jenen Weg von da ab nochmals abschreiten, wo seine Zeit des Glücks mit der verzauberten Landschaft um Casarsa und mit einem ländlichen Leben, das von einer traurig machenden Sehnsucht episch wurde, zusammenfiel. Erkennen war dasselbe wie ausdrücken. Hier kommt es zum sprachlichen Bruch, zur Rückkehr zu einer Sprache, die näher an der Welt ist.« Vgl. *Passione e ideologia,* a.a.O., S. 137.
9 Ebd. S. 198.
10 Ebd. S. 196.
11 »La Panarie«, Mai-Dezember 1949.
12 *Lettere agli amici,* a.a.O., S. 36.
13 Ebd. S. 38: »Ach sei doch so gut und frage, wenn Du kannst, den Calcaterra, ob er, so wie die Dinge bei mir liegen, eine Doktorarbeit über ›Giovanni Pascoli‹ annehmen könnte« [26. Januar 1944].
14 Ebd. S. 39f.
15 Ebd. S. 41f.
16 *Le poesie,* a.a.O., S. 206f. Die Strophe fährt fort: »auf dem Märzgras in der arglosen Sonne«. Auch in der sechsten Episode von *La ricchezza* (etwa: Der Reichtum) wird gesagt, daß Guido »an einem stummen Märzmorgen« wegging. Es liegt jedoch ein Irrtum in der Datierung vor. Solche Fehldatierungen treten bei Pasolini häufig auf. Daß es sich in diesem Fall um den Mai gehandelt hat, beweisen nicht nur Berichte von Zeugen, sondern ist ganz eindeutig den Briefen an Luciano Serra zu entnehmen.
17 *Lettere agli amici,* a.a.O., S. 43f.
18 *Le poesie,* S. 196.

19 *Passione e ideologia*, a.a.O., S. 134.
20 *L'Osoppo e la »questione slavo-garibaldina«*, Triest 1951, S. 49–54.
21 Die jüngste, sehr nützliche Untersuchung zu diesem Thema: Marco Cesselli, *Porzûs: due volti della Resistenza*, Mailand 1975.
22 Ebd. S. 101–103.
23 *Lettere agli amici*, a.a.O., S. 43.
24 *Le poesie*, a.a.O., S. 196f.
25 Eine Bestätigung dieser Vermutung: der bereits zitierte Brief an Serra vom 21. August, wo von Guidos »Begeisterung« als tieferer Ursache für seinen Tod gesprochen wird. Pier Paolo war zu der Zeit anscheinend von dieser Idee überzeugt.
26 *Lettere agli amici*, a.a.O., S. 36f.
27 *Le poesie, a.a.O., S. 218–222.*

Friaulisches Epos

1 *I parlanti*, in: »Botteghe Oscure«, a.a.O., S. 422f.
2 Mario Lizzero, heute kommunistischer Abgeordneter, hat über eine Begegnung mit Pasolini zu Beginn des Jahres 1946 beim kommunistischen Regionalverband in Udine folgendes geschrieben (vgl. »Confronto«, Dezember 1975): »Er hat sich mir gegenüber voller Bitterkeit und Schmerz über den tragischen Schlag geäußert, den seine Mutter durch den Tod seines Bruders Guido Alberto, des Partisanen ›Ermes‹, erlitten hat. Er wollte gerade von mir, wie er sagte, als Kommissar der Garibaldiner Divisionen, erfahren, wie ein Verbrechen wie das bei Porzûs verübte überhaupt hatte geschehen können. Eine für immer unverzeihliche Schuld, wie er sich ausdrückte, an dem ungerechten Tod seines Bruders Guido und aller anderen, die bei Porzûs gefallen sind. Partisanen gegen Partisanen, wie hatte man so etwas tun können? (...) Wir haben lange miteinander gesprochen. Es ist schwer, in so einem Moment etwas Annehmbares zu sagen. Ich sagte ganz offen, daß wir uns freilich der tiefen Schuld bewußt waren, die wir Garibaldiner durch die schmerzlichen Geschehnisse von Porzüs auf uns geladen haben, wenn man auch sehen muß, in welchem Zusammenhang die furchtbaren Vorgänge in dieser schwer heimgesuchten Zone an der östlichen Grenze zustandegekommen sind. Der Kampf ist dort äußerst hart geführt worden, und es sind auch Fehler begangen worden, die allerdings vielleicht unvermeidlich gewesen sind. Ich legte ihm unsere Beurteilung der Geschehnisse von Porzûs dar. Sprach von der Verantwortlichkeit einiger weniger, vor allem des Kommandeurs der GAP-Verbände. Ich sagte ihm freilich auch, daß wir zwar volles Verständnis für seinen Schmerz und für den seiner Mutter und aller Angehörigen derer von Porzûs hätten, daß wir aber dennoch den Vorgängen in einem Prozeß nachgehen wollten; und daß mit Sicherheit versucht werden würde, die Vorgänge im Rahmen der antikommunistischen Kampagne zu politischen Zwecken zu mißbrauchen. Doch das änderte natürlich nichts an der tragischen Realität dieser verhängnisvollen Vorgänge. In den folgenden Jahren, ich glaube 1948, sprachen wir noch einmal darüber; und dann nochmals 1952 und 1953 in Rom, das letzte Mal auf der Piazza del Gesù kurz nachdem ein

christdemokratischer Vertreter zum wiederholten Mal versucht hatte, Pasolini zu überreden, zur Gerichtsverhandlung über die Vorgänge von Porzûs zu gehen und wie immer eine negative Antwort erhielt. Denn Pasolini wie seine durch den Tod von ›Ermes‹ schwer getroffene Mutter blieb in seinem Schmerz bei seiner Überzeugung, daß bei Porzûs eine große Schuld, ja ein Verbrechen begangen worden war, das man nicht verzeihen konnte. Aber an den Gerichtsverhandlungen über diese Vorgänge wollte er nie teilnehmen, weil er sich, wie er mehrmals sagte, bewußt war, daß man dort nicht nach Gerechtigkeit suchte, sondern daß es dort nur um eine politische Aktion mit reaktionären, konservativen Zielen ging, die nichts mit seinem Bruder und mit ihm zu tun hatten.«

3 Das letzte Heft des *Stroligut* mit dem Titel »*Quaderno romanzo n. 3*« (etwa: Romanisches Heft Nr. 3) trägt das Datum JUNI MCMXLVII. Die kritischen Beiträge sind in italienisch geschrieben; Pasolini druckt seine für »Libertà« geschriebenen Artikel über die Autonomiebewegung nochmals ab; das Heft enthält eine Anthologie katalanischer Autoren sowie eine Auswahl von Autoren aus dem Friaul, nämlich Naldini, Bortotto, die Cantarutti, Tonuti Spagnol und De Gironcoli. Diesem Heft fehlt trotz der Fülle an Beiträgen die aggressive Frische der früheren. Nach ihm erscheint kein weiteres Heft, so als ob die aktive Zeit der Academiuta ihrem Ende zuging.

4 Daß seine Artikel auch bei damals noch unbekannten Schriftstellern Interesse hervorriefen, beweist dieser Brief von Elio Pagliarani an Giovanna Bemporad, der am 27. März 1947 in Viserba aufgegeben wurde: »Übrigens, was die ›Fiera Letteraria‹ angeht: Ich habe einen *schönen* Artikel – der, um ehrlich zu sein, nur ein wenig zu sehr gespickt mit Anmerkungen war – von P. Pasolini über die Inspiration gelesen; entspricht so voll und ganz meinen Gedanken (sogar ein Hinweis auf die abwegige Definition von Bo über die *poesia come assenza*, mit der ich mich beschäftigt habe), daß ich mich zugleich darüber gefreut und geärgert habe (da geht – habe ich mir gedacht – ein wichtiger zukünftiger Artikel von mir in Rauch auf). Ich freue mich jedoch sehr für P.P. Pasolini.«

5 In dem kleinen Band ist auch »*El testamenti coran*« enthalten, ein Text, der später in seiner endgültigen Fassung in *La meglio gioventù* aufgenommen wird und von einem jungen Bauern handelt, der von den Nazis aufgehängt wird, als er gerade zum ersten Mal die Liebe kennengelernt hat.

6 *Le peosie*, a.a.O., S. 53–63.

7 Jetzt in »Rinascita«, 4. November 1977, S. 48.

8 Das ist der Fall im Urteil über »Politecnico« von Vittorini. Pasolini widmet »Politecnico« einige Bemerkungen: Die Zeitschrift hat eine Literatur gefördert, die offen für die Ziele des Widerstandes war, doch sie ist nicht »›neu‹, da sie linguistisch gesehen noch von literarischen Begriffen geprägt ist, die vielleicht sehr wertvoll, aber von unserem Standpunkt gesehen negativ sind.« In diesem »negativ« klingt ein dumpfer, deterministischer Marxismus an, der Hinweis wird glücklicherweise sofort darauf fallen gelassen.

9 Pier Paolo Pasolini, *Opinioni sul latino* (etwa: Meinungen zum Latein); in: »L'Illustrazione italiana«, Mai 1959, S. 62.

10 Die beiden Gedichte wurden mit noch drei weiteren in »Confronto« (a.a.O.) veröffentlicht. Sie werden von einer Anmerkung begleitet, die berichtet, daß sie in einem Heft des früheren Schülers Francesco Scodellaro, heute Lehrer in San Martino al Tagliamento, aufgefunden wurden. Pasolini hatte sie auf Bitten

der Schüler vor der Klasse improvisiert und sie ihren jeweiligen Dörfern gewidmet. Scodellaro verdanken wir auch »*Ricordo del prof. Pasolini*« (etwa: Erinnerung an Prof. P.), einen zusammen mit Mariannina Lenarduzzi verfaßten Text enthalten in: *Pasolini in Friuli,* (versch. Autoren), Udine 1976, S. 144. Im selben Band sind auch die Gedichte abgedruckt.

11 Andrea Zanzotto, *Per una pedagogia?* in: »Nuovi Argomenti«, Januar–März 1976, S. 47–51.

12 Darunter sind auch diese beiden Terzinen, die die Stimmung des *Usignolo della Chiesa Cattolica* vorwegnehmen: »Zittere, Knabe./Der Schatten schließt sich/über deinem Dorf.//Ach, welch ein Schmerz/dich nackt zu ertappen/in meiner Nähe«.

13 In einer späteren Arbeitsphase, Anfang der fünfziger Jahre, erhielten die lose zusammengefaßten Kapitel den Titel *I giorni del lodo De Gasperi* (etwa: Die Tage der Maßnahme De Gasperi).

14 Vgl. den Abschnitt »*Paolo e Baruch*« in *L'usignolo della Chiesa Cattolica.*

15 In der unveröffentlichten Sammlung der *Diari* (etwa: Tagebücher) in Gedichtform sind mehrere Texte enthalten, die mit 1948 datiert sind. Darunter auch ein Poem in Prosa mit dem Titel »*L'unica divinità*« (etwa: Die einzige Gottheit), in dem man lesen kann: »Spiegel gegen Spiegel spiegeln sich die Geheimnisse bis dort, wo Raum und Zeit endet, im Herzen eines Knaben, der nicht um sein Geheimnis weiß. Ich sterbe, weil ich zu viele Male resigniert habe. Ich sterbe allein mit meiner Manie. Ich sterbe in dem Geruch eines Aborts meiner Kindheit, der von einer Wespe, die in der Luft das Gold des Sommers entzündet, für immer ans Leben gebunden ist.«

16 Vgl. die Rede vor dem 1. Kongreß des Kommunistischen Bezirksverbands von Pordenone; jetzt in: »Rinascita«, 4. November 1977 (a.a.O.).

17 E.F. Accrocca (Hrsg.), *Ritratti su misura,* Venedig 1960, S. 321.

18 *Le poesie,* a.a.O., S. 255.

19 Baudelaire, *Œuvres complètes,* I, Paris 1975, S. 677: »La femme est le contraire du Dandy. (...) La femme est *naturelle,* c'est-à-dire abominable.« [In der Übersetzung von Rudolf Palester: »Die Frau ist das Gegenteil vom Dandy. Folglich muß sie Abscheu einflößen.« (Anm.d.Ü.)]

20 Pasolini betitelt so ein langes Gedicht von 1948. Eine Strophe davon erscheint als erste von »*Le primule*« (etwa: Die Primeln) im *Usignolo.*

21 Der Brieftext wird von Ferdinando Bandini wiedergegeben in: *Pasolini: cronaca giudiziaria, persecuzione, morte,* Laura Betti (Hrsg.), Mailand 1977, S. 48–54.

Wie in einem Roman

1 Es handelt sich um einen Brief, der nur schwer datierbar ist. Er wurde an einem 25. Oktober (1947 oder 1948) geschrieben.

2 *Pasolini: cronaca giudiziaria ...,* a.a.O., S. 46.

3 Ebd. S. 45. Der Brief trägt den Poststempel vom 31. Oktober, wurde aber mit Sicherheit am Abend des 29. geschrieben, nachdem am Morgen desselben Tages »l'Unità« die Meldung vom Ausschluß gebracht hatte.

4 »*Al lettore nuovo*« in: *Poesie,* a.a.O., S. 9.
5 *Le poesie,* a.a.O., S. 219f.
6 Pietro Citati, *Il tè del cappellaio matto,* Mailand 1972, S. 227.
7 Vgl. C. Baudelaire, *Œuvres Complètes,* I, a.a.O., S. 676–708.
8 Für alle Zitatstellen von *L'usignolo della Chiesa Cattolica* vgl. den in Mailand 1958 erschienenen Band.

Teil zwei

Entdeckung Roms

1 Cesare Garboli, *Ricordo di Longhi* (etwa: Erinnerung an Longhi); in: »Nuovi Argomenti«, April-Juni 1970, S. 36.
2 In einem Brief, der von Rom aus wahrscheinlich Anfang 1950 an Luciano Serra geschickt wurde – einem Brief, der in einer von Roberto Roversi 1978 besorgten Aufführung mit dem Titel *I campi del Friuli: leggendo e rileggendo Pasolini* (etwa: Die Felder des Friaul: Wir lesen und lesen wieder Pasolini) zitiert wird – schrieb Pasolini: »Lieber Luciano, ich habe einen unglaublichen Brief von Dir erhalten: unglaublich, weil ich glaubte, Du wüßtest, daß ich in Rom bin, nachdem ich vor etwa einem Monat mit meiner Mutter aus Casarsa geflüchtet bin. Vor der Abreise hatte ich Dir sogar geschrieben, um es Dir mitzuteilen: Die Sache konnte auch sehr schlecht ausgehen. Und das tut sie auch. Meine Mutter geht bedienen: Ich finde keine Arbeit, fühle mich einsam und unfähig und in einer ganz schlimmen Lage. Im Moment unterhält mich mein Onkel. Die Flucht aus Casarsa ist notwendig gewesen, weil mein Vater einfach nicht mehr auszuhalten war: Meine Mutter wäre dabei draufgegangen. Und jetzt lasse ich sie nicht merken, daß ich mit dem Gedanken an Selbstmord spiele – sie kommt mir wieder so vor wie zu den Zeiten von Bologna ...«
3 Pier Paolo Pasolini, *Roma 1950: Diario,* Mailand 1960, S. 40.
4 Das ist noch nicht die endgültige Fassung, die ich im folgenden zitiere: »Riccetto entfernte sich, vom Wasser rasch mitgezogen. Sie sahen, wie er kleiner wurde, wie er mit Schwimmstößen bis nahe an die Schwalbe herankam, dort auf dem Spiegel des stehenden Wassers, und wie er sie zu packen versuchte. ›Geh, Riccettooo‹, schrie Marcello aus vollem Hals, ›warum nimmst du sie denn nicht?‹ Der Riccetto mußte ihn gehört haben, denn sofort vernahm man seine Stimme, die rief: ›Die hackt nach mir!‹ ›Geh zum Teufel‹, schrie lachend Marcello. Der Riccetto versuchte, die Schwalbe zu fassen zu kriegen. Doch sie entkam ihm flügelschlagend, und beide waren inzwischen von der Strömung, die dort unten stark wurde und voller Strudel war, in Richtung auf den Strommasten getrieben worden. ›Geh, Riccetto‹, riefen ihm die Freunde vom Boot aus zu, ›laß sie doch stehen!‹ Doch in dem Moment hatte sie der Riccetto endlich gepackt und schwamm mit einer Hand aufs Ufer zu. ›Dreh schon rum, los‹, sagte Marcello zu dem am Ruder. Sie wendeten. Der Riccetto wartete auf dem schmutzigen Gras am Ufer sitzend auf sie und hatte die

Schwalbe in der Hand. ›Und wofür hast du sie denn eigentlich rausgezogen‹, sagte Marcello, zu ihm, ›ich hätt' so gern zugeguckt, wie sie verreckt!‹ Der Riccetto antwortete ihm nicht sofort. ›Sie ist ganz naß‹, sagte er ein bißchen später, ›wart'n wir, daß sie trocken wird!‹ Nicht lange, dann war sie trocken: Nach fünf Minuten war sie wieder droben und flog unter ihren Gefährtinnen im Himmel über dem Tevere, und der Riccetto konnte sie nicht mehr von den anderen unterscheiden.« (Im Original sind in beiden Fällen Anklänge an den in Rom gesprochenen Dialekt enthalten, die im Deutschen nur annähernd wiedergegeben werden können. Anm. d. Ü.)

5 Fast alle »römischen« Feuilletonbeiträge, die 1950 und 1951 in den genannten Zeitungen erschienen sind, wurden später mit anderen Schriften aus diesen und folgenden Jahren zusammengefaßt in: Pier Paolo Pasolini, *Alì dagli occhi azzurri* (etwa: Die Alis mit den blauen Augen), Mailand 1965, bes. S. 5–102.

6 Über den Manierismus dieses ersten, »römischen« Pasolini vgl. Marco Vallora, *Alì dagli occhi impuri* (etwa: Die Alis mit den unreinen Augen), in: »BN«, Januar–April 1976, S. 156–204.

7 Vgl. *Un poeta e Dio* (etwa: Ein Dichter und Gott), in: *Passione e ideologia,* a. a. O., S. 354–373.

8 Wenn man bei Pasolini einen gewissen Einfluß von Gadda feststellen kann, dann in *Giubileo (relitto di romanzo umoristico)* (etwa: Giubileo – Relikt eines humoristischen Romans), bei dem schon der Titel etwas über einen Berührungspunkt zwischen den beiden Schriftstellern aussagt: der Versuch, einer Gestalt mit kleinbürgerlicher Herkunft »Witz« abzugewinnen – ein von Gadda her gut bekanntes Terrain. Vgl. *Alì dagli occhi azzurri,* a. a. O., S. 53–63.

9 *Pasolini: cronaca giudiziaria* ..., a. a. O., S. 52 f.

10 Pier Paolo Pasolini, *Gli »Appunti« di Sandro Penna* (etwa: Das Buch »Appunti« von Sandro Penna), »Il Popolo di Roma«, 28. September 1950.

11 Pier Paolo Pasolini, *La capanna indiana,* »Il Giornale«, 18. August 1951.

12 Vgl. Antonio Gramsci, *Quaderni dal carcere* (Hrsg.: V. Gerratana), Turin 1975, II, S. 1384.

13 *Alì dagli occhi azzurri,* a. a. O., S. 80–88.

14 Der Brief ist in Auszügen auch übernommen worden in: *Pasolini: cronaca giudiziaria* ..., a. a. O., S. 58 f.

15 Die Anthologien wurden in die Reihe »La Fenice« des Verlags Guanda in Parma aufgenommen. Diese Reihe stand unter Leitung von Attilio Bertolucci.

16 *Le poesie,* a. a. O., 23–31.

17 Pier Paolo Pasolini, *Sonetto primaverile (1953),* Mailand 1960, S. 38.

18 *Le peosie,* a. a. O., S. 161 f.

19 Ebd. S. 103 f.

Erfolg durch »Ceneri«

1 *Pasolini: cronaca giudiziaria* ..., a. a. O., S. 63–68.

2 Jetzt in: Carlo Salinari, *Preludio e fine del realismo in Italia,* Neapel 1967, S. 55–59.

3 Eine Ausnahme unter den kommunistisch ausgerichteten Vertretern der Literaturszene bildete Niccolò Gallo, der sich in »Il lavoro« von der Meinung

Salinaris und der anderer wie Gaetano Trombatore distanzierte und schrieb, daß *Ragazzi di vita* wichtig gewesen sei: »... wichtig vor allem wegen des Pasolini größtenteils gelungenen Versuchs, die Darstellung einer rauhen und brenzligen Wirklichkeit auf die Ebene moralischer und kultureller Reflexion zu versetzen.« (Vgl. jetzt in: N. G., *Scritti letterari,* Mailand 1975, S. 138f.).

4 Jetzt in: Pietro Citati, *Il tè del cappellaio matto,* a. a. O., S. 230.

5 Über die Begegnung mit den Brüdern Citti: Pier Paolo Pasolini, *Mamma Roma,* Mailand 1962, S. 134–137.

6 Von 1957 bis 1961 (bis *Accattone*) absolvierte Pasolini eine Art Lehrzeit beim Film und arbeitete an elf Drehbüchern mit. Seine Teilnahme wird manchmal schon bei der Wahl der prägnanten Titel im Stil von *Ragazzi di vita* sichtbar: zum Beispiel *La notte brava* oder *La giornata balorda.* Neben *Le notti di Cabiria* waren es die Filme: *Marisa la civetta* von Mauro Bolognini (1957), *Giovani mariti* von Mauro Bolognini (1958), *Morte di un amico* von Franco Rossi (1959), *La notte brava* von Mauro Bolognini (1959), *Il bell' Antonio* von Mauro Bolognini (1960), *La giornata balorda* von Mauro Bolognini (1960), *Il carro armato dell' 8 settembre* von Gianni Puccini (1960), *La lunga notte del '43* von Florestano Vancini (1960), *La cantata delle marane* von Cecilia Mangini (1960), *La ragazza in vetrina* von Luciano Emmer (1961).

7 Elio Filippo Accrocca, *Che cosa fanno gli scrittori italiani: 10 domande a Pier Paolo Pasolini* (etwa: Was machen die italienischen Schriftsteller: 10 Fragen an P. P. P.), »La fiera letteraria«, 30. Juni 1957.

8 Für alles, was die bolognesische Zeitschrift angeht, vgl. Gian Carlo Ferretti, *»Officina«: cultura, letteratura e politica negli Anni Cinquanta,* Turin 1975.

9 Francesco Leonetti, *Il decadentismo come problema contemporaneo* (etwa: Der Dekadentismus als zeitgenössisches Problem), »Officina«, April 1956, S. 223 [Zum Begriff »decadentismo« vgl. Reimar Klein, in: *Ketzererfahrungen,* a. a. O., S. 275, Anm. 1. (Anm. d. Ü.)].

10 G.C. Ferretti, *»Officina«,* a. a. O., S. 472f.

11 Pier Paolo Pasolini, *La libertà stilistica,* in: »Officina«, Juni 1957, S. 345; jetzt in: *Passione e ideologia,* a. a. O., S. 489f.

12 Edoardo Sanguineti, *Una polemica in prosa,* »Officina«, November 1957, S. 452–457.

13 *Le poesie,* a. a. O., S. 260.

14 Ebd. S. 277.

15 G.C. Ferretti, *»Officina«,* a. a. O., S. 110f.

16 Vgl. in diesem Zusammenhang Geno Pampaloni, *La saga degli Olivetti* (etwa: Die Olivetti-Saga), »Il Giornale Nuovo«, 31. Mai 1978.

17 *Le poesie,* a. a. O., S. 258

18 G.C. Ferretti, *»Officina«,* a. a. O., S. 458.

19 Ebd. S. 454f.

20 Elio Filippo Accrocca (Hrsg.), *Ritratti su misura,* a. a. O., S. 321.

21 Ebd. S. 321.

22 *Le poesie,* a. a. O., S. 267.

23 Das ist die erste Zeile eines Gedichts von Ferretti mit dem Titel *Lode d'un amico poeta.* Vgl. Massimo Ferretti, *Allergia,* Mailand 1963, S. 36.

24 Die freundschaftliche Beziehung zwischen Pasolini und Ferretti war von langer Dauer. Sie ging 1965 in die Brüche, als Ferretti sein drittes Buch, einen experimentellen Roman mit dem Titel *Il Gazzarra,* veröffentlichte. Ferretti

war auf der verzweifelten Suche nach neuen expressiven Wegen. Pasolini diskutierte in einem langen Artikel mit dem Titel *Lettura in forma di giornale del »Gazzarra«* (»Nuovi Argomenti«, Januar–März 1967, S. 167–180) über die Grenzen des Experimentalismus, zu denen Ferretti vordrang: Er beurteilte das Buch als »ein Objekt, das ohne Zielrichtung geschrieben ist«. Das genügte, um die Freundschaft der beiden erkalten zu lassen.

25 Vgl. Pier Paolo Pasolini, *La lunga strada di sabbia* (etwa: Die lange Sandstraße), »Successo«, Juli–August–September 1959.

26 Vgl. *Pasolini: cronaca giudiziaria...*, a.a.O., S. 101–106.

27 Diese Worte stammen aus einer Autobiographie in Gedichtform, die Pasolini anläßlich seiner Reise in die Vereinigten Staaten 1966 schrieb. Die Zeilen sind nicht ausgefeilt und wirken in ihren ständigen Zweifeln quälerisch. Die Blätter wurden unter dem unveröffentlichten Material gefunden.

28 E.F. Accrocca (Hrsg.), *Ritratti su misura*, a.a.O., S. 321.

29 Roberto De Monticelli, »*Non ho campanile*«, dice Pier Paolo Pasolini (etwa: Ich bin kein Lokalpatriot, sagt P.P.P.), »Il Giorno«, 16. Dezember 1958.

30 *Le poesie*, a.a.O., S. 72.

31 Cesare Garboli, *La stanza separata*, Mailand 1969, S. 11–18.

32 Das ist der erste Dreizeiler von *Le ceneri di Gramsci*. Vgl. *Le poesie*, a.a.O., S. 67ff.

33 P. Citati, *Il tè del cappellaio matto*, a.a.O., S. 228.

34 *Le poesie*, a.a.O., S. 233f.

35 Giorgio Amendola, *Il rinnovamento del PCI*, Interview von Renato Nicolai, Rom 1978, S. 140f.

36 Ebd. 140f.

37 Das ist das kurze Gedicht, das Sanguineti mit seiner später geschriebenen *Polemica in prosa* in »Officina« parodieren wollte.

38 Pier Paolo Pasolini, *La posizione* (etwa: Die Position), »Officina«, April 1956, S. 250.

39 Vgl. *Maramaldi e Ferrucci*, »Il contemporaneo«, 9. Juni 1966, ein redaktionell erstellter Artikel, der in der Spalte »Il Caffè« enthalten ist und Carlo Salinari zugeschrieben werden kann; P.P. Pasolini, *Lettera al direttore* (etwa: Leserbrief), ebd., 23. Juni 1956; P.P. Pasolini, Italo Calvino und Carlo Salinari, *Lettere al direttore* (etwa: Leserbriefe), ebd., 30. Juni 1956. Salinari ging unter anderem so weit, Pasolini seinen »Charakter« vorzuwerfen, der »launisch wie der eines kleinen Jungen« sei.

40 Jetzt in: C. Salinari, *Preludio e fine del realismo in Italia*, a.a.O., S. 145.

41 Gaetano Trombatore, Literaturkritiker und Onkel von Antonello Trombadori, war einer der Marxisten, die den Schriften und Vorstellungen Pasolinis am kritischsten gegenüberstanden.

42 *Le poesie*, a.a.O., S. 117–125.

43 Im September 1958 nahm Pasolini die Einladung zu einem Schriftstellertreffen in Moskau durch den sowjetischen Schriftstellerverband an. Daraus entstand später *La religione del mio tempo:* die Menschenmenge auf dem Roten Platz in einer Nacht mit »heiligem Schein«; »dieser ungeheure Graben,/über dem nah die Gestirne glänzen«. Das Bild einer Menge wird gezeichnet, die »mit schlichter, ergriffener Freude« tanzt: »Männer in einer Reihe« bilden einen Kreis um ein paar Mädchen und halten sich dabei »unbeholfen und zärtlich bei der Hand« (*Le poesie*, a.a.O., S. 225–227).

Was Pasolini in der Sowjetunion beeindruckte, war der lebensfrohe, bäuerliche Volkscharakter: das Volk, das im Schatten der goldglänzenden Kuppeln eines Monuments aus einer jetzt leblosen Vergangenheit seine »unschuldige« religiöse Freude lebt. Bei diesem wenigen bleibt es. Die Neugier für die sozialistische Welt blieb bei diesem Ansatz stehen.

44 Vgl. »Il punto«, 14. November 1959: der Bericht von Gianni Rocca über den Premio Crotone, der in diesem Jahr von *Una vita violenta* gewonnen wurde. Rocca bringt ein paar Worte von Pasolini: »Ich will kein literarischer Fall sein. Ich will nicht zu einem reinen Objekt des Tagesgeschehens und der oberflächlichen Berichterstattung der Journalisten reduziert werden. Ich weiß sehr wohl, daß das mit voller Absicht versucht wird. Man kehrt bei meinem Werk nur die zweitrangigen Gesichtspunkte wie die Sprache oder die rauhe Wahrheit darin hervor. Eine elegante Art, um sich dafür nicht über die Sozialkritik auslassen zu müssen, die in meiner Ambition als Künstler das Wichtigste ist.«

45 *Le poesie,* a.a.O., S. 235.

46 Ebd. S. 214f.

47 Ebd. S. 238.

48 Ebd. S. 241.

49 Ebd. S. 242.

50 Ebd. S. 243f.

Film

1 C. Garboli, *La stanza separata,* a.a.O., S. 18.

2 Massimo D'Avack, *Cinema e letteratura,* Rom 1964, S. 111.

3 Vgl. bei dieser und den folgenden Zitatstellen aus dem »*diario*« von *Accattone:* Pier Paolo Pasolini, *Accattone,* Rom 1961, S. 1–15.

4 Pier Paolo Pasolini, *Il padre selvaggio,* Turin 1975, S. 60.

5 Vgl. die Äußerungen Pasolinis im Lauf einer Diskussion, die anläßlich einer Ausstellung von Werken des Romanino in Brescia abgehalten wurde, in: Balducci, Dell'Acqua, Guttuso, Pasolini, Piovene, Russoli, *L'arte del Romanino e il nostro tempo,* Brescia 1976. Die Diskussionsrunde hatte am 7. September 1965 stattgefunden.

6 Daisy Martini, *L'Accattone di Pier Paolo Pasolini,* »Cinema nuovo«, März–April 1961.

7 *Accattone,* a.a.O., S. 7.

8 *Le poesie,* a.a.O., S. 283–289.

9 Dieser Text kam nie zur Aufführung und wurde auch nicht gedruckt. Eine Umarbeitung davon wurde – Titel: *Nel '46* (etwa: Im Jahr 1946) – im Teatro dei Satiri in Rom im April 1965 unter Regie von Sergio Graziani aufgeführt.

10 *Le poesie,* a.a.O., S. 337.

11 Pier Paolo Pasolini, *Mamma Roma,* Mailand 1962, S. 145.

12 *Le poesie,* a.a.O., S. 180.

13 Das schrieb Pasolini in einem Brief an Antonello Trombadori, der in »Il Contemporaneo« vom 21. August 1957 veröffentlicht wurde.

14 *Le poesie,* a.a.O., S. 179.
15 Pier Paolo Pasolini, *Lettera del traduttore,* in: Eschilo (Äschylus), *Orestiade* (Orestie), Turin 1960, mit Text von G. Thomson, V. Gassmann, T. Otto, R. Bianchi Bandinelli, L. Zorzi, L. Lucignani und C. Stanislavskij, S. 1–3. Die Premiere war am 19. Mai 1960 im Teatro Greco von Siracusa unter der Regie von Vittorio Gassman. Bühnenbild und Kostüme stammten von Teo Otto, die Musik von Angelo Musco. Es wirkte auch das Voodoo-Ballett von Mathilda Beauvoir aus Haiti mit. Pasolini erprobte sich noch an einer weiteren Übersetzung fürs Theater, nämlich *Miles gloriosus* von Plautus. Er übersetzte das Stück 1963 für Franco Enriquez und betitelte es *Il Vantone* (vgl. Pier Paolo Pasolini, *Il Vantone di Plauto,* Mailand 1963).
16 *Le poesie,* a.a.O., S. 455.
17 Ebd. S. 304f.
18 Ebd. S. 344.
19 *Accattone,* a.a.O., S. 14.
20 Vgl. dazu Andrea Barbato, *Nomi e cognomi* (etwa: Namen und Vornamen), »La Stampa«, 4. März 1978.
21 Alberto Moravia, *Immagini al posto d'onore* (etwa: Bilder auf dem Ehrenplatz), »L'Espresso«, 1. Oktober 1961.
22 *Le poesie,* a.a.O., S. 350.
23 Pier Paolo Pasolini, *Dialoghi con Pasolini* (etwa: Dialoge mit P.), »Vie Nuove«, 26. November 1960.
24 Pier Paolo Pasolini, *La mia avventura a Panìco* (etwa: Mein Abenteuer in Panìco), »Paese-Sera«, 4. Juli 1960.
25 *Pasolini: cronaca giudiziaria* ..., a.a.O., S. 111–119.
26 Ebd. S. 109f.
27 So wird das Ereignis in der unveröffentlichten und schon oben erwähnten Autobiographie in Gedichtform von 1966 geschildert.
28 Rekonstruktion des gesamten Prozeßverlaufs, vgl. *Pasolini: cronaca giudiziaria* ..., a.a.O., S. 119–133.
29 S. f., *Si riconosce in un romanzo di Pasolini e denuncia lo scrittore per diffamazione* (etwa: Erkennt sich in einem Roman von P. wieder und zeigt den Schriftsteller wegen Beleidigung an), »Il Tempo«, 11. April 1962.
30 Nino Ferrero, *»Mamma Roma«, ovvero, dalla responsabilità individuale alla responsabilità collettiva* (etwa: »Mamma Roma« oder Von der individuellen zur kollektiven Verantwortung), in: »Filmcritica«, September 1962.
31 S. f., *»Cerco il Cristo fra i poveri«* (etwa: »Ich suche Christus unter den Armen«), »Italia-Notizie«, 20. November 1963.
32 *Ketzererfahrungen,* a.a.O., S. 36.
33 Alberto Moravia, *L'uomo medio sotto il bisturi* (etwa: Der Durchschnittsmensch unterm Seziermesser), »L'Espresso«, 3. März 1963.
34 Adelio Ferrero, *Il cinema di P.P. Pasolini,* Venedig 1977, S. 45.
35 *Pasolini: cronaca giudiziaria* ..., a.a.O., S. 162f.
36 »Cinema e Film«, Winter 1966–1967; jetzt in: *Ketzererfahrungen,* a.a.O., S. 218f. (bes. S. 219).
37 *Le poesie,* a.a.O., S. 347.

1 Gian Carlo Ferretti, Einführung zu: Pier Paolo Pasolini, *Le belle bandiere*, Mailand 1977, S. 21.
2 Ebd. S. 219.
3 Ebd. S. 228.
4 Ebd. S. 234.
5 Ebd. S. 239.
6 Pier Paolo Pasolini, *L'odore dell' India*, Mailand 1962, S. 43.
7 Ebd. S. 24.
8 Ebd. S. 24.
9 Ebd. S. 79f.
10 Ebd. S. 79f.
11 *Le poesie*, a.a.O., S. 336.
12 *Le belle bandiere*, a.a.O., S. 159.
13 Ebd. S. 170.
14 Vgl. Franco Monicelli, *Rabbia e ingenuità* (etwa: Zorn und Naivität), »Paese-Sera«, 19. April 1963, wo man unter anderem lesen kann: »Ich werde (...) über die Naivität von Pier Paolo Pasolini [schreiben], der das Angebot eines Produzenten annimmt, einen Film halb und halb mit einem Faschisten und Ex-Chefredakteur eines faschistischen Witzblattes zu machen, der wegen schwerwiegender, fortgesetzter Beleidigung und Beschimpfung eines Mannes ins Gefängnis kam (und dort ein Jahr lang blieb), den wir zwar bekämpft haben, der aber ein Ehrenmann gewesen ist, nämlich De Gasperi; ich werde über die Naivität dieses 42jährigen gekreuzigten Christus unserer wehrlosen, jungfräulichen Literatur schreiben, der nicht weiß, wer dieser nur allzu bekannte Faschist ist, mit dem er Arm in Arm gehen soll (...) und der erst nach Herauskommen des in Gemeinschaftsarbeit entstandenen Films seinen groben Fehler merkt und in Briefen an die Zeitungen sich rechtfertigt und auf dem Bauch liegend erklärt, er werde seinen Namen aus dem Film entfernen lassen ...«
15 Pier Paolo Pasolini, *Nenni (1960)*, »Avanti!«, 31. Dezember 1961.
16 Damals »verstand« Pasolini die Gründe Israels und begriff, in welch einem Belagerungszustand man dort lebte. Vgl. *Le poesie*, a.a.O., S. 492f.: »Während [ich] an die Kühlerhaube des Autos gelehnt [bin]/stümperhaftes Zeichen der Kabbala, unehrlicher Sucher der Orte Gottes,/kommt, hinter ein paar Kamelen,/beim Klang der Autohupen/der milden Herrscher, ein junger Araber,/in Bluejeans und mit weißem T-Shirt,/die Hände auf den Hüften/mit dem Gürtel – mit der großen Schnalle/unterm Nabel und mit dem Schritt/der Hosen weit unten, wie von finstrem Gewicht/– ein Junge aus dem Quarticciolo./Mit Silberzähnen. Er hat das gleiche/Gesicht wie wir Juden./Doch in unserem, nein, liegt nicht nur/nie Zorn oder Haß, sondern nicht einmal/die Möglichkeit zu Zorn, zu Haß./Er hat sie schon. So wie er Mann ist./Seine Daseinssicherheit,/hält uns Juden, besser gesagt Israeli,/sanft die Grausamkeit der Rasse vor,/wir, die mit der Ungeschicklichkeit der Milden/die Waffen fest in der Hand halten, wir, die wollen,/daß die Gewalt der Vernunft endlich/die Demut des Zorns und des Hasses kennenlerne.«
17 Pier Paolo Pasolini, *Il Vangelo secondo Matteo*, Mailand 1964, S. 16f.

18 Ebd. S. 14.
19 *Le belle bandiere,* a. a. O., S. 265.
20 *Il Vangelo secondo Matteo,* a. a. O., S. 265.
21 Ebd. S. 266.
22 Ebd. S. 20.
23 Felice Chilanti, *La serata veneziana di Matteo e Pasolini* (etwa: Der Abend von Matthäus und Pasolini in Venedig), »Paese-Sera«, 22. September 1964.
24 Mario Soldati, *Il »Vangelo« di Pasolini,* »L'Europeo«, 23. November 1964; jetzt in: M. S., *Da Spettatore,* Mailand 1973, S. 170–179.
25 *Le poesie,* a. a. O., S. 355.
26 Ebd. S. 444.
27 Ebd. S. 398.
28 Ebd. S. 371.
29 Ebd. S. 439.
30 Ebd. S. 333.
31 Ebd. S. 432.
32 Ebd. S. 530.
33 Ebd. S. 372.
34 Unter anderen: Roland Barthes, Maurice Blanchot, Hans M. Enzensberger, Uwe Johnson, Martin Walser, Marguerite Duras, Jean Starobinski, Claude Ollier, Günter Grass, Jean Genet. Pasolini veröffentlichte dort *Appunti per un poema popolare* (etwa: Notizen für ein volkstümliches Poem).
35 *Le poesie,* a. a. O., S. 473.
36 Ebd. S. 475.
37 Die Zeilen sind in der Nachbemerkung *(»Avvertenza«)* zu *Alì dagli occhi azzurri,* a. a. O., S. 515 f., enthalten, wo Ninetto auch »für seine unabsichtlichen, sprachwissenschaftlich interessanten Beiträge und vor allen Dingen für seine Heiterkeit« gedankt wird.
38 Vgl. Alfredo Bini, *I primi passi del regista Pasolini* (etwa: Pasolinis erste Gehversuche als Regisseur), »L'Europeo«, 28. November 1975.

Teorema

1 *Le poesie,* a. a. O., S. 348.
2 *Alì dagli occhi azzurri,* a. a. O., S. 494–513.
3 Als man diese Zeilen posthum las, wollten manche darin eine prophetische Vorausschau sehen. Pasolini habe seinen Tod vorausgesehen: neben seinem Auto totgeschlagen. Ich bin dagegen der Sache nachgegangen und zu folgender Interpretation gekommen: Es handelte sich um das Überbleibsel einer Polemik in der Literaturszene; dafür spricht auch ein Foto (enthalten in der *»Iconografia ingiallita«),* auf dem einige Vertreter der Gruppe 63 bei einem Treffen abgebildet sind. Diese Interpretation (vgl. Enzo Siciliano, *L'inferno postumo di Pasolini* – etwa: Pasolinis Hölle nach dem Tod –, »Il Mondo«, 25. Dezember 1975) machte sich Gian Carlo Ferretti in *Pasolini, L'universo orrendo,* Rom 1976, S. 53 und im Vorwort zu *Le belle bandiere,* a. a. O., S. 15 f., zueigen; ebenso Luigi Malerba in *Ce mal-aimé qui aimait le scandale,* »Le pont de l'épée«, 1976, S. 56 f.

4 *Le belle bandiere,* a.a.O., S. 343.
5 *Le poesie,* a.a.O., S. 531.
6 *Ketzererfahrungen,* a.a.O., S. 27.
7 Ebd. S. 31f.
8 Ebd. S. 35.
9 Ebd. S. 35.
10 Ebd. S. 65–97.
11 Ebd. S. 63.
12 Ebd. S. 62.
13 Ebd. S. 87f.
14 Ebd. S. 97.
15 Ebd. S. 97.
16 Ebd. S. 101–129 *(Zur freien indirekten Rede)* und S. 153–178 *(Das Ende der Avantgarde).*
17 Pier Paolo Pasolini, *Uccellacci e uccellini,* Mailand, 1966, S. 57.
18 A. Ferrero, *Il cinema di P. P. Pasolini,* a.a.O., S. 71.
19 *Uccellacci e uccellini,* a.a.O., S. 58.
20 Märchen sind auch zwei weitere verfilmte Episoden, die 1966 und 1967 gedreht worden sind: *La terra vista dalla luna (Die Erde, gesehen vom Mond)* und *Che cosa sono le nuvole?* (etwa: Was sind die Wolken). Auch hier sind Totò und Ninetto Protagonisten. Wieder wird subtil das Thema von *La divina mimesis* und von *Uccellacci e uccellini* angedeutet: Die Menschen gehen der Zukunft entgegen und lassen dabei die antiken Werte der Vernunft fahren; werden in ihnen Unschuld oder Reinheit überleben können? Wie kann man die Hoffnung in die Zukunft stärken? Die Fragen bleiben vorläufig ohne Antwort.
21 Pier Paolo Pasolini, Äußerung über den Siniavski-Daniel-Fall, »Il Giorno«, 17. Februar 1966.
22 Giorgio Bocca, *L'arrabbiato sono io* (etwa: Ich bin der Zornige), »Il Giorno«, 19. Juli 1966.
23 Pier Paolo Pasolini, Das »*Kino der Poesie*«, in: Pier Paolo Pasolini (u.a.), *Pier Paolo Pasolini,* München, Wien 1977, S. 53.
24 *Le poesie,* a.a.O., S. 608.
25 G. Bocca, »Il Giorno«, 19. Juli 1966, a.a.O.
26 Vgl. jeweils »Nuovi Argomenti«, Juli-Dezember 1967 und »Nuovi Argomenti«, Juli–September 1969.
27 *Ketzererfahrungen,* a.a.O., S. 221.
28 Geno Pampaloni, *Vince la pietà* (etwa: Das Mitleid siegt), »Corriere della Sera«, 27. August 1972.
29 *Affabulazione/Pilade,* a.a.O., S. 11f; dt.: *Affabulazione oder Der Königsmord,* Frankfurt a.M. 1971, S. 69.
30 Pier Paolo Pasolini, *Edipo re,* Mailand 1967, S. 11–15.
31 Guido Piovene, *Fino in fondo nel sangue nel buio* (etwa: Bis auf den Grund, ins Blut, ins Dunkel), »La fiera letteraria«, 14. September 1967.
32 *Ketzererfahrungen,* a.a.O., S. 179.
33 Ebd., S. 180.
34 Oriana Fallaci, *Un marxista a New York* (etwa: Ein Marxist in New York), »L'Europeo«, 13. Oktober 1966.
35 *Ketzererfahrungen,* a.a.O., S. 181f.
36 Der Film war Ende des vergangenen Monats Juli auch beim Festival von

Montreal vorgeführt worden, und Pasolini war auch dorthin zu einem sehr kurzen Aufenthalt gefahren.

37 *Ketzererfahrungen,* a.a.O., S. 180f.
38 Ebd. S. 181.
39 Ebd. S. 182.
40 Ebd. S. 184f.
41 Ebd. S. 186.
42 Ebd. S. 237.
43 Camilla Cederna, *Tra le braccia dell'arcangelo* (etwa: In den Armen des Erzengels), »L'Espresso«, 21. April 1968.
44 Pier Paolo Pasolini, *Teorema oder Die nackten Füße,* München 1969 (Vorbemerkung). (Anm.d.Ü.) Bei der Stelle »vor etwa drei Jahren« muß es übrigens »zwei« heißen. Hier liegt wieder eine der bekannten Fehldatierungen vor.
45 Cesare Garboli, *La stanza separata,* a.a.O., S. 266.
46 *Ketzererfahrungen,* a.a.O., S. 185f.
47 Ebd. S. 166.
48 Zitiert in Maria Bellonci, *Come in un racconto gli anni del Premio Strega,* Mailand 1971, S. 103.
49 Pier Paolo Pasolini, *Il Caos,* »Tempo Illustrato«, 20. August 1968.
50 *Il regista invita il pubblico di non vedere la sua pellicola* (etwa: Regisseur fordert Publikum auf, seinen Streifen nicht anzusehen), »La Stampa«, 5. September 1968. G.Gh. (Gigi Ghirotti).

Lossagung und Utopie

1 Arturo Colombo, *Anche noi sbagliammo nel '68* (etwa: Auch wir haben 1968 Fehler gemacht), »Corriere della Sera«, 12. April 1978.
2 Paolo Sylos Labini, *Saggio sulle classi sociali,* Bari 1976, S. 61.
3 Alberto Ronchey, *Accadde in Italia, 1968–1977,* Mailand 1977, S. 5f.
4 *Ketzererfahrungen,* a.a.O., S. 194f.
5 Vgl. in »Nuovi Argomenti«, Januar–März 1968 die anonymen Texte (sie stammen aus der Feder von Alberto Moravia) mit den Titeln *Napalm LDT* und *Da non leggere,* sowie den Text *Il rifiuto dei libri a Palazzo Fontana* von Enzo Siciliano. Vgl. alle Texte von P.P. Pasolini in »Nuovi Argomenti«, April–Juni 1968 und *Impegno e integrazione* von Alberto Moravia, *Lettera a Pasolini* von Enzo Siciliano, sowie *Roma: Le due linee del Movimento Studentesco* von Giorgio Manacorda.
6 Vgl. »L'Espresso«, 16. Juni 1968.
7 *Ketzererfahrungen,* a.a.O., S. 187ff.
8 Vgl. »L'Espresso« vom 23. Juni 1968 und vom 30. Juni 1968.
9 Walter Benjamin, *Angelus Novus,* Frankfurt a.M. 1966, S. 52.
10 Jetzt in: *Ketzererfahrungen,* a.a.O., S. 194.
11 Der Ausdruck stammt von Umberto Cerroni. Vgl. seine politisch-philosophische Schrift, *Carte della crisi,* Rom 1978, bes. S. 49 u. 65f.
12 Pier Paolo Pasolini, *San Paolo,* Turin 1977, S. 6f.

13 *Le poesie*, a.a.O., S. 601.
14 *Il Caos*, »Tempo Illustrato«, 18. Oktober 1969.
15 Piero Sanavio, »*Porcile*« *o no, tiriamo le somme su Pasolini* (etwa: »Porcile«/ »Schweinestall« oder nicht, rechnen wir mit Pasolini ab), »Il Dramma«, 12. September 1969.
16 Alberto Moravia, *Oreste a 30° all'ombra* (etwa: Orest bei 30°C im Schatten), »L'Espresso«, 14. Februar 1971.
17 Pier Paolo Pasolini, *Medea*, Mailand 1970, S. 92.
18 *Le poesie*, a.a.O., S. 719.
19 Ebd. S. 719.
20 Ebd. S. 719.
21 Ebd. S. 717f.
22 Ebd. S. 637.
23 *Decameron* brachte von Ende September bis November 1971 in ganz Italien mehr als dreißig Anzeigen ein. Der Film wurde zwar durch Erlaß des Untersuchungsrichters von Trient in Umlauf gebracht, dann aber auf Anweisung der Staatsanwaltschaften von Sulmona und von Ancona beschlagnahmt. *Pasolinis tolldreiste Geschichten* wurde am 7. Oktober 1972 beschlagnahmt; am 9. Januar 1973 wurde der Film wieder freigegeben und am 19. März 1973 auf Verordnung der Oberstaatsanwaltschaft von Teramo von neuem beschlagnahmt. Der Oberste Gerichtshof annullierte diese Verfügung am 2. April 1973; zwei Tage später ordnete die Oberstaatsanwaltschaft von Benevento wieder die Beschlagnahme an. Eine Verfassungsklage wurde angestrengt. Der Verfassungsgerichtshof trat am 27. März 1975 zur Verkündung des Urteils zusammen. *Erotische Geschichten aus 1001 Nacht* wurde am 27. Juni 1974 angezeigt, die Anzeige wurde jedoch auf Entscheidung des Untersuchungsrichters von Mailand am 5. August 1974 archiviert. Vgl. *Pasolini: cronaca giudiziaria* ..., a.a.O., S. 180–207.
24 Alberto Moravia, *Dall'Oriente a Salò* (etwa: Vom Orient nach Salò), in: »Nuovi Argomenti«, Januar–März 1976, S. 93–95.
25 *Lettere luterane*, a.a.O., S. 72f.
26 Vgl. *Pasolini: cronaca giudiziaria* ..., a.a.O., S. 177–179.
27 Jean-Michel Gardair, *Entretien avec Pier Paolo Pasolini*, »Le Monde«, 26. Februar 1971.
28 *Le poesie*, a.a.O., S. 677.
29 Ebd. S. 621.
30 Ebd. S. 678.
31 Ebd. S. 680.
32 Ebd. S. 698.
33 Ebd. S. 699.
34 Ebd. S. 652.
35 Ebd. S. 616.
36 Pier Paolo Pasolini, *Che cos'è un vuoto letterario* (etwa: Was ist eine literarische Leerphase?), in: »Nuovi Argomenti«, Januar–März 1971, S. 7–10.
37 *Le poesie*, a.a.O., S. 670–672.
38 Francesco Alberoni, *Crisi di identità della gente borghese* (etwa: Identitätskrise der bürgerlichen Leute), »Corriere della Sera«, 17. Oktober 1975.
39 Pier Paolo Pasolini, *Pasolini recensisce Pasolini* (etwa: P. rezensiert P.), »Il Giorno«, 3. Juni 1971.

40 Pasolini schrieb für den Jahrgang 1971 von »Nuovi Argomenti« über Bücher. Am 26. November 1972 startete er in »Tempo Illustrato« eine wöchentliche Rubrik mit Literaturkritik, die er bis zum 10. Januar 1975 beibehielt.
41 Pier Paolo Pasolini, *Satura,* »Nuovi Argomenti«, Januar–März 1971, S. 17–20.
42 Eugenio Montale, *Diario del '71,* »L'Espresso«, 19. Dezember 1971; jetzt in: *Diario del '71 e del '72,* Mailand 1973, S. 32 u. 61 f.
43 Pier Paolo Pasolini, Ουτις, »Nuovi Argomenti«, Mai–Juni 1972, S. 149 f.
44 Enzo Siciliano, *L'odiato Pasolini* (etwa: Der gehaßte P.), »Il Mondo«, 14. Juli 1972.
45 Louis Valentin, *Tête-à-tête avec Pier Paolo Pasolini,* »Lui«, April 1970.
46 *Il Caos,* »Tempo Illustrato«, 19. Dezember 1969.
47 *Le poesie,* a.a.O., S. 421.
48 Ferdinando Camon, *Il mestiere di scrittore,* Mailand 1973, S. 121.
49 *Il Caos,* »Tempo Illustrato«, 13. Dezember 1969.
50 F. Camon, *Il mestiere di scrittore,* a.a.O., S. 119.
51 Enzo Golino, *Letteratura e classi sociali,* Bari 1976, S. 108. Es handelt sich um ein Interview mit Pasolini, das erstmalig in »Il Giorno« am 29. Dezember 1973 veröffentlicht wurde.
52 Pier Paolo Pasolini, *La nuova gioventù,* Turin 1975, S. 167.
53 Piero Ottone, *Intervista sul giornalismo italiano,* Paolo Murialdi (Hrsg.), Bari 1978, S. 112 f.
54 Jetzt unter dem Titel *Die »Sprache« der Haare* enthalten in: *Freibeuterschriften,* Berlin 1979, S. 19–24, hier 22 u. 23 f.
55 Ebd. S. 85–89.
56 Ebd. S. 29–31.
57 Ebd. S. 26. Aus einem zuerst in »Il Dramma«, März 1974, erschienenen Text.
58 Die Zusammenarbeit mit dem »Corriere della Sera« sah auch vor, daß Pasolini Literaturkritik nach dem schon aus »Tempo Illustrato« bekannten Muster schreiben sollte. Pier Paolo plante eine Rubrik mit dem Titel »Che fare?« (etwa: Was tun?), in der er sich ab Ende 1975 mit Literatur beschäftigen wollte.
59 *Freibeuterschriften,* a.a.O., S. 33.
60 Ebd. S. 44–48, hier 44 u. 46.
61 *Scritti corsari,* Mailand 1975, S. 93;
[in: *In che senso parlare di una sconfitta del PCI al »Referendum«* (etwa: Inwiefern man von einer Niederlage der KPI beim Volksentscheid sprechen muß); erschienen am 26. Juli 1974 in »Corriere della Sera« unter dem Titel *Abrogare P.* (etwa: P. abschaffen); in der deutschen Ausgabe der *Freibeuterschriften* nicht enthalten. (Anm. d. Ü.)]
62 *Freibeuterschriften,* a.a.O., S. 93.
63 *Scritti corsari,* a.a.O., S. 94. [Vgl. Anm. 61.]
64 *Freibeuterschriften,* a.a.O., S. 55 f.
65 *Scritti corsari,* a.a.O., S. 134 f. [in: *Sacer;* erschienen am 30. Janur 1975 in »Corriere della Sera« unter dem Titel *Pasolini replica sull'aborto* (etwa: P. nimmt nochmals zur Abtreibung Stellung); vgl. Anm. 61 u. 63.]
66 *San Paolo,* a.a.O., S. 5–8.
67 Ebd. S. 161.
68 *Freibeuterschriften,* a.a.O., S. 80 f.
69 Ebd. S. 82.
70 Ebd. S. 76.

71 Ebd. S. 67.
72 Ebd. S. 69.
73 Ebd. S. 70.
74 Ebd. S. 77.
75 Ebd. S. 82f.
76 *Lettere luterane,* a.a.O., S. 112. In den Wochen nach dem 16. März 1978, an dem der Vorsitzende der Democrazia Cristiana, Aldo Moro, von den Brigate Rosse entführt worden war, sprach man in der Öffentlichkeit wieder von dem Vorschlag Pasolinis, den führenden christdemokratischen Politikern den »Prozeß« zu machen. Die Brigate Rosse sprachen in ihren »Kommuniqués« von einem »Prozeß«, der in dem verborgenen »Volksgefängnis« gegen Moro durchgeführt wurde. Man ließ durchblicken, daß Pasolini für das, was dort vorging, verantwortlich sein könne – und mehr als mittelbar. Abgesehen von der rein formalen Tatsache, daß Pasolini von einem »Prozeß vor einem ordentlichen Gericht« gesprochen hatte, mußte man in seinen Worten jedoch das Festhalten an rechtsstaatlichen Prinzipien und an sozialistischen Werten heraushören (vgl. Giorgio Galli, *Non era questo il processo voluto da Pasolini* – etwa: Das war nicht der Prozeß, den Pasolini wollte –, »La Repubblica«, 28. März 1978). Gerade die »Ordnungsmäßigkeit« und die Öffentlichkeit des Gerichtsverfahrens waren für Pasolini schon wegen ihres Symbolgehalts höchste Werte.
77 Ebd. S. 122.
78 Ebd. S. 115.
79 Ebd. S. 148.
80 Ebd. S. 148.
81 Ebd. S. 148.
82 Ebd. S. 148.
83 Ebd. S. 169.
84 Dazu war es nach den Artikeln zum Volksentscheid über die Ehescheidung gekommen. Die führenden Vertreter der römischen Jungkommunisten, Gianni Borgna und Goffredo Bettini, entschlossen sich zu einer Begegnung mit Pasolini. Parteiintern kam es deswegen zu einer Kontroverse, die später von Giorgio Napolitano, dem damaligen Kulturbeauftragten, beigelegt wurde: Napolitano gab den Startschuß zur »Gegenüberstellung« mit Pasolini. Pier Paolo traf sich dann im Juni 1974 in der Villa Borghese mit den jungen Kommunisten zu einer öffentlichen Diskussionsrunde.
85 *Lettere luterane*, a.a.O., S. 168.
86 Ebd. S. 168.
87 Ebd. S. 184.
88 *Le poesie,* a.a.O., S. 747.
89 *Potentissima Signora,* Pier Paolo Pasolini (u.a.), Mailand 1965, S. 187–203.
90 Pier Paolo Pasolini, *Necrologia su una certa Laura Betti* (etwa: Nachruf auf eine gewisse Laura Betti), »Vogue-Uomo«, April 1971.
91 E. Golino, *Letteratura e classi sociali,* a.a.O., S. 112.
92 Vgl. den Beitrag von Paolo Volponi in: *Perché Pasolini* (Hrsg.: Gualtiero De Santi, Maria Lenti, Roberto Rossini), Florenz 1978, S. 25f.
93 Franco Cordelli, *Per »Salò-Sade«,* in: »Nuovi Argomenti«, Januar–März 1976, S. 89–92.

Epilog

Wille zum Leben

1 *Le poesie*, a.a.O., S. 355.
2 Ebd. S. 353.
3 Ebd. S. 353.
4 Jean-Jacques Rousseau, *Les Confessions*, I, Paris 1934, S. 18.
5 *Le poesie*, a.a.O., S. 356.
6 Ebd. S. 356.
7 A. Moravia, *Come in una violenta sequenza di »Accattone«*, a.a.O.
8 Rossana Rossanda, *In morte di Pasolini* (etwa: Zum Tod Pasolinis), »il manifesto«, 4. November 1975.
9 Friedrich Nietzsche, *Morgenröte – Gedanken über die moralischen Voruteile*, München 1960, S. 238.
10 *Le poesie*, a.a.O., S. 361.

Werkverzeichnis

Poesie a Casarsa, Bologna 1942 (Libreria Antiquaria Mario Landi)
Poesie, San Vito al Tagliamento 1945 (Stamperia Primon)
I Pianti, Casarsa 1946 (Pubblicazioni dell'Academiuta)
Dov'è la mia patria, con tredici disegni di Giuseppe Zigaina, Casarsa 1949 (Pubblicazioni dell'Academiuta)
I parlanti (1948), Auszug aus »Botteghe Oscure«, VIII, Rom 1951
Poesia dialettale del Novecento, con traduzioni a piè di pagina a cura di Mario Dell'Arco e Pier Paolo Pasolini, Parma 1952 (Guanda)
Tal còur di un frut, Tricesimo 1953 (Edizioni »Friuli«)
Dal »diario« (1945–47), Caltanissetta 1954 (Salvatore Sciascia)
La meglio gioventù, Florenz 1954 (Sansoni)
Il canto popolare, Mailand 1954 (Meridiana)
Canzoniere italiano, antologia della poesia popolare a cura di Pier Paolo Pasolini, Bologna 1955 (Guanda)
Ragazzi di vita, Mailand 1955 (Garzanti)
Le ceneri di Gramsci, Mailand 1957 (Garzanti); dt.: *Gramsci's Asche* (s. S. 533)
L'usignolo della Chiesa Cattolica, Mailand 1958 (Longanesi)
Una vita violenta, Mailand 1959 (Garzanti); dt.: *Vita violenta,* München 1963 (Piper) und Berlin 1977 (Volk und Welt)
Passione e ideologia (1948–1958), Mailand 1960 (Garzanti)
Eschilo, *Orestiade,* traduzione di Pier Paolo Pasolini, Urbino 1960 (Edit. Urbinate); Nachdruck: Turin 1960 (Einaudi)
Donne di Roma, Mailand 1960 (Il Saggiatore)
Giro a vuoto, Le canzoni di Laura Betti, Pier Paolo Pasolini (u. a.), Mailand 1960 (Scheiwiller)
Roma 1950, diario, Mailand 1960 (All'insegna del pesce d'oro)
Sonetto primaverile (1953), Mailand 1960 (All'insegna del pesce d'oro)
La religione del mio tempo, Mailand 1961 (Garzanti)
Accattone, Rom 1961 (F. M.)
L'odore dell'India, Mailand 1962 (Longanesi)
Mamma Roma, Mailand 1962 (Rizzoli)
Il sogno di una cosa, Mailand 1962 (Garzanti); dt.: *Der Traum von einer Sache,* Berlin 1968 (Volk und Welt)
La violenza, 24 disegni di Attardi, Calabria, Farulli, Gianquinto, Guccione, Guerreschi, Guttuso, Vespignani, presentati da A. De Guercio, D. Micacchi e D. Morosini, con 12 ballate di Pier Paolo Pasolini, Rom 1962 (Editori Riuniti)
Il Vantone di Plauto, Mailand 1963 (Garzanti)
Poesia in forma di rosa, Mailand 1964 (Garzanti)
Il Vangelo secondo Matteo, Mailand 1964 (Garzanti)
Poesie dimenticate, Udine 1965 (Società Filologica Friulana)
Alì dagli occhi azzurri, Mailand 1965 (Garzanti)
Potentissima Signora, canzoni e dialoghi per Laura Betti, Pier Paolo Pasolini (u. a.), Mailand 1965 (Longanesi)
Uccellacci e uccellini, Mailand 1966 (Garzanti)
Edipo re, Mailand 1967 (Garzanti)

Teorema, Mailand 1968 (Garzanti); dt.: *Teorema oder Die nackten Füße*, München 1969 und 1980 (Piper)
Medea, Mailand 1970 (Garzanti)
Ostia, un film di Sergio Citti, soggetto e sceneggiatura di Sergio Citti e Pier Paolo Pasolini, Mailand 1970 (Garzanti)
Poesie, antologia scelta dall'autore, Mailand 1970 (Garzanti)
Trasumanar e organizzar, Mailand 1971 (Garzanti)
Empirismo eretico, Mailand 1972 (Garzanti); dt.: *Ketzererfahrungen* – »Empirismo eretico« – Schriften zu Sprache, Literatur und Film, München und Wien 1979 (Hanser)
Calderón, Mailand 1973 (Garzanti)
Il padre selvaggio, Turin 1975 (Einaudi)
Scritti corsari, Mailand 1975 (Garzanti); dt.: *Freibeuterschriften* – Aufsätze und Polemiken über die Zerstörung des Einzelnen durch die Konsumgesellschaft, Berlin 1979 (Wagenbach)
La nuova gioventù, Turin 1975 (Einaudi)
Trilogia della vita, Giorgio Gattei (Hrsg.), Bologna 1975 (Cappelli)
La Divina Mimesis, Turin 1975 (Einaudi)
Le poesie, [Le ceneri di Gramsci, La religione del mio tempo, Poesia in forma di rosa, Trasumanar e organizzar, Poesie inedite (1950–1951)], Mailand 1975 (Garzanti)
»*Volgar' eloquio*«, Hrsg.: A. Piromalli, D. Scarfoglio, Neapel 1976 (Athena)
L'arte del Romanino e il nostro tempo, Pier Paolo Pasolini (u. a.), Brescia 1976 (Grafoedizioni)
I turcs tal Friúl, Luigi Ciceri (Hrsg.), Udine 1976 (Ed. »Forum Julii«, Doretti)
Lettere agli amici (1941–1945), Luciano Serra (Hrsg.), Mailand 1976 (Guanda)
Pasolini in Friuli, 1943–1949, Pier Paolo Pasolini (u. a.), Udine 1976 (Arti Grafiche Friulane)
Lettere luterane, Turin 1976 (Einaudi)
Affabulazione, Pilade, Mailand 1977 (Garzanti); dt.: *Affabulazione oder Der Königsmord*, Frankfurt a. M. 1971 (S. Fischer)
Le belle bandiere, Dialoghi 1960–65, Gian Carlo Ferretti (Hrsg.), Rom 1977 (Editori Riuniti)
San Paolo, Turin 1977 (Einaudi)
Pasolini e »Il Setaccio« 1942–1943, Pier Paolo Pasolini (u. a.), Mario Ricci (Hrsg.), Bologna 1977 (Cappelli)
I disegni, 1941–1975, Giuseppe Zigaina (Hrsg.), Mailand 1978 (Scheiwiller)
Descrizioni di descrizioni, Graziella Chiarcossi (Hrsg.), Turin 1979 (Einaudi)
Porcile, Orgia, Bestia da stile, Mailand 1979 (Garzanti)
Il caos, Gian Carlo Ferretti (Hrsg.), Rom 1979 (Editori Riuniti)
Il cinema in forma di poesia, Luciano De Giusti (Hrsg.), Pordenone 1979 (edizioni cinemazero)
Pasolini – poesie e pagine ritrovate, Andrea Zanzotto u. Nico Naldini (Hrsg.), Rom 1980 (Lato Side)

Nachtrag zur zweiten Auflage: Inzwischen erschienen (in dieser Übersetzung nicht berücksichtigt): *Gramsci's Asche*, München 1980 (Piper).

Namenregister

Danksagung

Dieses Buch ist unter der freundlichen Mitwirkung der Erben Pasolinis geschrieben worden. Besondere Unterstützung hat der Autor von Susanna Pasolini Colussi, Graziella Chiarcossi und Nico Naldini erfahren, die ihm gestattet haben, die unveröffentlichten Schriften Pasolinis einzusehen. Den Erben Pasolinis gilt der Dank des Autors. Er dankt ferner Laura Betti, die ihm Zugang zu dem von ihr für den Verlag Aldo Garzanti Editore s.p.a. zusammengestellten Pasolini-Archiv gewährt hat. Sein Dank gilt auch all denjenigen, die mit persönlichen Erinnerungen, auch den zufällig geäußerten, oder mit in ihrem Besitz befindlichen Texten oder Briefen es ihm erlaubt haben, im Rahmen des Möglichen das Leben von Pier Paolo Pasolini zu rekonstruieren. Er denkt dabei in Dankbarkeit besonders an: Alberto Arbasino, Adriana Asti, Anna Banti, Mariella Bauzano, Gaspare Barbiellini Amidei, Giorgio Bassani, Dario Bellezza, Giovanna Bemporad, Attilio Bertolucci, Bernardo Bertolucci, Alfredo Bini, Gianni Borgna, Cesare Bortotto, Giulio Cattaneo, Suso Cecchi D'Amico, Vincenzo Cerami, Pietro Citati, Sergio Citti, Ninetto Davoli, Federico Fellini, Marcella Ferrara, Franco Fortini, Augusto Frassineti, Cesare Garboli, Livio Garzanti, Sergio Graziani, Paolo Lepri, Dacia Maraini, Nino Marazzita, Fabio Mauri, Ferdinando Mautino, Elsa Morante, Alberto Moravia, Ottiero Ottieri, Silvana Mauri Ottieri, Piero Ottone, Niccolò Pasolini Dall'Onda, Toti Scialoja, Vittorio Sereni, Luciano Serra, Tonuti Spagnol, Giacinto Spagnoletti, Antonello Trombadori, Paolo Volponi, Andrea Zanzotto, Giuseppe Zigaina. Der Autor möchte seine Dankbarkeit auch Laura Mazza und Valerio Magrelli aussprechen, die ihm bei der Sichtung von Zeitungen und Zeitschriften geholfen haben.

Enzo Siciliano

Fischer

Pier Paolo Pasolini
Orgie · Der Schweinestall

Theater Film Funk Fernsehen

fi 386/1

Band 7078

Fischer Cinema

Die Geschwister Oppermann
Band 3685

Georges Sadoul
Geschichte der Filmkunst
Band 3677

Adolf Heinzlmeier/
Bernd Schulz
Happy-End
Berühmte Liebespaare der Leinwand
Band 3668

Marilyn Monroe
Meine Story
Band 3663

Joe Hyams
Humphrey Bogart und Lauren Bacall
Band 3691

Sheridan Morley
Marlene Dietrich
Band 3652

Groucho Marx
Schule des Lächelns
Band 3667

Die Groucho-Letters
Briefe von und an Groucho Marx.
Band 3693

John Russell Taylor
Die Hitchcock-Biographie
Band 3680

Lotte H. Eisner
Die dämonische Leinwand
Band 3660

André Bazin
Jean Renoir
Band 3662

Paul Werner
Roman Polanski
Band 3671

Film noir
Die Schattenspiele der »schwarzen Serie«
Band 4452

Hans-Jürgen Kubiak
Die Oscar-Filme
Die besten Filme der Jahre 1927–1983
Band 4451

Wolfram Schütte (Hrsg.)
Klassenverhältnisse
Von Danièle Huillet und Jean-Marie Straub.
Band 4455

Kurt Pinthus (Hrsg.)
Das Kinobuch
Band 3688

Thomas Brandlmeier
Filmkomiker
Die Errettung des Grotesken
Band 3690

Percy Adlon
Die Schaukel
Nach dem Roman von Annette Kolb
Band 3695

Gabriele Seitz (Hrsg.)
Der Zauberberg
Band 3676

Doktor Faustus
Ein Film von Franz Seitz nach dem Roman von Thomas Mann
Band 3681

Michael Verhoeven
Liebe Melanie
Hintergründe zu dem ZDF-Fernsehfilm
Band 3696

Michael Verhoeven/
Mario Krebs
Die Weiße Rose
Band 3678

Fischer Taschenbuch Verlag

fi 269/3